责任编辑:潘　安　祝凤霞
装帧设计:丁奕奕

图书在版编目(CIP)数据

杂缀集/邓乔彬著.—芜湖:安徽师范大学出版社,2013.8(2017.4重印)
(邓乔彬学术文集;12)
ISBN 978-7-5676-0154-3
Ⅰ.①杂… Ⅱ.①邓… Ⅲ.①杂著—中国—现代—选集 Ⅳ.①Z429.7

中国版本图书馆CIP数据核字(2012)第300067号

杂　缀　集
邓乔彬　著

出版发行:安徽师范大学出版社
芜湖市九华南路189号安徽师范大学花津校区　　邮政编码:241002
网　　址:http://www.ahnupress.com/
发 行 部:0553-3883578　5910327　5910310(传真)　　E-mail:asdcbsfxb@126.com
经　　销:全国新华书店
印　　刷:浙江新华数码印务有限公司
版　　次:2013年8月第1版
印　　次:2017年4月第2次印刷
规　　格:787×1092　1/16
印　　张:28.75　　插　　页:4
字　　数:618千字
书　　号:ISBN 978-7-5676-0154-3
定　　价:128.00元

合著《文三百篇》

参编《中国学术名著大词典》

赏析文章所见的部分鉴赏辞典

1995年，华东师大

1997年，与陈庆元，杨海明、钟振振

2002年，广州云台花园

2004年，四川绥宁

2008年，浙江海宁

总　序

孔子说："吾十有五而志于学，三十而立，四十而不惑，五十而知天命，六十而耳顺，七十而从心所欲，不逾矩。"我今年七十周岁，应以之对照反省并思考其中原因了。

孔子以六艺授徒，实行全才式教育，我于1956年考入华东师大附中，勉强可算"十有五而志于学"，却已开始偏科。试前突击可考数、理、化优良，日常所好却为文哲、史地与艺术。高中再入师大附中，不久就被调到区体校，虽安排就读于同是名校的复兴中学，兴趣使然，偏科更为严重。直到高三，情况始变：体校为兼顾运动会得分和高考录取率，全班仅剩十七人，在最小的教室上课，一流老师讲课，我虽近视未戴眼镜，仍看得清又听得明，能集中思想学习。我不仅是文、史课代表，空间解析几何、有机化学等课程的测验、考试也几为全优。学业之进，使我误以为自己能做到文理兼长，因看到了历年对《红楼梦》研究、对胡适思想、对诸多文艺现象和人物的批判，深感"文科危险"，于是，在高考的选择上，决定报考理工科。我有绘画之长，又爱制作船模，原欲报考同济大学建筑系或上海交大造船系，后来却突然生变。原因是：在六月举行的上海市中学生运动会体校组比赛中，我获得跳高冠军和三项全能亚军，被观战的华东师大体育老师相中，劝我报考师大。他告以师大物理系毕业生多分配至高校或科研单位，到中学的仅百分之五。而因经济困难，我曾对父母许诺读大学不要家里负担，师范生由国家提供膳食，能不爽所约，故而听从所劝，改以华东师大物理系为第一志愿，并被录取。

入学后，开始还信心满满，但随着时间推移，却对学习越来越不感兴趣。尤其是高等数学，常布置几十道题，有时竟然半天也解不了一题，使我深感烦恼。有次实验，一女同学失手损坏了仪器配件，被命赔偿，她的痛哭使我难以平静，就此视实验为畏途。我住在运动员宿舍，见文科生毫无作业、实验负担，同室一位羽毛球队员读中文系，是印尼归侨，曾说："我们的同学真厉害，高中就读过《三国演义》、《水浒传》、《红楼梦》！"听此叹慕，我心中暗笑："这些小说，鄙人小学时就读过了，岂止读过，人物和情节都能随口说出！”我深感文理科的苦乐不同，心想：“毕业后拿一样的工资，何必要读物理系？学得如此之苦！”为此，因高考弃长取短、选择了理科而后悔，开始有转系之念。

那时的高校，转系极难。我先向物理系提出转读中文系的申请，未得理睬。后听说，有一数学系转中文系的学生，曾向市委书记柯庆施写信，历尽周折才得批准，且必须从一年级读起。我当然不愿去中文系“留级”，更不愿在物理系勉强升级，决定破釜沉舟、“舍命”一搏。于是，所有的专业课都亮起“红灯”，以证我不宜在物理系学习；同时，正式提出转读中文系二年级的申请。在受阻于物理系、教务处之后，我决定写信给校党委书记兼副校长常溪萍，申明要求转系的理由。常溪萍抗战时入党，曾是山东的模范专员，保持老八路本色，经常出现在学生宿舍、食堂和运动场，爱打篮球，曾多次看我跳高，认识我。我刚入学，就在新生运动会上破了校纪录。1963 年参加高校运动会，所有高度都一次过杆，最有希望夺冠，却在跳 1 米 86 时，心想过此高度将集冠军、高校纪录和一级运动员于一身，杂念一生，三跳失败，仅获亚军。虽如此，我仍是华东师大田径队的“希望之星”。我候在丽娃河桥畔，见他经过，把信交他手上，只说：“常校长，这是我要求转系的信。”转身就走。不久，教务处约我谈话，认真听取我要求转系的理由，后又同意我参加中文系考试，以决定能否转读二年级。事后得知，这是奉常校长所命而办，而常校长之所以同意我转系，主要不在于我是学校的优秀运动员，而是通过查阅高考作文卷，知我所写《雨后》一文似是得了理科生的最高分，这是可以转读中文系的重要理由和依据。

因期终考试已过，我被安排参加中文系一年级的补考，所有课程都通过，优多良少，我终于没成为“留级生”，在 1963 年下半年转到中文系二年级就读。这年冬天，成为一级运动员，自感学习上驾轻就熟，大有余力读书。次年春，我以 1 米 92 打破 1 米 86 的上海高校跳高纪录，距新的运动健将标准仅 3 厘米，是全校最有希望成为健将的人选。我开始酝酿学习与体育双优的计划，期待毕业能留校工作，走上高校教学和文学研究的道路。

但是，在中文系仅读了一年，1964 年 10 月，全年级同学就被命参加“社教”工作队，到安徽农村搞“四清”。先是“访贫问苦”、“扎根串连”，后是“整那些走资本主义道路的当权派”，从全椒县到定远县，先后参加了三期运动。1966 年 5 月，结束“社教”，恢复了大学生身份，回到学校。但随即“五一六”通知下达，“无产阶级文化大革命”真正拉开序幕，我在无“学”、不“学”的大学度过了“乱也看惯了，篡也看惯了”的两年多。好不容易在被拖一年后，于1968年毕业分配。五年制的大学六年毕业，我实际上只读了一年物理系，一年中文系，在“四面向”（厂矿、农村、基层、边疆）的潮流中，被分到甘肃永登水泥厂。服从建材部安排，我于1968年9月到江苏南通长江边的东方红农场，接受解放军的再教育。战天斗地，劳动一年半，于1970年3月结束锻炼。5月初到甘肃永登水泥厂报到，开始在黄土高原的山沟接受工人阶级的永久性再教育。

我先被安排随政工组挖防空洞，后到原料车间，每天推小车，数月后，再被分到班组，当了三班倒工人。一年多后，职工子弟小学一位体育教师调回老家，厂政工组找我谈话，令去学校顶缺，理由是我不久前获兰州市首届运动会跳高冠军，教体育很合适。我认为自己虽能当专业教练却教不了小学体育，在压力之下还是顺从了。每天面对小麻雀般的一二年级小学生，和“我们今天玩什么”的发问，我只能摇头苦笑，唯求不出意外，何有教学可言！一年后，我改任职工子弟中学的军体课，课馀还曾满怀热忱训练学生田径队。后被同事告知：校长对我教体育穿运动鞋和运动服、戴太阳帽（均自费购置）很不满，认为是资产阶级作风，差点过不了转正一关。在教了近两年军体课后，我“归队”当语文教师，而因“阶级”的嫌疑，冷却了对学校体育事业的热心。

很快就到了“而立”之年。难出于时代之外，此时的我是不“学”又未“立”。应付每周十二节语文课兼一个班的班主任，每周三个晚上的学习毛选、马列，是极其容易的。在“知识越多越反动”的年代，不必“给人一杯水，自己要有一桶水”，此时除了马列、毛选，实在无书可读，我仅是利用为厂文艺宣传队创作节目的机会，借口找参考书，在厂图书馆发现了几本藏在角落的外国小说，读了以前未读过的梅里美《嘉尔曼》、《高龙巴》等书。

黄土高原的杨树叶生生落落，我的生活在“看人儿女大，为客岁年长”中循环……终于到了1976年，周恩来、朱德先后逝世，唐山大地震，毛泽东逝世……不久，传来了一举粉碎“四人帮”的消息，举国欢庆之后，很快就是一系列的拨乱反正。终于，在1977年听到了恢复高考的喜讯，不久又传来研究生招生的消息。“伤痕文学”的出现，促使人们反思“文革”，陈景润攻克“哥德巴赫猜想”的报告文学，更鼓舞了许多人，“志于学”的时代终于来临了！我在1978年春报考了古代文学研究生，以母校华东师大为第一志愿，在永登县城参加考试，除俄语外，其他三门课自感较好。在等待中得到了复试通知，却因夏天的洪水冲断宝天铁路，只能向厂领导申请乘飞机回沪，且不顾只准飞兰州到西安的批示而直飞上海，参加复试。9月，收到录取通知，我成为了“文革”后“黄埔一期”研究生，得以从中年开始“志于学”。

三年研究生，是我真正的读书期。深感本科六年、毕业十年的无学，蹉跎岁月之痛，激起了学习的热情。我尽废以前所好，停止了体育锻炼，渐入学术之门。1981年，研究生毕业，留校工作，既是我学术研究的继续，又是逐渐开拓的起始。很快就进入“不惑”之年，对于人生之途自无所“惑”，而对学术问题则“惑”者甚多，因之而兴趣渐广。我先是为写研究吴梅的硕士论文而用力于戏曲和曲论，后因兴趣主要在词而转向唐宋词与词学批评，以上研究领域的相关成果分别是《吴梅研究》与《唐宋词美学》二书及参撰的《中国词学批评史》，还有多篇词学论文。而因唐宋词与词学批评分别被同事设为选修课，且作为科研主攻方向，我就避之而将研究转到了古代诗画比较。这一转向并非有意作跨界研究，而是或因我青年时对诗画皆有所好的“情结”所致，此时因浸淫学术而多了几分中年的理性，虽未能用力于诗画创作，却对研究二者尤其是比较其异同感兴趣。遂从钱锺书先生的两篇论文及所提出的问题出发，写出了古代诗画比较的讲稿，以此稿开了多年的选修课，并据此而写成、出版了《有声画与无声诗》一书。此书被一书评称为“中国的《拉奥孔》”，虽或过誉，但也确是点出了构建中国古代诗画比较理论体系，揭示民族特色的意旨。

《吴梅研究》初稿成于1981年，出版于1990年底，历时近十年；《有声画与无声诗》成稿五年后，才于1993年出版。《唐宋词美学》1993年出版，《中国词学批评史》1994年出版。以上四种著作，都出在五十岁左右。而因前两者的出版历尽艰难，使我真正懂得学术研究成果的面世受制于市场，这就改变了以前的观念，大概可算是我的“五十而知天命”了！

虽然上述的专著、合著都出版于二十世纪九十年代，却是我八十年代“学”之所成，所以这十年之所“治”，主要是词曲与诗画之学。

1988年起，我受命参与华东师大文科第一个复合型硕士专业的筹建，开始指导这一名为“中国文化建设”方向的硕士生，又有授课的任务，遂用了很多时间阅读文化学、文化史著作，结合我国古代的文学与艺术，写成《中国文化与文艺》讲稿。除了为这一方向的硕士生授课外，又在中文系各层次、范围的学生中以选修课讲过多次。在讲述十年后，写成《古代文艺的文化观照》一书，作为我主持的教育部项目成果，在2003年出版。在研读文化学、文化史的过程中，我一度对图腾、民俗颇感兴趣，曾费时费力地借助放大镜阅读影印版《二十五史》，企图从古史记载中寻找图腾制的遗迹，欲写《中国图腾艺术史》。此事虽未行，却因对文化学、文化史及中国古代史著作的阅读，引发出对史前文艺与神话研究的兴趣。适逢中文系有人主持撰写二十世纪中国美学研究丛书，以人为题，确定了十位对象，将其中的闻一多研究交给我，我虽因读了俞兆平的《闻一多美学思想论稿》而自感难以再作全新之论，却因对闻一多用文化人类学方法研究神话、《诗经》的兴趣，而将论题扭转到对闻氏的古代文学研究作文化的观照，与赵晓岚合作，写成了《学者闻一多》。

与上述研究几乎同时，我又延续了对诗、画的研究兴趣。《有声画与无声诗》出版后，因感到西方是力图拉开诗与画的距离，而我国古代却着力于诗画的融合，可是，诗与画毕竟所属不同，艺术介质、手段有异，虽可比又不可比，为此而生分写《中国诗歌思想史》与《中国绘画思想史》之念。我以先生后熟为原则，先作后者，全书百万字，始于1994年，因有集体项目和教学任务，主要用暑假写作，耗时四年才完成，也同《有声画与无声诗》一样，经历了曲折的过程，才在成稿三年多后出版。此时，已入新世纪，同事萧华荣的《中国诗学思想史》已出多年，使我只能将另一选题调整为《中国诗歌艺术思想史》，却因对能否出版的疑虑，令我不敢贸然动笔。而因2002年接受暨南大学之邀担任古代文学学科带头人，则更使我的生活发生了很大改变，这一写作计划终未能实施。近十年之后，出版拙著《中国绘画思想史》的贵州人民出版社要我自报选题，争取国家出版基金资助，而此时经历了一场大病，我的健康状况已不允许再写大部头著作。于是，我的诗画之学就只能终止于这种跛腿的状态了。

九十年代的十年，我的治学既延续了诗画之学而偏在绘画，又新辟了文化与文艺的宏观关系研究，还在学术史范畴以学者为对象继作"研究之研究"。以上三方向的成果，就是分别出版于2001年的《中国绘画思想史》，2003年的《古代文艺的文化观照》，2001年的《学者闻一多》。三著的出版，在我六十岁左右，此时的辨识力已较前为高，虽非和光同尘，却听到的多能泰然入耳，看到的也见怪不怪，虽无反潮流的勇气，却能不跟风而动，此或为我的“六十而耳顺”之义。

2002年底，为申报古代文学博士点及中文一级学科博士点，我被借调到暨南大学，担任学科带头人，次年，前者得批，后者未就，我正式调入暨大。河南大学出版社的《宋代研究丛书》已出多种，或因我有《中国绘画思想史》之作，向我约写《宋代绘画研究》。成约于2002年6月，而因我的调动，应对多事，虽只用了半年多撰稿，成书却已在2004年8月，出版则是2006年10月了。我的学术兴趣屡转，虽不怕“学书不成学画，学画不成学塑”之讥，却因只问耕耘、不问收获，从未在各界求取认同，故似只有词学界还将我看作“自己人”，因此而有回归词界之想。我先应上海古籍出版社之约写了《宋词与人生》，又在该社出了《词学廿论》，在齐鲁书社再版了《唐宋词美学》，以维持先入为主的词学学者形象。2004年，国家社科基金项目“唐宋词的形式与艺术发展史”获批，为应对考核而发表了30多篇论文后，我在2007年一年内完成了《唐宋词艺术发展史》的百万字书稿，三年后正式出版。

我曾有二十年的体育锻炼和体力劳动史，自三十五岁重回大学以来，为追回岁月，就停止了锻炼，虽自感体能退化，却无明显的不适，为之还自我调侃：“青年时应是狮子老虎，老年时要像乌龟王八。”而实际上我不应提前进入“乌龟王八”状态，故从中年起已因久坐不动而疾病暗生。1999年，第一个验血指标高出临界，此后各指标逐年飘红，渐成“三高”人员，本应重启体育锻炼，却停不下高强度研究的脚步。因多年的连轴转，健康严重透支，终在2009年大病一场，躺上了手术台。此时，我才意识到体育锻炼确应是一生之事，对于运动员出身的人尤应如此。悔之晚矣，亡羊补牢，却已非其时！我只能停止了将要进行的研究，为自己的学术生涯不情愿地划上休止符。

从前曾流行过“为祖国健康工作五十年”的口号，我的真正为学始于三十五岁，应工作到八十五岁，但因健康亮起红灯，身患多种疾病，我只能止于七十。这本是“从心所欲，不逾矩”之年，我虽不逾法度规矩，却受制于健康而不能从心所欲了。有了这一清醒认识，我只能中止原先计划，仅在出版《唐宋词艺术发展史》后，于2011年再版了《中国绘画思想史》插图本，旋即开始整理三十多年的著作、论文，拟在七十周岁时出版自己的学术文集，就此将“换一种活法”，以度余生。这样，原先计划要写的几种著作都不能付之实施了。按先后，这些著作是：《进士文化与唐诗》、《中国诗歌艺术思想史》、《中国韵文学概论》，以及力图构建新体系、体现“一代之所胜”的《中国文化史纲》，此外，还有一或两种词籍别集的校笺。

新著写作未成，旧作整理已就，如今，名之为《邓乔彬学术文集》的十二卷本将正式出版。十二卷文集分别是：

第一卷：《文化与文艺》，包括专著《古代文艺的文化观照》和相关论文七篇。

第二卷：《比较诗学》，包括平行比较与影响比较两个专题。前者是：专著《有声画与无声诗》，古代诗画比较论文一篇，中外比较诗学论文六篇。后者是：与陈学祖合作的影响比较研究书稿《现代新诗与古典诗词》三章。

第三卷：《文化诗学》，包括四组论文：文化与诗，十二篇论文；进士文化与唐诗，十二篇论文；诗歌美学，十篇论文；曲学及其他，十一篇论文。

第四卷：专著《唐宋词艺术发展史（上）》。

第五卷：专著《唐宋词艺术发展史（下）》。

第六卷：《词学三著》，分别是《唐宋词美学》、《宋词与人生》、《爱国词人辛弃疾》。

第七卷：《词学论文集》，包括：词学总论，十三篇；词人词作论，十三篇；词论研究，十篇；其他，八篇。

第八卷：专著《中国绘画思想史（上）》。

第九卷：专著《中国绘画思想史（下）》。

第十卷：《宋画与画论》，包括《宋代绘画研究》及研究绘画与画论的论文六篇，访谈一篇。

第十一卷：《学者研究》，包括《吴梅研究》与《学者闻一多》二著，及论述二人学术成就或研究方法的论文二篇。

第十二卷：《杂缀集》，包括六部分：第一部分是为古代六十种画论著作所写的提要，第二部分是九十二篇古文的提要，第三部分为序跋后记，第四部分为学习笔谈，第五部分为发言、讲座稿，第六部分为作品赏析。最后附有作者分年度的著作、论文、文章目录。

回顾七十年的人生，恰以1978年三十五周岁为界：此前是在中学、大学偏科、移易的“志于学”与不能“学”之十多年，学工、学农、学军的数年，不能给人以学、自己亦不能学的工厂子弟学校教师的七年；

此后则是真正在高校的为学、治学，经历了不惑、知天命、耳顺、从心所欲而不逾矩的生命历程、节点。十多年的蹉跎岁月，即使放弃体育锻炼及诸般爱好，也难以追回！若老天能再给我以十多年的健康岁月，本应有逾千万的文字用于结集的，如今却只能止于古稀之年而仅得六百多万字。不过，人们常说，学问是做不完的，念此也就不必自责、自叹了。

本文集的出版，先得暨南大学第三期211工程经费的资助，所缺的大半费用由晨讯科技董事长杨文瑛女士赞助，在我筹款无门、不得已而向这位从无联系的初中同学求助时，立即就得到她的无条件应允，随即将钱款打入出版社账户。对此，实在是难以表达我内心的感激之情！本文集的整理、出版，得我沪、穗两地历届的博士生、博士后助力甚多，分别负责各卷的整理、校核者是：

第一卷：刘兴晖、金国正

第二卷：陈学祖

第三卷：彭国忠

第四、五卷：刘兴晖、昌庆志

第六卷：吴思增、王毅

第七卷：杨柏岭、仲冬梅

九卷：李杰荣、刘兴晖、王嘉、陈建穰

第十卷：何平华、汪涤

第十一卷：李俊（委托刘晓亮）

第十二卷：程刚、夏令伟

文集能顺利出版，衷心感谢他们！

安徽师范大学出版社将本文集列为重点图书，社领导统筹安排，诸位编辑兢兢业业，特此致谢！

围绕为学主题，回顾五十多年人生历程，权以为序。啰嗦之至，望读者谅之！

邓乔彬

2013年5月22日

本卷提要

本卷为杂著，据内容分类，包括以下部分。

第一部分是为古代60种画论著作所写的提要，起自南北朝刘宋时期宗炳的《画山水序》，终于清代嘉道时期华琳的《南宗抉秘》。原系本人为《中国学术名著大词典·古代卷》撰写的条目，又是为准备撰写《中国绘画思想史》所作札记，因出于作者个人阅读、研究这些著作的体会，具有原创性，故收入本卷。

第二部分为92篇古文的提要。原系作者与潘文国、龚斌共撰《三百丛书·文三百篇》所写的文章题解，因本人负责该书唐代到明初的篇目，故本卷共收入四朝共91篇古文的题解，另有为湖南文艺出版社《读有所得》撰写的4篇，而因有与前一书所撰重复者，凡此则择善而存，故本卷共收入92文的题解：唐文36篇，宋文（包括金）46篇，元文4篇，明初文6篇。为求本卷体例统一，原来的“题解”亦统一改为“提要”。

第三部分为序跋后记，收入为12种著作所写序言，另有自序1篇，前言1篇，后记4篇，自介1篇，共计19篇。12篇序多是为我的学生所著而写，后记、自介则为己著而作。虽本文集收入本人所有学术论著，但或因个别著作再版，或因原出论文集在收入本文集时加入新内容而弃其原名，故未保留原作自序、后记而收入本卷。

第四部分为学习笔谈。有些文稿虽已发表，却因年久而无从寻觅，故仅收6篇。

第五部分为发言讲座，如所命名，或为各会议所作发言稿，或为所作讲座的讲稿，而因有些讲座未作书面准备，故未有所存而不收。

第六、七部分为赏析类文章，因篇幅较大，故分为作品赏析和鉴赏辞典、文集两个部分。前者文章多曾发表于各刊物，后者则收入各种鉴赏辞典或性质相近的专题书籍。因本人主要从事古代文学研究，应约而写的这些鉴赏文章亦属于该范畴，跨越从《诗经》到清代的三千多年，主要为韵文的诗、词、曲，亦涉少量古文。各书体例要求不一，鉴赏对象不同，文章亦长短有别。因文章发表（出版）有先后，先出者或被收录于后出之书，故极少数文章曾重收，凡此，收入本卷时作了删汰处理。

本人曾参加过多种工具书或其他读物的编撰，因所撰者或有所据而非原创，或属于资料性质，或学术性不强，均不收入本文集。另有为专业性工具书所撰条目，虽系自己之研究心得，但因未能出版，且原稿难觅，故不收入。主编或参编的教材、教参，其中虽不乏学术性内容，但因性质在于“教”，亦不收。

本卷最后附有作者分年度出版、发表的全部著作、论文、文章目录。

目　录

第一部分
画论提要

《画山水序》

山水画论著。东晋宗炳撰。宗炳(375—443),字少文,南阳涅阳(今河南镇平)人,居江陵(今属湖北)。出身士族,东晋末年至宋元嘉年间,屡拒当局征召。长于书画、弹琴,深于佛学,曾入庐山白莲社,作《明佛论》。性好山水,长期在外漫游,老病才回江陵。图绘所见景物而自称"卧游"。《历代名画记》谓其有《嵇中散白画》、《孔子弟子像》、《狮子击象图》、《颍川先贤图》、《周礼图》等传世。

《画山水序》当是宗炳晚年所作,成于430年前后。篇幅不长,但在我国绘画理论史上有着重要地位。文中先结合古代圣贤爱山水的"仁智之乐"和山水是"道"的体现,总言山水之美,继而表明自己创作山水画的缘由,接着又阐明山水画之能成立及其意义,论证了用透视法以"存形"的原理,及更进一层的"栖形感类,理入影迹",最后以"畅神"言山水画的功能、价值,表明其所具有的精神解脱意义。《画山水序》带着佛学唯心主义色彩,作为全文总纲的首段就是以佛学观点来论证山水美的,但它作为我国山水画论的开端,对后来的画论产生了重要影响,并具有普遍的美学意义。

从绘画的角度而言,此文道出了画家应该注重观察,"应目会心",使山水画创作形成丘壑内营的规律,并科学地阐明了透视学原理。宗炳曾过着"栖丘饮谷,三十余年"的生活,所以对观察山水及进而作画有深刻体会,《画山水序》总结了这一规律。"余眷恋庐、衡,契阔荆、巫",这是饱看山水的过程,"身所盘桓,目所绸缪,以形写形,以色貌色",在饱游饫看之后,就可以就着对象作画了,但是"画象布色,构兹云岭"是有疾还江陵之后,并非坐对山水写生,序中所云"以应目会心为理",又道出了目击心存、储藏表象的原理,在达到"目亦同应,心亦俱会"的境界后,"虽复虚求幽岩,何以加焉?"终非亲临,亦能得极美形象。这一"应目会心"的原理,全然与西方绘画不同,重在观察、记忆,而非对面写实,后来的山水画家都遵循"丘壑内营"的规律,其理论揭示就起于宗炳所说。巨大的山水怎样成为较小的画幅呢?宗炳又提出了解决问题的透视原理。从实践中,他懂得"去之稍阔,则其见弥小",故"张绢素以远映","竖划三寸,当千仞之高,横墨数尺,体百里之迴"。如此总结透视学原理,比西方早得多。我国后来的山水画固非焦点透视,但无论是长卷、大幅、小景,"咫尺万里"却源于宗炳所说。

《画山水序》第一次将形神论从人物画引入山水画理论,不仅对宋代山水画论产生影响,而且使形神论在造型艺术领域具有普遍意义。宗炳是从佛学眼光提出"山水质有而趣灵"、"山水以形媚道"的观点,而由于"圣人以神法道",山水既为"道"之表现,亦必是"神"的表现,因而"以形写形"还要得其"神"。这是顾恺之用于人物画的"以形写神"论的发展。

《画山水序》还在充满儒家色彩的人物画论外别立一宗,阐明了欣赏山水画的虚静情怀和畅神功能，发展了传统的美学理论。它一反儒家的政教观，从佛学角度以“澄怀味象”、“神超理得”、“闲居理气” 言山水画欣赏及其心态，是一种超功利的审美愉悦，幽闲平和的虚静情怀，其感情不是激动起伏，而在优游玩味之中得“畅神”之乐。

原文未见，仅载于张彦远《历代名画记》，以明刊《王氏画苑》本为较好。现收入俞剑华《中国画论类编》。

《叙画》

山水画论著。南朝宋王微撰。王微(415—443,一说453),字景玄。琅邪临沂(今山东临沂)人。出身王氏大族,曾任司徒祭酒、太子中舍人等,父死后,辞官闭门,坚拒征召,常居一屋,读书玩古十余年,直到逝世。善属文,能书画,兼解音律、医方、阴阳、术数。著有《鸿宝》,不传。绘画被谢赫《古画品录》列为第四品。

《叙画》约成于公元440年前后,因《历代名画记》转录而得以保存,但张彦远转录时已有所略,并非原貌。《叙画》与宗炳《画山水序》有相同或相通之处。王微对山水也不持坐对写生的态度,他在与友人何偃书中曰:“吾性知画,善鸣鹄识夜之机,盘纡纠纷,咸纪心目。故山水之好,一往迹求,皆得仿佛。”这就是凭藉记忆作画。《叙画》中,他以“本乎形者融,灵而动变者心也”,言主客关系,心之灵而动变就体现为创造精神,同样强调“内营”。王微虽未像宗炳那样明确阐述透视原理,但“以一管之笔,拟太虚之体”,亦有以小见大之意。

《叙画》在画学思想上有独到的建树。其一是论述了山水画不同于地理图,其二是探讨了绘画与书法的关系,其三是论述了山水画的艺术效果。王微针对那种以“图经”眼光看待山水画,只讲山川形势而不讲绘画特点的观点,明确提出“古人之作画也,非以案城域,辨方州,标镇阜,划浸流”,划清了山水画与地理图的界限。继而所说的“灵而动变者心也”更说明创作山水画过程中感情与创造性的重要。在书画关系上,王微提出“并辨藻绘,核其攸同”之见,即认为画不低于书,并辨析其同。继而指出,用书法的敛曲之笔表现嵩山之高,以急放之笔表现海中的方丈,用曲折多变之笔表现太华山,以沉着有力的点表现山正面的高耸处(龙准)。这种以书法的不同用笔可描绘山水不同形象的看法,启发了后人书画用笔相同之论。王微认为,用笔描绘出来的山水画如人面之笑,如彩云之吐,纵横变化,无比生动。创作完成之后,欣赏山水画所带来的是精神飞扬、思绪浩荡,胜过了欣赏音乐和玉器之乐;回顾创作过程,不仅是“运诸指掌”的技进乎道之乐,而且有“神明降之”之情。王微的这些画学思想给后人以不少启示,如郭熙就有“春山澹冶而如笑”之说。强调想象与感情的奔放、飞扬,这不仅是对玄学和佛学的超越,而且是后来刘勰“登山则情满于山,观海则意溢于海”(《文心雕龙·神思》)的先导。

原文未见,载入张彦远《历代名画记》,以明刊《王氏画苑》本较好。现收入《中国画论类编》。

《古画品录》

绘画品评著作。又名《画品》。南朝齐、梁间人谢赫(生卒年不详)撰。其生平未见于史,日本金原省吾推测其与刘勰、钟嵘约略同时。曾入梁“秘阁”,掌绘事,作有《安期先生图》、《晋明帝步辇图》等传于后。

《画品》品评三国至齐梁画家二十七人(张彦远《历代名画记》所引为二十九人),共分六品,并以品第为次序。第一品列陆探微、曹不兴等五人;第二品列顾骏之等三人;第三品列姚昙度、顾恺之等九人;第四品列蘧道愍等五人;第五品列刘顼等四人;第六品为宗炳、丁光。

顾恺之是杰出的画家,在东晋声名卓著,谢安曾推崇为“自生人以来未有也”。但谢赫仅列之为第三品,评曰:“格(一作‘除’,或作‘骨’)体精微,笔无妄下;但迹不迨意,声过其实。”这一品评曾遭致《画品》续作者的强烈不满。谢赫之所以将顾恺之列为第三品,反映了《画品》所倡的创作倾向,折射出与时而变的理论意义。他主张“迹有巧拙,艺无古今”,强调变古、创新,这与萧纲一派反摹古、倡新变的思想一致。萧纲在中大通三年(531)被立为皇太子,在此前后大力提倡“宫体”,《画品》写于532年之后,可见谢赫入梁后的绘画及理论,都受到了“宫体”的影响。姚最《续画品》评谢赫“笔路纤弱,不副壮雅之怀”,这是由于所画“丽服靓妆,随时变改。直眉曲鬓,与世事新”,可见谢赫所画实为画中“宫体”。这与魏晋玄风笼罩下尚静、传神、重眼睛、轻形体的顾氏画风异趣,《画品》对顾氏的品评并非妄下。

在《画品》序言中,谢赫沿曹植“是知存乎鉴戒者图画也”(《画赞序》)之说,亦云:“图绘者,莫不明劝戒,著升沉,千载寂寥,披图可鉴。”但对后世产生巨大影响的,则是首次提出关于“六法”的理论:“六法者何? 一气韵生动是也,二骨法用笔是也,三应物象形是也,四随类赋彩是也,五经营位置是也,六传移模写是也。”“六法”远承先秦以来儒家所讲“六气”、“六律”、“六诗”,贾谊《六术》所云“六理”、“六法”、“六行”、“六美”等概念,近参刘勰《文心雕龙·知音》以“六观”论诗文优劣,使绘画理论从创作技巧到批评准则上升到自成体系的阶段。

“六法”之首是“气韵生动”。汉人重气,认为“人禀气而生,含气而长”(王充《论衡·气寿》),曹丕以“气”入于文学批评,提出“文以气为主”(《典论·论文》)。晋人多以“韵”品藻人物。“气”、“韵”相合为一词,当指人的生命力与智慧、才情的统一。而“生动”之说,可远溯《易传》“生生之谓易”,又承汉人“气生万物”之论。生命哲学用于艺术,“气韵生动”当是指人的生命、精神、学识、风度等,应表现在生生不已、变动不居之中。这种既重精神风韵,又重姿态动作的观点,继承了顾恺之“传神写照”论,但又与顾氏忘“形”得“神”相异,是对传神论的发展。

“六法”之二是“骨法用笔”。“骨法”源于古代面相术，指人的骨体相貌，魏晋品藻人物，常有带“骨”字的评语，认为“骨”与人的形体、精神、人品都相关。顾恺之将“骨法”引入绘画，使之成为“以形写神”的基础。谢赫所说“骨法”，继承了顾恺之所论，但在评张墨、荀勖时又有“但取精灵，遗其骨法”之说，使“骨法”失去神圣意义而趋于世俗。《画品》将“骨法”与“用笔”相联系，既明确了中国绘画与书法密切相关，又指出了线条是造型的基础。传为卫夫人作的《笔阵图》说：“善笔力者多骨。”“骨法用笔”之说当对此有汲取。综观谢赫对各画家的评论，是要求用笔有骨力，要创新，且“气韵生动”当凭借“骨法用笔”。

“六法”当以“气韵生动”、“骨法用笔”最为重要。其余四法属具体技巧：“应物象形”指按物象面貌来表现，不能臆造，“随类赋彩”指据不同对象表现各自的色彩，“经营位置”指精心构图、巧妙设计，“传移模写”指临摹技巧。“六法”对后代有很大影响，宋郭若虚推尊为“六法精论，万古不移”（《图画见闻志》）。可以认为，《画品》是我国第一部系统的绘画理论批评著作。

对“六法”首作逐条转述的是张彦远《历代名画记》卷二，自此至清代，皆作四字一句连读，近代严可均辑《全上古三代秦汉三国六朝文》，始作二、二断开，钱锺书亦认为四字相连失读（参见《管锥编》第 189 则），对此，李泽厚、刘纲纪《中国美学史》辨析甚详。

有《百川学海》、《王氏画苑》、《津逮秘书》、《丛书集成初编》、《美术丛书》等版本。北京图书馆所藏《汇刻唐宋画书九种十一卷》含此书，为明嘉靖间刻本，系此书之古籍善本。新刊本为《中国画论丛书》本，与姚最《续画品录》合刊，王伯敏注译，人民美术出版社 1959 年出版。

《续画品》

绘画品评著作。又名《续画品录》、《后画品录》。南朝陈姚最(生卒年不详)撰。其生平正史与画史均无记载,据《续画品》中称梁元帝为“湘东殿下”,可知此书成于梁承圣元年(552)以前,而谢赫《古画品录》写于梁武帝中大通四年(532)之后(《古画品录》中称陆杲“传于后者,迨不盈握”,而据《梁书》,陆杲卒于是年),姚书又是续谢书而作,故《续画品》当成书在533—551年,姚最主要活动于这一时期。书中直接评论湘东王萧绎的绘画,且对齐梁宫廷绘画知之详切,可推测姚最应有较高社会地位,且与齐梁宫廷绘画关系密切。

《续画品》系谢赫《画品》的续作。共录二十人,始于萧绎,终于解蒨,其中有合二三人为一则者。对各人所作,均有简要评价,其中对谢赫评之较详。《续画品》接受了谢赫所倡“六法”,在评论萧绎时云“画有六法,真仙为难,王于象人,特尽神妙”,对宫廷画家沈标、沈粲、焦宝愿等都有肯定,其创作思想与谢赫颇为接近。与谢赫显著不同的,在于对顾恺之的评价,姚最认为顾氏“擅高往策,矫然独步,终始无双。有若神明,非庸识之所能效;如负日月,岂末学之所能窥;荀、卫、曹、张方之蔑矣;分庭抗礼,未见其人”。从兼及对其他画家的评价,可知姚最在赞赏“宫体”画的同时,对文人画也极为欣赏,对画家的批评较为宽容。张彦远《历代名画记》褒谢贬姚,认为前者所评“最为允惬”,后者浅薄陋略,实有欠公允。

《续画品》在理论上有一定建树。序云:“岂可曾未涉川,遽云越海;俄睹鱼鳖,谓察蛟龙?”评论画家时云“含毫命素,动必依真”(评萧贲),“朝衣野服,今古不失。奇形异貌,殊方夷夏”(评张僧繇),都可见对生活积累、对反映真实的重视,用姚最所说,即“心师造化”(评萧绎语),后代画家多代有阐发,并身体力行。另外,姚最又有“幼禀生知”(评萧绎语)之论,强调画家的天才,宋郭若虚《图画见闻志》以为“气韵非师”,气韵生动“必在生知”,就是这一观点的发展。

有《王氏画苑》、《津逮秘书》、《丛书集成初编》、《美术丛书》等本。北京图书馆所藏《汇刻唐宋画书九种十一卷》含此书,为明嘉靖间刻本,系此书之古籍善本。新刊本为《中国画论丛书》本,与谢赫《古画品录》合刊,王伯敏注译,人民美术出版社1959年出版。

《后画录》

绘画品评著作。唐释彦悰撰。彦悰(生卒年不详),又作彦琮、彦宗。弘福寺僧。当为隋人而入唐者,其余事迹不可考。

《后画录》成书于贞观九年(635)。书中就所见长安名画,系以品题,计二十七人,因"曹、姚之徒,已标前录;张、谢之伍,题之续品",为续姚最《续画品》,故"名曰《后画录》"。此书对各画家品评之语较《古画品录》、《续画品》更简,其主要内容在于指出各画家的师法、传承关系,擅长的题材、风格,及主要艺术技巧。张彦远《历代名画记》谓"僧悰之评,最为谬误",但细阅各则,并参画史、画迹,彦悰所评亦不乏允当之言,张彦远未免苛求。此书在张彦远之时已传写错落,其后更甚,竟缺失郑法轮、刘乌二则,将刘孝师误为刘褒,更有作伪者增入李凑一则。《四库提要》指出:"考张彦远《历代名画记》:李凑,林甫之侄也,初为广陵仓曹,天宝中贬明州象山尉,尤工绮罗人物,为时惊绝。则凑为明皇时人。彦悰远在太宗之世,何以能预录之乎?"故认为"是真本尚不足重,无论伪本矣"。因后人作伪而否定原书亦不妥。

《后画录》善于对画家作撮要评论,言简意赅,不乏中肯之言。如北齐杨子华有"画圣"之称,《历代名画记》卷八谓其"图龙于素,舒卷辄云气萦集","画马于壁,夜听啼啮长鸣,如索水草",《后画录》仅以"善写龙兽,能致风云"八字概括,而深中肯綮。又如展子虔,《后画录》评为"触物为情,备该绝妙。尤善楼阁人马,亦长远近山川,咫尺千里"。既肯定了展氏"备该绝妙",又指出其所独擅,楼阁人马之长常见于后人所评,尤其"远近山川,咫尺千里"之评,是姚最评萧贲以来的第二人,观现存《游春图》,虽山势无皴而显朴拙,但已明显不同于魏晋"人大于山,水不容泛"。再如评阎立本的"奇态不穷,变古象今,天下取则",就极为正确、稳洽。当然,除传写脱落和后人作伪之外,《后画录》也有过于简略、武断之弊。后来窦蒙作《画拾遗录》就多反驳彦悰之见。

有《王氏画苑》、《津逮秘书》、《丛书集成初编》、《美术丛书》等本。北京图书馆所藏《汇刻唐宋画书九种十一卷》为明嘉靖间刻本,将此著入《存目》,谓系明人伪托。俞剑华《中国画论类编》收入此著,并有较详考证。

《贞观公私画史》

绘画著录。又名《贞观公私画录》,简称《公私画录》。唐裴孝源(生平不详)撰。因《画录》序言作于贞观十三年(639),可知主要生活于此期前后,曾官中书舍人、吏部员外郎。所著除此书外,还有沿谢赫《古画品录》体例所著《画品录》一卷,记贞观、显庆间画家品第,已佚。

《贞观公私画录》旨在著录古画名目,并品评高下。序言中言明此系受汉王李元昌之命,将"魏晋以来,前贤遗迹所存,及品格高下,列为先后"。实际上以刘宋时陆探微为首。序言中谓所录为"秘府及佛寺并私家所蓄",而书中所载多为隋朝官库本,当是隋室旧藏而尚存于贞观者,壁画亦止于隋之杨契丹。从序中可知,此书共著录二百九十八卷(其时称画幅为"卷"),壁画四十七处;其中隋唐官本计二百三十卷,得之于杨素家二十卷,余者为萧瑀、许善心、褚安福等人所进。并辨其中三十三卷恐非晋宋人真迹。此书于每件作品先列画名,再列作者,并按《太清目》(南朝梁之官库藏画目录)注明是否已收入该目。此书堪称著录名画之祖,可据以考知贞观前名画之存世情况,为研究画史者所宝重。

《贞观公私画录》虽为著录画迹之书,然仍有一定的学术价值。非但其著录之及于壁画影响了张彦远《历代名画记》,使张著着力于长安、洛阳及外州寺观壁画之记述;其序言所论及之画史发展及绘画功能,亦对张彦远及后人有相当影响。《历代名画记·叙画之源流》所阐述的观点,固然远源于曹植、陆机等人,但也显然可见得益于裴孝源所论之处。余绍宋《书画书录解题》曾辨析张彦远贬裴之论,认为张所云"昔裴孝源都不知画,妄定品第,大不足观"是"殆指孝源别一书,非指此编也"。非但指出论者将裴著《画品录》讹为《贞观公私画录》之误,而且深知张氏之意。

有《王氏画苑》本、《续刊百川学海》本、《唐宋丛书》本及《美术丛书》本等。

《画拾遗录》

绘画品评著作。又名《画拾遗》。唐窦蒙撰。窦蒙(生卒年不详),字子全(一作子泉)。扶风(今陕西乾县、扶风一带)人。曾任国子司业,工书。永泰元年(675)尝篆《唐宋武受命坛记》。

此书多为反驳释彦悰《后画录》对各家的批评。如《后画录》谓田僧亮"田家一艺,今古殊绝",此书则云"非独田家,众艺皆妙";《后画录》谓孙尚子"至于鬼神,性多偏擅",此书则云"鞍马树石,法士不如","岂独鬼神而已";《后画录》谓董伯仁"屏障一种,无愧前贤",此书则云:"楼台人物,旷绝今古。杂画巧赡,高视孙田。乃变化万殊,何止屏风一种?"《后画录》谓阎立本"学宗张、郑",此书则云"直自师心,意存功外,与夫张郑,了不相干";《后画录》对康僧陀极为推重,此书则云"曾见画人马,措意非高,悰公之评过当也"。此书虽无多大理论、学术价值,但可纠彦悰品评之误,能起"拾遗"作用。

此书约成书于670年前后,《新唐书·艺文志》列"窦蒙《画拾遗》"之名,而注云"卷亡",可知在宋初已佚。张彦远《历代名画记》曾加以引述,但又讥为"浅薄漏略"。清《佩文斋书画谱》征引书目中载有此书,作《画录拾遗》。近人俞剑华《中国画论类编》从《历代名画记》中辑出十四条,都为一集,收入第三编。

《续画品录》

绘画品评著作。唐李嗣真撰。李嗣真(? —696),字承胄。赵州柏(今河南西平)人,一说滑州匡城(今河南长垣西南)人。弱冠即明经学,举补许州司功,历任义乌始平令,司礼丞。永昌中拜御史中丞,知大夫事。为酷吏来俊臣所陷,配流岭南。万岁通天间(696—697)征还,至桂阳暴卒。博学晓音律,兼善阴阳推算之术,撰《明堂新礼》、《孝经指要》、《诗品》、《书品》、《画品》等,工画鬼神、杂画,有作品传世。

《续画品录》成书于690年前后,原书已佚,今传本为后人伪作,仅能从《历代名画记》所引十七条(共十九人)一窥本来面目。李嗣真既将已作名之为《续画品录》,必有续谢赫《画品》之意,但其观点、标准与谢赫不同,主要表现在对顾恺之等六朝画家的评价上。

谢赫《画品》列第一品五人,其中陆探微为首,曹不兴次之,卫协再次,而顾恺之被列为第三品。李嗣真对以上四人重作进退,首先认为谢赫黜卫进曹不当,其次则指出顾恺之"天才杰出,独立无偶","足使陆生失步,荀侯绝倒","列于下品,尤所未安",提出应以"顾、陆同居上品第一"。除以顾、陆、卫、曹之序重定高下外,李嗣真对姚最评张僧繇的"善图寺塔",很不满意,他认为顾、陆之后"盛称后叶,独有僧繇",许为画中周孔,"岂唯六法精备,实亦万类皆妙",故"请与顾、陆同居上品"。对近世画家,李嗣真亦有较精到评价,从中可见颇有价值的创作思想。如评郑法士,认为是张僧繇的高足,人物的"丽组长缨,得威仪之樽节;柔姿绰约,尽幽闲之雅容",台阁的"飞观层楼,间以乔林嘉树;碧潭素濑,糅以杂英芳草",都道出了特点。指出孙尚子虽与郑法士共师张僧繇,但所长不同:"郑则人物楼台,当霸雄伯;孙则魑魅魍魉,参灵酌妙"。论阎立德、立本兄弟的"象人之妙,号为中兴","尽该豪末,备得人情"。这些评语均论述精到、中肯,有助于后人了解六朝、隋唐绘画。在比较董伯仁、展子虔时,《续画品录》的见解很值得称道,如认为二人"天生纵任,无所祖述",富有独创性;"但地处平原,阙江山之助;迹参戎马,少簪裙之仪;此是所未习,非其所不至"。阐明了生活实践与创作的关系等,都得后人珍视。

《续画品录》书名载唐《艺文志》,成书尚不足一世纪,朱景玄《唐朝名画录序》已谓其"空录人名,而不论其善恶,无品格高下,俾后之作者,将何以览焉",而《历代名画记》所引,与朱说不同,朱之所见,当非真本。明王世贞《画苑》卷后附语谓李嗣真所录"尽剽取姚最之说,上中下三品姓名则最所无者,嗣真遂不能措一辞其间",虽知谬误,仍加刊布。《四库提要》谓晁公武《郡斋读书志》载李嗣真《名画记》一卷,又《画人名》一卷,"岂彦远所引为《名画记》之文,而此为《画人名》耶"? 推测其原本已佚,伪本为明人窃姚最《续画品》,稍作附益,而伪托于李嗣真。近人余绍宋《书画书录解题》以为《四库》所论，甚为精当。俞剑华《中国画论类编》亦有考辨。除《郡斋读书志》外，宋陈振孙《直斋书录解题》有李嗣真《古今画人名》一卷，朱景玄云“空录人名”者当为此书。

有《王氏画苑》、《津逮秘书》、《丛书集成初编》、《美术丛书》等本。北京图书馆所藏善本《汇刻唐宋画书九种十一卷》为明嘉靖刻本，将此著入存目，谓为明人伪作。1959年版《中国画论丛书》的《古画品录·续画品录》附王伯敏《伪作李嗣真〈续画品〉辨识》一文。俞剑华《中国画论类编》据《历代名画记》所引十七条收为此著，并有考辨。

《画断》

绘画品评著作。又名《画品断》。唐张怀瓘撰。张怀瓘(生卒年不详),海陵(今江苏泰州)人。曾官鄂州司马,开元中翰林院供奉。长于书法,真、行、草诸体均擅。有《书断》、《评书药石论》等。

从朱景玄《唐朝名画录·序》可知,《画断》以神、妙、能三品定画家之高下,以张怀瓘所存《书断》可推知《画断》必佳,可惜现已难知原貌。从今传此书的内容看,其最大贡献在于解决了历来对顾恺之、陆探微、张僧繇三大画家地位的争论,作出了令人信服的论断。

谢赫《古画品录》崇陆抑顾,张晚出,未及品评;姚最《续画品》极推顾氏,而云张氏"小乏神气",显为崇顾抑张;李嗣真《续画品录》亦持崇顾之论,更极称张氏,许之为画中周孔,但又云"顾长康之迹,可使陆君失步",在将顾、陆、张"同居上品"时,其真正次序是张、顾、陆。张怀瓘《画断》云:"顾、陆及张僧繇,评者各重其一,皆为当矣。"在肯定前人所论基础上,对三家均作推崇,并各言其长:"象人之美:张得其肉,陆得其骨,顾得其神。"并益之曰:"神妙无方,以顾为最。"此论可谓一语中的,足断二百余年的隔代聚讼。自此顾、陆、张之高下次序遂成定论,而神、骨、肉之说亦渐成为后人品评书画的标准。

约成书于725年前后,亡佚已久,今仅见张彦远《历代名画记》所引四条(其一为评吴道子),其中论顾、陆、张三条,其原文可能是三人合传,因《名画记》三人分写,故总论(肉、骨、神说)亦分写三次。俞剑华《中国画论类编》以此四条作为《画断》辑本,收入第三编。

《唐朝名画录》

绘画品评著作。又名《唐画断》、《唐贤名画录》、《唐朝画断》、《画断》,因作者在序言中自称《画录》,当以《画断》为非。唐朱景玄撰。朱景玄(787? —?),吴郡(今江苏苏州)人。元和初应举,曾官翰林学士。

据作者序言可知,此书之作是因为不满于李嗣真《续画品录》(按,当系李著《古今画人名》之误,参《续画品录》条)的"空录人名,而不论其善恶,无品格高下",自己深好画艺,故遍访画迹,本着"不见者不录,见者必书"的求实精神,写成此书。《唐朝名画录》仿张怀瓘《画断》体例,以神、妙、能三品定画家品第,每品又分为上、中、下三等,此外,还增"不拘常法"的逸品而不分等次;共评价唐代画家一百二十四人。先在目录中注明每个画家所擅长之画科,再记载画家生平事迹,评论他们的技艺、成就。书中将画家所擅分为人物、禽兽、山水、楼殿、屋木等门类,反映出唐代绘画之繁盛,评论家区分绘画题材之趋于科学。由于作者以求实、求全的精神著录,虽间有失实处,仍保存了许多重要的画史材料,此书虽是品评之作,却兼具有断代画史的性质和价值。

朱景玄在书中于每人名下必注明其所画之物,是就自己所见画迹言之,因有二十五人未见其迹,故仅附于目后,而不列入品第之中。他生于吴道子逝后约三十年,为弥补未亲睹吴氏的缺憾,就着力于既访吴之画迹,又访亲见吴氏作画、了解其事迹者。所传吴画《地狱变相图》使屠沽渔罟辈"见之而惧罪改业"事,就访自景云寺老僧;吴作画于兴善寺使"观者如堵"亦是采访记录。因亲见、实录的态度,使其落笔矜慎,少有臆断之言。

朱景玄在绘画的品评中,提出了"四格"的新标准,在我国绘画批评史上具有重要意义。自谢赫提出"六法"之后,一直到初唐都被作为批评标准而代代遵循。开元年间,张怀瓘《画断》以神、妙、能来比较画之优劣,于"六法"之侧重技法外另立标准,较之传统的上、中、下之分有更丰富的内涵。《唐朝名画录》除将"三等"、"三品"相结合外,又立"不拘常法"的"逸品",成为"定其等格"的"四格",使神、妙、能、逸四格俱全,影响了黄休复《益州名画录》及后代诸多画家、理论家。当然,朱景玄不似宋人那样推尊逸格、逸品,但首立、首创之举,却不能忽视。由于朱景玄在序中认为"画者以人物居先,禽兽次之,山水次之",唐代山水画成就在人物画之下,而吴道子的"天纵其能,独步当世"最足以代表盛唐雄奇奔放的画风,故能齐踪顾、陆,列为神品上的唯一一人。中唐审美情趣走向世俗化,周昉长于绮罗人物,故被列为神品中一人。

朱景玄在此书序中有论述绘画性质、特征之言,亦是绘画理论中颇富创见者。如"穷天地之不至,显日月之不照"之言绘画的创造性,"有象因之以立,无形因之以生"之言反映表现、现实与浪漫等,都颇足珍贵。

有《王氏画苑》本、《学津讨源》本、《美术丛书》本等。

《历代名画记》

画史著作。十卷。唐张彦远撰。张彦远(815？—875？),字爱宾。河东(今山西永济西)人。出身于宰相世家。咸通三年(862)任舒州刺史,乾符初(约874)官至大理寺卿。博学能文,工书、画,喜作八分书。有《书法要录》、《闲居受用》、《彩笺诗集》,后两书已佚。

《历代名画记》成书于唐宣宗大中元年(847)。全书可分为两部分,前三卷为一部分,通论画学及不能分述于传记之事;后七卷为一部分,为轩辕起至唐武宗会昌元年(841)间画家共三百七十余人小传。对画家作简要叙述,既吸收前人评论,又参以己见,征引时注明出处。古代重要的论画、评画之著,如谢赫《古画品录》、姚最《续画品》、彦悰《后画录》、张怀瓘《画断》、窦蒙《画拾遗录》、李嗣真《续画品录》等,本已遗佚,赖以传世。此外,如顾恺之、宗炳、王微等人的画论,亦因此书转载而得以流传。张彦远在转录时虽或改动原文,但保存画学资料之功实难磨灭。

据陈振孙《直斋书录解题》载:“彦远家世藏法书名画,收藏赏鉴,自谓有一日之长。”凭借有利条件,得以写成《历代名画记》。此书除《叙历代能画人名》所录三百七十人与后面画家小传重复,可作删除外,其保存佚文旧事之多,鉴别之精,征引之繁富,都超过了此前的任何有关绘画著作。余绍宋《书画书录解题》对历代画籍少作赞许,但对此书推崇备至,曰:“是编为画史之祖,亦为画史最良之书。后来作者虽多,或为类书体裁(如《画史汇传》等),或则限于时地(如专史一类之书),即有通于历代之作,亦多有所承袭,未见有自出手眼,独具卓裁,如是书者,真杰作也。”“惟宋郭若虚《图画见闻志》差堪媲美,其他概不足道。”“余恒谓画史之有是书,犹之正史之有《史记》。《图画见闻志》继之,略有逊色,亦犹班氏继司马氏之书,有所弗逮也。”在近现代的中国绘画史出现之前,此书沿中国史学体例,汲前代诸家之长,以宏富的资料、精湛的论述、独到的眼光,成为第一部完整的画史,影响深远,功不可没。

《历代名画记》不仅是画史之祖,也是极重要的画论著作。此书序论《叙画之源流》虽论上古者不免多采自传说,“无以传其意故有书,无以见其形故有画”,“书画异名而同体”等说,也有认识的缺陷,但能以传意、见形区分书画,看到文字起于象形,在“形”上论书画同体,也不失为有见地。以“成教化,助人伦,穷神变,测幽微”总论绘画功能,并祖述陆机、曹植所言,自益以“留乎形容,式昭盛德之事;具其成败,以传既往之踪”来阐发“成教化,助人伦”的社会功能;在论山水画家宗炳、王微时所说的“穷玄妙于意表”,“合神变乎天机”的“穷神变,测幽微”的认识功能,“怡悦情性”的美感功能,是前所未有的最完整的绘画功能论。

此书不但首次著录了谢赫提出的“六法”,而且对“六法”作了较深刻、科学的阐释，为此前之论家所未到。诚然，张彦远未能解释何谓“气韵”，但“移其形似而尚其骨气”，“有生动之可状，须神韵而后全”，且结合具体画家、画迹而论，使人对“气韵生动”有较具体、深入的感知。他还提出“象物必在于形似，形似须全其骨气”，“以气韵求其画，则形似在其间”，此处气韵有“神”之意，说明了形与神、形似与骨气的辩证关系，其以神带形的思想是顾恺之以形写神论的发展；“骨气形似，皆本于立意而归乎用笔”，在阐发“骨法用笔”的同时，进一步明确了形与神、意与笔的关系。张彦远认为“至于经营位置，则画之总要”，“至于传模移写，乃画家末事”，对“六法”的后二法之孰轻孰重，看法极正确。“若气韵不周，空陈形似；笔力未遒，空善赋彩；谓非妙也。”对另外二法的“应物象形”、”随类赋彩”与居主导地位的“气韵生动”、“骨法用笔”之关系，也论述正确、得体。

《历代名画记》的理论、学术价值还表现在许多方面。如论山水画的发展史，能抓住要点，善于概括，所言唐代以前的特点、缺点，均可验之于画迹；且不着眼于年辈，谓“山水之变，始于吴，成于二李”，亦有见地。其论师资传授和南北时代，清晰而周详，对知人论世，了解绘画风格演变，对研究画史颇有助益；而通过具体画例来明白了解时代、区分南北的重要，对创作实践确有重要的指导意义。此书在论顾、陆、张、吴用笔时，不仅准确地指出了四位大画家的用笔特点，并以顾、陆为密体，张、吴为疏体，亦为具眼之见；“意存笔先，画尽意在”，“笔不周而意周”等论意、笔关系之见，亦为后人所珍视；其“一笔而成”，“连绵不断，故知书画用笔同法”的观点，在后来更是代有阐发。此外，此书论画体时，突破了神、妙、能、逸“四格”之说，而立自然、神、妙、精、谨细五等，以“自然”为最上，此说虽未为后人所重，但如诗中陶潜之被唐宋推崇，宋元以后文人画“水墨最上”，倡自然天趣，在崇尚“逸品”背后，仍折射出“五等”中以“自然”为最高的精神。

有《王氏画苑》本、《津逮秘书》本、《学津讨源》本、《丛书集成初编》本等。新刊本有《中国美术论著丛刊》本，秦仲文、黄苗子点校，人民美术出版社 1963 年版，又有俞剑华注释本，上海人民美术出版社 1964 年版。

《笔法记》

山水画论著。又名《山水受笔法》、《画山水录》。五代后梁荆浩撰。荆浩(生卒年不详),字浩然。沁水(今属山西)人。五代乱世,隐居太行山洪谷,自号洪谷子。博通经史,善属文,隐居时以画山水树石自适,亦工佛像,曾在汴京(今河南开封)双林院作壁画。郭若虚《图画见闻志》谓其有《四时山水》、《三峰》、《桃源》、《天台》等画传世,现存《匡庐图》相传为其所作。

《笔法记》似受了《史记·留侯世家》黄石公授书张良的故事影响,假托在太行山与一老叟答问,阐述了著者的绘画理论。此书先述自己隐居太行洪谷,入大松林,写之"凡数万本,方如其真",阐发以自然为师是绘画第一阶段的思想。其次以遇叟而对答形式,全面而深刻地论述自己的见解,构成此著之主体:第一,"画有六要",即气、韵、思、景、笔、墨;第二,华与实之辨;第三,似与真之说;第四,去除嗜欲杂欲,才能臻于高境;第五,在解释"六要"之后,拈出神、妙、奇、巧四种绘画品格;第六,以筋、肉、骨、气释"笔有四势";第七,论无形与有形之病,并顺势言山水松木特点,以"去其繁华,采其大要"相勉;第八,论述山水画发展史,重点分评唐代名家笔墨。最后以呈画就教,作赞及对答形式,表达"可忘笔墨,而有真景"的思想,这当然是以自然为师的升华和飞跃。可以认为,《笔法记》是作者从艺日久、人格与技巧双修已臻高境后的著作,是苦心钻研的结晶,对后世山水画的理论和实践都有重要而深远的影响。

"六要"是《笔法记》的理论核心,是唐代山水画创作经验的总结。与谢赫的"六法"有明显的对应关系:如一曰气、二曰韵来自"气韵生动";三曰思与"经营位置"近,并吸收了顾恺之"迁想妙得"的思想;四曰景与"应物象形"约略相当;五曰笔源于"骨法用笔";六曰墨虽略当于"随类赋彩",却因水墨画技巧发展而以墨代彩。

"六要"之外,"笔有四势"亦足珍视。荆浩说:"凡笔有四势,谓筋、肉、骨、气。笔绝而不断谓之筋,起伏成实谓之肉,生死刚正谓之骨,迹画不败谓之气。"与传为卫夫人的《笔阵图》相较,荆浩并重筋、肉、骨,进而益之以"气",既继承了晋人的书法理论,又发展了谢赫的"骨法用笔",持论更公允。此外,神、妙、奇、巧及对四者的解释,褒神、妙而贬巧,以"奇"为有笔无思等,都对惯用的"画品"有所突破、发展,是对创作理论的丰富。

《笔法记》不仅就绘画本身立论,还以"嗜欲者,生之贼也。名贤纵乐琴书图画,代去杂欲"来说明人格修养的重要,这与"疏瀹五藏,澡雪精神"(《文心雕龙·神思》)相近,源于庄子的"抱神以静,形将自正"(《庄子·在宥》)。而《古松赞》的以松自励,倡君子之风,则有孔门山水比德的影响,同样也是人格修养。"但期始终所学,勿为进退",才能最终臻于完美境界:忘笔墨而有真景。这样的真言奥义,实是作者长期苦心经营的心得,值得珍视。

《笔法记》诞生于山水画渐趋成熟的时代，总结了前人和作者自己的经验，继往开来，构建出山水画论的体系。宋郭熙《林泉高致》、韩拙《山水纯全集》均深受其影响，在中国画论史和绘画史上，此书都有难以低估的价值和作用。

约成书于920年前后，《唐书·艺文志》载其名。在流传过程中，书名和文字都发生不少窜乱、错讹现象，以至《四库提要》因其文字“忽作雅词，忽参鄙语”，疑为后人依托为之。对此，徐复观《中国艺术精神》辨析甚详，可参考。现存善本有明嘉靖版《汇刻唐宋画书九种》本，藏北京图书馆，名之为《山水笔法记》。又有《王氏画苑》本、《美术丛书》本、《画论丛刊》本等。《中国画论类编》收入此著，并以各本参校。新刊本有《中国画论丛书》本，王伯敏标点注释，邓以蛰校阅，人民美术出版社1963年版。

《益州名画录》

绘画品评著作。又名《成都名画记》。北宋黄休复撰。黄休复(生卒年不详),字归本。江夏(今湖北武昌)人,一说为蜀人。通《春秋》学,善画人物。

李畋为此书所写序云:“益都多名画,富视他郡。迨淳化甲午岁,盗发二川,焚劫略尽。黄氏心郁久之,故自李唐乾元初至宋乾德岁,其间图画之尤精,取其目所击者,五十八人,品以四格,离为三卷。”序作于1006年,书当成于此前。据此可知作书动机,并窥其内容大概。此书所载为758—967年的成都绘画,录五十八家,分逸、神、妙、能四格。计逸格一人,神格二人,妙格上品七人,中品十人,下品十一人,能格上品十五人,中品五人,下品七人。各人分立小传,评论作品及画艺。后附录“有画无名”、“无画有名”两部分。

盛唐张怀瓘以神、妙、能评画,其后朱景玄又加上逸格,但置于三格之后。黄休复却将逸格提到首位,并对四格分别作了阐释。他认为逸格是“拙规矩于方圆,鄙精研于彩绘,笔简形具,得之自然,莫可楷模,出于意表”。这是论书法“纵任无方曰逸”(窦蒙语)的发展,是朱景玄所说“不拘常法”,张彦远推尊“自然”的进一步深化和具体化。他又释神格为“天机迥高,思与神合。创意立体,妙合化权”,妙格为“笔精墨妙,不知所然。若投刃于解牛,类运斤于斫鼻”,能格则主要是“形象生动者”。大体说来,能格即以技艺精能而得形似者,妙格即极熟而巧、得心应手者,神格即主客相合的传神之作,三者高下自明。逸格之所以更进乎神格之上,是因为超越规矩,遗去机巧,既立意超常,又得之自然,高度精炼,却形神兼备。阐释四格及重排次序,置逸格于首,表现出唐末以来绘画审美观的变化,是文人画趣味的确立,对宋元明清四代文人画的发展很有影响,而后世对“逸”的阐发亦代代不止。

有《王氏书画苑》、《唐宋丛书》、《函海》、《续画斋丛书》、《丛书集成初编》等本。新刊本有《中国美术论著丛刊》本,与《寺塔记》、《元代画塑记》合刊,秦岭云点校,人民美术出版社1964年版。

《宋朝名画评》

绘画评论著作。三卷。原名《圣朝名画评》。北宋刘道醇撰。刘道醇(生卒年不详),大梁(今河南开封)人。有《五代名画补遗》一卷,系补宋初胡峤《梁朝名画目》(已佚)而撰。

《宋朝名画评》有陈洵直嘉祐四年(1059)序,书约成于此前。此书录北宋初画家九十余人。分人物、山水林木、畜兽、花竹翎毛、鬼神、屋木六门,每门分神、妙、能三品,其中人物门每品又分上、中、下三等。各有小传,传后加评语,或二三人合为一评,并说明列入各品之故。《四库提要》认为其从张怀瓘例分三品,是认为神品足以该逸品,或无人可当之,姑虚其等。此书叙事词简而意备,评论公允,且于每一画家先分品,后系传,传后再论其人某品之由,又依画家所能列一品或数品。较之以前品评著作之有品无传或有传无品,或笼统入于一品,无疑是一个进步。

此书在理论上的贡献,是以"明六要而审六长"为"识画之诀"。"六要"即气韵兼力、格制俱老、变异合理、彩绘有泽、去来自然、师学舍短。"六长"即粗卤求笔、僻涩求才、细巧求力、狂怪求理,无墨求染、平画求长。此"六要"、"六长"虽不及谢赫"六法"的开创之功,难逮荆浩"六要"的精义,但亦值得重视。诚然,"气韵"、"彩绘"均出谢赫,"自然"亦为张彦远所重,但其要求明白"变异合理"之"要",以"狂怪求理"之"长"治之,突出"理",与苏轼所说"常理"颇近;本着"师学舍短"的精神,各有针对性地纠正粗卤、僻涩、细巧、狂怪、无墨、平画诸病,达到"格制俱老"之境(画格、技巧皆称老到),显然有独到见地。"六要"、"六长"虽不分主次,但其间自有逻辑关系,且很有针对性,极富辩证法。综观画史,顾恺之、李公麟的画风即"细巧求力",石恪、梁楷不失为"粗卤求笔",而徐渭、石涛、八大与"狂怪求理"相合,宋元文人山水画的萧索荒寒、平淡天真,当是"平画求长"的体现。

有《王氏书画苑》等本。俞剑华《中国画论类编》将此著收入第三编。

《图画见闻志》

画史著作。六卷。北宋郭若虚撰。郭若虚(生卒年不详),太原(今属山西)人。宋真宗郭皇后侄孙,相王赵允弼婿,初任供备库使,又任辽国贺正旦使,熙宁八年(1075)以文思副使使辽。其祖、父均富于书画收藏,精于识鉴,本人喜好绘事,深于画理。

《图画见闻志》为继张彦远《历代名画记》而作。卷一《叙论》十六篇,仿张氏前三卷之作,其中《论制作楷模》、《论衣冠异制》、《论气韵非师》、《论用笔三病》、《论曹吴体法》、《论三家山水》、《论黄徐体异》、《论古今优劣》等,均为专题论文,多有独到之处。第二卷至第四卷为《纪艺》,载唐会昌元年(841)至北宋熙宁七年(1074)间画家小传,并有评论。第五卷为《故事拾遗》,记唐、朱梁、王蜀画家故事。第六卷《近事》记宋、孟蜀、辽、高丽等画坛轶事。此书广作征引,资料翔实,常有独到见解,是一部由史论、传记、绘事遗闻三部分构成的绘画史。

郭若虚以"指鉴贤愚,发明治乱"言绘画功能,故云"尝考前贤画论,首称像人",将人物画置于首位。对人物画的创作,他提出了"必分贵贱气貌,朝代衣冠"的创作准则,继而就不同身份的人物,论其"制作楷模",颇为详尽。较之顾恺之《魏晋胜流画赞》提到的"尊卑贵贱之形"有很大发展,但由于注重共性,忽略个性,易将创作导向类型化、模式化道路。

自谢赫"六法"出后,一直为画界所遵奉,郭若虚更谓"六法精论,万古不移",但他专立《论气韵非师》一篇,表其独特见解。他认为"骨法用笔以下五法可学,如其气韵,必在生知,固不可以巧密得,复不可以岁月到,默契神会,不知然而然也"。这一说法,遂将谢赫主于客体的论画,移至主于主体的论画家,将"气韵"看作"生知",未免入于唯心。他又认为,古画胜迹是"轩冕才贤,岩穴上士"寄情之作,"人品既已高矣,气韵不得不高;气韵既已高矣,生动不得不至"肯定人品修养对绘画的主导作用固然不错,但全然不讲技艺修养,必难以做到气韵生动。显然,这是张彦远以"衣冠贵胄,逸士高人"为善画者观点的发展,明显流露出对画工的轻视,后来的文人画家贬低画工画、画院画,多从郭之所论继作生发。他所说的"画而非画"有强调画外功夫的合理性,但"得自天机,出于灵府","本自心源,想成形迹",都忽略长期实践的必要性。后来一些文人画作者一味托物寄情,忽略形似,不以造化为师,终难成大家。

郭若虚以"气韵非师",重视"心源",但又以五法可学,因而他的创作论亦不乏积极建树。如论用笔三病,就是对"骨法用笔"的很好发展。他认为"腕弱笔痴,全亏取与"的"版"造成"物状平扁,不能圆混"之病,"运笔中疑,心手相戾"的"刻"造成"勾生圭角"之病、"欲行不行,当散不散"的"结"造成"似物凝碍,不能流畅"之病。这对以毛笔为工具,以线条为基础的中国画,无疑是洞察就里、极为中肯的批评。此外,在《论制作楷模》中，分言画衣纹、林木、山石、畜兽、龙、水等，都能指导创作，深得真理，并不以画为"心画"。

郭若虚对绘画史的认识也不乏卓见。他在《论古今优劣》中正视题材之变、各代之长，认为"若论佛道人物，士女牛马，则近不及古；若论山水林石，花竹禽鱼，则古不及近"。所言正是唐宋之别，一语中的。论人物画的"曹吴体法"，为何"当风"、"出水"；论李成、关仝、范宽"三家山水"的特点；论花鸟画的黄家富贵、徐熙野逸，及前者"耳目所习"，后者"志节高迈"等，均是深知画理、画道和知人论世之言。

现存善本有汲古阁《津逮秘书》本（毛晋跋），另有《学津讨原》、《四部丛刊续编》、《丛书集成初编》等本。新刊本有《中国美术论著丛刊》本，黄苗子点校，人民美术出版社 1963 年版。又有俞剑华注释本，上海人民美术出版社 1964 年版。

《林泉高致》

绘画论著。北宋郭熙及其子郭思合撰。郭熙(1023? —1090? 一说 1023—1085?),字纯夫。河阳温县(今属河南)人。熙宁(1068—1077)间为御画院艺学,后任翰林待诏直长。长于山水,师法李成,后人并称"李郭",与荆(浩)关(仝)、董(源)巨(然)同称五代、北宋山水画大师,传世之作有《早春图》、《幽谷图》、《溪山秋霁图》、《窠石平远图》等。郭思(生卒年不详),字得之。受父儒业之教,元丰五年(1082)进士,官至徽猷阁待制、秦凤路经略安抚使。郭思能论画又能作画,尤工画马,年轻时即记录其父论画之说,《林泉高致》是将其父画论整理纂辑而成,并对其父所论加以注释,最后加入自己的论撰。

此书篇数不一,《直斋书录解题》称其为画记、画训、画意、画题、画诀五篇,《四库全书》据天一阁藏至正八年刻本抄为六篇,即山水训、画意、画诀、画题、画格拾遗、画记。通行本无《画记》,《书录解题》所云《画训》即《山水训》。《四库提要》据天一阁藏本题记所说此书多附郭思释语,间以所闻注而出之,辨《山水训》至《画题》四篇皆熙之词而思为之注,惟《画格拾遗》与《画记》一记熙之平生,一述熙在神宗时之宠遇,则为思所论撰,所说甚是。

此书以《山水训》最为重要。在这篇中,郭熙阐述了爱山水之旨在于对仕宦生活作林泉情趣的补充,认为画家应直接观察山川,真切了解山川的移步换形和四时之变,提出了系统的看山水与画山水的方法,他还对画家的内外修养发表了见解。其中关于"三远"的高远、深远、平远,关于所养欲扩充、所览欲淳熟、经之众多,取之精粹的"受"与"作"关系等,都是系统而深刻的经验总结,对山水画创作有不可低估的指导意义。其余如《画意》之倡虚静陶养、幽情美趣,以诗发画之佳思,《画诀》的具体技法等,亦颇足珍视。总之,《林泉高致》是山水画高度成熟后的理论总结,在古代山水画论中有很高的地位。

《林泉高致》是山水画的专论,但郭熙并不像宗炳、王微、荆浩那样对山水怀着解粘去缚的畅神、隐逸之情,他转从士大夫立场论述山水画之产生。他认为,山水能使人获得精神愉悦,为解决"君亲之心"与"高蹈远引"的矛盾,就可以凭借山水画"不下堂筵,坐穷泉壑",虽身在高堂亦可得山林之乐。这既反映出北宋兴盛时,士夫文人不必以林泉作乱世的遁所,亦可看到调和入世与出世的普遍思潮。就郭熙本人而言,青年时"本游方外",后又热心于仕途,宋代优待文人,少有将山水作为政治性退避和社会性退避之所,郭熙所行所说,相当有代表性。

郭熙又分言看山水与画山水的态度、方法,表述了许多精辟见解。他认为看山"以林泉之心临之则价高",由于"可行可望不如可居可游之为得",出于长期实践,"身即山川而取之”，他以“远望之以取其势，近看之以取其质”总言看山水之法，一“势”一“质”，言之极当。由于山水是大物，倡远看，才能“究错综起止之势”，“得明晦隐见之迹”。具体而言，他又提出“山形步步移”的由近推远法和“山形面面看”的四周环视法。看山不仅得之于空间，还应得之于时间，并参之以情，“春山澹冶而如笑，夏山苍翠而如滴，秋山明净而如妆，冬山惨淡而如睡”，且山之四季使人分别有欣欣、坦坦、肃肃、寂寂之感，只有全身心地热爱自然，才能有会心独到之处。看山要远，画山也要远，“三远”论就是郭熙首创，即：“自山下而仰山颠谓之高远，自山前而窥山后谓之深远，自近山而望远山谓之平远。”这不仅是宗炳“竖画三寸，当千仞之高，横墨数尺，体百里之迥”(《画山水序》)的透视理论之发展，而且总结出全然不同于西洋画焦点透视法的散点透视原理，突破了空间所限，丰富了“经营位置”的方法，创造山水画清明、重晦、突兀、重叠、明暗相间、缥缥缈缈的意境。所说的“山欲高”，“烟霞锁其腰”，“水欲远”，“掩映断其派”，更是具体的、宝贵的经验之谈。郭熙将山水看成有生命的活体，兼论山水、烟云、林木、道路关系，东南、西北山川形势及天下名山特点，更在《画诀》中详言具体技法，都颇足珍贵。这也表明了山水画论已从明而未融的提纲式概述，发展为系统、明确的成熟理论。

《林泉高致》的价值不仅表现在创作论，而且表现在画家修养论上。郭熙曾认为“看山水”“以骄侈之目临之则价低”，倡导“林泉之心”的精神修养。他认为山水之可居可游之较可行可望者品位更高，是因为前者真正可酬林泉之志。书中拥抱自然、移情山水之论皆基于此。进而，他又提出“所养欲扩充”、“所览欲淳熟”、“所经欲众多”的修养途径，在表现时则要“取之精粹”，前三者言“入”之以丰，后者言“出”之以约，是“受”与“作”的统一，是《文心雕龙》“以少总多”的具体体现。在《画意》中，以“静居燕坐，明窗净几，一炷炉香，万虑消沉”言其培养幽情美趣，以诗之清篇秀句触发画之佳思，前者近于庄子的虚静说，说明精神陶养的重要，后者说明文学修养对绘画的作用。饱游饫看，万象在胸，精勤进业，使心手相称，神闲意静，乘兴而作，取之精粹，又用志专一，功夫既在画外，又在画内，郭熙论画家的修养可谓全面而又深刻。当然，由于郭熙调和庙堂和山林的态度，本人得宠于宫廷、画院的经历，以及精严的法度等，与后来文人画的意旨、趣味、风格相左，故未得文人画派的推崇。

陈振孙《直斋书录解题》据《林泉高致》许光凝序中所道及者，谓原有的《诗歌》、《赞记》、《诏诰》、《铭志》“今本缺”，可见原书部分章节佚失较早。四库所录为元至正八年(1348)刻本，计六篇。又有《画苑补益》、《画论丛刊》、《美术丛书》、《图书集成》等本，《清瘦阁读画十八种》作《郭氏画训》，与《辋川画诀》合为一卷。

《画史》

绘画鉴评著作。又名《米海岳画史》。一卷。北宋米芾撰。米芾(1051—1107),初名黻,字元章,号襄阳漫士、海岳外史、鹿门居士等。太原(今属山西)人,迁襄阳(今属湖北),后定居润州(今江苏镇江)。初知无为军,徽宗召为书画学博士,后擢礼部员外郎。人称米南宫,因举止颠狂,又称米颠。能诗文,精鉴裁,擅书法,画自成一家,与子友仁创"米氏云山",为北宋文人画代表。有《书史》、《画史》、《宝章待访录》,其《山林集》已佚,后人辑为《宝晋英光集》。

《画史》约成于1101年前后,举其平生所见晋代以来名画(其中亦间有未见者),品评优劣,鉴别真伪,考订谬误,指出风格特点,作者及藏处,甚至间及装裱、印章,亦收进画坛遗事秘闻,颇具资料价值。其体例与作者另著的《书史》略同,但《书史》所录皆为亲见,此书则间载未见者。又将属天文的《浑天图》及属音韵学的《五声六律十二宫旋相为君图》入于书中,使全书内容显得驳杂不纯。且由于此书材料多随手拈来,缺乏条理,加以部分文字古奥难解,很难入于上乘的理论、学术著作之列。但书中所言古代画法、名家技巧风格等,颇多具眼之见,尤其鉴别真伪、评论优劣多作言简意赅、切中事理之论,一直为历代鉴赏家所重。如评顾恺之与张僧繇的不同风格云"张笔天女宫女面短而艳,顾乃深靓为天人相",辨汉唐老子像的不同及原因,指出如《吴王斫鲙图》"吴王衣不当右衽"等辨析古服之言,都很精到。有此议论,长话短说,深中事理,如"古人图画无非劝戒,今人撰《明皇幸兴庆图》,无非奢丽,《吴王避暑图》重楼平阁,动人侈心"是可验之于画史。谓"子瞻作枯木,枝干虬屈无端,石皴硬亦怪怪奇奇无端,如其胸中盘郁也"亦为论世知人之言。至于论印鉴、绢料、裱背、画轴制作及材料特点等,均深于此道,故能被历代鉴赏、收藏家奉为圭臬。更值得注意的是米芾论五代宋初山水画风格、技法和各家长短,皆对后来文人画家的审美趣味和评判标准产生了深远影响。郭若虚《图画见闻志》单立《论三家山水》一节,以李成、关仝、范宽"三家鼎跱,百代标程",逾王维、李思训、荆浩之上,而对董源、巨然评价不甚高。米芾却认为董源"平淡天真多,唐无此品,在毕宏上,近世神品,格高无与比也","不装巧趣,皆得天真",巨然"明润郁葱,最有爽气",这一抬高董巨之论,成了明代董其昌"南北宗论"的基础,而前于董的元、后于董的清,山水画风都受到米芾"平淡天真"论的影响。

有《津逮秘书》、《唐宋丛书》、《说郛》、《丛书集成初编》、《美术丛书》等本。

《宣和画谱》

绘画著录。二十卷。北宋佚名撰，或题“宣和”敕撰。此书之序作于徽宗宣和庚子（1120），成书当在此前。著录徽宗宫廷所藏魏晋以来名画，计历代画家二百三十一人，作品六千三百九十六件，分为道释、人物、宫室、番族、龙鱼、山水、畜兽、花鸟、墨竹、蔬果十门。每门先作叙论，然后列画家人名，附其评传，包括籍贯、仕履、才具、学养、擅长、故实等，传后附录宫中所藏其作品名目及件数。据蔡絛《铁围山丛谈》所说，这些藏品大多经过米芾的鉴别。

此书所收画家传记较齐，虽难当详尽、准确，然数量尚可观，尤可览宋廷藏画目录，故有一定的资料价值。但是，由于此书分门虽细，却未能兼顾画家之并非独擅一门，使许多画家不能互见于各画种中。加以对名画的流传和款识均无记录，亦使后人考订困难。在画家评传中虽可见到一些故实，但全书难见有独到的理论见解。

现存善本有元大德间（1297—1307）刻本，残存十六卷，计九册，藏美国国会图书馆。又有北京图书馆所藏明嘉靖间（1522—1566）刻本。另有《津逮秘书》、《学津讨原》、《丛书集成初编》等本。新刊本有《中国画论丛书》本，俞剑华标点注释，人民美术出版社 1964 年版。

《广川画跋》

绘画论著。六卷。北宋董逌撰。董逌(生卒年不详),字彦远。东平(今属山东)人。政和中官徽猷阁待制,靖康末官司业。有《广川藏书志》、《广川诗故》、《广川书跋》。

《广川画跋》约成书于1120年前后。由单篇题跋构成,共一百三十四篇。由于董逌是著名的考据、鉴赏家,宋徽宗宣和时与黄伯思齐名,故全书之中考据文章十居八九,多考古画中所画故事、物象,余绍宋《书画书录解题》认为“题故事图画,应以此种为正宗,然非学有本原者不办,故后来无能效之者”。是书不似诸多品评著作喜评绘画高下,除考据外,亦言画理、画法,其中不乏较好的见解。

《广川画跋》不仅能从世之所好、俗之所成论画,而且能将传统理论与创作实践相结合,对技法、风格发表深入见解。如李公麟得周昉《按筝图》,因“不遗余巧”、“媚色艳态,明眸善睐”,怀疑其形容骨相尚为不得,更何况传神写照?故持画相问:“人物丰浓,肌胜于骨,盖画者自有所好哉?”董逌答曰:“此固唐世所尚……唐人所尚以丰肥为美,昉于此时知所好而图之矣。”所论颇高。宋徽宗主持画院,专尚形似,重视法度,董逌亦讲形似与画法,但又主张兼得形、神、理,作公允持平之论。如他在肯定戴嵩画牛“妙于形似”,谓“苟失形似,便是画虎而狗者”的同时,提出“要不期于所以似者贵也”,认为“赋形出象,发于生意,得之自然”才足珍贵,而“摹取形类”,“虽寻常者犹不失”并非正途。董逌还从韩非所辨鬼神犬马之孰为难易,提出“鬼神索于理不索于形似,为犬马则既索于形似,复求于理,则犬马之工常难”的道理,在形神关系外并提一“理”,既受宋人讲理学的风气影响,又是苏轼讲“常理”的阐发。他理解顾恺之以人物为最上,次及山水、狗马、台榭而不及禽鸟,是因为人物“以神明为胜”,但由于唐五代以来山水、花鸟画水平日高,形神论不能只限于人物,他又发“苟求其理,物各有神明”之论,并具体用于画家、作品评论中,如评李成山水、孙白画水、边鸾牡丹等,均有卓见。

对于创作经验的总结,董逌常能上升到哲学高度。《书李成画后》认为:对自然山水“生而好”之人,“积好在心,久则化之,凝念不释,殆与物忘,则磊落奇特蟠于胸中,不得遁而藏也”,“它日忽见群山横于前者”,“慢然放乎外而不可收也”。前者是表象储存,后者是灵感触发,其间又贯串着庄子技进乎道的精神。《书百牛图后》认为人对事物的认识有“以人相见”“牛为一形”和“以牛相观”“更为异相”的差别,只有深入了解,在动静中观察事物百状,才能真正掌握事物真相,这对意欲创造真正具有艺术个性的作品,无疑有深刻的指导意义。当然,《广川画跋》毕竟是重在考证之作,其主要学术价值在此。理论上难成系统,且文字古奥,常令人有真意难索之感。

传本罕见,《四库全书》所著录者为元至正二十五年(1365)华亭孙道明钞本,谓从宋末书生写本录出,此当为传世之古本。现有《画苑补益》本(卷三原缺三篇,仅存目)、《十万卷楼丛书》本、《丛书集成初编》本等版本。

《山水纯全集》

绘画论著。又名《山水纯全论》。北宋韩拙撰。韩拙(生卒年不详),字全翁,号琴堂。南阳(今属河南)人。善画山水窠石,徽宗时画院待诏。

《山水纯全集》约成书于1123年前。计十篇:论山、论水、论林木、论石、论云霞烟雾霭岚光风雨雪、论人物桥杓关城寺观山居舟车四时之景、论用笔墨格法气韵之病、论观画别识、论古今学者、论三古之画过与不及。所论俱主规矩,重法度而忽情致,是院体画理论的代表,然不作空泛之谈,切实详明,尤宜初学者所用。作者较少创见,且用事录文常有错误,全书行文亦较为枝蔓,故此在画论史、绘画史上未有很大影响。

韩拙在此书的序言中自道"性志所适,切慕于画","自幼嗜好,留心于此,至今白首,尚且孳孳无倦","所得山水之趣,粗以为法,诚不敢为卓绝之论。虽言无丽藻,亦使好学之士,顿然开悟"。故书中重点在于"法",所言虽缺乏创造精神,见解较平庸,但仍间有独到之处。如以"阔远"、"迷远"、"幽远"补充郭熙的三远说,前者是"山根边岸水波亘望而遥",次者是"野雾暝漠,野水隔而仿佛不见者",后者是"景物至绝而微茫缥缈者"。虽然郭氏所言为透视法,韩拙所言为观画所得的感觉,立论不同,后者不如前者,但迷远、幽远均为有深度变化、具朦胧美感的画面,至少概言了某些山水画的特征,在董源、巨然的作品中可以见之。在论具体景物时,韩拙也多能道出特征,如东、西、南、北的山川特点,春、夏、秋、冬的四时水色和四时云象,云、雾、烟、霭、霞、雨、雪的诸多变化等,至如各种画面的"经营位置"更是明示法度,使人可以细细遵循。《山水纯全集》在引用前人论述时虽常有出入,但如荆浩所说"六要",却仅在此书中见韩拙引用,亦为一功。

有《说郛》本、《画苑补益》本、《古今图书集成》本、《画论丛刊》本、《美术丛书》本等,其中《说郛》本文字较通顺易解,且仅此本有第十篇。

《画继》

画史著作。十卷。南宋邓椿撰。邓椿(生卒年不详),字公寿。双流(今属四川)人。出身于官宦之家,官至郡守。家藏画迹丰富,且重画学,故能继张彦远、郭若虚之志作《画继》。

此书载北宋熙宁七年(1074)至南宋乾道三年(1167)间画家二百一十九人小传。因张彦远《历代名画记》起于黄帝,迄于唐会昌元年,郭若虚《图画见闻志》起于会昌元年,止于宋熙宁七年,邓椿以此书续二家之著,故名《画继》。前五卷所列画人以显贵、隐士、缙绅、僧道等身份作区分;卷六、卷七再以鬼神、人物、山水、花鸟、畜兽、屋木、蔬果、小景杂画等题材分论各家优劣;卷八记所见名迹;最后二卷为杂说,即《论远》和《论近》,前者论此书以前之事,后者论此书以内之事,前者多品画之词,后者多说杂事。全书搜辑遍及私家所藏画目、评画所论及画苑轶闻,颇具史料价值。《画继》记当代艺事,并议及郭若虚所遗,所收稍宽,未及张、郭二著之精,然著录齐备,足资后人考核,实有功于画坛。总体说来,《历代名画记》、《图画见闻志》与《画继》三书相继,颇有等而下之之感,难见后出转精,然邓著无剿袭之弊,抒发己见,颇有独得之处。

宋徽宗热衷艺事,自作亦高,扩充并自掌翰林图画院,使北宋画坛达到极盛。由于徽宗所倡,使院体画风居于主导,《画继·论近》多有记载。如赵佶独赏之龙德宫壶中殿斜枝月季,是因"此作春时日中者,无毫发差",辨"孔雀升高,必先举左(脚)"而使"众史骇服"。这种"无毫发差"的审美要求,造就的画风是工巧精微,如作者"尝见一轴,甚可爱玩",所画为一宫女露半身于殿廊朱门外,"以箕贮果皮作弃掷状,如鸭脚、荔枝、胡桃、榧、栗、榛、芡之属,一一可辨"。对于赵佶如此崇尚法度,邓椿录而不论,但其不满,却可从《论远》中见之。他认为朱景玄虽有首立逸品之功,"然逸之高,岂得附于三品之末?未若休复首推之为当也"。邓椿对放佚过甚也不满,《论远》云:"画之逸格,至孙位极矣,后人往往益为狂肆。石恪、孙太古犹之可也,然未免乎粗鄙,至贯休、云子辈则又无所忌惮者也。意欲高而未尝不卑,实斯人之徒欤!"这种既尊逸品又薄狂放之见,应该说是比较公允,是代表当时文人画普遍习尚的。

《画继》不但以推尊逸品一反居主导地位的院体画风,而且在不满"所尚专以形似",深鄙"众工之事"的同时,极力提倡画家的文学修养,从而丰富了宋代的文人画理论。《论远》不无极端地说:"画者文之极也",并谓多文晓画,无文难晓,并举少陵题咏、昌黎作记及本朝欧、苏、黄、陈等人为例以明之。在邓椿看来,"评品精高"的鉴赏和"挥染超拔"的创作,都得益于文学修养,"画者岂独艺之云乎?"虽其所云画外功夫并不周全,但重视文学修养无疑是很正确的。当然,贬院体、鄙画工,也可见文人画倡导者的偏颇。

此外,顺应宋代以来山水花鸟等题材兴盛、水平日高的潮流,《画继·论远》在再申传神重要之同时,谓“世徒知人之有神,而不知物之有神”,亦为卓见。论吴道子与李公麟之同在兼具六法,其异则是“吴笔豪放,不限长壁大轴,出奇无穷。伯时痛自裁损,只于澄心纸上,运奇布巧,未见其大手笔,非不能也,盖实矫之,恐其或近众工之事”。非仅就吴、李可见唐宋画风之别,亦见宋代文人画审美趣味。对于评画之“善观”,邓椿认为应不囿于“独以其方所见”,要懂得“鸟兽草木之赋状也,其在五方,各自不同”的道理,亦很有见地。

《直斋书录解题》曾予著录。有《王氏画苑》、《津逮秘书》、《学津讨原》、《丛书集成初编》等本。新刊有《中国美术论著丛刊》本,与《画继补遗》合刊,黄苗子点校,人民美术出版社 1963 年版。

《画继补遗》

画史著作。南宋庄肃撰。庄肃(生卒年不详),字幼恭,号蓼塘。青龙镇(今属上海市)人。精鉴赏,藏书达八万卷,藏画亦富。宋亡不仕。

此书是邓椿《画继》的续补,故称《画继补遗》。于元大德二年(1298)成书。辑录南宋绍兴元年(1131)至德祐元年(1275)间画家八十四人小传,分上、下两卷,上卷记缙绅、僧道、士庶,下卷记画院众工。

《画继补遗》舛错脱漏不少,长期以来未得重视,其地位难与《画继》比肩,然而由于此书是记录南宋画史的早期资料,不应忽视。书中均为画家传记,缺乏理论性,难以构成真正的画史著作体系。作者对院体画风颇多非难,抑马远、夏珪等名家,然而又不似邓椿之推崇文人画,却对金碧青绿的赵伯驹表示赞赏。

除《画继补遗》外,《画继》续编者尚有陈德辉的《续画记》,滕霄《图绘宝鉴续编序》谓此书所载自高宗迄宋终,计画家一百五十人,惜原书已佚,难知其详。自元陶宗仪以来,均不知《画继补遗》作者,明黄虞稷错作“明嘉兴吴景长撰”,直至清黄锡蕃得明罗凤抄本,才知作者为庄肃。

有《四库全书》所采用的天一阁藏本,新刊本有《中国美术论著丛刊》本,与邓椿《画继》合刊,黄苗子点校,人民美术出版社1963年版。

《竹谱》

画竹专论。又名《竹谱详录》。十卷。元李衎撰。李衎(1245—1320),字仲宾,号息斋道人。蓟丘(今北京)人。皇庆元年(1312)为吏部尚书、集贤殿大学士,后赠翰林学士承旨,追封蓟国公,谥文简。擅画古木竹石,师法文同,更南下云南、交趾,深入竹乡,故所画生动传神。传世作品有《修篁树石》、《双勾竹石》、《双松》、《沐雨》等图。

《竹谱》共分《画竹谱》、《墨竹谱》、《竹态谱》、《竹品谱》四谱,全书卷各有图,自序谓与常竹同者不复作图,遂使部分章节无图。《画竹谱》以文同授苏轼画竹之法开篇,引出"学"与"法度"之重要,再分言位置、描墨、承染、设色、笼套五法,附说粘帧、矾绢二事。《墨竹谱》分言画竿、画节、画枝、画叶四事。《竹态谱》详言竹之各种名目风态。《竹品谱》又分全德品、异形品、异色品、神异品、似是而非竹品、有名而非竹品六子目。全书有完整的系统,严密的逻辑,征引繁博,言之有物,详明可解,是画论中的力作。

《竹谱》的理论基础是文同、苏轼关于画竹之论,但文、苏作原则性阐述,尚明而未融,李衎作系统叙述,全面而深刻。先以文同授予苏轼成竹在胸、振笔直追,而苏轼心手不相应,说明"时习不倦,真积力久"是作画的基础,胸中成竹来之于此。与此相关,则强调绳墨规矩的重要,明确"学者必自法度中来始得之","一节一叶,措意于法度之中",反对那种以放弛情性、东抹西涂为"得乎自然"之见。应该说,这种由拘而放,由有法而无法的见解,是绘画的正途,是符合由必然到自由的认识规律,是具有朴素辩证精神的。

经营位置是"六法"之一,李衎在论述画竹之法时首言位置。认为着意审度非常重要,不要急于下笔,虽无成法可守,却要防止冲天撞地、偏重偏轻、对节排竿、鼓架胜眼、前枝后叶等"十病"。在论描墨时所说的速缓、肥瘦、起落、来去,叶之劲中求和,竿之婉中求刚,节之断而连等,都体现出兼顾两端、善解矛盾的精神。余如论承染、设色、笼套,均出于长期实践,是重要的经验传授,连未入五法的粘帧、矾绢亦言之详实,对指导创作极有实用意义。

关于画墨竹,李衎独撰《墨竹谱》,"一笔笔有生意,一面面得自然"是总体精神,再分言画竿、节、枝、叶,从正反两方面言应从与应忌,都全面而正确。《竹态谱》详言竹之名目、风态,可见作者凭借对竹子的长期观察,故能知之极深。

在《竹品谱》中,李衎所论颇有"比德说"况味,如"散生者有长幼之序,丛生者有父子之亲","冲虚简静,妙粹灵通","其可比于全德君子矣",这既是文人画托物寄情的表现,又是特定历史时期士人心态的反映。因为元代实行民族压迫,作者虽仕至高官,亦不免有身处人下之感。竹心虚节高,以"全德君子"明志,当是作者意之所在。

总之,正如赵孟頫所说:"吾友仲宾为此君写真,冥搜极讨,盖欲尽得竹之情状。二百年来以画竹称者，皆未必能用意精深如仲宾也。”（《松雪斋集》）《竹谱》较之文同、苏轼、柯九思所论，既详尽又实用，堪为学画竹者之津梁。

曾全载于《永乐大典》，《四库提要》谓浙江鲍氏所传抄者仅一卷，疏略殊甚，《书画书录解题》以为此本即《画苑补益》之详录本而非原著。另有《知不足斋丛书》、《画论丛刊》、《美术丛书》等本。（《画论丛刊》将《墨竹谱》误为管道升撰）

《写山水诀》

山水画论著。一卷。元黄公望撰。黄公望(1269—1354),本姓陆,名坚。平江常熟(今属江苏)人,出继永嘉(今浙江温州)黄氏为义子,名公望,字子久,号一峰,又号大痴道人。通经史,晓音律,工书法,长于山水,曾得赵孟頫指教,取法董巨而晚年自成一家,为元四家之首,对明清山水画有颇大影响。传世有《九峰雪霁》、《富春山居》、《天池石壁》、《雨岩仙观》、《秋山幽寂》、《浮岚暖翠》等图。

《写山水诀》多以三言两语为一则,从树、石、水、山的具体画法,到笔墨、设色技巧,用绢用纸方法,从立意、托喻到"三远"、四时,并置杂陈。全篇缺少条理,使人有难见系统、语焉不详之感。但既有前人的经验总结,又有自己的实践所得,言法度又倡士气,加以黄氏自作成就之高,故颇得后人珍重,甚至在明末流行山水画南北宗论之后,被视为"真南宗衣钵"(《书画书录解题》)。

《写山水诀》不无迂腐之论,如"画亦有风水存焉",殊为可笑,松树喻君子、杂树喻小人之见亦并非凡画皆当如此。但值得注意的是,作者并不是纯讲技法,所倡"逸墨撇脱,有士人家风",鄙"画工之流",以"去邪、甜、俗、赖"为"作画大要",都显见对人品、意趣的重视,这也是文人画与院画的显著区别,为后人所重并非无因,明清画家对"邪、甜、俗、赖"阐发尤多。黄公望并非只求"逸墨",他引吴融诗"良工善得丹青理",云"作画只是个理字最紧要",虽未诠释"理"之为何,而全卷所侧重者却在画法,其义可明。他从人之多宗董源、李成二家出发,分析二人不同,以董石"麻皮皴"、"矾头",李成画坡脚以数层取湿厚、惜墨如金为代表,皆深得其要。由于黄公望一生留意模写,对虞山、三泖、富春之胜领略尤多,所论山水树石画法,均出于长期实践,所言笔墨要点,亦是真切体会。其中如"石看三面","方多圆少","小树大树,一偃一仰,向背浓淡,各不可相犯","山头要折搭转换,山脉皆顺"等,均值得重视;至如用藤黄水浸入墨笔以求石之自然润色,间用螺青入墨,先以淡墨相积,再用焦墨、浓墨等用墨、用色之法,更是重要的经验之谈。

宋代的山水画创作论,以郭熙、韩拙为代表,前者的理论被后人看作山水画"北宗"的代表,后者则是典型的画院派,元人饶自然《绘宗十二忌》亦近院体。《画山水诀》虽短而杂,却因持论有异,加以黄公望是南宗画的主要代表,故颇为后人所重。黄公望固然讲法度,但他又说"山水之法在乎随机应变","大概与写字一般,以熟为妙","古人作画胸次宽阔,布景自然,合古人意趣,画法尽矣"。较之只讲法度、规行矩步来确实较为通达,其寥寥数语的风格亦与南宗禅的崇尚简约相近。当然,如"糊突其笔"、"水笔不动"等语,亦因言之不详而令人费解。

《写山水诀》始见于《辍耕录》,共三十二则。《书画传习录》仅录九则,《画学心印》

转录自前书，亦为九则，名为《山水树石论》。《六如画谱》为十九则，中杂郭熙七则、宋迪一则，实十一则。《画论丛刊》本据《辍耕录》，亦三十二则，《中国画论类编》与之同。新刊本有《中国画论丛书》本，马采标点注释，与《绘宗十二忌》合刊（邓以蛰标点注释），人民美术出版社 1959 年版。

《画鉴》

绘画鉴评著作。又名《古今画鉴》。元汤垕撰。汤垕(一作厚,生卒年不详),字君载,号采真子。山阳(今江苏淮安)人,寓居镇江(今属江苏)。长于考古,元天历元年(1328)在京师与奎章阁鉴画博士柯九思(1290—1343)论画,遂著《画鉴》。

《画鉴》分为吴画、晋画、六朝画、唐画、五代画、宋画、金画、元画、外国画等,其中元画仅列龚开、陈琳二家,外国画仅及高昌、高丽二则,其中大部分篇幅论唐宋画,金元画家附于宋后。书中以鉴别画迹真伪为主,并评论各家所作的笔墨气韵,大体与米芾《画史》相似。附《杂论》一卷,对理论问题有所阐发,亦涉及鉴赏、收藏等方面。

《画鉴》对古人笔墨特点常有精到见解。如谓顾恺之画"如春蚕吐丝,初见甚平易。且形似时或有失,细视之,六法兼备,有不可以语言文字形容者"。并从鉴别真伪角度提出吴道子早年常摹顾画,"位置笔意,大能仿佛,宣和、绍兴便题作真迹,览者不可不察也"。在指出吴道子"早年行笔差细,中年行笔磊落挥霍,如莼菜条"同时,并论"吴装""傅采于焦墨痕中,略施微染"的特点,及李公麟前后画风之变等,都能洞察就里。论山水画中李思训父子、王维、王洽、董源、巨然、郭熙、米芾父子等,均寥寥数语就道出各人笔墨、风格特点,尤其是"董源得山之神气,李成得山之体貌,范宽得山之骨法。故三家照耀古今,为百代师法",为论画者所重。

《画鉴》所附的《杂论》,对传统的形神理论有进一步阐发。汤垕就"观画之法"提出了自己的见解:"观画之法,先观气韵,次观笔意、骨法、位置、傅染,然后形似,此六法也。若观山水、墨竹、梅兰、枯木、奇石、墨花、墨禽等游戏翰墨,高人胜士寄兴写意者,慎不可以形似求之。先观天真,次观意趣,相对忘笔墨之迹,方为得之。"所突出的是气韵、笔意、兴寄、天真,而将形似置于末位。甚至认为"古人最以形似为末节",今人鉴赏法先求形似,次及傅染,次及事实"殊非"。为此,他欣赏的是"笔墨草草,神气炯然"之作,认为画仕女在于意态而非外貌、装饰。因为重神似而轻形似,所以汤垕对苏轼诗"论画以形似,见与儿童邻。赋诗必此诗,定非知诗人"(《书鄢陵王主簿所画折枝二首》)极为赞赏。这些看法,是宋代欧阳修、苏轼、陈师道、黄庭坚等人论画精神的延续和发展,更是赵孟頫倡"古意"的具体化,对后来明清文人画论颇有影响,对改变南宋院画风格的精谨、工细有一定作用。但是,汤垕将神韵气象与形似位置对立起来,并一味强调花卉"至清",应"以意写之,初不在形似",也是过于绝对化,在理论上开某些明清文人画家只讲笔墨趣味、不求形似之先河。

《画鉴》被《四库全书》著录之时原本已佚,所据版本系经人润色者,《画鉴》之名并非汤垕自命。《书画书录解题》考原书曾经张雨删补,但未作多少改动。《说郛》收此书时,名之为《画鉴》,画论并未另列。《珊瑚网画继》将《画鉴》论列各代画的部分名之曰

《画史清裁》,而将后面的画论名为《杂论》,后人亦多将二者分开。其实原为一书,不必强分。

有《程氏丛刻》、《群芳清玩》、《唐宋丛书》、《说郛》、《国学珍本文库》等本。题作《古今画鉴》者有《学海类编》、《丛书集成初编》、《美术丛书》等本。新刊本有《中国画论丛书》本,马采标点注释,人民美术出版社 1959 年版。

《绘宗十二忌》

山水画论著。元饶自然撰。饶自然(1312—1365),字太白(一云太虚),自号玉笥山人。以诗画名世,山水画深得马远笔法。据称,饶自然于至元庚辰(1340)年选唐王维及元高德符等二十人,以其笔意、染法作为法式,撰成《山水家法》,惜书已佚,仅存《绘宗十二忌》一节。

《绘宗十二忌》是作者据宋代山水画理论加以整理,使之条理化,并逐一予以说明,其中少数涉及气韵、笔墨,多数是指出经营位置之弊。“十二忌”即:布置迫塞、远近不分、山无气脉、水无源流、境无夷险、路无出入、石止一面、树少四枝、人物伛偻、楼阁错杂、滃淡失宜、点染无法。所说实撮山水画法之要。

《绘宗十二忌》对山水画的弊病有深入了解,故能有针对性地提出口诀式之“忌”,并明示正途,虽宋人山水画理论极为丰富,但似如此有条理地提炼出十二则绘事要诀,尚未多见。这也标志着山水画发展至元代,伴随着创作成就的提高,理论总结也有所提高。第一忌“布置迫塞”,从作画者角度提出从远处审视,然后以淡墨笔约具取定之式,在此“小落笔”基础上再肆意挥洒,并释之为“宋元君盘礴睥睨之法,意在笔先之谓”,这种意在笔先,胸有全局的布置法,较之一味狂逸放任或规行矩步,显然更为可取。第二忌“远近不分”对透视法与用墨浓淡的关系论之极当。第三忌“山无气脉”所说为“气脉连接,形势映带”的“全景大义”,亦得画山的主次布置之要。第四忌“水无源流”讥“画一摺山,便画一派泉,如架上悬巾”。第五忌“境无夷险”。第六忌“路无出入”,分言画出活水诸法,布境不一而“每遇一图,必立一意”,和以径路分明表现山水贯出远近的“不尽之境”,均属大局性的经营位置,简明扼要,深得画理。第七忌的“石止一面”和第八忌的“树少四枝”,是分从石、树言立体感的表现,所言亦当。第九忌“人物伛偻”虽言山水为主,但人物也自有“家数”,“描画者眉目分明,点凿者笔力苍古。必皆衣冠轩昂,意态闲雅”,颇具针对性。第十忌“楼阁错杂”,指出不应轻视“末科”的“界划”,要将楼阁画得向背分明,角连拱接,合乎规矩绳墨,表明作者对法度之重。第十一忌“滃淡失宜”分言不同气象条件下景物的笔墨表现。第十二忌“点染无法”从设色与金碧言色彩点染家数,所言详明。总的看来,饶自然的审美观和创作思想与院体画的重法度、求精谨为近,与“元四家”中如倪瓒的讲逸气、以用笔草草为高不同,代表了元代画坛的另一个创作流派,虽非主流,亦不能忽视。其所论所见并未得到明清文人画家的重视,但后来的院体、浙派都重法度,可见此派理论亦不可废。《山水家法》已不可见,从仅存于《庚子销夏记》卷二商琦《山水卷》的孙承泽跋语看,其所引《山水家法》之文,对画家“师古人”颇为重视,亦可窥饶自然创作思想之一斑。

收入《佩文斋书画谱》、《画法要录》等,又有《画论丛刊》等本。清钱大昕《补元史·艺文志》列饶自然《山水家法》一卷之名,然全书无存。新刊本有《中国画论丛书》本,与黄公望《写山水诀》合刊,其中《绘宗十二忌》为邓以蛰标点注释,人民美术出版社 1959 年版。

《图绘宝鉴》

绘画史传著作。五卷。元夏文彦编撰。夏文彦(生卒年不详),字士良,号兰诸生。吴兴(今浙江湖州)人,居云间(今上海松江)。其家世藏名画,并留心画艺,故精于鉴赏品藻。《图绘宝鉴》成后,有夏文彦至正二十五年(1365)的自序,著名文学家杨维桢亦为之写序。

卷一为叙论,有六法、三品、三病、六要、六长、制作楷模、古今优劣、粉本、赏鉴、装褫书画定式、叙历代能画人名等篇,系将《图画见闻志》、《宋朝名画评》、《画鉴》等书有关章节汇辑而成。卷二简介三国吴至五代画家。卷三简介宋代画家。卷四简介南宋及金朝画家。卷五为元代及外国画家。各卷所辑小传,多取自《图画见闻志》、《宣和画谱》、《画鉴》等书,并略作增补。书末附《补遗》一卷,成于1366年,对以上各卷之遗漏作了续补。明韩昂又有《图绘宝鉴续编》一卷,补收明洪武元年至正德十四年间(1368—1519)画家一百余人。以上共收三国至明代画家一千五百余人。至明清之际,坊间又增补上述二书,成《增补图绘宝鉴》八卷。

《图绘宝鉴》系将古代论画名著杂抄成书,因未加考订整理,造成不少谬误和疏漏,而且编次芜杂混乱,又将识画之诀误为作画之诀,故未被后代学者所重。然因此书之成正如夏文彦自述之"刊其丛脞,补其阙略",仍有一定的资料价值,有些已佚的论著,如陈德辉《续画记》就赖此书而见其大概,至于一千五百余名画家小传,更为历代画史、画传所无。此书由元代著名文学家杨维桢(1296—1370)作序,序中一仍郭若虚等人观点,云"故画品优劣,关于人品之高下",并以传形、传神判画之高下。夏文彦沿朱景玄之论,置逸品于三品之外,并分别为三品定义:神品"气韵生动,出于天成,人莫窥其巧",妙品"笔墨超绝,傅染得宜,意趣有余",能品"得其形似,而不失规矩",较前人所说更为简明、准确。

此书版本不甚多,从郑振铎《西谛书目》所见,有宸翰楼影印元刊本,此外尚有《津逮秘书》、《丛书集成初编》等本。

《写像秘诀》

人物画技法论著。元王绎撰。王绎(1333? —?),字思善,自号痴绝生。严州(今浙江桐庐)人,居杭州。笃志好学,雅有才思,年幼已能丹青,并解写真,后得名师指点,更精于肖像,现存《杨竹西小像图卷》为王绎至正二十三年(1363)画成。王绎年辈较陶宗仪低,得陶氏赏识,其《写像秘诀》及《采绘法》均得陶氏《南村辍耕录》记载而流传。

现存《写像秘诀》仅二百余字,总言肖像画从观察对象到下笔次序的方法。其后之《采绘法》从调制各种人物肤色到服饰器具所用颜料有详尽说明。又附《写真古诀》,即“先观八格,次看三庭,眼横五配,口约三匀”,并作解释。最后是《收放用九宫格法》。

《写像秘诀》反对“胶柱鼓瑟,不知变通之道”,认为要求对象正襟危坐如泥塑人,并不能传人之真,而应注意对其在无拘束状态下作仔细观察。对方是“叫啸谈话之间,本真性情发见”,自己是“静而求之,默识于心,闭目如在目前,放笔如在笔底”,最后能在“庶几无纤毫遗失”的基础上传“本真性情”。这是传神论的深化,较之宋人陈郁的“写心说”又进了一步,所说的观察方法虽与苏轼、陈慥相近,但“本真性情”之内在灵魂、气质又能发见于外,却是前人未曾道及的。《采绘法》不同于前者,不涉画理,却非常实用,《书画书录解题》云:“考陶弘景曾作《图像集要》,见于《南史》本传,唐时有《采画录》一书,见于郑渔仲《通志·艺文略》,今并不传。其后著论及之者极鲜,此编赖《辍耕录》得传,良堪宝贵。”所说甚当。

有《画论丛刊》等版本。俞剑华《中国画论类编》收入第四编。

《图绘宝鉴续编》

绘画史传著作。明韩昂撰。韩昂(生卒年不详),字孟禺。官钦天监副。此书成于正德十四年(1519),书前有滕霄序,后有自跋。元夏文彦《图绘宝鉴》著录画人传记止于元末,加以书中有舛误疏漏,故韩昂依夏著体例写成《图绘宝鉴续编》,以继夏著。此书收录明代画家,起于洪武元年(1368)至正德十四年(1519)共一百五十一年间,凡一百一十四人。虽所收画家亦有仕履籍贯不详之处,但对治画史者仍有参考价值。

有《津逮秘书》、《榕园丛书》本等。

《中麓画品》

绘画品评著作。一卷。明李开先撰。李开先(I502—1568),字伯华,号中麓。章丘(今属山东)人。嘉靖八年(1529)进士,官至太常寺卿。曾上疏批评朝政,被罢官,家居近三十年。以诗文、散曲著称,并作传奇《宝剑记》等,有诗文集《闲居集》、曲学著作《词谑》传世。又富藏书、画,颇以鉴赏自负。

《中麓画品》成书于1541年。品评明人绘画,与向来上、中、下三等或神、妙、能、逸四品不同,其独创五品之分,每品中并陈优劣。当时主流是推尊沈、唐等吴门画派,此书却一反时尚,以戴进、吴伟、杜堇等浙派(包括其支流江夏派)画家为第一等,而对沈周、唐寅等颇多贬抑。这种右浙而左吴的观点多遭人讥议,《四库提要》也认为其"持论偏僻"。李开先除对近三十名画家拟议评论外,还从笔法角度提出"六要"与"四病"。"六要"即神笔法、清笔法、老笔法、劲笔法、活笔法、润笔法,"四病"即僵、枯、浊、弱。诸多的画家及所画题材,分别归入其中。最后则是判定各画家分别出于宋、元何人。由上可见,《中麓画品》已并非单纯定次第高下,品评之中对笔法理论有所建树。

明代山水画极其发达,流派众多。大体说来,明初至世宗嘉靖时,戴进所创的浙派占据主流,明中叶至神宗万历时,沈周、文征明代表的吴门派得势,晚明是以董其昌华亭画派为代表的文人画居于主导。李开先生当戴、沈之后,董其昌之前,偏嗜浙派,是基于对苍劲、雄放画风的推崇。戴进受李唐、马远影响较大,亦取董、巨之长,水墨苍劲中见雅淡,吴伟画风奔放,杜堇精劲而畅利,故李开先分目之为"巨器"、"猛气横发"、"不比凡品"。相反,对"逸品"代表、最为文人画家所推崇的倪瓒,则评之为"如几上石蒲"、"以玉盘盛之可也"。其审美趣味可见。在拟喻之外,李开先又以"六要"括诸家所长。其以"纵横妙理神化"释"神笔法",以"简俊莹洁,疏豁虚明"释"清笔法",以"苍藤古柏,峻石屈铁,玉坼缶罅"释"老笔法",以"强弓巨弩,彍机蹶发"释"劲笔法",以"笔势飞走,乍徐还疾,倏聚忽散"释"活笔法",以"含滋蕴彩,生气蔼然"释"润笔法"。且不言所入诸家是否恰当,但无疑对笔法理论有所发展,且较为全面。所长已明,再以"四病"指摘所短。即"笔无法度,不能转运,如僵仆然"的"僵","笔如瘁竹槁禾,余烬败秭"的"枯","如油帽垢衣,昏镜浑水。又如厮役下品,屠宰小夫,其面目须发无复神采之处"的"浊",和"笔无骨力,单薄脆软,如柳条竹笋,水荇秋蓬"的"弱"。这较之郭若虚所说的"板"、"刻"、"结"三病,更注重笔墨效果。

《中麓画品》以盖棺定论为原则,故所论皆已逝者。胡来贡跋语认为其"主于论画,而不暇于论人"。其实,李开先自己在后序中就以较多篇幅论及戴进遭遇和人品。戴进初为银工,后入画院,画院画家如谢廷循、倪端、石锐等画艺均不及戴,终遭忌而被谢谗言所伤,过着乞米充口的生活,却又被谢假笔代作,终于穷途,死而不平。李开先之极推戴进,实有深惜其生前不遇之意。而据胡跋,吴伟“性豪放,轻利重义,在富贵室如受束缚,得脱则狂走长呼”,陶成“资性洒脱”,杜堇“博雅精敏”。如果以他们与宫廷有涉而贬其画品,当非公允之论。因而,李开先之偏嗜浙派,实有鸣不平的原因。后来沈颢《画麈》论《分宗》,极褒吴派而贬浙派,认为戴、吴等人“日就狐禅,衣钵尘土”,清代推崇文人画者更是愈抑愈甚,这也说明“文人”对“画工”、院体的偏见。当然,李开先为扬浙而抑吴,亦非定论,故后来应者寥寥。

有《函海》、《丛书集成初编》,《美术丛书》等本。

《四友斋画论》

绘画论著。明何良俊撰。何良俊(1506—1573),字元朗,号柘湖居士。江苏华亭(今上海松江)人。嘉靖中官南京翰林院孔目。有《柘湖集》、《何氏语林》、《四友斋丛说》等。善画山水,又工鉴赏。

《四友斋画论》为《四友斋丛说》三十八卷之一部分,凡五十条。杂采前人所论,多直录成说,间出以己见,因为多系随感漫笔,不成体系,故后人评价不甚高,然所论仍颇有值得注意之处。该书从书画同源立论,更以画之可直现朝廷典章仪式,较凭书本语言想象为优,证画之所关甚大;又列举画迹证汉人藏巧于拙,唐人用巧而古意减,见其尊古之意;对画家的传承流派及品第作了明确论述,尤其是提出行家与利家之别更为独创。

何良俊的绘画批评在论风格流派上颇有发展。对人物画中长于白描者,他指出了铁线描与兰叶描二种的传承关系,而不作轩轾;对山水画,以荆关、董巨、李范为三家,另增李唐一家,以此数家“笔力神韵兼备”,宗之便是正脉,虽也谓马远、夏珪“亦是高手”,却“只是院体”,表现出明显的轻重。至于推尊倪瓒的“逸气”,更可见以“自然”为最高。何良俊在论列本朝画家品第时,还提出“行家”与“利家”的新概念。他以戴进为行家之首,吴伟、杜堇、周臣居次,以沈周为利家之首,唐寅、文征明、陈淳居次,其实前者即出于南宋院画的浙派和院体,后者则是吴门文人画。何良俊虽未对二者明确褒贬,但后人以利家画有士气为高,行家画有匠气为低,却是由此肇端。从其所论可以看到,崇文人画、抑院体画的董其昌、莫是龙的山水画南北宋论已胎息于此。

除作为《四友斋丛说》的一部分外,又与其书论一卷同收入《美术丛书》。

《画说》

绘画论著。一卷。明莫是龙撰。莫是龙(？—1587),字云卿,后以字行,更字廷韩,号秋水,又号后明。华亭(今上海松江)人。八岁读书,十岁属文,被目为神童,后补郡博士弟子。诗文之外,工于书法,山水画宗黄公望而另得蹊径。有《秀石斋集》。

《画说》计十六则,其中对宋宗室赵令穰画颇为推崇,论山、树画法颇有心得,对画家以古为师进而以天地为师,及形神关系的论述值得重视。《画说》影响最大的是山水画南北宗论,是说一出,使三百年间画坛从者甚众,几成不易之论。

南北宗说的大意是:唐时禅分南北二宗,画亦分南北于此时,然人非南北。北宗起于李思训父子着色山水,传为宋之赵干、伯驹、伯骕、马远、夏珪;南宗起于王维之渲淡、钩斫,传为张璪、荆、关、郭忠恕、董、巨、米氏父子,以至元四家,如六祖之后,分支兴盛,而北宗衰微。此说得董其昌、陈继儒、沈灏等赞同,尽管各人所列南北传人有异,归纳南北宗特征不同,但崇南贬北则为一致。大体说来,南宗画即文人画,长于水墨渲淡,有书卷气,是“生知”、“顿悟”的“利家”画;而北宗画即院体画,长在青绿山水,多作气而少士气,是苦练、“渐修”的“行家”画。后继者更将“北宗”斥为邪道、野狐禅,说得一无是处。明末及清代画坛沿袭南北宗说并独尊南宗者,可谓比比皆是,但如一代宗匠的石涛就对此很不以为然,尤其是朱彝尊、李修易等人更能独抒己见。朱彝尊在宋荦《论画绝句》后写跋语道:“近世画家专尚南宗,而置华原、营丘、洪谷、河阳诸大家,是特乐其秀润,惮其雄奇,余未敢以为定论也。”李修易《小蓬莱阁画鉴》亦认为李成、李唐等人不能以南北限之。应该说,南北宗论对院体画偏见太深,对绘画艺术的发展有消极作用。现代学者童书业、启功、俞剑华、徐复观等,对南北宗说探讨很深刻、全面。

《画说》在技法论上亦颇有建树,如解释“笔墨”:“但有轮廓而无皴法,即谓之无笔;有皴法而无轻重、向背、明晦,即谓之无墨。”较前人所说有较大发展,合于绘画实践。关于形神关系,他认为“传神者必以形,形与心手相凑而相忘,神之所托也”。亦颇得其要。余如论各家师承,言树、云、山的诸多画法,都是值得珍视的经验之谈。

《画说》中文字与董其昌《画旨》、《画眼》颇多重见之处,如关于南北宗一则几乎全同,当是后人辑录董氏著作时,辗转传抄,而将莫氏所说误入,然亦有论者以为是借董氏名声以传者。由于莫较董略早,且《明史·艺文志》、《四库全书》均著录《画说》,故以南北宗说为莫是龙首创似较妥。

收入《画论丛刊》及《美术丛书》四集一辑,又有《宝颜堂秘笈》、《丛书集成初编》等本。

《吴郡丹青志》

绘画品评著作。又名《国朝吴郡丹青志》,或简称《丹青志》,明王穉登撰。王穉登(1535—1612),字百谷。先世江阴(今属江苏)人,后移居吴郡(今江苏苏州)。十岁能诗,长于书法。嘉靖末入太学,万历时曾征修国史。有《王百谷全集》,又辑明人散曲为《吴骚集》。

《吴郡丹青志》将吴郡画家十八人并附见七人分品而评。其中沈周一人列为神品,其前辈沈贞吉、沈恒吉、杜琼附见于此。其余著名画家如唐寅、文征明列妙品,周臣、仇英列能品,刘珏列逸品。余如黄公望列遗耆志,徐贲列栖旅志,仇英女列闺秀志。各有传赞,然词多空泛、纤佻。

《吴郡丹青志》意欲为本乡画家作传,但未能详叙他们的生平、技法、流派,仅列品并作传赞,不着边际,又不录各人作品,使后人于考证无补。清毛庆臻《一亭考古杂记》引陈继儒说,谓其"似绝不知画者",又以文征明为妙品,以刘珏、陈道复等入妙品是"称量不平",认为王穉登以诗文名,"于画理原属门外,因耳食者每求题识,乃依约相承,自命识者,宜为人所不满矣"。所说并不为过。此编虽以吴门为画坛正宗,然因未深知画理,列品失当,又无新见,故与《中麓画品》相较,理论建树相去甚远。

收入《王百谷全集》。又《宝颜堂秘笈》本题作《皇朝吴郡丹青志》,《广百川学海》、《丛书集成》作《丹青志》,《美术丛书》作《国朝吴郡丹青志》等。

《画笺》

绘画论著。明屠隆撰。屠隆(1542—1605),字纬真,一字长卿,号赤水、鸿苞居士。浙江鄞县人。万历进士,除颍上知县,调任青浦,迁礼部郎中,罢归,卖文以终。有《鸿包》、《由拳》、《白榆》、《采真》、《南游》、《考槃余事》、《游具杂编》诸集,及传奇《昙花记》、《修文记》、《彩毫记》三种。

《画笺》共二十余则,分论似与不似、古画、唐画、宋画、元画、明画家、粉本、临画、宋绣画、看画法、品第画、学画,及古绢素、裱锦、轴头、藏画、卷画、拭画、裱画、挂画等。每则多者百余字,少者仅十余字,其中不乏精到见解,亦有语焉不详、并非当行之见者。

屠隆论画,兼及物趣与天趣,但相较而言,更重天趣。论"似不似"时,谓"非高于画者,不能以似不似第其高远",推崇上古之画的"迹简意淡,真趣自然",认为唐画所长在"意趣具于笔前,故画成神足","不求工巧而自多妙处",高度赞扬元画的"不求物趣,以得天趣为高"。在论及学画时,他认为因物生情,"布置笔端,不觉妙合天趣,自是一乐",而"若不以天生活泼为法,徒窃纸上形似,终为俗品"。与重天趣相关是崇士气,即欲脱尽画工院气,以"天趣"为高,以"寄兴"为旨。《画笺》除绘画思想外,所论及与绘事有关的装裱、工具等则,亦值得重视。如论古绢素、裱锦、轴头、藏画、卷画、拭画、裱画、挂画等,都是值得珍视的知识和经验。

《书画书录解题》因此书语焉未详,疑其不尽出于屠隆自撰,是随意撮录之文,所说可参考。

有《说郛》本,又收入《美术丛书》初集第六辑。

《画旨》

山水画论著。一卷。明董其昌撰。董其昌(1555—1636),字玄宰,号思白、香光居士。华亭(今上海松江)人。官南京礼部尚书,谥文敏。书法集魏晋及唐人之长,对明末清初书坛影响很大,山水画得董、巨及黄公望、倪瓒笔意。有《容台集》、《容台别集》及画论著作数种。

《画旨》原载《容台别集》卷四,与《画眼》、《画禅室随笔》互有同异,不乏重见迭出之处,当非董氏自己手定。其中以禅之南北二宗拟山水画分宗一段,与莫是龙《画说》同,童书业、俞剑华均归之于莫氏。《画旨》杂论画法、画家、鉴赏、品评,由于作者是著名画家,深知此道,所论颇有精到之见,对明末及清代画坛有较大影响。

《画旨》再申逸品高于神品之旨,与之相关是标举士气,并极言文人画为正宗、院体不可学。董氏以为逸品之加于神品之上,是“出于自然而后神也”。逸品的特点在于“韵”,他举沈周学倪瓒画,其师赵同鲁以其“又过矣”,原因在于沈周“力胜于韵,故相去犹隔一层”。至如士气,则是“绝去甜俗蹊径”,从笔墨言,当“以草隶奇字之法为之”,这是赵孟頫绘画思想的发展。董氏还为文人画详列家谱,以王维为祖,董源、巨然、李成、范宽为嫡子,并云宋之李公麟、王诜、二米皆从董、巨来,元四家黄、王、倪、吴皆正传,明之文、沈远接衣钵;与此相对,是李思训以至马远、夏珪、李唐、刘松年一派,“非吾曹当学也”。对文人画与院体画褒贬分明,判若云泥。

《画旨》之倡逸品、士气,使其画学思想表现出轻形似、重墨趣的特征。诚然,董其昌对山水与画颇有辩证眼光:“以境之奇怪论,则画不如山水,以笔墨之精妙论,则山水决不如画。”但其创作重心并非落在“师造化”上。他以“米家墨戏”看洞庭风光,言唐宋元诸大家山水均见地域特点,自己作方壶、蓬阆“以意为之,未知似否?”赞赏赵孟頫飞白石、卷云石、马牙钩石,实重其笔墨趣味。荆浩合吴道子之笔与项容之墨为一家之体,董氏却认为“有笔无墨者,见落笔蹊径而少自然,有墨无笔者,去斧凿痕而多变态”。显以“墨”高于“笔”。这种轻形似、重墨趣的创作思想,固使董氏之画声誉甚高,但与山川形象脱略过甚,亦缺少真实感。

有《画论丛刊》本。《中国画论类编》将其与别书错落重见者严作删汰,较他本为好。

《画眼》

绘画论著。明董其昌(生平见《画旨》条)撰。一卷。多为评论唐宋画迹,所论深入技法、风格,颇有见地。

《画眼》将王维与王羲之相拟,一是“画家右丞,如书家右军,世不多见”,一是“自右丞始用皴法,用渲染法,若王右军一变钟体,凤翥鸾翔,似奇反正。右丞以后,作者各出意造……此于书家欧、虞、褚、薛,各得右军之一体耳”。这是视王维为文人画之祖的具体论述。其实,董其昌所论未必准确,因为他论王维画迹是以赵孟頫摹本为例,所取的是“未尝得睹其迹,但以想心取之”的态度,而在唐时,张璪画名亦过于王维,“右军”之拟实为过之。此外,董氏还道出“每观唐人山水,皴法皆如铁线。至于画人物衣纹亦如之”的独得之秘,可见其评画颇有眼力。其余评论,多突出“人品高”,以心闲意静为尚,或山川与笔墨相似,情趣一如《画旨》。

《画眼》的天盖楼本与《画学心印》本不同,经考证,亦为后人辑录而非自编,其中与莫是龙《画说》相同者十数则,甚至连宋赵希鹄《洞天清禄集》之文亦误入之,《画学心印》本将陈继儒《妮古录》之文亦误入其中。《美术丛书》将其收入初集第三辑,《中国画论类编》将杂入他人所著者严作删汰,节录刊出,较他本为好。

《画禅室随笔》

绘画论著。二卷。明董其昌(生平见《画旨》条)撰。

卷一论书,卷二论画。论画多论具体画法,兼评名家风格、技法特点。由于作者对绘事解悟很深,所论颇多精义。作者虽然一仍宋人所论,以“气韵不可学,此生而知之,自有天授”,但又强调后天努力,即“读万卷书,行万里路,胸中脱去尘浊,自然丘壑内营,成立鄞鄂,随手写生,皆为山水传神矣”。可见仍对实践很重视,而万卷书、万里路之说,几为后代画人、论者众口相传。当然,表面看来,“若其气韵,必在生知,转工转远”似与前说矛盾,但作者所强调的是画外功夫、文学陶养和山川实见,而非仅在画之本身。就技法言,所论能分合、明虚实、知详略、用疏密,都具全局意义。此外,如论倪瓒侧笔、董源点笔及山用树皴,甚能窥见其中奥秘;论范宽、李成山水构图、风格,亦极精到;所传画树法,字画之各有门庭、生熟等,更是独得之秘。董其昌在此编中曾自道学画历程,指出李昭道、赵伯驹、伯骕一派既精工又有士气,仇英即出此派,自己行年五十,才知此派不可习,因为“譬之禅定,积劫方成菩萨,非如董、巨、米三家,可一超直入如来地也”。这是南北宗论的另一种说法,也可见董氏画学思想转变之由。

载《容台集》,并非董其昌自己编定,所采诸条亦有误入者。有《清瘦阁读画十八种》本,清光绪二十六年(1900)刊,又有《艺林名著丛刊》1936年世界书局排印本等。《中国画论类编》将与画法无关者删去,节录刊出。

《装潢志》

论述装裱技艺的著作。明周嘉胄撰。周嘉胄(生卒年不详),字江左。扬州(今属江苏)人,主要生活于万历年间。著有《香乘》一书,采摭极博。

《装潢志》论述装裱书画和碑帖的各种技术、格式,是作者数十年实践的总结,所论极为精审。此书虽与画论、画理、画法无关,但诚如作者所说:“装潢非人,随手捐弃,良可痛惋。故装潢优劣,实名迹存亡系焉。窃谓装潢者,书画之司命也。”故应予重视。

《装潢志》先论审视气色,以决定书画付装前的处理,继论洗、揭、补的方法、技巧。再论衬边、小托、补全、瓖攒、幅式、覆背、上下壁、安轴、上杆、上贴、贴签、囊函等法。对于形式不同的手卷、册叶、碑帖、墨纸,和质地不同的纸、绫、绢等的装裱技艺,都详明授法。甚至涉及染古绢托纸、治画粉变黑、手制装碑帖册叶之硬壳和治糊、用糊、制轴等法,对于气候、表房、题后亦有详细论述。作者还仿《辍耕录》所列画之十三科,列表背十三科,皆为重要心得。

曾收入《画论丛刊》,又有《美术丛书》本。

《清河书画舫》

书画著录。明张丑撰。张丑(1577—1643),原名谦德,字叔益,后改今名,字青父,号米庵。昆山(今属江苏)人。善鉴藏,知书画。有《真迹日录》、《鉴古百一诗》等著。张丑曾得米芾《宝章待访录》墨迹,遂自名书室为“宝米轩”,自号之米庵亦缘于此。

《清河书画舫》成书于万历四十四年(1616),得名于黄庭坚赠米芾诗“米家书画船”句,并冠之以张氏郡望“清河”。此书记叙作者所藏、所见作品,对历代有关法书、名画的诗文、题跋多有抄录,并作评论、考证。许多作品录有款识、印记。其《鉴古百一诗》一卷附此书后,系对历代著名书、画、碑帖作品的题咏。《真迹百录》有初集、二集、三集,系此书之续编,然与此书多有重复,故后人刻印时多未附入。

在编次上以人为纲,以其书画为目,所作评论多采诸家所论,注明出处。以前的画史或作品著录之作,多疏于考订,明人的鉴赏之作,于此更逊色,张丑常以考证匡前人之失,尤其考米芾生卒年可正《宋史》之误。书中收录题跋、印记等较为详尽,对书画收藏家辨别真伪有所裨益,然而由于题跋类多自诸家文集中辑出,或据传闻、传抄,并非全为手迹,舛错未免。张丑对于赏鉴一道,颇有见地,书中说“赏以定其高下,鉴以定其真伪”,“苟能于真笔中力排草率,独取神奇,此为真赏者也。又须于风尘内,屏斥临模,游扬名迹,此为真鉴者也”。所言极其准确、深刻。所说细辨真迹改造、遇破损处当潜心考察,以免上改换款识之当等,亦是重要的经验之谈。至如他总结出的四条赏鉴书画要诀更珍贵,所归纳出的“毋为重名所骇,毋为秘藏所惑,毋为古纸所欺,毋为搨本所误”,对后代赏鉴家确很有启示。此书虽是书画著录之作,重在赏鉴,但作者在书画创作思想上也很有见地,如“书法以筋骨为神,不当但求形似;画品以理趣为主,奚可徒尚气色”?不似前人多以书理通之于画道,而是分言书画特点和所求所尚。至于对各家的笔墨、风格甚至画幅大小的见解,都是深于此道之论。

此书原不分卷,而以“莺嘴啄花红溜,燕尾点波绿皱”十二字标册,《四库全书》收刻时去其旧题,著为十二卷。四库所著录之采进本为坊刻,《鉴古百一诗》、《宝章待访录》及文天祥手札皆附于内,后人所刻多删去。有《扫叶山房丛抄》等本。

《绘事微言》

山水画论著。四卷。明唐志契撰。唐志契(1579—1651),字玄生,又字敷五。海陵(今江苏泰州)人。爱游名山大川,长于山水画,自谓得趣之深,弟、侄亦工画,时人并称"三唐"。

《绘事微言》约成书于天启丁卯(1627)前。卷一共五十一则,独抒己见,对山水画理颇有发明。其余三卷杂采前人著述,或全录,或删节,或作整理,虽删节取舍的标准难以明确,但于研习绘画思想、技巧均有助益,故能流传较广,为人推重。由于唐志契对画学研究颇深,所论为画界赞赏,故姜绍书《无声诗史》认为其颇得六法之蕴,《佩文斋书画谱》采其论临摹、枯树、点苔、用笔用墨、气韵生动五节。

唐志契生活在明末,此时画坛摹古成风,《绘事微言》卷一针对摹拟过甚的绘画倾向,发表了自己的见解。首先,唐氏立《画以地异》一则,谓"写画多有因地而分者,不独师法也"。进而是《要看真山水》,认为画家若不亲临极高极深,仅善摹仿,终未得佳境。在《画有自然》中,更明确提出"画不但法古,当法自然"。《山水性情》认为凡画山水,最要得山水性情,古人是在真山真水上探讨,若仿古人,取旧本描画,"那得一笔似古人乎?"这些见解都具有针砭时弊的作用。唐志契也带有文人画家对院体画的偏见,认为"画院俗子,故作细画,思以悦人之目而为之",但其以"品质"论画,赞赏"高旷"、"从容自得"、"高明不俗",反对"纵横习气",提倡读书、写趣,对画家修养的见解应该说是正确的。自宋初黄休复将逸品置"四格"之首以来,元明文人画大兴,对逸品更为推重,唐志契亦不例外,难能可贵的是,他在《逸品》一节中解释得颇为全面深刻,值得重视。他认为"逸"有清逸、雅逸、俊逸、隐逸、沉逸的不同,但从未有逸而浊、逸而俗、逸而模棱卑鄙者,"逸虽近于奇,而实非有意为奇;虽不离乎韵,而更有迈于韵。其笔墨之正行忽止,其丘壑之如常少异,令观者泠然别有会意,悠然自动欣赏",这非但是黄休复以来对"逸"的最精到、剀切的解释,从作品与观众、美的创作与接受两方面讲深讲透,而且较之其后一生追求逸品的清人恽南田,论"逸"也更具理论思辨性、逻辑性。此外,如论创作前的"存想",总体性的气韵、用墨、写意、皴法、笔法,以至具体的大小、藏露、树石、水口、云烟、雪景、楼阁、点苔等,都有一定见解,对指导创作实践不无裨益。当然,唐氏所论亦有自相矛盾或人、事失考之处。如既云山水重在写趣,"是以有山林逸趣者,多取写意山水,不取工致山水",但又倡"画不可苟"。云李思训生于成都、范宽家于建康,谓传摹移写始于谢赫等,均不符实。不过,较之全书之创获,仍属小疵而已。

据清道光间泰州夏荃《退庵笔记》卷一,此书在明天启六、七年间(1626—1627)已有刻本,分元、亨、利、贞四集,并有抄本,然二者均未传。现存有浙江图书馆藏秦汉十印斋旧藏明钞本、文澜阁四库全书补钞本、《海陵丛刻》本、文渊阁四库全书珍本、清钞本及《画论丛刊》本,其中以秦汉十印斋旧藏明钞本最好。新刊本有王伯敏点校的《中国美术论著丛刊》本,人民美术出版社1985年版。

《画史会要》

画史著作。明末朱谋垔撰。朱谋垔(生卒年不详),字隐之,号厌原山人。明宗室,封奉国将军。

此书成于崇祯四年(1631),体例仿陶宗仪的《书史会要》,是画家小传及画论的资料汇辑。卷一辑上古时期至五代,卷二辑北宋,卷三辑南宋、金、元及外国画家,卷四辑明代。卷一、卷二、卷三之辑录,多采自张彦远《历代名画记》、郭若虚《图画见闻志》、夏文彦《图绘宝鉴》等书,少数为另外增补。卷四之明代画家,均作者自己搜辑所得,较有资料价值,后来研究明代画史者,多以此书为依据。而宋、金、元、明四朝不甚著名的画家,此书多有著录,可供查询。第五卷为画法,是杂采前人所论辑录而成,而且真伪混淆,芜杂难辨,作者自己的见解极为少见。

据作者自序,全书应有九卷,然今仅剩五卷,余绍宋《书画书录解题》疑后四卷为各家文赋之收录,被四库馆臣在著录时删削。有文澜阁藏《四库全书》本。

《画引》

绘画论著。一卷。明顾凝远撰。顾凝远(1580？—1645后),号青霞。吴郡(今江苏苏州)人。为人好学,于古今坟典艺志无所不窥,喜蓄商周秦汉文物。画山水师董、巨、又出入荆、关,兼精画理。

《画引》分为七论,即:论兴致、论气韵、论笔墨、论生拙、论枯润、论取势、论画水。每论仅数十字,最长的论生拙亦仅二百余字。《画引》文字简约,更无从构成体系,但很有独到之见。如《论兴致》认为,作画之兴致须藉外物触发,"或枯槎顽石,勺水疏林",那种似被造物所弃置者,应以深情冷眼求其幽意所在。这与强调主观的"丘壑内营"不同,亦与大山横陈触发兴致相异,实反映了倪瓒式的审美趣味,也是文人画标举萧索荒寒意境的体现。在《论气韵》中,顾凝远与前人大异,将气韵与生动分开讲,并将二者看作因果的关系,继而又将气韵分为在境中与在境外两种,且气韵又取之于四时气候,这也是"物感说"的运用,与前则的兴致触发一致。《论笔墨》指出枯涩、堆砌之弊,以"先理筋骨而积渐敷腴,运腕深厚而意在轻松"为正途,至于"高明隽伟之士"似不限于此,其实亦"能"与"神"之别。《论生拙》所论最为深刻,不仅对生与熟、拙与工的关系说得很辩证,还进而从抒天趣而不拘于绳墨言生与拙,至如"画之元气苞孕未泄,可称混沌初分,第一粉本",则显见庄子色彩。作者以生与拙仅许之元人,是因为文人画到元代达到高峰,而以生、拙取画的原因是"生则无莽气故文,所谓文人之笔也。拙则无作气故雅,所谓雅人深致也"。作者推尊文人画,而以生拙别之于院体的技艺圆熟及唐人所尚的雄奇。《论枯润》将墨之枯与润同气韵、文理相联系。《论取势》言"不可从本位迳情一往",非仅有全局观点,而且深谙辩证法。总之,《画引》虽挚爱文人画而显得偏嗜,但所论可谓精警深刻,尤其是拈出"生拙"言元人画,是对文人画风格的重要概括,值得注意。

曾收入《佩文斋书画谱》,又有《美术丛书》本、《画论丛刊》本、《画苑秘笈》本等。

《画麈》

山水画论著。明沈颢撰。沈颢(1586—？),一作灏,字朗倩,号石天。吴县(今苏州)人。补博士弟子员,性豪放。工诗文书法。山水画近沈周。周亮工《读画录》谓其曾作南北二宗各二十幅,俱有妙境。顺治十八年(1661)题陈元素墨兰图,现藏故宫博物院。有《枕瓢》、《焚砚》诸集,论画著作《画传灯》已佚。

《画麈》成于1650年前后,为作者晚年所撰。分十三目,凡三十七则。其《分宗》之说,受莫是龙、董其昌影响,但更为明确地以南宗为文人画,北宗为行家画,所列南北宗画家与莫、董不尽相同。《定格》、《辨景》、《笔墨》、《位置》、《命题》、《临摹》等目,都颇有精审之论。

《画麈》由于是山水画的专门论著,受风气影响而再论南北宗,所说虽承莫、董之论,但值得称道之处除以文人画、行家画分论南、北宗之别外,还论及了二者的风格不同是始于王维的"裁构淳秀,出韵幽淡"和李思训的"风骨奇峭,挥扫躁硬",较莫、董所论又有发展。随着山水画的高度成熟和传神理论的不断阐发,沈颢发展了郭熙所论,在《辨景》中提出新看法:"山于春如庆,于夏如竞,于秋如病,于冬如定",此当为山之"神";在他看来,"层峦叠翠,如歌行长篇;远山疏麓,如五七言绝",因而对山水画创作提出了较"传神"更高的要求:"揾之有神,摸之有骨,玩之有声。"隐约可见从"有声画"、"无声诗"之诗画互拟,发展为诗画互补。与神、骨相关,沈颢的创作思想又表现为尚"简",其以诗拟山水,称道"愈简愈入深永",并以己作《十笔图》示以石内之皴、树上之纹,屋宇之界,俱不必拘,且拟之于古代两笔兰的"花数不计",三笔大士的"耳目鼻口诸相不计"。在他看来,颓林断渚的绘画正如味外取味之诗,是"霹雳火中清冷云"式的作品,此说或已涉南宗画所尚的风格标准。沈颢还认为,郭熙所说的"作画先命题为上品,无题便不成画"近于胶柱,他以"题在诗先,其响不之天而之人",崇尚天籁,诗通于画,则是"良工绘事,有布置而实无布置,无布置而实有布置",继而所说的"象之所有不必意,意之所有不必象。理不离于异见,事不关乎慧用",既有辩证精神,又受禅宗影响。

关于技巧,沈颢也很有创见。如论笔墨的"具境而皴之,清浊在笔;有皴而势之,隐现在墨";论位置的将《山水论》"远山无皴,远水无波,远人无目"发展为"远山有平无曲,远水有去无来,远人宜孤不宜侣";论落款的"一幅中有天然候款处,失之则伤局";论鉴画的"画逢青眼神偏王,论到黄金气不灵"等,都非凿空之论。针对因袭泥古之风,他论临摹以"似而不似,不似而似"为归,并以"应知古人稿本在大块内,吾心中,慧眼人自能觑着",发展了张璪"外师造化,中得心源"之论,也很值得珍视。

有《图书集成》、《昭代丛书》、《广百川学海》、《美术丛书》、《画论丛刊》等本。

《珊瑚网》

书画著录。四十八卷。明汪珂玉辑著。汪珂玉(1587—?),字玉水,号乐卿,自号乐闲外史。徽州(今安徽歙县)人,寄籍秀水(今浙江嘉兴)。崇祯中官山东盐运使判官。

此书约成于1643年前后。前二十四卷为书录,后二十四卷为画录。载录其所藏、所见和抄集的古今书画真迹题跋、款识,及藏家的收藏目录,间有作者自作的跋语和论说。此书虽有搜罗名迹较多之长,但因所附《书旨》、《书品》、《画继》、《画法》,多录自伪籍,既因割裂而挂漏,又杂乱无次,《四库提要》及《书画书录解题》均加驳斥。然如书中立绘事名目的染、渲、界、描、临、模、传、写,古今描法如琴弦描、铁线描、行云流水描、钉头鼠尾描、柳叶描、竹叶描等十八种,皴石法如麻皮、雨点、大小斧劈、泥里拔钉、拖泥带水等十四种,以及写石二十六法等,对于归纳传统绘画的表现程式不无助益。

收入《美术丛书》二集第一辑。

《明画录》

画史著作。八卷。明清间徐沁撰。徐沁(生卒年不详),字野公,号委羽山人。会稽(今浙江绍兴)人。仕履不详。

《明画录》成书于康熙十六年(1677)后。辑录有明一代画家小传。卷一为宸绘、藩邸、道释、人物、宫室,卷二至卷四为山水,卷五山水、兽畜、龙鱼,卷六花鸟,卷七墨竹、墨梅、蔬果,卷八汇记。其中宸绘为皇帝中擅绘者,藩邸为诸王之善画者,道释以下以题材论列,所录画家皆指其所擅长之门类,亦兼述其他才艺。共收画家八百余人,包括帝王、卿相、士庶、释道、画工、名媛等不同身份的人,每人列有小传,并略述画艺,著录有详有略。作者自谓继《宣和画谱》、《图绘宝鉴》而作,而力所未逮,其搜辑虽广,脱略却多,亦有失考处。

《明画录》于每一门类之前有"叙曰"一篇,多为先述明以前此门画家之渊源,再论明代画家之优劣,但内容不够充实,有创见者较少。不过,对于了解明代画坛创作思潮、流变等,仍有一定助益。如论宫室画,因此类作品讲究规矩准绳,而"近人喜尚玄笔,目界画者鄙为匠气,此派日就澌灭矣",所言甚是。余如论畜兽、花鸟、墨梅、墨竹、蔬果等,多可见描述发展之线索颇为清晰。

有《读画斋丛书》本、《丛书集成初编》本、《美术丛书》本(合为一卷)等。

《龚安节先生画诀》

山水画技法论著。又名《画诀》、《半千画诀》。清龚贤撰。龚贤(1618—1689),字半千,又字岂贤、半亩,号柴丈人、野遗。江苏昆山人。流寓金陵清凉山,筑半亩园,自写照作扫叶僧,名所居为扫叶楼。工山水,得董源、吴镇笔法,与樊圻、高岑,邹喆,吴宏、叶欣、胡慥、谢荪合称"金陵八家"。兼工诗文、书法。有《香草堂集》。画论著作除《画诀》外,尚有《柴丈画说》、《半千课徒画说》。

此书是山水画的专门画诀,主于为初学者说法,所言以画树石者为多,兼及屋、桥、亭、泉、风帆等。此著将自己心得体会作切实明白之论,是山水技法理论中颇具实用性之作。作者认为"画树易,画石难。树有体段,石无端倪",故应先画树,后画石,画树先画枯树起,画好树身然后点叶。关于画树的经营位置、用笔方法,画石的阴阳黑白、不方不圆、大小顾盼等,都是重要的经验之谈。所论画松画柳之别,更是独得之秘。

在《柴丈画说》中,龚贤以笔法、墨气、丘壑、气韵为"画家四要",并提出笔法古、墨气厚、丘壑稳、气韵浑和笔法健、墨气活、丘壑奇、气韵雅的要求,以"巧不可得而拙者得之"为"功深"。论笔法则云中锋可学大家,偏锋尚不能见重于当代。余者为技法论,除"空景要冷,实景要松"外,多为行笔用墨技巧,颇具实用性。

《半千课徒画说》影印本题名《奚铁生山水树石画法》,余绍宋辨其为龚贤原本,而跋为伪托,俞剑华则断为龚氏所作。此著性质与《画诀》相类。

以《半千画诀》名之者,有《清瘦阁读画十八种》本。以《画诀》名之者有《四铜鼓斋论画集刻》本,《论画辑要》本,《艺林名著丛刊》(朱剑芒辑,1936年世界书局排印)本,《知不足斋丛书》本及《丛书集成初编》本等。以《龚安节先生画诀》名之者有《画论丛刊》本、《美术丛书》本。

《画筌》

山水画论著。清笪重光(生平见《书筏》条)撰。

《画筌》约成于1670年前后。名取义于“得鱼亡筌”,用骈体文写成,所论以山水画为主要对象。作者将历代画论、画法荟萃一起,采撷精华,删汰糟粕,经着意锤炼、斟酌,为使学者便于记诵,故写成骈文,有类歌诀。既有总体性的画道、画理,又有具体的规律、技法。且持论公允,不作门户之见,尤为难得。但此著四千余字,一气呵成,偶句联翩,不分段落,读来不免费力。为此,与作者同时的王翚、恽格曾为之逐段评注。百余年后,汤贻汾又作《画筌析览》,将原书析为论山、论水、论树石、论点缀、论时景、论钩皴染点、论用笔用墨、论设色及杂论、总论等十部分。删去原著论人物花鸟的少量文字,及浅而易晓、冗而非要者,使之眉目清晰,便于观览。而《画筌》主要作为山水画论著的内容,亦尽见于汤氏《析览》,其十论可谓之提要。

《画筌》指出:“丹青竞胜,反失山水之真容;笔墨贪奇,多造林丘之恶境。”笪重光正是针对“人非其人,画难为画”的情况,“聊摅所见,辑以成篇”而作此著的。他的绘画思想主要体现在汤贻汾析出之《总论》中,如“眼中景现,要用急追;笔底意穷,须从别引。偶尔天成,加以人功而或损;此中佳致,移之彼处而多违”。汲取了苏轼等人所论,对灵感的捕捉、促生,对绘画的自然佳致,都有很深体会。如“空本难图,实景清而空景现;神无可绘,真境逼而神境生。位置相戾,有画处多属赘疣;虚实相生,无画处皆成妙境”。对空实、传神、计白当黑、虚实相生,有极为精到、深刻且辩证的看法。笪重光对只从古人笔墨中讨生活的摹古、泥古之风不满,有针对性地胪列古代画家所长之地域特色,明确提出“从来笔墨之探奇,必系山川之写照”;并以有成就的画家能各成一家,是在于“善师者师化工,不善师者抚缣素;拘法者守家数,不拘法者变门庭”,所论颇有现实意义。笪氏论画,兼重资分格力,且不为南北宗论所限,在指出“画工有其形而气韵不生,士夫得其意而位置不稳”,同时,又谓“气势雄远,方号大家;神韵幽闲,斯称逸品”,其态度之公允持平,实难能可贵。

作为山水画论,《画筌》也是精义屡出。如总论“山川气象,以浑为宗;林峦交割,以清为法”,片言统百意,实为一篇之警策。论山水关系的“山脉之通,按其水境;水道之达,理其山形”,尽赅二者的互相依存、互为生发。余如论山水的布置、经营、宾主、虚实、断续、动静,论树石的疏密、远近、交互、错综,石看三面、树分单夹,论山水、江湖、村野等诸般风景的点缀、映带,论季节、时间、气象条件所造成的不同景色,论具体的笔墨、设色、钩皴点染等技法,都是前人画论全面、合理的总结。较之南朝、唐宋人所作的《山水松石格》、《山水论》、《山水诀》等著,堪称前修未逮,后出转精。

有《清瘦阁读画十八种》、《四铜鼓斋论画集刻》、《论画辑要》、《艺林名著丛刊》、《画论丛刊》、《美术丛书》等刊本,及《知不足斋丛书》、《昭代丛书》、《丛书集成初编》等刊本。

《南田画跋》

绘画论著。又名《瓯香馆画跋》。清恽格撰。恽格(1633—1690),字寿平,后以字行,改字正叔,号南田,别号云溪外史、东园草衣、白云外史等。武进(今属江苏)人。兼工诗、书、画,时称“三绝”。家贫,不应科举,卖画为生。初工山水,与王翚交往后自度不及,转作花鸟,水墨淡彩,清润明丽,自成一家,而山水亦得元人冷澹幽隽之致。后人将其与王时敏、王鉴、王翚、王原祁、吴历合称“清六家”。有诗文《瓯香馆集》。

《南田画跋》因是恽格题跋辑成之作,难成完整的体系,但仍能窥见其颇富创造精神的绘画思想。由于恽格的父兄是忠于明朝的抗清义士,恽格也立志不应科举,他对绘画创作不似古人那样只主张寄托高雅之情,而取“摄情”说,寄寓民族感情,但由于生活在清初的高压时期,所说未免隐晦。他对画中逸格最为推崇,研讨亦多,在前人论“逸”的基础上另有创获。关于绘画的风格,他最推荒寒幽淡一类,并有颇多论述。总之,恽格不仅以徐崇嗣的没骨法为宗,创常州画派,他的画论对清初及其后的画坛也有相当影响。

“摄情”是恽格论画的核心。他说:“笔墨本无情,不可使运笔墨者无情。作画在摄情,不可使鉴画者不生情。”他将“情”沟通创作者与鉴赏者的两方面,堪称绘画领域中“主情”论的代表。由于“摄情”,情充沛而移注于物,在他看来,物亦含情,故人当以情写之:“春山如笑,夏山如怒,秋山如妆,冬山如睡。四山之意,山不能言,人能言之。秋令人悲,又能令人思,写秋者必得可悲可思之意,而后能写之,不然不若听寒蝉与蟋蟀鸣也。”处在清初文网严酷、政治高压的情况下,他既以仲长统《昌言》所说的“清如水碧,洁如霜露。轻贱世俗,独立高步”明志,称“余谓画亦当时作此想”,赞美“乔阿古干”的“昂霄之姿,含霜傲风,挺立不惧,可以况君子”;自云“雪霁后,写得天寒木落,石齿出轮,以赠赏音,聊志我辈浩荡坚洁”。又难以压抑地直言:“写此云山绵邈,代致相思,笔端丝丝,皆清泪也。”可以认为,恽格继承了宋遗民郑思肖以墨兰寄寓情志的传统,其“摄情”说与朱耷的寄托亡国之痛是同中有异。当然,“情”的范围可不拘于此,较之“四王”的主于摹仿古人,恽格的“摄情”说接触到文艺创作的真正动力,无疑更值得肯定。

恽格对绘画的风格探讨颇多,而偏嗜逸格与幽寂荒寒之境。如下跋语可看作他的理论总纲:“不落畦径,谓之士气。不入时趋,谓之逸格”,“称其笔墨,则以逸宕为上。咀其风味,则以幽澹为工。虽离方遁圆,而极妍尽态”。他认为“高逸”就是“脱尽纵横习气,澹然天真”,在创作中,“以潇洒之笔,发苍浑之气,游趣天真,复追茂古,斯为得意”,“潇散历落,荒荒寂寂。有此山川,无此笔墨。运斤非巧,规矩独拙。非曰让能,聊行吾逸”。关于风格,他推崇简贵,尤其称道倪瓒的天真澹简,“一木一石,自有千岩万壑之趣”。继而又崇尚荒寒幽寂，曾云：“风雨江干，随笔零乱，缥缈天倪，往往于此中出没。”称道“凄寒将别，笔笔俱有寒鸦暮色”，对老树荒溪、危崖瀑泉、半壑松风、一滩流水等景色最为欣赏，尤对倪瓒的幽澹、黄公望的荒率倾心不已。既屡赞元人幽秀之笔，幽亭秀木，又云“寂寞无可奈何之境，最宜入想，亟宜着笔”。可以认为，恽格不将郭熙的调和“君亲之心”与“林泉之志”引为同道，而极推逸格和荒寒幽寂之境，以元人为榜样，是与他的经历、思想、所处时代有关，诚如他所赞叹的元人绘画“其品若天际冥鸿”，“非大地欢乐场中，可得而拟议者也”，实关系着他作为明遗民的情怀。

有《画论丛刊》、《美术丛书》本，及“民国”五年(1916)保粹堂据光绪中翠琅玕馆版重编印的《艺术丛书》本，又有嘉庆时张海鹏辑《借月山房汇钞》本、道光时陈璜校刊的《泽古斋重钞》本、《丛书集成初编》本等版本。

《苦瓜和尚画语录》

绘画论著。又名《画语录》、《石涛画语录》。清石涛撰。石涛(1642—1718？),原姓朱,名若极。广西全州人。靖江王朱嘉亨子。明末政局动荡,父死,出家为僧,法号原济,亦作元济(后人误为道济),字石涛,自号苦瓜和尚、瞎尊者、大涤子、枝下叟、清湘陈人等。遍游名山大川,曾两见康熙帝,晚年定居扬州卖画。擅画山水,反对摹古之风,是清初画坛革新派代表,所作笔墨纵横多变,意境苍莽雄奇。亦擅兰竹、果卉、人物。对扬州画派和近代中国画有很大影响。兼工诗、书。除《苦瓜和尚画语录》及《画谱》外,后人又辑有《大涤子题画诗跋》。

此书共十八章:一画、了法、变化、尊受、笔墨、运腕、 絪缊、山川、皴法、境界、蹊径、林木草、海涛、四时、远尘、脱俗、兼字、资任。在论及具体的创作技巧时,颇有新见,其总体绘画思想虽因参以禅理而见玄妙,但法古而不泥古、面向自然创作、发自己肺腑、见自己面目的绘画宗旨,无疑是对清初拟古画风的批判,对推动我国绘画发展很有助益。可以认为,这是一部有着较完整的理论体系,极富创造精神的绘画理论著作。

《苦瓜和尚画语录》的理论核心是首章《一画》。前人往往对此感到费解,而未作深入探讨。石涛虽入释门,"一画"之说却出于道家。老子认为"道生一,一生二,二生三,三生万物","万物得一以生"(《老子》四十二章、二十九章),此"一"贯之于画,就成为根本之法,"一画者,众有之本,万象之根,见用于神,藏用于人","立一画之法者,盖以无法生有法,以有法贯众法也"。画家主观上"一画之法,乃自我立",以之作为"众有之本,万象之根",自己又能"见用于神,藏用于人",在把握了一画之洪规后,就能对山川人物、鸟兽草木、池榭楼台"深入其理,曲尽其态"。以"一画"指导创作,"用无不神而法无不贯,理无不入而态无不尽",臻于"人不见其画之成,画不违其心之用"的境界。创作毕竟在于主观努力,故"画者从于心者",把握根本,一以贯之,"一画之法立而万物著"。诚然,石涛并未对"一画"作出具体深入的阐释,但毫无疑问地是指绘画中最根本的东西,联系别章所论,当指表现自我情感,发挥创造精神,这正是对拟古画风的有力批判。

"一画"并非生而得之,要能真正做到"一画之法立",必须从天与人、物与心的根本关系来克服"法障",才能保持创作的主观能动性,继而破除泥古意识、高扬创造精神。第二章《了法》与第三章《变化》,就是在"吾道一以贯之"精神指导下作进一步阐述。石涛认为,如果只知有规矩之法而不知乾旋坤转之意,就会被法所障、所缚。只有真正认识到"画者形天地万物者也","墨受于天"、"笔操于人",充分发挥人对天、心对物的主观能动作用,才能"法自画生,障自画退",这就是"一画明,则障不在目,而画可从心"。在论"变化"时,石涛更明确鄙嗤"逼似某家亦食某家残羹"的"泥古不化者",以

“惟借古以开今”的精神，宣称“我之为我，自有我在”，以“借笔墨以写天地万物而陶泳乎我”的主观创造精神，高举“有经必有权，有法必有化”的旗帜，将“一画”落实为“我于古何师而不化之有”。

石涛并非只以“画可从心”、“自有我在”见其理论锋芒，“一画”不是主观唯心主义，第四章《尊受》、第五章《运腕》、第八章《山川》、第十八章《资任》都阐明了物与我、山水与绘画的辩证关系。《尊受》云：“受与识，先受而后识也”，“古今至明之士，藉其识而发其所受”，这就是受与识的两个方面和正确关系。“先受而后识”的思想见于《山川》章，且贯串“一画”精神的，就是“以一画测之，即可参天地之化育也。测山川之形势，度地土之广远，审峰嶂之疏密，识云烟之蒙昧，正踞千里，邪睨万重”，即“搜尽奇峰打草稿也”。“藉其识而发其所受”，在《尊受》中云：“画受墨，墨受笔，笔受腕，腕受心。”这正是逆向关系的一个补充说明。心存“一画”，就不会被古人的程式、法则所限，可以突破窠臼，随心运腕，画从于心，而运腕之道则有实、虚、正，仄、疾、迟、化、变、奇、神之别（见《运腕》章）。在画家与山川的关系上，“受”并非被动的，“我有是一画，能贯山川之形神”，“山川使予代山川而言也，山川脱胎于予也，予脱胎于山川也”，“山川与予神遇而迹化也，所以终归之于大涤也”（《山川》章），这就不是被动的“反映”，而是主动的“表现”，而这恰是中国传统绘画最可宝贵的民族性格。在最后的《资任》章、石涛兼顾“资”的借取和“任”的“一画”一以贯之，“不任于古今，不任于圣人”，最终仍是强调要有“我”在。至此返观第七章《 组》的“在于墨海中立定精神，笔锋下决出生活，尺幅上换去毛骨，混沌里放出光明。纵使笔不笔，墨不墨，画不画，自有我在”，石涛独具手眼、超越前人的革新精神极为强烈。要具备这种精神，当然要有必要的修养，“人为物蔽则与尘交，人为物使则心受劳”（《远尘》章），“尺幅管天地万物，而心淡若无者，愚去智生，俗除清至也”（《脱俗章》）。道德修养和精神境界是创作成功的前提，石涛所论值得珍视。

关于具体的创作技法理论，石涛也有独到的系统见解。如《笔墨》章云：“能受蒙养之灵，而不解生活之神，是有墨无笔也，能受生活之神，而不变蒙养之灵，是有笔无墨也。”是对传统笔墨理论的深化、发展。《皴法》章云：“峰不能变皴之体用，皴却能资峰之形声。”对二者关系的看法亦很深刻。再如《蹊径》章的“蹊径六则”，《林木草》章的以写石之法写树，“生辣中求破碎之相”，《四时》章的“拈诗意以为画意，未有景不随时者”，都是石涛勇于实践、创造的独得之秘。《兼字》章所说的“字与画者，其具两端，其功一体”，是对书画相通论的发展，也应予以重视。

有道光年间所刻《昭代丛书》本，光绪二十六年（1900）《清瘦阁读画十八种》本，宣统元年（1909）《四铜鼓斋论画集刻》本，1928 年《论画辑要》本（名《画语录》），另有《知不足斋丛书》本，《翠琅玕馆丛书》本，《画论丛刊》本等。新刊本有《中国画论丛书》本，名《石涛画语录》，俞剑华标点注译，人民美术出版社 1959 年版。又有《石涛画语录译解》，黄兰波注译，朝花美术出版社 1963 年版。

《大涤子题画诗跋》

绘画论著。清石涛(生平见《苦瓜和尚画语录》条)撰。石涛每画必题,汪绎辰据家藏石涛画之题跋及散见他处者辑成此著。附于《画语录》之后。俞剑华又将汪辑未及者辑成《石涛题画集》。石涛的绘画思想主要见于《画语录》,题画诗跋中的不少跋语,是“语录”的进一步阐发,如反对摹拟,表现自我等。此外,认为绘画应取不似似之,对形、理、情三者关系的见解,对“神”的推崇等,也很有价值。

石涛对“理”、“法”的关系很有新见,这就是“理尽法无尽,法尽理生矣。理法本无传,古人不得已”。禅宗及南宋理学家讲“月印万川”、“理一分殊”,“理尽法无尽”当本于此,而“法尽理生”仍主于破“法障”而得“理”,后二句谓理法无传,当然在于自得,故其背后仍是强烈的自主意识、创造精神。他所说的:“今问南北宗,我宗耶?宗我耶?一时捧腹曰:‘我自用我法’。”感慨“古人未立法之先,不知古人法何法?古人既立法之后,便不容今人出古法”,批评“师古人之迹,而不师古人之心”,都是这种自主意识、创造精神的体现。绘画的创造精神不仅表现在“师古人”的争论上,而且表现在“师造化”中。石涛写道:“名山许游未许画,画必似之山必怪,变幻神奇懵懂间,不似似之当下拜。”这“不似似之”其实正道出了中国绘画主于“表现”而非“摹仿”的民族特征。石涛还本于孟子及文章家的“养气”说,提出画家的养气,“峥嵘奇崛,磊磊落落”,“气”与“神”相关,气胜则精神灿烂,意懒则浅薄无神,他认为,后人只摹倪瓒画的枯索寒俭,而未得其远神,这些看法确是出乎众上。除理、法关系外,石涛又论及形、理、情三者关系:“以形作画,以画写形,理在画中。以形写画,情在形外。至于情在形外,则无乎非情也;无乎非情也,无乎非法也。”所论深刻。

除辑入《大涤子题画诗跋》者外,其余题跋也有丰富而深刻的思想。如论蒙养、风格、评人之画与自评,论用笔的三操、三入、三格、三胜等,都极有见地。

有1928年商务印书馆排印《论画辑要》本及《美术丛书》本。《石涛题画集》为俞剑华辑本。

《画学心法问答》

山水画论著。清布颜图撰。布颜图(生卒年不详),姓乌亮海氏,字啸山,号竹溪(一云号竹溪,又号啸山)。满洲镶白旗人,系以蒙古人入籍。先为部属,后官至绥远副都统。能诗善琴,尤长于画。

据《画学心法问答》开头的《问答小引》可知,这是布颜图与弟子戴德乾"触机而问,随机而应,不限格制,不计日月"的问答所得,书成于 1740 年前后。全书共三十七篇,关涉山水画南北宗及画禅之说、师法传承、经营布置、用笔用墨、气韵生动、画树、皴法、渲染、着色、书法、用意等诸多方面。除南北宗说仍沿袭董其昌所论外,其余颇多心得。

布颜图关于南北宗之论虽是沿董其昌所说,但能着眼于用笔的正侧锋、皴法的不同,仍出自己见。对于"画禅",释为"禅者传也,道道相传也"。继而论关仝师荆浩、巨然师董源的同与变,都颇有见地。辨李成、范宽之异与燕文贵、许道宁之异,亦很在理。对元代四家的黄、王、倪、吴,辨析各人特点都很准确。

对于谢赫"六法"之首的"气韵生动"和刘道醇"六长"之一的"僻涩求才",布颜图的看法未入于不可知论,而是体现为具体的技巧理论。郭若虚认为气韵生动"必在生知",而布颜图却说:"知而为之即用力也,用力未有不能也,知而不为是自弃也。下手法只在用笔用墨,气韵出于墨,生动出于笔。"并具体解释道,只要用笔雄健活泼,用墨浑厚,山石骨立而气生,加以苔藓草毛,就能"远视苍苍,近视茫茫,自然生动矣"。紧诘之曰:"非气韵而何?"不信生而知之,"故余常诲汝以用力",强调后天努力,并落实为笔墨技巧,布颜图所说无疑是一大进步。对于"僻涩求才",布颜图对"才"作重点解释:"才者长也,通也,理也。"在出于常规、常理之后,"思之求之而背逆者忽顺,窒碍者忽通,斯景象生焉,意趣出焉。其天巧神奇反出寻常之右矣"。当然,对初学者只能在定法中求才,僻涩求才仅对画学已成之士言之。布颜图所见未必合刘道醇原意,但可备一说。

在关于布置之法的答问中,亦可见出布颜图很重要的画学思想。他将"意在笔先"入于布置山川,认为"必先有一段海阔天空之见,存于有迹之内,而求于无迹之先",反对本末倒置、枝枝节节。余如关于六彩之用、四势(筋骨皮肉)之全、无墨求染、经营位置、笔法、墨法、皴法、画树、画山、用意、着色、书法、境界无穷、隐显之势、尺幅万里等,都有甘苦自得的体会,不作空疏、因袭之论。但由于文字上喜作辞藻排比,颇多八股气息,反伤真意。

此书余绍宋《书画书录解题》列于未见类,而仅见其目于《中山大学图书馆目》,作《画学心德问答》,余氏疑"德"为"得"或"法"之误。《画论丛刊》自绍兴周氏所藏钞本录出,始得广布。现除《画论丛刊》本外,又收入俞剑华《中国画论类编》,删去书后戴德乾、施克洪两跋语。

《传神秘要》

人物画论著。清蒋骥撰。蒋骥(生卒年不详),字赤霄,号勉斋。金坛(今属江苏)人。擅书法,工肖像画。著有《九宫新式》、《初学要论》、《续书法论》、《读画纪闻》。

《传神秘要》成书于乾隆初年。凡二十七目:传神以远取神法、点睛取神法、眼珠上下分寸、笑容部位不同、取笑法、神情、闪光、气色、用全面颜色法、笼墨、用笔总论、用笔四要、砌染虚实不同、起手诀、用笔层次、鼻准与鼻相参核法、起稿算全面分寸法、全局生纸画法、矾纸画法、设色层次、用粉、补缀、火气、气韵、白描、临摹等。此书虽编次稍嫌凌杂,但所论技法,或切实可用,或剀切详尽,是元人王绎《写像秘诀》以来最重要的肖像画技法著作。宋代以来,士大夫多尚山水、花鸟,而以肖像画之口诀相传为画工之艺,故《传神秘要》对总结肖像画技艺,以丰富我国人物画理论很有助益。

蒋骥认为,凡传神要有居高临下之意,用以远取神法。对所画对象要留意其行止坐卧、歌呼谈笑,“见其天真发现,神情外露,此处细察,然后落笔,自有生趣”。“彼以无意露之,我以有意窥之”,这种得之于自然而非端坐的看法,不无见地。顾恺之对眼睛传神写照的重要性早有论述,蒋骥对画眼一道论之尤详,是自己的经验总结,值得重视。关于用笔,提出了准、烘、砌、提等“四要”。尤论起手方法、用笔层次、算全面、分寸法更为详尽。对布局、取势、设色、白描及不同材质的不同画法,都言之详实,自是得之于实践的心得。

有嘉庆时张海鹏所辑《借月山房汇钞》本,道光陈璜校刊的《泽古斋重钞》本,及《画论丛刊》、《美术丛书》、《丛书集成初编》等本。

《冬心画跋》

绘画论著。清金农撰。金农(1687—1763),字寿门,又字司农、吉金,号冬心先生、稽留山民、昔耶居士、曲江外史、心出家庵粥饭僧等。浙江仁和(今杭州)人。曾被荐举博学鸿词科,入京未试而返。喜为古诗铭赞杂文,好游历,客居扬州最久,以卖诗文书画为生。长于隶、楷、篆刻,五十后始作画,题材遍及竹、梅、鞍马、佛像、人物、山水,风格朴拙,为"扬州八怪"之一。有《冬心先生集》、《冬心先生杂著》等。"扬州八怪"出现于乾隆时期,金农是此派的代表人物。

他虽无系统的绘画论著,但留下了众多的绘画题跋,抒发了真实的情感,表达了深刻的见解。此书乃集《冬心画竹题记》、《冬心画梅题记》、《冬心画马题记》、《冬心画佛题记》、《冬心自写真题记》而成。就绘画的题材分,金农的画跋涉及竹、梅、马、佛及自画像。就内容言,常就所画题材论及此门绘画的流变,故其画跋颇有史论意义;又多托物寓意,表现自己思想感情的跋语;还继承了石涛的传统,表达了艺术创新精神。

金农学识渊博,画跋常涉史论。如《画竹题记》所论涉及唐宋以来画竹专用水墨,大半出于高流胜侣之辈,及张萱画飞白竹,李煜金错刀画竹法等。《画梅题记》对白玉蟾、扬补之等画梅名家皆有评述。尤其是《画佛题记》中一则,以很长篇幅叙述汉明帝时佛教传入后的佛画历史,可看作中国佛教艺术史的简明教材。《自写真题记》介绍了自顾恺之为裴楷画像以来的肖像画历史,亦为他人所未道及。

扬州是石涛居留之地,其流风遗韵影响了这一方土地一方人,"扬州八怪"的创造精神就是石涛倡导革新、表现自我的延续与发扬,金农画跋充溢着不趋时流的思想。《画竹题记》有一则云:"先民有言曰:'同能不如独诣'。又曰:'众毁不如独赏'。独诣可求于己,独赏罕逢其人。予于画竹亦然。不趋时流,不干名誉,新篁一枝,出之灵府……""不趋时流,不干名誉",所重在出于自己灵府,而不是媚世谀人。另一则写道:"磨墨五升,画此狂竹。查查牙牙,不肯屈伏。"这"狂竹"正是不趋时流的作者自己。他为画梅题诗曰:"砚水生冰墨半干,画梅须画晚来寒。树无丑态香沾袖,不爱花人莫与看。"这"晚来寒"的梅花,如在另一诗中所云"别有风光不爱春",都是不趋时好、蔑视虚名的精神写照。

明代王学左派倡导个性解放精神,李贽是主要代表,公安三袁继有发扬,画中徐渭的水墨花卉充满了这种精神。"八怪"借绘画遣情寄兴,金农所作尤多寓意,并表现在画跋中。他说:"予僻性爱竹,爱其凌霜傲雪,无朝华夕瘁之态","虚心高节,久而不改其操,竹之美德也",故极爱画竹,"尝于画竹满幅时,一寓己意"。有时所画"无潇洒之姿,有憔悴之状,大似玉川",有时则"若君子之在野",有时闻竹声"若空山绝粒人幽吟之不辍",实有不同的感情寄寓。他的《画马题记》更出于传统的"四君子"外,道前人之所未道。如“以写老怀”之诗：“扑面风沙行路难，昔日曾蹑五云端。红鞯今敝雕鞍捐，不与人骑更好看。”“古战场中数箭瘢，悲凉老马忆桑干。而今衰草斜阳里，人作牛羊一例看。”确见“写此老骥，尚有壮心”的同时，又见“今予画马，苍苍凉凉，有顾影酸嘶自怜之态”，他感叹“世无伯乐，即遇其人，亦云暮矣”，内心的苦闷可见。

可惜的是，金农晚年奉佛，《画佛题记》表明自己不复画马，“写衰草斜阳，酸嘶之状”，而是“工写诸佛，墨池龙树，常现智慧云”，“冬气益清，但觉烦悁一瞬顿释”，终于消失了可贵的个性解放精神和革新求变意识。

金农的题跋分作《冬心画竹题记》及《画梅题记》、《画马题记》、《画佛题记》、《自写真题记》各一卷，有清华韵轩刊《巾箱小品》本，及《美术丛书》本等版本。又以《冬心画跋》之名收入沈子丞编《历代论画名著汇编》，有上海世界书局 1943 年版和文物出版社 1982 年版。

《板桥题画》

绘画论著。清郑燮撰，此著系后人从其画中题跋钞存者。郑燮(1693—1765)，字克柔，号板桥。江苏兴化人。应科举为康熙秀才、雍正举人、乾隆丙辰(1736)进士，曾任山东范县、潍县知县，因得罪豪绅而罢官。作官前后均卖画于扬州。工诗词，善书画，尤妙于兰竹，以草书竖长撇法运笔，秀劲绝伦，书法隶楷参半，自称"六分半书"。为"扬州八怪"之一。有《板桥全集》。

郑燮只画兰竹石头，其题跋亦限于此，但所涉画理又不限于此。他道出了创作的思维规律和艺术借鉴等重大问题，虽非专著，不成体系，却为画界所重视。郑燮不满现实，常借绘画来舒郁泄愤。如自题《柱石图》云："谁与荒斋伴寂寞，一枝柱石上云霄。挺然直是陶元亮，五斗何能折我腰!"就可见"扬州八怪"托物寓意、以画抒情的创作特点。题竹的"一节复一节，千枝攒万叶。我自不开花，免撩蜂与蝶"亦然。

郑燮能用简炼形象的语言探讨艺术创作规律。他在关于晨起看竹，遂有画意之后接着说："其实胸中之竹，并不是眼中之竹也。因而磨墨展纸，落笔倏作变相，手中之竹又不是胸中之竹也。总之意在笔先者定则也，趣在法外者化机也。独画云乎哉!"这既有眼中、胸中、手中的变化、联系，又有定则与化机的区别和转变，确实道出了艺术创作的普遍规律。他继而将自己的"胸无成竹"与文同的"胸有成竹"作比较，认为自己的随手写去照样可以神理具足，得出了"有成竹无成竹，其实只是一个道理"的结论，可见更重视"趣在法外"的"化机"。联系他所称道的石涛"画竹好野战，略无纪律，而纪律自在其中"，可见"化机"并非随心所欲可得，创作必然受着"道理"的制约。

郑燮自诩"胸无成竹"，重在"化机"，不仅牵涉创作规律，更与他对继承与创造的态度有关。石涛毕生以革新、创造为职志，郑燮为之低首，但他认为石涛"盖有万种，兰竹其余事也"，"彼务博，我务专，安见专之不如博乎"？他对石涛取"学一半，撇一半，未尝全学"的态度，并云"十分学七要抛三，各有灵苗各自探"。这种"以我为主"的态度正是石涛精神的底蕴，在继承中有创造，不限死于以古为法，只有这样才能出新。他关于画丑石"丑而雄，丑而秀"，以"陋劣之中有至好"一反米芾的"但知好之为好"，同样体现出创造精神。郑燮以自己不学郑思肖、陈元素画兰竹，而向不甚画兰竹的徐渭、高其佩学习，说明"师其意不在迹象间"的道理，认为伟大的作品"原不在寻常眼孔中也"，都表现出逾越常规的眼光和做法，是艺术借鉴的正确道路。

郑燮强调实践，"无所师承，多得于红窗粉壁日光月影中"；认为"必极工而后能写意，非不工而遂能写意也"；作画"用以慰天下之劳人，非以供天下之安享人"的态度，"未画以前，不立一格；改画以后，不留一格"的灵活创造；推崇"虽无真相"却"有真魂"之作等，都体现出强烈的个性和艺术的真知。其画跋较之系统而无创造性的著作更得人推重，并非无因。

有《巾箱小品》、《美术丛书》等版本。而以《郑板桥集》最全。

《小山画谱》

花卉画论著。清邹一桂撰。邹一桂(1693—1765,一说1691—1745,又说1688—1772),字原褒,号小山,又号让卿,晚号二知老人。无锡(今属江苏)人。雍正时进士,入翰林,改侍御,累官内阁学士兼礼部侍郎。工画花卉,亦画山水。有《大雅堂续稿》。

《小山画谱》约成于1756年,皆论画花卉技法。上卷首列八法四知,次辨别花卉凡一百十五种,再论用色及制炼之法,下卷先录古人画说并参己意,计四十三条,再附以胶矾纸绢用笔用水诸法,末附洋菊谱。洋菊谱之附是因邹一桂承诏画内廷洋菊三十六种,蒙皇帝赐题,故撰谱以志荣耀,此时画谱已刊成,故附于末。由于前人画谱详于山水而略于花卉,此书颇足珍视。

邹一桂认为,花卉虽盛于北宋而徐、黄未能立说,故其法不传,批评"临摹家专事粉本,而生气索然"的现象,提出"以万物为师,以生机为运"的创作原则。关于"八法",是折衷前人之说以论花卉,即章法、笔法、墨法、设色法、点染法、烘晕法、树石法、苔衬法;"四知"为发前人所未发,即知天、知地、知人、知物。"四知"贯注着"师造化"、重实践的精神,言多可采。"八法"则是前人所论的较好整理、总结,颇见条理,兼得其要。邹一桂还认为画要忌六气,即俗气、匠气、火气、草气、闺阁气、蹴黑气。标举"活""脱"两字诀,"活者生动也。用意用笔用色,一一生动,方可谓之写生"。"脱者笔笔醒透","花如欲语,禽如欲飞,石必崚嶒,树必挺拔"。他认为,"实者毕肖则虚者自出",是可臻形神兼备之境的。《小山画谱》对各种花卉之形状记述甚详,于绘画学和植物学,都不为无补。

有《清瘦阁读画十八种》、《四铜鼓斋论画集刻》、《画论丛刊》、《美术丛书》等本,还有嘉庆张海鹏辑《借月山房汇钞》、道光陈璜校刊《泽古斋重钞》、咸丰伍崇曜校刊《粤雅堂丛书》及《丛书集成初编》等本。

《东庄论画》

绘画论著。清王昱撰。王昱(1700？—1750，一说1714—1748)，字日初，自号东庄老人，又号云槎山人。太仓(今属江苏)人。王原祁族弟。工画山水，古浑而秀润，疏而不薄，淡而有致。

《东庄论画》约成于雍正末年或乾隆初年，共三十则。虽以师法王原祁为准则，但颇有自己创作甘苦的体会。王昱说，自己对王原祁所云“奇者不在位置而在气韵之间，不在有形处而在无形处”获益最深，后学也应从此参悟。所论涉及画家修养、作画顺序、技巧方法、笔墨趣味诸方面，能脱出王原祁一味崇拜古人的窠臼，在简炼的文字中流露出创造精神。

王昱论画非仅立足画内，而且注目于画外，对画家修养非常重视。他提出学画者先贵立品，品正画亦正，文如其人，画亦有然。认为士人作画第一要平等心，不因识者而加意揣摩，不因不知者而随手敷衍。学画在于养性情，且能去烦破闷，释躁迎静，由于其要在修养心性，故理正气清就能胸中发浩荡之思，腕底生奇逸之趣。学画还要虚心探讨，增长识见，游览名山，开拓心胸，自然能做到丘壑内融，众美集腕。作画前应以睹云泉、观花鸟、散步轻吟、焚香啜茗来“养兴”，有得而作，兴尽即止。所言虽简，却深得画家修养之途径与要义。

对于具体技巧与画风的评论，王昱也颇有新见解。对前者，他提出作画先定位置，次讲笔墨，并释何谓位置，何为笔墨。并以气骨古雅、神韵秀逸、使笔无痕、用墨精彩、布局变化、设色高华等概言画道，较之对“六法”的陈陈相因，不失为新见。余如论位置、运笔、起结、用墨、设色等，亦自有心得。对后者，他以元气磅礴、超凡入化、神生画外者为画之上乘，以清气浮动、脉正律严、神生画内者为次。认为笔力直透纸背，形貌古朴，神采焕发，有高视阔步、旁若无人之概者，才是正派大家；而格外好奇，诡僻狂怪，以惊心炫目谓自立门户者，乃邪魔外道。他称道貌似粗服乱头、实乃气韵生动的“非法之法”，以位置高简、气味荒寒、运笔浑化者为画中最高品，又以画家三昧尽于“清空”二字等，虽不免对某些风格有偏嗜，但却有相当道理。他的以禅理言画道，亦并非门面语，包含着很深的体会，亦中事理。总之，王昱虽师王原祁，却多甘苦自得之言，至少在画道、画理上能如他自己所说：“不拘家数而自成家数。”

有《清瘦阁读画十八种》、《四铜鼓斋论画集刻》、《画论丛刊》、《美术丛书》及《翠琅玕馆丛书》等本。

《山静居画论》

绘画论著。清方薰撰。方薰（1736—1799），字兰士，号兰坻，又号樗庵。石门（今浙江桐乡）人。绝意仕进，专精绘画，兼工山水、人物、草虫、花鸟。有《山静居诗稿》。

《山静居画论》约成于1780年前后。为随感式的杂录，没有明确的体例，但能不袭陈言，自出机杼，值得重视。对代代因袭的“气韵生动”，对晚明以来居于主导地位的山水画南北宗论，对绘画的意境和形神理论，以及风格、传承等，颇有独到之见。方薰兼擅山水、人物、草虫、花鸟等各类题材的绘画，因此对各类绘画的具体创作都有切实、精专的技法理论。可以认为，《山静居画论》是清代篇幅较长、包罗较全、不带门户之见的重要绘画论著。

关于绘画的总体思想，方薰提出了法、理、趣相结合的看法。即：“有画法而无画理非也，有画理而无画趣亦非也。画无定法，物有常理。物理有常而其动静变化机趣无方，出之于笔，乃臻神妙。”所涉兼及事物规律、机趣与表现方法这三者关系。对于这三者关系的理解，贯串于整部画论，也是传统的形神理论的发展。方薰认为，“画不尚形似，须作活语参解”，“古人谓不尚形似，乃形之不足而务肖其神明也”，如造成冠不可巾、衣不可裳、履不可　，亭不可堂，牖不可户，就是有违物之常理。对“机趣”，方薰谈得不多，关于“法”，则所论极为精到。他以宋迪、朱象先等人出于常规的画法，说明“从无法处说法”的道理，并认为“画有法，画无定法，无难易，无多寡”。辨析黄庭坚所说的“如虫蚀木，偶尔成文”是为行家说法，非为学者说法，并反复例举，极是在理。方薰推崇绘画的气韵生动，认为“气韵生动为第一义”，并发表了自己的创见：即以气为主，气盛则纵横挥洒，机无滞碍，韵自生动；要领悟“生动”二字，生动则气韵自在；“气韵生动”并非只是天分，思有利钝，觉有后先，未可概论之，“悟后与生知者殊途同归”。他还认为：“神乃工之极致，妙为法之机趣，然不神而至妙，未之有也。”对形、神、法、工、妙间的关系，说得正确而周全。

对南北宗论，方薰也有新见。他截断众流，一针见血地指出：“画分南北两宗，亦本禅宗南顿北渐之义。顿者根于性，渐者成于行也。”这“根于性”与“成于行”的说法较之董其昌以来各家的解释能直探底蕴。他对“逸品”的解释，对倪瓒的称道，更可加深对南宗的理解，他关于法与无法的诸多论述，可看作是对南北宗论的补充。

对于绘画的创作动因和意境，方薰颇多创见。他对前者有较他人更全面、深刻的理解。他说：“艺事必藉兴会乃得淋漓尽致，催租之罢，时或憾之。然无聊落寞之境，以摅其怀，以寄其意，不为无补。程邈造隶于狱中，史公著书于蚕室，此又其大者也。”兴会标举，不因催租人到而败兴，仅得“满城风雨近重阳”一句，这是一种；因无聊落寞而抒怀寄意，又是一种；狱中蚕室，发奋而作，是第三种。较之传统的“诫世”或“畅神”说，无疑要深刻、全面得多。他认为画之感人，“必大有妙理”，“画家一丘一壑，一草一花，使望者息心，览者动色，乃为极构”。这“妙理”可以理解为画中意境。他进而论意造境生，论画境异于诗境，论立意、气格、以意运法等，都很有见地。方薰对绘画风格的理解不似黄钺那样细致，他侧重表明反对俗、腐、板、甜（尤其是甜）的画风，表现出对媚世、从俗的鄙薄，而“生则无画”、“熟则便恶”亦不无启迪。

关于人物画，方薰认为“宁朴野而不得有庸俗状，宁寒乞而不得有市井相”，提倡画外高致，认为对冠服、仪仗、器具应知“随代更易，制度不同，情态非一”，论衣纹、白描等，都值得重视。关于山水画的画树、点叶、画松、画柳、画石、勾勒、皴法、画云、设色、点苔等具体技法，都论列周详，颇多自得之言。关于花鸟、草虫、蔬果，对风格、流派、技法的传承辨析甚详，对读者了解绘画史与具体技巧都极有裨益。

有《清瘦阁读画十八种》、《四铜鼓斋论画集刻》、《画论丛刊》、《美术丛书》、《知不足斋丛书》、《丛书集成初编》等本，新刊本有《中国画论丛书》本，郑拙卢标点注释，人民美术出版社 1959 年版。

《芥舟学画编》

绘画论著。四卷。清沈宗骞撰。沈宗骞(生卒年不详),字熙远,号芥舟,又号研湾老圃。浙江吴兴人。以书画遍游吴越,雅负盛名,书法二王,画兼山水人物,有《汉宫春晓》、《万竿烟雨》等画传世,被目为神品。

《芥舟学画编》成书于1781年。卷一、卷二论山水画,共分十六篇,即宗派、用笔、用墨、布置、穷源、作法、平贴、神韵、避俗、存质、摹古、自运、会意、立格、取势、酝酿。卷三论传神,凡十篇,即传神总论、取神、约形、用笔、用墨、傅色、断决、分别、相势、活法。卷四共三篇,即人物琐论、笔墨绢素琐论、设色琐论。此书包孕古今、兼收并蓄,可谓对历代画论有集大成之势,而在详明、平允的持论中,时有新义发明,实为一家之言。全书体现出力倡风雅、推尊古法、摧廓时尚的倾向。条理清晰,理法兼备,体制宏富,文词雅驯,是清代画论中极其重要的一部。但因强调师古人重于师造化,对临模推崇过甚,故缺少最可宝贵的创新精神。且辞藻华赡过甚,使真义反为所掩,亦是一弊。

沈宗骞不似诸多论家之只言画法,或以论述画法为主,而是以较大篇幅讨论画道、画理。在《神韵》中,他提出“动辄好奇,画者之大病”的见解,倡导“清和宕逸之趣,缥缈灵变之机”的“平中之奇”,认为古人的笔奇、趣奇、格奇皆出于性情胸臆,离开性情所发而求奇,必入狂怪。在《避俗》中,认为画俗有五,即格俗、韵俗、气俗、笔俗、图俗。能去五俗可几于五雅,即高雅、典雅、隽雅、和雅、大雅。因笔墨本乎性情,故“凡所以涵养性情者则存之,所以残贼性情者则去之,自然俗日离而雅可日几也”。在《存质》中倡以去华存质之道,以“华”为美之外现者,“质”为美之中藏者,质之趣近古,古之象如浑金璞玉,古之韵如郑草江花,精神内蕴,光华发越。继而提出“存质”之路,即理径明透,识量宏远,加之以学力,参之以见闻。并从孙过庭论学书之“三时”提出学画之三时:初学时求平直,中则开拓心思以尽丘壑之变,后则绚烂之极归于平淡。在《摹古》中说,时虽有今古之异,但心同、手同、法同,故无古人之成法无以发我之性情。与此同时,虽仿古而不可有古无我,“正以有我之性情也”,若舍我求古,则不但失我,且又失古。惟以古人之矩矱运我之性灵,纵未及古人,犹不失自家灵趣。《自运》与《摹古》互为补充,言自运又当复必有古法,“食古既化,万变自溢于寸心;下笔天成,一息可通乎千古”。《会意》在论述了意趣在绘画中的作用后,提出了立意、笔意、画意、局意这“四意”之大要,分别为“布置落落,不事修饰”,“平正疏爽,直起直落”,“传写典雅,绝去俚俗”,“安顿稳重,波澜老成”。在文艺批评中,“意格”常为一词,沈氏在《会意》之后,又言《立格》。他提出求格之高其道有四:一曰清心地以消俗虑,二曰善读书以明理境,三曰却早誉以几远到,四曰亲风雅以正体裁。综观沈氏所论,除尊古意识较浓,未能认识以新变求代雄的意义外,不仅有较强的现实针对性,而且对画家的画外功夫、修养途径等有精到的论述，构建成很深刻、系统的理论体系。

关于绘画的传神论，沈宗骞也很有建树。在《传神总论》中，首先辨析“神”之有别于形貌，在于天下之人有形同貌类者，“至于神则有不能相同者矣”。继而指出“形或小失，犹之可也，若神有少乖，则竟非其人矣”。他认为神不能离形，以笔意补形似，工夫纯熟，心手妙合，就能形神逼肖。他认为画人物“当传写其神之正”，真神发露“其去愈速，其神愈全”，倘能在瞥见神之全而真时，以数笔勾出，脱手而神活现。这种“笔机与神理凑合，自有一段天然之妙”，已与现代速写为近。沈氏不仅论取神，还论“约形”，“约者束而取之之谓”，对约形的技法，论之甚详甚切。加之以论用笔、用墨、傅色、断决、分别、相势、活法，形成了极系统、深细、具体的人物画传神理论。传神论不仅见于人物画论，也见于山水画论。沈氏在《穷源》中说：“画之为言画也，以笔直取百物之形，洒然脱于腕而落于素，不假扭捏，无事修饰，自然形神俱得，意致流动，是谓得画源。”他关于山水画的用笔、用墨、布置、作法、取势、酝酿等理论，都是周详而剀切的技法论，都贯注着形神兼备的精神。

对于山水画南北宗论，沈宗骞发表了资禀源于地理，从而形成风格之异的见解，为前人所未道，亦值得珍视。在《宗派》中，他首言“天地之气，各以方殊，而人亦因之”，继而以南方山水蕴藉萦纡，使人得气之正者为温润和雅，偏者为轻佻浮薄；北方山水奇杰雄厚，人得气之正者为刚健爽直，偏者为粗厉强横，“率其性而发为笔墨，遂亦有南北之殊焉”。地理决定论虽不免简单化，但不失为造成南北画风岐异的主要原因，如此论南北宗之产生，实较前辈画论家深刻、高明。沈氏还本着“视学之纯杂为优劣，不以宗之南北分低昂”的态度，更难能可贵。

初版梓行后，流传极少。虽乾嘉后丛书迭出，亦未著录此书，独日本有刊本，且有译文。《画论丛刊》收入此书。新刊本有《中国画论丛书》本，沈宗骞述，齐振林写，史怡公标点注释，人民美术出版社 1959 年版。又，余绍宋《书画书录解题》据《别下斋书画录》卷一《芥舟水墨写意士女册》所载费丹旭跋语云“芥舟著有《瓣香书屋画论》行世”，谓疑此即《芥舟学画编》，此说可信。

《二十四画品》

绘画论著。清黄钺撰。黄钺(1750—1841),字左田,一字左军,号左君。安徽当涂人。乾隆五十五年(1790)进士,嘉庆时官户部尚书,谥勤敏。工诗文书画,尤善山水,晚年专学王原祁,亦长画梅。有《壹斋集》四十卷,及《左田诗钞》、《左田画友录》。

《二十四画品》是仿司空图《诗品》而作,“专言林壑理趣”。共分气韵、神妙、高古、苍润、沉雄、冲和、澹逸、朴拙、超脱、奇辟、纵横、淋漓、荒寒、清旷、性灵、圆浑、幽邃、明净、健拔、简洁、精勤、隽爽、空灵、韶秀等二十四品。其中除气韵、性灵外,基本上都属于对绘画风格的描绘。作者深受司空图的影响,虽也不排斥沉雄、纵横、淋漓、健拔等风格,但更为推崇冲和、澹逸、荒寒、清旷、幽邃、空灵等境界,这与当时文人士夫的审美趣尚是一致的。

《二十四画品》对绘画的美学探讨颇有创获。“神妙”之“造化在我,心耶手耶”,“苍润”之“气厚乃苍,神和乃润”,“冲和”之“得非力致,失因意骄”,“超脱”之“意趣高妙,纵其性灵”,“奇辟”之“苦思内敛,幽况外颁”,“淋漓”之“兴尽则返,贪则神疲”,“健拔”之“体足用充,神警骨峭”,“简洁”之“务简先繁,欲洁去小”,“精勤”之“慎之思之,然后位置”等,都涉及创作论、方法论,其精简而形象的表达有很强的涵括力。至如自谢赫以来代代相沿的“气韵”,黄钺有独到会心,即“意居笔先,妙在画外。如音栖弦,如烟成霭”,很能发人深思。言“性灵”的“自本自根,亦经亦史”,“听其自然,法为之死”,前者兼从自身的“根本”及外来的修养而言,很见全面,后者强调“自然”而突破“法”障,也是对泥古、摹古思想的批判。在涉及艺术风格时,《二十四画品》的描述更见形象、生动。如以“ 《金仙》书,拓《石鼓》字”拟高古,以“山雨洒衣,空翠粘鬓”拟苍润,以“诗曰魏武,书曰真卿”拟沉雄,以“风檐虚铎,籁过洞箫”拟冲和,以“瑶琴罢挥,寒漪细流”拟澹逸,以“草衣卉服,如三代人”拟朴拙,以“粗服乱头,有名士气”拟荒寒,以“冲霄之鹤,映水之梅”拟清旷,以“紫花灼灼,碧潭悠悠”拟明净,以“香消炉中,不火而薰”拟空灵等,确是足资体味。当然,作者所重在自己的感悟,未免有迷离恍惚的神秘主义色彩。

除见于作者自著的《壹斋集》外,还有杨景曾辑《诗画书三品》本,嘉庆九年(1804)浬西别墅刊,及《清瘦阁读画十八种》本、《四铜鼓斋论画集刻》本、《论画辑要》本、《翠琅玕馆丛书》本、《美术丛书》本等。

《南宗抉秘》

山水画论著。清华琳撰。华琳(1791—1850),字梦石。天津人。初习举业,不就,致力于绘画,精研数十年之久,每作画后即悬于壁,玩视累日辄毁之,绢幅作画亦浣而弃之,故所作不传。惟所著《南宗抉秘》得传。

成书于1840年前后。计三十则。专论南宗山水画法,涉及用笔、用墨、用白、轮廓、皴法、丘壑、变化、点苔、三远等方面。其中以论用笔、用墨者为最多,所说细密,且均从自己实践经验中得来,而非剿袭旧说以为己出,故颇足珍贵。

华琳首先从书画相通之理,倡以"终日操管"的训练,以求逐渐做到能入纸、能出纸,执笔紧,运腕活。他指出"以柔取之"并非南宗正道,认为南宗画之用笔是"似柔非柔,不刚而刚,所谓绵里针是也"。即使不被视作正道的"北宗",也是笔格遒劲、浑厚有力,而非出筋露骨。他认为,"菩萨低眉,正是全神内敛;金刚怒目,迥非盛气凌人",对刚柔的见解很是在理。他认为学习用笔应循序渐进,至纯熟已极就能画无笔迹,诚如"文章本天成,妙手偶得之"一样,用笔当活,欲出纸先入纸,欲巧先拙。他针对用笔只言正锋,提出"学到极纯境界自悟侧中寓正之意"。

关于用墨,古人认为墨有黑、浓、湿、干、淡五色,缺一不可,他认为其中"湿"本非专言墨,即画成有湿润之气,应无滞于五墨之说。继而他又分辨四者,认为黑墨应作点睛之用,并以王原祁为例继言用墨之道。

华琳最有见地者,当推论"白"。他说:黑浓湿干淡之外加一白字,便是六彩。白本为纸素之白,欲令其为画中之白乃为有情,否则画无生趣。禅家所说的"色不异空,空不异色,色即是空,空即是色",正道出了画中之白,即画中之画,亦画外之画。这一见解,发展了我国传统绘画中"计白当黑"的美学意蕴。

关于"三远",华琳也提出了自己的独到见解,尤从具体创作中提出了"推法"之秘,余绍宋认为"尤精辟",俞剑华认为"反复推论,反使读者迷糊不清"。无论如何,这总是他自己的真实体会。至于其他的技法理论,亦颇多可取之见。

有《屏庐丛刊》、《画论丛刊》等本。

(吴士余、刘凌主编《中国学术名著大词典·古代卷》,汉语大词典出版社2000年版)

第二部分
古文提要

唐文提要

《先存百姓》

以民为本及相关的先正自身，是我国古代非常重要的为政思想。《老子》八十一章说：“圣人之道，为而不争。”君主应该有所作为（特定时期如汉初汲取秦亡教训，无为而治，可另当别论），却不应与民争利。《论语·颜渊》说：“政者，正也。子帅以正，孰敢不正。”孔子释“政”为“正”，并道出了当政者“正身”的榜样作用。唐太宗从隋末农民起义中一路走来，亲眼目睹、亲身经历，使他深悟“载舟之水亦覆舟”的道理，嗜欲成祸，终导致妨政扰民，怨作叛兴，如割股以啖腹，落得腹饱而身毙的下场。因此，制欲而正身，是“从我做起”、强本固基的根本，“为君之道，必须先存百姓”，“若安天下，必须先正其身”，可谓颠扑不破、古今相同的真理，对于今天的为政者，应具有同样的借鉴意义。而无论是詹何还是魏征这样的诤臣，对领导时刻起着“以人为鉴”的作用，也是今日所最为需要的。

（按：本文出自路建平、朱建纲、刘清华主编：《读有所得》，湖南文艺出版社 2010 年）

魏征《谏太宗十思疏》

唐太宗即位后，以隋亡为鉴，力除弊政，励精图治，长于用人，勇于纳谏，造就了著名的“贞观之治”。魏征是有名的“诤臣”，经常直言上谏。本文作于贞观十一年，在天下大治之时，以“居安思危，戒奢以俭”相劝，表现出可贵的忧患意识。文中以“思”为骨，与用人及大治构成严密的逻辑关系，文虽平实，说理却透辟而缜密，辅以比喻、排比，颇见气势。

王绩《五斗先生传》

被称为“隐逸诗人之宗”的陶渊明写过《五柳先生传》，王绩虽曾为官，但主要生涯都消磨于隐逸，宜于学陶而拟作此文。文中先言“以酒德游于人间”及号之由来，继而说自己的所言所奉在于老庄之道。作者自叹“才高位下”（《自撰墓志铭》），因“醉懦”罢官（《无心子传》），隐而好酒，喜读《庄》、《老》、《易》，故文中所说，夸而不失真，简而具深意。当然，因伤时才遁世，因消解苦闷才昏昏默默，全身葆真，对其志行及“不知所如”，又不可不辨。文中前半部分多以接字、钩句自写形象，可谓状其“自然”而笔简神全。后半部分多偶句而长短不一，整齐中见变化，短而深永，深得老庄神髓。

武则天《赐少林寺僧书》

武则天出于政治需要，特别崇奉佛教，少林寺僧因曾助李世民征王世充，尤得唐室眷顾。据《资治通鉴》卷二百三、二百六所载，武则天曾在弘道元年(683)随高宗封嵩山，圣历二年(699)及次年(久视元年)又以女皇身份二幸嵩山，本文即与上述背景相关。文中表达了睹物而悲母的情怀和续成先志、修造供佛之所的意愿。为表达自己的孝心和追思，屡用典故，且多佛门用语，句式多对偶，工整之中又见辞藻、音节之谐美。

骆宾王《代徐敬业传檄天下文》

本文又作《为徐敬业讨武曌檄》，按武曌系武则天称帝后所自名，故仍用本题。光宅元年(684)，武则天废才登基的中宗李显，另立李旦为帝，自己临朝听政，欲建周朝而称帝。徐敬业为英国公徐 嗣孙，为免唐室倾覆，以故太子李贤为号召，起兵扬州，自任匡复府上将、扬州大都督。骆宾王入幕而任艺文令，书此檄文而讨伐武氏，此文以“伪”字开头，示武氏临朝之非法，历数其丑史，以见罪不容诛，继而使事用典，显形势之危殆及讨伐之义不容辞。再写己方的立场，铺陈军威，以鼓舞人心，复以大义相号召，动之以情。全文义正辞严，雄文劲采，多对仗排偶，极具气势。武氏读得此檄时，先但嘻笑，至“一抔之土未干，六尺之孤安在”，为之矍然惊叹。徐敬业兴师之举虽然失败，此文却千古相传。

王勃《滕王阁序》

本文原题作《秋日登洪府滕王阁饯别序》。滕王阁故址在今江西南昌市，前临赣江，系唐高祖李渊之子李元婴官洪州都督时所建。贞观十三年(639)元婴受封为滕王，故称此阁为洪府滕王阁。高宗时，洪州都督在滕王阁大宴宾客，王勃路过其间而与宴，即席写成此文。文中先扣“洪府”叙写洪州之地利、物产、人才，继而写登阁揽胜之所见，再因文酒之宴，生身世之感，并自我劝慰，最后自叙遭际、怀抱，并言作序之意。全文由地及人，因景而情，层层推进，破酬酢应景之惯套，抒发羁情，自抒襟抱。虽因系骈体文而对仗工整，词藻绚丽，却灵活多变，使事用典贴切自然。文中情景交融，俯仰古今，意境深沉开阔，给人以牢笼百态，气象恢宏之感。

杨炯《李舍人山亭诗序》

本文是杨炯“序文碑铭志状杂文”之一，据明万历龙游童佩编定的《盈川集》序言可知，作者所存此类作品已不多。文中先写李舍人别墅的周围环境，由山川胜概，人杰地灵，引出主人公的风度、学问，再盛赞其慷慨待客、广为邀欢之举，最后表述了“百年无几，万事徒劳”的人生感悟和谈笑赋诗之乐。作者是“初唐四杰”之一，却恃才傲物，为人所忌，加以仕途多蹇，故文中隐约可见对现实的不满，最后几句可见王羲之《兰亭集序》的影响。本文基本用骈体写成，词句整齐，音节谐婉，用典贴切，语约意丰，颇见初唐风貌，文酒之会，令人想见王勃的《滕王阁序》。

姚崇《冰壶诫并序》

姚崇是历史上著名的贤相，是“开元之治”的主政者，他不仅精于吏治，而且抑权，劝节俭，本人也清廉自守。本文沿古人“以玉比德”的传统，通过“清洁之至”的冰壶，寄言自己贞廉守节、备德全真、塞贪竞而宁清贫的志向。前面之序无韵，点明“君子不忘乎清”的“冰壶之德”。后面之“诫”数次换韵，以四言为主而辅以五、七言，庄重沉稳，比喻与事、典兼用，虽短而增其内涵之容量。

王维《山中与裴秀才迪书》

这是王维在蓝田辋川别业写给好友裴迪的信。裴迪曾与王维同住于此，对此地景物各赋绝句。秀才系对士人的通称。文中写冬日漫步见闻，追忆昔游之乐，再以春日相邀。文虽短，却描摹传神，静中有动，极富生机，清妙深幽之中满蕴禅趣，可与《辋川集》共读。

李白《春夜宴从弟桃李园序》

本文仅百余字，从人生速逝，当及时行乐说起，就古人的秉烛夜游，引出“夜宴”之题。继而从良辰美景、天伦之乐道出诗情酒意，可见李白最本真的情怀，充满潇洒而欢乐的气氛。短文戛然而止，既是诗序的体裁，又真正起到引领诗章的作用。本文虽短，却是识见不凡、飘逸放旷，善作转折，语短韵长，堪称尺幅千里的妙文。

李华《吊古战场文》

本文约作于唐玄宗天宝末年。作者奉使朔方，亲见古战场之悲凉，有感而发，写成此文。从亭长“尝覆三军”一语，引出凭吊之意，又从“多事四夷”感慨秦汉到近时的开边拓土，是战争不断的原因，借吊古战场以讽唐玄宗频启外衅之害。全文以四言为主，夹杂骚体，合文章与辞赋为一，段段用韵，感慨苍凉，自饶风韵，且景中含情，以情动人，虽未脱骈偶，实已开古文之先。

元结《右溪记》

元结曾两任道州刺史，本文大概作于后一次任上。文中前半部分写泉石幽趣，情景相生，后半部分借题发挥，寓以牢骚，抒抑郁不平之气。行文清丽峻洁，形神兼备，开柳宗元山水游记之先声。

韩愈《师说》

柳宗元《答韦中立论师道书》云：“今之世，不闻有师，有辄哗笑之，以为狂人。独韩愈奋不顾流俗，犯笑侮，收召后学，作《师说》，因抗颜而为师。世果群怪聚骂，指目牵引，而增与为言辞。愈以是得狂名。”从中可见本文的写作背景及当时流俗。韩愈在文中阐明为师之作用及从师之重要，针对时人不肯从师，历引童子、巫医、孔子相喻，从传道、授业、解惑立论，虚实、正反互用，行文错综变化，反复引证，笔势纵横而意味无穷，文中所言，多有其理，至今尚能使人受益。读之只见文气充沛，而非“狂人”之言。

韩愈《送李愿归盘谷序》

本文是作者青年时代的作品。先将盘谷写成清幽绝尘的一方净土，继而借李愿的话归纳了三类人物：得意的权贵，安贫乐道的隐士，趋炎附势的小人，从中流露自己的爱憎取舍，最后颂赞盘谷，表达向往之情。文虽散体，却多排比、对偶，韵散结合，观之错落有致，诵之铿锵悦耳，兼描写、议论、抒情之长，堪称赠序文的佳作。苏轼在《跋退之送李愿序》中说：“……唐无文章，惟韩退之《送李愿归盘谷》一篇而已。”虽戏言，亦可知后人之推重。

韩愈《祭十二郎文》

本文作于贞元十九年(803)五月，作者当时在长安任监察御史。作为悼念亡侄的祭文，本文突破了称颂死者且多为骈文或四言韵文的形式，是直诉胸臆，以痛哭出之，情至而文生的变体，堪称祭文的绝调。文中从身世写起，充满对亡侄的深情，负疚、哀痛，都出自肺腑，情真语切，凄楚动人。因哀情难掩，自然而然地采用了对话形式，如对面倾诉，夹哭夹写，大量的语助词更使人有一句一顿之感。与感情的悲戚悱恻相关，立意与结构互为表里，回环曲折，纵横变化，在严谨浑成之中，曲尽至情，足见因情生文之妙。

韩愈《杂说》(四)

本文之意本《战国策·燕策》的郭隗为燕昭王延揽人才，而以寻千里马为喻。作者以论说体托物寓意，题作《杂说》，此系其四。文中以千里马喻人才，其沉屈下僚，是因于统治者之不识、不用，对贤士的被埋没，抒发了深沉的愤慨，其中也寓有作者自己的感受。文虽短小，却格外遒迈，语冷意深，笔势劲峭多变，颇见作者"不平则鸣"的风骨。

韩愈《五箴并序》

箴是用作规戒的一种文体，西汉扬雄有《五箴》，韩愈倡儒重道，亦奉扬雄，相仿而作。文中就游、言、行、好恶、知名五个方面"讼其恶"，表现出由中年而渐入老境时对人生的反思，从中可见作者较正确的道德观。主旨深切，笔势奇宕，以四言韵语为主而熔入古文笔法，是作者对此文体的发展创获。

李翱《题燕太子丹传后》

本文是一篇仅百余字的题跋，却表现出作者对重大历史事件、重要历史人物的独到见解。历来受到称颂的荆轲刺秦王，被置于统一全国的大背景下作审视，得出了"陋矣"的结论。文中叙、论相承，转折递进，极顿挫之妙，而对荆轲之举的评价，则是点到为止，言有尽而意无穷，发人深思。

刘禹锡《陋室铭》

对于一般读者来说，《陋室铭》的作者究竟是谁并不重要，《新唐书》载崔沔"俭约自持，禄禀随散宗族，不治居宅，尝作《陋室铭》以见志"，似近于真正的作者。我们应当关注的不是本文在流传过程中的名人效应，而应是对文中表达的思想的认同。追求富与贵可谓人的天性，封建时代尤其如此，十年寒窗的苦读，就是期待一举成名而为官，坐衙虽案牍劳形，却能显示权力，退居虽丝竹乱耳，却可享受生活。但是古人为何又向往曲肱饮水、孔颜之乐呢？因为精神更应高于物质。为屋栖身，不求享受，有为自可，有朋自乐；苔痕草色，亲近自然，素琴金经，去欲养心；最为根本，是有德自馨，陋室虽陋，孔子有言："君子居之，何陋之有？"所居可以见德，所居应该显德。

（按：本文出自路建平、朱建纲、刘清华主编：《读有所得》，湖南文艺出版社 2010 年版）

白居易《荔枝图序》

作者于元和十四年(819)任忠州刺史,一年后奉召回京,离忠州前,写成此文。由于是北人南来,对荔枝极偏好,诗文常及。离蜀前特命画工绘成荔枝图,欲携回京师,并写成此文。"序"即"记",实为画记。文中对荔枝作了精要的全面介绍,由大到小,由树及果,井然有序,对荔枝的描述多用比喻,生动传神。全文仅百余字,兼备实用性和审美性,流露出浓厚的生活情趣。

柳宗元《始得西山宴游记》

作者因参与王叔文集团的永贞革新,失败后,被贬为永州司马,寄情山水,写下著名的《永州八记》,本文即其中的第一篇。文中先写自己的处境,为排遣忧惧,遂放迹山水,从"始得"着笔,写出西山的高峻特立,发出由衷赞美,宴游之中,深感精神的解脱,无比快慰。文中从反面入题,以突出西山之怪异,体现出物移我情与移情于物的完满结合,亦山亦人,表现出逆境中依然挺立的人格精神。句式骈散结合,语言生动传神,观察入微,表述精确。文中五次点题,服务于抒情目的,是开创山水游记兼纪游、抒情新风的作品。

柳宗元《至小丘西小石潭记》

本文是《永州八记》的第四篇,与前三篇游程相接,侧重写小石潭所在地的清幽及潭中游鱼活泼自由。造境深静空灵,状物生动传神,语言灵动峻洁,堪称如画如诗的写景美文。在清澄明净的心境中,也隐约可见贬居生活中的孤寂之情。

柳宗元《捕蛇者说》

作者贬到永州后,对赋税之重及带给人民的灾难深有体会,写下这篇指责"苛政猛于虎"的散文。文中以蒋氏三代宁冒生命之险捕毒蛇而抵租一事,反映了赋税之重,通过这一典型揭露了现实之严酷。作者先写蛇之剧毒,为下文铺垫,借语言对答,写出受赋税之害更甚于毒蛇,引出议论,揭示主题。以数百字小文,写大主题,发大议论,与作者善作顿跌起伏、抑扬有致相关。述事记言,如在目前,作者的同情心与孔子语相辅相成,虽系政论,却深刻感人。

柳宗元《黔之驴》

本文是作者在永州所著寓言《三戒》中的一则。意在讽刺徒有其表、色厉内荏的人，其中可能也包括他的政敌。讽世之中，自可得出外表强大而本质虚弱者终致覆败的结论。笔下形象生动，颇有情节，外表与心理刻划传神，语言简炼而寓意深刻，并为后世提供了很具生命力和典型性的寓言形象。

柳宗元《敌戒》

本文的思想，源于孟子所说的“生于忧患，死于安乐”，就“敌存”、“敌去”之“利”与“害”作辩证论说。非但立论的识见出于众上，而且例举古人古事相证，以明“敌存灭祸，敌去召过”之理，佐以养生之道的同理论证。全文仅百余字，却转折有度，说理透辟，显示出作者政见精到、思想出群的一面。

杜牧《阿房宫赋》

阿房宫是秦始皇兴建的著名宫殿，由于穷奢极欲，滥用民力，引发了大规模农民起义，这一华美建筑也成为焦土。本文作于唐敬宗李湛宝历元年(825)，作者在《上知己文章启》中说：“宝历大起宫室，广声色，故作《阿房宫赋》。”可知系借秦建阿房宫为题，行针砭现实之实。虽因之于赋的“采摭事物，摛华布体”传统，但极尽铺陈夸张之能事，却非“劝百而讽一”，而是将统治者的极力诛求与人民所受剥削、徭役相联系，以总结历史教训为归的。写来层层铺叙，结构精严，堪称穷奇极丽，气势遒劲，而这些俱为垂鉴所设，深得“丽以则”的古意，结语的精警锋利，给人以深刻印象。

杜牧《送薛处士序》

这是一篇送别的文章。处士即隐士，唐代不乏以隐求仕、走“终南捷径”者，作者以“盖有大知不得大用”作为处士的标准，相求于薛处士，就使文章带有讽刺意味。赠序之作，多示称颂或勖勉之意，但杜牧对于世风不满，遂于文中暗含讥讽，庄中见谐，绵里藏针，实是别创一格，亦见“薄幸”以外不苟的一面。

李商隐《祭小侄女寄寄文》

本文作于会昌四年(844)。是年，作者移家永乐县，先返故乡营葬，将二姊灵柩迁至老坟，夭折的侄女寄寄亦随姑姑迁葬，作者不拘于死者未满八岁而为无服之殇的旧礼，给侄女立碑刻石，写下这篇祭文。文中表达了深刻的骨肉之痛和自责之情，由侄辈的无忧无虑的戏耍，想到寄寄的弱魂不知漂泊何处，自己虽婚而无子，伯侄之情更深于他人。劝慰叮咛，关心备至，读来使人感动不已。虽作骈体，却杂以散句，真情流露，如对面诉说，最后的问句，更见深痛。

孙樵《书褒城驿壁》

褒城驿建于唐德宗年间，号为天下第一，作者以自己所睹之残破，引出驿吏对驿站败坏原因的陈述，继借老甿之言对照开元盛世与今日之腐败，而“州县皆驿也”则由个别到一般，抒发了作者对唐末政治的感慨。清人高士奇所说的“因驿而发明郡县迁代不宜促数之故”，“有关治体”（高步瀛《唐宋文举要》甲编卷五），可谓正得题旨。文中记事似主而实宾，议论似宾而实主，深得错综之法，而记事与议论又转换有度。至如借他人所言，抒自己所见，寓刺于驿，由此及彼，更可见运思之匠心。

罗隐《英雄之言》

本文是作者自编杂文集《谗书》中的一篇。据自序，名为《谗书》乃“自谗”之意，然从自述著书的目的看，“无其位则著私书而疏善恶，斯所以警当世而诫将来”，实非“自谗”而在于警世。本文即基于这一精神，指出夺玉帛与取国家者皆为强盗，刘邦、项羽艳羡秦始皇，出语不同，本质并无二样。既表现出作者的民本思想，又针对晚唐藩镇割据的窃国野心，有强烈的现实意义。行文劲捷，说理透辟，题旨警策，风格犀利，是本文的特色。

皮日休《酒箴》

箴之用在于规戒，西汉扬雄有《五箴》，中唐韩愈亦作《五箴》，皮日休在《六箴》之外，又有《酒箴》之作。本文的主体是《序》，从自戏为“醉士”、“醉民”，及襄阳元侯之间，生发出酒可以因淫溺、酗祸而亡国杀身之议，从而以“全真”为酒之所乐，自警并戒人。文中自叙、自议，插入对答，述古事以明理，多谲譬以见意，浑灏流转，文气激荡，观之而见足当“尤善箴铭”（明袁表语）之评。

皮日休《相解》

相术在我国流行久远，影响亦可谓既大且深，本文针对人们之盲目迷信相士之说，发表了自己的见解，此即题意之所在。作者认为，人们存在一个相悖的标准：言其貌类禽兽则喜，而行类禽兽则怒。由此生发出善恶出于性，中庸在于化的观点。文中认为，圣人之相人，是在于真正的了解，故能“言其善必善，言其恶必恶，言其胜任必胜任”。这才是真正的相术，决非“子卿、唐举之术”可比。作者以相心批判相形，就仁义、善恶的命题表达了对圣贤之道的肯定，层层深入，步步生发，议论纵横，自设问答，极饶强烈的讽刺意味。

陆龟蒙《野庙碑》

碑文一体,多在记述功德,本文却出以议论,借题发挥,极尽讽刺之能事,可谓别创一格。文中对贪官污吏的嘴脸作了漫画式的勾画,嬉笑怒骂,淋漓尽致,具有针砭现实的“刺时”意义。作者借助诗歌的比兴手法,隽永耐思,形象生动,说理充分,文笔辛辣,呈现出与其诗歌不同的风貌。

司空图《移雨神》

这是一篇移文,移文有二义:檄文及发往平行机关的公文,此处应取前一义,即晓喻、声讨雨神之文。雨神受上天委任而司降雨于人间之职,却荒于职守,滥用权力,窃天之德却推怨于天。作者借斥责、声讨雨神,而指控那些权力在握、鱼肉百姓的大小官僚。既可见晚唐小品的现实性和讽刺传统,又见深于剖析、喻指巧妙、笔锋犀利的特点。

来鹄《猫虎说》

孔子早就有“苛政猛于虎”的慨叹,本文即此题旨的新版。文中从迎猫、虎二神,求灭老鼠、野猪,祈望丰收,引出迎虎为非的议论,进而点出贪吏更甚于虎之意。文中多写对话,不着主观评判,而寓意其中,有论无断,颇见讽刺之妙,亦使人洞见唐末腐败的世风。

杨夔《止妒》

本文借梁武帝纳臣下疗妒偏方之献,使郗后“妒减始半”的故事,引申出治疗政治妒忌症的议论。文中流露出作者有才难展,对嫉贤妒能者的无比愤慨,使人曲折体会出唐末社会的黑暗。梁武帝平齐得侍女,引起郗后之妒并非史实,作者是借此引出疗妒之议,写法非常高明。此文在“左右复言”而“帝深然其言”后,未及“疗妒效果”,猛然止步,留给读者思考,余味深长。语言以对答为主,生动而富有情节性,堪称引人入胜。

宋文提要

陈抟《睡答》

本文作者是五代宋初著名的隐士，隐居华山时，常有一睡百余日之举，行为的怪诞自然引起人们好奇之心，本文就是言其睡之“道”，表达了他对人生世态的看法。五代是乱世，在作者看来，挣脱人世羁绊和精神负担的良方唯有一睡。且睡乡三昧在于“先睡心，后睡目”，因“心睡”才“不见世，并不见心”，不为治世、出世、训世者的大名和成就所动。看似消极，其实自有其刺世的积极面，表现出人格独立的精神。文中流露出清醒的目光、深刻的哲理和可贵的人生体验。层次清晰，逻辑严密，多用对偶、排比，文字雅驯，是虽小却大的小品。

王禹偁《待漏院记》

古代百官在殿外等待皇帝上朝的休息处称待漏院，本文以此为名，是借之而引出对宰相的箴规，作于宋太宗雍熙四年(987)冬，作者在大理评事任上，时年三十四岁。文中用正反对比的手法，指出宰相应勤政爱民、励精图治，而不应窃位谋私、谄君乱政，表达了自己的政见和爱憎。全文结构严密，环环相扣，条理清晰，有很强的说理性。句式整齐，骈、散结合，在对偶之中变换句调，上下呼应，收束严密。说理之外，亦长于刻画，生动传神。清人浦起龙评其“非骈非散，似箴似铭”，甚是。

王禹偁《黄州新建小竹楼记》

本文作于咸平二年(999)的黄州贬所。文中以竹楼为题，写出了处所幽深安静、远眺揽胜的情趣，及四季皆宜、悠闲自适之乐，表现出对谪居生活随遇而安的情怀。尽管对于“四年间，奔走不暇”良多感慨，流露失意之悲，却又努力化解，在借题言志之中，表达了对同志者的期望。文中充满冷淡萧疏的诗情画意，转承有度，紧扣竹楼而写，却摇曳多姿，其情含蓄蕴藉，让人得之于象外。

范仲淹《岳阳楼记》

宋仁宗庆历三年，范仲淹等推行以改革吏治为中心的“新政”，遭反对者“朋党”之谤，被贬外放。庆历六年(1046)，作者在贬所邓州应友人滕宗谅之请，写成此文。文中对重修岳阳楼之事仅简单带过，而是立足这历代文士登临赋咏之所，写出面对不同季节、气象条件下所见景色及引发的或悲或喜心情，继而转入胸襟、人格的议论，树立起“先天下之忧而忧，后天下之乐而乐”的志趣、抱负，展现出崇高的精神境界。文中极写洞庭景色及所生之情，引出主题，由铺垫而见结构之妙。以骈语写景，以散文论述，错落有致。造语丽而雄，声调和而浑，与情景交融相辅，颇见摇曳生姿。

范仲淹《严先生祠堂记》

本文是范仲淹贬官睦州时所作。作为太守，为乡里先贤立祠，所重者在于严光的高风亮节。作者怀济世之志，与严光的隐居本不相同，但严光的守贫守节、耿介清高，却是树立起道德的典范，对振拔士人精神提供了榜样。文中感慨严光之气节是与光武帝之气度相辅相成，故将二人两两相形，整整相对，但因毕竟有宾主之分，神味轻重之中，又见借宾定主之妙。作为《易》学家，范仲淹借卦、爻辞以赞二人之德，变艰深为平易。文末的四言短歌，化沉稳为生动，情韵悠长。

宋庠《蚕说》

本文是一篇寓言，借织妇与蚕的对答，说明了统治阶级追求物质享受的欲望没有穷尽，使劳动人民遭受剥削压迫愈来愈重的道理。作者认为，尽管如汉代曾下达政令，采取有力措施以行节俭，却终于难遏奢侈之风，“一室御缋而千屋垂缯，十人漂絮而万夫挟纩”，颇见宋初统治者与人民之间“出之寡而用之众”的关系，极有现实意义。文中的人蚕对答，颇见生动，铺叙之中多骈偶句式，整饬华丽，代表了宋初的文风。又善用对比、夸张手法和使事、用典，读来颇感艰涩。

欧阳修《醉翁亭记》

欧阳修因参与庆历新政而被贬，本文作于庆历六年(1046)，是谪滁州后的第二年。作者虽遭贬，却能寄情山水以自解，文中既有醉翁的旷达，更有与民同乐的感情，不见抑郁而见超然，可谓拔于柳宗元之上而开苏东坡之先。文中由远而近，写四时、朝暮变化，移步换形，众美毕呈。由山水之乐转入游人之乐，再写太守之乐，深入到与民同乐之旨，层次感与思想性相辅相成。文中状物措辞，极见特征，骈、散相杂，音调谐婉，通篇共用二十个“也”字，逐笔缓写之中又见顿跌回环之妙。

欧阳修《秋声赋》

本文作于宋仁宗嘉祐四年(1059)。文中先写所听到的秋声，由秋声而秋气，描绘出山川萧条、草木飘零的景象，道出万物由盛而衰之理，继而抒发了对人事忧劳甚于秋气摧物的感慨，从中可以品味出作者经宦海浮沉后的人生体验，将传统的悲秋题材写出了新意。文中将无形者写得变态不穷，声、容、色、气如在目前，可见出作者驾驭文字的非凡功力。作者将大赋的赋物之功与小赋的抒情之长，作了圆满的结合，简峭、精炼，不伤于俳俪，堪称情景交融。作为赋之变调，其体如文，而杂以骈偶和韵语，对宋代文赋之兴有开拓之功。

欧阳修《祭石曼卿文》

这是一篇著名的祭文。文中凡三呼曼卿，其一赞其名声卓然不朽，其二叹其坟墓一片凄凉，其三述己之怀念悲伤。因为石曼卿逝去已二十六年，故写来从墓上着笔，引出对其"轩昂磊落，突兀峥嵘"为人的赞颂与感叹。将其生前与身后，卓然不朽之名与荒凉残败之坟对比，给人以强烈震撼。由于用韵文写成，一气流转，文情、声情相得益彰。而三"呜呼"且呼"曼卿"，更使前后关合，一往情深而似回肠九转。

欧阳修《五代史伶官传序》

古人讲君权神授，相信天命，而进步的史家欧阳修，却在本文中阐述了对于国家的盛衰，"人事"的作用更甚于天命的思想。文中通过后唐庄宗李存勖始而受父命、扫仇敌、安天下，终而败于享乐荒政，死于伶人郭门高之叛的史实，承袭并发扬孟子"生于忧患，死于安乐"之说，发出"忧劳可以兴国，逸豫可以亡身"的感叹和警示。后唐庄宗极具勇略，冲锋陷阵，剿灭敌人，在五代的纷乱中成就了灭仇雠、定天下的伟业，却终因耽于逸乐、宠幸伶人，而最终死于曾被宠幸者之手。历史是一面镜子，后唐的兴与败，对于后人应有足够的启示；满与谦、忧劳与逸豫的不同后果，是事物转化辩证法的最好证明和总结，具有普遍的认知价值，也应成为行动的指南。

（按：本文出自路建平、朱建纲、刘清华主编：《读有所得》，湖南文艺出版社 2010 年）

苏舜钦《沧浪亭记》

苏舜钦反对弊政，要求改革，遭忌而被人奏劾，被借故免官，时在庆历四年（1044）。次年四月，买园建沧浪亭，后此园即以亭名命之，"沧浪"出先秦楚民歌："沧浪之水清兮，可以濯我缨。沧浪之水浊兮，可以濯我足。"其立意可知。文中先叙置园经过及园中景物，继而以园中之美与官场之丑相对照，最后引出在逆境中应如何宣泄、解脱的议论。苏舜钦诗风直率自然，本文亦如其诗，叙写平直，抒发自然，不以曲折见长，却见真趣。

苏洵《木假山记》

本文类于诗中的“比体”，近人林纾在选评《古文辞类纂》时有“明允自喻，并喻其二子”之说。文中先言木在生长过程中的种种遭遇，引出木假山之生成不易，发“数存其间”、“理非偶然”之概，最后在写出其形态后以“可敬”、“有感”作结，余意不尽。文中颇多转折，善于铺垫，却又一气贯注而感慨良多。幸与不幸之议，由“数”而“理”之慨，在赋物中寓意，变幻中耐思。作者人格正直，二子才学隽拔，托物以喻，确是借题自写，他人移用不得。

苏洵《名二子说》

本文是作者为二子命名所引发的议论。轼为车前横木，辙为车轮之迹，苏轼、苏辙二名都与车有关。“轼者，吾惧汝之不外饰也”，“辙者，祸福之间”，可见在命名之由以外，还有着对儿辈的期待，对生活的理解和体验。文极短，“名二子”而似对面之谆谆告诫，出以唱叹之句，颇见舐犊情深。刘大櫆说：“凡作数行文字，不可使有平直之笔，须下笔有嵚崎之致，惟昌黎能之，老苏此作几并昌黎。”(《古文辞类纂》卷三十二)所言甚是。

周敦颐《爱莲说》

宋代理学家颇重“内圣”而讲究道德修养，本文以爱莲为说，表明作者鄙薄富贵与世俗、独立自主的精神。文中沿袭古老的“比德”说而出以新意，移情于物，喻指得体，从七方面以莲花象征君子的高贵品格，选择菊与牡丹陪衬，堪称主次分明。文中前后呼应，语言简明、含蓄，而褒贬分明，富于情趣，故历来为人所推崇。

曾巩《墨池记》

本文从临川墨池故迹，指出王羲之书法出于后天努力而非天成，继而由书法作进一步推论，认为提高道德修养亦当如是；既然人“虽一能不以废”，仁人庄士的遗风余思就将有更大的影响了。文中由“能”而“德”，旨趣自高，而借事立题，小中见大，则是主要特色。作者深悟“题中”与“题外”、“暗藏”与“说破”的辩证法，用来得心应手。叙事与议论交织递进，转换有度，不即不离又委婉、隽永，遥情深致，颇见欧阳修的“六一风神”。

司马光《谏院题名记》

谏院是谏官的官署，唐中叶已有此名，宋仁宗明道初年(1032)专设之。作者于嘉祐六年(1061)迁起居舍人同知谏院,二年后为谏院题名刻石撰题记。文中集中指出谏官所负的责任及应有的品德,对细与大、缓与急、名与利、利国与身谋有深刻的见解。此记无意于为文,但写来简明峻洁,正气凛然,以后人之议昭示今人,尤具警戒意义。

王安石《读孟尝君传》

本文不足百字,是古代有名的短篇杰作。文中针对历来所说的孟尝君能得士作诘难辩驳,抑扬吞吐,起承转合,辞气纵横而笔势劲峭,简健之中又见咫尺千里之妙,故历来为论著所推许。

王安石《游褒禅山记》

褒禅山在安徽含山县北,作者游此山而成此文,创造了别具一格的游记。文中并非专记游踪而抒感受,而重在发议论、阐事理,成为借纪游而说理的文章。作者从游山引出治学之道,确立了"入之愈深,其进愈难,而其见愈奇"的思想并展开论述,又从碑石的考证,引出"深思而慎取"之议。文中先叙后议,前后呼应,借题发意,曲曲深入而层层相关,语言凝炼准确,深中事理而颇具教育意义。至如以论游之体写论学之旨,更是自树一帜的创造。

王安石《伤仲永》

本文宗旨在于劝学。作者认为,天赋固然重要却不可恃,后天的努力不可少,不独为仲永而伤,对聪明子弟亦有劝勉作用。文中从时间顺序上分写仲永五岁、十二岁、十三岁及成年时的智力表现,有叙无论而对比深刻,极具说服力。文末的议论,出于自然,精切而警醒,以反问作结,余味无穷。

沈括《正午牡丹》

本文是《梦溪笔谈》中的一篇。文中列举了收藏书画者的三种类型:耳鉴者,揣骨听声者,及善求古人笔意者。作者之所以肯定了第三种鉴赏者,是因为善于观察分析而深中事理。作者认可的"理"是科学规律,表现出科学家独特的眼光和标准,而与宋人一般所讲的理趣不同。文中既以花之"披哆而色燥"证为正午牡丹,又以猫眼的"黑暗如线"旁证之,有严密的科学性、逻辑性,短小精悍而不失生动、趣味,展现出科学小品的独特风貌。

苏轼《前赤壁赋》

苏轼因“乌台诗案”而贬职黄州，谪居的第三年初秋，与朋友泛舟游于黄冈赤壁下的长江中，写成此篇。作者通过泛舟的所见所闻引出主客对答，由思古而感人生如寄，生发出“变”与“不变”及“物各有主”之议，化解痛苦而趋于旷达。从中可见作者当时的矛盾心理，和出入道释而随缘自适的人生态度。本篇先写大江风月，继入“渺渺予怀”，由客吹洞箫又引出吊古之意，主客对答而托出主旨，由空间转为时空并举，腾挪跌宕而又转换自然，意境开阔而空灵。全篇围绕“风”“月”而造境、抒情、议论，堪称情景交融又极富理趣。全篇采用汉赋的主客答问方式，换韵十二次，多排比、对偶，整散结合，长短参差，学庄、骚文风、笔法，是对辞赋的发展。

苏轼《记承天寺夜游》

本文作于贬谪黄州之时。作者记下了在一个月色澄明的夜晚，未能入睡，至承天寺邀张怀民于庭中散步的经过。虽是一篇数十字的随笔，却将时、地、事、人、经过交代得清清楚楚，结构完整，行文自然。绘景如画，比喻传神，极富动态美。在闲适之中又露出难以察觉的惆怅，可见对“闲人”生活的无奈。

苏轼《喜雨亭记》

本文作于嘉祐七年(1062)凤翔府签判任上。喜雨亭，在凤翔府城东北。文中一开头就点出命名之由，亦托出题旨。继以古代“有喜则以名物”三事，说明“喜雨”的合理性。二、三段将喜、雨、亭三字合写，前实录而顺写，后虚设而自问、自警。末段作歌，补足“喜”字。虽涉国政民生，题小而旨大，却寓庄重于潇洒，出端谨为流丽。出意不穷，却珠不离盘，胸次洒落，涉笔成趣。第三段的主客对答，如叙家常，尤见自然灵动。本文作于青年时代，表现出积极入世、奋发有为的思想，与“乌台诗案”后的作品不同。

苏轼《方山子传》

本文作于元丰四年贬谪黄州之时。文中一反人物传记的常格，示传主之外号而隐其姓名，制造悬念而诱人读之，继而写在黄州及凤翔的两次邂逅，展现其性格，最后补足其“异人”之异。全文以“侠”、“隐”二字为主脑，流露出对方山子蔑视荣利的钦羡，曲折可见作者的情怀。文中先写传主此时之“隐”，继而倒叙当年之“侠”，前见感慨淋漓，后见豪迈生动，乍现乍隐，传神之极。东坡长于议论，本文兼得叙事之长，跌宕起伏，纵笔驰骋，却又“篇终接混茫”，余意不尽，堪称别开生面的传记。

苏辙《黄州快哉亭记》

元丰年间，张梦得谪居黄州，筑亭于居处西南，苏轼名之曰“快哉”。元丰六年，苏辙为此亭作记。文中先交代亭所在地之形势，次就所眺景物、所思古人发“快哉”之意，再就“快哉”出源的楚王、宋玉对答引出不以遭遇、得失为念的议论，表达了旷达的情怀。文中善于铺垫、烘托，紧扣亭名而写景、叙事、议论，互相生发、交融。由于兼写时、空，叙、议兼到，句式奇偶、骈散结合，形成汪洋恣肆的文势与雄劲清新的笔力，论者以为可与乃兄《超然台记》并传。

李格非《书〈洛阳名园记〉后》

本文是作者为已著《洛阳名园记》所作的书末跋语。文中先从洛阳的地理位置着眼，以之为“天下治乱之候”，继从唐贞观、开元之盛时转为五代祸乱，点出“园圃之废兴，洛阳盛衰之候”，最后由名园而推出不忘天下治乱的劝诫之旨。作为跋语，本文就“游观之末”而张其事，广其意，在反省历史之中充满忧患意识，小题而大论，故为论者所重。首段将“天下”收缩至洛阳，次段将历史收缩至盛唐、五代，第三段承上而得出结论，全文结构有收缩中演绎的特点。

黄庭坚《书幽芳亭》

本文题似亭记，却非记，文中以兰为题，“比德”于君子，如屈原的“美人芳草”，托物喻意。文中称兰为“国香”，又指出“似乎君子”的三种德性，再以蕙衬兰，使君子之德更为深化，最后指出环境之险恶，使贤者只能隐于山林。作者在因党争而遭贬的环境中，有感而发，亦恃德以立，其襟抱可见。文中引录经、史，却非逞才，生发得当，论而有理。排比、衬托，突出兰之德，象征与抒情言志达到完满的结合。

晁补之《新城游北山记》

新城，今属浙江富阳，北山又名官山，在新城北三十里。本文纪北山之游，循游程而层层深入，不断渲染烘托，在客观描绘同时，又侧重表达主观感受，传递山水之精神意蕴，营造出幽深、诡异的境界，使人有亲临其境之感。作者所游虽非名山胜迹，但因描摹逼真，生动传神，故论者以之“巉刻处直逼柳州（柳宗元）”。

孟元老《〈东京梦华录〉序》

本文是作者所著《东京梦华录》的序言。东京即汴梁，北宋首都，“梦华”即黄帝梦华胥之国,书名中已见南渡后缅怀北宋盛时的情怀。文中先追忆汴京之繁盛,从人物繁阜和四季佳节着笔,极而扬之;继而转为靖康之后避地江左的情怀,又见抑之。一扬一抑,从“后生往往妄生不然”,则可见对苟安的不满和警示,非独抒发《黍离》之悲而已。本文善于以骈句铺排,又作长短变化,在前后对比中可见感情起伏的节奏。陈述虽多,却言简意赅,可见出作者造语行文的功力。

岳飞《五岳祠盟记》

本文是作者在建炎四年(1130)败金兵、收复建康,途经五岳祠时所作的题壁誓词(盟记)。文中先言自己从军抗金经历,再表自己剿灭金人、迎还二帝的志愿。作者无意为文,直言其事,直抒胸臆,个性、人格、抱负真切可感,给人以巨大的震撼力。前段句式与语气的退而又进,形成跌宕的效果,蓄势而下,后段以四言短句为主,在快节奏中可见其情其愿,有巨大的感染力。

洪迈《稼轩记》

辛弃疾是出将入相的人才,在地方官任上很有作为,在词史上与苏轼并称,是著名的爱国词人。他从乾道八年(1172)春出知滁州,到淳熙八年(1181)冬在江西安抚使任上改为两浙西路提点刑狱公事,被劾落职,在为官十年之后开始了长达二十年之久的被迫闲退生活。落职之前,他就买下信州上饶城北灵山下的一块地,兴建起一座园子,命名为“稼轩”。本文为此园的落成而作。文中记述了园宅的概况、构建,高度评价了辛弃疾的业绩和才干,对他未了恢复中原的大计而欲退隐躬耕表示异议。然而,辛弃疾早就有“孤危”之惑,落职更是应验,受投降派的排挤,确是难有作为,也难以责怪从老农学稼之志了。文中记叙井然有序,历历如画,转而述主人业绩,言简意赅,鲜明生动,且善作主客对比、衬托,既颂扬对方,又不自贬身份。

何耕《录二叟语》

本文记叙了宋高宗时作者于立春日观“班春”时的闻见。主要借两位老人的对话,表达了对富贵者“倚势而怙宠,役物以自奉”,却“庆吊之相蹑于俯仰之间”的感叹,以及奉庄子“安时而处顺,忧乐不能入”为解脱之道的处世思想。通过这一具有寓言性的对话,反映出在上层剧烈斗争面前的无奈与矛盾的心理。文中主于记言,二叟之言既充满动作性,又转折自然,在由急而缓之中,统摄世变又充满哲理。写“班春”的各种活动,简而生动,可见当时民情风俗。

萧德藻《吴五百》

本文是一篇寓言，通过吴之差役押解淮右和尚却遭愚弄的故事，引发出为人不应迷失自我之本真的哲理，对昔悴而今荣者的“自视殆非故我”，相处者的“今视之良非昔人”，皆有所讥嘲。文中可见出作者轻外物而重性情的思想，对“骎骎华要”的不屑，对名利场中的竞逐者有很强的针砭意义。文中显分为故事与说理两部分：叙事生动有趣，笔调诙谐；说理语短意深，句式善作转折，以见对照。

陆游《书巢记》

陆游有扫荡胡尘之志，曾从军南郑，自命其诗集为《剑南诗稿》，但却遭长期投闲置散的命运，本文即写于晚年闲居山阴之时。文中以爱书、伴书为旨，经过主客对答，落于循名责实而客以“书巢”为然，顺而发深见才得真知之论。文中采用主客问答的辞赋手法，且继承其善作铺排的特点，客以善辩而蓄势，主以实陈而驳之，最后引入亲见而信然。对答、论辩、铺陈，以至终篇见志，使之具有赋的特色。

陆游《入蜀记(节选)》

宋孝宗乾道五年(1169)十二月，陆游被任命为夔州通判，次年闰五月从山阴启程，几半年才抵达。陆游将途中所见记下，写成《入蜀记》六卷。本文所选是过巫山时所见。文中善于观察，得景物特征，并形诸文字，极传奇峭幽深之神。由于是笔记体游记，对传闻、诗歌，均有记载，并将所见所闻加以对照，营造出特有的神秘气氛。虽因日记体而以时间为序，却因描画、记载生动，使人顺时循迹而阅，更有如同身历的亲切感。

朱熹《送郭拱辰序》

本文属于赠序文。称道郭拱辰的画技并赞其为人，表达自己漫游胜迹、拜访隐士的愿望，为郭之思亲而不能从己游，以致难以画下隐士的形象而为憾。文中既表达了作者关于人物画的高超见解，更写出了郭拱辰尽传人物精神意趣的画艺，前者跌宕映衬，浅易而简略出之却持论精到。后者泛写与专写结合，既见郭之画艺，又分与“精神”、“意趣”相应。最后的陈己愿、表遗憾，正是赠序之旨。文短意长，平易而有深致，作者文字之传神亦如郭氏画技。

辛弃疾《祭陈同父文》

这是一篇祭文，被祭者陈亮，是南宋著名思想家，浙东学派的代表人物。陈亮以布衣而上书皇帝，作《中兴论》，是坚决主张抗金北伐的人物，却招致当权者忌恨，屡被诬而下狱。作者在祭文中，怀着同道、同志的深情，惺惺相惜，对陈亮的才情、怀抱、志趣作了崇高评价，对其命运之不济深表痛惜。悲愤之余，追怀二人的交游、友谊，再表心中的痛楚。文中多四字句，急促而整饬，与悲愤的心境相谐，与铺陈生平相合。随着感情之变而感叹"难其天"，融入自怜自慨，句式变为长短相间，追怀交谊则转为缓慢。全文以真情感人，感情节奏与为文节奏也达到高度统一。

陈傅良《怒蛙说》

本文是一篇借神写人的寓言。作者通过神话传说中的诸神斗"怒"造成的诸多灾变，推出"司造化之权而私以怒竞，民物奚罪哉"的现实主题，表明了对权贵、官吏逞威施暴的谴责，和对人民的同情。文中以"竞"为核心，贯串起诸神之"怒"，层层推进，步步渲染，昭示灾害之渐重，以见"怒竞"为祸之烈，最后立论点题，有千钧之力。写诸神语言、神态，异常生动，多用排比句，颇见气势，以跌衬为害之烈。可以认为，这是篇意旨与构思都值得称道的文章。

陈鹄《苏轼抄书》

本文记苏轼三抄《汉书》之事，表现了这位北宋大文豪的刻苦学习精神。文中先以司农寺卿朱载上往见苏轼而苏久未见出，引出苏轼以抄书为日课一事，又以面试、对答，见其勤学之效。因"日课"内容见之于拜访过程且步步而见，故颇有引人入胜之处。文中多记对话，生动之中见深刻，尤其苏之应声而诵数百言而不差，使苏轼之博学跃然而出。文中写朱苏之交及朱之诲子，颇见文章之善始与善结，亦饶情趣。

罗大经《能言鹦鹉》

本文是借鹦鹉以说人的讽刺小品，对南宋的士林、社会风气痛下针砭，有很强的批判性。文中借谢显道与朱熹语概括了"今之士大夫"、"今之秀才"的特点：为名利而作心口不一的学舌语，成为"能言鹦鹉"。表明了对上下皆重"能言"而不观实效，使世道日降的担忧。文章极短小，题旨却极大，引用得当，拟喻准确，鞭挞有力，使之能动人视听又精辟警策。

元好问《市隐斋记》

本文是受友人之请而为一未曾谋面的"隐士"所写的斋室记。文中先交代受托之缘起，继发对隐士的评价，揭露假隐士的真面目，在友人辩解之后，对借隐以求名作了深入剖析。作者未因情面之碍而盲目颂扬，而是出于对“隐”而求名的怀疑，对假隐士进行深入批判，表明了对沽名钓誉的蔑视。文中循名责实，以退为进，正言反说，婉而多讽。写假隐士多用典使事，却又出之自然而入木三分。虽允“予为之记之”，又不知不觉中推翻了许诺，是斋记却又议而不记，足见讽刺之高明，较之杜牧的《送薛处士序》似更进一步。

荣肇《论鬼》

本文名为“论鬼”，其实是论“世之人而鬼者也”。文中以“其形则人，其心则鬼”道出这种人间之鬼的本质，对他们的朋比为奸、反复无常、落井下石，作了深刻的揭露和辛辣的讽刺，有强烈的现实意义和警世精神。作者怀着满腔义愤与不屑，单刀直入，以排比句式陈“鬼”之恶行，形成表里、前后的形象对照，抓住典型特征，可见劣迹毕陈，文虽短而其味深长，引韩愈之言更有画龙点睛作用，堪称讽喻世情的佳作。

周密《观潮》

本文选自《武林旧事》卷三，是作者在宋亡后追忆当年游观之作。文中先写江潮的雄伟壮丽，次写教阅水军的场面，再写善泅者的溯流戏波，最后写都民与皇室的观潮景象。文章不长，由于作者善于观察、剪裁，在视角转换中，组成江中景象与江边盛况相辅相映的壮丽图景，使自然景观与民俗风情交织，百姓、水军与皇室并陈，确有尺幅千里之势。

文天祥《正气歌序》

本文作于文天祥被害前一年的1281年。文中围绕着七气之侵虐，而作者以孱弱之躯却无恙，引出浩然正气的主题。作为诗序，以主要篇幅及众多的排比句写邪恶污秽之气，铺排之后，陡然转折而正气出，强烈对比之中给人以巨大震撼，并树起崇高的精神力量，催人向上，发人深思，以序而“起”的作用，发挥得恰到好处。

林景熙《蜃说》

本文记叙了作者亲见的海市蜃楼景象。先写《汉书·天文志》所载而自谓不信，是从反面落笔，继而记载自己所目睹，分为始见山景、次见楼观、再见其变的三层次，展示出由生而灭的全过程。再引沈括《梦溪笔谈》所载印证已见而谓“始信”，与前“不信”对照。最后借题发挥，表达了对历史的感叹，隐隐抒发了对宋亡于元的情怀。文中写海市之变多用排比句式，描形绘状，足见作者的文字功力，最后的感慨生发自然，又不乏凝重。

谢翱《登西台恸哭记》

本文是为文天祥殉国而作，写于元世祖至元二十七年(1290)。西台，即严子陵钓台，在浙江桐庐西面的富春江边山上，东为严光垂钓处，北与东台相峙。作者曾入文天祥幕，任谘议参军，深知其为人，文中将其拟为唐代的张巡、颜杲卿，表达了赞颂与怀念之情，详写祭祀过程，悲悼之外，更流露了亡国之痛。文中写动念而至三哭，尤其西台恸哭更见悲伤之深，环境描写与主旨相辅相成，虽因政治高压之下不得不隐约其词，但情景交融所成氛围，使之具有深刻的意义和撼人心魄的悲剧色彩。

元文提要

赵孟頫《吴兴山水清远图记》

本文题旨在阐发“清远”二字。文中以吴兴城南的玉湖为起点。玉湖之水自“清”，合苕水而北入太湖，“清”而“远”；浮玉诸山清旷悠远，连绵相属，亦“清”而“远”；最后拓展视野，见洞庭诸山是其最清远处。作者是元初最负盛名的画家，又长于诗文。作为画家，深得北宋郭熙“三远”法的深远、平远之秘；作为诗人，又极见画中诗情。“清远”既传吴兴山水之神，又见文人画的审美趣味，虽未见画，文亦可当之，此自非画匠可及。

钟嗣成《〈录鬼簿〉序》

《录鬼簿》是我国第一部元代戏曲家生平事迹与作品目录的著作，全书有作家小传者 152 人，作品名目 400 余种，元代戏曲家钟嗣成著。这篇序文针对戏曲家被封建正统士大夫轻视，生平与创作不载于正史，指出他们“高才博学，俱有可传”，并希冀后继有人，超越前贤，实有战斗檄文的意义。书中所写多为“前辈已死名公”，故以“录鬼”为名，围绕“鬼”阐发对“未死之鬼”与“不死之鬼”的见解，思想文字深刻犀利又不失幽默。文中多以四字句铺排，又善作转折起伏，从中可以体会作者的感情脉络。

陶宗仪《寒号虫》

本文是一篇寓言，通过寒号虫在盛暑和严寒中不同表现的对照，引发出作者关于对待人生得失荣枯的思考和议论，认为得意时的自满与失意时的自怜，与寒号虫的两态无异。文中笔墨非常经济，两两相形，对照鲜明，讽刺强烈。既富于形象性，又寓意深刻，说理透辟。可见受到柳宗元《 蝂传》一类杂文的影响，并发扬了讽刺现实的好传统。

李孝光《大龙湫记》

大龙湫又名大瀑布，在雁荡山马鞍岭西，水从高约 190 米的连云嶂凌空而下，十分壮观。本文是《雁山十记》之一，写了秋后大水和冬天大旱的两次观瀑。作者在文中对时令交代清晰，记叙游程细致，十分形象地传递雁荡山景“移步换形”的特点。一盈一消的两次瀑水，都善于抓住特征，且长于以人比物，得其精神。而人物的观感、行为，与景物相辅相成，衬托、渲染亦简洁明快，使人有亲见亲游之感。

明文提要

宋濂《送东阳马生序》

本文是写给东阳(今浙江金华、东阳一带)人太学生马君则的一篇赠序。文中先述自己年轻时求学的艰苦经历,再写现时太学生优越的学习条件,两相对照,以期鼓励马君则刻苦攻读,将来能有所成就。写自己求书、求师之难,从奔波辛劳、生活贫困着笔,层层递进,形象而生动。对照"今诸生",虽仅列事实而其理自出。以乡人和长辈身份劝勉后学,出言得体,从容恳切,很可见作者雍容、醇厚的为文风格。

宋濂《阅江楼记》

本文是奉旨撰写的应制之作。作者并未出于"润色鸿业"之需而歌功颂德,而是本着魏征《十思疏》、王禹偁《待漏院记》的精神,寓规于颂,另生议论,表其"致治之思"。文中围绕"王气",揣度皇帝登楼引发的保中夏、柔四陲、安万民等"遐思",继从登楼的"致治"与六朝偏安之主的造楼以淫乐相对照,就大臣登楼应兴忠君报上之心,表规箴劝勉之旨。作为台阁应制文字,本文庄重稳健,从容恺切,结构精严而起伏、照应有度,确有淳深演迤的"开国文臣之首"风范。就文体而言,已摆脱赋的影响而纯为散文,且开八股之先。

刘基《卖柑者言》

本文是揭露社会现实,抒发愤激之情的寓言。通过买柑被欺,引出卖柑者"世之为欺者不寡"的一番议论,对元末统治集团的要员"金玉其外,败絮其中"充满轻蔑与讥讽。文中借物托喻,假人以讽,用对答方式作因小见大的揭露批判;在由此而彼、由表及里的逻辑展示中,又见文笔的生动,情感的难遏。作者取设辞问答方式,结尾又自问而点醒,颇见点睛之妙。句式参差,多用排比,足见思虑深刻而出辞犀利。

刘基《蜀贾卖药》

这又是揭露元末官场弊端的一篇寓言。文中借三名蜀贾的不同卖药方式导致的贫富悬殊,引发出"今之为士者亦若是"的感慨,列举出为官者廉而命蹇、贪而亨通的事实,表明了自己的义愤。作为寓言,本文善于以事喻理,在故事性、情节性中作连类之想，生动而深刻。在客观陈述、昭示结果，并与百姓的反常反应相对照中，可见出作者对于现实的冷峻批判；而"见而叹"、"不亦怪哉"的主观介入，又表明了作者"入世"的立场。

高启《书博鸡者事》

本文记叙了元末袁州地区的一次市民斗争，反映了当时吏治的腐败和人民的意志、愿望，塑造了下层人士中的任侠者形象，表现出作者"变兴自下之渐"的史识。文中文代清晰，情节生动，颇富传奇性。善于在矛盾冲突中刻划人物性格，通过行动、语言描写，使人物形象呼之欲出，可以见出继承并发展了《史记·游侠列传》的艺术传统，而兼得小说叙事记人之长。作者是著名的浪漫主义诗人，文虽记实，亦可见浪漫色彩。

方孝孺《越巫》

据作者自称，本文的故事得之于游吴越间的"客谈"，写作目的在于"见世人之好诞者死于诞""而终身不知其非者"，故"书以为世戒"(以上见《逊志斋集》卷六)。这样，虽实录而又为寓言，具有深刻的鉴戒意义。文虽短小，却情节完整，极生动地展示出骗人者被骗，送人命者自己也被送命的全过程。在骗局的连环套中，起始、发展、高潮、结局，堪称步步引人入胜。对越巫的行为、心理刻划周全，事理的认识出之于形象的展示，皆是此文的成功之处。

(潘文国等选注《三百丛书·文三百篇》，华东师范大学出版社 1999 年版)

第三部分
序跋后记

《姜夔与南宋文化》序

四十六年前，初读龙沐勋《唐宋名家词选》，见辛弃疾之后入选最多的是姜夔，此时尚不识“夔”字。在此两年后，再读《白雨斋词话》，留下了白石、碧山被称道最多的印象，却不知白石就是姜尧章，即姜夔。刚上高中不久，我就被调到体校受训，完成课业和训练之外，最爱一个人埋首捧读唐诗宋词，作为一名田径运动员，给人留下了“四肢不发达，头脑不简单”的印象。在那个时代，头脑不简单就等同于思想复杂，绝对不是褒义词，而我也似乎真的没有那种对领导的盲从，对时代的狂热。虽不是“独与天地精神相往来”，却常沉浸在与古人的精神晤谈中，最佩服的是李太白，却缺乏那种豪纵狂放的情性，于是就感到最可贴近的是姜夔。“细草穿沙雪半消，吴宫烟冷水迢迢。梅花竹里无人见，一夜吹香过石桥。”“自作新词韵最娇，小红低唱我吹箫。曲终过尽松陵路，回首烟波十四桥。”“翠尊易泣，红萼无言，耿相忆。”读着这样的清词丽句，岂能不感到馀香满口，心弦颤动？

二十年前，作为20世纪70年代首届研究生，我正在写题为《吴梅研究》的毕业论文，同学间偶尔说起姜夔，引起了我的兴趣。当时已不像年少时的只爱读他的作品，而是对古人的评论颇为注意，见张炎《词源》评姜夔有“清空”、“骚雅”之说，心以为是，却不得其详，遂起“我注六经”之心，将毕业论文事暂置，再读《白石道人歌曲》，写成《论姜夔词的清空》一文（发于《文学遗产》1982年第1期），再写《论姜夔词的骚雅》（发于《文学评论丛刊》第22辑）。毕业留校工作以后，我将研究重心从戏曲理论转到了唐宋词，原有两个打算：或本着“由南追北，以吴希周”的精神，从南宋风雅派（或称格律词派）词人上溯北宋，积之为系列研究；或就姜夔、吴文英入手，作全面深入的个案研究。但因后来承担了其他任务，加之兴趣转移，只写了论几家的单篇论文就停止了，姜、吴的研究也未能继续。

在我为自己学书不成而学画，学画不成而学塑渐生悔意之时，却得批准招收博士生。考虑到我们系有施蛰存老先生创办的《词学》，可依仗其在海内外产生的影响，就斗胆将词学作为招生方向之一，已获得博士学位的四位毕业生中有三位是以宋词及词论为主攻方向的。赵晓岚女士是我招收的第三届博士生，由湖南师范大学考入我校，从我治唐宋词。凡过来人，都知博士论文的选题之难，正在我思忖什么题目适合她做时，她主动说起了想以姜夔为题一事。我不假思索就立表赞同，因为这不仅触动了我在少年时就有的“姜夔情结”，而且是我想做而未做之事。在完成了我同她合写的《学者闻一多》一书后的近两年，终又欣喜地看到她写成了四十万字的博士论文《姜夔与南宋文化》。

姜夔其人，“气貌若不胜衣，而笔力足以扛百斛之鼎。家无立锥，而一饭未尝无食客”(宋·陈郁《藏一话腴》)。很能令人惊叹于他何以将对立的两极统于一体?虽然缺少他的详细身世资料,但读其诗《以“长歌意无极,好为老夫听”为韵,奉别沔鄂亲友》,至少可知他的知识和才能多得自二十年的沔鄂生活，其中与朋友的切磋琢磨是不可少的。他叹赏青年时代的朋友杨大昌之善乐,郑仁举之文章、德行,辛泌之工诗,单炜之擅书,蔡坚吾、蔡武伯父子之在黑守白,有颜回曲肱之乐,足证“独学而无友,则孤陋而寡闻”一语。虽如此,倘无天分加上勤奋,就不会成就兼擅诗词文章和书法、音乐的姜夔;倘非以立德为先,也不能自树起清高绝俗、不屈志节的“晋宋雅士”形象。如果说诗词文章和书法都可以通过自习,磨砺以臻高境,我实在不知他何以自谦“野人复何知,自谓山泽好。来裨奉常议,识箾鼓羽葆”(《和转庵丹桂韵》),却能在《大乐议》中陈说如此具体的雅乐失和之见!不仅这一些,周密《齐东野语》载白石自述,“凡世之所谓名公巨儒,皆尝受其知矣”,“当世俊士,不可悉数,或爱其人,或爱其诗,或爱其文,或爱其字,或折节交之”。夏承焘先生考其生平交游,竟合天罡地煞之数。周密引杨万里在“薄海英才”中独取姜夔之语,并为之感叹:“呜呼,尧章亦布衣耳,乃得盛名于天壤间若此,则轩冕钟鼎,真可敝屣矣!”这应是不止限于文艺的文化现象,惜乎多年来少见有作认真研究者。

晓岚此书,鄙意以为最大的特色即在于既对白石其人其艺作全景式扫描,又对其所处之世作全方位透视,知人论世的古老话题被赋予了文化学的新内涵,此当系其“姜夔与南宋文化”命意之所在。虽然,文化透视并非易事!如对于姜夔的“晋宋风度”,可同样的引经据典,却看法不同,晓岚以主流文化相观照,结论更能服人。又如对南宋文化命题的建立,对江湖文化内涵的探讨,都需要理论勇气和实证支持,读其书,虽感到有些论述尚有待深入,有些提法也可以斟酌,但不时引起我的共鸣和兴趣。我深信,此书之梓行,其意义当非仅止于姜夔,对宋代文学以至宋代文化的研究,都将有所推动。

《礼记·学记》有云:“善学者,师逸而功倍,又从而庸之;不善学者,师勤而功半,又从而怨之。”我之与晓岚,虽有师生之名分,其实关系却在师友之间,她之善学,确使我深感逸而功倍,又何勤而怨之有?年余之内,她在《文学评论》、《文学遗产》连发四文,已引起知与不知者瞩目,此书之出,相信更会一发而不可收。

临歧之时,尤有所望。略书所怀,权以为序。

2001年2月24日

(赵晓岚《姜夔与南宋文化》,学苑出版社2001年版)

《宋词的女性意识》序

古人以词为“小道”，多用于酒宴上侑觞佐欢。清代学人以比兴寄托论词，词的地位有了提高。焦循倡一代有一代之所胜的观点，使得人们眼界渐变，对文学史重作观照。尤其是20世纪初，王国维在《宋元戏曲考》中提出“一代之文学”的概念以来，宋词就逐渐在人们的心目中成了宋代文学的代表，与楚骚、汉赋、六朝骈文、唐诗、元曲并称。而又由于前三者的较为难懂，相对显得篇幅长且沉滞而乏轻灵，而元曲则因基本风格在于俚俗、其中部分语言在今天读来已有障碍，所以人们似更偏爱唐诗和宋词。在经过了非常时期后，长期文化饥渴的人们重新焕发起对古典文学的热情，诗词似乎成了最受欢迎的形式，十多年前，《唐诗鉴赏辞典》和《宋词鉴赏辞典》风行大江南北，就是最好的证明。

新时期以来的二十多年，形势真是日新月异，流行、时尚很难有较长的生命，能做到“各领风骚三四年”已经算是很不错的了。鉴赏辞典热了没几年，出版社感到找不到方向，而大学的文史哲专业，也逐渐变冷。文凭热、出国热、托福热、考证热……在一波又一波的浪潮中，人们制造和追逐流行。在年长者看来都是年轻人的“新人类”和“新新人类”，却因所追逐的流行以及观念、思想的不同，彼此间的“代沟”形成期也似乎愈来愈短，以至于相互间很难认同。在市场经济的大潮中，很多人都抵不住诱惑，“任凭风浪起，稳坐钓鱼船”好像很难做到了，不少专心做学问的人，颇感惶惑，一时好像也找不到方向，六祖惠能说得好：不是风动，也不是幡动，而是心动。难就难在心不动啊！

我认识杨雨已有九年。她从湖南长沙的长郡中学毕业，被保送到我校外语系的法语专业学习，在以优秀的成绩从本科毕业时，适逢浦东开发高潮，却不凭借专业优势，在外资纷纷涌入时谋取一份高收入的工作，而是选择了“读研”，直升我校哲学系的中国哲学——中国文化建设方向。由于这一专业由中文、历史与哲学三系合办，我是导师组成员之一，杨雨就成了我指导的硕士生。在硕士学习期间，因学业优秀，被批准提前“攻博”，杨雨又以高分考取了我的博士生，以唐宋词为专业方向。近三年来，她主要通过自学，补读了中文系的课程，在唐宋词及相关的古代文学、文论领域颇多涉猎，又凭借外语好及年轻人易于吸收新知识的优势，选择了有别于传统的研究课题和方法，专以女性意识观照宋词，在唐宋词研究的阐述学上作了“破题儿第一遭”的工作。经过两年努力，终于写成了她的博士论文《宋词的女性意识》，并能赶在答辩之前出版，这就是呈现在读者面前的这本书了。

随着新时期以来对文学本体研究的深入，人们已完全挣脱了四十年前的批评模式和窠臼，不再满足于“现实主义”、“人民性”的“戴帽法”，或“主流”、“逆流”的“两分法”，“阶级斗争为纲”与相关的庸俗社会学终于退出了历史舞台，我们看到了20世纪下半叶古典文学研究最为兴盛的局面。就唐宋词而言，传统词学的图谱之学、音律之学、词韵之学、校勘之学、词史之学，仍有薪火之传，老一辈词学家龙榆生先生建议新创的声调之学、目录之学、批评之学，也产生出一些有分量的论著。与此同时，词学研究又开拓出不少新领域，出现不少新成果。其中，词史研究、词家及作品研究、风格流派研究、词学理论研究，尤见突出。就研究方法而言，阐释学、美学、文化学及比较文学等方法，都各施所长，各有建树。其中可以包括、包容其他方法在内的阐述学（大概念），尤其让人见到了前所未有的研究实绩及广阔前景。“小道”终于不再小，甚至已经发展为“显学”，这对于词学而言，当然是好事，但对于这一行当的“从业者”，却未必不是令人烦恼之事，因为可供选择的课题似乎是愈来愈少，我自己也感到，近年来指导博士生最难的就是学位论文的选题。所以，当杨雨以宋词的女性意识作为论题征求我的意见时，我是深表赞同，因为我知道，这正是用己所长，在学科的交叉、边缘研究中，她确实有自己的优势。

近年来，对于唐宋词作为南方文学、柔性文学、音乐文学的诸多特点，已有较深入的研究，尤其是随着十几年前文学研究中美学热的逐渐退潮，和文化热的兴起，研究又呈逐渐深入文化各子系统、各层面之势。但是，将上述数者统一起来，独以女性意识统观、通论之，似尚未见。所以，杨雨这本《宋词的女性意识》可以称为具有原创性的著作。

在词曲研究领域与王国维先生齐名的吴梅先生曾说过：“一代之文，每与一代之乐相表里，其制度虽定于瞽宗，而风尚实成于社会。”（《中国戏曲概论·明总论》）简简单单的几句话，却兼及文学、音乐、时代、社会、风尚诸方面，此话对宋词的女性意识这一论题应具有启发性。杨雨此著以文乐相表里的原则回顾诗乐关系的历史，并综观宋词，就音乐文学与女性的关系，词乐与女性的关系作了全面论述，其中第一章的第三节，即《歌妓文化和词的创作与传播》，早已经我审阅，即将刊发在《词学》第十三缉。词作为音乐文学，须经人演唱而流播，并非只供阅读的案头文学，今天，我们多知道“七分卖相，三分卖唱”的道理，宋代同样如此。试看李廌为一善讴的老翁所作的玩笑词《品令》：“唱歌须是玉人，檀口皓齿冰肤，意传心事，语娇声颤，字如贯珠。老翁虽是解歌，无奈雪鬓霜须。大家且道：是伊模样，怎如念奴！”所以，歌妓与词的起源、传播和创作确有很密切的关系。

江出滥觞，河出昆仑，宋词的女性意识当然有其审美的历史渊源。杨雨此著很恰当地从几个方面作了探寻，我以为，像唐代美学思潮的嬗变与文学创作的女性化体验，温庭筠对词的风格的导向，《花间集》对宋词女性意识的奠定，“生于深宫之中，长于妇人之手”的李煜词所免不了的女性气，都是抓得很准确，论述得很有道理的，的确是渊源有自，而非外加或牵强附会。对宋词女性意识的论述当然离不了女性词人，此书对具体的作家作品分析，尤可见出作者作为女性以心会心的细微之处。只是很可惜，因为宋词中的女性名家本来就少，作者又未能作类型化的归纳工作，所以仅论了魏夫人、朱淑真、李清照三人，且她们间又极不平衡，无论在内容或章节结构上，都显得倚重于李清照一人，太乏均衡。

杨雨作为年轻一代的学人，有自己的专长和优势，她既留意和钻研宋词作品及相关理论，又曾对比较文学下过功夫，有唐宋爱情词与法国抒情诗比较的论文发表，又能汲取心理学的有关知识，还有就女性问题的专题性研究，向社会学、心理学等专业的师友请教讨论。她或许在传统的研究方法上训练不足，但在比较性、边缘性、综合性的研究上，却有自己的优势，尤其是能凭借外语之长，将新知识运用到研究中去，能给人耳目一新之感。书中关于性别刻板印象，以及将这一理论运用到具体文学作品的分析，都可见出特有的创意。

杨雨从法语专业跨到中国哲学史、文化学，再跨到中国古典文学，固然有交叉、综合之长，但对于古典文学的研究而言，毕竟在传统治学上还未真正涉足，这在今后的学术道路上是要努力"补课"的。须知，老一辈的学人在读了多少书，搞了多少校勘、注释、考证之后，都不敢轻言著书立说的。

说到此，我在对新生代羡慕之余，也不由得想起了我们这代人的遭遇。杨雨在二十七岁时已取得了博士学位，出版了几十万字的学术专著。而我在她这个年龄，虽已大学毕业，却只能在军垦农场劳动锻炼，战天斗地，斗私批修，口中是"红心向阳一个忠，双手绣出地球红"，心中却在瞻念前途，不知未来的生活道路将会怎样。直到锻炼期满，才到了大西北工作，在接受解放军的短期教育后，再接受工人阶级的长期教育。蹉跎岁月十年，我又重新跨进校门，在人到中年时有幸成为"文革"后第一届研究生，开始走上研究的道路。但是，年华老大，再未能有机会攻读博士学位，当看到自己的学生一年年戴上博士帽时，也会搔动心中潜在的"进士情节"……我治学起步晚，直到三十八岁才发表学术论文，四十多岁才出版著作。如今自感已略窥治学的门径，却已踩到了中年的尾巴，接近退休的年龄。对于生活、成长在改革开放时期的新一代，我只有艳羡，没有妒忌，未来会更美好，相信杨雨也会做出新的成绩，写出新的著作。词学研究不会被商品经济的大潮冲掉，因为不管物质生活怎样进步，人们都不应该忘记真善美，只要不是受到生存的威胁，相信还总会有人来守望美丽的精神家园。

略书所感，权以为序。

2001年4月25日夜

（杨雨《宋词的女性意识》，湖南师范大学出版社2001年版）

《元祐词坛研究》序

彭君国忠的博士论文《元祐词坛研究》将付梓，问序于余，不能不写上几句话。

近年来，史学大师陈寅恪先生的一个著名论断，屡被学者们称引，可谓耳熟能详，此即《邓广铭〈宋史职官志考证〉序》所云："华夏民族之文化，历数千载之演进，造极于赵宋之世。""造极"即前所未有，陈先生未言是否"绝后"，但"空前"之义是确凿无疑的。诚然，汉、唐两代是我国历史上最见开放意识、国力最为强盛的时代，但综观文化而言，宋朝的"造极"确实是极其允洽的断语。

有宋一代，重文轻武，在军事上继迫于辽、夏、金、元，却最是"郁郁乎文哉"，其全面的文学成就应高于唐代，更遑论前朝！仅以散文的"唐宋八大家"为例，就有六家在宋，苏氏一门竟得其半。唐朝是诗歌的黄金时代，宋朝至少可以算作白银时代，近人陈衍《石遗室诗话》说："余谓诗莫盛于三元，上元开元，中元元和，下元元祐也。"此"三元"说是对唐宋诗高峰期的准确概括。由诗而词，由宋词的"一代之文学"的地位，遂引出了本书的论题。

元祐是宋哲宗时的一个年号，仅约 9 年，而哲宗之时，已非北宋士大夫文人最有作为的真、仁之世，论者之所以重视元祐，是因为作为文化学意义的元祐时期，活动着一批大家、名家：王安石、苏轼、黄庭坚、陈师道、秦观、张耒、晁补之……大画家李公麟将这些文苑中的著名人物绘入《西园雅集图》中："水石潺湲，风竹相吞，炉烟方袅，草木自馨，人间消旷之乐，无过于此。嗟乎！汹涌于名利之域而不知退者，岂易得此耶？自东坡而下，凡十有六人，以文章议论、博学辨识、英辞妙墨、好古多闻、雄豪绝俗之姿，高僧羽流之杰，卓然高致，名动四夷。后之揽者，不独图画可观，亦足仿佛其人耳。"（米芾《西园雅集记》）千载之下，尚令人对其文采风流叹慕不已。

或许是出于对此一时期文学的倾心，故当国忠向我征询博士论文选题意见时，我即谓之元祐词坛的研究或可以为之。虽然，作为年号，元祐只是一个较短的时段，因此有必要对此作适当的延伸，因之我又谈及以文化意义相取之意，并请其思索和论证此说能否成立，以便提供论文的可行基础和坚实前提。国忠不以我说为非，从宋人所论的语境中发见"元祐"的诸多非止于年号意义的涵义，综古今之见，论证了以"元祐"代称北宋后期的合理性，并确定了论证的范畴和理论框架。在征得专家的意见后，开始了论文的写作，经过广泛阅读，搜罗剔抉，深入思考，认真结撰，终于及时完成了论文，顺利通过答辩，得到了答辩委员会的很高评价。在此之后，汲取了答辩时所提的意见，又经过一年多的认真思索和反复修改，由校外专家和学校学术著作出版基金委员会评审通过，决定资助出版。此前，国忠曾参加过不少集体科研项目，自己也出版过多种书籍，但本书毕竟是他的第一本学术专著，因此，我有理由为他感到由衷的高兴。

愚意以为，国忠此书具有不少优点，主要是：

第一，真正从众多的材料出发，通过认真的文本阅读，经过深入的思考，从纷繁复杂的文学现象中努力寻找发展的共性和客观的规律性，构建出合理的理论框架，并展开了详明的、令人信服的论述。

此书虽然将元祐作了适度的扩伸，定位为北宋后期，属于不算太长的一个时间段，但此一时期词坛的作者不可谓不多，作品不可谓不丰富，要超越对个案的把握，找到其间的联系和共性，抽绎出可以涵括诸多作者和作品的范畴、概念，实在是并不容易。国忠努力做到了这一点，不仅全书贯注着以"元祐"始终观照文学现象的精神，而且从文学外部的元祐更化、元祐党争、元祐学术，推而至于整个宋代文化对元祐词坛的影响，到文学内部的词学观念、词学生活，以至于主题、形式等，就这些主要的范畴展开论述，使文学之外与文学之内结合得非常完备。多视角的广为开掘确实是很有意义的，对元祐词坛的分析论证可谓全面而深刻。

第二，在微观与宏观的关系上把握得很好，本课题的完成可看作提供了对宋代各体文学进行中观研究的一个成功范例。

目前，在古代文学的治学中，就个别的作家、作品作无论是传统的或现代意义的微观研究，较为多见，成功者也较多；而宏观的研究也一度被作为号召，当今仍在继续，且有不少成果问世；相对而言，中观层面的研究则显得不够。因此，本书作为分体、分时段的中观研究成果，诚如审稿的一位专家所说，是值得充分肯定的。我很赞成这位专家的意见。这十多年来虽然可以看到不少中观研究的力作（如南京的唐门和程门弟子已出版的多种博士论文都属于此列），但即使是人们比较熟悉的唐宋文学，也还有不少可以做的中观研究有待进行。今天，我们终于欣喜地看到了彭国忠的这一本书，即使不敢说是填补空白，至少可以说是为北宋后期词坛群体研究提供了新成果。以前，人们常说"树木"和"森林"的关系，或许是因为宏观的研究偏在"森林"，而微观的研究则偏在"树木"，中观的研究既见树木又见森林，得到专家的充分肯定是自有其理的。

第三，在避免过度的主观化或过于深求、过多的客观描述而概括提炼不够的同时，能较好地把握客观与主观的关系、历史与逻辑的关系，对有些问题提出己见，有发覆之功。

衡量如今的学术研究，对历史与逻辑的关系之把握，似乎成为了一个很重要的评判标准。我们认为，历史的发展固然有其自身的规律，但人们观照历史，却往往看到了无序的现象，因此，如何在对历史作客观描述的同时，努力探讨其发展规律，而这种探讨又不是主观臆想，而是尽量接近客观规律本身，确实是很难办到的。如果做得比较完美，我们就可以说是做到历史与逻辑相结合了，反之则难以用此标准评判。国忠在此书中，对元祐时期的"更化"、党争、学术等历史、文化现象都有很准确的描述，为阐释元祐词坛的生成机制和深层意蕴打下了"历史"的基础，而诸如元祐学术的反对王安石"新经义"一统天下，所引起的文学创作个性的焕发，使元祐词坛有多样风格出现,词人以词共同反映在党争中的真实心态,使政治抒情词获得了“言志”功能,提高了词在文学中的地位,学术精神对词的议论化和人文旨趣的影响等,则为元祐词发生、发展揭示出其中的规律,此即“逻辑”。在此书中,历史的描述与逻辑的揭示结合得较为完美,没有截然分开的现象。

近年来,许多青年学者由于对理论的重视,所写著作多能体现出这方面的修养,但与此同时,也会有运用某些理论解决问题而出现的“过度阐释”之弊,使“逻辑”凌驾于“历史”之上,游离于“历史”之外。观国忠此书,则全然没有此类不足。如论述宋代文化对元祐词的诸般影响,举凡党争所造成的“诗祸”使多数词人产生避祸心理从而将一些情志由诗转入词,使词获得“言志”功能;元祐词家以悼亡、寄内为主要内容的作品,“净化”了男女之情,从传统婉约词的核心阵地进行改革,其功不亚于苏轼豪放词的开疆拓土等,都言之成理,持之有故。而其中对著名的《花间集序》的重新阐释,更是言人所未言,确有发覆之功,曾得到参加答辩的学者的高度评价;对“以诗为词”的论述,也堪称“前修未逮,后出转精”。

国忠所著,并非无懈可击、十分完美。在作为博士论文答辩时,对柳永词的评价与苏轼对其之态度,异中之同与同中之异的关系等问题,都引起了答辩委员的不同看法;甚至认为所写给人留下了这样的印象:苏轼打破了柳永的一统天下,却造成了苏轼的一统天下。但国忠能虚心听取意见,认真修改,使之不断完善,终能以今天的面貌出版。相信此书梓行之后,读者也许会从中发现某些不足,或会有商榷之见;但同时也相信,凡是研究北宋后期词的学者,都不可能绕开此书而无视它的存在。

国忠皖人,从安徽师范大学中文系本科毕业后,师从著名的古代文学专家宛敏灏、刘学锴、余恕诚三位教授,攻读硕士学位,得到悉心指导,尤其在唐宋文学方面打下了很深厚的基础。毕业以后,留在校图书馆工作7年,曾担任古籍部主任,在做好本职工作的同时,充分利用藏书居全国师范大学图书馆第三位的优势,在与古人精神晤谈的同时,大量涉猎馆藏典籍,在文献学上打下了坚实的基础。期间,为参编《中华文艺大辞典》撰写的84位作家小传,为《中国近代文学大辞典》撰写的近700条条目,校点的《张孝祥诗文集》等,都获好评。此后,在参撰《豪放词》、《明清词》、《豪放词萃》、《绝妙好词译注》、《全宋词广选新注集评》等书中,都可以看见他的文献学与文艺学功底。我就是在八年前约写《全宋词评注》稿而为寻找作者犯愁时,得人介绍而知道彭国忠的,后来收到他写来的稿子,果然见出了与其年龄不甚相称的老练、成熟,很惊异于他对诸多事典的了解和阐释之完备。不久我被批准为博士生导师,并招收了第一届学生,知道他是硕士毕业,遂试探性地征询是否有意于进一步深造,在得到他肯定的回答后,我很盼望他能成为我的第二届博士生。他终于在经过认真的备考,尤其是在重新捡起英语、备尝艰辛后,在1997年成为我的博士生。平心而论,我对于他学业的指导,是无法与他在安徽师范大学所受到的严格训练相比的,只不过是,我更为强调理论的重要性,使他开始了从重在文献学到兼顾文艺学、文化学的学术转型,在完成规定的课程学习同时,他参与了诸种书籍的编撰,并发表了多篇论文,在考证、释疑、辨订、笺注等传统学术之长以外，又表现出论述、阐释的诸多长处，其中的一些论文（如《大晟词派质疑》、《论宋代〈调笑〉词》等）已引起学界瞩目。

国忠为人诚挚忠厚，谦虚好学，在探讨学问中，常令人有起予之叹。只是，在当今的社会转型时期，在商品经济的潮流中，不善于自我“包装”、不注重“功夫在诗外”，不是将人与人的关系置于人与文的关系之上，只是孜孜矻矻，一心向学，常常是不够的。我也曾希望他不要像我这样落伍，而他只是尴尬地、憨厚地笑笑，算是对我“歪教邪导”的回答。其实，我又何尝不知“枉己者，未有能直人者也”，“君子养心莫善于诚”，望国忠的不要似我亦非由衷之言。从内心来说，我是很希望他能保持这份真诚、忠直，不要为世风所变，而要努力改变世风。欧阳修曾对苏轼说过：“我所谓文，必有道俱，见利而迁，则非我徒。”我与国忠，当然不敢以欧苏相拟，但欧公所言，却是我所不能忘的。国忠既以“文”为业，虽目前还不免要为“在沪居，大不易”而犯愁，但正如流行语所说，是“痛并快乐着”，想必也会秉此教导而受用终生的。

由文而人，不免写得离题了。国忠介于而立与不惑之间，正是治学的最佳年龄，相信此书出后，定将一发而不可收，会在学问上有不断地创获。回想起自己的青年时代，是在风风雨雨中走过的，是在战天斗地、务农学军的汗水灰尘中度过的，后来到了西北，与顽童打了多年交道，仅是混饭而已，焉论治学！在左倾思潮的淫威下，“独立之人格”、“自由之思想”更岂能梦见！我的学术研究起步很晚，对青年学人们是很羡慕的，今天，如国忠他们，也许还有这样那样的困难，但他们的生活、治学环境无疑要远远好于我们当年。因此，我也常常想起鲁迅先生在《故乡》中所说的那段话，确实，我也衷心希望下一代与自己这一代有完全不同的生活。在展望未来时，我相信，国忠以及他们这一辈的学术新生代，一定会取得前人所不能取得的成绩。

诗云：如月之恒，如日之升。明天是美好的，我坚信！

意有所感，顺笔为之，拉杂无次，国忠其能宥乎？

是为序。

2002 年 7 月 4 日

（彭国忠《元祐词坛研究》，华东师范大学出版社 2002 年版）

《中国古代文学研究新视野》序

暨南大学得名于《尚书·禹贡》篇："东渐于海，西被于流沙，朔南暨，声教讫于四海。"这几句话反映出当时以中州为腹地的中国人之地理观与文化观。经数千年的演进，中国的历史版图是在东渐于海、西被流沙、北连朔漠、南逾岭表的范围内波动。而经近百年的播迁，暨南大学也从南京、上海真如、福建建阳，而终于南迁广州石牌。历"文革"之秦火，如今似新生之凤凰，地处改革开放前沿之地——广东的暨南大学已成为海外华侨、港澳同胞萦念在心的求学殿堂和精神家园。暨南之名，一如复旦之于《卿云歌》，体现出丰厚的历史意蕴和与时俱进的精神，不仅有值得骄傲的过去，更有无限美好的将来。

20世纪20年代以来，曾经有一批名师先后执教于暨南大学中文系。其时，严格意义上的现代文学学科还正处于初创阶段，因而这些大师级的学者多治古代文学，为暨南大学该学科的建设夯实了基础。陈钟凡先生与郭绍虞先生同为我国古代文学批评史的奠基人，陈先生又与郑振铎先生相似，治学范围极广；陆侃如、冯沅君先生以诗史、文论及其他领域的研究奠定了自己的学术地位，新中国成立后都被评为一级教授，成为全国最负声望的学者伉俪；刘大杰先生的中国文学史研究，龙榆生先生的词曲研究，钱锺书先生"文化昆仑"之初现面目，都与暨大中文系不无关系，成为古代文学学科引以为荣的学术渊源。

虽大师们或任聘他校，并时局变化而校址屡迁，即使民族灾难之如倭寇兵燹，暨南大学的学术传统在烈焰与重压之下亦未中止，薪火相传，代代承继。1978年暨南大学复办，在郑孟彤、艾治平、洪柏昭、郭晓湄、王景霓、李文初等教授的努力下，1983年中国古代文学学科获得硕士点。现在，中国古代文学学科还是暨南大学"211"重点建设的学科之一。

今年经过评审，本学科点又获得了博士学位授予权，使学科的发展插上了新的翅膀。如今，呈现在读者面前的这本论文集，就是对暨南大学中文系古代文学学科近年研究成果的检阅。名之为"中国古典文学研究新视野"，之所以为"新"，除表现出与时代相适应的新思想、新角度、新方法之外，更有学术新人双肩担责任、辣手著文章之意义所在。确实，论文的作者除已退休的艾治平、洪柏昭、李文初三位教授以及我本人外，其他的几乎是清一色的博士新人，读他们的所作，或可以发现这样或那样的不足，但不难想象虎虎生气拂拂指端之情景，虽老到如曹瞒，怕也不无"生子当如孙仲谋"之叹。

我本粤人，从曾祖辈起已贫无立锥之地，祖父曾东渡扶桑，与同乡在横滨小本经营海味，遇关东大地震，捡得一命回乡，穷困中病死在抗战时的重庆。父亲今已望九旬之年，也是一生为生计奔波，常望故乡而有归与不得之叹。我在旧家的祠堂小学读完初小，十岁到沪，除安徽、江苏的短暂生涯以及在甘肃的山沟中生活过八年半之外，共有三十八年的时光在上海度过。今以花甲之年，应聘于暨南大学中文系，与各位年轻的同仁，共担对学生授业传道、于学术继承发扬之责，受诸君感染，未知老之将至，新作两篇，也收于集中。前瞻艾、洪、李三先生，后顾多位年轻先进，始知"承前启后"一语的千钧重量，为此，当不敢懈怠，愿与诸君抱薪以营大燎，积步以致千里。

移砚羊城，时值深秋，北方已在飘雪，沪上的丽娃河畔，梧桐已渐染黄赭，此地的明湖之滨，紫荆花一片烂漫，我对新环境的感受，亦如天气一样温暖，对我而言，流逝的岁月已不可追，近半个世纪后重返故乡，对古人所云"知四十九之非"确是别有会心，"此中有真味，欲辩已忘言"，陶渊明的名句真正道出了我的由衷体会。

承诸位同仁错爱，命我作序，勉强从命，略书作感，已表不愿马齿徒增之志，并与诸君共勉，以求不负于这一伟大变革中的时代。

2003 年 11 月 1 日

（赵维江主编：《中国古代文学研究新视野：暨南大学中文系中国古代文学学科学术论文集》，中国社会科学出版社 2004 年版）

《八大画风与楚骚精神》序

相声大师侯宝林先生曾有一个著名的段子:《关公战秦琼》,说的是演员在军阀的逼迫下,将两个不同历史时期的人物放在一起,以比较武艺的高低,无奈地唱道:“你在唐朝我在汉,为何将我边关犯?”糟践古人,是缘于现实中有着无知者的淫威。而漫画大师华君武先生则画过似是题为《李闯王的胡子是什么样式》一画,以讽刺学术研究中某些无谓的考据文章。

新时期以来,比较文学在我国成为了一门新学科,为寻找平行比较的论题,难免会有“关公战秦琼”的现象,而在影响比较的研究中,在关秦之战以外,还多少会掺入无根或无义的“考据”,以证自己之所见。

因此,我自己虽也写过少量比较文学的论文,却一直怀着战战兢兢的心理,生怕不小心就发生了捋撦古人、强牵中西的错误,且在小心求证的过程中,也作出无根、无义的所谓实证“研究”来。

何君平华在硕士阶段读的是影视文学专业,毕业后留校从事实践性工作,后来考取我的博士生,从我作古代诗画比较方向的研究。由于他是在职攻读学位,基本上要坐班,时不时还会被派去采访或拍摄,常有突击任务,我很是为他能否在三年内完成学业并写出论文而担心。好在他确实非常勤奋,既未耽误工作,又勉力读书和思考。在完成了规定的课程之后,平华终于要进入论文写作阶段了。此前,我指导了这一研究方向王韶华和胡炜的两篇博士论文,前者所作的是宋代以苏轼为代表的所倡“诗画一律”的研究,后者是元代赵孟頫与元四家的诗画创作思想研究,我很希望平华能接上作明代或清代的选题,以形成系列。平华在深入考虑后,选择了八大山人朱耷为研究对象。由于平华是江西人,对乡土文化怀有浓厚的兴趣和感情,在书画上又有家学渊源,且两个与他年岁相差不多的侄子都是美院学生,学的都是美术史论专业,其中一位在毕业后恰又担任了江西人民美术出版社重点项目——《八大山人全集》的责任编辑,在资料上可以提供便利。因此,我对平华完成论文很有信心,也就同意了这一选题,在作了开题报告并汲取了各位教授的意见后,他开始了认真的写作。

生物学、人类学关于从猿到人的进化论本来已似是毫无问题的问题,却仍有学者为进化中许多环节的缺失而苦恼,而考古的新发现则在不断地充实着证据。八大山人的题目固然可作,但是,将他同楚骚相联系,当中隔了那么多的朝代,那么多的历史人物,会不会是关公战秦琼?会不会出现类似于李闯王胡子样式的问题?一句话,其实证性究竟如何?尤其是,平华没有攻读古代文学硕士的经历,又无脱产写作的条件,争分夺秒,在他将会遇到很多困难,我又不免产生了更多的担心。也为此多次与之切磋,考虑写作方向、思路的调整和充实。

在何平华经历了一番苦战之后，我终于读到了他的论文初稿，最初的担心也为之逐渐消除，感到在学理上已无多大问题，所欠者主要是不要给人造成"隔代遗传"的印象，要努力填平屈原和八大山人两千年间的川壑、沟坎。于是，经过反复修改、丰富，由屈原所奠定、后世不断发展的、被称作"屈骚传统"的文学精神，似乎确可以在屈原与八大山人之间沟通，而不是如钱锺书先生所讥刺的"野孩子认爸爸"。于是，就有了一系列的论题和论证：楚骚精神所形成的强烈抒情性，浪漫主义的文学长河，在八大山人的作品中都可以得到落实和印证；历史大变动时期，个体和社会处于激烈的对抗和冲突中，屈原和八大山人都处于那样的时代，也都在对抗和冲突中不能不有所创作；是真有其人或为屈原所托的渔父，在用与世推移、随波逐流之理作理性的劝导时，屈原所选择的是怀瑾握瑜、宁赴湘流，后世之士人虽多不能相从而作自沉汨罗之举，但如八大山人，则承继了屈原志节不移的精神，选择了怀道抱德不用于世的"逸民"道路，而不作被前朝之所遗的遗民；屈原顽强地追求真理和忠实，将儒家的仁义道德作了完全的感情化，而情感化的屈子式儒学，在明清易代之际，深刻影响了一批人，形成了"泪泉和墨写《离骚》"的诗画创作高潮，八大山人因其末路王孙的身份，较之他人，更多了由于巨大落差所造成的切身惨痛，和墨所写也就更具有感情力度……

由于屈原所生活的战国后期，先秦的各家思想历经发展，已经成熟，即如屈原自己，虽生南国，却曾使齐，受到稷下学的影响，而楚国又是吴起法家思想的实践地，使之在儒家思想以外，又多所汲取，研究者们对其思想之所属，亦常有争论。屈原身后，秦皇行法家之治，汉高鄙薄儒生，汉武却独尊儒学，而汉末佛学传入中土，乱世中传道者借道家而成宗教，至魏晋更有玄学之渐盛。经南北朝长期的动乱和分裂后，隋唐一统南北，儒、道、佛三教并行，至宋而因理学之成而终至以儒为本、三家合一。因此，儒道互补虽或可称我国思想之大概，而加上一个佛家，则是一个更为稳定的三角形。在屈原的时代，如渔父的劝谕已是近于儒道之间的选择，道家思想已有很大的影响，生活在明清易代时期的八大山人，且有过亦僧亦道的经历，又是终于入俗、有冠有发之人，仅从屈原寻找其精神、思想之源，显然是不够的。因此，我曾建议平华要注意在屈原之外，再论八大山人所受的道家和佛家思想影响，而他在听取我的意见后，也确实能不作凿空之论。诸如禅家"五灯"到明代只剩下临济和曹洞二宗，而江西作为禅宗圣地，八大山人又是江西人，其《自题个山小像》的自谓"洞曹临济两俱非"，可证他曾出入临、曹两宗；他在康熙二十八年为丁云鹏《十六应真像》所作的十六幅对题，纯然是曹洞高僧对佛门的感悟，虽此时八大山人已经由僧入俗，但三十多年禅林生活的影响于此可见；尤其是据"外离相曰禅，内不乱曰空"，以之观照八大山人简远空无的画风，平华在汲取了论家的见解后，也有自己深入味之的体会。至于八大山人与道家思想的关系，细读了诸家的论述，平华认为 1960 年李旦发表在《文物》上的考据文章《八大山人丛考及牛石慧考》不可从，审慎地提出八大山人是否做过道士尚有待更多、更直接的史料证明，而是从思想上充分论证了八大山人所受的道家影响。他认为，由于八大山人生当明清易祚的历史剧变期，心中郁积的苦闷如"巨石之遏泉"，禅宗的外在性无法舒展落寞的心灵，这就为八大山人的思想投入道家怀抱提供了契机，且通过陶渊明、李白、苏轼为中介，体现对老庄的接受，且举八大山人长诗《河上花歌》的诸多诗句，证明其中的游仙思想或对道教典故的谂熟，至于所论他对黄庭经的兴趣，对魏晋风度的仰慕和追求等，都充满了实证精神，绝无似是而非的结论。

正因为平华能在八大山人和屈骚传统之外，发见了与释道两家的诸多关系，使之论述八大山人更为全面剀切，也使得论文的题目不得不在八大山人和楚骚精神之外加上了“其他”。对于八大山人来说，这一“其他”其实应有更广的包蕴，可不是吗？有的论者放眼世界，认为马蒂斯、毕加索没有八大山人那样的创造力，虽变形变色，但所表达的内在精神赶不上他；也有人认为，只有凡·高可以与他并称人类艺术史上的奇才，因为他们二人都能以独特性和带有普遍意义的典型性吸引后人。虽然平华对此有所引用，而未作论述，但相信这一中外比较艺术的论题也是能够成立的。

我所指导的中国古代诗画比较研究的方向，是立足于古代文学而又跨越诗画两界，要求考生对古代诗歌和绘画以及相关的理论都要较为熟悉，因此数年来考生不算多，而被录取的则更少，迄今也仅有四位而已，他们所作的都是我国古代的诗画比较研究，尚无推及中外比较的课题。尽管与我国文化的重在和合不同，西方文化所重在分别，是尽量拉开诗歌与绘画的距离，判明其间的区别，即便如此，莱辛的名作《拉奥孔》难道不是诗画平行比较之作吗？艺术可以超越国界，虽或形式不同，其内在精神可以相通，马蒂斯就曾惊叹“东方艺术拯救了我们！”因此，很希望能有人在比较艺术的研究上，能如比较文学一样开拓更多的专题，且同样不是“关公战秦琼”。

多年前，经我指导的“中国文化建设”方向的硕士生李华介绍，我初识何平华，他们二人是江西同乡，也是同学，都具有源于那方红土地的质朴性情，初闻平华震撼屋宇的说话声，我就想及他所从事的乡村学校教师大概是需要这样的嗓门的。后来他终于成了我的博士生，在质朴之外，又感受到了他的勤奋好学，从现代的影视转到古代的诗画，要写出被人认可的博士论文并非易事。但是，平华却在全职工作的情况下，三年内完成了学业，尽管在接触中渐感他的说话声愈来愈见低，却学问愈来愈见长，并写出了高质量的论文，得到答辩委员会各位教授的充分肯定，对此，我感到异常的欣慰。如今，论文又即将付梓，更为之高兴。

当然，平华所写并非无懈可击。在论文答辩时，专家们也提出了一些意见，诸如对八大山人研究史的陈述尚不够充分，遂使得读者对其自己论题的产生基础认识不足；所论八大山人的诗歌和绘画，结合得还不够紧密；而对八大山人画风本身，尚可作更为深入、切实的研究；在资料的引用上，还可以做得更为规范些；等等。这些，都是很值得平华作进一步思考、改进的，而事实上，一年来他也作了修改，使之更为完善。

我在华东师范大学带出了六届共十一名博士生，其中古代诗画比较研究是一个方向。我对这一研究的兴趣，是由钱锺书先生的著名论文《中国诗与中国画》引发的，后来有了拙著《有声画与无声诗》，并指导了博士生的一系列诗画比较论文。如今，临老回到了仅在儿时生活过四年半的故乡，在暨南大学开始了在新点带新博士生的生涯，很希望在拓展研究方向的同时，仍有学生能继续我国古代诗画比较的研究。近代的广东，最先遭受帝国主义的侵略，也得时代风气之先，诗界革命源于此，岭南画派也兴于此，若能有何君平华那样的博士生，热爱乡土文化，继续着作近代广东的题目，就可以形成断代的系列研究了。确实，我对此是极为期盼的。

此次回沪，参加自己在华东师范大学所指导的最后一位博士生的答辩，和由我任合作导师的一位博士后期满出站报告评议，恰逢平华的博士论文即将出版，问序于余，美意难辞，遂欣然命笔。惜别上海诸生，为他们的成长感到由衷的喜悦。平华是我的学生中第四位出版博士论文的，相信很快还会有第五位、第六位……我在继续高兴地期待。

2004年6月8日

（何平华《八大画风与楚骚精神》，江西美术出版社2004年版）

《晚清民初词学思想建构》序

杨君柏岭的博士论文《近代词学的构建》在前年通过答辩，很得好评，后又被华东师范大学和上海市推荐参加全国百篇优秀博士论文的评选，经两年的“打磨”，易名为《晚清民初词学思想建构》，即将梓行，索序于我，盛情难却，不能不勉力为之。但因未将其原来的论文带到广州再作细阅，只能凭记忆和印象说些多为题外的话。

杨君之书所论者为近代之词学思想，令人不得不从近代说起。

我国的近代确实是历史的激变时期。李泽厚先生在其《中国近代思想史论》的后记中说过：“中国近现代是一个动荡的大变革时代。随着这种政治、经济、军事、文化各方面剧烈的震荡，变革，中国近代思想在短短几十年内，从封建主义到社会主义，像雷奔电驰似的，越过了欧洲思想发生成熟的数百年行程。这样，一方面就使整个思想带有浮光掠影的特征，对好些问题经常一掠而过，未能得到广泛深入的展开，未能产生比较成熟、完整、系统、深刻的思想体系，在理论领域显得肤浅、贫乏和杂乱；但是，另一方面这又使思想紧紧随着时代急迫课题迅速前进，密切联系了人民生活中的重大实际问题。普列汉诺夫说过，每个时代都有它自己中心的一环，都有这种为时代所规定的特色所在。在世界范围内，近代资产阶级民族民主革命由西而东，如果说，这独具特色的一环在 18 世纪末 19 世纪初的德国，是那抽象而深刻的古典哲学；在 19 世纪的俄罗斯，是革命民主主义者的文学理论与批评；那么，在近代中国，这一环就是关于社会政治问题的讨论了。燃眉之急的中国近代紧张的民族矛盾和阶级斗争，迫使思想家们不暇旁顾，而把注意和力量大都集中投放在当前急迫的社会政治问题的研究讨论和实践活动中去了。因此，社会政治思想在中国近代思想史上占有最突出的位置，是它的主要组成部分。其他方面的思想，如文学、哲学、史学、宗教等等，也无不围绕这一中心环节而激荡而展开，服从于它，服务于它，关系十分直接。”之所以将以上整段话迻录于此，是因为可用以观照近代思想和近代文学的总体特征，并为杨柏岭的论题作准确定位。

我国古代重经、史和诸子之学，文学的地位在它们之下，“一成文人，便无足观”与其说是社会的评价，不如说很像是文人的“忏悔词”。即便如此，文学之中也还是要分出尊卑的，由于诗的“言志”，文的“载道”，仍使之能居于众体之上；而通俗文学的小说、戏曲，则如鲁迅先生所说，“中国向来是看作邪宗的”。但是，以康有为、梁启超为代表的近代维新派，看到了时代已变，文学不得不变，这种变化，既应涉及社会的精英，也应遍及社会的下层。诗文作为知识界、思想界人士表述思想、抒发情感的工具，本身自应负起放眼世界、图存救亡的社会责任；与此同时，社会的精英也有唤醒民众的义务，对未能普遍接受教育的大众来说，小说、戏曲无疑是很好的“新民”工具。西方的列强，尤其是东方的日本，对我觊觎已久，老大的中华帝国被蚕食鲸吞，瓜分豆剖，已面临着亡国的危险，唤起民众，救亡图存，也就成了文学的首要任务。为此，近代文学随着康梁倡导的变法维新运动而变革，本着“开民智，振民气，鼓民力”的目的，“诗界革命”、“文界革命”、“小说界革命”、“戏剧改良”、“曲界革命”的口号相继提出，也出现了一批新面貌的作品。

以诗而言，康有为说：“新世瑰奇异境生，更搜欧亚造新声。”（《与菽园论诗兼寄任公、孺博、曼宣》）维新派人士如谭嗣同，是热衷于“更搜欧亚”的，他喜欢将“喀私德”（Caste 的译音，指印度的种姓等级制）、“巴力门”（Parliament 的译音，英国议院名）之类入于诗，正如梁启超所云，是“以堆积满纸新名词为革命”。当然，也有如同黄遵宪所作的“不名一格，不专一体，要不失为我之诗”，真正为“诗界革命”提供了创作的实绩，树立了旗帜。文章也打破了桐城派一统天下的局面，梁启超“欧、和文化”结合中国传统，平易畅达，笔端常带感情的“新文体”，拉近了与下层读者的距离，而“言文合一”之倡，更导“五四”白话文之先。经学家俞樾本来鄙视小说，在读了《三侠五义》后改变了观念，还亲自动手改编，康、梁以外，王钟麒、黄摩西等都非常重视小说，梁启超更指出小说能因其“熏”、“浸”、“刺”、“提”而使读者“移情”，以小说为“文学之最上乘”。虽说此期所论过于重视政治小说，但近代谴责小说以至“五四”前后新小说的出现，当与以上诸人所倡大有关系。戏曲原本一直为传统的传奇、杂剧所限，但在“雅部”与“花部”的竞争中，前者不断落败，改良之势难以阻遏。随着世纪之交民族革命思潮的兴起，陈去病认为，对于民众来说，戏曲无异于信史的教育，可以“通古今之事，辨明夷夏之大防；睹故国之冠裳，触种族之观念”，因此，提倡“或编明季稗史而演汉族灭亡记，或采欧美近事而演维新活历史，随俗嗜好，徐为转移，而潜以尚武精神、民族主义，一一振起而发挥之，以表厥目的。夫如是而谓民情不感动，士气不奋发者，吾不信也。”（《论戏剧之有益》）无论是梁启超作《新罗马》的向欧洲取材，还是吴梅作《风洞山》的写南明旧事，都是立足于感动民情，奋发士气，虽是传统的形式，但后来话剧运动的兴起，其精神应是导源于此的。

词是诗的近邻，诗、词经常并称，词又是曲的伙伴，词、曲也常相连；如从雅俗而言，诗雅、曲俗，而词则介于二者之间，不雅不俗，而既雅又俗。不知是否“常山之蛇，击首尾应，击尾首应”，在近代文学的变革中，雅俗两头都被“击”而应，发生变化了，而诸多文体的“革命”中，似乎只失落中间的词，而未见有“词界革命”口号的提出。面对时代的风雨，词至多只是“吹皱一池春水”而已。以清末四大家而言，王鹏运等人在八国联军侵入北京之时，曾作《庚子秋词》，并非与时事隔绝，因安维峻弹劾李鸿章被革职，因珍妃、瑾妃胞兄志锐支持光绪变法而忤慈禧，被降职远方，王鹏运都有词相送，感慨甚深。文廷式是支持新政的帝党成员，先被慈禧革职，变法失败又逃亡日本，其词也有与时事相关者，如《广谪仙怨》借唐玄宗“西狩”事讥评时事，就是一个很好的例子。朱孝臧、郑文焯所作词，也与时事政治相关，尤其是庚子、辛丑，国脉如丝，哀悯之情，难以掩抑。但是，即使是上面所说的那些词作，也多为悒郁凄怆、幽忧怨悱之作，在声情委婉中，多沿芳草美人的路子，讲究比兴寄托，与诗、文、小说、戏曲的直切、激越、明白、平易相距甚远。

词虽是广义的诗歌之一种，但由于历来以婉约为正宗，“风云气少，儿女情多”，不及诗之“言志”功能而体尊，而因主于“缘情”而被视作为“小道”。至于其文体特征，则如王国维《人间词话》所说：“词之为体，要眇宜修。能言诗之所不能言，而不能尽言诗之所能言。诗之境阔，词之言长。”近代历史风云中的词，似乎是被遗忘的角落，而相关的理论，也大致如此，这或与其文体特征以及“婉”而“约”之的潜势力有关。

十多年前，徐中玉先生主编《中国近代文学大系》的《文学理论集》，召集系里的部分教师和研究生同襄此事，按照文体的不同，而作相应的理论搜集编辑，我有幸参与其事，负起编出其中词学理论部分之责。徐先生对此项工作抓得很紧，经常召集我们开会，我虽翻阅了不少清人集子，对其中近代以来的词论作了爬梳、搜罗，也对叶恭绰编选的《全清词钞》等书作了不少摘录，但是，每当开会时，我总是心中惴惴，而当听了他人的汇报，则深感诸体多有与时俱进的理论，惟独词论实难以时代气息观之，也因此而感到惶惑，深怕因词论与其他文体理论的不称而耽误了编辑之大事，但也在将近代词论大体摸过一遍之后，心中也有了底。至今，《中国近代文学大系·文学理论集》出版已十年，似乎还未听见多少意见，说其中遗漏了重要的理论。

大概在六年前，我所在的教研室酝酿从整体研究上海近代文学一事，而要写出完整的上海近代文学史，当首先要做好分体的编年工作，可能因为我曾参与过前述“大系”的工作，让我再作近代上海词学编年一事。而我则因在1999年招收了杨柏岭作博士生，且知他原先从事过况周颐以及近代词学的研究，遂将此项工作转交给了他来做。柏岭在努力于学业的同时，又将很大部分的精力投入到了“编年”中去，终于完成了此事，由他编著的《近代上海词学系年初编》一书，也在2003年7月正式出版。

柏岭原已从事近代词学研究多年，又为上海的近代词学作了编年，虽受到地域的限制，但是上海毕竟是近代文学最为发达的地区之一，晚清的几位词学大家，多在上海度过了后半生，熟悉了上海的词学，就几乎掌握了词学的半壁江山。因此，柏岭的博士论文选题也就很自然地被框定在近代词学的范围之内。他挟着“编年”的资料余势，更充分发挥了自己善于思辨的长处，似乎并不是很费力地就写出了30多万字的初稿，我在读后深感他能够在纷纭复杂的材料中理清线索，准确地在对历史的清理中作逻辑的建构，对他如此地善于构筑理论框架，举重若轻，我是由衷的高兴。要做学问、搞研究，“才”与“学”两者都很重要，但如果识见不高，面对一大堆材料，难以理清头绪，无法驾驭，出不了观点，则难说是真正的研究。有了这份了解，我对柏岭充满了信心，而事实上我也未提出多少意见，他的论文定稿就很漂亮地完成了。

我曾在为杨柏岭的师兄彭国忠《元祐词坛研究》所写序言中说过：“历史的发展固然有其自身的规律，但人们观照历史，却往往看到了无序的现象，因此，如何在对历史作客观描述同时，努力探索其发展规律，而这种探讨又不是主观臆想，而是尽量接近客观规律本身，却是很难办到的。如果做得比较完美，我们就可以说是做到历史与逻辑相结合了，反之则难以用此标准评判。”“近年来，许多青年学者由于对理论的重视，所写著作多能体现出这方面的修养，但与此同时，也会有运用某些理论解决问题而出现的‘过度阐释’之弊，使‘逻辑’凌驾于‘历史’之上，游离于‘历史’之外。”在这里我还要重申这一看法，并对柏岭能够在其著作中做到真正的历史与逻辑相结合，而感到由衷的高兴。

柏岭所著，分为总论和上、下篇。总论名之为《复古求新的时空观览》，上篇为《原人尊体的慧心之游》，下篇为《辨径还浑的终结之旅》。这样的三部分划分，和带复合定语的标题，我以为是有深心在焉。

如前所说，近代词学与他体文学及相关理论不同，是“革命”或“改良”口号唯一未曾“光顾”的主要文体，还如历史上多少代一样，是通过以复古来求新求变，因此《复古求新的时空观览》的命题是抓住了根本的。而“时空观览”则突破了一维的单向度，注意到了词及词学的地域特征，在文学研究中体现出很强的地域文化观念。《复古求新的时空观览》不似其他各体文学理论之主要从时代风云之变作观照，而是着眼于近代词学理论的实际状况，不从政治学、社会学立论，而是抓住了晚清词学中最主要的几个内容：正变说、比兴说、词史观，以及自明清之交以来所形成的词学地域分布，和相关的乡邦之恋，展开了层次分明、逻辑严密的论述。就个人的感受而言，我对其中第四章尤为欣赏，因为柏岭在对诸说进行了论析后，疏理出了文献中所表现出的主要词史观念，并与从晚清到民初的历史阶段相对应，准确地找出了它们之间的时代共感，词虽风云气少，但并非全无时代投影，柏岭是抓住了这一点的。

《原人尊体的慧心之旅》的命题，当兼从创作主体和词之本位来立论。词人意识和词心观念侧重在主体的人，后面各章则就创作客体的词，具体为词的体性、笔法、声调、品第、境界，以及过去论者很少论及的感、雅、远等，清理了近代词学在以上理论范畴中的发展演变。“尊体”是老说法，但柏岭能借此说装入了诸多概念，论出了新意。“原人”是新说法，黄霖等诸位先生在《原人论》中提出了“原人”的命题，并就“心化”、“生命化”、“实用化”展开论述，想必柏岭从中受到启发，而有自己的一番演绎论证。在纷繁复杂、又似多有重复的众多说法中，能紬绎出新见的主要之处，寻绎其间的传承、演进关系，理清头绪，并出之以逻辑严密的论证，真不是容易的事情。而柏岭却能将多人所论的精华尽括其中，纳入词学体性论、创作论、鉴赏论、境界论等诸多范畴，条分缕析，说得头头是道。此篇中的三家词心异同之辨，对词体地位及体性思考的多层定位，对词体音乐性作审美阐释而确立的“源”、“实”、“力”、“则”四点等，都很能启人心智。我想，倘自己并无慧心，在论述“词笔慧心”时，也难以与前人心灵相交会，想必读者在读了此书后，是会感受到作者的慧心的。

下篇称之为“终结之旅”，当然是因为近代处于古代与现代之间，词学到了近代与现代之交，本来就是终结点，而以“旅”命之，应是论述其历史的流程。柏岭在此篇中，作了以人为目的论述：对周济，着眼于他关于宋四家的门径之说，探究其浑化理念；对蒋敦复，抓住其“有厚人无间”，而以鼓荡个性观之；对刘熙载，在论者所注意的“词品说”之外别具手眼，论其人文合一的儒雅；对谭献，就其最著名的“折中柔厚”说，展开了四方面的论述；对陈廷焯，对其反复强调的“沉郁说”，道出了“本末难修”的己见；对沈祥龙，拈出“词有三要”，而发掘其中的思维取向和艺术旨归；对同为临桂词人的王鹏运和况周颐，不论著名的“重拙大”说，而别啃“词之三要”的“坚果”。尤其值得注意的是：篇中并不视王国维为传统词学的终结者，而将王氏与况周颐并置于同一章中，以“新旧共存间的对话”为题，作了二人词学思想的全面比较；而且，作者并未忘记近代文学中鼓吹“革命”最力的梁启超，评议其词学思想，并视之为传统词体观的终结。

我曾参与撰写《中国词学批评史》一书，此书虽获得了第三届夏承焘词学一等奖，但就我所撰写的部分而言，至少有两点明显的不足：南宋部分遗漏了王灼，近代部分遗漏了梁启超。今日想来，之所以会如此，可能一是受篇幅所限，二是因王灼多被视作曲家而非词家，梁启超的词论也远非他的其他理论可比。杨柏岭所论及的近代词学中的刘熙载、况周颐和王国维，都曾见于我在该书中所写的章节，而他不为我的论述所限，发表了自己的许多见解。我在读到他关于况周颐的论述时，是深为其对“重拙大”的新见而折服的，这就不仅仅是“起予之叹”了。而他将梁启超的论词思想视作传统词体观的终结，虽作“体”的限定，而实际上是否定了我将王国维作为传统词学终结与新变的意见，虽说梁之说多在于“外”，而王说才入于“内”，但就现代性而言，梁似乎更在王之上，更应具有“终结与新变”的资格。为此，我实在是深感韩愈《师说》的亲切，因为确实是“弟子不必不如师，师不必贤于弟子”，也深叹“后出转精”一语确为不虚了。

当然，柏岭此著也并非完美无缺的。从原先命名的“构建”即可知，这是不同于“史”的写法，相较而言，前者的主观性更强，而他在写作中为考虑自己如何构建，也就难免此中的织绣之痕，现在看来，书名虽改，人工的痕迹还多少可见。条分缕析，见于行文中尚易，见于标题则未免要寻找对偶性、整一性的语言，我原来曾对他说过不要给人留下用语新奇、名词换班之感，现在虽有很大改进，但似乎未能尽去。再者，将况周颐和王国维加以比较固然很有新意，但倘能分作专论应更能全面反映出二人的词学思想，因为这两大家影响至巨，虽可比而又不能尽于比；而于此点也可看出，一旦以“构建”方式来写，见于前就不能出于后，其弊很难克服。虽如此，此书的创见、长处都是主要的，作为观者，虽也知道挑担吃力，也知道评球容易踢球难，但柏岭既是我的学生，我宁可不客气而以至苛求，也不能尽说好话。

柏岭是安徽定远人，三十九年前，我曾在此地生活过，从全椒而定远，更靠近了朱元璋的家乡凤阳。我在此地大半年的生活中，曾目睹过它的贫穷落后，对“自从出了朱皇帝，十年倒有九年荒”，有过真切的体会。也曾在这“激情燃烧的岁月”里，在低矮的草房，昏暗的油灯下，尽己所能地开展社会主义教育，激情固然燃烧过，却更被农民们用干烟叶卷成的土烟“燃烧”得呛咳不已，熏出了不知多少——并非是痛苦的眼泪。

回想起在定远之时，工作队党委每次开会，全公社的工作队员都集中到了并不为“集”的东兴集，那是连一口井都没有的“集镇”，最“宏伟”的建筑也仅仅是茅草顶、土坯墙的“烟麻公司”。而柏岭祖上的家,却是大瓦房,其“出身”可以想见。在我参加“四清”之时,他还未出生,也未能经受阶级斗争的洗礼,成人之时,党的中心工作已经转到了以经济建设为中心。于是,他一路读到了博士毕业,作出了令乡亲们为之骄傲的业绩,在我也为之骄傲之时,实在是为他的生之也晚而由衷高兴。不知不觉间,近四十年过去了,我还经常会想起那方土地那方人,还可以说比柏岭更地道的定远话。在他成为我的学生时,我就曾说过与之同去定远的话,可现在南来广州,离此地就更远了,不知此愿还能实现吗?

当今的时代,激情不再燃烧了,国家却在真正理性地前进,到处广厦千万,想必定远也已是面貌大改了。我比柏岭年长二十五岁,未能亲身体会到我的伟大同乡孙中山先生的伟大,却在见证了共和国五十五年的历史后,真正体会到了我的伟大本家邓小平同志的伟大,今年恰逢他的百年诞辰,更从心底里感激和怀念他。

再次重复我为彭国忠《元祐词坛研究》所写序中说过的这段话:

“诗云:如月之恒,如日之升。明天是美好的,我坚信!”

是为序。

2004 年 6 月 30 日

(杨柏岭《晚清民初词学思想建构》,安徽大学出版社 2004 年版)

《暨南国学丛书》序

暨南大学的前身是1907年初在南京创办的暨南学堂。其诞生是出于华侨教育的迫切需要。

我国古代不乏在文化和经贸上的对外交流,汉、唐、宋三朝尤甚。相比之下,明代虽有郑和的下西洋,清康熙帝也对外来文化怀有很大的兴趣,但总的来说,这两朝多处于海禁时期。直到鸦片战争,西方的坚船利炮打破了大清朝封闭的国门,自此,海禁大开。随着西方殖民主义在东南亚和美洲的开拓,我国东南沿海的穷苦人民也因迫于生计而出国谋生,尤其是太平天国运动之后,不少政治流亡者流落到了东南亚,使得南洋群岛的华人大增。在世界风潮和国内维新运动的影响下,海外侨胞的近代教育也为之兴起。他们在极端困难的情况下,改变了过去私塾义学的办学模式,相继办起了一批新式学堂。但由于地处南洋的此类学堂多缺乏师资和教材,教学质量得不到保证,因此,在华侨中普遍出现了回国升学的愿望。

1905年,两广总督岑春煊派员前往爪哇和新加坡等地视察华侨教育,1906年,清政府学部再度派人到南洋调查学务,年底,电咨两江总督端方关于在南京办理爪哇侨生归国读书事,得到了端方的肯定。端方向朝廷上奏折,提出了南洋各岛和檀香山、旧金山等地侨民如有愿送子弟来宁就学,“并当一律收取,以宏教泽而系侨情”。清政府批准了这一奏折,招收侨生的暨南学堂遂于南京开始筹办。1907年3月,国内第一所华侨学校在南京鼓楼薛家巷诞生,因学生多来自南洋,故取《尚书·禹贡》中语:“东渐于海,西被于流沙,朔南暨,声教讫于四海”,名之为“暨南学堂”。

暨南学堂在辛亥革命中停办,1918年又在南京薛家巷复校,分设师范、商业、补习诸科和小学。因侨校所负“声教南暨”的使命,遂据孔子所说的“言忠信,行笃敬,虽蛮陌之邦,行矣”,立下了“忠信笃敬”的校训。在经过了商科迁沪及与东南大学合设上海商科大学之后,暨南迁校上海近郊的真如,使得在此地的1923年到1937年,成为了暨南校史上的辉煌时期。1927年郑洪年被任命为校长,提出了三部六院的华侨最高学府发展目标,暨南学校得以升格为国立暨南大学。

暨南大学经历过南京创建、真如发展、迁址孤岛和福建建阳以及战后回沪等时期,在新中国成立后,由于在校侨生甚少,加以物质条件十分困难,遂于1949年9月合并入交通大学和复旦大学等校。一直到20世纪50年代中后期,回国求学的华侨学生逐年增多,经国务院批准,暨南大学于1958年在广州重建,陶铸同志兼任校长。经近10年的努力,暨大已发展成一所初具规模的文理科综合性大学,但在“文化大革命”中,却成了重灾区,被迫于1970年撤销,校址被占,各系科分别并入其他各校。1978年,党中央和国务院决定恢复暨南大学,并进行重点扶植,自此,暨大进入了一个新的发展时期。20多年来,学校的各项事业蓬勃发展,教学和科研水平不断提高,重新恢复了华侨最高学府的地位。

在暨南大学迄今98年的历史中,虽经历了三落三起的曲折,也因战争和政治的诸多原因,使“系侨情”的宗旨受到了干扰,但就总体而言,始终是本着“宏教泽”的目的而不忘“声教南暨”的。从办学之始,就是为了适应华侨眷恋乡土、挚爱祖国文化之需,而将为华侨子弟开设祖国语言、文化等课程置于首位。在1927年郑洪年校长制定的《国立暨南大学计划大纲》中,明确提出了办学目的、方针是将暨南学校“扩充为一完善之大学”,“以期从质量上完成华侨之最高学府。使华侨子弟得享受世界高深的知识,与祖国优美的文化,以为他日参加祖国一切运动,及提高华侨地位之准备”。上海“一·二八”事变后,曾短暂代理校长的沈鹏飞也认为“文学院的文史课程,为发扬我国故有文化之主要学问”。因此,对暨南大学这一侨校而言,传统的“国学”具有了本土之学与“声教”“南暨”的特殊的、双重的意义。

而在暨南大学的历史上,国学也确实曾有过很高的地位和较长时期的辉煌。

1927年秋,暨南大学的中国语文学系成立,开始招收新生,两年以后,文学院成立,下设中国语文学、外国语文学、政治经济学、历史社会学四系。文学院院长为著名学者陈钟凡,中国语文学系主任为夏丏尊,后由陈钟凡兼任,此后又由陈柱尊继任中文系主任。外国语文学系主任为叶公超,继任主任梁实秋,历史社会学系主任黄凌霜,继任主任许德珩。在文学院任教的著名学者有李达、邓初民、钱亦石、杨公达、洪深、夏衍、张君劢、张世禄、沈从文、徐中舒、陆侃如、冯沅君等。即使是中学部,也有任国文教师的曹聚仁、汪静之,任英文教师的周谷城、顾仲彝、许国璋等著名学者。直到20世纪40年代末,曾先后担任暨大文学院院长的有陈钟凡、郑振铎、许杰、刘大杰、吴文祺等著名教授,担任中文系主任的有夏丏尊、陈钟凡、陈柱尊、龙沐勋、张世禄、郑振铎、许杰、刘大杰、郝昺衡等,担任历史学系(或历史社会学系、历史地理学系)主任的有黄凌霜、许德珩、张凤、周谷城、周予同、丁山等知名学者。1928年陈钟凡任中文系主任时,除自任散文、文学史教学外,还有教授陈柱教诗、古方言、专家文,刘赜教诗、《说文》、音韵,张凤教古文字学,兼任讲师陆侃如教诗史、诗论,郑振铎教小说,饶孟侃教文学概论、文法,讲师冯淑兰教词和词史,张世禄教语音学,龙沐勋、王家吉、马承钧教各体文,徐中舒教各体文和古文字学。仅此已可知当时暨大中文系教师阵容之盛。

在郑振铎任文学院院长时,第一年度(1935—1936)全力整理课程,然后努力充实中文、外文、史地诸系的图书资料,加强教学研究,提高教学质量。当时文学院还创办了三种学术刊物:《文史季刊》、《地理资料》和《中国戏剧》。校长何炳松是著名的历史学家,著有《通史新义》、《历史教学法》和《近世欧洲史》等,他亲自组织编纂《中国通史》教材,自任委员,另有郑振铎、周予同、陈高傭、周谷城等为委员,由周谷城教授编著成书,问世后,深得好评,被很多大学用作教材,一再翻印,后来还在香港、澳门、台湾和国外流行。暨大很重视在学生中开展学术活动,其中不少都属于国学范畴,如鲁迅在1927年和1929年曾三次被邀到暨大演讲,其中第三次所讲的是《离骚与反离骚》。中文系在1935年10月到11月间,曾先后举行两次讨论会,第一次讨论“文学之遗产”,第二次讨论“文学之趋势”。20世纪30年代,龙沐勋在暨南大学创立读书会,每天早上领着三四十个男女学生朗诵诗词,领会声情,使学生的诗词创作一时甚盛。龙沐勋又在叶恭绰等人的赞助下,创办《词学季刊》,在1933年到1936年,前后出版11期,对词学研究产生了巨大、深远的影响。当时的暨南园不仅学会和刊物众多,而且很重视对文艺遗产的学习、继承,如文学院院长陈钟凡为能使学生了解古音韵的奥秘,在1933年请昆曲名家俞振飞到校讲学,使得昆曲也在校园中流传开来。即使暨大经历了1932年“一·二八”事变的战火,学校遭受到不小损失,一度人员分散各地,但1936年《东方杂志》1月号刊载的黎照寰《青年努力新趋势》一文,仍将暨大与其他著名高校并提,在论述了全国教育界的形势后说:“广州的中山大学,上海的暨南大学,武昌的武汉大学,北平的清华大学,都像春花怒放,成绩斐然。”

1937年“七七事变”后,同年的8月13日,日军大举进犯上海,暨南大学地处战区,被夷为瓦砾场。在迁址租界后,“孤岛”时期的暨大,学术活动仍在进行。《暨大丛刊》持续编纂,十巨册的《中国历代天灾人祸年表》参考了一百多种图书资料,经四年编纂,于1940年出版,成为了李约瑟《中国科学技术史》的重要参考书。继《中国通史》出版后,周谷城又在1939年出版了《中国政治史》,郑振铎出版了《中国版画史》。1940年,暨大创办《学林》月刊,所发的如周予同《五十年来中国的新史学》,吴文祺的《近百年来的中国文艺思潮》,都是带总结性的重要论文。即使在南迁福建建阳的数年中,在极其简陋艰苦的条件下,也未中断学术研究。抗战胜利后,复员上海,文学院的著名教授及所讲授的课程就有刘大杰的中国文学史、小说戏剧选,吴文祺的文字学、音韵学和修辞学,许杰的文学创作和文学评论,李笠、丁山的文字学,钱锺书的欧美名著选和文学批评,谭其骧的历史地理等。

在暨南大学复校广州后,文史两系分别由文艺理论家萧殷和中外关系史家朱杰勤任系主任。即使来自“左”的思潮干扰不断,学术研究也没有停止,如中文系在民间文学和语言学的研究上,就很有成绩,历史系则完成了《番禺史志》的修改定稿。黄轶球教授曾在《人民文学》上发表了《越南汉诗的卓越成就》的重要论文,张天翼、陈残云、秦牧等著名作家都曾到暨大作报告或讲课。但由于大环境的关系,“厚今薄古”、“古为今用”原则的确立,再加以暨大作为侨校已变更了早先的办学宗旨,传统意义的“国学”研究,在暨大1958年至1966年的八年历史中,是难以讳言的中衰时期。

经历了“文化大革命”后,暨南大学在1978年复办并招生,著名作家秦牧和文艺学家饶芃子教授先后任中文系主任,方言学家詹伯慧教授在20世纪80年代曾任文学院院长。新时期以来,暨大的古代文学学科虽无在上海真如时期那样的诸多大家,但也出现了一批名师和高质量的科研成果:老一辈学者汤擎民教授的唐宋文学研究,老诗人陈芦荻的刘禹锡研究,艾治平教授和郑孟彤教授的唐宋文学研究,李文初教授的汉魏六朝文学及陶渊明研究,洪柏昭教授的元曲和唐宋文学研究,王景霓教授的杜牧研究,都有较大影响,其中艾治平教授的《古典诗词艺术探幽》,郑孟彤教授的《唐宋诗词赏析》都在20年前获得了广东省社会科学研究成果奖。至今,八十高龄的艾治平教授仍著书不辍,其中涉及古代诗词的著作就有10种之多,堪称成果累累,其他的老师也多是退而不休,仍在持续着自己的学术研究。

近十多年来,在改革开放的春风吹拂下,暨南大学有了很大的发展,学校坚持“面向海外,面向港澳”的办学方向,承担起培养海外高层人才的特殊任务,并成为了国家“211工程”重点建设的大学。在办学水平全面提高,科研能力节节上升的同时,古代文学学科也不例外,学科成员不仅顺利完成了新老交替,而且建立起了较为合理的学术梯队。现在暨大从事古代文学和文献教学与科研的十多名主要成员中,只有两人是硕士,其余都是文学博士或从事过博士后研究,近百分之九十的成员年龄在五十岁以下,充满了朝气和锐气。暨南大学古代文学学科自1983年获得硕士学位授予权以来,经两代人的努力,20年后终于有所突破,在去年获得批准,具有了博士学位授予权,新建起古代文学博士点和古代文献硕士点,并在今年招收了第一届博士生,标志着学校的古代文学教学和研究上了一个新的台阶。

现在的暨大中国古代文学与文献学科,主要有四个研究方向:中国古代韵文学,儒释道与中国古代文学,中国古代叙事文学,中国古代文学史料学。不仅形成了较为稳定的研究队伍,也出现了一批较有质量和影响的成果。其中韵文学方向以词学研究为主,艾治平教授的《婉约词派的流变》、《清词论说》、《花间词艺术》,魏中林的《词综注》,赵维江的《金元词论稿》,和我的《唐宋词美学》、《中国词学批评史》(合著)等,多具有原创性。诗学研究有李文初教授等人合著的《中国山水诗史》和《中国山水文化》,李文初以诗歌为主的《汉魏六朝文学研究》和魏中林的《清代诗学与中国文化》,徐国荣的《中古感伤文学原论》,也是颇具首创性的著作。在儒释道与中国古代文学方向上,蒋述卓从事研究较早,其完成于八十年代的博士论文《佛经传译与中古文学思潮》被收入季羡林先生主编的《东方文化》丛书出版,还有《佛教与中国文艺美学》、《在文化的关照下》、《宗教艺术论》等著作,此外,刘绍谨的《庄子与中国美学》、《复古与复元古》,张海沙的《初盛唐佛教禅学与诗歌研究》,分别论述了庄学、儒学与禅宗对古代美学和文学的影响,史小军的《复古与新变——明代文人心态史》,苏桂宁的《宗法伦理精神与中国诗学》,也属于该方向的著作。古代叙事文学有程国赋的《唐代小说嬗变研究》、《唐代小说与中古文化》和《唐五代小说的文化阐释》,张世君的《红楼梦的空间叙事》等。古代文学史料学有张玉春的《史记版本研究》等,以及集体编著的《宋代文学理论集成》、《历史文献与传统文化》、《中国古代军事散文精选》、《中国历代小品选》、《沈佺期宋之问集校注》等。在以上四方向以外,我本人又有交叉性、边缘性、跨学科的研究成果,如专著《有声画与无声诗》、《中国绘画思想史》、《古代文艺的文化观照》和《学者闻一多》(合著)等。

由于近年来对科研的提倡和重视,在高校“211工程”建设中,从教育部、广东省,直到学校,都对学科建设、发展给予了较大的投入、支持,更促使我们不得不努力,新的研究成果也随之产生。为此,我们据本学科点成员近年已经完成或即将完成的研究课题，编辑了这套丛书，共计 12 种，名之为《暨南国学丛书》，计有：徐国荣的《玄学与诗学》，张海沙的《岭南禅学与诗学研究》，聂巧平的《宋代杜诗学》，史小军的《明代七子派研究》，王进驹的《乾隆朝自况性长篇小说研究》，全秋菊的《古代荒诞剧研究》，陆勇强的《陈维崧年谱》，魏中林的《近代爱国诗潮研究》，赵维江的《古代词的形式嬗变》，程国赋的《三言二拍研究》，张玉春的《南化本史记疏证》，以及我的《唐宋词艺术发展史》。其中或是作者的博士论文，经多年打磨后终与读者见面，或为国家社科基金、国家古委会、教育部、广东省、省高教厅立项的科研项目。从书名可见，它们仍在四个研究方向之内，而就个人而言，则标志着自己研究范围的延伸、扩大和合理发展，对集体来说，则形成了覆盖面较广的研究成果，在多具有原创性的同时，也有一定的地方特色。因各人立题和写作的时间不同，篇幅大小有异，自然完成也有先后，丛书打算在两年多内陆续出版。可以相信，在这 12 种著作出齐后，暨大古代文学和文献的研究也达到了新的水平。

我们这群人，经历不同，长幼有别，来到暨南大学的时间先后有异，治学的兴趣和方向更是有很大差别，但由于今日都在暨南园内，所作以集体的面目出现，以“暨南”来命名是很自然的事。然而，其义又非止于此，以“暨南”为名，既是起“名片”作用，又意在继承和发扬暨南大学近百年的优良传统，不忘我们今日作为暨南人所应继续的“声教讫于四海”之历史责任。虽古代文学与文献仅是国学研究中的一类，难以尽赅传统国学的全部，但无疑又是国学中的主要组成部分，在辨析命名同时，我们相信在属于我们近邻的史学和其他学科研究上，暨南大学也定会出现许多新成果，如果这样，我们很愿意为展示暨南国学研究的集体成果而先走一步。

诗云：“周虽旧邦，其命维新。”无论是暨南，还是国学，也同样担负着虽“旧邦”而“维新”的历史使命。我们既然跨越了世纪，当然也要努力造就和见证未来历史崭新的一页，在以本丛书来续写暨大国学研究的历史，迎接暨大百年校庆同时，我们也将满怀豪情，迎接中华民族伟大复兴的到来！

2004 年 9 月 26 日

(《古籍研究》2005 年卷下)

《艺术与美十讲》序

艺术创造和美的欣赏确实具有非常悠久的历史。如果说山顶洞人的装饰物之以赤铁矿染上红色,可能与原始宗教信仰有关,那么在他们的随葬物中,却确实是有用动物牙齿、贝类和砾石制成的艺术品。而西方的史前洞穴绘画所画的动物,也不应只是作为狩猎的"教具"、"示范图"之用,其创作动机虽或出于对劳动成果的庆祝,但何尝就没有艺术欣赏的功用呢?

被马克思、恩格斯称之为"希腊人中第一个百科全书式的学者"——德谟克利特,其著作残篇留下了这样的话:"追求美而不亵渎美,这种爱是正当的。"虽然他是模仿论的提倡者,认为人类向蜘蛛学会了织布和缝补,向燕子学会造房,向天鹅和黄莺学会了唱歌,但是,他对于人的艺术创造和艺术审美的愉悦是非常肯定的:"大的快乐来自对美的作品的瞻仰。"

无独有偶,东方的孔子,也赞叹"《韶》尽美矣,又尽善也"(《论语·八佾》),甚而"子在齐闻《韶》,三月不知肉味"(《论语·述而》)。孟子更说出了人们欣赏美的共同心理机制和原理:"耳之于听也,有同听焉,目之于色也,有同美焉。"(《孟子·告子上》)虽说老子和庄子反对人为的艺术,但是,对"天籁"和自然美的推崇难道是彻底否定艺术和美吗?何况庄子还创作出先秦时代最杰出的美文!

我国古代的艺术审美虽被政教型文化所左右,然而在重视教化同时,毕竟也注重艺术对培养人的道德和完善人格的作用,"依仁游艺" 既是不少文艺家的追求,也是鉴赏者的境界。儒家和道家虽对文艺有许多不同的见解,却也受到儒道互补规律的制约,并形成了这一大格局,而庄子提倡"以天合天"、不以庆赏爵禄为念的艺术无功利论,孔子叹赏曾皙"浴乎沂,风乎舞雩,咏而归"之志,则更在"游于艺"之上找到了共同点。

当然,艺术也是有功利性的,古代统治者所注重的政教目的且不说,艺术创作者以其作品换取生活所需,不也是功利性的吗?"解衣般礴"而被赞叹为"是真画者"的,毕竟只是宋元君"众史"中唯一的一位,因为众多画者是要为衣食之谋而顺从帝王、贵族所好的。如王廙那样宣称"画乃吾自画,书乃吾自书",似宗炳那样以"卧游"为乐,或者如后来以游戏笔墨作文人画寄兴写意的,必须以没有衣食之忧作为前提。这就很可令人想起经济基础决定上层建筑这一曾是很熟悉的原理,虽然这里所说的并不是马列经典论著的原有之意。

在长期以自给自足的农业经济为基础的古代中国社会,固然有服务于宫廷或贵族的艺术,却颇多属于自娱自乐的艺术。而欧洲却似乎不一样,在奴隶社会时期,艺术要得到贵族的赏识,在政教结合的封建社会,则要取悦于教会,而到了工业革命之后进入到资本主义社会时期，艺术就成为了商品。因此，自画、自书、自娱、自乐，只能是中国古人之所为，功用的不同，应是中西方艺术的主要区别之一。虽有区别，中西艺术的相通之处也不少，我国先秦时代的古人或许不像希腊人那样作过许多理论和实践上的探讨，但诸如追求真实、和谐、对称、充实等，应是共同的艺术准则。

中西艺术在各自的轨道运行至久之后，随着传教士的东来，西方艺术逐渐为我国所知晓，而我国的艺术也为西方所认识。东来的西方艺术家为了适应中国人的欣赏口味，不得不对自己的艺术表现手法、形式作出改变或调整，而中国的艺术家、鉴赏家则或能汲取西方之长处，或站在"天朝大国"的立场表示对"远夷"的鄙夷，固守传统立场不变。直到国门被坚船利炮打破之后，才不得不痛苦地"睁开眼睛看世界"，而此时却又有颇多对自己传统艺术的过于否定。

近现代的百余年，是我国社会的剧变期，也是艺术的剧变期，西方文化的全面涌入，大批留学生的出洋学习，在造就了我国现代艺术诸多形式建立的同时，也使得传统艺术大为改变。如果说过去是长期形成的民族艺术形式的一统天下，那么这一百多年则是民族形式与外来形式碰撞、冲突，或了解、包容，兼有痛苦和愉悦的历史进程。至于艺术的审美功能，则几乎是与其作为商品的同时体现出来的。

在重唱小夜曲、苏联歌曲和王洛宾、雷振邦的歌曲，在重展俄罗斯、法国风景油画，在重新演出以"四大件"伴奏的传统京剧后不久，人们就发现，伴随着改革开放的深入进行，外来的新思潮、新艺术也迅速进入我们的国门之内。爱好时尚的年轻人，从提"双喇叭"戴"盲公镜"开始，到爱好港台歌曲、摇滚乐、霹雳舞、太空舞，他们不爱听《龙江颂》主角的唱段，却为她演唱《大篷车》而高声叫好，一时间，似乎大江南北遍布"阿里巴巴快乐的青年"。美术的欣赏也从古典转到了"前卫"，印象派、野兽派、抽象画令人眼花缭乱地掠过。而习惯了蒙太奇，或赞叹《红菱艳》的观众，也突然发现原来还有《未来世界》和《追捕》这样的电影。"意识流"既见于小说、诗歌，更见于电影、戏剧作品。在阖家围坐在黑白电视机前观看《姿三四郎》、《女奴》后不久，彩电从小屏幕到大屏幕，我们自己的电视剧也源源不断地出现。

不管你是看得惯还是看不惯，不管你是看得懂还是看不懂，二十多年来的发展变化似乎印证了俄罗斯一位学者的著名论断："美是生活。"

"美是生活"具有很大的包容性，反过来说，生活中也充满了美，尤其是我们现在的生活中，艺术的美不是以古典的、温和的方式，而是以现代的、强烈的视听冲击力强迫着我们接受。飞速发展的时代造就出快餐式文化、快餐式艺术，我们还来不及确立我们"民族的"与"世界的"价值观，形形式式的艺术品很快就挤入主流，又迅即退到边缘，如走马灯一般。在这样的时代，也就很有必要对良莠杂陈的艺术作出分辨弃取，要懂得如何欣赏艺术，如何接受美。而物欲横流，功利惟上，人的精神也未免异化，此时，高雅艺术能给人以审美的愉悦，可以洗涤一些铜臭，无异于是灵魂的净化剂。

世界在迅猛发展，社会也进入信息时代，各类事物都有转型的可能，即使所事的职业也似乎难于从一而终，对复合型人才的需求可谓与日俱增。与经济建设相适应，高职高专教育应运而生，并蓬勃发展，相关教材的全面建设也摆到了眼前。广东水利电力职业技术学院、广东环保学校等校的老师们，有志于全面提高高职高专学生的人文素质，加强同学们的艺术修养和审美能力，又鉴于学生们的课程较多，实用性较强的实际，力求体现出在素质教育中接受"短平快"手段的精神，特地编撰了这本艺术与美育的教材，令人感到由衷的欣喜。

本书作为教材，具有显见的特色。

一是体例新。在编写中力图打破传统教材先理论后实例的编排体系，而是按照认识规律，将重要艺术种类的常识和美学知识依次编排，构成了"艺术名作选析"、"艺术常识"、"艺术美在哪里"、"怎样欣赏这种美"、"快乐链接"的新体例，突出了"案例教学"的思路，既便于教师"点拨"，又利于学生自习。

二是体现了"快乐教学"的原则，以"寓乐于教"和"寓乐于学"为特点，在图文并茂、兼有书本和光盘的教材中，可以进行轻松愉快的教与学。

三是避免了学院派的繁琐枯燥，全书理论阐述精简、易懂，以适度、实用为原则，而实例性较全。全书内容包括青年学生常见的艺术种类：音乐、舞蹈、绘画、书法、雕刻、电影、戏剧、建筑、摄影等。且中西兼到，古今并陈，与艺术的事实存在相符，又具有较大的信息量，适合读者的多种口味。

四是全书制作成课件（有动感音像、画面等），加上"艺术名作选析资料库"，刻成光盘，以作为教材配套资料，方便于师生"教"与"学"。

五是全书共分为10门艺术，以专题方式编撰，分别是："音乐艺术与美"、"舞蹈艺术与美"、"绘画艺术与美"、"雕刻艺术与美"、"书法艺术与美"、"摄影艺术与美"、"语言艺术与美"、"戏剧艺术与美"、"电影艺术与美"、"建筑艺术与美"，构成了较为完整的板块。

由于《艺术与美十讲》具有以上长处，对高职高专的艺术教育，对提高学生的全面素质和审美能力，将会大有助益，也可供中学生或具有相当文化水准的读者阅读，相信出版之后定能不胫而走。

生活中不能没有艺术，生活中也不能没有美，青年人朝气蓬勃，定会对艺术有更多、更强烈的追求，对美也会爱得更深、更热烈。

2005年7月8日

（傅春丹、李宜芳主编《艺术与美十讲》，广东高等教育出版社2005年版）

《传播学视野下的宋词生态》序

近年来，藉世纪之交的时机，常看到学术界回顾、总结20世纪学术大师治学成就的一些论著，其中颇有在他们的研究中寻找方法论启示的目的和意义。

想来也不奇怪，改革开放以来的二十多年中，一方面从最初的拨乱反正，各禁区的渐被突破，到外来思想、理论、观念的引进、鉴别、汲取、运用，学术研究的领域在不断开拓、深化，新成果陆续出现。另一方面则是二十多年的经济迅速增长，社会全面发展，服从于经济基础决定上层建筑的规律，从事学术研究的队伍也愈来愈壮观。"从业人员"多了当然是好事，但也带来了研究空间日见窄小、选题常有碰撞的问题，甚至常见低水平的重复。因此，从20世纪大师的学术遗产和成功经验中学习和汲取，确实是很必要的。而历数这些大师，常会想到王国维先生。

王国维虽仅活了五十岁，但一生治学范围极广，在他涉及的每一领域，或所作是开创性的工作，或具有突出的特点，极大的价值，给同时代或后辈学者树立了榜样。就方法论而言，他自己1925年在清华园讲《古史新证》时，曾提出了"纸上材料"与"地下之新材料"相结合的"二重证据法"。近百年来，史学与文学的研究，实际上在广泛运用此法，并取得了很大成就。1934年，陈寅恪先生在为《王静安先生遗书》写序时，对王国维的治学，作了全面的总结。他指出，王氏在"学术内容及治学方法"上，"可以转移一时之风气而示来者以轨则"者，主要有三，其中"取地下之实物与纸上之遗文互相释证"，即王国维本人所说的"二重证据法"，此外，还有"取异族之故书与吾国之旧籍互相补正"，与"取外来之观念与固有之材料互相参证"。因此，后来有学者主要据"异族"、"外来"的人类学学说而提出"三重证据法"。

文史研究在当今社会绝非热门，可也因知识分子整体队伍的扩大，其"从业者"的绝对数，不知要比几十年前增加了多少。研究对象与研究者之比，正如分子与分母的关系，分母大了，取得成果、获得成功的几率必然也低，这种情况使得很多人都感到无奈或惶惑。多年来，考古发掘固然出土了不少"地下之新材料"，也有研究者走出国门，在他国得睹国内所不见的"吾国之旧籍"，但是，众多的研究者绝对不可能成为惟一或第一的所得、所见者。因此，"取外来之观念"以作新的阐释、理解，或不失为研究"吾国旧籍"、"固有材料"的好方法。

自20世纪80年代中期的"方法热"以来，不少人都作过尝试，从最初简单的引进自然科学新、老"三论"，到后来判别体用、渐见"内化"的应用，这些年来，已经陆续看到了一些别开生面的著作。虽或不能令所有人信服，更未能成为主流，给人的启示却是难以否定的。

杨雨的《传播学视野下的宋词生态》，就属于后面这类著作。

粗读杨雨新著，确实感受到扑面而来的新意。

词在我国古代的韵文中，无论“资历”还是地位，都在诗赋之后、之下，甚至有大学者不以词在曲先，而是曲在词前，倘如此，习惯的词—曲一说，则要换作略嫌拗口的曲—词。词与曲本来只是“难兄难弟”，四库馆臣以之“在文章技艺之间，厥品颇卑，作者弗贵，特才华之士以绮语相高耳”。词、曲之能成为“学”，历史还不久，而我之所以在这里兼讲词、曲，是因为王国维是现代意义的词学与曲学的奠基者。就曲学而言，郭沫若先生曾说过：“王国维的《宋元戏曲史》和鲁迅的《中国小说史略》，毫无疑问，是中国文艺史研究上的双璧，不仅是拓荒的工作，前无古人，而且是权威的成就，一直领导着百万的后学。”（《历史人物·鲁迅与王国维》）从词学来说，其所作的唐五代词别集辑校工作，对现代词学文献学具有开创性意义，以境界说为核心的《人间词话》，更是汲取外来观念，而出以传统形式的名著，产生了广泛而深远的影响。

在王国维的时代，“词为小道”的观念才挣脱不久，时隔近百年，“小道”已成显学，词学也建立起龙榆生先生当年所总结并设想的词调、词体、词家、图谱、音律、声调、词韵、校勘、目录、词史、批评等专门之学，新著层出不穷，新人不断涌现。在总集编纂、别集笺校、年谱撰写等词学文献学取得很大成绩同时，词的文艺学、文化学、社会学等研究，也有许多论著，不少研究者还运用诸如接受学、范畴学、统计学等方法，实绩亦很可观。而近年来，从兼及书面与口头的传播角度研究宋词，也引起了人们的注意。

杨雨的新著仅循其名已可知兼及传播学和生态学，较之于单向的传播学研究，已自不同；若责其实，则显然不是仅借用新名词，或硬将外来理论、观念与“吾国旧籍”、“固有材料”强行粘贴。予虽不敏，读之亦感可以启发心智者颇多。

词为倚声，原系文士逐弦吹之音，所成的侧艳之词，播于青春歌女之口，用于侑觞佐欢之场，后得文士俊赏，染指渐多，用力亦勤，逐渐成为案头文学。故清人周济论词，有“北宋有无谓之词以应歌，南宋有无谓之词以应社”之说，王国维将词分为“伶工之词”与“士大夫之词”，胡适则将词的发展历程断作歌者之词、诗人之词与词匠之词的三阶段。杨雨注意到这些区分和说法，将功能论转到传播学，提出了两分法：以宋室南渡为界，此前为词的示现媒介系统时期，此后为再现媒介系统时期，前者以口头传播为主，后者以书面传播为主。而过去一直为人所关注的李清照及其词论，在此也有新的解释，被视作歌者之词向文人之词过渡的关键。如此观照词，多少呈现无序状态的文学现象，遂成有序的音乐——文学发展，过去的旧说也被赋予了新意。

婉约与豪放是词学最重要的美学范畴，二者源于我国传统的阳刚阴柔说，过去虽有孰为正变之争，却未料在四五十年前，竟然演化为词坛主流与逆流之辨。我曾作论风雅词派、骚辩之旨等文，力图在豪放、婉约二分法之外另辟途径。今读杨雨新著，感到她用香农传播系统模式、施格姆模式的理论来解释词的传播，对婉约、豪放等问题提出了自己的新看法，读之令人信服。

如：由于词的受众所接受到的信号往往就是声、色、辞、环境四者的结合，“在歌者之词的时代，是歌者的传播行为决定了词的侧艳风格和女性化的审美特点，是歌者的传播行为影响了其信宿的接受行为，使信宿的审美情趣在相当长的时间内向其信源——歌者靠拢”。因此，“示现媒介系统时期‘面对面’的交流直接促成了词‘婉’这一风格的形成”，“如果说，词之‘婉’在示现媒介系统时期就可凭面对面的传播交流直观感受到的话，那么词之‘约’则必须等到再现媒介系统时期，凭借纸张媒体纸质媒体，进行再三复读，不断在眼前重现，才能透过字句的表面。深味其含蓄无穷的韵致。”而关于豪放，书中所说的“也就像交响乐中的‘不和谐’音一样，豪放词作为词坛的‘不和谐’音也永远只能作为婉约主旋律的对比出现，永远不可能取代婉约的主旋律”，“豪放派虽然跨越了无数风风雨雨、坎坷不平，为自己在词坛争得了一席之地，但和格律派丰富、成熟的理论体系比起来，豪放派词人群体可谓‘集体无声音’，或曰‘集体失语’……”“因此，豪放派在词史上的一度雄起，并不是一种必然现象，而是个人魅力或个人魅力＋特殊时势背景造就的……”等，都很有新意，解释合情合理。

对于词学中的对待性范畴，如小与大、轻与重、巧与拙等，书中也有详尽的论述。作者认为，“词学理论范畴由‘轻’入‘重’，由‘小’期‘大’，由‘巧’而‘拙’，实是词摆脱诗余小道而被纳入诗学视野的一个重要标志，也是词由歌者之词转变为文人之词，由示现媒介系统时期的歌楼舞妓的演唱转变为文人书桌案头的纯文学，由歌者、文人的游戏娱乐转变为文人抒情遣怀的过程”。况周颐以“重、拙、大”论词，缪钺先生以词“文小、质轻、境隐、径狭”，人们以前者所说在于题旨、意格，后者所论在于艺术特点，却难以合一。杨雨所见，则可将二者统一，以传播学理论作阐释，可谓其长具在。

王羲之《兰亭集序》曾有“后之视今，亦犹今之视昔”一语，既有哲理性，又有现实性。以我国韵文的发展来说，虽经历了雅俗交替的变化，但由于“一代之文，每与一代之乐相表里”（吴梅《中国戏曲概论·明总论》），就总体而言，文学既然与音乐相结合，其主于听的性质，就决定其通俗易懂的创作追求。今人以词为典雅，殊不知这在五代北宋原是通俗歌曲，正如现今被作为高雅艺术的京剧，须进入高校以求知音，而当年却是“黄冈俗讴”（吴梅语）。杨雨新著的末章是《音乐文学系统和诗学系统的裂变与现实生态》，既提出了中国诗歌的发展，是由音乐文学与诗学两个系统不断循环往复、互为促进所成，又对当代流行歌曲与现代诗歌有所思考。后者的提出，是基于这样一个事实：中国高等教育出版社最新版的《大学语文》，选入了台湾流行音乐制作人罗大佑的一首歌曲《现象七十二变》，而编者给出的理由是“今天的流行歌曲，或许就是明天的诗”。杨雨对此有自己的思考，所举的例证很能说明问题，所论的现实生态也自有年轻人的真知。而我最欣赏的是这一段话：“其实，无论是属于诗学系统的诗歌，还是属于音乐文学系统的流行歌曲，真正富有生命力的作品一定是那些出自作者心灵、真情弥满的作品。”

杨雨的新著并非没有缺点，书名兼及传播学与生态学，但书中似乎涉及传播学者多，而言及宋词生态者，无论是学理性、资料性都相对显得较弱，二者似乎不够均衡；从传播学的角度论婉约、豪放及其发展、流变，较能出新意，而事实上本书似乎也将较多的篇幅给了这一对范畴，而对其他的词学范畴覆盖不够，以至给人的印象似乎全书主要是论婉约、豪放的；书中对西方的传播学理论引用较多，而对词话、诗话、笔记等材料用得较少，若能在论述上将以西释中变为融西入中，似乎更为可取，也有更强的说服力。

白璧微瑕，本书虽有不足，其独创性却毋庸置疑，我想，读者也会从中得到启发的。

十三年前，我初识杨雨，当时正是"杨家有女初长成"，后来听她演奏琵琶，更有了"此曲只应天上有"之感。没想到她后来从华东师范大学法语专业毕业后，会从我在哲学系作文化建设方向的硕士生，又提前一年从我攻读古代文学博士学位。在她二十七岁时，三十二万多字的论文《宋词的女性意识》很及时地赶在博士答辩前出版，我曾在此书的序中说："杨雨从法语专业跨到中国哲学史、文化学，再跨到中国古典文学，固然有交叉、综合之长，但对于古典文学的研究而言，毕竟在传统治学上还未真正涉足，这在今后的学术道路上是要努力'补课'的。须知，老一辈的学人在读了多少书，搞了多少校勘、注释、考证之后，都不敢轻言著书立说的。"四年多过去了，杨雨自己已是"有女初长"，在中南大学从事跨专业的多门课程教学，甚得学生好评，博士毕业才两年，已被评为副教授……古代文学的研究成果还不断产出。因此，我很有必要在此修正四年前的看法：时代不同了，新生代的学人再不必学黄季刚先生，宣称五十岁之前不著书了，青年或许知识积累不够，却有着中老年所缺的锐气和敏感，因此，我还盼着杨雨第三部、第四部……专著的出版。

2005 年 8 月 24 日

（杨雨《传播学视野下的宋词生态》，中国文史出版社 2005 年版）

《唐宋词审美文化阐释》序

汉人重礼，将《三百篇》归于美刺，又视之为政治、道德教科书；宋人重理，留意心性修养，判《诗经》的爱情之作为淫诗。唐代异于汉、宋而重情，杨慎《升庵诗话》曰："唐人主情，去《三百篇》近；宋人主理，去《三百篇》却远。"虽历代有诗宗唐宋之别，延续至今，然而若以感情为诗歌的第一要素相衡，似乎唐诗还应在宋诗之上。唐代不仅诗人辈出，众星闪耀，还是曲子词的肇始时代，李白所作被视作百代词曲之祖。唐诗虽有"四唐"之说，但晚唐诗已无复盛唐气象，文体嬗递之迹遂见之于词。陆游读《花间集》曾有两跋，其一说："《花间集》皆唐末五代时人作。方斯时，天下岌岌，生民救死不暇，士大夫乃流宕如此，可叹也哉！或者亦出于无聊故耶？"其二说："唐自大中后，诗家日趣浅薄。其间杰出者，亦不复有前辈闳妙浑厚之作，久而自厌，然梏于俗尚，不能拔出。会有倚声作词者，本欲酒间易晓，颇摆落故态，适与六朝跌宕意气差近，此集所载是也。故历唐季五代，诗愈卑，而倚声者辄简古可爱。盖天宝以后，诗人常恨文不逮，大中以后，诗衰而倚声作。使诸人以其所长格力施于所短，则后世孰得而议？"（《渭南文集》卷三十）这显然不同的两则跋语，正反映出宋人文学观的矛盾。自宋初起，士大夫就反思晚唐五代乱世之成，以及士人的社会责任，对进士的轻薄无行、不讲大节颇多谴责，汲取教训而内外兼修，不以文辞美妙为第一追求。陆游为爱国志士，对唐末五代的"天下岌岌"而"士大夫乃流宕如此"感触很深，故有所叹。然而，从文学的发展与新变而言，陆游又对诗衰而倚声作给予了很高的评价，因为"简古可爱"之词正是美听的美文。

词自其起时，就是倚美声之美文，所用在于休闲娱乐，调节身心。"庶使西园英哲，用资羽盖之欢；南国婵娟，休唱莲舟之引。"此欧阳炯序《花间集》之言；"或当燕集，多运藻思，为乐府新词，俾歌者倚丝竹而歌之，所以娱宾而遣兴也。"此陈世修序《阳春集》之说也。词不关政教大事，与言志载道无涉，而对清风明月，美酒佳人，理应搁置尘世烦恼，忘却诸般营营，既然用于佐酒侑觞、娱宾遣兴，所歌岂非良辰美景、赏心乐事？而歌词的倚声特点，且为歌女所专属，也决定了模仿女性声口以至感情的指向，使得词自其始就是"男子而作闺音"。然而，人世间之事，不如意者十常八九，欢娱太平之外，也会有浅浅哀愁阑人，"遣兴"所歌者离别相思、伤春悲秋之类渐多，艳情与闲情遂成为词之大端。如果说晚唐与五代的西蜀词以艳情为主，那么南唐词则转为闲情为主，王国维以之是"变伶工之词为士大夫之词"，亦即从代言的男子闺音变而为自我感情抒发，听者与读者也就开始有了"形象大于思想"的接受。

随着北宋士大夫的纷纷染指词作，真正的士大夫之词登上词坛，到苏轼以诗为词开出一片新天地后，他的并非本色当行之词也达到了胡适所说"诗人之词"的高境。北宋词的另一条发展路线是柳永之词，亦即充满市井味的"骫骳从俗"之作，既有开拓慢词之功，又导南宋与金元俗文学之先。柳永与苏轼分别代表了词的两个较为极端的发展方向：前者坚守"倚声"而力拓阵地，后者"诗化"以高其品味。徽宗时期大晟乐府之设，是为了更好的解决词与乐的和谐结合，在延续柳永路线同时，更力图做到雅俗结合。周邦彦虽参与大晟府事务时间很短，却在雅俗结合、文乐相从而兼善之上，达到了北宋词的最高艺术水准。苏词为"教坊雷大使之舞"，即使其门人也不多相从仿效，但随着靖康之变，中州士女的再度南迁，花前月下之词转为风霜雨雪、萦念故国之作，"小词"变大，不期然而然地走上了以诗为词之路。在雅词纷出、一片复雅的声浪中，自然也令人想起《诗大序》所说的变风变雅之义，以及谴责溺夷音而乱政的独到民族涵义。于是，既有了辛稼轩英雄吐属的以文为词，也有了姜白石健笔写柔情的风雅派词。前者为"陶写之具"，入语、孟、庄、骚、史、汉、世说、陶诗，不乏铺排、奔迸、议论、檃括，自与倚声特质疏离。后者虽以诗法为词，却因精通乐律，对传统词乐的俗乐基础作了雅化的改造，其先词后谱的作法更为因文定律树立了典范。姜夔与吴文英有疏密之分，但精于音乐、格律，善于措意构辞、营建意境则同，以他们为代表的格律词派又被称为风雅词派，一直延伸到宋亡之后，嗣响于元代词坛；而辛派后劲如刘辰翁父子所作，则在延续江西理学精神同时，亦以"中锋突进"之作，唱出了沉郁忧愤的歌声。

唐宋词的发展流程由小而大：由晚唐西蜀的艳情之作，而至李煜、冯延巳"士大夫之词"的堂庑渐开，是一大；柳永由小令而大量创作慢词，由抒情而叙事，由院落笙歌而市井、羁旅，是二大；苏轼以诗为词，开拓题材、提高意格、提升词境、融理趣而入，是三大；辛弃疾以文为词，驱遣古人、使事用典、敛雄心豪气而成温婉悲凉，是四大。四次的扩容变化，自然使词不再仅是侑觞佐欢之用，不再因其小道末技而为人所轻，伴随着这些由小而大的变化，亦有破体与遵体、越律与守律的纠缠，但唐宋词始终未曾背离美文与美听的原则，未离异其起始之时所奠定的"缘情"传统，未丢弃其"体物"之长。在礼乐文化绵延不已、政教传统十分深厚的中国，唐五代两宋词之所以一直为人所爱，甚至被誉为宋朝的"一代之文学"，当是缘于其兼综真情与求美的特质。

在词由小而大的过程中，接受者也逐渐有了对其"微言大义"的理解，以比兴寄托论词成为了清代中叶以来的风气，即使是温庭筠所作，也被人以《离骚》相观，作者不必然，读者何必不然，也成为了解读唐宋人词的重要方法。而对于词的作法，从音律、格调、体性、措意、谋篇、运意、选声、刷色、用字、长短调的不同作法等，都不乏历代作者与论者的思考、总结，至晚清民初而词学有成。在词学的诸多范畴内，图谱、音律、词韵、词史、校勘、声调、目录诸学，自是成果昭昭俱在。尤其批评之学方兴而未艾，王国维《人间词话》立"境界"一说，冶中西于一炉，开词学批评的美学一门，于词的美之特质所论为最近，此著历时百年而影响深远，为词学研究树立了典范。

杨柏岭君曾在安徽师范大学攻读文艺学硕士学位，是著名学者祖保泉先生的关门弟子，后又从我治词，读博期间已成《近代上海词学系年初编》一书，不久后在上海教育出版社出版，其博士论文《近代词学的构建》经认真修改，更名为《晚清民初词学思想建构》，于 2004 年在安徽大学出版社出版，此书出版不久，便再版。现在，又读到他的《唐宋词审美文化阐释》，都四十余万言，可谓煌煌巨著，更难抑欣喜之情。柏岭文思敏捷，又十分勤奋，近年来成果累累，才三十多岁就成了安徽师范大学年轻的文科教授，对他的成就我是很引以为自豪的。他原治文艺学，长于理论思辨，又数年治词，熟悉了词家及作品，从近代上推唐宋，对词的美文而从美学上体会甚多，近年又在文化学上颇为用力，兼二者的心得，综融于此，遂有此书之成，无论是构想、体例，还是具体的论述，都给人耳目一新之感。

我受王国维先生的启发，曾专就唐宋词作美学的论述，而有《唐宋词美学》之作，因受出版社规定字数所限，许多问题未及展开，故仅是薄薄一本小书，且如当时所说，由于对究竟何者应入于论述范围没有把握，写作过程中一直受到"正名"的困扰。后来，看到其他关于唐宋词美学研究的著作，进而又有唐宋词的社会文化学研究著作，我都为之兴奋，因为这是学术与时俱进的体现。如今，柏岭的唐宋词研究兼容了美学与文化学，不仅篇幅远过于拙著，其开拓性、前沿性更毋庸置疑，也更加令我高兴。

柏岭此书涉及的论题颇多，而又能构成完整的体系。全书分为七编，结构上实由三个部分组成，前五编是从美学及文化上阐释唐宋词的特点，第六编以专题研究方式，论述了唐宋金元词的影响及接受规律，第七编也是以专题方式讨论了词学审美文化阐释的近代历程。就本书的结构而言，将这些专题镶嵌其中，似乏浑成之感。不过，研究对象由唐宋词、经金元词至词学，研究思路始终围绕审美文化阐释这个路径，这种设置既注重对唐宋词审美文化特征本身阐释，又能延伸到唐宋词审美文化观念的演变史、接受史，也是体现著者的用心的。阅读全书，足见柏岭开阔的视野，良好的理论素养。此书突破了以词论词的思维惯性，把词放置在审美文化史的背景下，举凡音乐、歌舞、建筑、诗歌等艺术门类，道德、哲学、美学、文化等意识形态皆入于书中，且始终在唐宋词与审美文化史的互证中，论析唐宋词对中国审美文化史的建构作用。进而论述时，不是简单列举现象，而是自始至终强化唐宋词审美经验的理论分析力度，提炼出唐宋词人及后代词学研究者在审美及文化学上的探索意义。如此构思，目的便是从审美文化史的角度，指出唐宋词具有的反思、突破、深化传统艺术精神的特点，以及词体既出乎又入乎中国古代美学及文化的性质，肯定其诸多启示性的意义。此书可谓是一部真正从学理性层面落实了词为美文研究思路的著作，对传统审美文化史的研究也有一定的启示意义。

有此写作意图，柏岭对许多问题皆有自己的创见。有些话题是大家熟悉的，但柏岭强化了理论分析，使此类话题有所拓展；有的则是柏岭在审美文化史与艺术理论结合上拈出的词学研究的新话题，且都有较为细致的分析，提出了诸多新颖的观点。如认为歌词是需要表演的，"小词流入管弦声"的形式是唐宋人面对词体的审美对象；在管弦声中聆听物的节奏，成为唐宋咏物词谋合词体体性的艺术精神；词人们强化的娱情观念，当是言志、缘情之后一个富有理论建设性的命题；闲适是审美关系的产物，它始有观照外物，终归到个体的自我观照，以闲适为审美对象的艺术创造可以说是一种"审美的审美"；若玩味词的语词、结构、意象、时空、深义，足见词"别是一家"的"感人尤捷”、古雅峭拔、豁人耳目的“新变”特点；虽说传统道德观念仍是一部分词的主题，但词体突破伦理性的爱的主题中表现出的道德秩序，与传统比德思致有关的一种诗性美德启示，以及承继传统文化精神，却在词人娱情心态中滋养下的一系列关乎道德终极意义的自由信念等，又将启示我们重新审视词的道德意义；通过中国古代建筑理念在纯美的词体中的深度呈现，进一步品味词体要眇宜修、曲径通幽的审美特征及艺术精神；从金元道士喜读柳永词现象的分析，对柳词的特征有了新的认识……而对近代以来词的审美文化阐释的梳理，以及对王国维词学研究审美现代性特点的剖析，更见出其治近代词学的学术之长。

不过，鄙意认为，此书更见细微处，则是在诸多创见下的对唐宋词审美经验的总结及剖析。如在尊重词体抒情性质的前提下，分析词体叙事要素的循环性及词人诉说心事的微茫性；在词以悲为美的基础上，通过审美遗痕这个典型的中介分析词人的“催”与“瘦”意识；在爱情心理上，分析相见、相知、相思三个主题的审美特点；从词体娱情的场环境出发，分析道德文章者填写艳词的必然性；从儒道文化差异及艺术表现等方面，重新认识王国维关于李后主词的评价；立足于唐宋词美感时空的变化，总结词人言愁修辞方式上的悠长与重量的演变；对词学界一直难以说明的本色观念，作出了较为清晰的界定；谈“远”，细分出目远、心远、人远及味远；谈到渔父系列形象的道德象征性时，不仅分类评析了渔父、垂钓、扁舟、湖海等各自的独特性，而且有的部分，如从舟载身、舟即身、舟即家等层次，细析作为身心载体与自由形式的“扁舟”意象；通过况周颐对金元词的研究，总结出况氏金元词研究对词学的意义，都是匠心所在……总之，此书对唐宋词作为倚声美文之诸多妙处，确有会心独到的体会，其发人之所未发处甚多，真是难以一一指陈。

柏岭未及不惑之年，已有多部著作出版，发表了许多有创见的论文。相信他在未来的学术道路上还会有更多的创获，对此，我满怀信心地期待着！

2007 年 1 月 18 日

（杨柏岭《唐宋词审美文化阐释》，黄山书社 2007 年版）

《唐代商业文明与文学》序

我国是传统的农业国,早在《尚书·盘庚上》已有"若农服田力穑,乃亦有秋"之说,年年代代在土中刨食的先人深知"民以食为天"之理,衣食是生存的保证,在生产力与科技水平甚为低下的时代,"一夫不耕,或受之饥;一女不织,或受之寒"(《汉书·食货志上》引古语)。确实是很朴素的真理。但是,即便在长期的自然经济体系之中,古人也懂得商品交换的重要,故而"日中为市,致天下之民,聚天下之货"(《周易·系辞下》)。先秦时代,商人虽居于"士"与"农""工"之后,但毕竟是社会分工中最基本的"四民"之一,由此亦可折见商业的重要。然而,商业自身的发展在使社会也得到发展同时,经营主体的商人,既增进了自己的商业智慧,也发展了趋利之心,以至于"利之所在,虽千仞之山,无所不上;深源之下,无所不入焉"(《管子·禁藏》)。司马迁更有"天下熙熙,皆为利来;天下攘攘,皆为利往"(《史记·货殖列传》)的概括。

关心物质利益,由温饱而进一步追求享受,谋取个人财富,本来就是人类的天性,而商人的追求利润和财富,也应是社会发展的动力。但政治家从另一面看到了商业与商人之逐利,对农业和农民不免有害,他们多倡重农抑商,以为是固本强国之见,综观我国历史,在长期的本末之争中,强本抑末之论绝对是处于主导地位的。思想家又如何呢?作为先秦时代的显学,无论是儒家还是墨家,都以原始的人道精神为基础,都主张节用爱民,也都具有重德轻利的倾向。司马迁的时代,适值汉武帝"罢黜百家,独尊儒学",统治者向人民标榜"正其谊,不谋其利;明其道,不计其功"(《汉书·董仲舒天人三策》),因而司马迁的重视经济,为商人立传,被正统的史学家说成是"述货殖,则崇势利而羞贫贱"(《汉书·司马迁传》)。在长期的儒家思想影响下,"不患寡而患不均"自是人之所向往,而"均贫富"也成为一种社会理想,是最能为人所接受的农民革命口号。

诚然,"民寡则用易足,土广则物易生"(汉·荀悦《申鉴·时事》),但是,真正的思想家还是懂得"农不出则乏其食,工不出则乏其事,商不出则三宝绝"(《史记·货殖列传》引《周书》)。试看我国历史上最强盛的朝代,哪个不是商业发达的时代?汉代的张骞通西域,既打开了中国人的眼界,改变了地理观念,还促成了中外物资的大交流,开辟出著名的丝绸之路;鲁迅所说的"唐室大有胡气",既是出于统治者的族源,更是因西域物质文明的涌入,而这新一轮的中外物资大交流,很是得益于众多的胡商;宋代虽无汉唐的疆域与国力,继迫于西夏、辽、金,终灭于元,但无论是国内商业的兴盛,还是海上丝绸之路的开通,都是前代所难以相比的;至于明成祖时期的郑和下西洋,"扬威海外"与商业贸易,都凭藉大规模的船队,而"宝船"之名,就足见其物资交流的性质;明末清初的经世实用思潮之起,与西方传教士带来的物质文明有关,而"海禁"之开,也使得历来鄙视"外夷"的观念发生了转变,国门被坚船利炮打破后,国人更懂得了现代商业贸易的重要，由物质而制度、精神，终于努力于走出中世纪，发生了巨大的社会变化与转型。至于30多年来的改革开放，中国终于从国民经济濒临崩溃到如今的经济总量进入全球“三甲”，第三产业的发展，对外贸易规模的大幅提升，自是功不可没，商业的重要性已成为国人的共识。

或许出于我国政教型文化的原因，古人所重在政治、伦理，而长期实行的科举制度则又使士人以仕途经济为人生的最大追求，在古人的语境中，“经济”自有其特殊含义，与现代所说的经济完全是两回事。古人对事关民生的经济重视不足，对非生产性的商业经济更是轻视，影响至近代以来的中国古代文学研究，表现为很少有学者将商业文明的演进与文学的发展联系起来。真正开始深入探讨中国古代商业文明与文学之间关系，只是近十几年才有的事，而出现相关专著，更只是近几年的事了。

昌庆志君曾在安徽从事中学教学，后考入暨南大学中文系，从张海沙教授攻读硕士学位，毕业后到广东商学院工作，2004年又成为暨南大学首届古代文学博士生，在我的名下学习。21世纪初，因广东商学院中文系的教学需要，要建设有特色的中文课程，庆志结合在硕士阶段学习期间的研究兴趣，开始着手研究唐代商业文明与文学的关系。经过近十年来的不断思考，将研究心得撰写成课程讲义，并发表了若干篇论文，在此基础上完成了《唐代商业文明与文学》一书。这一成果，将近年来其他学者立足于唐诗或唐词与商业关系的研究，又向前推进了一步，读之令人欣喜。

从总体上来看，前人或从文学反映的角度研究商业文明，或研究商业文明对某些文学的影响，极少有人从反向论述文学对商业文明的影响。庆志研究唐代商业文明与文学的关系，除了将前人研究的路径加以开拓并见深入以外，更提出并论证了唐代文学商业化的问题，这是本书中最大的亮点。先秦建立的中国文学非商业化创作传统，决定了中国古代文学与西方文学的根本区别。庆志通过对唐代文学商业化问题的研究，既揭示了中国古代与西方在文学观念上产生差异的根源，剖析了中国古代文学所独具的形态，又揭示了商业文明的发展对唐代俗文学勃兴与文人文学通俗化的推动作用，从经济视角重新审视了中国古代文学的发展。可以认为，这一研究为描述中国文学发展史提供了一个切实的新模型。

为了全方位地研究商业文明与文学之间的关系，本书作者首先在第一章中对唐前商业文明与文学关系作了描述与分析，并将唐前商业文明与文学的关系，分阶段总结为几种类型，初步确立了研究的理论基础。重视理论建构，可以说是该书稿的特色之一。作者不仅详细地划分了唐代商业文明与文学关系的多重层次，还提出了不少新的概念，并对一些旧概念及新旧概念之间的关系进行了必要的辨析，如提出士商、文学作品的商业化运作、文学创作的商业化与文学的商业化创作等概念；对一些旧有的概念，如坊市制度，进行了辨析；提出唐代文人曲子词概念并与文人词概念进行比较。新概念的提出，本身就体现了对商业文明与文学关系探讨的空前深入；而对旧概念或新旧概念关系的辨析，有的具有明显的史学价值，有的则对某一文体理论具有一定的建设意义。

在全书布局中,作者特别讲究逻辑结构的严密性。书中第二章分别从纵向、横向与深度三个方向来讨论唐代商业文明的概貌及其文学反映,第三章兼顾不同文体、不同历史时期以及商业文明的不同方面,着重探讨唐代文学对商业文明的表现,与第二章着重探讨唐代文学对商业文明的再现问题相配合,共同完成了探讨商业文明与文学互动关系中文学居主导地位的问题;第四章将文人文学商业化与俗文学商业化的问题分开讨论,并将整体讨论与代表性作家的讨论结合起来,完成了探讨商业与文学互动关系中商业文明居主导地位的问题;第五、第六两章,从不同方向分别讨论了唐代商业文明与文学之间的单向影响关系。

难能可贵的是,作者具体地论证了唐代商业文明是唐代文人文学发展的动力,也是各种新体式俗文学发生的动力,打破了长期以来人们主要从政治与文学传统视角研究文学发展的僵局;同时,作者也具体地论证了唐代文学反作用于商业文明,既揭示了唐代商业文明存在与发展的形态,也阐发了中国古代文学具有多重社会功能的特质。

为了论证充分,作者不仅搜罗了大量的文本材料,还充分运用了传世的实物材料和地下发掘材料。而大量新鲜的材料与实证为主的方法相配合,不仅论证扎实,也决定了他的研究处于前沿状态。作者始终将唐代商业文明与文学的关系,看作整个中国古代商业文明与文学关系的枢纽,其研究视线纵历先秦至清末,甚至有时延伸到当代。如说到唐代文学商业化的经验为后世文学作者所借鉴,作者甚至联系到了当代影视剧、小品甚至网络文学的商业化。

另外,在对文本的细读与对前人研究成果的辨别上,作者十分细心与诚恳,既肯定前人的成就,也能适当指出不足。如讨论汉乐府民歌中的商人形象问题时,作者否定了《孤儿行》中的孤儿为商人身份的看法,认为孤儿只是农闲时才被迫行商,其身份仍是农民,就是细读文本而不因循陈说的显例。

在商言商,自是昌庆志君教学与科研的"本位"需要,却非止于此,在这一跨领域的研究中,又给古代文学研究者一个启示:多少年来所倡导的学科交叉,是应该体现在具体的研究中的,《唐代商业文明与文学》就是一个很好的例子。我相信,不仅因其论述的周详、生动,更因其新颖的研究角度和方法,此书梓行后,一定会不胫而走。

2010 年 3 月 16 日

(昌庆志《唐代商业文明与文学》,黄山书社 2010 年版)

《休闲文化与唐宋词》序

我曾不止一次看到这个故事:一位富翁来到异国的海边垂钓,与一位渔夫展开了一场对话。富翁说:你应该努力工作,拼命挣钱,等到有了钱了,就可以像我一样生活。渔夫问:像你那样是什么样的生活呢?富翁答:来到这海边沙滩,晒晒太阳,钓钓鱼,多惬意呀!渔夫指指手中的钓竿说:你看,我这不也是在海边的太阳下钓鱼吗?富翁语塞。这一故事令人想起我国古代极富禅味的某尼寻春诗:“尽日寻春不见春,芒鞋踏破陇头云。归来拈把梅花嗅,春在枝头已十分。”其“回到原点”的涵义似乎与富翁、渔夫的故事有些相似。但是,这一并非诡辩的理解其实有着显著的失误,因为富翁与渔夫虽都在钓鱼,可是却有不同的目的和意义:在富翁,是远来为求休闲,而渔夫,却是在本地而为生存。

休闲是什么?早在古希腊时期,亚里士多德就认为这是一种“不需要考虑生存问题的心无羁绊”。同是钓鱼,渔夫是生产活动,要养家糊口,不能不考虑生存;而富翁却与生存无关,是繁忙的生意、交往中的偷闲,是此时此刻的“心无羁绊”。或因我国自然环境、生存条件不够好,受古代长期的农耕生活影响,休闲的意义主要不在“心无羁绊”,《说文》释“休”为“人依木而歇”,《说文》又说:“闲,阑也。”但更多时候“闲”还是作闲暇解。在中国农耕文明的传统中,休闲常与劳作相联系,强调的是暂时中断劳动的歇息,其所体现的生产过程中劳作与休憩的辩证关系,甚而留存在现代的话语中,如“不会休息就不会劳动”,“休息是工作的加油站”等。虽然古代思想家如孔子、庄子都讲“游”,前者的“游于艺”,后者的“逍遥游”,都为人所熟知,但由于长期的封建政治影响,士人以修身齐家治国平天下为人生目标,休闲是不可能成为目的而只能是手段。孔子固然有“游艺”之说,却因后人受文章为经国大业这一观念的影响,很难将休闲与文艺联系起来,更难以将前者视作后者的生成原因,而这恰恰遗忘了一个事实:有的文艺样式、作品(如唐宋词)本来就是休闲的产物,是与休闲活动密切相关的。

诚然,文学是人学,应具有社会史或心灵史的价值,但是,自古以来,许多文艺作品实际上仅是出于游戏之需,至多仅有社交之用,并不具备传统的政教功能,承担沉重的社会责任。词本名曲子词,为诗人所作,歌女所唱,多用于侑酒佐觞、娱宾遣兴,故欧阳炯《花间集序》称之为“诗客曲子词”,认为此集之编成,“庶使西园英哲,用资羽盖之欢;南国婵娟,休唱莲舟之引”。宋人陈世修为其外祖父冯延巳的词集作《阳春录序》,说得更加明确:“公以金陵盛时,内外无事,朋僚亲旧,或当燕集,多运藻思,为乐府新词,俾歌者倚丝竹而歌之,所以娱宾而遣兴也。”因“内外无事”而与“朋僚亲旧”“燕集”,“多运藻思,为乐府新词”,作“娱宾而遣兴”之用,这不是休闲活动又是什么?或因酒宴文艺的性质,娱宾遣兴的功能,虽时或有人以“代有所胜”的眼光相取而肯定之，王国维甚而以之为“一代之文学”，但实际上词自与“载道”之文、“言志”之诗有别，也不能与“体物”的赋相比，长期被视作“小道”、“末技”。只是在清代中叶常州词派兴起后，才明确地以重比兴、讲寄托的意识论词，词体始尊，周济言“词史”，谭献倡“柔厚”，陈廷焯讲“沉郁”，况周颐更将词本是轻、巧、小之躯赋予“重、拙、大”之魂。而自王国维以“境界”、胡适以白话论词、衡词之后，到20世纪50—60年代，则在“现实主义”和“人民性”两把尺子的丈量下，甚而将本是当行本色的婉约词看作是词坛“逆流”，仅对“别是一家”的“豪放”词有适度的肯定。至于十年“文革”浩劫，更将所有古代文艺人于“封资修”，都在扫荡之列，除了毛主席诗词外，许多人竟不知词为何物。而在那个“革命加拼命”、“一不怕苦，二不怕死”的年代，对“资产阶级的玩意”，只能人人嗤之以鼻，何来“休闲”之说？

改革开放已逾三十年了，伴随着港台歌星所唱的“春花秋月何时了”、“明月几时有”，人们知道了词也有这样或哀怨、或清幽的曲调，而不仅是“北国风光”的壮阔、“西风烈”的沉重。三十年来，学术界对唐宋词的研究已有许多成果，近年更是延续于金元词、明词、清词及作为“研究之研究”的词学史，词学已经成为了“显学”，在诸多的子学科上都有开拓、创获，但又不可讳言，仍有一些领域尚未很好涉及，因此，我对谢珊珊女士《休闲文化与唐宋词》一书的出版，确实是感到由衷的高兴。

随着拨乱反正、改革开放的深入发展，人们也逐渐认识到休闲不仅是为了更好的劳动，而本来就是必需、必要的，是当然的“天赋人权”。孔子栖栖遑遑、席不暇暖，可也赞赏曾皙“浴乎沂，风乎舞雩，咏而归”之志，有“吾与点也”的喟然之叹。陶渊明三仕而隐，是因为“静念园林好，人间良可辞”（《庚子岁五月中从都还阻风于规林二首》），他追求“息交游闲业，卧起弄书琴”（《和郭主簿二首》），“采菊东篱下，悠然见南山”（《饮酒二十首》）的生活。王维的“即此羡闲逸，怅然吟《式微》”（《渭川田家》），韦应物的“园林鸣好鸟，闲居犹独眠。不觉朝已晏，起来望青天”（《园林晏起寄昭应韩明府卢主簿》）等，都是向往“诗意的栖居”（海德格尔语）。席勒说：“只有当人是完全意义上的人时，他才游戏；只有当人游戏时，他才完全是人。”马克思也认为：衡量人类进步的根本标准，归根到底在于人的全面自由发展，他在《剩余价值论》的草稿中指出：“自由时间，可以支配的时间……这种自由活动不像劳动那样是在必须实现的外在目的的压力下决定的”，“这种时间不被直接生产劳动所吸收，而是用于娱乐和休息，从而为自由活动和发展开辟广阔天地。”可见，如用鲁迅所说的“一要生存、二要温饱、三要发展”来衡量，休闲应属“发展”，本是在生存与温饱基础上的追求，而不仅是休闲当为了更好的工作。认识了这一个并非鸡与蛋孰为先后的问题，对于论述唐宋词与休闲的关系，就能迎刃而解了。

鲁迅曾感叹立论难，而珊珊女士的书，首先就解决了立论问题。书中的第一章明确地标示出“休闲：人类文化精神的家园”这一题目，先从我国古代典籍考索“休闲”的语境与意义，作了准确的释义，又因古人罕有对休闲的理性界说，故援引西方学者关于休闲的理论，以辨析休闲思想，从三方面界定“休闲”的涵义，认为首先是指必要劳动之外的闲暇时间，其次是一种高度自主的精神活动，再次是蕴含审美旨趣和审美创造。这一兼及闲暇时间、精神活动和审美意义的阐述，既清晰地解释了休闲的定义，又沟通了客观与主观、休闲与审美的内在关系，为论题的展开打下了扎实的基础。书中继而论述了中国古代文化中的休闲思想与实践，其中关于"神"静形"动"、中和为度的休闲理念，以及以"静"为美，艺术与闲暇联姻的休闲实践，尤其是垂钓、山水游乐、赏花、品茗与诗词创作的关系，都论述得相当精彩。不仅是首章，全书的各章节都能紧扣休闲这一主题，努力建构其严密的结构，仅各章的标题就可看出其用心：如"休闲视野下的唐宋词人创作观念"，"唐宋词人的休闲创作实践"，"休闲文化与唐宋词的传播"，"唐宋词闲雅冲淡的审美特征"等。综观全书，可见体现出历史与逻辑相结合的写作宗旨与结构框架，可见出作者的知识积累、理论修养和严密的思想。

我曾在暨大所办的首届高校教师古代文学硕士班授课，并担任珊珊女士的论文指导教师，记得当她向我询问休闲文化与唐宋词这一论题的写作时，我曾建议她应从唐五代，尤其是南北宋的物质、精神、制度、风俗等不同文化层面加以关注和观照。待看到所成书稿，对她从文化各层次、多例证的论述，尤就词的创作主体——文人士大夫的生活、待遇、情趣与词作的关系的论述，是很感兴趣、也是十分佩服的。而且，她所关注的不仅是形而下者，还就政治环境、思想渊源、文化性格等方面，对形而上者也作了充分的探讨。又能结合上与下、虚与实，展开论述：诸如书中关于士大夫文人对商业文化价值观的认同和对奢靡享乐风气的追逐，唐宋文人"色""艺"相伴的休闲活动等，都有很细致的分析论证。如套用当今常用语，书中是能做到体制内与体制外的结合，将词体的文艺学分析与休闲文化紧密结合起来，诸如词的交际娱乐特点，代言抒情的叙事特点，宜歌宜舞的合乐性特点，吟咏性情的抒情性特点；以及唐宋词体的休闲社会功能，包括应歌应社、交游为尚的社交功能，歌以佐欢、娱宾遣兴的娱乐功能，休而含情、休而为美的审美功能等，都论述甚为精到，堪称条分缕析、头头是道。

珊珊此书既然命名为《休闲文化与唐宋词》，就应将休闲文化与唐宋词的论述紧密结合起来，而全书的写作也确实是做到了。书中能就休闲理论、古代、尤其是宋代的休沐制度、休闲实践，同唐宋词的关系作出了较为深刻的论述，对于唐宋词作品，则能从休闲的角度做全面、系统的观照，举凡农耕文明与节令、四季皆歌的节序词、酒色相伴的宴饮词、诗意消遣的闲情词(包括赏梅词、山水词、渔父词)，都有准确而周详的例举，对于休闲文化与唐宋词的传播、歌妓与唐宋词传播、唐宋词闲雅冲淡的审美特征等，亦能结合作品以作论述，贴切而不浮泛，生动而不枯燥，既有严谨的学术性，又有较强的可读性。

我从事唐宋词研究已逾三十年，而在信息爆炸的今天，对词学著作却难以遍观，以管见所及，迄今似尚未有关于休闲文化与唐宋词的论著问世，因此，谢珊珊女士这一专著的出版，虽不敢断为填补空白，但无疑是具有原创性的。虽受限于篇幅，对有些问题的论述尚未及展开，或不够深入，有些看法或可商榷，有些引文前后重出，为求标题工整、语言对偶，而未免有生硬之处而乏自然浑成，但从整体而言，宏观与微观的关系掌握得甚好,基本还足了休闲与唐宋词两大论题的题面。全书的逻辑层次清晰,相互间的照应较好,外来的理论似乎并无“硬贴”而不能“内化”之感,涉及唐宋词的内容大多恰当,所引的诗话、词话、笔记材料较为妥帖,例举得当,加以行文通顺,不乏文采,涉及哲理性的问题,阐释颇为精到,有些排比句尤见思想的光彩,皆其所长之处。因此,我确实是为谢珊珊女士人到中年能有这样的学术建树而高兴,相信本书梓行后会有一定的反响。

是为序。

2010 年 11 月 8 日

(谢珊珊《休闲文化与唐宋词》,暨南大学出版社 2011 年版)

《第五届宋代文学国际研讨会论文集》后记

2005年9月，在杭州的第四届宋代文学国际研讨会上，得学会理事及与会代表的信任，暨南大学荣幸地获得了第五届会议的承办权。从2006年起，我们就着手准备会议之事，成立了以暨南大学党委书记、副校长蒋述卓为组长，广东省教育厅副厅长魏中林、暨南大学文学院院长陈伟明、党委书记王列耀及我为副组长，中文系主任赵维江为秘书长的筹委会。经年余准备，联合兄弟院校，经具体协商，终于定下此次会议由暨南大学主办，五邑大学与惠州学院协办。这三所高校中，暨南大学与五邑大学分别是国家与广东的华侨最高学府，前者刚庆贺过建校百年，带着喜庆后的热情，将会议的筹办视作百年校庆学术活动的延伸，后者也为能协办高规格的学术会议而倍感荣幸，大家都为此全力投入运作。考虑到广东的气候以冬季为最佳，以及境外、国外学者能在适当时间与会，我们决定在2007年底召开会议。

2007年12月23日至27日，第五届宋代文学国际研讨会在广东三地召开：先在暨南大学举行开幕式，进行了六场分组讨论，并作珠江夜游；然后在五邑大学作大会发言、小组汇报，举行闭幕式，随即参观了世界文化遗产——开平碉楼，考察了杨太后陵和厓山宋元海战古战场；最后在惠州结束了对西湖及罗浮山的文化考察。这种跨越数地的开会方式，在宋代文学学会成立以来，还是首次采用。从广州到江门再到惠州，代表们在王棕、榕树的绿荫中，在绛云般的紫荆花下，感受了珠三角三地的人文、风景和美食；虽横跨厓门的大桥早已跨越了历史的风云，正在半湖疏浚的惠州西湖只能示人以南国西子的半面之妆，但东坡、朝云遗迹及罗浮山下的冲虚古观、稚川丹灶却是真正物化的历史，穿越了流走的岁月，毕竟能在研讨之后真切地亲近了千年前的宋代，我们也为代表们的满意而倍感高兴和鼓舞。

改革开放的新时期以来，随着拨乱反正的纵深发展，古代文学的研究经十年蛰伏而重新开始于“形象思维”的讨论，因毛泽东同志认为唐诗用形象思维，而宋人“一反唐人规律”，作诗“味同嚼蜡”，使得宋代文学的研究在借助“思维”而“破冰”同时，也因此在相当一个时期内，重心落在了宋词，以至一体独大。随着真理标准讨论的深入，又得钱锺书先生《谈艺录》、缪钺先生《诗词散论》等旧著新行的启发，继而西方理论的传入，引发了方法论的讨论与实践，又受到文史哲互渗的影响，研究者的观念、眼光也逐渐变化，无论在宋代文学的个案研究还是宏观研究，是各体研究还是宋代文学史的研究，是基础性研究还是理论性研究，都出现了一批重要的成果，呈现了逐渐繁盛的局面。在经历了20世纪80年代一度盛行的方法热之后，90年代以来，许多研究者多按程千帆先生所倡的路径走，文献学与文艺学结合的研究格局也初步呈现。而随着文化热的兴起，对古代文学的研究，又有了文化学的加入，宋代文学研究也开始见出了三者结合的态势。

分而言之，近三十年来，以《全宋诗》与《全宋文》的编定为标志，宋代文学资料建设的成绩可谓有目共睹，而《唐宋词汇评》等著则以另一类的资料，一同为全面的宋代文学研究夯实了文献学的基础。在结合传统的诗文评与词话以研究宋代文学同时，以美学、心理学、民俗学、结构主义、阐释学、传播学、原型说，范型论等为代表的源自西方的理论，也纷纷进入研究领域，出现了不少成果，古今结合与中西结合，提供了宋代文学的文艺学研究实绩。而相较之下，虽在儒学、佛学、理学、党争、商业、家族、科举等与文学的关系上，宋代文学的文化学研究有了引人瞩目的成果，但尚有许多领域的研究尚可以开拓、可以期待。

我个人认为，王水照教授在《宋代文学通论》的绪论《宋型文化与宋代文学》中，对于从整体上以文化观照文学，对宋型文化作全面、新颖的定义，以"内藤命题"判断宋朝的"近代"性质，对宋代文学的淑世精神，对宋学作为新儒学的关注"天人之际"，文学的重理节情，以及宋代对传统文化的吸收整合，使文学得以重建辉煌、盛极而变等，都作出了深刻的论述，为宋代文学的文化学研究，既明确了学理，又指出了方向。在此基础上，我以为对于由唐代的进士文化变为宋代的士大夫文化，宋人的夷夏观与外来文化，宋代的主流文化与多元文化，地域文化与家族文化，宋代文学与思想史、哲学史、制度史的关系，宋代文学与宋代学术、艺术的关系等，也应是宋代文学的文化学研究之主要课题。

基于以上认识，在本届会议之前，征得了王水照教授的同意，我有意识地确立会议讨论的方向，拟定了十个主要论题：①中外著名史家的宋代观、宋学观，②宋代科举与文学，③宋代党争与文学，④宋代地域文化、家族文化与文学，⑤宋代学术与文学，⑥宋代各体文学及文学家研究，⑦宋代文学的社团、流派研究，⑧宋代文学与艺术的交叉研究，⑨宋代文学理论研究，⑩宋代文学的其他问题研究。后又与赵维江教授商量，考虑到在时空上先后与宋朝并存的三大政权，故调整为十二个论题：增加了宋代文学与辽、金、元文学关系研究，宋代文学与民族关系研究。我们希望尤能在前五个议题着力，以期在前四届会议已检阅的成果基础上，能在宋代文学的文化学研究上体现出新进展。

参加第五届宋代文学国际研讨会的代表共160多人，分别来自国内各大学、中国社科院与多省社科院，多家出版社，日本、韩国等国的大学，共提交了133篇论文。无论是参会代表的人数抑或论文数，都创历届宋代文学研讨会之新高。133篇论文中，以宋词及相关研究者为最多，共计48篇，诗文及其他文体研究32篇，宋金文学理论研究13篇，考证、年表及其他10篇，外国的宋代文学研究3篇。因会前所拟论题的有所引导，会议论文中大体属于关涉宋代文化的前五个论题，及交叉研究的有27篇，虽与所期待者尚有距离，但显然较之前四届是能够做到与时俱进了。

此届会议的论文集编纂一事，在大会结束后即被提上议事日程，但由于出版经费未能落实，不敢贸然先行，而因论文较多，既要保证质量，又要兼顾各方，在取舍间颇费踌躇，因而对于我来说，此事可谓抓而又放、几兴几废。又因俗务缠身，难以集中一段时间做事，故一直到本校第三期“211 工程”建设得以落实，经费可以保证，我又看改完百万字的拙著《唐宋词艺术发展史》校样后，才于 2009 年初下决心正式开始编纂之事。我看了全部论文的纸本，经再三权衡比较，拟定了入选篇目，经与论文作者多次联系，在确切得知已经或未曾发表后，一如既往地贯彻已发表者一般不再收入本集的原则，对选目再作调整，最终定下了入选的论文，并得到了拟选者的电子版。这一过程耗时近三个月，使我真正改变了原先的想法，体会到编选论文集并非易事。

本集共收 59 篇论文，不足全部 133 篇的半数，而字数则已逾 75 万，体例大致与上届会议的论文集相同，基本按照文化与总论、诗、词、其他文体、理论、宋代文学研究在国外六个板块编排。由于各类论文数的不均衡，又不能畸重于某类，故如关于宋词的论文就收、弃均多。而因不少高质量的论文已经发表而弃收，未免使本集失色，则实在令人遗憾。

一年半前，为筹备本届会议，担任筹备组秘书长的赵维江教授作了许多工作，文学院党委副书记邱向欢老师，学院的欧瑞镇老师、凌少群老师，中文系的黎彬瑗老师等，都付出了辛勤的劳动，本系、本教研室的不少老师也都为会议的召开而齐心协力工作。我因当时被出版社催迫，正为赶在会议召开时交出前述书稿而拼命，无法为筹备开会投入较多精力，为了作好此会的学术准备，只好特地请与我合作的博士后杨柏岭教授提前一个月来暨大，而他除了代我看完全部论文或摘要，作好会议的分组安排，编订了会议手册、通讯录外，还与张秋娟一起为具体的会务做了许多繁忙琐碎的准备工作，多次工作到凌晨，二人几乎累倒。藉此论文集出版的机会，特地表达我本人对上述各位老师的敬意和谢意。同时也表达对支持会议顺利进行的暨南大学、五邑大学、惠州学院的校、院、系领导，及暨南大学华文学院领导的谢意，对慷慨资助会议的创溢文化公司董事长唐嵩君先生的谢意，对参加会议接待、服务工作的各位研究生的谢意。

在此次论文集的编纂和出版过程中，得到了与我合作的博士后刘兴晖女士的全力帮助，与作者的电子邮件或电话联系，都是由她负责，具体的编排，版式的调整，文稿的校对，也由她完成，为此足足耗费了她一个多月的时间，对此，我作为主编是应深表谢意的。赵维江教授，尤其是聂巧平副教授，为本书的出版多方联系，也作了许多工作，在此一并谢过。因按惯例应在会议举办地出版论文集，我们终于为能在暨南大学出版社落实此事而高兴。

回忆之中，上届会议尚留着新鲜的印象，倏忽间，距离第六届宋代文学国际研讨会的召开只有不足半年的时间了，我衷心期待着能在成都与诸位学者、朋友再见，希望会议代表能及时读到并喜欢这本论文集。

2009 年 4 月 26 日

（邓乔彬主编《第五届宋代文学国际研讨会论文集》，暨南大学出版社 2009 年版）

《中国绘画思想史》后记

九年前，我申报的国家社科规划项目《中国诗画艺术思想史》得到批准立项，次年，作为该项目中期成果的《有声画与无声诗》在上海社会科学院出版社出版，我原打算再写一本五六十万字的专著，以作该项目的最终成果，但因一时难以完成，而出版又不知将在何时，遂将上书顶替，经专家组评审，作了结项工作。形式上虽然说是结束了，心中却在盘算着下一步的打算。在构思新著的过程中，我渐渐发现，将诗与画放在一起作比较研究，虽因具有可比性而可以论其异同，但二者的不可比处似乎更多，所以若要将这一论题做充分，不是一本书可以解决的。为此，我更动了原定的计划，准备改为写两本书，分别论述诗歌与绘画的艺术思想史。后又考虑到关于诗歌理论史、思想史的著作已出了几种，整个文学批评史的研究也相当活跃、兴盛，相对而言，绘画理论、思想的研究要薄弱些，似乎多集中在个别的论题，形成了一些热点，但全面、系统的通史式著作尚未见。鉴于此，所以就着手先写后者。

一旦动手，就觉得原来对绘画思想只定位为艺术思想，是显得不够了，遂决定扩展为整个绘画思想。而之所以是“思想”而非“理论”，是因为“理论”应包括大量的艺术论问题，属于“法”的层面者不少，而对技法作纸上谈兵又是论家大忌，且最为画家所不齿，故此决定还是以“思想”名之。考虑过后，准备在两年内写完，然后再写诗歌艺术思想史。因为觉得从艺术角度论诗歌思想史还有一定的原创意义，且又是我的兴趣所在，若再袭旧题，恐怕就是大同小异，难免重复了。

因为参加了几个集体项目，我是从1994年6月开始写作本书的，原准备写40万字左右，可是写写停停，两年多写了50万字，还只是结束了明代，而从画论著作的数量看，清朝所著却要超过历代的总和，于是又不得不将计划作成倍的扩充。因当中曾忙于他事，清代部分到1998年5月才写完。全书共95万字，前后写了四年，其间“甘”者不多，而苦者备尝，真是如鱼饮水，冷暖自知，难以与人道。

原以为已同一家著名的出版社签订了合同，且允以在1998年、1999年分别出版上、下册，又看过了三校样，只要坐等出书，倾听读者的批评意见就可以了。不料，市场经济的法则是无情的，这家老牌的专业出版社因连年亏损，经济上陷入了困境。拙著是学术著作，读者面窄，若出版，将要投入不少，而赔钱颇多。经济效益与社会效益相权衡，只能取前者，于是，拙著就只能无奈地在这家出版社接受退稿的结果了。

在被退稿后的一年中，我虽多处联系，却终无结果。正当我经人绍介，准备向台湾申报“中华发展基金”，争取在台湾出版时，事情发生了转机。在贵州人民出版社工作的校友龚璐先生到上海，在回母校谈及学术著作选题时，知道了拙著的遭遇，当天即到我家中，与我面谈，表示愿意争取在贵州出版，并带走了有关材料。回到贵阳以后，龚璐即着手此事，终于在半年后落实了本书的出版事宜，再过不到半年，“多磨”者终成好事，拙著总算真正要问世了。

回顾这九年，不禁感慨系之。俗话说“十年磨一剑”，那是主动的“磨”，是“精品意识”的反映，而我却是赶写出后即陷入了不得已的被动期待，在即将跨入到第十个年头前，未及细磨而献到了方家与读者的面前。之所以这样，实在是怕夜长梦多，又生变化。

为此，想在此再作些交代。

前面已说，本书原是一个科研项目的延伸，当时又有赶写之意，我将主要的精力用在读有关的画论文本，并就此作相关的论析。受到条件的限制，对于动态的绘画史了解不多，因此对于从中折射出的绘画思想顾及不够，对于画论的文本发展和绘画的本体运演，只能是侧重于一头。因此严格说来，还不能算是非常完全的绘画思想史。不过话又说回来，从绘画的角度讲，古代的文人画虽未及画院画的精工妍丽，却不失其性灵和逸气，以近代著名画家陈衡恪之见，文人画的要素是第一人品，第二学问，第三才情，第四思想。我国古代的绘画思想，其实主要的就是文人画的思想，而文人又多能将其所见所想表达在文字中；受到文艺样式本身的限制，在画中表现出的学问和思想还是相当有限的。如果这样看，那么就文本而论绘画思想，也不能说是不完全的了。何况，在书中的部分章节，也还是对作品中流露的情感、思想有所分析的。当然，如果有机会再版重印，我还是准备在动态的绘画发展史中多作寻觅，以作补充，力求完善的。

在古代，文人画的画家们可以很自信地面对宫廷画师和民间画匠，因为他们有“文”的优越感和自信心，所以不怕在画界“客串”。在当今社会分工日趋细密，专业领域日见狭窄的情况下，我以一个业余爱好者的身份，从古典文学领域进入到绘画理论史、思想史的研究阵地，且就自己而言，竟然有喧宾夺主之势，对此，毕竟不能有充分的自信。虽如此，我想，欧阳修《答李诩书》说得好：“学之终身，有不能达者矣。于其所达，行之终身，有不能至者矣。”人们对于不能“达”与“至”者，是不应只作感叹，只知仰止而无意攀爬的。与其临渊羡鱼的“自在”，不若退而结网的“自为”，这就是我对“不务正业”的信条。因此，我虽不敢学习古代的文人画家，却面对古代绘画思想史相对于文学批评史研究成果的不称，不能说自己没有一份怕是多余而又真诚的责任感。

最后，对于曾关怀过本书出版的师长与友人表示衷心的感谢，他们是：著名学者徐中玉先生、傅璇琮先生，台湾成功大学张高评教授，湖南师范大学蔡镇楚教授，广西师范大学沈家庄教授，原安徽教育出版社副总编朱欣欣先生，上海书画出版社总编卢辅圣先生，上海文艺出版社副社长陈鸣华先生，以及本校的齐森华、洪本健、赵山林、林在勇诸位教授。当然，更要感谢本书的原任责任编辑沈一草先生和现任责任编辑龚璐先生。沈先生曾为本书付出过大量的心血，虽未能在他手中出版，但对这份情谊，我将永远铭感不忘。龚先生不但尽力争取本书的出版，而且做了许多过细的审读、编辑工作。贵州人民出版社能在市场经济的大潮中，倾心关注祖国文化遗产的研究，对本书的出版予以大力支持，更使我感动和感谢不已。我的博士生赵晓岚、何平华为本书的出版曾多方联系，以我之事为己事，使我难忘。段学俭、彭国忠、刘荣平、王韶华、杨雨诸生都为我看过原书的校样，书中也留下了他们劳动的印记，如今，他们中除何平华还在读外，其他都已毕业，并获得了博士学位，奔赴各地工作，那些教学相长的美好日子，将永远留在我心中。

时间已过去了多年，我的中国诗画艺术思想史课题还是没有做完。若非出版的困难，三年五年，诗歌艺术思想史的题目是还想做下去的，但是，还会有第二家贵州人民出版社吗？终又是不禁感慨系之。

真切地期待专家与同好的批评意见！

2001 年 7 月

（本文因故未刊）

《唐宋词美学》重印后记

不知不觉间,拙著《唐宋词美学》出版已逾十年了。

当时仅印了一千册,因赠人之需,在出版之时,我即与齐鲁书社联系购书,得到的答复是全部书已发往各地,社里已无存书。随即找了上海的几个大书店,仅购得三本,无法送人。可以想见,一千册书散落在各地书店中,要寻觅其踪影是多么困难了。

十年间,我所带的硕士、博士生和爱好词学的本科生,多次问及拙著是否有再版或重印的可能,我都觉得很难。当时的出版已是非常不易,十年来市场经济的发展,使出版社的生存压力更大,这是我们这些界外人士所不能想象的。市场决定需要,学术著作的需要量太小,其出版难的问题,似乎多是在各地各部门经济资助下解决的,因此,我对拙著的重印一直未怀奢望。没有想到,当年担任该书责任编辑的宫晓卫先生,在任齐鲁书社社长多年,使该社经济情况很见好转之后,能主动提出此书的重印一事。对此,我深感喜出望外,并有松一口气的感觉,因为这毕竟可以对学生和读者有一个明确的交待了。

十年中,我将主要的研究兴趣转到中国绘画思想史、古代文学学术史,以及文化与文艺关系史上,并出版了几种相关的著作,可仍割舍不下对唐宋词的挚爱之情。多年来,一直都以词学作为招收博士生的第一研究方向,还出版了几种词学选本、著作,并接续施蛰存、马兴荣先生,主编了《词学》的第十三、十四辑。但是,对词学关注确实是少了。一旦有意于"重操旧业"时,却如从一个房间出去而再返回后,发现原在房内的熟面孔已变成了许多生面孔,原先被视作"小道"的词学领域已成为热门,新著纷纷问世。我曾有过的写作设想已见于别人所著,致使薄薄的拙著出后再无新作跟上,圈内人士也以为我已"淡出"词学界。于是,此书的重印,无疑将促使我重新燃起对词学的热情,但愿自己能在旁涉其他领域后会再回到原先的"主业"上来,并且能体现出"螺旋型上升",有较以前高一些的手眼。

当年,业师万云骏教授抱病为拙著写序,曾说起自己因年轻时为衣食奔走,中年时又主要忙于教学,到年老之时深感有愧于当年吴梅先生对自己的期许,希望我能多出论文、著作。未想到,一年半后,万师即骑鹤西归。如今,先生仙去已经十年,天人相隔,再无缘亲承謦咳了,可当时所说,言犹在耳。十年间,我以无负于先师的期望自励,出版了几种著作,发表了几十篇论文,且仍有不少设想,有志于继续研究,却猛然间发现自己已将进入老年,精力日见衰退,似乎很难实现写出大部头著作的宏愿了。但我想,桑榆虽不能远照,毕竟仍能发光,人,任何时候都不能轻言放弃。马兴荣师比我年长十九岁,仍天天坚持跑步、看书,仍在继续词学研究,不见老之已至,去年登江西三清山,见他健步如飞,我跟在身后,气喘吁吁,自感岁月已全然吞噬了自己当年运动员的素质，两相对照，真是深自有愧。这登山的一幕，对于人生而言，是颇具象征意义的。

我作为20世纪70年代末的首届研究生，毕业后留在华东师范大学工作了二十一年，五十九岁时成为“引进人才”到了暨南大学，回到幼时曾生活过的故乡。一年多来，适应了这里的环境和生活，对人生从六十岁开始是有切身体会的。近代以来，广东曾出现过不少著名的词学家，有过不短的词学兴盛期，而龙榆生先生当年在上海的暨南大学创办《词学季刊》，更是词学史上的大事。我想，四迁其址而最终落在广州的暨大，是很应该兼得广东和暨大的学术传统，重现词学之辉煌的。我自己虽难有多大作为，但相信，是可以期待于未来，冀望于暨大青年学者的。

近三年前，在上海思念故乡，以儿时经常仰望的五桂山为自己的书斋命名，如今回到南粤，面对窗前小小的明湖，又有了临风轩的新斋名。家乡与故乡，母校与新校，我的思绪、感情常常在此间牵萦。而词学，是我踏上学术研究道路的始点，应是始于斯又终于斯的！

2004年4月

（邓乔彬《唐宋词美学》，齐鲁书社2004年版）

《词学廿论》自序

词兴于唐，盛于宋，变于金元，衰于明，复振于清；而词学则起于宋，继于金元与明，大畅于有清一代。现代词学家龙榆生教授在《词学季刊》第一卷第四号上曾发表《研究词学之商榷》一文，下了这样一个定义："推求各曲调表情之缓急悲欢，与词体之渊源流变，乃至各作者利病得失之所由，谓之词学。"在此文中，他又举三百年来词学中图谱、音律、词韵、词史、校勘诸学的代表，并主张另创声调、批评、目录之学。可见，完整的词学概念应由"八学"和"三义"构成。

在龙榆生上文发表近七十年之后，词学有了很大发展，尤其是以夏承焘为代表的词人年谱之学，以唐圭璋为代表的词学文献之学，都取得了很大成就，改革开放的新时期以来，词学更有全方位的长足进步。但究其表里、实质，龙说的"八学"和"三义"之研究，今人虽或有过于古人和近人之处，却也有不如古人、近人之处。这就很可令人想起浦江清先生在纪念吴梅先生逝世时所说的那一段话："……凡学问有为潮流所趋者，有为时代所弃者，有赖书本文献足以传后者，有非接近其人、得其指点、不能妙悟者。故如戏曲史目录考订之学则考据家之事，今方兴未艾，如材料增多，方法加密，后者可胜于前。至于南北曲之本身，原为一有生命之艺术，由词章家作曲，音乐家谱唱，艺术家搬演，合此数事以构成一整个之生命。一旦风会转移，此艺术亡，此门之学问亦随之而亡，今从先生游者尚不能尽其所学，况后世但读其书者乎！"(《悼吴瞿安先生》，载《吴霜厓先生三周年祭特辑》)词不同于南北曲，很久以来就已失其乐而不能传唱，成为了纯文学之作，但浦江清所说对于词学而言，也是较为适用的。时至今日，词学中的词史、校勘、批评、目录之学，实已大过于前人，但图谱、音律、词韵、声调诸学，以及推求曲调之表情，与词体之渊源流变，则今人难与前人争胜。此中原因正在于"学问有为潮流所趋者，有为时代所弃者"，词本为"有生命之艺术"，可"一旦风会转移，此艺术亡，此门之学问亦随之而亡"。

我自少年时代起就喜好写诗填词，而直到近二十岁才知格律一事，尽管到今日还偶有应景之作，可仍似儿时习书之描红，是按律填词而不知、不求其所以然。因此，对于自己所从事的词学研究一事，二十多年来，所作的主要是唐宋词的文艺美学的研究，以及批评之学的"研究之研究"。虽也曾在参编《中国词学大词典》时，担负了词调部分条目的撰写，却只能遵循述而不论，或论而不断的原则，想当年《钦定词谱》的编定，和万树《词律》的撰成，耗费了多少时间和才力，我辈实在没有能在诸多"又一体"中作出选择、判断的自信，更遑论其他！古人说："有才无学，如绝代佳人唱《莲花落》，有学无才，如长安乞儿穿宫锦袍。"治学应力求才、学、识三者均衡，但人的资质有异，求全并不容易，免不了要舍短用长，我自忖最缺者在于"学"，而"识"则稍有所长，又由于兴趣的原因,因此一直不写考证性文章,而是力图在“论”上能有所创获。

大概因我在20世纪80年代发表过一些词学研究的论文,学界免不了先入为主,多以为我是以治词为“主业”,其实我在多年的词学研究中,也仅写出二十几篇论文而已,仅及我已发表论文的五分之一。不过,我自己对这些论文还相对比较偏爱,因为它们都是独立的,是为解决每一个不同的问题而撰写的,不似我的其他论文,多是成书后一时未能出版,而择出部分作为论文先行发表的。

若从三十五岁时自乌鞘岭下考回上海当研究生算起,我治词已经有二十六个年头了,而这本论文集仅收录了二十篇论文,平均计算,每年还不到一篇,实在是低产得很,而且平心而论,二十多年来所写的,几乎看不到有多少进步,免不了自感惭愧。之所以还敢于结集出版,是在于虽世事沧桑,人生角色多有变化,而我却未改初衷,二十多年来还能坚持向学。古人有不悔少作之说,对于我而言,则可说是虽老之将至而不悔“中作”,也算是对学界同行作一个认真的交代。

未能为自己的论文集起一个好名字,实在是缘于命名之难。若习惯的以书斋为名,我从沪上移居羊城,难以将两地概括在内;若为求“卖点”而取一好听好看的名字,则更是多余,当今还有谁寄望于一本论文集的取名而求较多的印数呢?为取名一事,很能体会鲁迅先生为阿Q立传的“犹豫”。阿Q终可以有“正传”,是因为他虽未能获准“革命”,却毕竟他的传记之立并无碍于别人的作传。而我的论文集倘名之以“词学新论”,则自己并非另有旧论;且自命为“新”,则有将他人入于“旧”列之嫌;若名之为“词学艺术论”,也难以尽赅全部内容。思忖再三,还是未能汲取审阅本集稿子的专家之意见,仍只能用这一过于“质实”的名字。质实尽管质实,毕竟还有实在的好处,一眼可以看穿:这本集子仅有二十篇文章而已,一切装饰都属多余,掩真而作伪是大可不必的。

收入集子中的文章,据内容分为四部分:

其一是宏观的纵览,从第一篇到第五篇,分别是《词的由中唐至宋初之变与文化转换》、《唐宋词的伤春主题及原型意义》、《论宋词中的“骚”、“辩”之旨》、《论豪放词》、《论南宋风雅词派在词的美学进程中的意义》。

这五篇论文写作和发表的时间相隔最长的有二十年之久,但思路和方法是基本一致的。其中发表在1984年的论南宋风雅词派的一篇,是学习朱光潜先生美学理论而用于词学领域的体会,在当时或为较有新见之作。论唐宋词的伤春主题及原型意义,论宋词中的骚辩之旨,都是对先师万云骏教授所重词之“伤春伤别”的理论性阐释,所论或有逾于原意之处,自信还有一定的新意。最近发表的论词的由中唐至宋初之变,所论未必允洽,却是我个人近年来注重对古代文艺作文化学观照的结果,还多少有些与时俱进之意吧。

其二是词人及词作研究,从第六篇到第十六篇,分别是《飞卿词艺术平议》、《东坡词简论》、《秦观“词心”析论》、《驿骑苏秦间——陆游词风格及成因浅议》、《论姜夔词的清空——姜词艺术析论之一》、《论姜夔词的骚雅——姜词艺术析论之二》、《梦窗词艺术初论》、《周密及其〈绝妙好词〉》、《浅论姜张词风之异同》、《论碧山词的寄托》、

《〈弹指词〉浅尝》。

词坛大家，首推辛弃疾，而我从未写过论辛词的文章，并非是因为我不喜稼轩风，而是深感稼轩不是词人可限，可历来论其词的论文已经发表了许多，我历来不喜作重复之事，由于自己曾有过写苏辛比较一书的打算未能实现，也就使得我个人的研究留下了遗憾。记得闻一多先生当年在为学生讲授唐诗时曾说过，自己不敢讲、也不配讲李白和杜甫，因为前人已经讲了不少，自己讲不出多少新意来。以闻先生之才具学识，当时又是现代意义的唐诗研究开创期，尚有此说，更何况我辈？因此，对于苏轼词，我也仅有这短短一篇平实之论。词坛二李的李煜和李清照，则因20世纪60年代都曾有过较大规模的讨论，且出过有关的论文集，我不想拾人余唾，对二李的研究也付阙如。当时，我遵万师之教，侧重在对宋词作艺术鉴赏方面的努力，企图按周济所阐发，从"问途碧山"入手，历稼轩、梦窗，最终"还清真之浑化"，较多着重于南宋词家的研究，对姜夔、吴文英、王沂孙等曾被视作"婉约派逆流"的词人，以及以他们为代表的风雅词派（过去多称格律词派）着力较多。本来曾有沿着"由吴希周"之路，作一番"宋词之旅"的打算，并有积之而欲为词史之想，却因见到与我同龄一辈学者的大著已出，自己难有新意，加上兴趣转移，故终未"希周"而止，更遑论韦庄、欧阳修、二晏？虽如此，集子中所收，还多具有原创性，至少在当时是属于立论较早的。论清人顾贞观《弹指词》一文写于1995年，时间不算早，却是第一篇全面论述顾氏词的文章。

第三部分是词学批评，从第十七篇到第十九篇，分别是《论刘熙载的〈艺概·词概〉》、《况周颐的词心、词境论及"重、拙、大"说》、《传统词学批评的终结与新变——论王国维的〈人间词话〉》。

这几篇论文，原系《中国词学批评史》中的部分章节，书、文有异，篇幅都较长，也都曾以论文的形式，部分发表在学术刊物上，都是下了工夫所写出的。

第四部分属词学学术史的内容，仅一篇：《词坛拨乱反正的功臣——对吴世昌先生反对论词"二分法"及重新评价苏轼词的体会》，是为1998年参加纪念吴世昌先生诞生九十周年暨词学讨论会而写。后来虽曾先后参加过唐圭璋、詹安泰、龙榆生百年诞辰纪念的讨论会，又参加了刘永济与词学国际学术讨论会，但都因没有时间通读这几位词学家的论著，因而也未能写出论文。虽说我对20世纪古代文学学术史感兴趣，却未能在相关的词学史领域对这几位大家作出研究，也不能不说是很大的憾事。

以上内容之外，还收进了三篇附录，均系我为20世纪80年代在华东师范大学召开的两次词学讨论会所写的纪要或述评，篇幅虽较短，却也代表了我当时对词学研究一些全局性、方向性问题的看法，故予以收录。

古人有云：前修未逮，后出转精。而似我这样先天不足、后天失调的学术"研究"者，就只能将此话的前四字改成"未逮前修"，因为对于我的师辈而言，的确是如此，至于"后出转精"，则只能期待于后来者，如我的学生们了。正如前引浦江清先生所云，学问"有非接近其人，得其指点，不能妙悟者"，在传统的治学中，我们的师辈已是"从先生游者尚不能尽其所学"，更何况"后世但读其书者乎"！而"一旦风会转移，此艺术亡，此门之学问亦随之而亡”,词学中所亡失或将亡失者,正是前辈所长而我辈所短的。而我的学生一辈,却生逢其时,赶上了新中国成立以来最好的历史时代,可以夯实基础,从容治学,很轻松地超越我们。

试举一例:我笃信《乐府补题》是愤于杨琏真伽发掘南宋六陵而作,因此而有本集子中所收《论碧山词的寄托》一文,但我的博士生刘荣平却在求教于天文史家之后,并受他人研究的启发,据谢翱的诗句“知君种年星在尾”,考出了发陵的时间,而以此坚证否定了《乐府补题》寄托发陵一说,使我不得不信服。

又举一例。我在为我的博士生杨柏岭《晚清民初词学思想建构》一书所写序中有云:“杨柏岭所论及的近代词学中的刘熙载、况周颐和王国维,都曾见于我在该书(按,指《中国词学批评史》)中所写的章节,而他不为我的论述所限,发表了自己的许多见解。我在读到他关于况周颐的论述时,是深为其对‘重拙大’的新见而折服的,这就不仅仅是‘起予之叹’了。而他将梁启超的论词思想视作传统词体观的终结,虽作‘体’的限定,而实际上是否定了我将王国维作为传统词学终结与新变的意见,虽说梁之说多在于‘外’,而王说才入于‘内’,但就现代性而言,梁似乎更在王之上,更应具有‘终结与新变’的资格。为此,我实在是深感韩愈《师说》的亲切,因为确实是‘弟子不必不如师,师不必贤于弟子’。”

而我之仍然将《论碧山词的寄托》收入,又未更改论述况周颐、王国维的观点,实有“立此存照”、“以识吾过”之意在。

因时代的原因,免不了蹉跎岁月,人到中年,我才走上学术研究的道路,匆匆二十多年,却已踏上老年的旅程。辞旧的鞭炮声响起之时,更勾起人生苦短之感,倘能借朝晖而济桑榆是多么好啊!时岁不能追,治学不可怠,当此论集出版之际,藉时立愿,昭告同好,亦自为序言之真意!

2005 年春节

(邓乔彬《词学廿论》,上海古籍出版社 2005 年版)

《词学廿论》后记

我少时家贫，父亲一人工作，要养活一家九口，很难使我能在个人兴趣上有所发展。所幸的是，我父亲喜好读书，虽为生活所迫，小小年纪就踏上社会，未能接受正规的学校教育，却从未泯灭对学习的兴趣。在他的影响下，我也自小就爱读书，家中的《三国演义》、《红楼梦》、《西厢记》和《聊斋志异》，都读过多遍。《唐诗三百首》和龙榆生编选的《唐宋名家词选》，更是我经常捧读的书。少时的兴趣左右了后来的人生道路，终使我在就读物理系一年之后转到了中文系二年级，并就此踏上专业选择的"不归之路"。

由于所学的是古代文学的词曲专业，我先习原先所不熟的曲学，抄录了一百多万字的资料卡片，后来完成了题为《吴梅研究》的硕士论文，其中提供答辩的近四万字，经专家评审，遴选入第一本《研究生论文选》，全文二十万字则直到 1990 年才得以正式出版。而此时，我的兴趣则早已从曲学转移到了词学。业师万云骏教授是词曲大师吴梅先生的入室弟子，青年时代所作词曾见赏于名家，被叶恭绰先生编选入《广箧中词》，马兴荣教授也曾在云南大学问学于词学家刘尧民先生，他们对我的兴趣转移都表示了理解和支持。

我曾应上海人民出版社之约，写出了《祖国丛书》之一的《爱国词人辛弃疾》。为了写这一本五六万字的小册子，我作了不少的资料准备，书成之后，颇感意犹未了，适值一家省级的人民出版社着手组织撰写一套词学研究丛书，经人推荐，约我面谈，我遂报了《苏辛词比较研究》的选题，得到了首肯。但是当我经过一番准备，要真正开始写作时，却被告知，因图书市场的变化，原定的选题要大大压缩，希望我不要进行了。虽然当时还是 20 世纪 80 年代中期，市场经济尚未正式登上中国的历史舞台，但我已经自此开始了对"市场"的体验，后来一次又一次地感受了作为作者永远都只能是弱者，也因此我的第一本词学著作是迟至 1993 年才出校样，1995 年才正式出版的。

经过了一定的积累，本来应该在词学研究上继续努力的，可是由于内外环境的原因，加上自己学术兴趣的再度转移，从 20 世纪 80 年代末以来，我较多地关注古代诗歌与绘画的比较，相关的诗歌与绘画理论发展史，文艺与文化关系的宏观研究，以及 20 世纪古代文学学术史等领域，并发表了这些领域的研究论文，先后出版了相应的几种著作。而对词学，则除了几种集体编著的书外，论文确实写得较少，以致一些词学界的熟人多以为我已经从词学界"淡出"了。而实际上，我从未打算离开词学领域，不仅多年来一直以词学为招收博士生的第一研究方向，而且也关注着词学研究的发展。我指导的已经毕业的博士生中，一大半所写的是词学方面的论文，其中已出版的赵晓岚《姜夔与南宋文化》、杨雨《宋词的女性意识》、彭国忠《元祐词坛研究》、杨柏岭《晚清民初词学思想建构》，都是词学或以词学为主的著作。我自己虽因他顾而一时未能写出有关的词学专著，但词学论文的写作还有一定的“维持量”，并打算在完成了因学术研究“惯性”而持续的课题后，在适当的时机还要写出篇幅较大、有新意的词学新著来。

当我正要着手河南大学出版社约写的《宋代绘画研究》一书，并欲在完成此书后实施词学著作的写作计划时，我的生活道路发生了突然的变化。2002年夏天，我应邀作为专家组成员，参加了暨南大学“211工程”子项目的验收，此行虽短，却对故乡的发展留下了深刻的印象。三个多月后，因暨大申报古代文学博士点之需，我接受了担任学科带头人之请，离开了生活过四十多年的上海，遂经历了一系列从生活到工作的忙乱。经一年多上海、广州两地间的奔波后，最终全部关系都到了暨大，我在花甲之年开始了在新环境的新生活。

去年，我申报的国家社科基金项目《唐宋词艺术与形式发展史》，得以通过评审、立项，重操词学研究“旧业”之想变得非常现实了。在正式着手这一项目的研究之前，我打算将二十多年来所写的词学论文作一结集，先行出版。这一设想获得了暨南大学“211工程”专项资金的资助，且得到了多年来有良好关系的上海古籍出版社的支持。为此，我对暨南大学的各级领导，对“211工程”子项目负责人饶芃子教授，对上海古籍出版社的王兴康、赵昌平、高克勤诸先生，责编杨万里先生，以及审读拙稿的上海古籍出版社前任社长李国章先生，词学家徐培均先生，表示诚挚的感激之情。

我原先供职的华东师范大学中文系，曾是词学研究的重镇，施蛰存先生、徐震堮先生等老一辈学者都兼而治词，业师万云骏先生、马兴荣先生更是专力研究词学。施先生还创办了《词学》丛刊，延请词学泰斗夏承焘、唐圭璋与之共同担任主编。迄今，该刊在二十多年中已经出版了十五辑，以其独特的编辑风格和较高的学术品位，在海内外产生了较大的影响。我出身于斯，长期得其滋养，对华东师范大学、中文系和曾主持编务的《词学》，都怀有深深的眷恋之情。而广东，则不但是我的故乡，且在近代以来词学家频出，使我别有一种感情。暨大曾是词学大师龙榆生先生长期任教的学校，他在20世纪30年代创办的《词学季刊》，在词学史上有重大的意义和影响。作为华侨的最高学府，暨大四迁其址，历经磨难，今日在改革开放前沿的广东，正渐现着浴火凤凰的新姿，是很应兼得广东近代和历史上暨大的词学传统，重现其辉煌的。对此，我怀有强烈的信念，并寄望于暨大的青年学者，有意于做些过渡性的工作。

在拙著《唐宋词美学》的重印后记中，我曾写道：“家乡与故乡，母校与新校，我的思绪、感情常常在此间牵萦。而词学，是我踏上学术研究道路的始点，应是始于斯又终于斯的！”在此论文集即将出版之时，再申此意此情，并以之自勉。

2005年春节后

（邓乔彬《词学廿论》，上海古籍出版社2005年版）

《吴梅学记》前言

王国维先生曾说:“三百年间,学术三变”,“国初之学大,乾嘉之学精,道咸以降之学新。”(《沈乙庵先生七十寿序》)而道咸经世之学,连同“师夷”之“长技”,皆未能“制夷”。甲午之败,引发公车上书,以求变法。百日维新,六士殒命,康梁亡命海外,清廷愈趋腐败。狼蹄虎吻之下,频频签订丧权辱国条约,终至辛亥革命与五四运动相继,我国亦进入了由近代而现代的历史进程。此期前后,传统文化之解构与重建,亦由物质而制度而思想,并引发了学术的现代转型,出现了一批巨匠,吴梅先生即其中的一位。

吴梅先生是南社早期成员,青年时代即以南明抗清史实,和戊戌六君子死难事谱入传奇。著《顾曲麈谈》而有当代周郎之誉,被蔡元培先生聘为北京大学教授,专授古乐曲。又先后任东南大学、中央大学等校教授,传道授业,培养了大批人才。抗战时期,以病躯辗转鄂、湘、桂等地,病殁滇南。

以知者见,吴梅先生的学问非词曲所限:“富藏书,博闻见,自经史大义,以至古今学术源流、文章派别,无不融会贯通。所为诗文,亦出入古作者林,自成一家,词曲特其绪馀耳。则向之藉藉以曲家称霜厓者,盖犹未深知霜厓者也。”(张茂炯《霜厓三剧序》)吴梅自学成才,却又曾从学于“江南曲圣”俞宗海(俞振飞父),得昆腔正传;与晚清大词家朱祖谋、郑文焯过从甚密,获益良多;为诗受晚清宋诗派影响,自谓得之于散原老人陈三立。渊源所自,足证严羽“入门须正”之说,亦宜于张氏之评。但由于吴梅先生生活在社会、学术的转型期,传统的通儒之学渐转为现代的专门之学,他在南北各大学从教二十余年,生徒皆以词曲之学显,人亦以之为词曲大师,而尤著于曲学。

作为20世纪学术现代开始期的学者,吴梅先生于曲学一道之主要贡献何在呢?鄙意以为,主要在于两方面。

第一,是吴梅转变了传统观念,挣脱了儒学政教型文化的桎梏,改变了文体尊卑之定见,对戏曲以真善美相衡,许之为纯文学,誉之为千古至文,且将文学进化论贯穿在整个戏曲发展史中。

我国历来重经史与诸子之学,唐代行科举,以诗赋取士,曾引起诸多重臣的反对,以之浮文而少实,挠淳和而长佻薄。即使是文学,自古以来亦以文体分尊卑,所重者多为朝廷大文,“许燕大手笔”之誉即因于此类。清代乾隆之时,纪昀等奉敕纂修《四库全书》,不能无视词山曲海的创作积累,但仅将品题论断之词著录于集部之末,虽有“未可全斥为俳优”之说,却仍以为“厥品颇卑”,难改其文苑附庸之地位。王国维作《宋元戏曲考》,以元曲为“一代之文学”,尤赏元剧之意境、文章。吴梅进而论道:“余尝谓古今文字,独传奇最为真率,作者就心中蕴结,发为词华,初无藏山传人之想,亦无科第利禄之见,称心而出,遂为中古至文。”(《董绶经校订曲海序》)“中古至文”之说,发人所未发，且突破了王国维以明清戏曲为死文学之认识局限，在研究宋元杂剧以外，导引并开启了现代意义的南戏、传奇研究。可以认为，曲之能成为20世纪之“显学”，吴梅先生是功莫大焉。

第二，作了系统的基础性工作，全面开创并奠定了现代意义的、兼有学术性与实践性的曲学与剧学研究。

王国维先生在宋元杂剧的研究上导夫先路，但所作侧重在戏曲史，及相关的材料考证、辑佚。吴梅先生则对戏曲领域作了全面的研究。其平生有三大愿：一集《奢摩他室曲丛》以比《元曲选》和《六十种曲》，二定《曲韵》以比《中原音韵》，三正曲律以比《太和正音谱》。虽因日寇侵华而未能全遂先生之愿，然多数工作已成，或初见规模。因此，正如钱基博先生《现代中国文学史》所说：“特是曲学之兴，国维治之三年，未若吴梅之劬以毕生；国维限于元曲，未若吴梅之集其大成；国维详其历史，未若吴梅之发其条例；国维赏其文学，未若吴梅之析其声律。”吴梅所作的“发其条例”与“析其声律”，是真正入于内里的曲学。曲韵与律谱之学，虽历史而现实，具有很强的实践性，与《顾曲麈谈》等的创作论相结合，具有剧学性质，而《霜厓三剧》等作则更是创作之实绩。因此而可以说，吴梅所作的研究及相关的实践，是由曲学而剧学。浦江清先生在悼念吴梅先生时，曾充分肯定他“在戏曲本身之研究”上的独步，认为：“但求如吴先生之于制曲、谱曲、度曲、校订曲本、审定曲律均臻绝顶之一位大师，则难有其人，此天下之公论也。”虽说今日对戏曲的学术研究成就已非吴梅先生之时可比，但精专毕竟与通人有别，如浦江清所说，吴梅之所长者，已经成为了“绝学”。

吴梅先生主大学教席二十多年，滋兰树蕙，桃李天下，如其所说，其中不乏“南北儒珍”，使“吴门”薪火不绝。但是，由于他生活在新旧文学的交替期，被视作旧式文人，加以众所周知的历史原因，曾长期被各种文学史著作及学术研究者冷落。直到改革开放的新时期以来，才渐为人重新知道，先生所奠定的曲学与曾用力的词学，都经当年得其亲炙的弟子任中敏、唐圭璋、王季思、万云骏等先生的再传或开拓，得到发扬光大，徐声越、程千帆诸先生，则在古籍整理或唐宋诗学上，培养出许多知名的学生。

在吴梅先生百年诞辰的1984年，和十年后的1994年，均召开了吴梅先生的纪念会暨学术讨论会。吴先生的遗著得以多次发行，其学术价值也被重新发现。王卫民先生以二十多年的努力，编定并出版了吴先生的全集，并有《吴梅评传》问世，尔后又编有《吴梅和他的世界》一书，使学界与世人对吴先生有了更多的了解。我本人自1990年出版《吴梅研究》后，再未继续这一课题，亦未涉足曲学，本不容置喙。然近日得洪桥先生函，知其二十年前编定而未能出版的《吴梅学记》，将由江苏南社研究会支持梓行，蒙洪先生错爱，命我为此书撰一前言，虽欲谢不敏，然念及洪先生多年努力，且不忘将我二十年前投寄而未能刊出的论文收入集中，感动之余，只能应命。

笔者才疏学浅，对吴梅先生的学术成就了解、把握不当，亦未能遍观时贤论著，以正已见。不妥之处，还望洪先生及有识之士宽宥。

2006年4月14日

《中国绘画思想史》内容及特色简介

中国古代的绘画理论非常丰富，自20世纪初康有为等人倡导"美术革命"以来，黄宾虹、邓实编辑《美术丛书》，收录了不少著作，于安澜、俞剑华继而作了更为详尽、系统的编录，而余绍宋《书画书录解题》则对诸多著作作了很精到的评介。但是，尽管如郑昶早就有《中国画学全史》之类较具现代意义的绘画史著作，较系统的绘画理论史著作却未见。直到1982年，才有葛路的《中国绘画理论史》问世，但此著仅15万字，许多问题或未展开、或未涉及，且作者认为"扬州八怪"之后已无创见可言，故所论只及郑板桥。近年来，随着王朝闻指导的"文革"后第一届研究生关于原始艺术的系列著作出版后，此类论著渐多，而如上海书画出版社出版的系列理论专题研究，吉林美术出版社出版的明清国画大师研究丛书，也产生了较大的影响。但以管见所及，至今尚未见通史式的绘画理论(思想)史著作出版。较之于多种从数十万到数百万字的中国文学批评史来，中国绘画思想史的研究确实显得很不够。

有感于此，本人以4年时间写成《中国绘画思想史》，经过了一番周折，终于由贵州人民出版社在2001年9月出版。

现将此书的内容及特色简介于下：

因为从文本的角度看，清朝的画论著作几乎要超过历代的总和，与清代具有总结学术、集其大成的态势相一致，所以本书对清朝的论述几乎与历代相等，从总体看，似乎与历史流程的长短并不相等。

特别要强调的是：全书虽大致与历史朝代平行，但并非着眼于朝代更迭和皇权变化，而是侧重从文化史、思想史的角度观照画论的发展。对各朝或清代不同时期的政治、经济、尤其是文化、思想、审美风尚的变化，它们给予画论的影响，都有宏观性的论述。这样，就可以避免迷失于个案之中，真正能见出"史"的流变。

从文化与思想的角度言，先秦时代虽无真正的画论，但巫史文化在造型艺术中的体现，以及儒、道两家"潜画学"的影响，决不能低估，故书中给予了足够的篇幅。同样，楚国的巫风、民俗，汉代的宗教观念、生活情趣，以及"天人合一"的审美意识等，也未予忽视，对虽未明言、却体现在创作中的汉画艺术表现原则也作了归纳。对魏晋南北朝，则着眼儒学之衰与玄、佛之盛，分论其对画论的左右。由于隋唐三教合一，政教功能和宗教意识对绘画的影响是不能忽略的，又因文艺间的互相影响，形神论、"造化"与"心源"的关系，书中也作了论述。之所以宋元并列，是出于文人画的原因，书中论列两朝的文化环境与绘画思想的关系，尤其强调了文人审美精神的主导作用。论述明朝，强调了王氏心学对文化专制主义的突破，尤其重点分析了董其昌"南北宗论"的文化背景。清朝可分数期，书中写到清初的感情基调、经世观念、世俗情趣在绘画中的表现，并注意到“四王”与“四僧”的歧异。论康、雍时期，强调了当时文化、学术建设对画论的作用，重点是分析恽格的“摄情说”、“逸品说”，石涛《画语录》所受《周易》的影响。论乾隆朝，注意到政治高压与人文主义的矛盾，重点分析了扬州八怪的生存环境和思想基础，以及适应经济需求的审美情趣变化，主潮之外，则寻觅了复古思潮、考据之学对画论的渗透。书中将 19 世纪作为单独一章，分析了反映论在绘画中失落的原因，以及历史的激变与画论缓进的缘由。

本书具有贯穿上下、沟通左右的特点。绘画思想史不是论著的直线连接和平行相加，写作应体现出沿流溯源的原则。书中一开始就原始岩画论其所具备的民族特点，贯通其后，对儒家教化观之制约后代画论，庄子对后来绘画艺术论的影响，都排比众例，以见源流相承。关于谢赫“气韵生动”说，亦论其起源和发展，与之相关的传神论，都有前后观照，对于此论之从人物画转至山水画及其发展，也有详细论列。对于“万卷书”与“万里路”的关系，则从宋代文人画的修养论，论至董其昌及其后之所倡。尤其是“逸品”一说，更是顾及前后左右，以明其发展变化，认为大成于恽格。在论述明清之际的“重情说”、“愤书说”时，尤重文学理论对画论的影响。不同时期的经世观念的不同表现，以及对画论的影响，也作了沟通前后的论述。

本书的另一特点是客观、公允，不存偏见。如对儒、墨、法、道诸家，既指出儒家与后面三家对文艺有肯定与否定之别，又分别侧重在功能论和艺术论上对儒、道两家作了探讨。巫史文化虽然落后于封建文化，但对艺术而言，却颇具激发想象的作用，论先秦及楚汉时，均对此作了充分的肯定。同理，佛道思想亦然。山水画的南北宗论，历来不乏争议，本书不作简单的否定或肯定，而是分析其产生背景、文化成因，论证其合理性。对于被视为停滞、僵化、再无发展的乾隆以后的画论，本书作了认真的论列，其中如布颜图、沈宗骞，论述尤详，前者作为少数民族理论家，后者作为前代画论的集大成者，其地位皆不应被忽视，此批或具补缺的意义。

总之，比起文学批评史之从郭绍虞、罗根泽的数十万字，到复旦的数百万字的多卷本来，绘画思想史、批评史的研究还显得相当落后，本书意在补其缺，以为总结我国的传统文化，建设新的先进文化而尽绵薄之力。

第四部分
学习笔谈

汉代文学作品概述

汉代文学作品就形式而言主要有散文、辞赋与诗歌三类，其中散文又分为史传和政论，诗歌则又分为乐府与文人诗。下面，作一简略分述。

史传文学

第一，《史记》。《史记》是司马迁所撰的我国第一部通史，记叙了上至传说中的五帝下迄汉武帝太初年间约三千年的历史。作者有着进步的历史观，本着“不虚美，不隐恶”的精神忠实记录史实。在史学上的贡献史无前人，并表现出高度的文学成就。全书一百三十篇，计五十二万字，由十二本纪、十表、八书、三十世家、七十列传等五部分组成。其中本纪、世家、列传都是人物传记。在以记录历史人物活动来反映历史的同时，寓爱憎褒贬于描写之中，热情歌颂了爱国的政治家、军事家、农民起义领袖，以及反抗暴政的游侠、刺客，批判和揭露了暴君和奸佞。

《史记》在开创纪传体史学的同时，也开创了人物传记文学。在以人物为中心记载历史的同时，亦因人物记载的生动，性格刻划的鲜明，作者感情的渗入而极富文学色彩。

作为人物传记，《史记》善于精心选材，常以典型事件或戏剧性场面刻划人物性格、心理；在写出人物间矛盾、冲突的同时，也写出了曲折的动人情节；人物语言极富个性。这些，都对后世的戏曲、小说创作产生了很大影响。

《史记》全书是一个整体，但各篇又相对独立。结构严密而又灵活变化，波澜起伏而又首尾相贯。语言雄浑，富于感情，有气势，有力量，且能吸收民间谣谚，极富表现力。

《史记》不仅在编纂体例、治史态度上深刻影响了后代史学著作，而且以丰富的内容，杰出的技巧影响了后世的文学创作，成为后来古文运动的旗帜。

第二，《汉书》。《汉书》是班固（32—92）所作，他在父亲班彪《史记后传》的基础上写成此书，其妹班昭及学生马续补写了其中一部分表、志。全书一百篇，分十二纪、八表、十志、七十列传，记高祖至王莽二百二十九年事，是我国第一部纪传体“断代史”，与《史记》、《后汉书》、《三国志》，并称“四史”。

作为历史著作，《汉书》较《史记》严密和完整，但由于班固生活的时代，“天人感应”说及谶纬迷信流行，对其影响较深，使《汉书》显得正统、迂腐，缺乏《史记》那样的进步的宇宙观、历史观和批判精神。

《汉书》文风温厚典雅，从记叙上说，较《史记》“文赡而事详”，语言倾向于排偶，入于艰深，作为史传文学，也有佳篇，尤以《苏武传》著称。

政论文

两汉政论文具有较重要的地位。主要作家有贾谊、晁错、枚乘、桓宽、仲长统、王充等人，贾谊的《过秦论》、《陈政事疏》、《论积贮疏》，晁错的《论贵粟疏》、《言兵事疏》，桓宽《盐铁论》，仲长统《昌言》为重要作品。

《过秦论》共三篇，分析了秦亡原因，借"过秦"来"过汉"，希望统治者引为鉴戒，文章气势纵横，说理透辟，论述缜密。《论贵粟疏》是著名奏疏，作者向汉文帝建议重农贵粟，以充实国用，加强边备，巩固中央政权，多运用古今对照，正反映衬手法，语言精要，有很强的说服力。《盐铁论》据昭帝时盐铁会议记录写成，记叙了御史丈夫与贤良文学的彼此诘难，文字锋利简洁。《昌言》原书已佚，《全后汉文》辑存二卷，其中《理乱篇》对人民疾苦表示深切同情，文辞畅达，条理分明。此外，王充《论衡》八十五篇是哲学史巨著，范围极广。

赋

汉赋有作为汉朝"一代之文学"的说法。它是诗的衍变，也吸取了《楚辞》的个别形式特点，是介于诗文之间的韵文体。为适应宫廷需要，汉大赋多用主客问答敷演成叙事形式的咏物说理之作，"铺采摛文"，文过于质。

汉赋的发展可分为四期：汉初期、全盛期、模拟期、转变期。

汉初期以贾谊、枚乘为代表。贾谊赋现存《吊屈原赋》和《 鸟赋》两篇。前者借屈原以自况，对政治失意表达不平。后者以人禽问答表达祸福无常和"知命不忧"思想，流露出对现实的不满和对自己遭遇的不平。贾谊赋多追随《楚辞》，尚多"骚体"特征。枚乘以《七发》为代表作，假托吴客与楚太子问答，构成八段文字，形式上开大赋之先。此作旨在劝说统治者不要沉湎于腐朽的享乐生活，应听取"要言妙道"，从思想上去除病根，在客观上有暴露作用。规模宏大，描写铺张而细腻，语言极富表现力。

全盛期以司马相如为代表。《子虚》、《上林》二赋最著名，前者写云梦游猎之盛，后者写上林校猎之壮，旨在对奢侈淫靡以讽谏，但起了"劝百讽一"作用。二赋规模宏大，极富气魄，文采华茂，常成为后代模拟的对象。

模拟期以扬雄、班固为代表，多仿屈原、司马相如，佳作不多。

转变期处东汉后世，以张衡、赵壹为代表，开后世抒情小赋之先。赵壹《刺世疾邪赋》对政治黑暗满怀激愤，表现出强烈的批判和反抗精神。

乐府诗

乐府诗是合乐歌辞，依音乐性质可分三类，其中以第三类《相和歌》、《清商曲》、

《杂曲》等民歌的价值最高。

现存乐府民歌四十多首。有反对不义战争的《战城南》、《十五从军征》、《饮马长城窟行》等；有反映人民痛苦生活的《东门行》、《孤儿行》、《妇病行》等；有揭露统治者骄奢淫逸的《相逢行》、《陌上桑》、《羽林郎》等；有反映广大妇女追求婚姻恋爱自由的《有所思》、《上邪》，及表现弃妇之怨的《上山采蘼芜》、《孔雀东南飞》等；还有表现天道无常、人生短促及游子思家的《驱车上东门行》、《巫山高》、《猛虎行》等。

《陌上桑》和《孔雀东南飞》是乐府诗中的代表作。

《陌上桑》通过太守调戏采桑女遭到拒绝，赞美了女主人公的坚贞和智慧，暴露了太守的荒淫丑恶。全诗颇具故事性，并有喜剧色彩。此诗构思独特，第三段的“夸夫”以夸诞压倒对方，可称妙笔，诗中对女主人公不作正面描写，而重于“效果”渲染，能充分调动读者想象。

《孔雀东南飞》是有名的长篇叙事诗，代表了汉乐府诗的最高成就。诗中以现实主义精神揭露了封建宗法礼教和家长制的罪恶，歌颂了刘兰芝夫妇对爱情的忠贞不贰，表达了人民对争取婚姻自主的信念。诗中充分刻划了人物的心理、性格，并通过个性化的语言，塑造了鲜明的艺术形象。殉情之举尤为震撼人心，不仅完成了刘兰芝的性格升华，而且表现了焦仲卿对孝道的叛逆。诗在剪裁布局上也很有特色，结构繁简互用，各得其宜，环环相扣，非常紧密。叙写手段丰富，虚实相间，情事互用。语言朴素生动，口语化，个性化。结尾的浪漫主义色彩给人以想象余地。

（《中文自学指导》1987年1期）

宋元明清文学史复习导引

宋、元、明、清四朝(包括近代)虽不足千年,但文学现象非常丰富,作家辈出,名作继盛,流派蜂起,若从数量上概而言之,当远逾于此前两千多年的文学遗产积累。复习这四朝文学史,应该掌握什么方法?抓住哪些要点?如何自我测定呢?

在讲复习的方法、要点之前,首先应该了解这四朝文学史有什么主要特点。

第一,随着城市经济的愈形发展,市民队伍的逐渐壮大,对文化娱乐的需求促使了通俗文学的发展,话本、说唱、戏曲、小说、弹词、鼓词等新体代兴,创作极盛。从文学发展的角度而言,应该承认它们已取代了传统诗文的地位。第二,伴随着文学创作的新体代兴、重点转移,诗文所重的创造意境也让位于戏曲、小说所重的塑造人物,文学从侧重抒情的心灵世界转向表现世态人情的外部世界。第三,与先秦的百家争鸣,六朝的玄、佛继盛,唐代的三教并行不同,宋元明清四朝的大部分时间都处于新儒学——宋明理学的思想统治之下。士大夫文学、传统文学受其影响大,故成就难以逾越前人;市民文学、新体文学受其影响小,故成就较高。而情对理的抗争,也造就了词与诗、文的局部兴盛。第四,宋、元、明、清四朝之中,元、清两朝分别是蒙、满两族建立的政权,且统治全国,这是前所未有的,宋代先后遭辽、金、元继迫,所以除明朝以外,宋、元、清、近代都充满民族矛盾。民族斗争、民族矛盾成为文学作品的重要主题,其中相当一部分被历史唯物主义地认可为爱国主义传统。鸦片战争之后,爱国主义有了新的内涵,并成为近代文学的主潮。第五,文学理论在这四朝中有很大发展,自宋代产生第一部诗话以来,后代继作不休,并扩展到词、曲、小说等领域,清代尤为丰富,这是值得珍视的建树和遗产。

综上,在复习备考的过程中,应该有针对性地掌握较为正确的方法。

首先,要在全面复习的基础上,做到点、线、面结合。由于自学者学习时间少,又未能参加系统的面授,复习过程中常取"捷径",忽视了全面复习,这是不可取的。全面复习,是指兼顾文学之外的时代背景、政治思想、经济情况、社会概貌,与文学密切相关的民情风俗、艺术趣尚,和文学之内的作家思想感情、审美理想、文学主张、风格技巧,并兼顾各种体裁的发生、发展、演变,其代表作家和重要作品,各文学运动、团体、流派的概况等。只有经过全面复习,才能打好基础,就考试而言,也可避免疏漏。

在全面复习的基础上,可就新体代兴的规律,抓住四朝的重点。如宋以词为主而兼及诗文,元为杂剧、散曲,明以长篇小说、拟话本和传奇为主,清以小说、戏曲(传奇)为主而兼及诗文,而各体又均有重点作品、作家——以上即"点"。除形式上抓"点"之外,在内容上,可据情理斗争、民族矛盾的特点,抓住以情抗理和民族斗争的主线,前者可以连缀起以爱情为主的宋词,以《西厢记》为代表的元杂剧,以《牡丹亭》为代表的明传奇,以《红楼梦》为代表的小说。后者可见贯串于从南宋爱国诗词、陆游、辛弃疾,元代部分历史剧，清之《桃花扇》、《长生殿》，直至近代诗文戏曲中——以上即“线”。各别的作家、作品、运动、团体、流派等，点点相连，线线相贯，就构成不同意义上的层面。

其次，要在记忆的基础上，善作综合、分析，以提高对文学现象、重点作品的论述评价能力。由于考试采取闭卷形式，必然对记忆有较高要求。要掌握基础知识固然要在复习过程中加强记忆，要对重点作品和文学现象作出分析评判，也要以对课本的有关论述之记忆为基础。但是，由于这四朝的文学作品以戏曲、小说为主，而《古代文学作品选》以诗词散文为主要考试对象，对戏曲小说较少涉及，在以后者为本课程的复习重点同时，更应注意善作综合、分析。不是像对诗词文章那样习惯于作思想、艺术的分析，而应在更广阔的背景下，作出具有历史意识、有文学深度的论述。应该综合书本上所得，有关文章的新见解，及自己阅读、思考中的体会，观点明确，条理清晰地阐述见解。靠记住条条杠杠，以干巴巴的几条“筋”来应付考试是不可取的，自学考试尤其提倡学习自主性，提倡有创见。倘能从诗话、词话、曲话、小说评点中汲取古人所论，点化引申，发挥己见，当为更好。

宋元明清文学史的复习要点，我们可以从基础知识和分析论述两方面来梳理。

先说基础知识。一是文体。这四朝主要有词、话本、诸宫调、杂剧、散曲、南戏、章回小说、拟话本、传奇、弹词、鼓词等。应掌握它们的定义、发生、发展、源流、演变。其中小说又可从内容上分为讲史、人情、神魔等不同类型，尚应上跨到六朝志人、志怪小说、唐传奇，以明其流变。二是作家、作品。宋元明清至近代都有重要的作家、作品，此处不必一一列出。大体说来，宋、清、近代主要掌握作家及代表作，元、明主要掌握戏曲、小说作品。三是文学运动、流派、风格。如北宋诗文革新运动、西昆派、江西诗派、江湖派、前后七子、吴江派、临川派、唐宋派、公安派、竟陵派、神韵说、格调说、桐城派、诗界革命等。四是作品集、诗文评等。除总集外，还应知道主要作家的别集名和主要的诗文评、笔记等，如陆游有《剑南诗稿》、《渭南文集》，姚鼐有《惜抱轩全集》，严羽有《沧浪诗话》，刘熙载有《艺概》，而《齐东野语》、《陶庵梦忆》分别为宋元之交的周密和明清之交的张岱所作笔记。

次说论析重点。一是重要作家作品。如对苏轼、陆游、辛弃疾、关汉卿、王实甫与《西厢记》、汤显祖与《牡丹亭》、蒲松龄与《聊斋志异》、吴敬梓与《儒林外史》、曹雪芹与《红楼梦》、四大谴责小说等，从文学思想、创作成就、历史地位等，都应全面掌握。二是重要文学现象。如宋词、元曲、明清小说、传奇能够代有所胜的内外原因分析，江西诗派创作主张的得失，宋词婉约、豪放的风格成因，元杂剧的后期衰微，元明的散曲成就等，也应作出令人信服的论述、分析。

当然，以上所说重点仅是个人理解，且尚不免遗漏，考试并非只考重点，为此，再次重复点、线、面结合当不为赘言。

在复习之后，考试之前可以采取自学小组的方法学习，用相互问答式检查学习成果。在对课本作了全面、系统、深入的复习后，再据考试大纲设问、作答，设为主考者和考生，并互易位置。

只要肯下功夫，方法对头，自考者虽不具备在校生的条件，也是可以考出好成绩的。

（《中文自学指导》1992年第2期）

我与改革开放20周年征文:知今是而昨非

二十年前,我被录取为20世纪70年代末的首届研究生,党的十一届三中全会开始谱写国家改革开放的新篇章,个人的生命史也发生了重大转折。

用过去常用话来说,我"生在新社会,长在红旗下",却在1962年高中毕业时,因为看过连年的思想文化战线斗争,深感"文科危险",就选报理科,考取了华东师范大学物理系。数理非我所长,又以不少时间从事田径运动,我渐感由物理入、从科幻创作或自然辩证法出的道路将难以走通,于是颇费周折地转读到中文系。孰料只读了二年级一年,1964年秋,在安徽农村当了一年半多的工作队员。

考取研究生后,我对重新获得的学习机会非常珍惜,认认真真读了三年书,做了百余万字的资料卡片,写了七八十万字的读书札记和论文。1981年毕业留校,在从事全日制本科生教学外,又连年为夜大、函授生及助教班、教师进修班授课,1989年起带硕士生,1996年起带古代文学博士生。这二十年来,我彻底舍弃了跳高、跑步、打球、绘画、作诗、写剧的诸般爱好,付出了健康的代价,过着枯燥、刻板的生活,努力于作好学者的角色转换,力求为母校的学术建设贡献绵薄之力,同时也真正在人生、事业的坐标上找到了自己的位置。我出版了五种著作(含合著一种),涉词、曲、诗、画诸领域,参编了近二十种教材、教参、工具书,发表了七十多篇学术论文,一百四十多篇文章,连同即出的九十五万字的《中国绘画思想史》,总字数已逾四百万。

在即将跨入新世纪的门槛之前,回首往事,感慨系之,瞻念前程,更充满了信心。改革开放二十年,"知今是而昨非",我在三十五岁时重回母校就读,今年五十五岁,已踩上了中年的尾巴。退休之前,将努力带好博士生,倘天假以年,再得二十年的工作时间,我还将努力完成六种以上的自成体系的学术著作,以求无愧于时代。

(《华东师范大学校报》1998年12月11日第4版)

治学谈：学术研究的定位与个性

说到治学，我当开始于“而立”与“不惑”间的研究生时代。自 1978 年考上研究生，回到母校就读古典文学的词曲方向，到现在，我已出和将出的著作、论文等，已逾 400 万字。

如果是仅凭 20 年的治学就具备谈心得的资格，我的体会主要有两点：准确的定位与研究的个性。

孔子讲因材施教，是因为看到人的材质不同，应该承认差别。学术研究的基本素质无异于“彩电”三原色，学、识、才缺一不可。就我自己而言，识强于才，才高于学，编辞典、搞笺注之类虽非不能，却因重在“学”而非我所长，因此，我将研究的主攻方向放在与“识”相关的理论建构上。除《吴梅研究》属于个案研究外，《有声画与无声诗》、《唐宋词美学》皆有史、论、评综合的特点，具有理论的开拓性，《中国绘画思想史》更是对数千年绘画理论梳理中的构建。诚然，作为文史考据之学，“二重证据法”（或“三重”）已成为学术规范，但就个人的研究路子而言，在遵守规范的同时，也应有自己的准确定位。

研究的个性其实与人的材质密切相关。王国维既云“一代有一代之文学”，又以“国初之学大，乾嘉之学精，道咸以降之学新”概言清代学术。20 世纪学术的风会转移可谓数变，后半叶的前 30 年受政治影响太大，近 20 年的渐变，又似乎回到钱穆《现代中国学术论衡》中所说：“民国以来，中国学术界分门别类，务为专家，与中国传统通人通儒之学大相违异。”社会对“博士不博”的雅谑，其实与博导的“务为专家”大有关系。在合理地摒弃空疏之学同时，近来颇有“回到乾嘉”的趋势，而梁启超论朴学的特点之一，就是“喜专治一业，为‘窄而深’的研究”。但是，倘然都走这一条道路，又岂非使玫瑰花和紫罗兰散放“雷同”的香气？为此，我为自己确立的研究个性是力求在归返于通人之学中体现。随着学术向精深的发展，“专”自不易，遑论求“通”？但是，材质所限，非风会之所能拘，“通”虽不能至，予却心向往之。

（《华东师范大学校报》1999 年 3 月 19 日第 2 版）

为本科生开讲座的体会

在华东师范大学为本科生上课已逾二十年，调来暨大后，因种种原因而未能给本科生完整地上过课。不过，在这几年中，对比为本科生所开的不同讲座，也有些体会，值此教学会议之机，写出以作讨论。

一 认识对象和自己，以决定选题

我在甘肃山沟的一个工厂职工子弟中学从事了多年的教学，"四人帮"倒台，次年恢复高考，我怀着"铅刀贵一割"的信念，报考了研究生，在周围一片"娃娃们都考不上，老师倒考上了"的议论声中，离开西北，以三十五岁的中年而重返课堂。重点大学的华东师范大学中文系，首届研究生仅有两个专业的七人，被人戏称为"太学生"。毕业时留校五人，我是五分之一，多年中学教师的身份转变为大学教师，自此，从事过本科生、函授生、电大生、各类进修班等属于本科层次的教学。我很信奉科研是教学的基础一说，结合当中学教师的信条："给人一杯水，自己要有一桶水"，始终在科研上不敢懈怠，且不信"守定一亩三分地，不愁吃喝一辈子"，能不断在深化之中开拓研究领域，不少人"一生只打一口深井"，我却打了好几口井。

因暨大中文系申报古代文学博士点之需，我来到了暨大，回到了仅在幼时生活过四年半的故乡。或许因为我是属于未经试讲而调入的人员，而故意借机对我作一次考试，初来乍到，被突然叫去参加本科生的论文开题，面对各式各样的选题，好在我不是过于"专业"，还能临时应对而未见多大差错，通过了"面试"。而因此后都是着力于博士点的"经营"，故直到数年之后，我才再次接触本科生，被派以"名师讲座"的任务。或因多年来自己的重心已向研究倾斜，如何克服众口难调的障碍，深入浅出地作讲座，是首先要考虑的问题，科研虽是教学的基础，二者毕竟不同，前者决不能代替后者，于是，选题就成为了第一位的问题。

选题既然自报，当然不能讲自己不熟的东西，但是也不应讲自己虽熟却过于专门、属于科研层次的问题，于是，就有一个既认识对象，又认识自己，尤其要重视后者的问题。

施蛰存老先生有一个不同流俗之见："古典文学要倒过来从近代讲起"，对于我们的讶异，他的理由是：先秦的语言障碍太多。但是，倘真如此施之于教学，是不可能的。我从事过短暂的比较文学研究，又在对闻一多作"研究的研究"时发现，闻一多以独到的文学史观和研究方法区别于他的同时代人，其中最主要的就是"在世界文学中定中国文学之地位"，"在整个文化中定中国文化之要点"。于是，我在珠海为本科生所作的第一次讲座，遂以《解剖中西文学的始祖鸟》为选题，所讲的是中国与希腊文学的源头——神话，尤其是史诗的异同。既从源头讲起，又不是孤立的，所欲体现的就是“世界—中国”、“东方—西方”的文学——文化观照原则。在珠海的第二次讲座，恰因我当时的研究重点是《唐诗与进士文化》，根据在中山大学、广州市人事局、广州大学应邀所讲的经验，我决定以《唐五代进士与艳诗小词》为题。如此，则似能在一般文学史所讲述范围之内与之外，找到一个平衡点与增长点，亦能引起听者的兴趣。去年底，在《百年暨南文化素质教育讲堂》作第37期讲座，考虑到对象有变且听众较多，不仅是中文系学生，应考虑较大的接受面，不应过于专门化，我就讲了《古代文学与民族自信》。而不久前在校本部，则讲了稍见专门的《敦煌曲子词漫谈》，因为今年是“五四运动”90周年，这既是爱国主义的青年运动，又是科学与民主精神的大传播，而在这场运动之前19年的1900年，敦煌鸣沙山莫高窟发现了藏经洞，“当家”王道士的无知，官员的昏庸，使得大量文物被西方的文化侵略者盗走，遂有了“敦煌在中国，敦煌学在外国”之说。我想，我的这一选题虽较为专门，却是与“五四”精神的传承相关联的。

于是，这四次讲座，就是四种内容，这是根据不同对象和自己的研究范畴而定的，是认识对象，又认识自己的结果。

二　把握深入浅出之度，以决定内容

记得看过一个材料，说有一次毛泽东与他的老乡、同学周谷城同在泳池游泳，周只在齐胸深的“中水区”，而毛则在深水区，见周老是与自己保持距离，遂叫其也到深水区，周则说：“主席，我与您不同，我是既不能深入，又不能浅出啊！”毛哈哈大笑。周谷城是一代史学宗师，此番对答，极为得体。而周氏所说的深入浅出，若用于治学，则对人很有启发。

如前所说，研究属于“打井”，以深度为追求，故应在“深水区”，且应是“陌生”的“泳池”。如果将人家已经研究过的问题当作未开发领域，将人家已有的成果当作自己所得，若不是故意窃取就实在是无知。属于后者的，如同外国电影《影子部队》男主角所作一样：老是躲在家中搞发明，所“发明”的却都是人家已经发明了的。而研究的心得、成果，若用于作讲座，则以深入浅出为宜，似以“浅水区”到“中水区”较为适当，若这样，就可不避《影子部队》男主角的“发明方式”，也不妨借用别人的研究成果。

中央电视台的“百家讲坛”造就了一批“学术明星”，当然，也有人认为学术与明星不能沟通，更不能划等号，据说有一位因此而走红的学者就曾愤愤地说：“我默默无闻地研究了几十年，出来晒一晒还不行吗？”这一讲坛虽是明星的制造厂，或是学术富翁的出生地（否则怎么买得起高级别墅），但也确实引起过不少质疑。仅我的博士生，就既有因讲李清照、李煜而成为二等“明星”者，又有加入“十博士问于丹”行列者，都引起了人家的注意。对明星的质疑,说明了什么?我想主要还在于对“深入”与“浅出”的“度”的把握,尤其在“浅”中不要出错、不要出“硬伤”,这样才不会在“于丹为什么这样红”的疑问声中,寻找出学术明星制造出的许多错误。为此,我在所作讲座中很注意“深入”与“浅出”、研究与普及的关系,注意不要因想吸引眼球或耳朵,就拟喻失当,或离开事实而导致出错。

这里仅举一例。比如讲《解剖中西文学的始祖鸟》,我汲取了学界相对较新的研究成果:著名旅美华人史学家许倬云及当代美国学者吉德炜(DavidN.Keightley)的见解。许倬云在其《西周史》中阐述道:公元前十七、十六世纪到公元前十二、十一世纪,是欧西大陆民族大迁移的时期,此期产生了诸如埃及所记载的“海上民族”活动,寻找金羊毛故事,以及古希腊英雄史诗等。考古学研究的成果证明,草原游牧文化在公元前2000年开始了第一阶段的扩散,第二阶段在公元前1000多年,第三阶段在公元前700年左右。其中的第二阶段就与周人的迁徙与兴起有关。《公刘》与《绵》就反映出这一段历史。后稷创立周人基业后,其后裔定居在邰(今陕西武功附近),由于游牧民族的侵扰,又因人口增殖,为获得更为广阔、肥美的可耕地,他们曾沿着黄河有过两次大规模的东迁。《公刘》表现了第一次迁徙:后稷的裔孙公刘带领着大伙从邰迁到了豳(今陕西郇邑附近);《绵》写了第二次:公刘的裔孙、文王的祖父古公亶父率领大家再一次迁岐山、到周原。而据伏尔泰论史诗“是一种用诗体写成的关于英雄冒险事迹的叙述”这一定义,则借用了美国学者吉德炜所论:他注意到了希腊与周朝英雄的区别,认为《伊利亚特》和《奥德赛》有“完善秩序的破坏”和“秩序的复苏”的不同,“一方面是武力的光荣和破坏,另一方面是井然有序的家庭和国家治理”。他通过造型艺术中对人物、事件的不同刻画,认识到“中国周代时期看来已经解决了尚武型的英雄主义和管理国事之间的尖锐矛盾,主张文官统治。因此,流传至今的经典中几乎不关心诸如光荣、残杀以及我们即将看到的死亡等事。希腊人民传统上信奉的古老英雄主义至少有两种,而东周时期的中国人却仅有一种”。因此,他认为,“在这两种文化中,英雄和主人公是截然不同的”。阿喀琉斯“‘双手沾满了鲜血’。浑身充满了力是英雄素质的一部分”。而“在中国的周朝,至少据一些主要的典籍记载,英雄行为越来越多地涉及奉命出使和运筹帷幄等活动。英雄人物是双手干净的领袖、出谋划策者、战略家,但他不是行动者”。他所论的周朝是东周时期,但此期的文化是从西周发展过来的,而周人在整理自己民族的史诗时,既带上了此时的文化观念,又保持了历史的原貌。

借用上面所论,如果将《伊利亚特》与《生民》、《公刘》、《绵》分别看作荷马史诗和西周史诗的代表,其间的最大区别,在于因英雄观念的不同,而分别歌颂“武力的光荣和破坏”与“井然有序的家庭和国家治理”。而这,实际又是商业文化与农业文化的区别。

由于我对闻一多作为学者一面作过“研究的研究”,自然会想起闻一多的见解。他大概也是出于对英雄诗的认同,所以在其《中国上古文学》的写作提纲中认定,殷中叶以前的社会形态是史诗产生的适当条件，原因在于此期属于游牧农业时期，在混合经济中，牧畜相当重要，"游牧部落产生英雄故事(一入农业国则否)"。在那个时代，是"自然崇拜——天象——命运的支配者——神与英雄；战争——草原的抢夺；文明的破晓——有了闲暇而又十分安定，有了收获而又不失为新奇，生之惊异与命运的喜悦产生神秘的故事和神话传说——神与英雄"。他还说："中国历史上夏及殷中叶以前正当此时期。文献中所见古代部落英雄故事之残余，果以此时为多。"并在"果以此时为多"一句后括注："大雅非史诗。"[①]由于闻先生是以西方的标准来衡量史诗，故以殷中期以前为史诗时期。将这一问题提出来，并非指陈闻先生的错误，而是要理解学术与时俱进，"新知"与"旧学"的关系。

根据对商业文化与农业文化的不同性质之理解，可进而推衍出中西文学从其开始之时就是不同的：以农为本、安土重迁的中国人，所创造的是和平的文学；而"阿喀琉斯"的继承者，则发展出西方商业文化与军事征服相伴的模式，从葡、西航海与新大陆地理大发现，无敌舰队——海上霸权——海外殖民，荷兰——英国——脱亚入欧的日本，构成了与文艺复兴后追求人文、理性、法治相对的西方另一股潮流。这或许就是"解剖始祖鸟"的意义所在。而这样做，也体现了闻一多"在世界文学中定中国文学之地位"，"在整个文化中定中国文化之要点"的原则。

虽是以本科生为对象的讲座，仍应贯彻教学须有科研支撑的理念，和深入浅出的原则，这就是我的一点体会。

① 闻一多.闻一多全集(第10卷)[M].武汉：湖北人民出版社，1993：44.

“了解之同情”与秦观之论古人

“了解之同情”出于现代学术大师陈寅恪先生所说。他在对冯友兰《中国哲学史》所作的第一份审查报告中说：“凡著中国古代哲学史者，其对于古人之学说，应具了解之同情，方可下笔。盖古人著书立说，皆有所为而发；故其所处之环境，所受之背景，非完全明了，则其学说不易评论。”①此说非仅适用于哲学史研究，其实也贯注在陈寅恪先生一生的治学之中，对于我们今日之治有关古代之学，是一个极其重要的原则。而这一原则对于古人之治古代之学，同样也是适用的。近读《淮海集》，颇感明人张綖所写之序是深知秦观。序中有云：“凡古人之文，有绪余，有精华，有源本。得其源本，则精华悉举之矣，况绪余乎？……今之后生闻风兴慕者，率惟其绪余是好，不复知其精华、源本。以是求公，不亦远乎？盖其逸情豪兴，围红袖而写乌丝，驱风雨于挥毫，落珠玑于满纸，婉约绮丽之句，绰乎如步春时女，华乎如贵族子弟，此特公之绪余者耳。至于灼见一代之利害，建事揆策，与贾谊、陆贽争长，沉味幽玄，博参诸子精蕴，雄篇大笔，宛然古作者之风，此则其精华也。”②《淮海集》中的策论、进论确可证此说，且在阅读中深感秦观评价古人之公允，以为其中也有“了解之同情”精神在。

一 “真了解”方能不诬古人、不负古人

陈寅恪先生在以上的报告中说：“所谓真了解者，必神游冥想，与立说之古人，处于同一境界，而对于其持论所以不得不如是之苦心孤诣，表一种之同情，始能批评其学说之是非得失，而无隔阂肤廓之论。”而要做到真了解，并非易事。以同为汉代的伟大史家司马迁和班固而言，后者对前者的评价，就因缺乏“真了解”而少“同情”；而我们今天之以是否具备官方立场来理解迁、固之异，其实也是缺乏“真了解”所致。

读秦观的《司马迁论》，实感少游颇能以做到“处于同一境界”，“表一种之同情”，故其对司马迁的评价与辩诬堪称公允平实。此文开头就说：“班固赞司马迁，以为‘是非颇谬于圣人，论大道则先黄老而后《六经》，序游侠则退处士而进奸雄，述货殖则崇势利而羞贫贱。’先黄老而后《六经》，求古今搢绅先生之论，尚或有之。至于退处士而进奸雄，崇势利而羞贫贱，则非闾里至愚极陋之人，不至是也，孰谓迁之高才博洽而至于是乎？以臣观之不然，彼实有见而发、有激而云耳。”③秦观具体所见如何呢？应该说，他以孟子、扬雄所论为根据来阐释“先黄老而后《六经》”，尚未能道出司马迁学说来源

---

① 冯友兰.中国哲学史[M].上海：中华书局，1961.

② 秦观著，徐培均笺注.淮海集笺注[M].上海：上海古籍出版社，2000：1774-1775.

③ 秦观著，徐培均笺注.淮海集笺注[M].上海：上海古籍出版社，2000：700.

之底蕴，《史记·太史公自序》中曾叙及其父司马谈的学问师承："学天官于唐都，受《易》于杨何，习道论于黄子。"其中的黄子为汉初黄老学派学者，而当时官方即奉黄老之学，可见司马迁虽是董仲舒的学生，却未从师说，行罢黜百家、独尊儒学之旨，却是从父说而尊黄老。但秦观对"述货殖则崇势利而羞贫贱"的理解，则是很得司马迁本心的。他说：

> 方汉武用法刻深，急于功利，大臣一言不合，辄下吏就诛；有罪当刑，得以货自赎，因而补官者有焉。于是，朝廷皆以偷合苟免为事，而天下皆以窃资货殖为风。迁之遭李陵之祸也，家贫无财自赎，交游莫救，左右亲近不为一言，以陷腐刑。其愤懑不平之气无所发泄，乃一切寓之于书。

虽然此说未能尽司马迁为商人立传的全部意义和目的，但所论确实是结合了司马迁本人的遭遇，符合其"发愤著书"的思想，也可以从司马迁本人的《报任少卿书》中得到印证。秦观在上文的后面又说：

> 其述货殖也，称秦始皇令乌氏倮比封君，于列臣朝请，以巴寡妇清为贞妇而客之，为筑女怀清台：盖以讥孝武也。又云："谚曰：'千金之子，不死于市。'非空言也。"盖迁自伤砥节砺行，特以贫故不免于刑戮也。以此言退处士而进奸雄，崇势利而羞贫贱，岂非有激而云哉？彼班固不达其意，遂以为是非颇谬于圣人，亦已过矣。

如果说前者的述货殖而称秦始皇，还不一定是意在"讥孝武"，因为作为严肃而重视史实的历史学家，并不以影射、讥刺为务，然而后面引谚语而感慨"非空言"，则确实深得史迁之心。鲁迅以《史记》为"无韵之《离骚》"，正在于其强烈的抒情性，而其之在叙述历史中带有感情，则可从其《报任少卿书》中找到答案。

二　古代与自身——历史的还原与自塑

陈寅恪先生在上述审查报告中肯定了"了解之同情"，他紧接又强调："但此种同情之态度，最易流于穿凿附会之恶习；因今日所得见之古代材料，或散佚而仅存，或晦涩而难解，非经过解释及排比之程序，绝无哲学史之可言。若加以联贯综合之搜集，及统系条理之整理，则著者有意无意之间，往往依其自身所遭际之时代，所居处之环境，所熏染之学说，以推测解释古人之意志。"在他看来，"故苏子瞻之史论，北宋之政论也；胡致堂之史论，南宋之政论也；王船山之史论，明末之政论也"。因此，史论很容易被写成为当时之政论。

秦观游于苏门，无疑会受到苏轼的影响，但是，观其所作史论，却多为忠实于历史、颇见史识之作，是基于对于历史“了解之同情”，才能真正还原历史，而不是自塑。

对于晁错这一历史人物，历来多以为其进削藩之策而开罪于诸侯，被他们以“清君侧”之名杀害。因为晁错本无错，故正如秦观《晁错论》开头所说：“臣闻世之论者，皆以为汉用袁盎之谋，斩晁错以谢天下为非是。”但秦观却作了翻案文章，他说：“以臣观之，汉斩晁错，七国之兵所以破也。”原因何在呢？他认为，“胜败之机，系于理之曲直。理直则师壮，师壮，胜之机也。理曲则师老，师老，败之机也”。就晁错之时而言，“汉之诸侯，连城数十，地方千里，虽号强大，然则皆高帝之封也。一旦用错计，擿其罪过而削夺之，则天下忿然，皆有不直汉之心。当此之时，诸侯直而汉曲，故吴王得以藉口反也”。但秦观紧接又分析道：“然吴王即山铸钱，煮海为盐，以其子故，招致天下亡命，欲为反者三十余年。其称兵也，发愤削地，以诛错为名耳。汉斩错而兵不罢，则逆节暴露，天下亦忿然有不直七国之心。当此之时，诸侯曲而汉直，故太尉得以破其兵也。”

（注：本文原拟以之作为参加秦观学术研讨会之论文，因故未与会，本文亦未成。）

第五部分
发言讲座

2009 年上海词学会的学术总结

改革开放的新时期以来，单独以词为题的学术研讨会连本届一共开了六次，这大陆地区的六次会议中，华东师范大学主办了六次，其中第三、四次相隔 14 年，在感慨之余又令人深感欣慰。

一　新时期的词学进程与本次会议的学术格局

词从“小道”演变而为“学”，虽始于宋代，但主要应是在清代，到 20 世纪 30 年代龙榆生在《词学季刊》第一卷第四号发表《词学研究之商榷》一文，已经能够对词学下一个较为完整的定义：

推求各曲调表情的缓急悲欢，与词体之渊源流变，乃至各作者利病得失之所由，谓之词学。

他例举了三百年来图谱、音律、词韵、词史、校勘等“五学”的代表，主张另创声调、批评、目录之学。其实，龙榆生所说的“三义”与“八学”是可作部分归并的，而“八学”与“三义”亦可以找到一定的对应关系：图谱、音律、词韵、声调之学基本属于“推求各曲调表情的缓急悲欢”，及“与词体之渊源流变”；词史与批评之学部分属“词体之渊源流变”，后者则专属“各作者利病得失之所由”；至于校勘与目录之学则属于文献学，是一切研究的基础。

发展至今日，词学已经近乎“显学”，纵观此门学问则确有新、旧之别，而旧与新的时间切点，确应以《人间词话》发表为宜。1908 年迄今为 101 年，此前及稍后仍活动于词坛的晚清四大家，代表的是旧词学，而梁启超、王国维则是新词学的开山。如果说旧词学所重的是图谱、音律、词韵、校勘之学，那么新词学则尤重以新观念、新概念贯注于批评之学中。近年来，致力于百年词学研究者渐多，对其统系、传承可以有诸多描述、判断，但是否可以认为，在王国维——胡适——胡云翼这一线之外，20 世纪 30—40 年代成名的三大家中，仍有夏承焘主于音律与年谱之学、唐圭璋主于文献之学、龙榆生主于理论、批评与选本之学的区别。

由华东师范大学主办的首届词学研讨会于 1983 年 11 月召开，则形成了对婉约、豪放派及相关正变，以及词的诗化的两大论题。而由华东师范大学、南京大学、杭州大学、南京师大四校发起、华东师范大学承办的第二届词学研讨会，于 1986 年 12 月召开，我在会上就会议论文作了总结，后又写过两篇述评，从观念和方法上各总结出三点新意：观念上，①从反映论向表现说靠拢，②从侧重功能到转向本体，③从强调倾向到顾及全人；方法上，①纵向挖掘与横向联系，②自我比较与相互比较，③传统方法与新方法。总之,较之三年前的首届会议,此次会议体现出从风格论到功能论,再深入到本体论的探索意向。而鉴于改革开放16年来唐宋词研究已经取得显著成就、而创作之盛远过于唐宋、却未得很好的研究这一事实,由台湾中研院出资,华东师范大学于1995年又承办了专以清词为题的研讨会。

本次会议是华东师范大学主办的第四次词学研讨会,分别较之前三届会议已经过去了26年、23年和14年。《词学》创刊时的主编和编委,仍然健在的仅有马兴荣先生一人,而参加首届、次届词学研讨会的当时的青年学者如杨海明、施议对、刘扬忠、沈家庄,以及东道主的方智范、高建中及在下,也已步入老年。这二十多年或十多年来,词学研究的成就是有目共睹的,本届会议所提供的论文,也展现了当前的研究格局和态势。

就本次会议所提供的84篇(至10月9日为止)论文提要来看,大致可以分为六类:唐宋词32篇(木斋一人5篇),为最多;清代及近现代、当代词共21篇,居次;属于或近于词学学术史的,共17篇,居第三;金元明词7篇;综合或难以归类者6篇;海外词学1篇。

因各组都作了汇报,我在此处不再重复。较之以前的词学会,本届会议显见学术格局的改变:不仅清词研究的论文多了,而且延伸到了近代、现代和当代;二是对词学学术史研究的重视……

二 对今后词学研究的展望

浦江清在纪念吴梅逝世时曾说:

> 凡学问有为潮流所趋者,有为时代所弃者,有赖书本文献足以传后者,有非接近其人、得其指点、不能妙悟者。故如戏曲史目录考订之学则考据家之事,今方兴未艾,如材料增多。方法加密,后者可胜于前。至于南北曲之本身,原为一有生命之艺术,由词章家作曲,音乐家谱唱,艺术家搬演,合此数事以构成一整个之生命。一旦风会转移,此艺术亡,此门之学问亦随之而亡,今从先生游者尚不能尽其所学,况后世但读其书者乎!
>
> (《悼吴瞿安先生》,载《吴霜厓先生三周年祭特辑》)

这段话对我们是很有启发的。

记得1981年我作为20世纪70年代末首届研究生毕业答辩时,因所作论文是《论吴梅的戏曲观》,就有答辩专家指出,吴梅对曲学的最大贡献不在于其戏曲观、戏曲美学和戏曲批评,而是他的文献整理和校订曲谱,尽管有些戏曲史家如叶德钧很鄙视吴梅的研究,尤对其不屑于考证不满,但他耗时十年所成的《南北词简谱》却无疑是最重要的著作,也值得他作为自己最重要的遗著托卢前为之梓行。

一、唐宋词

展望唐宋词的研究，我们已经有了吴熊和主编的《唐宋词汇评》，为文艺学的研究作好了文献学的基础，因此，我感到今后的唐宋词研究，在文化学上尚可有较多的拓展。除了我在《宋代文学的文化学研究》一文中所说的如政治文化、家族文化、夷夏观与外来文化、主流文化与多元文化、地域文化与家族文化关系外，我认为唐宋词的发展、运行还是与唐、五代、北宋、南宋文化的转换密切相关的。如敦煌曲子词与以边塞文化为主的多元文化有着显见的对应关系，宫廷文化与词的起源、生成，中唐贬谪文化与词的开拓，刘、白词与晚年士大夫文化，温韦及五代西蜀词与进士文化，宋初词的衰落与士大夫文化的确立，晏、欧词之重在“闲情”与士大夫文化一个侧面的关系，柳永词与市井文化，苏轼与元祐词之“性情”与政治文化的“党争”，大晟词与宫廷文化，南宋风雅词与江湖文化，及后期的与临安的“社”“会”文化，此外，辛弃疾词与南北文化的融合，元初风雅词与遗民文化（明初玉山雅集所透出的元遗民心态，很值得寻思）等，都可以看到文化之变对于词的发展来说，绝不是外加的。我自己的《唐宋词艺术发展史》是力图体现出以文化转换观照词之变，但仍有很大的余地。

唐宋词研究的另一个重要方向则是向综合艺术的“倚声”之回归。尽管前引浦江清所说有“一旦风会转移，此艺术亡，此门之学问亦随之而亡”一说，但今天及以后的唐宋词研究，图谱、音律、词韵、声调以及词乐之学应引起我们的足够重视。刘尧民《词与音乐》、施议对《词与音乐关系的研究》之后，我们很高兴地又看到了近年来田玉琪等人对调谱的专门研究。很希望今后的词学在这些方面能有突破。

二、关于辽金元明词的研究

辽金文学会不大，无法与唐、宋文学会比，但辽金文学会每年都开会，我想，在突破“一代之文学”的观念同时，应对辽、金、元三代词的研究有所拓展。明代历来被视作词的中衰期，但倘若转换视角，能否对明词特殊的词曲相淆、体性互错之中发掘出新的东西呢？（胡元翎等人所作）

三、清　词

《全清词》的编纂经两代人努力，现正在健康地进行中，去年南大的清词会，使人看到了一个很好的班子，顺康卷及其补编的出版，成套的清词研究成果的出版，是清词研究的很好展示。我们还期待着雍乾、嘉道、直至咸同、光宣各段各卷的不断出版，而随着文献的不断完备，清词应是今后词学研究最大的园地。

虽吴熊和的博士生作了多个词派的研究，但环太湖流域的清词研究尚可结合地域文化研究继续开展。

四、近现代词学与词学学术史

这是本届会议的一大亮点，此次仅词学学术史的论文就有 17 篇，为以前所无，如加上近现代、当代词与之交叉者，则更多。据我所知，仅广州一地，就有曾大兴及彭玉平（包括博士生）在作此项工作。这次会议上闵定庆的一篇也属于这一范围。我认为，在理论、创作之外，尚可加强对词社、词的教学、师承、选本等问题的研究。

以上是就纵向而言，倘从横向而言，结合体制内与体制外，似可从以下几方面开拓。

第一，民俗学的研究。

第二，传播学的研究（包括文本的印刷发行及口头传唱）与接受史的研究。

第三，叙事学的研究。将词仅作为一种抒情文学的规定是一种偏嗜，是后期的结果，却非原生态的文化还原，敦煌曲子词与柳永最有特性之词，都以叙事性见长，与曲体较近。

第四，主题学、原型、范型及相关的心理学研究。

第五，文体学的细化及交叉研究。如赵山林《试论〈草堂诗余〉在明代的传播接受及与戏曲之关系》，不仅是翻案文章，而且十分在理，其沟通词曲二体的交叉研究更值得提倡。王昊《词体叙事性问题纵论》的提要更以叙事性统观九体（法曲、大曲、慢曲、引、近、缠令、诸宫调、序子、三台）。

第六，词论研究。复旦大学在完成中国文学批评的多卷本通史研究之后，又从纵向转向了横向的研究。对词论的研究也应该如此。词论中的概念、范畴也很值得研究，如同金国正以艳情、闲情、性情纵观词的发展一样，杨雨以情志、情意、情趣论诗词曲辨体的范畴转型，不仅是兼涉三体的研究，对范畴的研究也是一种深化。

第七，词学学与词学史的研究。

关于暨南精神讨论的发言

让我来参加关于暨南精神的讨论，非常高兴。因为我在华东师范大学读书九年(本科六年,本是五年制,因“文革”推迟了一年毕业;十年后读研究生三年),自1981年获得硕士学位后留校工作了二十二年,而暨南大学旧址所在的真如,就在离华东师范大学不远处,可以说是傍着老暨南过了三十一年。我在2002年底借调到暨大,2003年底才正式调入,将终老于此。因此,让我参加这一座谈会,是别具一种感情的。

暨南大学即将迎来百年校庆了,俗话说“十年树木,百年树人”,如今暨大校园中的树木虽未足五十年树龄,但已是高大茁壮,而百年树人的话题,则是与暨大精神的讨论密切相关的。

我个人认为,确立暨南精神,离不开暨南大学的校训。暨大在百年前的创立,是因华侨子弟教育的需要,而之所以以“暨南”命名,是由于当时华侨多在南洋的原因,故取《尚书·禹贡》中语:“东渐于海,西被于流沙,朔南暨,声教讫于四海”,名之为“暨南学堂”。我想,之所以不用“朔南暨”的“南暨”二字,而是倒过来作“暨南”,正是“声教”在“东渐”、“西被”之后,更“南及(暨,意为至、到)”的向海外传播。因此,要说暨南的原创精神,就应该是肩负着“声教南暨”的使命,体现“宏教泽而系侨情”的宗旨。而暨大“忠信笃敬”的校训,是据孔子所说的“言忠信,行笃敬,虽蛮陌之邦,行矣”而立的。百年前的南洋虽非“蛮陌之邦”,但孔子所说,体现的正是以忠信笃敬之言行,使“声教”讫于海外之意。因此,今天讨论暨南精神,离不开百年历史,更离不开暨南的校训。

孔子虽将“忠信”与“笃敬”分属于“言”与“行”,实际上言行应该是合一的,忠信与笃敬应是言与行的全幅体现。

“忠”的最大涵义应是忠于祖国,出身祖国大陆的师生当然要忠于祖国,而暨大作为侨校,有一半的港、澳、侨生,始终怀着一颗中国心,应是忠于祖国的体现。忠于祖国不具非此即彼的排他性,暨大在“系侨情”同时,也应作好对外交流,师生都应放眼世界,了解世界的发展,学习世界上的先进科技和文化,同时更不忘本民族的优秀传统文化,在融入世界经济同时,独立于民族之林,延续“声教讫于四海”的使命。暨大举办的土风舞比赛,和去年的亚洲大学生田径锦标赛,就是很好的连接外部、放眼世界之举。“忠”的另一涵义对教师来说,就是忠于教育事业,对于像暨南大学这样的大学来说,兼有内招和外招生,很应赋予孔子“有教无类”思想以新的涵义,何况这对于港澳回归后的巩固,对祖国的统一大业具有特殊的意义。

“信”是我国的传统美德,国家大事且不说,即使是尾生在洪水来时,为不失约,抱柱而死,也一直为人所乐道。在当今的社会转型期,“信”显得更为重要,过去说资本主义尔虞我诈,那是原始积累时期,而发展到现在的资本主义社会,却多讲信用(信用卡的使用就是一例)。朱镕基特别强调“诚信”,我想,这就是“忠”与“信”的结合,对我们这样的侨校来说,连接两头,“信”是有特殊意义的。

“笃”有坚固、诚笃、深厚、专一、确凿等义。古称忠实厚道之人为笃人,诚实纯厚之友为笃友,提倡“笃仁”(笃实而仁厚)、“笃正”(纯厚正直)。

“敬”的主要义项是恭敬、端肃、尊敬、尊重、慎重。我国历来提倡敬上爱下、敬天爱民、敬小慎微(对细微的事也持谨慎小心的态度。《淮南子·人间训》:“圣人敬小慎微,动不失时。百射重戒,祸乃不滋。”董仲舒《春秋繁露·立元神》:“故为人君者,谨本详始,敬小慎微”),讲敬修内智、敬文重礼。

对师生来说,对学业和事业的诚笃,也是敬业精神的体现,“笃”与“敬”二字可分而又可合。

“笃”,尤其是“敬”,虽带有传统的礼乐文化特点,是重视礼治的体现,与推动社会发展的竞争精神有别,但在今天的世界范围内,经过资本主义数百年的发展,又经过国际共产主义的波折,人们或许认识到无论是社会达尔文主义,还是阶级斗争学说,都不是独胜和万能的。对于当今建设和谐社会来说,“笃”“敬”十分必要,是应被赋予新的时代意义的。

过去以阶级斗争代替了道德传承,在共和国的历史上留下了惨痛的教训,而现在江泽民在其著名的“三个代表”思想之外,又提倡以德治国,既然暨大的校训有此“笃敬”二字,我认为这也应该成为暨大的精神。

我国若从汉武帝立太学、设五经博士算起,正规的高等学校教育已经有两千多年的历史了,即使是书院教育和著名的四大书院,也有千年。但是,我国现代意义的大学的创办,却是带着我们遭受资本主义列强侵略后的血痕和泪痕,我国最古老的大学也仅有百余年的历史,是无法与剑桥、牛津相比的,美国不少大学的校史更都比国家历史悠久。人不能无视历史而侈谈精神,基于我国近代特殊的历史,尤其是与华侨史密切相关的暨大,讨论暨南精神,是离不开爱国主义的,对于侨校来说,与“他邦”的关系,“忠信笃敬”更具有特殊的意义。

对于暨南精神,我没有很多、很完全的思考,倘结合历史,结合校训,我的看法是十六个字:不忘使命,开拓创新,言也忠信,行也笃敬。

《说文》:“暨,日颇见也。”段玉裁注:“日颇见者,见而不全也。”朱骏声通训:“暨,日出地平谓之旦;暨者,乍出微见也。”“暨”又有“果毅”之意。在20世纪之初,暨南学堂“日出地平”而“乍出微见”,到了百年后新世纪的今天,是又一度的“日出地平”而见于南方,身为暨南人,都应以“果毅”之姿参与到暨南精神的讨论和建设中,将讨论之“言”变为建设之“行”。当年,暨南大学在交大和同济之后,在复旦之前,是上海的第三所国立大学,是真正的名校,百年后,在如今的广州,我们要负起建设新世纪侨校,重现名校辉煌的历史使命!

暨南精神与校训

由于我国现代意义的高等教育产生仅百余年，实际上是国门被西方列强的坚船利炮打破，国人“睁开眼睛看世界”后的产物，因此，百年的学府在全国范围内并不多，这也是我们可以为之骄傲、自豪的。

暨大在百年前创立，是出于华侨子弟教育之需。当时华侨多在南洋，故取《尚书·禹贡》中语：“东渐于海，西被于流沙，朔南暨，声教讫于四海”，名之为“暨南学堂”。肩负“声教南暨”的使命，体现“宏教泽而系侨情”，可谓暨南的办学宗旨和原创精神。虽华侨多经商而暨南始于商科，但后来却发展成多学科的综合性大学，在真如时期，大师云集，人文精神高扬，在建阳时期，为抗战所感召，又被誉为“民主堡垒，革命摇篮”。而经历了多次迁址、停办，被风风雨雨涤荡洗刷，如今旧貌换新颜的暨大，反思百年历史，讨论暨南精神，我以为还应回到“声教讫于四海”的原点，紧密结合“忠信笃敬”的校训。

“忠信笃敬”四字，出于孔子所说“言忠信，行笃敬，虽蛮陌之邦，行矣”，体现出以中华传统道德及专诚坚毅精神完成“声教南暨”伟大使命之意。百年前暨南之命名，与其后所确立的校训，二者可谓相得益彰。校训之借助古圣贤之说，是兼及重建民族自信心和华侨的历史使命，而决非沙文主义。在迎接中华民族伟大复兴的今天，重温校史，讨论暨南精神，校训应有非常重要的意义。

“忠”的最大涵义是忠于祖国。暨大作为华侨最高学府，师生对祖国的感受、感情，自来就最为强烈。近代以来，华侨一直就是中国革命的伟大动力，在经历了历史的曲折后，在飘扬的五星红旗下，伴随着深情的《七子之歌》，港、澳先后回归，去年又有了台湾人士的“破冰之旅”。随着祖国的复苏和腾飞，全世界的华侨华人都心萦祖国，而以自己作为中华民族的一员而骄傲。生活在侨校的师生员工，更应怀着一颗中国心，始终不变。

“忠”立足于本土，又延伸到海外。而在“系侨情”同时，又应放眼世界，学习他国先进的科技、文化，同时更不忘本民族的优秀传统文化，在融入世界同时，还要独立于民族之林，延续“声教讫于四海”的使命。在建设我们自己的和谐社会同时，如何本着“忠”的精神处理“民族”与“世界”的关系，“和而不同”应是一个重要的原则。

“信”即诚实，是我国的传统美德，古称诚实、不欺之人为“信人”、“信士”。在当今的社会转型期，“信”显得更为重要，朱镕基特别强调“诚信”，我想，这就是“忠”与“信”的结合，对我们这样的侨校来说，连接两头，“信”是有特殊意义的。

“笃”有坚固、诚笃、深厚、专一、确凿等义。古称忠实厚道之人为“笃人”，诚实纯厚之友为“笃友”，提倡“笃仁”（笃实而仁厚）、“笃正”（纯厚正直）。

“敬”的主要意义是恭敬、端肃、尊敬、尊重、慎重。我国历来提倡敬上爱下、敬天爱民、敬小慎微，讲敬修内智、敬文重礼，“敬”兼及天人、上下、内外诸多关系，其覆盖面可谓广矣。

对师生来说，对学业和事业的诚笃，也是敬业精神的体现，“笃”与“敬”二字可分而又可合。

“笃”，尤其是“敬”，虽带有传统的礼乐文化特点，是重视礼治的体现，与推动社会发展的竞争精神有别，但对于当今建设和谐社会来说，“笃”“敬”十分必要，是应被赋予新的时代意义的。

在著名的“三个代表”思想之外，江泽民又提倡以德治国，既然暨大的校训有此“笃敬”二字，我认为这也应该成为暨大的精神。

对于暨南精神，倘纵观历史、现实与未来，结合校训而又体现侨校特色、时代意义，我认为，似可概括为十六个字：

不忘使命，开拓创新，和而不同，忠信笃敬。

《说文》：“暨，日颇见也。”段玉裁注：“日颇见者，见而不全也。”朱骏声通训：“暨，日出地平谓之旦；暨者，乍出微见也。”“暨”又有“果毅”之意。在20世纪之初，暨南学堂“日出地平”而“乍出微见”，到了百年后新世纪的今天，是又一度的“日出地平”而见于南方。身为暨南人，无论新老长幼，都应以“果毅”之姿参与暨南精神的讨论，且将讨论之“言”变为建设之“行”。

当年，暨南大学是上海的第三所国立大学（在交大和同济之后，在复旦之前），是真正的名校，百年后，在改革开放前沿的广州，我们要肩负起建设新世纪侨校，重现名校辉煌的历史使命！

在艾治平先生八十华诞庆祝宴上的讲话

尊敬的艾治平先生，各位领导，各位来宾，各位前辈，各位同仁：

大家好！金秋十月，在祖国五十六岁生日之时，我们怀着崇敬而喜悦的心情，庆祝艾治平先生的八十华诞，艾先生曾以新闻战士的身份见证了中华人民共和国的诞生，因此，在这一时刻为艾先生祝寿，有着异乎寻常的意义。

艾治平先生是河北乐亭人，1925 年 9 月出生，青少年时代求学于乐亭严坨小学，昌黎汇文中学，北平成达中学，1945 年入北京大学中文系学习，在即将毕业的 1949 年 2 月，毅然放弃北大毕业文凭，与李瑛等同志一起加入中国人民解放军第四野战军民运部，成为新华社四野总分社见习记者。他随军南下，参加了“中国人民解放军广州入城式”，后又参加粤桂边战役，写有《粤桂边追歼白匪记》等作，参加了解放海南的战争，进入五指山，写了长篇报告文学《初访五指山》。1950 年到中南军区兼四野党委机关报《战士报》任编辑，至北京报道“全国战斗英雄代表大会”。从 1951 年起，先后创作了以抗美援朝为题材的四幕话剧《血的友谊》，出版了《谈通讯创作》，1953 年 5 月转业到《南方日报》，出版了《再访五指山》，1957 年 9 月转到即将创刊的《羊城晚报》，1958 年出版特写集《边防之鹰》。1960 年调到暨南大学任教，1970 年暨大停办，合并到广东师院，其间曾从事多种工作。“文化大革命”之后，1978 年暨大复办，由当时的中文系总支书记张德昌同志安排到古典文学教研室任教。在教书育人同时，艾治平先生的学术研究一发而不可收，至今出版了十多种古代文学的论著，发表了几百篇诗词曲赏析文章，成为了词学界著名学者，离休后为老干部及社会人士讲课，为弘扬中华传统文化而不倦地工作。

艾治平先生数十年来写作不辍，除上面提到的作品外，还先后出版有《今日的北大》、《七五前后》、《再访五指山》等书，改革开放以来出版了《古典诗词艺术探微》、《现代散文选读》、《诗词抉微》、《唐诗选析》、《宋词的花朵》、《历代绝句精华鉴赏》、《秦牧评传》、《婉约词派的流变》、《诗品辨析》、《诗美思辨》、《清词论说》、《花间词艺术》、《人生有情》、《词人心史》等著作。艾先生以其众多的著作流传社会，大大提高了暨南大学古代文学学科的知名度，与其他老教师一起，为学科的发展奠定了坚实的基础。

艾治平先生青年时代追求进步，曾参加党的外围组织，尽管遭受过种种不幸，但数十年来追求真理的信念始终不改，敢讲真话的本色始终不变，终于在晚年实现了加入中国共产党的夙愿，并在 2005 年被评为暨南大学优秀党员。

古人说“人生七十古来稀”，而当今世界，却是“七十小弟弟，八十不稀奇”，我们相信，在这初渡“不稀奇”的时刻，艾治平先生一定还会辛勤耕耘，还会继续发挥余热，我们期待着他的新作不断问世，我们还会看到他“满眼青山夕照红”的壮丽晚景，见证他

"稀奇"的常青树形象。

在此，我为艾先生献上一首寿词，以表祝贺之忱：

贺艾治平先生八十华诞（调寄《瑞鹤仙》）

正炎暑渐远，荷欲老、菡萏芬芳不减。花光映人面，庆八旬初度，先生华诞。滋兰九畹，最喜今、桃李作伴。有文章道德，山永水恒，足令人羡。　　忆昔峥嵘岁月，告别红楼，挟雷追电。沧桑世变，多亲历，笔长健。纵身经炼狱，十年秦火，深情依旧缱绻。愿韶光永驻，高峤夕阳满眼。

关于《大学语文》（中华文化版）的编写思路

《大学语文》在新中国成立前一般被称作《大一国文》，是必修课，许多老一辈的教授都上过这门课，甚而是必教的课。而新中国成立后的高等教育先是受苏联影响，按照苏联模式，将原先综合性大学改为专业院校，进行了广泛的院系调整，随之在课程的调整中，大一国文也被取消。后来课堂教学越来越少，到后来，大学面临着是否还要办的问题，大学还要上语文课则更是不可思议之事了。

随着高校的拨乱反正，《大学语文》课的设置被提上了议事日程，我所在的华东师范大学可能是较早恢复这一课程的，我本人也先后参加过相关教材和辅导书的编写，但仅在1983年参加过半年的《大学语文》教学，也因此对这门课及相关教材并不很熟悉。而在我极其有限的接触中，感觉此门课程的教材似乎只是将古代文学与现代文学作品结合起来，不像一般的分为古代与现当代，而实质上的文选性质却并无根本的改变。

因此，此次主要由暨南大学编写的《大学语文》在启动之时，我就建议编一全新的中华文化版，当时所考虑的主要是暨大作为华侨最高学府，有半数本科生来自境外，而随着中国经济的发展，在世界的地位逐渐提高，海外的华文学习方兴未艾，前者的寻根意识，后者的通过华文学习进而了解中国，可以在传统的中国文化上找到共同点。这一思路得到了大家的认同，尤其是蒋述卓书记的支持，经多次讨论，集思广益，终于拟定了18个分类专题，据此而确定选文，分头编写。

自20世纪80年代后期以来，文化热似乎就持续不断，尤其是发展地方经济的需要，“文化搭台，经济唱戏”，什么都可以扯上“文化”二字，到后来以至于有“文化是个筐，什么都能往里装”一说。作为教材，中华文化版的《大学语文》究竟如何将文化与语文两者尽量做到较好的结合，既具有学理性，又具有文学性呢？我们所定的18个专题及相关文选，是经过反复讨论、慎重考虑的。我认为大致注意到以下几点：

一、科学性

文化的专题要符合文化的概念，要具有充分的科学性。

文化虽是一个覆盖中外的概念，但中国古代的“文化”，与现代由西方经日本传入我国、被翻译为“文化”的概念并非等同的。

现代对文化的理解可谓千差万异——最大的范畴——人类所创造的一切：物质文明与精神文明的总和。

一般的理解——政治、经济以外的观念形态。

我国古代：

《易·贲卦》云：

观乎天文,以察时变;观乎人文,以化成天下。

所以,我国古代的"文化"就是"人文化成"之意。

西汉的刘向在《说苑·指武》中说:

圣人之治天下也,先文德而后武力。凡武之兴,为不服也,文化不改,然后加诸。

显然,这里的"文化"是指教化,是与武力相对的,这可令人想起暨南大学得名于"声教南暨"。

孔颖达《周易正义》解释"人文化成"有两个内容:

一指典籍,如《诗》、《书》、《礼》,一指礼仪风俗。

因此,我们在教材的编选上,就要考虑作为文化版在文化上的科学性,应将本民族与世界性、古代与现代的认识结合起来。

二、选择性

文化的专题在科学性的基础上尚应有选择性。

现代关于文化的概念虽差别很大,但仍可归结为三方面:意识形态——生活方式——精神的物化产品。

我们既然是立足于传统文化,似应结合古人与今人之见,在意识形态、生活方式、精神的物化产品三方面进行筛选——大致在物质、精神、制度、风俗几个层面上考虑分类问题。于是,经多次讨论,最终确定了 18 个专题:

其中的山川风物、农事工艺、饮食服饰大体属于文化的物质层面;

神话传说、诗骚传统、孔孟老庄、史传纪事、诗词曲赋、小说话本、戏曲曲艺、乐律书画、谋略军事大体属于文化的精神文化层面;

政论奏疏、天文历法、礼仪职官、教育科举大致属于文化的制度层面;

民俗节庆属于文化的风俗层面;

有的难以切割得很清楚,可以认为兼涉两个或多个层面,如山川风物中的风物与风俗相关,农事工艺也涉及制度、风俗层,传说与风俗也有关系,军事与物质相关,而小说话本、戏曲曲艺、乐律书画虽在今日可以归为非物质文化遗产,却应是精神文化的物化存在,与物质层不可分。至于道佛源流,则与精神、制度、风俗似乎都相关。

三、可读性

虽说我们的教材旨在让学生,尤其是侨生、海外生、境外生更多地了解中国传统文化,与一般的文选性质的大学语文不同,但是,既然对于传统文化的了解要具有选择性，相关的文选则要考虑可读性。

名篇除了过于熟悉、在小学或中学语文教材出现过的以外，还是要选入，因为一般讲来，名篇之所以成为名篇，是经过历史检验的，是尤其具有可读性的。

上面所列举的属于精神文化层面的分类，其文选所具有的文学性最多，选文的选择问题不大，但如谋略军事、政论奏疏、天文历法、礼仪职官、教育科举、佛道源流等专题，选文则要很好地考虑可读性、文学性问题，且选文也相对要少些。

四、延伸性

应考虑到学生的程度不同和学习兴趣，以及教材的容量问题，本教材在编写中还考虑到阅读的延伸性问题。因此，每一讲除了具有详细注释的选文外，还附有延伸阅读的选文。将来在使用中还可考虑利用电子资源以作相关链接的问题，以进一步扩大信息量，尤其可以通过图文并茂的形式，让学生对我们的传统文化有更多、更深入的了解。

总之，这一教材的编写对于我们来说，是一个意在革新、开拓的尝试，在全国高校使用多种大学语文教材的情况下，很希望能因其独到的创意得到认同、推广。

谢谢大家！

关于成语、古语的错用及语言的规范化问题

由于20世纪科学技术的迅猛发展,我们现在已经进入了信息化的时代。尤其是网络技术广泛进入生活的各个领域,大大地缩小了空间与时间的距离,以至于有了“地球村”的说法。古代,传播手段很落后,秦始皇每天要看的奏折有几十公斤重,因为看的是刻在竹板上的文字。汉代有了造纸术,但仅仅是开始,后来纸张渐渐普及之后,又有了印刷术,才出现了书本。在中国历史上,宋朝是文化发展较快的时代,除了学校比较普及这一原因以外,活字印刷术的发明及应用是主要的因素。托我们祖先的福,才给我们子孙后代留下了那么多的文化遗产,使我们在当今的世界民族之林中还有那么一点可以骄傲的资本。

成语:由于几千年来的文化积累,在我们中国,有着世界上无与伦比的语言特点,其中之一,就是成语、俗语之多,以及运用之广。这些成语、俗语的运用使得我们在写文章时增添了绚丽的色彩及无比的生动性。举个最简单的例子:比如用“不三不四”的成语来形容一个人,你说这“三”和“四”是什么意思呢?谁也说不清楚,但就是那么传神,就知道所说的不是好人。再举个文雅些的例子,如“城门失火,殃及池鱼”,因为古代的城门与护城的水相邻,一个高,一个深,是用来保护城内官员和老百姓的,但是,一旦城门失火,而且火势太大,池鱼也免不了遭殃。成语的恰当应用有着不可代替的作用。

但是,在我们今天所看到的报刊上,常有错用、乱用成语的现象。不妨举几个例子:

(1)七月流火。每年的夏天,几乎都有错用“七月流火”的。“七月流火”一语,出于《诗经》,原文是“七月流火,九月授衣”,它的原意是:到了夏历的七月(相当于我们今天的阳历九月左右),大火星(相当于28宿里的心宿)在上到了天空的最高位置之后,就逐渐偏西向下,这就是所谓流,所以七月流火就是秋天到了,再过两个月,就要做冬衣了。现在这些用七月流火一词的,是想当然的把七月当成阳历七月,流火就成为热的代表,不是它的原义,而且以讹传讹形成联环性的错误,每年都沿用不已,尽管有些语言学家撰文纠正还是纠正不了。

(2)美轮美奂。用得很多,如服装展示、服装表演、家具展销会、灯饰展览、学生文具、甚至舞蹈表演等等,其本意是形容高大华美,多用来赞美新的房屋,原文出自礼记,是赞美王宫,美哉仑焉美哉奂焉。仑,高大;奂,众多。有特定的意义,不能推及一切领域来形容华丽精美,背离了高大众多的原义。

(3)明日黄花。误用为“昨日黄花”,想当然的,明日黄花是过去的事物,其实出自于苏轼《南乡子》:“万事到头都是梦,休休,明日黄花蝶也愁”,此处是指重阳节后的一天,即十月初十,因过了重阳,是过去的事物。

(4)玉树临风。前几天的《新民晚报》载,影视新星赵薇等人穿上了定做的戏装旗袍,“如玉树临风”。这样写当然也不能说绝对错,但至少是运用不当,是作者想当然地将“亭亭玉立”引申开来了。其实,“玉树临风”一般用于写男子。《世说新语》中颇多对人(尤其是名士)的“赏誉”,即欣赏、赞誉。如赞美人的醉态是“玉山之将崩”等,甚至赞人用“玉人”一词。不像后来的以“玉”用于女性。而“玉树临风”一语,更是出于杜甫的《饮中八仙歌》,此诗赞美李白、贺知章等人的文采风流和善于饮酒,诗中有句:“(崔)宗之潇洒美少年,举觞白眼望青天,皎如玉树临风前。”所以,这虽非成语,却不能随便用,不能想当然。

(5)千虑一得。其语源是“智者千虑,必有一失;愚者千虑,必有一得”,所以这一成语是专用在“愚者”身上,如果自己“千虑一得”则为自谦之词,用在别人身上是不恰当的,否则看起来是在称颂别人,结果却相反。

(6)心力交瘁。这个成语的“心”是指精神,“力”是指肉体。其意为:精神和肉体都很疲劳。我们绝不能误认为相当于医学上的“心力衰竭”的专指心。

(7)不刊之论。意思是不可改变的言论。如果错用为“不要以为他说的是不刊之论,没有上报,就认为不对”,就不当了。之所以会错,是因为将“刊”字理解错了,“刊”是改削、刊正的意思,并不是刊登的“刊”。

(8)不时之需。此成语虽不太用,但若用,容易望文生义,将其理解为不合于时代需要的东西。如:“这种产品已成为不时之需,应该淘汰了。”其实,它的意思是:偶然发生的需要,不经常的需要。

(9)风马牛不相及。“风”为何意?古人释之为雌雄相诱之意。若从字面上误以为是风、马、牛三者互不相关,就错了。如果这样用:“李先生同张小姐吵起来了,其实,为了这点小事真不应该吵,因为他们实在是风马牛不相及。”那就用得很不合适了。

(10)蓬荜生辉。原是谦称,对方的造访、赠品等等使自己陋室增光。常被误用,解放日报:某某商场的电器、家具等等使商场蓬荜生辉,品位超群。或:送你一幅鄙人的字画使你蓬荜生辉,即有贬低对方居室之意。

(11)玉妆于成。家居布置中,琳琅满目的家具、饰物,使大楼玉妆于成。此为生造词语,原是出于《诗经·大雅》……后宋代演变为玉汝于成,也可简称为玉成,意即:由于珍爱对方,助成其事之意。

(12)唾手可得。吐口唾液于手上,形容极其容易得到,解放日报载报道:人机对话唾手可及,本意想说手机通讯缩短了人与人之间的距离,其实用人机对话不再遥远就行,特别是改“得”(得到)为“及”(追得上)更不通。

(13)安步当车。安闲地慢走,权当坐车。如果用在抗洪抢险中:“由于道路泥泞,车过不去,于是他们跳下汽车,安步当车,赶到第一线。”就很不妥。

(14)汗牛充栋。出则汗牛处则充栋,专指书籍之多,不要扩展到其他。如:电视主持人水平不高,难免有汗牛充栋现象。误用为鱼目混珠,滥竽充数之意。

古语：

（1）滥觞。这并非成语，却常常见之于报端。用者常常是想当然地将“滥”字与“泛滥”的“滥”等同，所以诸如“黄色音像制品屡禁不绝，大为滥觞”，也是看得到的。而此语本指大江的发源处，水小到只能浮起酒杯，“觞”就是酒杯。所以有“江出滥觞，河出昆仑”之说。滥觞：文汇报《人体艺术出现滥觞现象》误用为泛滥之意。《荀子》：“其源可以滥觞。”滥，浮起；觞，酒杯。意即水很小，只能浮起酒杯，后引申为发源之意。

（2）接轨。“中国六十五岁以上老人老年痴呆症发病率增多，与国际接轨。”接轨多指落后的向先进的靠拢，不用于贬义。

（3）称谓。古人自称名，是谦称，称人表字。陆游母亲称儿子为务观，不妥，应该称游儿，因古人多称单名，例证：《红楼梦》里宝玉挨打以后，王夫人哭诉说珠儿在，打死我也不管。

不论是皇帝大官，都吆喝某某驾到，是不符合实际的，对皇帝也只能在正式场合用（到后宫不能用），对官员则不能用。

再者，当下广告语流行，最初的创意是用成语作载体，好记，容易上口，结果形成对中小学生的误导，并向更多的人群扩散，误以为真，形成大众性的错误，传媒有不可推卸的责任。

古代文学研究方法漫谈

新时期以来，文学的研究与整个社会同步，首先经历了拨乱反正阶段，随着改革开放，解放思想，研究不断深入，范畴逐渐扩展，对方法论也愈来愈重视，以至于一度形成了“方法热”。美学曾甚为流行，接受美学、实验美学、精神分析美学、语义学美学、心理学美学、格式塔心理学美学、现象学美学、表现论美学、形式主义美学、存在主义美学等；以及相关的文艺心理学、文学批评学、文学社会学、文学语言学、文艺民俗学，都让人眼花缭乱。一度很为喧腾的新方法热，使不少研究者也很想弄清符号学、系统论、信息论、控制论、协同论、突变论、模糊逻辑、美感全息、模糊集合、耗散结构等，究竟为何意、何物？或因受传统影响太大，研究者又缺乏自然科学知识，不懂或浅识外语，在一大堆名词面前畏惧难前，异常惶惑，随着时间推移，新方法热很快过去，许多外来的理论、观念，似乎难以“内化”。

在热过一阵以后，我们不能不痛苦地发现，新三论、老三论等自然科学方法是很难真正贴切、深入地进入文学，尤其是古代文学研究领地的。于是，到了20世纪90年代，古代文学研究界虽然如美学的研究、社会学的研究、心理学的研究、阐释学的研究、结构主义、符号学、语义学、历史学、哲学，直到文化学的研究、比较文学的研究等，都有人在尝试，也有不少成果；但是，不但运用自然科学的方法论鲜有引人注目的研究实绩，并以此表明新方法的成功，而且似乎连前一阵子很风行的宏观研究都被人讥为肤浅、大而无当，于是，古代文学的研究逐渐回到返璞归真的路上来。

文献学及其具体成果受到异常的重视，“回到乾嘉”尽管不是口号，却为不少人所奉行和艳羡，我们似乎又看到了胡适之先生当年“拿出材料来”的理直气壮的样子。确实，古典文学是有其学科的特殊性，而传统的学科如何跟上现代的步伐，也是不得不考虑的问题。为此，想专门为大家谈谈关于古代文学的研究方法问题。

一　关于“二重证据法”

研究方法随便怎么变化，万变不离其宗，文献作为研究的基础，是永远不会改变的，而关于文献，则牵涉二重证据法问题。

王国维曾极其关注19世纪末在河南发现的殷墟甲骨卜辞，根据其解读成果，在1925年于清华研究院讲《古史新证》的第一章《总论》时，提出了著名的“二重证据法”：

吾辈生于今日，幸于纸上材料之外更得地下之新材料。由此种材料，我辈固得据以补正纸上之材料，亦得证明古书之某部分全为实录，即百家不雅驯之言亦不无表示一面之事实。此二重证据法，惟在今日始得为之。虽古书之未得证明者，不能加以否定，而其已得证明者，不能不加以肯定可以断言也。

“二重证据法”是指作为文献的“纸上材料”和考古所得的“地下之新材料”。由于王国维在这里是特指先秦学术的研究，所以“纸上材料”应该指先秦诸子和先秦历史著作，以及晋朝所发现的《竹书纪年》(其实《竹书纪年》也是地下之材料，只不过不是新的而已)等；“地下之新材料”是指以殷墟发掘的甲骨文卜辞为代表的考古所得。王国维就是利用考古所得的新材料完成了重要的著作《古史新证》以及一系列重要著作。

陈寅恪先生在《陈垣敦煌劫余录序》中指出：“一时代之学术，必有其新材料与新问题。取用此材料，以研求问题，则为此时代学术之新潮流。”

王国维就是领导这一学术潮流的人物。“五四”以来，在胡适等人的疑古思想影响下，以顾颉刚为代表的“古史辨派”认为，古籍所记载的古代史和传说，由于后代不断的添加和附会，造成了越古而越不可靠的情况，这就是“层累的历史造成说”，认为应该用考古学、民俗学等方法去确立真正科学的古代史。由于夏朝考古资料的缺乏，顾颉刚就否定了大禹的存在，鲁迅在《故事新编·理水》里所写的说“禹是一条虫”的学者，就是讽刺顾颉刚。顾颉刚等人认为，战国和秦汉时期是伪造古人古事最多的时代，而王国维就通过新近的地下挖掘所得，证明了春秋时期已有关于大禹的记载，并非战国以后人之所托。这种谨慎的态度，小心的求证，无疑是更值得推崇的。

王国维“二重证据法”的主要特点是：将传统的乾嘉学派的考据方法，与西方在资产阶级革命以来产生的科学新方法结合起来，而地下新材料和纸上文献的并重，古文字古器物之学与经史之学的互为表里，就能做到“不屈旧以就新，亦不绌新以从旧”。王国维所取得的学术成就确实是前辈和同辈学者所无法比拟的。

以王国维的文字学研究来说，他不是像乾嘉学派的学者那样，只注重文字的考释，而是以之探讨古代的历史、地理、礼制等。如甲骨文研究，除著名《殷周制度论》以外，还有《殷卜辞中所见先公先王考》、《殷卜辞中所见先公先王续考》、《殷卜辞中所见地名考》等，他第一次证明了《史记·殷本纪》所载商王世系的可靠性，又据卜辞加以纠正。如金文研究，他不仅对宋代以来的金文资料进行了全面整理，又将金文资料用于西周历史研究，写成了《鬼方昆夷玁狁考》、《生霸死霸考》、《明堂庙寝通考》等，还进行了古器物的研究考订。此外，他对简牍的研究也作出了很大的贡献。

王国维的“二重证据法”对20世纪学术史的影响是很大的。颇有意思的是：王国维在1927年自沉昆明湖，一代学术巨星陨落，第二年，成立了中央研究院历史语言研究所考古组，中国开始有了现代意义的考古学。除了殷墟发掘还在继续外，1921年瑞典地质学家和考古学家安特生对仰韶文化的发现，1930年梁思永对龙山文化的发现，以及其后对安阳后岗的仰韶文化、龙山文化、商文化三迭层的发现等，都是重要的新石器文化发现和断代文化发现。而新中国成立前20年和新中国成立后半个多世纪的考古学所取得的成绩，无疑以其“地下之新材料”证明“纸上材料”，对历史学研究起了极大的推动作用。以至于今天的夏商周断代工程能取得显著的成绩,是与前人的这些工作分不开的。

历史研究中,“二重证据法”的作用是确凿无疑的。而对于古典文学来说,“地下之新材料”的发现,当然也推动了研究的进程。只要举一个例子,就足以说明这一点。如:与甲骨文是文字学家在中药的“龙骨”中发现一样,差不多同时的敦煌莫高窟藏经洞文物,也是无知的王道士在无意中发现的。斯坦因、伯希和等外国学者的劫掠式的搬运,使得敦煌文物大量流失于国外,但是,从此就出现了一个学术界的新名词“敦煌学”,其中就包含着许多属于文学范围内的学术研究材料。仅以“敦煌曲子词”为例,许多现代学者都曾作过研究,其中如著名的词曲专家任中敏就此而进行过很长时间的研究,从以任二北之名(二北是因其早年推崇北宋词和北曲)编《敦煌曲初探》(1954 年出版),到以任半塘之名(改为半塘是因为倾心于唐代的音乐文学系列研究)编著成《敦煌歌辞总编》(1987 年出版),后者对前者所持议论已有很大改动。

二　关于“三重证据法”

叶舒宪认为,如果将王国维的《观堂集林》同郭沫若的《甲骨文研究》稍加对照,“二重”到“三重”的演进轨迹可谓一目了然,而“三重”主要体现在对国外著作的重视,表现出跨文化的人类学研究思路。

所谓“三重证据”,是用人类学研究的成果来论证古代文化,用外国的、世界的东西来论证中国的情况。闻一多、郑振铎在郭沫若的影响下,继续将研究从古代史的领域推进到文学领域,尤其是闻一多,创获更为显著。此外,如鲁迅、朱光潜,还有不太知名的凌纯声,都被叶舒宪认为是应用人类学的“第三重证据”的重要学者。

对于古代文学的现代学术史上的这些重要人物,笔者没有全面的了解,更谈不上研究,只是曾专门注意过闻一多先生,对闻一多在运用文化人类学研究古代神话、诗经、楚辞的别开生面,有比较充分的了解,对他在文字考释、名物训诂上的用社会学和文化人类学方法,而取得与前人不同的成就,也有了初步的了解。确实,闻一多先生在运用以弗雷泽为代表的巫术理论、“食产文化理论”,以弗洛伊德为代表的“性文化理论”等,写出了关于上古神话和诗经的一系列论文,都是具有开创性的。在当时,不少学者认为他的研究是“非常可怪之论”,并未得到普遍性的首肯。在经过了时间的考验后,我们不能不佩服他至少在两方面所进行的开拓:其一,用“生殖崇拜”考察上古神话的“人种起源”的文化学意义;其二,从图腾研究切入探讨中国的国家起源和相关的民族问题。这样,他对于世界上所有古老民族都有过的相似的“传古民歌”的三大问题:“我们从哪里来?我们到哪里去?我们是谁?”借助新的理论、方法和眼光,作出了自己的回答,并经历了时间的考验,使愈来愈多的人为之钦敬、信服。

今天,我们对于“三重证据法”的命名或许并不完全、真正的认可,因为王国维所说的“二重证据法”中的“地下之材料”,是包括秦汉以后各时代的出土文物,而“三重证据法”中的文化人类学,以及相关的田野调查等所得材料、证据,都主要是用以观照人类的初年的(虽然说,文化人类学包含了考古学、民族学、语言学等分支,在方法论上的意义并不为历史的时段所限,但更多的是运用于对上古的研究)。但是,叶舒宪、萧兵等对先秦文学的研究,无疑是古代文学研究的一个很大的突破。如叶先生对《诗经》的阐释,用一系列的咒语,如猎咒、情咒、医咒、反咒来看待诗经中的祝词式修辞模式尚较为可信,但用咒和祝的分化看传统的“美刺说”的由来,就不很可信;认为“寺人作诗”与世界性的“净身祭司制”有关,似乎较可信,但儒家“温柔敦厚”的“诗教”和君子理想、中庸学说都脱胎于以寺人为本的“中人”伦理,则不甚可信;“颂”来源于原始的猎头和祭首礼,恐怕更难以令人信服。西方有所谓的“过度阐释”一说,即深求而至于过甚,这种情况在萧先生的书中也存在,但他们的探索精神无疑是很值得肯定的。

因此,“三重证据法”的说法或许可以质疑,但这些学者用文化人类学来“破译”古代文化所取得的实绩确实是很惊人的,是令人振奋的。

三 前辈大师的文化学研究方法给我们的启示

郭沫若、郑振铎、闻一多以来的许多学者,在先秦史学、文学、文字学研究中开创出一片新天地,当代的萧兵、叶舒宪等新一代的学者更在运用战后西方理论和调查成果、相关材料上,达到了竭泽而渔的地步,在先秦文学研究上产生出令前辈们至少在数量上是望尘莫及的研究成果,在方法上,更因时代的进步,也为前辈所不逮。举例说,如叶舒宪《庄子的文化解析》,既在理论上借助西方艾利亚德、吉拉道特的永恒回归理论,和爱利森的精神超越学说,又在方法上除传统的训诂考据外,充分运用了跨文化比较,对主题研究、原型分析等用得很纯熟。这种研究确实是大大超越了受到时代所限的前辈们。可是,正如前面所说,文化人类学的运用是有历史时段的限制的。所以,在秦汉以后的文学研究中,除与神话有一定亲缘关系的小说外,恐怕很难再产生出如同“系列破译”那样的成果,因为此后的文学创作,更多的是在理性的烛照下。

如果不为名词所限,本着前辈学者的开创精神,在当代学者勇于探索的启发之下,我们尽管不采用“三重证据法”的说法,或不限于文化人类学的方法,但沿着文化学的研究路子,应该说还是可以在古代文学的研究中有所创造,有所建树的。

我们不妨看看20世纪前半叶古代文学研究界的大师们可以给我们什么启示?

康有为虽立足于经世致用,发挥公羊家“三统”、“三世”说以求托古改制,终于成为了改良派的领袖,并非书斋中的纯粹学人;但他对经学、史学、理学、佛学、考据学等都有精深造诣,对诗词、书法、绘画也有很高的创作或鉴赏水平。他当年在广州万木草堂讲“古今学术源流”,是出入于儒、法、道、佛和西学间,如张伯桢《康南海先生讲学记·前言》所言,是“综博群籍,贯穿百氏,通中西之邮,参新旧之长”。梁启超在《三十自述》中说:“先生为讲中国数千年来学术源流,历史政治沿革得失,取万国比例推断之。余与诸同学日札记其讲义,一生学问之得力皆在此年。”他说康有为当时正写《公理通》、《大同学》,又著《新学伪经考》、《孔子改制考》,还有宋元、明儒学案、《文献通考》、二十四史等“日课”。后来,梁启超所从事的学问研究也基本沿着这条路走。所不同者,在于康有为并没有将自己所讲写成专著,他的育人目的在于造就推行改良主义政治主张的人才,而梁启超虽所学多出于康氏,却另有树立,又不讳言与老师的分歧。

梁启超的学术思想很难用简单的语言概括,我们应看到他所具有的既是民族的,又是世界的眼光。他看到了西学中的近代学术(尤其是自然科学)对社会的推动作用,因而有“学术之势力左右世界”的看法,而在第一次世界大战后,他游历了欧洲,看到了西方的另一面,遂认为“科学破产”,因此他的学术思想有尊古崇儒的倾向,这种倾向或有失客观,却有利于对民族遗产的倾心研究。他还认为,更新中国的学术思想,在于博采中外之长,在面对近代以来的落后时,应不为近代“外国学术思想所眩”,不应自贬,应该做到将中西学术融会贯通。梁启超关于先秦诸子的研究,两汉到宋明的儒学衍变,佛教与中国文化的关系,以及近三百年学术思想,是其学术研究的主要领域。就文学而言,梁启超除了在倡导诗界革命、小说革命等方面提出了许多著名的见解外,他的研究文学是具有世界眼光的。如果说他研究先秦政治思想史时,还是将《诗经》作为材料来用,那么他的《中国之美文及其历史》就是纯文学的研究,且具有不同于传统的社会学、历史学等方法。在萧兵的楚辞研究中,就曾用了他关于古代社会政教合一的观点,以此观照楚国文化和楚辞中的一系列问题,由此可见方法论的典范作用。

王国维以其个人特有的气质治哲学,不是接受康德的思辩性哲学,而是接受叔本华的具有东方色彩的哲学,他对于悲剧的看法,对《红楼梦》的研究,元杂剧的研究,《人间词话》的创新等,都可以说是具有创新的意义。从中看到西方悲剧论和理念说等影响,同时也熔铸了东方佛学所原有“境界”概念。他用与传统不同的游戏说、解脱说、距离说、天才说、审美静观说、纯文学论、文艺无功利论等看待文艺,并以此为标准和参照来论列中国古代文学,从政治道德和南北文化论屈原文学精神,论俗文学以“自然”、“意境”相取等,也为20世纪古代文学研究起了建立导航标的作用。但是,在王国维所作的以西方哲学、美学理论研究中国古代文学的工作中,不是生硬的以西释中,而是沿用传统的民族形式,在着盐于水、寓神于形的论述中,将新的理论用于惯有的形象描绘和直觉把握,重在归纳而非分析,只求点悟而非阐释,使人在旧形式中感受到新内容,并产生了深远的影响。后来尽管王国维的治学转入其他领域,但他的文学研究所具备的哲学、美学眼光和文化学色彩,一直都给人以启迪。

又如鲁迅,他于1907年写成《摩罗诗力说》,尽管多为编译,写作之旨也在思想解放、推助革命,但其中对封建文学及其创作思想的批判,对异端,尤其是对“摩罗诗派”“不为顺世和乐之音”的推崇,对“雄桀伟美”的浪漫主义的呼唤,“别求新声于异邦”的向西方汲取,对反思和扬弃,对确立评判标准,都有“导夫先路”的作用。此外,《拟播布美术意见书》的运用西方美学观念、文学思想,以纯文学思想对“文学”概念的全新、系统的解释,是对其师章炳麟关于文学的概念的一大发展。章氏《国故论衡·文学总略》云:“文学者,以有文字著于竹帛,故谓之文;论其法式,谓之文学。”而鲁迅则以“用思想以美化天物"为"美术"(即文学与艺术),这非但对20世纪的文学创作有现实的指导意义,而且对研究古典文学也是观念的一大转变。他的《汉文学史纲要》、《中国小说史略》等,都是拓荒性的,郭沫若就曾将他与王国维相并,认为他的小说研究和王国维的戏曲研究前无古人,而且领导着百万的后学。

再比如陈寅恪,也是现代学术史上的重要人物。他的诗文释史和以史释诗已是人所公认,学科的交叉性使之在治学上有不少创获。如以元、白诗证史,以韦庄《秦妇吟》证黄巢起义事,以钱谦益、柳如是诗文证明末清初史实,均可补正史所不载;反之,以史证诗则对正确理解作品也大有助益。运用在语言学、宗教学上的优势,对某些问题作词源性的考证,是陈寅恪先生所独有的贡献。如认为三国的名医华佗,其名应来自天竺语 agada,原意是"药",汉译脱去字首元音"a",即成华佗,而华佗原名华旉,人们以其医术高明,故比之为印度的药神。又如考证出竹林七贤的"竹林"是假托佛教名词 Veluvana 的译语,为佛祖说法之处,七贤谈玄,以之比附,遂有竹林之游的说法。因对道教的熟悉,他考证出晋朝凡名字带"之"字的都是道教徒,这对研究晋朝的思想、文学都很有帮助。他从地域文化和出身门第的角度研究唐代政治史,写成了重要的著作《唐代政治史述论稿》,不但探寻了党争之由,对唐代文学的研究也很有启发、帮助。其论韩愈和古文运动,提出了韩愈旨在尊王攘夷的观点,也为人所未发。

上面说到的这些人物,多为"通人",是现代的"通儒",而他们之所以能突破乾嘉学派许多朴学学者终生治一业、"窄而深" 的研究格局, 与他们的不囿于传统学术方法,具有现代的文化意识有关。确实,"别求新声于异邦"应不止于思想史的意义,前辈大师们可以给予我们足够的启示。

四　关于宋代文学的文化学研究

笔者以为,对宋代文化与文学关系的研究,有几个较重要的论题,是近年来得到关注,且取得可喜成果的。

一是关于政治文化的党争, 及其对文学造成的影响。党争从北宋一直延续到南宋,对士人的人生境遇,对文学创作的文化生态,都有很大的影响,与宋代文学的题材、主张、风格等也有关系。

先后有沈松勤的《北宋文人与党争》,萧庆伟的《北宋新旧党争与文学》,及沈松勤的《南宋文人与党争》三著。其中《北宋文人与党争》涉及的北宋党争与文学关系问题,有因党争而引起的文人与文化命运的改变,包括兴治文字狱,以"文字"排击异党,因排斥异党而禁毁"文字"的党禁与文禁;还有北宋党争与文人的分野问题,包括王安石与新党文人群,苏轼与苏门"君子",黄庭坚与"江西"诗人群;北宋党争与文学创作的互动,包括熙、丰的政见之争、元祐的意气之争、"绍述"的党锢,三者与文学创作的互动,涉及创作倾向、风格、文人的惧祸心理、价值取向、心态演变、主题取向。

二是关于制度文化的科举,以及与文学的关系。科举始于隋,盛于唐,变于宋,且显见完善、进步。唐宋因这一制度的区别，也造成了二代主流、精英文化的不同与发展，且因二者文化精神的差异，也造就出二代文学的区别。

继程千帆先生之后，傅璇琮先生的唐代科举与文学研究，打开了新的局面，而近年研究宋代科举考试与文学关系者，有祝尚书的《宋代科举与文学考论》和林岩的《北宋科举考试与文学》二书。祝著对于宋代科举制度的沿革变迁，科举制度、科举考试与文学发展的关系，其间的利弊得失，都作了文史相兼、考论结合的研究，举凡发解、省试、殿试、诸科、制科、词科、糊名誊录、诗赋经义之争、时文的程式化、科举与理学、科举用书、登第进士的恩例与庆典等，属于宋代科举的重要问题，都有深入的涉及。

三是关于家族文化与文学的关系。家族文化可追溯到六朝的贵族文化，晋室南渡后，琅邪王氏、陈郡谢氏等家族，都在江南地区逐渐形成了政治、文化大族。随着作为家族文化基础的庄园经济被唐代的均田制取代，唐太宗"欲崇重今朝冠冕……不须论数世之前，止取今日官爵高下作等级"，但唐代仍有门阀之风，直到安史之乱后，门阀才遭到严重破坏。宋代由于宗族制度的发达，造成了新型的家族文化，也影响到家族相传的文学传统。

近年来，对家族文学的研究渐多，先是有几部关于六朝、隋唐的家族与文学的研究专著，而宋代的研究则以张剑的《宋代家族与文学——以澶州晁氏为中心》为代表。晁氏家族一时成为了研究热门，除刘焕阳《宋代晁氏家族及其文献研究》(齐鲁书社 2004 年版)外，还有何新所的博士论文《宋代昭德晁氏家族研究》(南京大学 2004 年)，和李朝军的博士论文《宋代晁氏家族文学研究》(四川大学 2005 年)等。关于家族与文学的研究论著，尚可再举汤江浩的《北宋临川王氏家族及文学考论——以王安石为中心》(人民文学出版社 2005 年版)，此书与张剑所作，都是博士论文，且不谋而合的是，都有"以……为中心"，前者的中心是澶州晁氏群体，后者是临川王氏中的王安石一人。

对家族文学的研究，似已成为当前宋代文学研究的潮流，尤其是不少博士论文都以此为题，相信不久后会有众多的成果问世。

与宋代文学有关的几个文化问题：

从进士文化到士大夫文化。

相对于六朝的贵族文化，唐代因推行科举且尤重进士制，逐渐形成了进士文化。笔者认为，进士文化的主要特点是：其一，由九品中正行察举，改为士子主动参加科举考试，选官的制度文化之变引发了政治之变，导致了具有近代意义的社会逐渐生成。其二，因进士科取士较他科困难，在最为社会重视同时，又因进士考试行以诗赋取士，遂改变了儒学与文学的传统地位。其三，儒生与文士地位的倒转，造成了文化从制度进而到思想、行为层面的改变，"儒林"传统向"文苑"精神倾斜、转化，使得统治阶级的新成员——进士阶层，形成了一系列被视作"无行"、"轻薄"的特点。

鉴于晚唐五代的政治腐败与进士无行相关，自宋初始，不少有识之士已指出科举取士之蔽，胡瑗、孙复等创办书院教育，以不求功名利禄为尚，努力于塑造士人的道德人格。胡瑗后任国子监直讲，为太学生授业，施行明体达用的教育方针，主张经义与实学并重。通过科举走上仕途的人物，也反思唐五代进士的堕落，范仲淹在《奏上时务书》中要求改革政治、“兴复古道”，提出“救斯文之薄”，自己更以天下为己任，践履“古道”复兴。欧阳修以为文不可恃，屡薄尽心于文字者，基于文道合一而极力推重韩愈。

由于宋人之重道，加以科举制较唐代更为完善，较彻底地打破士庶之隔，真正实现了出身寒门亦能上升朝列，遂能变进士文化为士大夫文化。笔者以为，士大夫文化的基本涵义及主要特点是：其一，在对进士文化的批判中，努力于儒学传统的重建，并在重“道”同时，又极为重德，思想修养追求明道见性，向往“内圣”境界，外现则为操守气节。其二，虽宋代文化较之唐代而见内倾性，然而士大夫文化却具有显见的“外王”指向。其三，政党政治的形成，为士大夫文化所特有，使得党争贯穿有宋一代。

因政党政治所造成的党争，则对宋代文人与文学有极大影响，成为研究宋代文学不能忽略的背景和因素。

宋代文化的其他重要论题：

士大夫文化可谓宋的“一代之文化”，对宋代文学有很大的影响与制约。此外，在由唐而宋的历史进程中，文化之变尚应注意以下三个问题。

第一，夷夏观与外来文化。

在由唐而北宋，再到南宋历史进程中，与接受或排斥外来文化密切相关的夷夏观，有显著的变化。

春秋时代有“尊王攘夷”的口号。孔子赞：“管仲相桓公，霸诸侯，一匡天下，民到于今受其赐。微管仲，吾其被发左衽矣。”（《论语·宪问》）孟子以舜为东夷人，文王为西夷人，却先后为圣，显然超越了“尊王攘夷”观，《孟子·滕文公上》进而提出了自己的文化观：“吾闻用夏变夷者，未闻变于夷者也。”在西汉的汉武帝全盛时期，“德泽洋溢，施虖方外，延及群生”，而到五胡乱华时，又重申“华夷之辨”，江统《徙戎论》提出了徙戎于其旧地的主张，文中所云的“内诸夏而外夷狄”，本出于《公羊传·成公十五年》，而“非我族类，其心必异”，则出《左传·成公四年》。待结束了南北分裂，隋文帝可以宣称：“朕受命于天，抚育四海，望使一切生人皆以仁义相向。”贞观四年，唐朝大破突厥，对如何处置十余万降众，朝臣各有所见，唐太宗独纳中书令温彦博之议，作了妥当安排，更有对中华、夷狄爱之如一之说。

入宋以后，因屡挫于外族，故石介《中国论》重申“内中夏而外夷狄”之理，治《春秋》者颇多，以至成为显学，“华夷之辨”又成宋人的重要论题。苏轼有《王者不治夷狄论》，沿袭《春秋》传统之见，将夷狄的秦、楚与华夏的齐、晋相比。与苏轼为敌党的程颐，亦申《春秋》谨华夷之辨的思想，再言“尊王攘夷”说，与苏轼所见并无不同。南宋初，宋高宗推崇左氏《春秋》，目的在于用尊王攘夷说树正统、斥伪齐；而胡安国作《春秋传》，则以此说作为抗金大业的思想基础，其序自云“用夏变夷，大法略具，庶几圣王经世之志，小有补云”。

无论是北宋还是南宋，都倡尊王攘夷之说，可以认为，由于宋的继迫于契丹、党项、女真和蒙古民族，宋人的夷夏观，实也成为了宋代爱国主义文学的思想基础。

第二，主流文化与多元文化。

宋代的精英文化无疑是士大夫文化，是宋的“一代之文化”，也是主流文化，但是，宋代文化不是单一的，而是多元文化的构成格局，较唐代文化更为丰富多彩。

与士大夫文化具有相同或相近地位的是道学文化，它不仅是宋代思想文化的代表，是“一代之学术”，对宋代文学的创作思想也有很大影响。如果说士大夫文化与道学文化是近于平行的精英文化，那么在士大夫文化中也发展出新的次文化、子文化。如在这一文化所造成的政党政治中，士大夫受党争之害，使得自屈、贾以来的贬谪文化有了新的发展，而因宋代在思想文化上的三教合一，也使得贬谪文化与道佛文化相融，苏、黄就是很好的例子。若谓与道佛文化相融的贬谪文化，是士大夫文化中的一个新“变种”，那么，在士大夫文化之中，馆阁文化则是非常重要的新“品种”，宋代的右文政策，使得这一文化在宋代的文化建设、历史与文学中，都具有非常重要的意义。

士大夫文化是精英文化，具有“庙堂”性质，而由于宋代的近代性质，经济形式、城市建设的发展变化，使得市民阶层迅速壮大，“草根”的市井文化也随之发展，其中的青楼文化就是柳永俗词的催生剂、培养基。推而广之，宋代俗文学的发达，亦与市井文化大有关系。梅尧臣、苏轼等人提出的文学创作应“以故为新，以俗为雅”，就应是正视、关注市井文化的结果。

南宋在延续士大夫文化的同时，发展出权相政治，在党争以新的形式出现同时，伴随着科举文化之变，加以地狭人稠，冗员增多，隐逸文化、江湖文化、幕客文化，以及因中心城市多种“社”、“会”而生成的社会文化，则又提供了不少文化新品种，也分别影响了文学的生态环境、创作条件、内容题材、艺术风格。

第三，地域文化与家族文化。

唐宋两代的地域文化都很有特色，而宋代因宗法共同体的建立，家族文化尤为发达，地域与家族相结合，则成为宋代新的文化景观。

与唐代相比，宋代地域文化的最大变化就是文化重心逐渐向东南转移，并在北宋后期得以完成，这是几千年历史的唯一一次。由于地域文化涉及风土民俗、人文素质、宗教信仰、官私教育、印刷出版、公私藏书、交通传播，以及儒学、宗教、学术、文学、艺术等传统的异同，对文学创作有显著的影响，故此结合地域文化研究宋代文学，应是大有可为的。

宋代文化的一大变化是宗族共同体的建立[①]，不仅强化了伦常秩序，促进了小农经济的稳定，得到了理学家的充分论证、肯定，还为家族文化的形成创造了条件。宋代的家族文化与六朝的家族贵族文化不同，代表了一种新的文化方向。

虽唐代也有因家族而成的文化传承，但地域性特点似更强于家族文化传统，宋代

---

① 冯天瑜，何晓明，周积明.中华文化史[M].上海：上海人民出版社，1990.

不然,地域性与家族性结合为一体,形成了许多著名的家族。如:宋初的临安钱氏,惟濬、惟治、惟演昆弟各有所成,寿州吕氏,自吕夷简起,几代一门数相,雍丘韩忆及其子韩绛、韩维、韩缜,吴县范仲淹及其子纯仁、纯礼;京兆蓝田吕氏,仙游蔡氏,南宋的四明史氏、鄱阳洪氏等,亦多显宦;眉山苏氏、巨野晁氏,多文学之传;洛阳程氏兄弟,崇安胡氏、婺源朱氏父子,则为道学名家。若从地域言,仅江西一地,除前说的鄱阳洪氏外,还有临川王氏(王安石、安礼、安国),南丰曾氏(曾巩、曾布、曾肇),新淦孔氏(孔文仲、平仲、武仲)等著名家族,对政治、学术、文学、艺术等产生了很大影响,形成了传统。家族文化可以与人文地理学结合起来研究。

宋代文学的文化学研究还应关注什么?与宋代文学研究相关的文化问题,兹再举隅以见之。

笔者以为,以下三个问题,也是宋代文学研究需要关注的。

一是宋代文学与思想史、哲学史、制度史的关系。

二是宋代文学与宋代学术、艺术的关系。

理学作为新儒学逐渐为之建立,王安石创新学,张载创关学,周敦颐创濂学,二程创洛学,洛学的出现标志着新儒学的初步完成。此外,如易学、尚书学、诗经学、春秋学、诸子学、史学,以及政治学、谋略学、教育学等,也可关注它们与文学的关系。

宋代的文人,又常是艺术家或艺术理论家,由于文与艺的相通,对于宋代文学的研究,还应注重与绘画、书法、音乐及相关理论的联系。

三是宏观的理论视野与延伸的学术眼光。

从学术史延伸的角度言,汉代分古今文,变之为南北学,再变而为汉宋学,汉、宋并称,但为何清人会走上弃宋而取汉的道路?这对清代学术与文学有何影响?也是应该考虑的问题。举诗经学一例,宋人如欧阳修的疑古,郑樵、程大昌,尤其是朱熹的攻《序》,对于汉代的诗经学无疑是一抉樊篱,但由于宋人的训诂功底不逮汉儒,清代考据学兴起后,渐揭汉学旗帜,斥宋学的空虚,陈启源、陈奂、马瑞臣、魏源、姚际恒、方玉润、崔述诸作问世,使诗经学为之大成,远在宋人之上。所以,从"研究的研究"角度言,宋代的"文学的研究",及其成就高下的判断,又非一代之学可限。

对宋代文学的文化学研究,尚有许多方向、课题,以上仅是举隅而已。钱穆先生曾说:"文化异,斯学术亦异。中国重和合,西方重分别。'民国'以来,中国学术界分门别类,务为专家,与中国传统通人通儒之学大相违异。"当今的学术更是"分门别类,务为专家",这固有专门、精深之长,却未免如乾嘉之学的走上窄而深一路;传统的通人通儒之学已不可再,但能否多少恢复"中国重和合"的文化精神呢?对于宋代文学的研究来说,因宋人的多种人生角色,多重知识结构,多元的学术、创作,至少文化学的研究是很需要"重和合"的。

第六部分
作品赏析

秋水伊人，深情绵邈
——读《蒹葭》

《蒹葭》一诗属于《秦风》。秦地处今陕西省，在豳地之南。秦人有尚武之风，《汉书·地理志》说："天水、陇西山多林木，民以板为室屋。及安定、北地、上郡、西河，皆迫近戎狄，修习战备，高上气力，以射猎为先。故秦诗曰：'在其板屋'；又曰：'王于兴师，修我甲兵，与子偕行'；及《车邻》、《驷　》、《小戎》之篇，皆言车马田狩之事。"王夫之《诗广传》论《秦风》时，就说过秦人"闭之于情欲，而启之于杀伐"，"秦风所以为天下雄也"。而在杀伐尚武、慷慨悲凉的《秦风》中，《蒹葭》的内容、风格情调均独立一格，这就非常引人注目。

《蒹葭》的主旨是什么？朱熹《诗集传》卷六云："言秋水方盛之时，所谓彼人者，乃在水之一方，上下求之而皆不可得。"这一归纳毫无疑义是正确的。然而，问题就在于这"伊人"（彼人）究竟何指？《诗序》说："《蒹葭》，刺襄公也，未能用周礼，将无以固其国焉。"因此，《郑笺》就据以释"伊人"为"知周礼之贤人"。汉儒以政治眼光看待《诗经》，对后世影响颇大。后来不少人都将"伊人"看作隐士、贤人，于是《蒹葭》就成了一首招隐思贤之作了。当然，也有例外，如对《诗序》多有辩难的朱熹对"伊人"就不妄下断语，只云"然不知其何所指也"。其实，如对全诗细加体味，则可见出，《蒹葭》是一首深情绵邈的怀人之作，是一首含蓄蕴藉的恋歌。

诗中所写的是清秋时节。"悲哉秋之为气也！萧瑟兮草木摇落而变衰。""皇天平分四时兮，窃独悲此凛秋。白露既下百草兮，奄离披此梧楸。"（宋玉《九辩》）诗人感物而动，以眼前所见景色起兴："蒹葭苍苍，白露为霜"，青苍的芦苇，晶莹的霜花，在秋气寒冷，露重霜浓，秋苇摇曳，一片茫茫之时，叹息时光流逝，对景感怀。为何感怀呢？"所谓伊人，在水一方。""伊人"的出现，点明了思念的对象，但自己身处苇丛，隔着茫茫秋水，难于与之相会。相隔虽远，思念难已，遂由怀想而追寻。"溯洄从之，道阻且长；溯游从之，宛在水中央。"沿水陆行，寻求爱人的踪迹，水道时直时弯，道路遥远而艰难，往复追寻，似乎觉得"伊人"在水中小洲之上，但又依稀迷离，若有若无，可望而不可即。神魂牵绕，怅惘痴迷之情，传递得非常深切。

诗的第二、三章，字句及意境与第一章基本相同，唯蒹葭"凄凄"、"采采"，虽都写芦苇凄青之色，但较之"苍苍"，声情转向低迴；白露则从清晨最冷时的"为霜"，转为阳光照射下的"未晞"而再到"未已"，显现出追寻的时间之长；"道阻且长"到"道阻且跻"，"道阻且右"，道路从遥远而至崎岖、迂曲，愈形具体；而伊人从在水的"一方"到"之湄"、"之涘"，踪迹渐从缥缈变为可指，愈为可见；寻觅结果，伊人从"宛在水中央"，到"水中坻"，"水中沚"，亦从不确定转为确定，愈为可即。心情虽渐黯然，感情却更为深切,寻觅虽无结果,希望却始终不熄。然而,望之渐近,即之仍远。通过三章的反复咏叹,寓变化于整齐之中,逐层递进,显得意挚情深。

《蒹葭》是情韵深长的抒情诗,写恋人痴迷的心境可谓细致入微。那么,它是采用什么艺术手法来抒情的呢?

第一,触物兴感与情景交融达到高度的统一。《诗经》以善用比兴著称。何谓比兴?李仲蒙:"索物以托情,谓之'比';触物以起情,谓之'兴'……"(胡寅《斐然集》卷一八《致李叔易书》)《蒹葭》三章,均首言"蒹葭"、"白露",就是触物兴感、起情之"兴"。诗中,葭、露非具喻义,但前者的一片青苍,后者的晶莹闪烁,以及沿伸无际的茫茫秋水,织成了寂寥凄清的秋景;而三章"溯洄"、"溯游"的水边踯躅,却终不可得,酿成了凄婉惘然的思绪。景物之苍茫与思绪之怅惘达到高度统一,互相生发,又互相依存,浑然交织,水乳相融,"情景交融"决非虚语。

第二,采用了虚实相生、时空结合的手法。蒹葭、白露,溯洄、溯游,分别是自然与作者行动之实景。而"伊人""宛在水中央"、"宛在水中沚"则是想象中的虚景。由实而虚,以虚见实,表现了作者对"伊人"的诚挚追求,深情难泯,更使全诗意境显得蕴藉空灵,回味无穷。另则,随着由清晨到日出、再到上午的时间推移,作者不断变换着"阻且长"、"阻且右"、"阻且跻"的空间场景,以时间与空间的变换,显示出对"伊人"的多方寻觅、挚着追求。诗虽采用《诗经》常见的重章迭句形式,但在迴环往复之中稍寓以时空变化,这较之一般地以重迭来加深抒情气氛,显得更为缠绵多致。

《蒹葭》全诗笼罩着既惘怅又缠绵的气氛,但其基调又不仅是悲凉、低沉,因为"伊人"的朦胧意象和作者对其的企慕追求,已逾越了诗歌主旨本身而具有广泛的象征意义。《蒹葭》中秋水伊人的形象,同《周南·汉广》中"汉有游女,不可求思。汉之广矣,不可泳思。江之永矣,不可方思"的汉水游女一样,都启迪了后世表述企慕之情的作品。《古诗十九首》中的牵牛织女,"盈盈一水间,脉脉不得语",正是将秋水伊人延伸到神的托喻,而后来更多的表达长怀远慕之情的诗篇,虽有进一步的发挥,却多渊源于此。而且,对"在水一方"的企慕向往,又不仅限于爱情,它常被作为对理想境界的追求,甚至连佛教经典中所示的"彼岸",都与"在水一方"相通。王国维《人间词话》曾称道:"《诗·蒹葭》一篇,最得风人深致。"这不仅因为《蒹葭》掩抑低回的情调与王国维人生观中的悲观主义精神相契合,而且他从诗歌形象中看到了人生的理念,体会出了对人生"彼岸"的追求、向往。在爱情之外,他所看到的是"诗人之忧生","诗人之忧世"。这大概可以看作是《蒹葭》一诗的形象大于思想之处吧!

(《中文自学指导》1987 年第 1 期)

怨愤的弃妇诗
——《诗·卫风·氓》分析

《诗经》中的郑、卫二风常被并称，几成“淫”的代名词，《氓》亦未能免。《诗经》谓此诗“美反正，刺淫佚也”。宋代大儒朱熹则曰：“此淫妇为人所弃，而自叙其事以道其悔恨之意也。”以“刺淫”或“因淫自悔”来看待《氓》，都是有失偏颇的，此诗所抒发的是弃妇之情，表现了对负心男子的怨愤。

卫国在今河北、河南二省之交，商业较发达，魏源《诗古微》说：“商旅集则货财盛，货财盛则声色辏。”因而青年男女的恋爱婚姻较为自由。但是由于女子没有独立的经济地位，使之在家庭生活中从属于男子，一旦男子负心薄情，移爱他人，女子即成弃妇，沦入悲惨境地。《氓》中弃妇之怨愤实开我国此类诗歌之先声，其思想意义不能低估。诗中以第一人称自叙恋爱、婚姻、遭虐、被弃的全过程，详明深刻，真切可感，有较强的艺术感染力。

《氓》全诗共分六章，具有较完整的叙事性。

第一章追述最初与“氓”相爱，并自订婚约的经过。

“氓”，读为“萌”，意为“民”，古泛指无世袭贵族身份的人，诗中指女主人公过去的丈夫，清人顾栋高《毛诗订诂》认为：“氓”是对男子的鄙称。因弃妇对此负心男子充满怨愤，顾说不无道理。又清人马瑞辰认为“蚩蚩”同于“嗤嗤”，戏笑貌，犹言“那个家伙笑嘻嘻地”。朱熹则认为“蚩蚩”为“无知之貌，盖怨而鄙之也”。若合“蚩蚩”的原意“敦厚之貌”而观之，则可得出“貌似老实而实不老实”的结论，与女主人公的心理、感情相切合。开端的“氓之蚩蚩”四字，实已逗被骗之意，为爱情悲剧预伏一笔。正因为轻信“氓”之忠厚，不察其狡诈，误以其“怒”为笃情，女主人公才解释、劝慰、远送，并定下婚期，也才有后来的无穷痛悔。

第二章接写别而复见、占卜完婚的过程。

待“氓”涉淇而回之后，女子乘垝垣、望复关，对“氓”殷殷企盼。前章曰“子无良媒”，此处则以占卜来问婚姻，自定终身。《易·系辞上》曰：“探赜索隐，沟深致远，以定天下之吉凶，成天下之亹亹者，莫大乎蓍龟。”当二人以蓍草和龟甲卜凶吉，看到卦象无不吉利的言辞后，就决定举行婚礼，乘着“氓”的车，带着自己的嫁妆，随之而去了。

第三章插入自陷情网的追悔之情。

诗中并未承前两章接叙其婚后状况，却以鸠食桑葚而昏醉，引出女与士耽之难以解脱，来抒发女子被弃后的悲伤、痛悔与愤慨之情。诗中的“耽”字，一般都注音为“丹”，为“玩乐”之意。朱熹注为“持林”反切，即“陈”音，闻一多认为应读为“酖”，音“枕”，指过分迷恋于欢乐。相较之下，闻说更为有理。

第四章表达了因被弃而恨“氓”之负心的怨愤。

当年“以我贿迁”，带着嫁妆到了男家，时过多年，陷入“食贫”的困顿之境。一方面是如同桑叶的由黄而陨，年华之渐去，使得女子色衰而爱弛；另一方面则是生活的贫困，更令“氓”对此女渐生憎厌之心。“氓”终于“贰其行”，“二三其德”，遗弃女子。当年涉过这汤汤淇水而来，如今又渡过淇水而去，被休弃而回到了娘家。

第五章进而自叙辛勤持家反遭遗弃，弃而无所托，深深地自悲身世。

为人媳妇，不以操持家务为劳，早起晚睡，无一日非此。待到安心于同自己过日子，“氓”却变得暴虐不仁，使女子无法与之共同生活。被弃之后，娘家也难以安身，因为兄弟们也不了解、体谅她，对她只有讥笑。静而思之，只有因无所依托而自悲不幸了。

第六章追忆当日誓言，细想今日遭遇，再诉悔恨交加之情。

从诗中“总角之宴，言笑晏晏”可知，女子与氓自幼相识。《礼记·内则》云：“拂髦，总角。”郑玄注：“总角，收发结之。”“角”即小髻，旧时称童年时代为“总角”。虽有总角之交，后又有“信誓旦旦”，但“氓”之心竟然不如淇水、隰水的有岸有泮，却掀起了噬人的波澜。全诗以“反是不思，亦已焉哉”作结，无奈之中，更形沉痛。

《氓》不仅谴责了男子的负心，在哀伤、悔恨到决绝中，表现出女主人公的不屈性格；“士之耽兮，犹可说也；女之耽兮，不可说也”更是从自身经历中得出的痛苦经验，是对广大妇女的深刻告诫，同时也形象地反映出当时妇女在婚姻与家庭中的真实地位，是对男尊女卑的社会现实的强烈指控，确实具有较高的思想意义。

《氓》的艺术性也很值得称道。

其一，叙事与抒情的高度结合。

《诗经》(尤其是《国风》)的主体是抒情诗，《氓》也无逾于此，但是，它又有很强的叙事性。它以叙事作为抒情的基础，又以抒情作为叙事的主导，二者的结合臻于较高境界。

全诗主旨在于抒发弃妇的怨愤，在痛定思痛之时，女主人公以追叙之笔先描述了往事。第一章的议婚、相送、约定婚期，第二章的热烈相思、卜筮问卦、完婚远嫁，在由爱恋到结婚的完整叙述中，可见女主人公爱得真挚、爱得热烈。这样，适足反衬“氓”的负心、薄情，更能在前后对照中，深刻同情女主人公的不幸遭遇。在回忆之中难以掩抑心中的悔与恨，第三章又回到了现实，叙事转为抒情，“于嗟女兮，无与士耽”的告诫，“士之耽兮，犹可说也；女之耽兮，不可说也”的过来人的痛苦经验，更是迸着血泪的心声。呼告既了，郁闷稍平，第四、五章又转为叙事：生活陷于贫苦，“氓”却德、行见悖，遗弃了女子，不得已而回到娘家，忆及当日的持家辛劳，后来的遭受粗暴言行，今日的被兄弟耻笑，更感处境艰难，心情痛苦。在叙事之中，谴责“氓”的“罔极”、“二三其德”，因兄弟耻笑而“躬自悼矣”，都是自然而然地抒发内心感情。第六章对“总角之宴”、“信誓旦旦”的回忆，和“老使我怨”、“不思其反”的决绝，使叙事与抒情融为一体，在将往事向更早的记忆推移之时，更见感情的力度。

诗中的叙事加强了抒情性，而抒情又使叙事更能震撼人心，二者相辅相成，相得益彰。

其二，运用赋、比、兴手法的恰到好处。

由于《氓》有较完整的情节，有较强的叙事性，故此诗以“赋”为主，兼用“比”、“兴”，对三者的运用堪称恰到好处。

第一、二章叙事，为“赋”，不必详言。

第三章可谓“比而兴”。

先言“比”。“桑之未落，其叶沃若”，是以桑叶的饱满润泽喻女子的年轻貌美，苏轼曾称道其为诗人“写物之工”，以其“工”即认可其为妙喻。然而，若着眼于桑之关合前后，似欧阳修所说更为可取，他认为桑叶之茂盛是喻男子情意之盛，而鸠鸟多吃桑葚就会昏醉，是喻女子惑于爱情，不思后患。所以，鸠之食桑葚喻乐而有隐忧，非仅工妙，且合于女主人公精于蚕桑之业的身份（首章“抱布贸丝”可见）。

再言“比而兴”。朱熹说：“言桑之润泽，以比己之容色光丽，然又念其不可恃此而从欲忘反，故遂戒鸠无食桑葚，以兴下句戒女无与士耽也。”所以这一比喻又有兴起下文的“发端”之意，故谓“比而兴”。

第四章是赋中有比，首二句的“桑之落矣，其黄而陨”，承上章“桑之未落，其叶沃若”而来。若从欧说，则前章“桑之未落”，喻男子情意之盛，此处“桑之落矣”，喻情意之衰；若从朱说，前章以喻女子年轻美貌，此处则喻年老色衰。

第五章为“赋”，在回忆中感叹。

第六章是赋中有兴。

在回忆总角之交和信誓旦旦之中，插入“淇则有岸，隰则有泮”，其表层义是“淇水还有岸，隰水也有泮（畔）”，其深层义可有不同的理解，如：“丈夫行为放荡，没有拘束”，“淇、隰有边，我的痛苦却无边”，“水流有岸，人应有依，我却没有依托”。因其既有笼罩全章之势，又义难定指，包蕴颇丰，从触物起情的角度可看作为“兴”，故云此章赋中有兴。

其三，性格刻划与心理描写的较为成功。

“氓”初时的“蚩蚩”，似在敦厚中见卑下、猥琐，以“抱布贸丝”来商量婚事，则可见其机警之处，“将子无怒”，却可见此“氓”有“怒”的一面，后来的背约、弃妇实是自有根源。“士贰其行”、“士也罔极”、“二三其德”，深刻揭露了“氓”的反复无常、前后不一。“言既遂矣，至于暴矣”，对“氓”的“二三其德”可谓更形象的揭露。诗中对“氓”并未作精雕细刻的描绘，但简略几笔已大致勾勒出他的性格特征。

女主人公的性格更展现了丰富的层面。“送子涉淇，至于顿丘”，“乘彼垝垣，以望复关”的深情缱绻，“不见复关，泣涕涟涟。既见复关，载笑载言”的纯真、挚着，“秋以为期”，“以尔车来，以我贿迁”的大胆、决断，是她婚前的性格展现。“三岁为妇，靡室劳矣。夙兴夜寐，靡有朝矣”，则深刻表现了她的勤俭刻苦。在她被弃之后，彻底认清了“氓”的面目，“不思其反”，“反是不思”，又可见她的决绝。

就心理刻划而言,“将子无怒,秋以为期”的以温柔对怨怒,“望复关”的热切期待,“于嗟鸠矣,无食桑葚。于嗟女兮,无与士耽。士之耽兮,犹可说也。女之耽兮,不可说也”的殷殷告诫和深深悔恨,“静言思之,躬自悼矣”的自悲不幸,“不思其反”的聊以自慰,都是较为成功的笔墨。

除以上三点之外,《氓》在修辞、语言上也很见特色。一是顶真句式,如“及尔偕老,老使我怨”,“不思其反,反是不思”;二是使用叠字,如“蚩蚩”、“涟涟”、“汤汤”、“晏晏”、“旦旦”,以其音乐性为诗增色。

(《中文自学指导》1990 年第 3 期)

深深的思妇之愁
——读《诗·王风·君子于役》

春秋时代，统治者不但对内残酷剥削、压迫人民，而且不断地对外用兵，这样一来，沉重的兵役、徭役就落到人民身上，《诗经》中也就不乏反映征夫思妇的悲苦怨愤的诗篇。《君子于役》就是其中很有代表性的一首。

此诗两章，采用《诗经》常用的重章叠句形式，两章中除更动部分词语外，句式与意义都大体相同。两章都是三段式：前三句叙事，当中三句写景，最后二句抒情。通过叙“君子于役”之事，写日夕时分鸡栖牛羊下之景，抒发思念“君子”之情。明白如话的语言，自然朴实的景物，在重复的咏唱中，流露出农家女对丈夫的长怀远念之深情，和徭役带来的痛苦之怨艾。

先看首章。

“君子于役”，四字直言其事，“君子”为妻称其夫，“于役”指前往服役。“不知其期”，谓不知其归期。“曷至哉？”既问且叹，对丈夫的思念之情油然而生。

作者本可紧接问、叹而进一步抒情，却顿住不发，转为写景。正是黄昏落日之时，鸡进了窠，牛羊也从山披上下来，渐入圈内。日夕、鸡栖、牛羊下，纯真、安宁、静谧，多么美好的田园风光啊！但是，当这日暮时分，鸡能聚于埘，羊牛回到栏中，自己却形只影单，丈夫也思家而不能回，于是终于引发了第三层次的抒情。

“君子于役”，四字与首句全同，再应“于役”之事，“如之何勿思！”怎么能够不想他呢！至此，经写景三句的隔断和进一步触发离思，“曷至哉？”的思念已蓄足其势，“如之何勿思！”五字奔迸而出，其言也直切，其情也深长。

再看次章。

“君子于役”，四字不变。“不日不月”，即无日无月，较之“不知其期”，更难于计算归来之日，痛苦当然也就加深了。“曷其有佸”，“佸”为聚会之意，比之“至”来，思念之情似是更深。

“鸡栖于桀”，“桀”字从“木”，“埘”字从“土”，作为鸡窠，一凿于墙，一筑以木，不必深究。“日之夕矣”，与首章同。值得注意的是“牛羊下括”，“括”同“佸”，亦为聚会之意，此字之更换，上承“曷有其佸”之意，下兴思念之情，实不应轻易放过。

羊牛能相聚于栏，“君子”却依然奔走服役于外，还能让人说什么呢？只能说“苟无饥渴！”希望他大约不会挨饿受渴吧！不能有奢望，不敢过高希求，但求免除饥渴，这关怀、这愿望，纯真而又深厚，诚如朱熹在《诗集传》中所说：“此忧之深而思之切也。”

《君子于役》亦如《国风》中其他的劳人思妇之歌，读来真切感人，除所抒之情真外，其艺术性也与之相辅相成。

第一，是即景生情与比兴自然的结合。清初的王夫之在《姜斋诗话》中曾较全面而简洁地阐释诗中的情景关系：“关情者景，自与情相为珀芥也。情景虽有在心在物之分，而景生情，情生景，哀乐之触，荣悴之迎，互藏其宅。”《君子于役》堪称“景生情，情生景”，二者互相生发，达到较高境界。

诗中的首章、次章的第一个层次，分以“曷至哉？”“何其有佸？”表思念之意，但并未循此作进一步抒情，却以写景构成第二个层次。“鸡栖于埘，日之夕矣，羊牛下来。”“鸡栖于桀，日之夕矣，羊牛下括。”所写的是黄昏之时最为常见的乡村景色。但鸡与羊、牛能回窠归栏，“君子”却不能还家，就因景而生情；“如之何勿思？”“苟无饥渴？”此情可谓出于自然。

然而，乡村的黄昏景色可写者甚多，如日色、晚霞、炊烟等，诗中之写鸡与牛羊，又可看成“情生景”而因情设景之举。朱熹说：“鸡则栖于埘矣，日则夕矣，羊牛则下来矣。是则畜产出入，尚有旦暮之节，而行役之君子乃无休息之时，使我如何而不思也哉。”所说很是在理。我们可以认为，诗中之写鸡与羊牛，实具深心，看似是“赋”，实又是比兴之笔。

从“景生情”的角度看，鸡入窠、牛羊下，触发出思夫之情，这是即景生情。从“情生景”的角度看，则是以此景反比“君子”之不得归，并兴起怀人之情，因为所写为日暮农村最为常见之景，故又可谓比兴自然。

第二，善于体会，精于描绘。《君子于役》的作者很善于体会人的感情变化，以最令人惆怅的黄昏时节描摹所见，抒发情感。钱锺书先生在《管锥编》中指出：“盖死别生离，伤逝怀远，皆于黄昏时分，触绪纷来，所谓‘最难消遣’。”“诗人体会，同心一理。”并例举司马相如《长门赋》：“日黄昏而望绝兮，怅独托于空堂。”白居易《闺妇》：“斜凭绣床愁不动，红绡带缓绿鬟低。辽阳春尽无消息，夜合花开日又西。”等作以说明之。并指出韩偓《夕阳》：“花前洒泪临寒食，醉里回头问夕阳：不管相思人老尽，朝朝容易下西墙！”赵德麟《情平乐》：“断送一生憔悴，只消几个黄昏！”“取景造境，亦《君子于役》之遗意。”

一方面是善于体会，另一方面是精于描绘。诗中不仅以寥寥数笔写出黄昏山村的典型风光，显得真实、纯朴、亲切、精炼，而且所写极为准确。如朱熹就指出：“日夕则羊先归而牛次之。”“羊牛下来”、“羊牛下括”，二者的次序并非随意为之。这种鸡栖羊牛下的意境为山村所特有，也为后代诗人所追慕，王维《渭川回家》就曾以“斜光照墟落，穷巷牛羊归”来化用之。

《管锥编》引许瑶光《雪门诗钞》卷一《再读〈诗经〉四十二首》的第十四首：“鸡栖于桀下牛羊，饥渴萦怀对夕阳。已启唐人闺怨句，最难消遣是昏黄。”可知《君子于役》不仅是我国创作甚众的闺怨诗之始姐，其“瞑色起愁”的深刻体验也给后世的诗人以足够的启迪。

（《中文自学指导》1990年第4期）

空中送情，知向谁是
——浅析《西北有高楼》

《乐记·乐本篇》说："知音而不知乐者，众庶是也。惟君子为能知乐。"《古诗十九首》中的《西北有高楼》就是一首闻曲兴感的"君子知乐"之诗。

《十九首》中的另一首《今日良宴会》也是听歌兴感之作，但它是对热烈酒宴发出的愤激呵喝，而《西北有高楼》则是在驻足远听后的悲凉感叹。

固然，这是一首感慨知己难遇之诗，表现了高楼哀歌引起的听歌人的同情和悲伤。但对诗中所抒发的感情应如何理解和评价呢？

第一，应看到对妇女命运的深切同情。诗中虽未明言楼中弦歌者的身份，但居于高楼之中，鸣琴发歌于绮窗之内，楼四面有廊有檐，踞三重高阶之上，若非帝居，亦为王侯之宅，岂能是寻常之人？弦歌者所奏所唱的曲调极其悲伤，岂非是与杞梁妻相类的伤心人？联想到《长门赋》、《团扇辞》中不幸女子的命运，这楼中人之发为悲声，可能也有类似的境遇。失却自由，只供赏玩，一旦被弃，更陷于无边的寂寞与痛苦，这高楼绮窗，则无异于精美的樊笼。诗中虽闻其声而未见其人，但弦歌者的贵妇形象已依稀可辨。作者闻乐而知音，并深解其不能抉破樊笼而得自由奋飞，故发为"愿为双鸿鹄"之愿，以示自己惜歌者之苦和作为知音的听者之伤。这种对于深陷在精神痛苦中的妇女的理解和同情，无疑是值得肯定的。

第二，诗中虽浸染着时代的悲凉，但又表现出对光明的向往。东汉末年，是"河清不可俟，人命不可延"的时代，《十九首》之带有普遍的悲凉气氛，是由于知识分子都患上了共同的时代病，《今日良宴会》的"弹筝奋逸响"只能激起"贫士失职而志不平"的愤慨，而高楼绮窗内"音响一何悲"的弦歌声，却深深拨动了听者的心弦。从"清商随风发"的乐曲之始，经"中曲正徘徊"的萦回往复，到"一弹再三叹"的乐曲之终，听者被深深感染了。楼上的歌者虽不乏物质生活的丰厚，却发出悲切的怨女之声，她的悲哀深深打动了听者，而听者的"但伤知音稀"，岂非有事异情同之感？尤其是"慷慨有余哀"，听者味出了其中深刻的失意情绪。(《说文》："慷慨，壮士不得志于心也。")因此，对毫不相干的楼上歌者而自引为"知音"，又岂非自己正处于"被褐怀金玉，兰蕙化为刍"(赵壹《刺世疾邪赋》)的境地？由于不得志，忧伤之中又寓不平，由不平又进而希冀光明，"愿为双鸿鹄，奋翅起高飞"，虽然并不能振翅，也不知飞至何处，但在表达抉破黑暗的罗网，向往光明的同时，以其朦胧的生活理想，使全诗的悲凉气氛得以振拔向上。

《西北有高楼》的艺术性尤其值得称道。

一是诗中创造了可望而不可即之境，表现了可味而不可说之情。诗中主人公是听曲者，全诗都是听者的所见、所闻、所感、所愿，弦歌者虽声声入耳，弦歌人却始终未能露面。高楼之上，绮窗之内，可谓"咫尺侯门深似海"，形成难以逾越的障碍。正因为楼可望而人不可即，闻其声而难睹其容，故听音而更生悬想。音乐和歌声是那样悲伤动人，由悬想更转为揣测其人身份，思想上又近了几分。随着曲始、曲终的进程，更品出其中蕴义，体会出情感的深处，于是又更为贴近。在曲终而余哀犹在之时，既同情弦歌者内心的痛苦，又痛惜她的缺少知音，这样一来感情上更近了。非仅止于此，听者更进而发比翼奋飞、冲破罗网之想，这就全无距离了。但是，全诗仅是听者的心理活动，楼中歌者却全然不知，所愿可想而不可行，只能表示自己的深切同情，被同情者却无法接受。明人陆时雍以"空中送情，知向谁是？言之令人悱恻"评此诗，可谓深中其理。

尽管是明丽的高楼、绮窗、阿阁、重阶，清晰的弦歌、音响，却由于曲始、曲终人皆不见，全诗遂造成了一个可愿而不可及的境界，诱人遐想，使诗中之境成为只能"空中送情"的所在。与之相应，诗中"令人悱恻"之情也是一种朦胧的感情，可味而不可说，可说而不宜说实。诚然，"愿为双鸿鹄"，说得很清楚，而双飞鸟之喻历来又多指男女之情，但听者尚未得"一见"歌者，何其"钟情"之甚？虽后来见于范摅《云溪友议》的卢渥得御沟红叶题诗，终与宫女成眷属，但红叶之诗毕竟可见宫女之情，虽未谋面而其心可知。《西北有高楼》连这点表明心迹的媒介都没有，却怎能突发双飞之愿呢？如果就《诗·邶风·柏舟》的"静言思之，不能奋飞"来理解，则正由于"不能奋飞"，才有"奋翅起高飞"之愿，这样看来，听者之"愿"还是在于对歌者的同情，知音之"情"是重在"谊"而非"爱"。然而，说到底，这"令人悱恻"的"空中送情"，毕竟难以说实，谁能说诗中不是兼有二者？没有朦胧情愫？既然作者避实就虚，读者亦不必说实、说死。惟其可说而不可拘，可信而不可泥，才更发人想象，才是更值得体味的境界。

二是学习汉代乐府写法，而得《诗经》、《楚辞》精神。汉乐府受汉赋影响，喜作铺张扬厉之辞，此诗虽篇幅较短，不像《陌上桑》写罗敷穿戴，及罗敷夸夫那样极尽形容，也不像《羽林郎》描写胡姬那样广作铺排，但仍可见到这一传统。如头四句的形容高楼，以"上与浮云齐"的夸张笔墨写其高，以"交疏结绮窗"写窗的玲珑工巧，以"阿阁三重阶"写楼建于三重阶的台上，四面有廊、有檐，这显然是文人向民歌学习的结果。在乐府中，非如此写罗敷、胡姬，不足见其美，罗敷非如此夸夫不足以吓走太守，在此诗中，非如此写高楼，则不足见歌者的地位、处境，因此铺叙形容均非泛笔。

此诗学习乐府的艺术手法，但却传《诗经》、《楚辞》的精神，创造独特的意境。

诗中居于高楼内的弦歌者，其室迩人远的形象，可见《秦风·蒹葭》中"伊人"的影子，而对"伊人"的企慕，则转为对歌者的同情。类似的联想，还可以从《九歌·湘夫人》中得到。对"伊人"的被隔在彼岸，对"帝子"的遇之无因，其怅惘情怀和悲凉意境，显然影响了此诗，但此诗毕竟自有创造，自具面目。

（《中文自学指导》1988 年第 2 期）

读《涉江采芙蓉》

《古诗十九首》各自成篇，但又写出了共同的时代主题：羁旅愁怀，相思离别，失意沉沦之感，哀愁苦闷之音。其中，《涉江采芙蓉》和《庭中有奇树》堪称姊妹篇，二者都以采芳相赠而路远难致表相思离别主题，所不同者是后者为思妇之辞，前者为游子之歌。

游子思妇之唱屡见于《古诗十九首》，自有其历史原因。东汉光武帝重视选择人才，以加强统治，推尊儒学，提倡讲经论理，建立太学，设置博士。明帝广召名儒，并自居讲席。“四海之内，学校如林”（班固《东都赋》），安、顺二帝更扩充太学，顺帝时太学生多至二万余人。这大批知识分子的出路当然在于做官。东汉行选举制度，有贤良、方正、茂才、明经等科目，每岁按郡察举孝廉，由三公、郡守征辟僚属。从州、郡到中央，都聚着大批谋取功名富贵的知识分子。从和帝、安帝之后，统治集团日趋腐朽，农村经济遭到严重破坏，农民到处流亡，桓帝时流民多达数十万户。在社会动乱不息的情况下，知识分子陷于求官不得、回家难行的境地，也加入了流浪队伍，成为“游子”。《古诗十九首》的相思离乱之歌，发之于游子之口可谓适不足怪了。

《涉江采芙蓉》所表现的是漂泊异乡的失意者怀念家乡的妻子，却欲归不得的满腹惆怅。自《诗经》以来，虽不乏恋土、怀乡、思家、念妻的诗篇，但由于此诗在表现纯洁的情怀同时，也曲折地反映出在动荡、离乱中对和平安定生活的向往，缠绵深挚，温馨感人，故不失为佳作。

首先，此诗在艺术上最值得称道的是对《楚辞》的学习、继承，并得其神髓，高度概括，创造出鲜明动人的艺术形象。

诗中所写采芙蓉、芳草以赠人，《楚辞》中出现得很多。如《离骚》：“溘吾游此春宫兮，折琼枝以继佩。及荣华之未落兮，相下女之可贻。”《湘君》：“采芳洲兮杜若，将以遗兮下女。”《湘夫人》：“搴汀洲兮杜若，将以遗兮远者。”从采芳又欲赠远道之“所思”，却又由《山鬼》的“被石兰兮带杜衡，折芳馨兮遗所思”脱化而出。至于“同心而离居”的“离居”也出自《大司命》：“折疏麻兮瑶华，将以遗兮离居。”

值得注意的是：诗中不仅学习了《楚辞》的成词，而且借郑风楚俗，写出了《楚辞》的意境，并赋予新意。从诗中看，作者虽采芳却难以为赠，因而采撷莲、兰，可能只是虚拟之举，且汉代未必有采芳相赠之风，作者这样写，是一种感情的象征、寓托。此诗以简炼的语言熔铸出《楚辞》的特有意境，学习了《楚辞》的象征手法，扬弃了神话色彩，塑造出忠于情、深于情的人物形象。

其次，诗中深邃的感情与回环曲折的结构相辅相成，相得益彰，体现出很高的技巧。

此诗八句。首二句写涉江采莲、入泽采兰之举，可能是借用《楚辞》成词、成意，而非实举。三、四句自问自答，点明受赠者为远道之人。五、六句承上难以相赠之意，明言归乡路遥。最后两句补出“所思”的身份，因情感融洽的妻子与自己离居，自己却不能回乡，只能感慨忧伤之永恒了。因而这八句实为四层意思：采芳、无赠、望乡、忧伤。主人公因相思之深而采芳赠远，由采芳赠远而还望归乡，因归乡路遥而不得相见，同心而离居使人更感忧伤，感念同心而更增相思。如此从相思起又相思终，循环之后更出以“忧伤”，感情确见深邃。

而本诗感情之层层递进，则得益于结构的曲折变化。采芳不能赠远，这是第一层失望，望乡不得所见，这是第二层失望。在两层失望的重压下，逼出最后二句，从望乡回到相思，由曲转直，虽出语激动，却其味隽永。

最后，语言的思想容量和长于烹炼，都很值得注意。

由于《楚辞》句式参差错落，结构腾挪变化，能在百转千回之中，极尽形容、渲染能事。而此诗仅有八句，却翻新了《楚辞》的意境，因而必然要求其语言具有较大的思想内涵。诗中的“多芳草”，与《招魂》的“皋兰被径兮斯路渐”义近，王逸注曰：“渐，没也。言泽中香草茂盛，覆被径路。”诗中之“多”即此处之“渐”。《招魂》在此句之下，有“目极千里兮伤春心，魂兮归来哀江南”二句，因而“多芳草”之后，也如《招魂》的“皋兰被径”兴起“伤春心”、“哀江南”之意一样，也暗寓伤春和思归之意。

全诗的四层意思，仅出以八句，其精炼可知。但既是四层意思，说得太简略了，却难免语意重复，作者以烹炼之笔求其变化，变换词语，以免雷同。首二句都说采芳，但江、泽不同，芙蓉、芳草有别，“远道”与“长路”意同，与“归乡”意近，但出语相异。且“远道”与“归乡”有泛指与专指之别，“远道”为彼岸的一点，“长路”为由此至彼的一线。主人公相思之深正得复沓之词而更见其深，这些都不应等闲视之。

（《中文自学指导》1988 年第 2 期）

《焦仲卿妻》分析

汉乐府诗《焦仲卿妻》又名《孔雀东南飞》,作者已无从查考。最早见于南朝徐陵所编《玉台新咏》,后来,宋郭茂倩《乐府诗集》、元左克明《古乐府》、明冯惟讷《古诗记》及明清人编纂的古代诗集中,都予以收录。诗的原序谓此事发生于汉末建安年间,最后又有"时人伤之,为诗云尔"八字,不少人故据之认定为建安时代所作,梁启超曾秉刘说,并云"别有考证",但后来又否定此说。应该说,此诗基本上成于汉末,流传中不断被丰富、润饰,成为今貌。

一 关于主题和人物

从表面看来,《焦仲卿妻》似乎是一个殉情的故事。有人认为焦、刘悲剧的产生,在于焦母的遣媳和刘兄的逼妹。其实,命运、性格,都不足以成为这一爱情悲剧的主因,因为这一爱情悲剧其实是社会悲剧,而刽子手则是封建礼教和习俗。

居于"独尊"地位的两汉儒学,是将阴阳灾变说与政治哲学、社会伦理合为一体的学说。以"阳尊阴卑"的神学理论为基础的"三纲说",定"君为臣纲,父为子纲,夫为妻纲",君权、族权、夫权具有永恒的合理性。妇女深受封建礼教的压迫,常常成为它的牺牲品。《大戴礼记·本命》篇记载:"妇有七去:不顺父母去,无子去,淫去,妒去,有恶疾去,多言去,窃盗去。"汉代奉此"七去",因此焦母以"此妇无礼节,举动自专由"为由,遣赶兰芝,"天经地义"。仲卿乃为吏之人,岂能担"不顺父母"之恶名?跪告不允,难违母命,只能与兰芝洒泪相别。

兰芝回到母家后,虽得母亲理解与同情,但由于遭夫家遗弃,本已是耻辱,依食于兄,增加了兄长的负担。在一再催婚之下,势利的刘兄"怅然心中烦",兰芝被逼再嫁,有违于当初誓约,不能与仲卿重圆,只得走向死路。

刘兰芝、焦仲卿的死,已不限于家庭悲剧的意义,而是在广阔的背景下展现了深刻的主题:封建社会传统伦理观的压迫,以及出身门第差别引起的歧视,造成了殉情而死的悲剧,因此,此诗以现实主义的表现手法揭露了封建宗法礼教的罪恶,歌颂了主人公对家长制的背叛,对爱情的忠贞,从而表达了人民对争取婚姻自主的信念。

《焦仲卿妻》还塑造了鲜明的人物形象。在汉代乐府民歌中,随着叙事诗兴起,也能注意刻划人物,但由于一般篇幅较短,性格不能得到充分展示、发展。《焦仲卿妻》突破了篇幅限制,通过描述事件,刻划内心世界,在冲突中突显性格,因而塑造出鲜明的形象。

一、刘兰芝

刘兰芝的品质、外貌、性格，在诗中得到多方展现。“十三能织素，十四学裁衣。十五弹箜篌，十六诵诗书。”以序数式诗句表现她的聪明、才干。“鸡鸣入机织，夜夜不得息”，可见她的勤劳。她美貌非凡：“指如削葱根，口如含朱丹。纤纤作细步，精妙世无双。”对爱情无比忠贞：“君当作磐石，妾当作蒲苇；蒲苇纫如丝，磐石无转移。”对家长的淫威，她表现出人格的尊严：“妾不堪驱使，徒留无所施。便可白公姥，及时相遣归。”对幼小的小姑，却非常友爱，临行落泪，叮嘱不已。当媒人求婚时，她答母与答兄截然不同，可见出斗争的策略。由于母亲深知自己，故告以“结誓不别离”的实情，让母婉辞；由于兄长势利，故答以“处分适兄意，那得自任专？”应下婚事，准备殉情。最后与仲卿相约“黄泉下相见”，并在成婚之夜“揽裙脱丝履，举身赴清池”，完成了性格的升华。

二、焦仲卿

焦仲卿性格不如刘兰芝坚强，对兰芝有过不理解，有过怨言。但他忠于爱情，对母亲执意遣走兰芝，他明确表示：“今若遣此妇，终老不复取”，送别兰芝时，郑重声明：“誓不相隔卿”，“誓天不相负”，不顾母亲多次表示别求他女，而决心拒绝，终于殉情而死。他对封建伦理虽不敢公然反对，但内心充满叛逆精神，尤其最后决心“故作不良计”，“令母在后单”，以忠于爱情来反叛孝道，是很了不起的。

三、焦　母

这是封建社会的又一典型人物。她也受过礼教的压迫，但一旦从媳妇熬成婆婆，则转而成为压迫者。她对儿、媳的爱情毫不同情，一意孤行，以“大家”自居，十分势利，恩威兼施，强迫仲卿就范，直接造成了下一代的悲剧，也品尝了失去儿子的苦果。

二　关于此诗的艺术特色

一、善于剪裁

此诗篇幅虽长，但又善于剪裁，繁简互用，各得其宜。

首先，以“孔雀东南飞”起兴后，突接以“十三能织素”数句，交待兰芝请归，从家庭变故爆发写起，再由焦母“吾意久怀忿”补叙缘由。既是很特殊的写法，也是最经济的剪裁法。沈德潜《古诗源》说：“人手若叙两家家世，末段若叙两家如何悲恸，岂不冗慢拖沓？故意以一二语了之。极长诗中具有剪裁也。”黄节《汉魏乐府风笺》载李子德言：“阿母云：‘吾意久怀忿，汝岂得自由’，则公姑之遣兰芝，征色发声，非一日矣；兰芝知其势不能挽回，始向府吏言之。诗人叙事，先后互见耳。”都可谓洞见其中奥秘。

其次，兰芝同仲卿分手后，单写兰芝回母家后情景，不写仲卿，将仲卿心情留给读者自己体会，可见淋淋漓漓同时亦惜墨如金。

最后，“十三”“十四”的“序数法”句子两次出现，出之刘母口中是照应开头，有意用繁，而表其对女儿被遣归的惊讶。而兰芝千言万语的满肚冤屈，仅以“儿实无罪过”五字即了，有意用简，却有“无声胜有声”的效果。

二、长于叙写

首先，作者避用第三者口吻叙述，而让人物自己登场，通过人物自身的语言、行动来发展故事，使之有感染力，有戏剧性。在客观描绘中自然流露了作者对人物的评判，从而也影响了读者。

其次，诗中广用叙写手段。俞平伯先生曾将其分为三类：纯写实；情意实而事不必实；事不实而情意可实。属于第一类的最多，二、三两类较少，常混合用之。俞先生分析了数例：一是写太守家迎亲的舟车并用，不必是事实而又未必非事实，属第二类；又一是“交广市鲑珍”，在吉日将近，时间促迫的情况下，再到“交广”的远处采购海味，显属第三类；再如“妾有绣腰襦”一段，“新妇起严妆”一段，和再婚前自做嫁衣的描写，都属于“事不实”，起“文情相生，悲丽错杂”的作用。前两例之所以要这样写，是“要表示太守家办喜事‘红火’，反跌出下文的一番扫兴”。后数例则是在充分显示兰芝的美丽、贤惠、能干后，以其牺牲于封建礼教而引起读者的痛惜。（俞平伯先生的分析见《漫谈〈孔雀东南飞〉古诗的技巧》，收入《论诗词曲杂著》一书）

三、语言特点

明人胡应麟《诗薮·内编》卷二曾这样评价汉乐府民歌的语言：“矢口成言，绝无文饰，故浑朴直至，独擅古今。”用以作为此诗语言的总体性评价，是大致不差的。

诗中虽不乏“点染华缛，五色陆离”之处，但总的说来，朴素、生动、口语化是其特色。尤其是个性化的语言，对人物塑造起了很大作用。

如刘兰芝虽饱受婆婆折磨，但她很能体谅焦仲卿的处境，于实在难以继续下去时，才讲出实情，却又极其得体地以“大人故嫌迟”言婆婆，以“君家妇难为”言自己。她深知婆婆为人，对前途不存幻想，对仲卿求母失败后的表白及打算，仅答以“勿复重纷纭”一语，知道被遣难还，叮嘱再三地以物相赠仲卿，表其深情。因前面多有分析，兹不再赘。

焦仲卿为人较软弱，又讲孝道，在从母命和留妻子之间显得十分矛盾。“府吏长跪告，伏惟启阿母：‘今若遣此妇，终老不复取！’”不难想见他消极反抗的神态。而“誓不相隔卿”，“誓天不相负”，其笃情可见。当得知兰芝允婚太守之子后，他对兰芝的辩白不解，竟说：“贺卿得高迁！磐石方且厚，可以卒千年；蒲苇一时纫，便作旦夕间。卿当日胜贵，吾独向黄泉。”然怨艾虽深，却依然不失其温柔敦厚。

焦母的蛮横、无理，甚至威逼恫吓，更是声态毕现：“吾意久怀忿，汝岂得自由！”“便可速遣之，遣去慎莫留！”尤其是“小子无所谓，何敢助妇语！吾已失恩义，会不相从许！”数语，得“槌床便大怒”的描绘而更为增色。

除以个性化语言直见人物性格外，对人物行动的刻画也往往有点睛之笔。如焦刘分别时的“低头共耳语”，“举手长劳劳”，可见感情之深。兰芝回到娘家后，“阿母大拊掌”，写出她的惊诧。在兄长逼婚时，“兰芝仰头答”，可见她的坚强。在焦刘最后相见时，兰芝的“举手拍马鞍”，其悲伤神色立现。仲卿决计自杀前的“长叹空房中”和“转头向户里”，说明对母亲尚有不舍之心。兰芝的“举身”赴死，仲卿的“徘徊庭树”，也有决绝与迟疑之别。

除剪裁、叙写、语言外，此诗的起兴也极有特色。陈祚明《采菽堂诗选》认为“孔雀东南飞，五里一徘徊”是“兴彼此顾恋之情”，其实，它还起了笼罩全诗、统摄主题的作用，与最后的“双鸳鸯”首尾呼应。与此相关的则是在现实主义基调上的浪漫主义色彩，尤其是结尾有象征永恒的爱情之意，使人在悲痛中振起。此外，诗中虽以叙为主，但偶见的“议”笔，如“生人作死别，恨恨那可论！”和篇末的“多谢后世人，戒之慎勿忘！”都堪称“立片言而居要，乃一篇之警策”（陆机《文赋》），非可有可无之句。

总之，《焦仲卿妻》是思想与艺术高度结合的古代名作，出现在近两千年前，犹如奇峰矗立，有足够的理由值得后人珍视。

（《中文自学指导》1988 年第 2 期）

幽燕老将，气韵沉雄
——读曹操《短歌行》

曹操是个有争议的历史人物，长期被人看作奸雄。其实，尽管他也说过："若天命有归，孤其为周文王乎？"而实际上只终于魏王之位，并未像刘裕、李渊、赵匡胤那样篡位。他出身于宦官家庭，却反对宦官擅权；在汉末乱世中，统兵削平割据势力，兴屯田，修水利，发展生产，抑制豪强，平定乌桓，使人民得到休养生息之机，并奠定了统一北中国的基础。他在《述志令》中曾说："设使中国无有孤，不知当几人称帝，几人称王！"如果不囿于传统观念，曹操的历史功绩是应充分肯定的。

曹操一生戎马倥偬，却喜好诗歌、音乐，裴松之《魏志》注引《曹瞒传》说："太祖为人佻易，无威重。好音乐，倡优在侧，常以日达夕。"他喜作乐府诗，借以言志，《短歌行》是他的代表作之一。清人朱嘉征说："《短歌行》，歌对酒，燕雅也。"（见《乐府广序》）认为此诗是用于宴会的歌辞。而"短歌"可能指歌声较短之意。《乐府诗集》载曹操两首《短歌行》，"对酒当歌"是第一首。

刘勰《文心雕龙·时序》在论及建安诗文风气时曾说："观其时文，雅好慷慨，良由世积乱离，风衰俗怨，并志深而笔长，故梗概而多气也。"《短歌行》正因其所表现的时代精神，而流露出志深笔长、悲凉慷慨的风格。

在诗中，作者首先写了欢宴之际，为时光易逝、大业无成而感叹。接着说感慨难平，忧思难去，只得借酒消忧。继而表现了在这酒宴之上对贤才隽士的思慕，并借《诗经·鹿鸣》成句表示渴望礼遇贤才之意。此心如同明月的运行不会停止，此忧亦同明月的运行不可断绝，既劳你枉驾前来，得以重逢，在谈话宴饮之中，就可以思念过去的情谊了。贤人们如同明月之下寻找栖身之处的乌鹊，但哪儿是他们可靠的去处呢？作者最后说：山不嫌高而可再高，水不嫌深而可再深，我自己会像周公"一饭三吐哺"那样求贤，希望天下人心来归。由于诗中抒发了希望功业有成、"天下归心"的雄心大志，从而表现求贤若渴的心情，所以开头情绪虽较低沉，但全诗基调是昂扬的。从《三国志·魏志·武帝纪》中，可以看到曹操所拟的《求贤令》，云"今天下尚未定，此特求贤之急时也"，"二三子其佐我明扬仄陋，唯才是举，吾得而用之"，又《求逸才令》甚至要求举荐"不仁不孝，而有治国用兵之术"之人，可见曹操求贤以定天下的迫切心情。清陈沆《诗比兴笺》说："天下三分，士不北走，则南驰耳。分奔蜀、吴，栖皇未定。若非吐哺折节，何以来之？"所以诗中"汉高《大风歌》思猛士之旨"极其恳切。

前代诗论家在谈及曹操诗时，都提及"霸气"，但充溢在《短歌行》中的却是由悲凉转为慷慨的声音，敖器之所说的"魏武帝如幽燕老将，气韵沉雄"（《敖陶孙诗评》）。这一形象描绘施之此诗，可谓异常合适。曹操虽先后消灭了吕布、袁术、袁绍、刘表等割据势力，但也遭遇了不少失败，坐看时光消逝，大业未竟，他固然是“烈士暮年，壮心不已”，以“盈缩之期，不但在天”自励，然对人生短促又不无感伤，因而“对酒当歌”之时，慨叹“去日苦多”。但他毕竟能从低沉中振拔而起，“不戚年往，忧世不治”，在悲歌慷慨之中可见雄心仍在。正是这种从悲凉到昂扬，展现了曹操思想真实而丰富的层次。“老将”前冠以“幽燕”，是因为古来幽燕多慷慨悲歌之士，因而一个横槊赋诗的曹操形象展现眼前，而《短歌行》的歌唱也显得往复盘旋，深沉雄浑。汉代的四言诗多为模拟《诗经》之作，《短歌行》却是真正言志抒怀之作。诗中“呦呦鹿鸣”等虽引用《诗经》成句，但浑然天成，如同己出；“月明星稀”四句赋比兼用，写景传情，使沉雄之中又见悱恻，值得称道。

（《中文自学指导》1987 年第 2 期）

《赠白马王彪》的抒情艺术

谢灵运曾说过："天下才共有一石，曹子建独得八斗"，可谓推尊至极。公正一些说，曹植虽非诗中周、孔，但堪称屈原之后、陶渊明之前的诗坛第一人。

曹植的创作可分为前后二期。在曹操生前，他渴望拯世建功，恃才傲物，诗风从容风流，如三河少年。曹丕即位后，他亲旧凋零，遭嫉被逐，忧谗畏讥，忧郁而死。《赠白马王彪》作于黄初四年(223)，属后期创作的前半期，是曹植的代表作之一，为历代论家所称道。

曹植年轻时因得曹操赏识，已遭到曹丕妒嫉。曹操死，曹丕代汉而立，即帝位，杀曹植一党的丁仪、丁廙，并派监国使者监视他的行动。黄初四年，依魏制须于立秋前十八日行迎气之礼，曹植与曹彰、曹彪等三人至京师洛阳。曹彰勇武，为曹丕所嫉，不明不白地死了，"植及白马王彪还国，欲同路东归，以叙隔阔之思，而监国使者不听。植发愤告离而作诗"(裴注引《魏氏春秋》)，写了这首《赠白马王彪》。从诗中《序》可看到"意毒恨之"和"愤而成篇"等字样，诗中所反映的悼死痛生、手足离异之情极为沉痛。

对于曹氏父子能卓立于建安诗坛，前人有"以情纬文，以文被质"(沈约《谢灵运传论》)的总评。至于曹植，钟嵘《诗品》曾谓之"骨气奇高，词采华茂，情兼雅怨，体被文质"。我以为，用"情兼雅怨，体被文质"来统言《赠白马王彪》的抒情艺术是较恰当的。

曹植《杂诗》说："烈士多悲心，小人偷自闲。"《鰕䱇篇》又说："汎泊徒嗷嗷，谁知壮士忧？"以"雅好慷慨"的精神构成了诗文中的"骨气"。同时，他又以诗为事业，对诗、骚、赋、颂都有很深的修养，且以为"街谈巷说必有可采"，"匹夫之思未易轻弃"(《与杨德祖书》)，善于向民间文学学习。因而当他被疏、被逐，难展其用时，他以诗叙述情怀，就呈现了"情兼雅怨，体被文质"的总貌。

具体说来，《赠白马王彪》首先表现为情景交融。不少论者都看到，曹植诗风颇似《古诗十九首》，其主要特征就在于情景交融。汉诗之中，乐府多叙事之作，抒情诗较直切、质直，可谓质胜于文；"十九首"则多为文质相称、情景交融之作。《赠白马王彪》首章写离洛阳时的依恋之情，尚少写景句子，次章写渡过伊、洛二水之后，霖雨不止，道路受阻而登高涉险，则见情景相因，互相生发。尤其是第四章，分写秋风、寒蝉、原野、落日、归鸟、孤兽等，由景而情，感物伤怀，造成惆怅沉痛的气氛，自然兴起以下悼死伤离、人生无常的深深慨叹。诗中从愤慨、怨伤，到悲悼、叹息，再到惜别、劝慰，始终不脱悲怨，而秋山、秋水、秋原、秋树、秋风、秋鸟等，则从整体上构成这股悲怨之情的背景，情景交融，构成深沉而完整的意境，较之有境无意的汉赋和有意无境的汉文人诗及乐府抒情诗，无疑是个很大的进步。

其次，以顶真蝉联的形式造就特殊的章节结构和层层递进的抒情气氛。《赠白马王彪》全诗八十句，分为七段，除首段外，每段末句与下段首句相应，上段末句最后二字与下段首句最前二字相同，上下勾连，造成章章蝉联的辘轳体形式。这种形式，学之于《诗·大雅》的《文王》、《既醉》二篇，且更有发展。由于曹植此诗是“愤而成篇”之作，为使怨愤之气为之敛约而入于“雅”，所以用分段使之舒缓，且折而又进，有一种逐层递升之感，在反覆回旋之中，更见深沉的悲痛。

最后，直抒胸臆之中，叙、议结合，劝、悼相济，造就了沉郁顿挫的风格。《赠白马王彪》虽是“直书见事，直书目前，直抒胸臆”（方东树语）之作，但作者不敢直言曹丕加害，而以“苍蝇间白黑，馋巧令亲疏”写之，转而以第四章的秋晚萧条兴起伤感情绪，以第五章写对曹彰的生死之感，以第六章写与曹彪的离合之悲，末章则转为劝勉珍重，赠诗惜别之意。在全诗中，叙离京之悲，渡河涉险之苦，议小人离间，生死无常。这种叙、议结合，劝、悼相济的写法，形成众峰拥戴之势，虽直抒胸臆，却沉著深厚，以一种忧愤深广、波澜老成的面目，表现出沉郁的风格，而辅以辘轳蝉联的结构，更呈顿挫之貌。全诗既悲慨淋漓，又沉郁顿挫，难怪方东树称其“遂开杜公之宗”了！

（《中文自学指导》1987年第2期）

析高适《燕歌行》

高适是盛唐边塞诗派的代表。他“二十解书剑，西游长安城”，但“白璧皆言赐近臣，布衣不得干明主”（《别韦参军》），于是上蓟门，游燕赵，以求立功边塞，博取官职。可是“一朝事将军，出入有声名”（《蓟门五首》之二）的愿望落了空，“谁怜不得意，长剑独归来”（《自蓟北归》），终于失望而回。开元二十六年（738），他写下了这篇《燕歌行》。

《燕歌行》的原序云：“开元二十六年，客有从御史大夫张公出塞而还者，作《燕歌行》以示适。感征戍之事，因而和焉。”这“御史大夫张公”即营州都督、河北节度副使张守珪，序中提到的“出塞”一事，当指张的部将同叛变的奚族人的战争，这次战争的“初胜后败”，“守珪隐其败状，而妄奏克获之功，事颇泄”（《旧唐书·张守珪传》）。由于从张出塞而还之客“作《燕歌行》以示适”，高适和作的同名乐府即以此战为出发点，将他多年边塞生活的积累，化为艺术形象，使此诗具有鲜明的褒贬和强烈的现实意义。

全诗可以分为四段。第一段八句，从辞家奉命出征写起，写到边地前线情况。第二段八句，写悲愤的军士与敌人浴血战斗，主帅却在军中歌舞升平，致使军队被围。第三段八句，写征夫思妇久别之情，和边塞地区的紧张生活、肃杀气氛。第四段四句，感慨征战之苦，以李广令匈奴不敢窥边结出主旨。

高适虽曾热烈歌颂战功，但他并非一味颂扬对外战争，他对战争的残酷及其带给人民的苦难深有认识，因此极其希望“青海只今将饮马，黄河不用更防秋”（《九曲词三首》之三），对“边兵若刍狗，战骨成埃尘”（《答侯少府》）尤感痛心。作为高适的代表作，《燕歌行》所表现的思想、意旨是比较复杂的。从“汉将辞家破残贼”，“死节从来岂顾勋”来看，作者对这一民族战争似是持赞成态度的，他鼓励战士为国杀敌，歌颂他们英勇战斗的精神。但是，诗的重点并不在这里，他对那些得到天子厚爱，却“身当恩遇”的将帅强烈不满，以沉重的现实主义笔触，揭示了战地兵将生活的天渊之别，用“战士军前半死生，美人帐下犹歌舞”的鲜明对照，概括了苦乐不平的现象，对将帅的腐化荒淫、玩忽职守予以沉重的鞭挞。而且，作者在感慨征戍之苦的同时，对旷夫怨妇表达了深刻的同情；并从对将帅不满出发，进而慨今思古，怀念与士兵同甘共苦、身先士卒、体恤兵士的李广，隐含了对更广范围的边将的批判。正因为《燕歌行》所写的战事虽与张守珪部属的潢水之败有关，却又有更深广的包涵，更复杂的内容，因而更具普遍意义，更有典型性。

《燕歌行》不仅其“感征戍之事”的思想意义、批判主旨值得肯定，它在艺术上也是有较高成就的。

长于讽刺，善作对比，以之表明爱憎，深化主题。唐代的边塞战争，有相当复杂的背景和内容。唐朝与边境各少数民族的战争，守土与掠地兼有，正义与非正义难分，但是,唐玄宗之好大喜功,边将之以功邀宠,却是毋庸置疑的事实。仅以张守珪言,他在开元二十四年令安禄山征讨奚与契丹,安因恃勇轻进而遭败绩;两年后,其部下又假其命攻奚,又败,张却隐其败状,奏捷市功。在《燕歌行》中,高适以“男儿本自重横行,天子非常赐颜色”来概括此类现象。“横行”典出《史记·季布列传》,樊哙自称“愿得十万众,横行匈奴中”,遭季布之斥,因此“横行”一词已蕴轻敌之贬义。但是,天子对此辈却“非常赐颜色”,据《新唐书·张守珪传》载,守珪于开元二十三年败契丹后,“入见天子,会藉田毕,即酺燕为守珪饮至,帝赋诗宠之……赐金彩,授二子官,诏立碑纪功”。唐汝询曾针对边将所为,并联系诗的开头二句,曰:“言烟尘在东北,原非犯我内地,汉将所破特余寇耳。盖此辈本重横行,天子乃厚加礼貌,能不生边衅乎?”(《唐诗解》卷十六)对作者用心和诗中蕴义是理解颇深的。可是,这些“横行”之辈尽管有“摐金伐鼓”、“旌旆逶迤”的威势,却“身当恩遇常轻敌”,深陷重围,致遭败绩。作者虽着墨不多,但对边将的讽刺、批判却很有份量,笔锋所向,甚至连皇帝也包括在列。

与讽刺密切相关的,是善作对比。一是敌方的“残贼”与我方“横行”的对比,战端一开,却急剧倒转:“羽书飞瀚海”见军情紧急,“猎火照狼山”见敌方势大。从而见“横行”者“轻敌”之失。二是我方内部兵将的对比。当兵的是“战士军前半死生”,为将的是“美人帐下犹歌舞”,被论者评为“二句最为沈至”(见高步瀛《唐宋诗举要》)。为将者虽得天子“赐颜色”,却“身当恩遇常轻敌”,当兵者虽“半死生”,却“力尽关山”,“白刃血纷纷”地战斗,他们是为国而战,故“死节从来岂顾勋?”前者参战为邀功请赏,后者却是为国捐躯。对比之中,作者的爱憎可见。三是以古之良将李广与今之将对比,在赞美李广同时,对今日骄横的边将痛加批判。四是对举征人与思妇,写出他们的痛苦。

双管齐下的结构,时空错综的场景,现实描绘与心理活动结合的写法。由于《燕歌行》内容的含蕴较丰富,于是在结构上双管齐下,以求展开。作者以主要精力谴责将帅,因而以写战争为主,从开头的出征、行军,到战场交兵,以至被围(即前两段),是一条线。而征人思妇的思念,则是作者对人民的同情,流露出反战的情绪(第三段),则是又一条线。第四段又回到战场,在结束前一线索同时,也显示出了诗歌的历史深度。

与结构相关,诗中场景具有转换灵活、时空错综的特点。首句点明“烟尘”在“东北”,次句写辞家,三四句则又移至京城,以下的榆关、碣石、瀚海、狼山,行军路线清晰可见,然后是边土、大漠、孤城、关山的战场所在地。写征人思妇的双方思念,则兼写城南与蓟北、边庭、绝域。从时间讲,出征之时未作交待,但战斗过程中,则有“大漠穷秋”一语,而“辛勤久”、“别离后”则可见时间流程较长。第三段撷取“三时”与“一夜”,写出特写场面。时间上的泛写与特写结合,与空间的转换,错综之中自见脉络。

此外,全诗的主要部分是写实,但第三段又可理解为“远戍辛勤久”的士卒的心理活动,即他们想象闺中人的心理活动,倘若这样,作者的思想就可隐去,也显得更自然,批判更有力。

叙事用典,紧密切题;既悲壮苍凉,又气势飞动。《燕歌行》是乐府旧题,自曹丕首作以来,六朝诗人作此题者不少,但真情少而泛咏多。高适此篇,非仅以边塞战争拓展了旧有领域，而且写进自己对边塞生活的真实感受。加以诗中的榆关、碣石、瀚海、狼山、蓟北等地，都与“燕”地密切相关，在诗末又用李广事（李广曾任右北平太守），亦切“燕”字，因此用旧题却紧密切题，难以移易。

诗中不仅以慷慨从军、转战绝域、旷男怨女，写出了悲壮的情调，且山川萧条、大漠穷秋、孤城落日、边庭飘飖、绝域苍茫，极其准确而形象地传递了塞外风貌，使全诗表现出悲壮苍凉的风格。但是，作者又充分发挥了歌行体的特点，开阖纵横，变幻超忽，似凄风急雨，流云走月，凡七换韵，环环相扣，气势飞动，在悲凉之中又不失其激昂排宕。

总之，对盛唐边塞诗的评价虽有较大分歧，但高适的《燕歌行》，无论在思想上和艺术上都堪称佳作。

（《中文自学指导》1988 年第 5 期）

《逍遥游》解读

《逍遥游》是《庄子》的首篇，堪称庄周的代表作。

全文可分为四部分。第一部分以鲲鹏变化为喻，并与蜩、学鸠、斥　对照，表明了自己对“无待而游于无穷”这一最高修养境界的理解，并归结于至人无己，神人无功，圣人无名，以任天顺物，忘其自我，不计事功，不求名位为理想人格。第二部分以尧让位许由，许由辞之，证“圣人无名”的较低层次。第三部分借肩吾、连叔对话，在表达“无为而治”思想的同时，证“神人无功”的第二层次。第四部分通过庄子与惠子的对话，举诸多无用之物以为大用的例子，以证“至人无己”的最高层次。

文章名为《逍遥游》，即无所拘束，无所营求，闲放自得，怡适无穷之意。晋人郭象在《庄子注》中说：“夫小大虽殊，而放于自得之场，则物任其性，事称其能，各当其分，逍遥一也。岂容胜负于其间哉！”这正是题义之所在，同时，也抓住了庄子以相对主义看待事物的特点，看到了庄子虽承认世间万物有大小之别，人的修养有高低之分，但如果不强分优劣，而让他（它）们各得其所，各任其性，各称其能，各当其分，都可以达到逍遥至乐的境界这一重要思想。但是，郭象所说又并未能完全概括《逍遥游》全文的主题。《逍遥游》的主题虽与题意相关，但倘要申足其意，则还必须看到：庄子虽然认为万物都可臻逍遥之境，但由于万物均有所待而不能真正自由，只有顺自然之性，适应意外之变，消灭了物我界限，不必有待于外物之助而游于无穷，逐一从无名、无功，达到无己的境界，才能得到绝对的自由，这才是真正的“逍遥游”。

庄子生活的时代，正是社会大变动的纷乱时代，他曾做过漆园小吏，楚威王慕其名派人请他为相，他却由于对黑暗的现实不满，不愿受羁于官场，“终身不仕，以快吾志”，宁可向监河侯借米，以编草鞋过活，而隐居终老，表现出彻底的叛逆精神。庄子对现实的认识是清醒、深刻的，他曾尖锐而激愤地揭露统治阶级：“窃钩者诛，窃国者为诸侯；诸侯之门，而仁义焉存？”（《胠箧》）因此他说：“我宁游戏污渎之中自快，无为有国者所羁。”（《史记·老庄申韩列传》）愤世嫉俗，以著书自娱，却不想积极地去改造社会。他讥讽儒、墨两家的奔走说教，以求匡世，在《胠箧》中尽情发挥了“绝圣弃智”的思想，而自己则以悲观厌世、“舍是与非”、“无为”、“无用”的思想作为处世的武器，成为虚无主义者。一方面以佯狂不羁寻求自我解脱，另一方面则是在看到人世的不平时，以相对主义的态度来抹煞生活中诸如高低、贵贱、是非、美丑、善恶、死生、贫富、穷通的界限，编造幻想和神话来回避现实。

庄子哲学思想的核心是“道”，他认为“道”是宇宙万物的本体，又是宇宙万物发展变化的根源，“道”是“非物”，颇类于西方所说的“宇宙精神”。在庄子看来，“道”可以与人的主观精神融为一体，他说：“天地与我并生，而万物与我为一。”（《齐物论》）倡导以修生保真的修养途径，达到在精神上与“道”合一，“独与天地精神往来”（《天下》篇）的境界，具体方法是虚静养心，绝思绝虑，以至忘记自身形骸。当然，这种唯心主义的修养方法论，是取消积极的人为，“蔽于天而不知人”（荀子《解蔽》），是欲将人们引向弃绝人世的消极道路。

在了解了庄子思想的主要面之后，我们就可以对“逍遥游”的思想作出分析和评判了。庄子在文中，列举了一系列事物。大至鲲鹏，小至蜩、学鸠、斥 ，长寿至冥灵、大椿，短寿至朝菌、惠蛄。鹏与蜩等虽因身躯大小之异而有腾飞高低不同之别，但都受到空间的限制。且鲲鹏的能腾飞九万里，徙于南冥，还有待于大风、长翼；椿与朝菌等有寿命长短之别，但毕竟都还受到时间的限制。就人来说，常人步行而列子御风，自有辛劳、安恬之别，且行百里者要隔宿储食，行千里者要三月聚粮，列子能乘风飞行达半月之久，当然不必像常人那样备粮，但他还有待于风。因此，一切事物都受到空间、时间及种种条件的限制（即“有待”），得不到真正的自由。真正的自由是“乘天地之正，而御六气之辩（变），以游无穷者，彼且恶乎待哉！”

通过对这些“有待”者的评述，庄子实际上提出了这一思想：一切自由都“有待”，但任何“有待”都限制了自由；既要绝对自由，又要绝对不要条件“以游无穷”，只有至人、神人、圣人可以做到。文中虽写了种种远离现实的事物，实际上是借以设想解决现实与理想之间的矛盾。至人、神人、圣人这三种人虽然具有不同层次的思想修养境界，但从不求名位，不求功业，到忘却自己的存在，实是渐次实现了理想人格，达到了精神的绝时自由。在庄子看来，做到“无己”了，就可达到“逍遥游”的境界了。

《逍遥游》虽是以如何得到绝对精神自由为论述核心，但论“圣人无名”一段，从许由“予无所用天下为”一语，实可以看到庄子“无为有国者所羁”的自我思想的折光；论“神人无功”一段，以“之人也，之德也，将磅礴万物以为一。世蕲乎乱，孰弊弊焉以天下为事”，表明了无为而治的思想；论“至人无己”一段，通过庄子与惠子对话，不难体会“其言洸洋自恣以适己，故自王公大人不能器之”（《史记·老庄申韩列传》），同时可以看到庄子以“无用”来处世，苟全性命的人生态度。至此再反观圣人、神人、至人，就只能说他们仅存在于虚幻世界，而绝对精神自由，当然也是不可企及的。庄子对现实的批判精神，对统治者的不合作态度，可谓我国叛逆文学的源头，是值得肯定的。但他厌倦斗争，逃避现实，以空想的绝对自由寻求开脱，则是不可取的。

与先秦诸子比较，庄子散文对后世影响最大，《庄子》虽无《墨子》“三表法”的注重实用，但也弃其板滞无华；虽无《孟子》的长于论辩，磅礴淋漓，但也去其浮浅显露；“以谬悠之说，荒唐之言，无端崖之辞，时恣肆而不傥”（《天下》篇），可以看作庄文的总体艺术性。

那么《逍遥游》有什么艺术特色呢？

第一，想象丰富，境界开阔，气势雄放。如文章以鲲鹏开端，写其几千里之大，并由鱼化鸟，翅若垂天之云，拍击水面滑行三千里，然后乘风飞至九万里高空，再徙南冥。又如藐姑射山的神人，乘云气，御飞龙，游乎四海之外，大水漫天而不溺，大旱酷暑而不热……作者善以幻想来虚构形象，想象丰富，意境开阔，气势雄放，极富浪漫主义色彩。

第二，寓言、重言、卮言相互耦合。庄子的世界观决定了他的文章的超现实特点，所谓“以卮言为曼衍，以重言为真，以寓言为广”（《天下》篇）。卮言指信口而道的抽象论说，重言即借用古人话语和引证历史故事，寓言除通常意义的寓言外，还包括神话式的幻想故事。文中鲲鹏变化遨游，惠、庄所说的大瓠之种、不龟手之药等寓言，最富文学色彩。尧与许由对话和肩吾、连叔对话的“重言”也颇具惝恍离奇的色彩。至于如“至人无己，神人无功，圣人无名”等“卮言”虽不以文学性见长，但以抽象论说来归纳形象描述，点醒题旨，也是不可少的。“三言”的运用，造成了庄文“谬悠荒唐”的风格，这是其浪漫主义色彩的又一侧翼。

第三，采用对照和论辩的写法，使文章汪洋恣肆，灵动矫健，机趣横生。文章从第一段的鲲鹏与蜩、学鸠，大年与小年的对照，第三段宋荣子“犹有未树”，列子“犹有所待”，与至人、神人、圣人对照，发展到最后庄子和惠子的论辩，虽显得夸诞而不切实际，但峰峦迭出，不似韩非的严肃峭刻而见灵动矫健，不似墨子的呆板沉滞而见机趣横生，在汪洋恣肆之中饶有文学意味。鲁迅先生所以称誉庄文“汪洋辟阖，仪态万方，晚周诸子之作，莫能先也”（《汉文学史纲要》）。

（《中文自学指导》1987 年第 1 期）

《韩非子》的思想与艺术

韩非是战国末期的思想家,先秦法家的集大成者。他是韩国的诸公子,喜好刑名法术之学,曾与李斯同学于荀卿门下,李斯自以为不及。韩非口吃,不善言辞,然多有著述。当时各国相争,弱肉强食,他见韩国国势渐弱,数次上书劝谏韩王,不见采用。于是退而著书,成《孤愤》、《五蠹》、《内外储》、《说林》、《说难》等,计十余万言。其书传到秦国,秦王嬴政读后深为感叹,说是能见到作者与之同游,虽死无憾。后秦王知是韩非所著,竟为索要韩非而发兵攻打韩国。韩王只得遣韩非使秦,以求息兵。然而韩非至秦,尚未及用,便遭李斯、姚贾馋毁,被秦王关进监狱,最后吞食李斯所送毒药而自杀。等到秦王悔悟,派人去赦免他时,已为时过晚了。

当初韩非劝谏韩王,曾深感当说客之难,因作《说难》,感慨"人主亦有逆鳞。说之者能无婴人主之逆鳞,则几矣"。他虽见赏于秦王,并未正面披其逆鳞,但因李斯之妒而竟然死于谮言。难怪司马迁为之长叹:"余独悲韩子,为《说难》,而不能自脱耳。"(《史记·老庄申韩列传》)

韩非在先秦诸子中所处时代最晚,由于此时中国趋向统一之势已定,新兴的封建专制集权亦将应运而生,因而他能综观各家思想,权衡利弊,终又以战国中期的商鞅、慎到、申不害等前期法家的学说为主,吸收、批判、综合,发展成自己的思想体系,成为后期法家的代表,并集法家思想之大成。

春秋后期,郑国子产作《刑书》,魏国李悝作《法经》,以"猛政"治国,地主阶级法治思想开始出现。后来,商鞅在秦国变法,从政治制度和法令上推行法治。与商鞅同时的申不害则为加强君权,防范臣下,提出了重"术"。另一思想家慎到认为"势位之足持而贤智之不足慕"(《韩非子·难势》引《慎到》),以重"势"为倡。韩非考察了历史,看到商鞅治秦虽以法致富变强,但无术知奸,结果大臣尊而私封立,难以形成中央集权。申不害不重法而只讲术,宪令不统一,同样导致了"奸多"。他将法、术、势分别作为法治的要素,构成有机的政治思想体系,为建立中央集权政治奠定了理论基础。

韩非为利于政权的统一,首先主张严刑峻法。他认为应将法宣布为全社会必须遵循的标准,若有违反,当死无赦:"使吾法之无赦,犹入涧之必死也,则人莫敢犯也。"(《内储说上》)他将法令称为"名",将据法令进行赏罚称为"刑",他所倡的"刑名之术"就是"人主将欲禁奸,则审合刑名"(《二柄》)。为维护中央专制集权,光有"法"还不够,还应辅之以"术",这是君主据"法"以控制臣子的手段,"法莫如显而术不欲见"(《难三》),以隐蔽的方式来独揽政权。他清楚地认识到,"法"和"术"都必须以掌握政权为前提,且又反过来为政权服务,因而主张"重势","抱法处势则治,背法去势则乱"(《难势》)。法、术、势结合的思想和主张,是建立中央集权政治的较完备的理论。

由于新兴的地主阶级政权日益壮大,他提出了"圣人不期修古,不法常可"(《五蠹》)的社会发展观,以人与人的利害对立关系看待矛盾,不遗余力地攻击儒家的仁政,主张严行刑罚,统一思想,将所有权力集中于君主,以暴力镇压一切反抗者。这种极端专制主义的理论被秦王嬴政忠实执行了,"没有韩非的韩非路线" 引导秦王夺得了统一中国的胜利。但用来消灭六国政权的强大国家机器,在"始皇帝"欲建万世基业之后,则被用于对付和镇压人民。压迫愈重,反抗愈烈,农民大起义终于使秦王朝二世而亡。韩非的政治学说使秦政权速胜而又速败,他精心冶炼的法、术、势的合金宝剑是使秦王致胜的法宝,也是使其自戕致死的利器。"为《说难》,而不能自脱"的韩非,虽有犀利的目光和敏锐的思辨,但始料终有未及。韩非虽死,秦朝亦亡,然而汉承秦制,且代代依然,每一个封建政权都名尊"王道"而实为"霸道",倡儒家之"道统"而行法家之"治统",明拜孔子而私淑韩非,这大概也是生前慨叹"吾道穷矣"的孔子和一度见赏于秦王而终又被杀的韩非所始料而未及的吧!

主张"法治"的韩非因反对儒学而兼及反对推行儒家"德治"的诗和乐,他认为"行仁义者非所誉,誉之则害功;工文学者非所用,用之则乱法"(《五蠹》)。然而,他未想到在中国文学史上,他竟也占有一席之地。

《韩非子》计五十五篇,多为自己所著,亦有后人所加。文章多为政论文,也有以寓言和历史故事来说理者。

韩非的政论文以《五蠹》最为重要。此文篇幅近七千言,据古今社会之变迁,论述了法治之合理,将学者(儒家)、言谈者(游说之士)、带剑者(游侠)、患御者(逃避兵役者,一说为君主所亲近的侍臣)和工商之民称为社会的蛀虫,主张养耕战之士(农民、军队),除五蠹之民。"世异则事异","事异则备变"是此文社会历史观和施政观的要点,基于此,作者批判了儒家以古法治今世的主张,并以法治和耕战作为治国之本,劝谏人主除去儒侠等"五蠹"。由于韩非并未能真正正确解释社会发展规律,他的倡法治、奖耕战、除五蠹当然也导致了对劳动人民的役使和镇压,因而反动性与进步性并存。

除《五蠹》外,韩非的长篇政论文还有《显学》、《说难》、《孤愤》等。《显学》是反对儒、墨等著名学派的文章。《说难》则论说游说之难,因为各国君主的心理难以揣摩,要说动他们极不容易,是冒险行为。

尤其值得注意的是《孤愤》一文。文章深刻分析了权奸营私舞弊,蒙蔽君主,并借势以巩固权力的现象,对他们接受奉承阿谀,循私欺主,打击贤者,危害国家的劣行和罪恶作了深刻揭露。作者深知各国官场的种种弊端,对地位卑贱而又怀兴邦定国大志和才干的智法之士,深表同情,对他们在同权奸斗争中的悲剧性遭遇深感悲愤。

韩非反对文艺,但不像墨家的墨翟和法家的先驱商鞅那样全盘否定文艺,他以"法治"来权衡文艺,并以功用作为标准。他曾说:"夫言行者,以功用为之的彀(标准)者也。""今听言观行,不以功用为之的彀,言虽至察,行虽至坚,则妄发之说也。"(《问辨》)从这种标准出发,他所重视的是文章的内容而非形式。他说:"夫恃貌而论情者,其情恶也;须饰而论质者,其质衰也。何以论之?和氏之璧不饰以五采,隋侯之珠不饰以银黄，其质至美，物不足以饰之。夫物之待饰而后行者，其质不美也”（《解老》）。

由于韩非重质不重文，为文出于功用，因而其文风与幻诞奇诡的庄周大异其趣。他的文章多从实际出发，不发空论，虽长篇之作，亦行文紧凑，重点突出，更少描述形容之辞。如《五蠹》全面阐释自己的政治思想，重在批判人君爱儒者、养游侠的风气。文章从人类社会的发展历史入手，先将儒家“以先王之政，治当世之民”的政治主张作为靶的；继而说明实际的权势比空头的仁义更能解决问题，从人民的贪赏畏刑批判儒家的仁政思想；进而分析“举先王、言仁义者盈廷，而政不免于乱；行身者竞于为高，而不合于功”的具体危害，通过三段递进，欲从根本上去打倒和扫荡儒家学说。儒家若倒，其余四家不堪一击，因而矛头指向和批驳重点十分明确。

韩非思想严密，深于逻辑学，文章谨严，条理分明，说理透彻，在论辩之中极有折服之力。以《五蠹》言，作者将历史发展分为上古、中古、近古及当今四阶段，从四阶段的生活及施政不同，说明“上古竞于道德，中世逐于智谋，当今争于气力”，“事异则备变”，古道不用于今，“古今异俗，新故异备”。然后指出“儒以文乱法，侠以武犯禁”的危害，尤其攻击儒者“行仁义者非所誉，誉之则害功；工文学者非所用，用之则乱法”。接着又从儒侠作为“民之所誉，上之所礼，乱国之术”，深入分析了“言耕者众，执耒者寡”，“言战者多，披甲者少”的根源，正面提倡以法为教，以吏为师，勤耕强兵以“蓄王资”。在揭露、驳难之中，直言不讳地推证事理，严峻峭拔，论证绵密，锋芒犀利。在政论性的杂文中，也颇见韩非为文的逻辑力量。如《难一》，以有关舜的三个历史传说来引出孔子“圣人之德化”理论，从尧为天子，舜居臣位，舜以“救败”去除奸，得出这样一个结论：如果以尧为“圣”，天下不会有奸，何须“救败”之举？如以舜“救败”而尊之为“圣”，则尧就因失察而不宜称“圣”了。作者虽未对儒家学说作剖析批判，但其运用形式逻辑的驳论法很有说服力。

韩非虽不重视文采，但有时难免结合自己遭遇和体会而为文，笔端流露感情，有悲愤、激越的动人力量。如《孤愤》，虽一开头就指出了“智术之士，必远见而明察，不明察不能烛私；能法之士，必强毅而劲直，不劲直不能矫奸”，以严正的语气，不容怀疑的口吻，和顶真蝉联的句式，宣告了智法之士的品行节操及烛私矫奸的抱负。但因权奸蒙蔽君主，使他们难以入朝，更由于“处势卑贱，无党孤特”，在与权臣的斗争中，不是被陷害而死于“公法”，就是被暗杀而死于刺客的“私剑”，在激越之中，充溢着悲愤，使人读来深为他们感到同情和不平。

韩非说理还善用寓言，深入浅出，增强文章的生动性和说服力。在《五蠹》中，他以宋人守株得兔来讥讽“今欲以先王之政，治当世之民”的观念。在《难一》中，他以“楚人有鬻盾与矛者”这一寓言，讥讽了儒家的“德化”主张，并在哲学史上第一次建立起“矛盾”这一概念。在《显学》中，他继续以“冰炭不同器而久，寒暑不兼时而至”，证明应禁止儒墨等等一切互相矛盾之学。《内储说》、《外储说》和《说林》上下等，都有不少寓言，如《外储说·左上》的“秦伯嫁女”、“买椟还珠”，是说明“以文害用”，此文的“郑人买履”，则讽刺既脱离实际又墨守成规的思想，《内储说·上》的“南郭吹竽”，是对投机取巧而终致败露的讥诋。这些寓言蕴含着深刻的哲理,辛辣而警辟,使文章充满生气。韩非本无意为文,但他文中的寓言故事却无疑具有很高的文学价值。郭沫若先生曾深有体会地说:“他能够以极普通的常识为根据,而道出人之所不能道,不敢道,不屑道。所以他的文章,你拿到手里只感觉到他的犀利,真是其锋不可当……”(《韩非子的批判》)

韩非有过人的分析能力,如《亡征》分析可亡之道竟达四十七条之多。他又精于心理学,《难言》、《说难》之揣摩君主心理极其细致,对说者的趋利避害,投好迎合之术,也论述得周密精详。按理应如他自己所说的那样:“长袖善舞,多钱善贾”,可惜他工于谋人而拙于卫己,先前未得重用,后又死于冤狱。韩非个人遭遇固然不幸,但他法、术、势结合的思想,可谓是历代帝王的囊中之秘;汉初贾谊、晁错,中唐柳宗元等人,都从他的文章中汲取过营养。韩非对后世的影响是显见的。

(《中文自学指导》1987 年第 5 期)

《论贵粟疏》浅析

《论贵粟疏》是晁错上给汉文帝的奏疏，也是西汉著名的政论文。

文章着重于阐明使民务农，抑制富商，以缓和阶级矛盾；并入粟于边，加强国防，以制胜外来侵略。这二者可谓巩固封建统治的两个侧翼。他认为使民务农，国有积贮，军有所食，而内、外矛盾均可解决，并提出务农在贵粟，贵粟在于以粟为赏罚，及入粟拜爵除罪的一系列政策。在针砭时弊同时，对解决现实矛盾，加强汉朝政权提出自己的见解，在当时起过较重要的作用。

学习本文，首先要明了作者上疏的背景。秦末农民大起义推翻了暴虐的秦朝，但继之以长达五年的楚汉战争，使农业生产遭到严重破坏，农民或死于战乱，或流离他乡。面对广泛凋敝的局面，汉高祖刘邦采取了罢兵归家，与以田宅，招纳流亡，归返故里，抑制商人，轻徭薄赋的政策，使农业生产得以逐渐恢复。高祖之后，惠帝、吕后亦承袭黄老“无为而治”的思想，对人民少役缓刑，农业有了发展，人民衣食渐得滋殖。文帝刘恒即位后，继续奉行“与民休息”的方针，重视农桑。文帝曾下诏全免田租，自耕农迅速发展，农业进一步繁荣，粮价骤降，与此同时，又放松山泽之禁，促使了商品流通，于是，商人势力暴涨，对农民实行侵蚀兼并，广大农民卖田鬻子，相继破产流亡，出现了新的严重情况。

在阶级矛盾激化的同时，民族矛盾也很尖锐。北疆的匈奴一直是秦汉边患的根源。刘邦以“和亲”的办法和开放关市，来缓和侵扰。文帝时仍沿用祖法，和亲之外，又厚加馈赠，但匈奴仍不断入塞侵犯，劫掠人畜，毁坏禾稼，甚至游骑逼近长安，威胁首都安全。

面对着这两种情况，晁错从“复言守边备塞，劝农力本当世急务二事”（《汉书·晁错传》）的战略思想出发，继贾谊上《论积贮疏》后，再向文帝上疏。班固在《汉书》中将此疏分成两部分：“守边备塞”部分编入晁错本传，“劝农力本”部分载入《汉书·食货志》，后人将《食货志》中的这一部分抽出，加上《论贵粟疏》的题目。尽管《论贵粟疏》割裂了晁错的整体见解，但仍可看到“贵粟”与“守边”的必然联系，仍可见到他对现实政治、经济、军事问题的真知灼见。

学习本文，还应联系时代背景，深入理解文章的特定内容。汉初的招纳流亡，使人归本土，流民既归，户口繁息，劳动力大增，自耕农发展，文帝长期减免田租赋税，得利多的是地主，商业发展，也导致谷贱伤农，兼并的结果又引起大批农民破产流亡。殷鉴未远，晁错忧心如捣，他针对当时“海内为一，土地人民之众不避汤、禹，加以亡天灾数年之水旱”的有利条件，指出“蓄积未及”的根本原因在于“游食之民未尽归农”，明确表现出以农为本的重农政策，并进而论述不重农则不能保民的严重政治后果，从重农出发，正面提出“务民于农桑，薄赋敛，广蓄积，以实仓廪，备水旱”的政策和方针。晁错重农的思想既是高祖“重租税以困辱”商人(《史记·平准书》)的重农政策的继续，更是针对商人势力发展，侵蚀农民的严重现状而发的。农业发展使粮价大跌，文帝初年每石粟“至十余钱”(《史记·律书》)，于是，商人囤积居奇；另一方面，由于粟贱，人们“趋利”之心更使之贱五谷而贵金玉，从而危及“以食为天”的根本。晁错尖锐地指出：“今法律贱商人，商人已富贵矣；尊农夫，农夫已贫贱矣。”看到了不同于国初的，因商业发展带来的新问题。欲使国富法立，“方今之务，莫若使民务农而已矣”。并用“剥笋法”层层深入地指出：“欲民务农，在于贵粟。贵粟之道，在于使民以粟为赏罚”。抓住了“贵粟”的关键后，他又提出了入粟于官，拜爵除罪等一系列具体措施。在晁错看来，这是“损有余，补不足，令出而民利”的好事，商人以囤积之粟输之国而受“出于口而亡穷”之爵，致使国库充实，粟贱伤农的情况可以得到缓和，贫民的赋税亦可减少，由于“贵粟”的刺激，又必然使农民乐于耕种。以入粟于边使塞下足粮，这样，就可以巩固国防，有效阻止匈奴南犯。

总之，贵粟使民务农，入粟以抑商固本，这对缓和阶级矛盾，改善农民处境无疑是有积极意义的；入粟于边，则可解决边防戍卒的粮食及有关运输的耗费问题。因而，《论贵粟疏》对于解决当时的粮食问题，以及与之相关的政治、经济、边防等国计民生大事，是具有现实意义的。

作者上疏的目的虽是为了巩固封建统治，但仍然难掩其关怀农民疾苦的真诚态度。他真实描绘了农民所受的徭役、耕种之苦，水旱、暴政之虐，以及卖田宅、鬻子孙偿债的惨状，并以商贾不耕不织，却获利丰厚，衣锦食肉，乘坚策肥，权倾官吏的情况与之对照，即使以维护封建王朝的利益为根本，但正视现实的精神和关怀民瘼的态度，也不能不是作者改革政治的重要动因。

当然，由于时代和阶级的局限，作者以“贵粟”为核心的一整套办法，终究难以一蹴而就，遂使国家、商人、农民三方得益的“永动机”。“富人有爵，农民有钱，粟有所渫”的一举三得无法均衡实现，粟渫塞下不难，富人有爵甚易，但农民有钱只能是空话。如果说“入粟拜爵”是为了实现充实国库的目的，那么实施这一办法的结果却非但未能限制商人，却导致了商人提高政治地位，这也是晁错所始料未及的。以“贵粟”劝农力本，加强边备这两大目标可暂时达到，阶级矛盾可得缓和，但最终还是加深加剧了阶级矛盾。因而，史称“太平治世”的文景时代减免田赋的结果是地主大获其利，入粟拜爵的结果是商人地位提高，封建社会无法解决的矛盾在“治世”已深深孕育。农民起义——新政权建立后对农民让步——地主、商人对农民兼并，官吏对农民的压迫、剥削——无法生活的农民又进行起义，这似乎成了我国两千多年封建社会历史发展变化的“永动机”。内在规律是无法变更的，号为“智囊”的晁错开示的“医国”药方不能治好封建王朝的痼疾，而他因建议“削藩”而死，则更造就了自身的悲剧，这足可使我们掩卷发一浩叹！

晁错是政论家，他指斥时政，直抒政见，本无意为文，然而，《论贵粟疏》仍有较高的艺术性。首先，作为政论文，它具有立论精辟，论证严密的特点。文中一开始，就以“为开其资财之道”立论，然后承此论点，将“今世”对照禹汤之世，指出现在的“蓄积未及”的根本原因在于“不农”，继而论述不农之害和重农保民之理，再转入明君应贵粟贱金之论。“开资财之道”有本、末之辨，文章转而形象论述事“本”之农与事“末”之商，比较二者的苦乐，使重农抑商之意自显，在貌似旁涉之时加深了对“开资财之道”的理解。文章最后作了使民务农，务农在贵粟，贵粟在以粟为赏罚的论述，“开资财之道”一意相承，论述层层深入，具体而又严密；结构也于严整中寓有变化，不流于沉滞平板。其次，《论贵粟疏》为增强其论辩、说服力量，不是平实地就事论事，而是善作古今比况，综言利弊得失，在正反相较之中，显得有血有肉，因而，文章风格流畅矫健。第一段在古今相较之后，指出不农而导致蓄积未及。第二段又通过先逆写、再顺写不农之害，论以重农保民，尤其是农民与商人的形象对比，更见重农抑商的重要。最后，文章使用了排比手法，且排比与对照、反衬结合，语言虽朴实无华，但不乏激切深刻的感情和汪洋恣肆的气势。这一特点在第四段的农商对照中表现得尤为突出。当然，《论贵粟疏》毕竟是陈政见、主实用的奏疏，稍逊文采的缺点也是存在的。

（《中文自学指导》1984 年第 5 期）

柳永《雨霖铃》分析

柳永是北宋著名词人,曾热心于功名,但遭遇坎坷,仕途不得志,于是以词为事业,留连坊曲,“变旧声为新声”,作了大量适合于歌唱的新乐府——慢词。《雨霖铃》即是其中的一首代表作。《雨霖铃》是唐玄宗时教坊大曲名,王灼《碧鸡漫志》卷五引《明皇杂录》及《杨妃外传》云:“帝幸蜀,初入斜谷,霖雨弥旬。栈道中闻铃声,帝方悼念贵妃,采其声为《雨霖铃》曲以寄恨。”又谓:“今双调《雨霖铃慢》,颇极哀怨,真本曲遗声。”柳永的这首作品属双调慢词《雨霖铃》中最早的,由于作者精于音律,长于文字,将离情渲染得淋漓尽致,使声情和文情得到高度统一。

此词当为离别汴京时与恋人惜别而作。上片叙述离别情景,下片设想别后相思。综观全词,确可见“尤工于羁旅行役”特点,词中所反映的别恨离愁具有相当的广泛性,有一定的社会意义。

首句以蝉声凄切起兴,因时值秋天,故曰“寒”。“对长亭晚”已寓别意,古时五里一短亭,十里一长亭,长亭正是执手临岐之处,可见行之将始。“骤雨”本可留人缓行,而其“初歇”却又使得“兰舟催发”,故此句实已为下面三句设下伏笔。起首三句将节序、时间、地点、景物极自然地融合在一起,在氛围渲染之中,已透出了离别之意。

“都门帐饮”,语出江淹《别赋》:“帐饮东都,送客金谷。”在京都的城门外,于郊野张起帐幕,设宴饮以饯别,但因了无情绪,情怀正恶,所以难以下咽。虽心恋此处,不想离别,可是船家已在催行,终又不得不走。“留恋处,兰舟催发”,这七字完全是直笔写实,将此时心之所系与身之将行的矛盾表现得极为尖锐,为后面的高潮之至奠定了基础。

“执手相看泪眼,竟无语凝噎。”“无语”似是无情可表,但“执手相看泪眼”,却足见情深,“凝噎”更增其悲痛。千言万语无从讲起,正如杜甫《羌村》“妻孥怪我在,惊定还拭泪”一样,有“此时无声胜有声”之效。此二句以通俗的语言描绘离别情状,写得鲜明、逼真,使人难忘,实是上片高潮。

行将在即,自然会想起将去处情景。“念去去”二句即为悬想。“去去”二字叠用,是重复言之,表示行程之远,以“念”领之,又出以缓唱,更觉去路迢遥。“千里烟波”,是因为此次长行当沿水路;“暮霭沉沉楚天阔”,“暮霭”遥应“对长亭晚”,“楚天”则远在南方,与“千里”相合。烟波远伸千里,暮霭更接楚天,形成了一个无际无涯的时空合一体,此中正蕴涵着漫漫离愁。此三句虽景亦情,结束了分别场面。

下片转由作者设想别后情景。

换头超出自我而言及人生的普遍感受,“多情自古伤离别”,从上片的自我伤离推及自古而今的人之常情。“更那堪、冷落清秋节”,以秋天的摇落之悲来加重离愁且又点明题旨。

“今宵酒醒何处？杨柳岸、晓风残月。”“酒醒”呼应“都门帐饮”，柳岸、晓风、残月，则是“千里烟波”的水上旅程中的典型画面。前句自问是设想，而设想之虚却以实景来写，这两句之所以被认为是千古名句，在于虚实兼到、藉景观情。试想：在旅途的朦胧中忽然醒来，看到的是岸边杨柳、枝上残月、晓风阵阵、吹入船舱，水色月影、一片清光，这客愁、离绪与景色确是水乳交融，凝聚难分。据俞文豹《吹剑录》所载：“东坡在玉堂日，有幕士善歌，因问：‘我词何如柳七？’对曰：‘柳郎中词，只合十七八女郎，执红牙板，歌：杨柳岸晓风残月。学士词，须关西大汉，铜琵琶、铁绰板，唱：大江东去。’”可见这两句已被认为是柳永词最具代表性者，最足以见到柳词柔美婉约的风格，与苏轼“大江东去”的刚美豪放呈双峰并峙之貌。

“此去经年”以下的结尾四句，将上面的“景语”换为“情语”，用放笔直干的方式来加重之：这一去当在一年之上或是多年，既与心爱的人相离，纵有良辰美景也如同虚设。对自己如此，对伊人亦复如此，即使有千种风情，也无人可道，无从说与了。从上片“催发”到这里的“此去”，终于踏上了征程，而“经年”之呼应“今宵”，在时间的绵长中更见离愁之深。上下映照，有天梯石栈之巧。至此，全词虽已结束，但想及烟波暮霭，回忆良辰好景，在“更与何人说”的感叹中，使人有虽尽而未尽之感。

这首《雨霖铃》在艺术上有何特色呢？

第一，放笔而写，尽情发露。

柳永的境遇与晚唐的温庭筠颇为相似。温的一生是“未能鸣楚玉，空欲握隋珠”（《百韵》），虽极有才思，却因得罪权贵，被摒于科举门外，淹蹇终生，只被人看作“能逐弦吹之音，为侧艳之词”的无行文人。同样，柳永也被仁宗皇帝、晏殊宰相所鄙薄，也走上“多游狭邪，善为歌词”的道路。但是温庭筠和柳永的创作道路并不相同，艺术风格亦不相同。温庭筠将民间的“里巷之曲”改造成典雅的“诗客曲子词”，完成了由俗转雅的改造，词风富丽精工、深婉含蓄。柳永却是掉转头来，将文人词的雅趣转向民间市井的俚俗，虽是“闺帷淫媟之语”，亦写得显豁直率，酣畅无余。

在《雨霖铃》中，作者不是“发乎情，止乎礼义”，写得隐约迷离，而是毫不掩饰内心情感，深沉、真挚而出以大胆、坦率，不是士大夫温柔敦厚的感情、口味，而是接近市民色彩。词中明言“多情”、“风情”，对“执手相看泪眼”和“无语凝噎”并不掩饰，为“良辰好景虚设”和无人说与“千种风情”惆怅不已。按理说，应是词婉于诗，其体式应要眇而宜修，其手法应比兴多于赋，但柳永此词却不怕说直话、说尽头话，放笔而写，毫不遮掩，尽情倾诉，发露无余，从而也在抒发离愁之时，将心中的不平和被压抑的愤懑作了表暴。正由于失意文人的境遇与沦落风尘的妓女有相通之处，柳词的直抒较之曲达更易为下层人士所接受，其为市民妓女所爱就不足为奇了。

第二，层层铺叙，意致缠绵。

柳永演小令中调为慢词，是在铺叙上着力。此词纯为赋体，极见铺叙功力。全词以“伤离别”为线索，分写将别、临别、别后三部分，展衍出诸多层次，在前后照应、脉络连贯之中,深见意致缠绵。

大体上三部分可以这样划分:“寒蝉凄切”到“兰舟催发”,是写“将别”的第一部分。“执手相看泪眼”到“暮霭沉沉楚天阔”,是写“临别”的第二部分。整个下片为第三部分,写“别后”。

三部分又可分出若干层次,综观全词,可见出层层铺叙的特点。起首三句写节序、时间、地点、景物,渲染出离别的气氛,这是第一层。“都门”二句以帐饮无绪、兰舟催发的矛盾心情,逼出渐至的高潮,这是第二层。“执手”二句,从前面的将别变成此时的临别,以动作、神态写出无限伤感,这是第三层。“念去去”三句,在景色描绘中荡漾着由临别之时延续而至的不尽别情,这是第四层,起着承上启下的作用。“多情”二句用一重笔,由“自古”到“更那堪”的递进,更申离别之痛,这是第五层,得不粘不脱的转换之妙。“今宵”二句呼应上片的“帐饮”,设想途中风景、旅况,以景见情,这是第六层。“此去经年”至结尾的四句,再度以“此去”遥接“催发”,以“经年”回应“今宵”,以时间之绵长写尽相思之苦,又使人回味无穷,这是第七层。

这七个层次的层层铺叙,构成了将别——临别——别后的三段式结构,通过反复渲染,由繁复密匝的用笔,传递出缠绵的意致。

第三,转折、点染,传情写照。

柳词善作铺叙,但又不以繁复使人觉得厌烦,这是由于其铺叙并非平铺直叙,而有善作转折、点染结合之长。

先说转折。“对长亭晚”,长亭是送别之地,应珍惜此时此刻,尽量俄延,然一“晚”字,却又不得不趁夜色来临之际起行,这是一转。时间已晚,却来“骤雨”,此雨留人,又成逗留之由,然而,雨来之既“骤”,此时又“初歇”,感情上尚在拖延,理智上却要乘时快走,这是二转。“都门帐饮无绪”,虽情怀正恶,了无心绪,但又是“留恋处”,使人难去;别宴草草,终无不散,却又不愿散,还总想留恋片刻,虽留恋又难以高兴,还是“无绪”;尽管“无绪”,还想俄延,却“兰舟催发”,又无俄延之由,不得不行。这是循环往复的连环套式的第三转。通过这种步步挫折,将惜别之时的柔肠百结作了极为生动的传递。

除以上这种一步一转的方式外,还可见到遥应中的转折。上片的“帐饮无绪”,寒蝉、长亭、骤雨、烟波、暮霭,都因伴着离愁,样样实写者均非良辰、美景,但经“伤离别”的“冷落清秋节”之照应,转为虚写的“应是良辰好景虚设”,使“冷落清秋”与“良辰好景”在对照中见转折,使人知何者更足珍贵。此外,上片的“无语凝噎”,以“无语”见情深,转至结尾的“便纵有千种风情,更与何人说!”虽“千种风情”而无人可说,同样可见情深。

再说点染。刘熙载在《艺概·词曲概》中说:“词有点,有染。柳耆卿《雨霖铃》云:‘多情自古伤离别,更那堪冷落清秋节。今宵酒醒何处?杨柳岸、晓风残月。’上二句点出离别冷落,‘今宵’二句乃就上二句意染之。点染之间,不得有他语相隔,隔则警句亦成死灰矣。”“点染”是画家手法,点笔明确显豁,染笔衬托气氛,刘氏借此说以明情景融合、密不可分之理。不能隔以他语，正可见意境的完整性，前二句概括写情，后二句具体绘景，使形象达到高度的统一。谢章铤《赌棋山庄词话》云："微妙则耐思，而景中有情，'寒鸦数点，流水绕孤村'，'杨柳岸、晓风残月'，所以脍炙人口也。"此"点染"手法，确能收传情写照之效。

第四，长于白描，不事雕琢。

《花间》和宋初词人，多有"镂玉雕琼，拟化工而迥巧；裁花剪叶，夺春艳以争鲜"（欧阳炯《花间集叙》）之习，语言多求工丽，曲尽形容，宛转绸缪。柳永则不然，与其不避俚俗相关，可见长于白描、不事雕琢的特点。

在这首《雨霖铃》中，写景之句，如："寒蝉凄切，对长亭晚，骤雨初歇"，"千里烟波，暮霭沉沉楚天阔"，"杨柳岸、晓风残月"，都不事描绘，不作工笔，不加重彩，非雕章琢句，而见自然生动、天韵悠然。同样，写情之句，如："无绪"、"留恋"、"多情"、"伤离别"，亦明白如家常语。尤其"执手相看泪眼，竟无语凝噎"二句，在平易、通俗的语言中，描绘出泪眼相对、哽咽无语的深情状貌，极其真切感人。近人王国维在《人间词话》中曾称道"以自然之眼观物，以自然之舌言情"，柳词的长于白描、不事雕琢，足当"自然"二字。

柳永之词，由俚俗而入于淫亵，不为无病，但以《雨霖铃》言，却真正能见其"曲处能直，密处能疏，奡处能平，状难状之景，达难达之情，而出之以自然，自是北宋巨手"（冯煦《六十一家词选例言》）的风貌。

（《中文自学指导》1989 年第 9 期）

图将好景入华章
——柳永《望海潮》简析

“上有天堂,下有苏杭”,多少年来,人们都这样称颂道。春秋之时,吴越争霸,杭州就是争夺的目标。秦始皇统一六国之后,分置郡县,杭州设县治,称为钱塘。唐朝时,李泌、白居易先后任杭州刺史(隋朝开皇九年后,钱塘改成杭州),开井筑堤,使城市得到开发、拓展。五代时,吴越王钱镠在此建都,杭州遂成为东南第一州。杭州的山水,因大诗人白居易的诗篇而显,入宋以后,得柳永《望海潮》词而更使其风光为之增色。柳词写道:

> 东南形胜,江吴都会,钱塘自古繁华。烟柳画桥,风帘翠幕,参差十万人家。云树绕堤沙。怒涛卷霜雪,天堑无涯。市列珠玑,户盈罗绮,竞豪奢。　　重湖迭巘清嘉。有三秋桂子,十里荷花。羌管弄晴,菱歌泛夜,嬉嬉钓叟莲娃。千骑拥高牙。乘醉听箫鼓,吟赏烟霞。异日图将好景,归去凤池夸。

《望海潮》的词牌名,大概就取之于以钱塘作观潮胜地之意,柳永《乐章集》之前未见。“东南形胜”三句,一道地理位置优越,二道都会重要,三道历史悠久,确是出语不凡,起了笼罩全篇的作用。钱塘枕山,濒江,面海,南通百越,西望吴楚,确是“东南形胜”。钱塘在隋唐时为杭州治所,五代时,吴越建都于此,故曰“江吴都会”。又,此地旧属吴郡,《水经注·浙江水》谓吴兴郡、吴郡、会稽郡“世号三吴”,故称“三吴都会”亦通。

“烟柳画桥”三句,写美丽环境中的住家。如烟杨柳映着精美小桥,挡风的帘,翠绿的幕,处处可见住宅之美。建筑物高高低低,人烟稠密,生活丰饶。“云树绕堤沙”三句转写钱塘江。江堤旁是入云的大树绕着沙路,奔腾的江水如卷霜雪,浩荡无涯的江面如同天堑,可见其雄壮、宽阔、险要。“市列珠玑”三句写杭州街市。市场上、店铺里,陈列着珠宝,家家户户穿的是丝织品制成的衣服,可谓竞争豪华奢侈。柳永虽有《煮海歌》以反映盐业工人的困苦生活,但此处却对“豪奢”取欣赏的态度,这与此词的创作意图有关。

下片从“重湖迭巘清嘉”句始转写西湖。白居易任杭州刺史时曾疏井筑堤,并有“最爱湖东行不足,绿杨荫里白沙堤”的诗句,人们颂扬白居易的政绩,将白沙堤(即白堤)误认为白居易所筑,而正是这道白堤,将西湖一隔为二,使之有里湖、外湖之分,故曰“重湖”。西湖南、北、西三面皆山,是天目山余脉蜿蜒至此,峰峦重迭,故曰“迭巘”。重湖与迭巘相得益彰,分外秀丽,故曰“清嘉”。迭巘有三秋桂子,重湖有十里荷花,夏秋相连,荷、桂飘香,湖山交织,极见其美,亦极见铺叙之中形象组织的错综变化。

“羌管弄晴”三句写西湖的热闹之景。笛声在晴空飘扬,菱歌在夜空回荡,钓鱼的老人和采莲的姑娘都生活得十分愉快。在粉饰生活的同时,言外之意是:那些不劳而食者当然生活得更好了。“千骑拥高牙”三句称颂自己的布衣之交，现任杭州知州的孙何：马队簇拥着以象牙为饰的将军之旌——牙旗，可见声势煊赫；乘醉赏乐，可见生活的闲适，太平无事。“吟赏烟霞”，写他徜徉美景之中，这是对他文采风流的歌颂。“异日图将好景”二句，写祝愿孙何升迁。词中的“凤池”即凤凰池的简称，本为皇帝禁苑中的池沼，因魏晋时中书省掌管机要，接近皇帝，故以凤凰池称中书省。此处，以凤池泛称朝廷，古代外任不如京官，故以“凤池”贺其升迁。但即使升迁，又如何舍得杭州呢？还是把它画下来，带回京城吧。在这一层中，作者虽应酬祝颂，但终不离杭州，最后仍与开头遥相呼应。

宋朝军事历来不强，经济却可称繁荣。北宋至仁宗时代，国家经济发达，杭州十分繁盛。柳永失意于科场，留连坊曲，对都市生活很熟悉，这首词就是他铺叙都市生活，描绘美丽风光的长调。虽是歌咏太平，未免对现实多有粉饰之处，但直接歌颂了江山之美，间接赞扬了劳动人民的创造力，仍有不可低估的认识价值和美感意义。

关于这首词的创作缘由，有这样的说法：

> 柳耆卿与孙相何为布衣交，孙知杭州，门禁甚严。耆卿欲见之不得，作《望海潮》词，往谒名妓楚楚曰：“欲见孙相，恨无门路，若因府会，愿借朱唇歌于孙相公之前。若问谁为此词，但说柳七。”中秋府会，楚楚宛转歌之，孙即日迎耆卿预坐。（《岁时广记》卷三十一引《古今词话》，引自唐圭璋编《宋词纪事》）

从词下片“千骑拥高牙”以下五句看，此说不为无据，既然是故人新贵，干谒无门，词中多粉饰颂扬之语，亦实不足怪，孙何能迎之预坐，也是事之必然了。

柳永词中颇多俚俗之处，且绮罗香泽之态尤可见。《望海潮》不同于柳词中常见的俚俗之作，亦不同于“游宦成羁旅”而带凄凉况味之作，在这首赞美都市，颂扬湖山的作品中，颇见作者学习辞赋技巧，“音律谐婉，词意妥帖，承平气象，形容尽致”（陈振孙《直斋书录解题》）的特点，很能体现作者慢词的铺叙技巧。词的起头三句，一说地理，二说都会，三说历史，统帅全篇，为下文张目。“烟柳”二句成对偶，前写环境，后写住宅，继以“参差十万人家”来总括之。再接写江，对“东南形胜”进一步描述交代，又继而写市场、住家，对“繁华”作进一步描述。在“形胜”、“都会”、“繁华”都见落实后，下片转写最见特色的西湖，而重湖、迭巘，则是西湖难以移易的特点，夏荷、秋桂，不仅可见夏、秋之胜，且一扣“重湖”，一扣“迭巘”，都不是泛写之笔。“羌管”三句由湖山转为居民，由环境写到生活。词中又写了现时主宰此地的孙何，在应酬祝颂之中应扣紧歌咏杭州的主题，做到首尾相应。全篇以铺叙见长，但又不是平铺直叙，尤其开端、换头、结尾，都可见勾勒之力。当然，除描绘太平，歌功颂德的思想缺陷外，亦略可窥见“铺叙展衍，备足无余”而“韵终不胜”（李之仪《姑溪词跋》）的缺点。

（《中文自学指导》1985年第9期）

骏发踔厉，痛快淋漓
——读张孝祥《水调歌头》

宋高宗赵构做了三十多年皇帝之后，于绍兴三十二年(1162)六月，传位给太子赵昚。赵昚继位后，有志于改变奉行多年的对金投降政策，立即手书主战派代表张浚入见，并对张浚说："久闻公名，今朝廷所恃惟公！"(陈邦瞻《宋史纪事本末》卷七十七)张浚"力陈和议之非，劝帝坚意以图恢复"。次年为孝宗隆兴元年(1163)，春正月，赵昚以张浚为枢密使，都督江淮东、西路军马，张浚奏请赵昚临幸建康，并谓金兵至秋天必为边患，建议先发制人。帝然之，张浚遣李显忠、邵宏渊渡淮北伐，起先，曾数度取胜金人，后因二将失和，宋军大溃于符离(今安徽宿县)。由于宋师溃败，军资器械丧尽，主和派再度得势，在皆议张浚之非同时，和议复起，秦桧党羽汤思退被召为醴泉观使，奉朝请，张浚被劾。降授江淮东、西路宣抚使，在一片和议声中，使臣纷纷驰骛。此时，张孝祥任建康留守，张浚则以都督江淮军事驻建康，在一次宴会上，张孝祥即席赋此《六州歌头》，张浚闻之，流涕罢席而入。

此词以"长淮望断"开局，立兴悲愤之情，淮河本为中国腹地，绍兴和议时，成为宋、金的东部分界线，现在望断长淮，只见草木茂密，高及关塞了。征尘暗淡，霜风劲吹，却不闻战马、号角之声，这边声悄然的情况，正是对金人取不抵抗政策的结果。为此，作者黯然感伤，无语出神，而追怀当年北宋之亡，忖度其为天数所定，人力实难挽回，连洙、泗这孔子讲学之处亦陷于敌手，对华夏沦为异域的悲慨，当然是既巨又深了。接着，从追怀过去转为现实所见：隔着淮河一水，可见金人的毡帐成片，在苍茫的暮色中，牛羊阵阵归来，土堡纵横交错。更令人心惊的是：金兵的将帅夜间出猎，骑兵们举着火把，把淮河照耀得通明，笳鼓之声悲鸣，动人心魄。上结的"遣人惊"三字分量极重，这既是对南宋政权遣使求和而自弛边备的谴责，更是对金人哨所林立、军势极盛的担忧，作者的忠愤之情确是溢于言表了。

下片以壮志难伸之慨再起，"念"字共领七句，因为求和心切，不修边备，所以腰间的弓箭，匣中的宝剑，空为虫蛀尘封，时岁掷人而去，壮心徒然无成，机不我待，年岁将尽。收复旧京之愿更为渺远，宋廷所行的是以礼乐、文德来安抚、怀柔的政策，烽火不举，双方休兵。史载，隆兴元年符离兵败后，汤思退急于求和，"陈康伯、周葵等皆上疏，谓：'敌意欲和，则我军民得以休息，为自治之计，以待中原之变而图之，是万全之计也。'""丙戌，遣卢仲贤持报书如金师"，"冬十月戊午，命廷臣议金帅所言四事"，"庚子，汤思退奏以王之望充金国通问使，龙大渊副之，许割弃四州，求减岁币之半"(均见《宋史纪事本末》卷七十七)，次年，更是使臣来往频繁，这就是"冠盖使，纷驰骛"的情景。对此罢兵、遣使、议和之举，作者以"若为情"三字感叹之，讥讽以外，更见愤慨。接着,词人将视角转向沦陷区,史载隆兴二年八月胡铨上疏反对议和,谓:“中原讴吟思归之人,日夜引领望陛下拯溺救焚,不啻赤子之望慈父母”,故词中则谓“闻道中原遗老,常南望、翠葆霓旌”。歇拍三句,表达了积之既久、蓄之已深的感情,“忠愤气填膺”,“有泪如倾”,都是难以遏抑的必然爆发,确是读之令人起舞,张浚的罢席而入是不难理解的。

清人周济说过:“北宋有无谓之词以应歌,南宋有无谓之词以应社”,又云:“感慨所寄,不过盛衰”,“随其人之性情学问境地,莫不有由衷之言。见事多,识理透,可为后人论世之资。诗有史,词亦有史,庶乎自树一帜矣”(《介存斋论词杂著》)。张孝祥此作,与“应歌”的“无谓之词”截然不同,它正以“感慨所寄”的“由衷之言”,成为“自树一帜”的“有史”之作,读此词,确能论世知人,收读史之效。在隆兴北伐之前的1161年冬,虞允文率兵在采石矶击溃金主完颜亮的军队,张孝祥写下《水调歌头·闻采石战胜》一词,将此战拟为周瑜的赤壁之胜和谢玄的淝水之捷,并以“我欲乘风去,击楫誓中流”自励。在建康留守任内,他极力赞助张浚的北伐计划,对符离之败他深为痛惜,对主和派的通使求和他满怀愤懑。故词中对淮河边备松弛,中原敌骑横行,礼乐之邦的被玷污深感悲痛,对报国之志难以实现,中原父老的失望,引发了忠愤填膺。《宋史·张孝祥传》云:“渡江初,大议惟和战。张浚主复仇,汤思退祖秦桧之说,力主和。孝祥出入二人之门,而两持其说,议者惜之。”这是一种未作考辨的说法,为此,《宣城张氏信谱传》云:“公始登第,出思退之门。及魏公(张浚)志在恢复,公力赞相。且与敬夫(张浚之子)志同道合,故魏公屡荐公,遂不为思退所悦。或者因公召对‘要先立自治之策以应之’等语,谓公‘出入二相之门,两持其说’,岂知公者哉!”这首《六州歌头》在以词证史同时,也可以因词见人,洞察张孝祥的政见与怀抱,辨本传之诬。正因为此词有知人论世的“词史”价值,故刘熙载《艺概》说:“词莫要于有关系,张元干仲宗因胡邦衡谪新州,作《贺新郎》送之,坐是除名,然身虽黜,而义不可没也。张孝祥安国于建康留守席上赋《六州歌头》,致感重臣罢席。然则词之兴观群怨,岂下于诗哉!”

词以婉曲见长,王炎说:“长短句名曰‘曲’,取其曲尽人情。惟婉转妩媚为善。”(《双溪诗余自序》)沈祥龙也说:“诗有赋比兴,词则比兴多于赋。或借景以引其情,兴也。或借物以寓其意,比也。盖心中幽约怨悱,不能直言,必低徊要眇以出之,而后可感动人。”(《论词随笔》)二说不为无理,沈说更为入微,但揆之本篇,却并不相合。诚然,由于《离骚》“美人芳草”的传统,词中可以即小见大,如岳飞《小重山》即是。但是,由于大业遭挫,悲愤难遏,取直陈而非曲达,并非不能理解。尤其是词中“天数”“人力”之叹,时不我待之慨,中原父老之望,更有警顽起懦之力,震慑人心之效,其感发之直切、强烈,非借景引情、借物寓意可比。正由于这样,惯以“沉郁”、“寄托”论词的陈廷焯,也称道此词“淋漓痛快,笔饱墨酣,读之令人起舞”。他虽认为“惟‘忠愤气填膺’一句提明,转浅、转显、转无余味”,但又表示可以理解:“或亦耸当途之听,出于不得已耶?”(《白雨斋词活》)其实,对于张孝祥的词作,早就有人称道其“骏发踔厉,寓以诗人句法”(汤显《紫微雅词序》)了,毛晋《于湖词跋》更将这十个字作为这首《六州歌头》的评语。正由于此词是言志抒怀之作，与正统词风异趣，“骏发踔厉”正是词坛飞将的风貌，与窥帘粲女是截然不同的。

此词虽是直陈，但读后并不觉得了无余味，这与词中善作讥讽，语言的以故为新有关。如果说此词上片及下片前八句均以感慨为主，“干羽方怀远”等六句则转为讥刺了。以“干羽”的礼乐文化来怀柔金人，烽静兵休，冠盖之使纷纷奔走，似是一片和平景象，其实是正言反说，对主和派痛作讥讽。自己腰间箭、匣中剑的“空埃蠹’，抗敌的“心徒壮”，“空”、“徒”与“且体兵”、“纷驰骛”的“且”“纷”二字对举，直至“若为情”的明作发问，都是讥刺之词，是耐得起咀嚼品味的。在语言上，则颇多出于经史典籍之处，如“洙泗上，弦歌地”，分出《礼记》与《论语》，“落日牛羊下”，出于《诗经》，“区脱”、“名王’出于《汉书》，“干羽”出于《尚书》、《礼记》，在可见作者“无一字无来处”的以学见长同时，将历史上汉族与少数民族的矛盾、斗争沿袭至今日，语言的以故为新也是历史的以故为新，读罢给人留下了深刻的历史意识之印象。

内容决定形式是文学的一条规律，宋词的词牌规定了形式的不可移易，但词人在创作时，有意识地因内容之别而选声择调。据程大昌《演繁露》说：“《六州歌头》，本鼓吹曲也。近世好事者，倚其声为吊古词，声调悲壮，又以古兴亡事实文之。闻其歌，使人慷慨。”张孝祥为抒发其爱国伤时的感慨，故选用了此调。《六州歌头》多用三言短句，能构成激越紧张的繁音促节，又是用于急曲类的长调，能使情调趋于壮烈，使听者激发出“慷慨”之情。作者在用韵上，选用了“庚青”部，此部韵读来清劲，加以音节苍凉，使声情和文情得到高度的统一，形成完整的意境。人称“于湖词声律宏迈，音节振拔”(查礼《铜鼓书堂遗稿》)，洵非虚誉。

（翁德森、贾平年编《中国古代文学作品选·精读课文讲析》，
华东师范大学出版社1989年版）

正壮士悲歌未彻
——从《贺新郎》看辛弃疾词的特色

辛弃疾是宋室南渡以来的时代歌手，是宋代最伟大的词人。他之以词名世，确已超过了他作为主战派中坚的影响。刘克庄说："公所作，大声镗鞳，小声铿訇，横绝六合，扫空万古。"(《后村诗话》)确是道出了辛弃疾这一词坛飞将的龙腾虎跃之姿，允为公正的评价，非仅私淑之言。

辛弃疾的词，人们常以"豪放"称之，其实他的作品已达到"大而化"的程度，"豪放"一词难以尽赅。本文试以其代表作之一《贺新郎》(别茂嘉十二弟)作一分析，探讨辛词的基本特色。以管窥豹，未免难全，自求不作扣盘扪烛之语，祈识者有以教之。

先录全词：

绿树听鹈鴂，更那堪、鹧鸪声住，杜鹃声切。啼到春归无啼处，苦恨芳菲都歇。算未抵人间离别。马上琵琶关塞黑。更长门、翠辇辞金阙，看燕燕，送归妾。
将军百战身名裂。向河梁、回头万里，故人长绝。易水萧萧西风冷，满座衣冠似雪。正壮士悲歌未彻。啼鸟还知如许恨，料不啼清泪长啼血。谁共我，醉明月！

此词先写三种鸟声，并从中见意：听到绿树丛中的鹈鴂声，想到前于此的鹧鸪声(鹧鸪啼"行不得也哥哥")和杜鹃声(杜鹃啼"不如归去")都与离别有关，一个才住，一个又啼，所以令人不堪其听。如今啼到鹈鴂，时已五月，"恐鹈鴂之先鸣兮，使夫百草为之不芳"(《离骚》)，在这众芳消歇之时，春归花谢，惆怅无着的心情，还抵不上人间的离别。这几句，以鹈鴂起，衬以鹧鸪、杜鹃，以鸟声写出一个较长的时间过程，加深了不堪忍受离别的感情，又侧入以春归芳歇，为下面的"入题"作了很好的铺垫。

"算未抵人间离别"一句，承上启下，既束住起兴之鸟声，又转出人之离别。下面，以辞赋的大笔铺排手法，连写五个古事："马上琵琶关塞黑"，用汉王昭君出塞和番事，化用了李商隐《王昭君》诗"马上琵琶行万里，汉宫长有隔生春"，和杜甫《梦李白》的"魂返关塞黑"句。"更长门、翠辇辞金阙"，用汉武帝陈皇后事，写陈后失宠被贬长门宫。"看燕燕，送归妾"，事见《诗·邶风·燕燕序》："燕燕，卫庄姜送归妾也。"据《左传》隐公三年、四年纪事："卫庄公妻庄姜无子，以庄公妾陈女戴妫之子完为己子，庄公死，完即位，不久被州吁所杀。""戴妫于是大归，庄姜远送之于野，诗见已志。"(《郑玄笺》)可见，此处为庄姜送戴妫事。"将军百战身名裂，向河梁、回头万里，故人长绝。"用苏武李陵事。李陵败而降匈奴，苏武使匈奴被留胡十七年，还汉之日，李陵相送，对苏武倾吐衷肠，有"异域之人，壹别长绝"之语(见《汉书·苏武传》)，此外，见于《文选》的李陵《与苏武诗》中，有“携手上河梁，游子暮何之？徘徊蹊路侧，悢悢不能辞”之语。“易水萧萧西风冷，满座衣冠似雪”，用荆轲事。荆轲辞燕入秦，“皆白衣冠以送之，至易水之上”，“高渐离击筑，荆轲和而歌，为变徵之声。士皆垂泪涕泣。有前而为歌曰：‘风萧萧兮易水寒，壮士一去兮不复还’”。（见《史记·刺客列传》）“正壮士悲歌未彻”句是仍承上句《易水歌》意。

五事铺排已完，感情奔涌未止，“啼鸟还知如许恨，料不啼清泪长啼血”，此处以“如许恨”三字结束上面五事，与总冒全篇的“人间离别”四字呼应，而“啼鸟还知如许恨”则又回应起首的鸟声。这里不说自己的离愁别恨，却将感情移之于鸟；鸟啼固然悲切，如果鸟知人情，能理解如许恨事，还要更加悲切，会“不啼清泪长啼血”的。前面五事只言他人，不涉我字，才及我字，却收笔转而言鸟，应接开头，折进而推出“鸟且如此，人何以堪”之意。至今，啼鸟声声，故人已去，送别之本意一句未出，却以“谁共我，醉明月”来点笔作结，用语虽轻，感情却重，其愤慨悲怨是不难体会的。

这首词很能见出辛弃疾最突出的“以文为词”的特点。

刘体仁《七颂堂词绎》说：“稼轩‘杯汝前来’，毛颖《传》也。‘谁共我，醉明月？’《恨赋》也。皆非词家本色。”这种认为本篇似《恨赋》而非“词家本色”的看法，是因辛弃疾词的古文笔法和辞赋结构而生。这首《贺新郎》以豪放的气势写出首尾述意、中间铺排的沉雄起伏的词章，在“算未抵人间离别”之下，他连写五事，全词前起后束，中间排列，首以鸟啼起兴，末仍应以鸟声，仅尾二句稍涉自己，而且全首不分上下片，融为一体。这种写法，不同于婉约派词那样似娇女步春，一步三折，在回环往复之中曲折见意。而是在横向的铺排中广征古事，极言离别之恨，使情感如山似海，而非淡远芊绵。这种“以文为词”、“以赋为词”的铺排写法，并非辛弃疾一时兴到的拉杂运用，而是作者人格、感情和创作个性的体现。辛弃疾生当弱宋末造，有将相之才而未能尽展其用，一腔忠愤无处发泄，其慷慨抑郁、磊落不平，一寄之于词，他写的是真怀抱、真性情，是壮志难伸、报国无门的苦闷。这是因情造文，不是为文造情，是文质相称，意辞兼济的，因而王国维称此词“章法绝妙，而且语语有境界，此能品而几于神者”（《人间词话》）。

这首词又很见辛弃疾使事用典、铸史熔经的本领。

稼轩为词，常驱使经、史、《庄》、《骚》而不见斧凿之痕。清人周济《宋四家词选》评本篇“前半阙北都旧恨，后半阙南渡新恨”，大概认为上片写美人宫怨，是因为靖康之变导致二帝掳北，后妃相从北辕；下片写壮士诀别，是因为感慨强嬴谁刺，北伐壮志难酬。其实，周济强分北都旧恨和南渡新恨，未免附会，在稼轩说来，是因为作别茂嘉，为极言离别之后得广征古事。这五事中，有出于《史记》的荆轲辞燕，有出于《汉书》的苏李诀别，有出于《诗经》的庄姜送戴妫，此外陈皇后的长门事，王昭君的出塞，都为人所熟知。作者虽连用五事，但人们并不厌多，在层层复迭、不断渲染之中，对“别恨”有更深的感受。辛弃疾为词喜好用典，故有“掉书袋”之讥。但辛词之用典是被真挚的感情和奔涌的才气所驱动，他虽间有卖弄学问之作，但总体说来，都如这首《贺新郎》，是人格、性情和感喟的体现，是熔个人身世与国家兴亡于一体的借言发挥。这种铸史熔经、使事用典的本领，既得之于学问，更来之真情实感。

这首词更可见稼轩词沉郁苍凉的基本风格。

陈廷焯认为："稼轩词自以《贺新郎》一篇为冠。沉郁苍凉，跳跃动荡，古今无此笔力。"（《白雨斋词话》）当然，本篇是否为冠尚属可议，但以"跳跃动荡"之笔，造成"沉郁苍凉"之貌，确是准确道出了这首词的风格特点，也是稼轩词的基本风格特点。人们论辛词常以"豪放"概言其风格，"豪放"除突破音律谐协，姿态横放杰出之意外，更指立意遣辞、结构行文的奔腾驰骤。但是，同是豪放的苏、辛，却各有自己的基本风格：在东坡，可见气格之高，表现为"飘逸"；在稼轩，可见性情之厚，表现为"沉郁"。沉郁就是既有深沉的思想，又有浓厚的感情，深而厚的内在思想感情表现出外在的沉雄抑郁之风。诚然，辛词既有奋迅驰骤、发越激烈之作，也有淡泊闲情、平易简淡之篇，甚至有风流蕴藉、芊绵婉约之什。但是，由于辛弃疾是一个始终不忘恢复失地的志士，他不愿与主和派同流合污，但又不能从心行事。他远大的抱负、不凡的经历、不屈不挠的品格，在重重压力之下，变成了胸中长期充溢的幽愤，这一切酝酿成沉雄悲凉之风，表现在自己作品中的主流，就是这种"正壮士悲歌未彻"的风格，这也正是周济所说的"稼轩敛雄心，抗高调，变温婉，成悲凉"（《宋四家词选序论》）。在这首《贺新郎》中，上片的美人宫怨未必就是拟之自己的被废置不用，下片的壮士诀别也未必就是比之自己的壮志难伸，但废置不用和壮志难伸却是长期存在的事实。所以，送别之时，借用古人离别的诸般恨事，写出了自己的悲凉抑郁的心情，是十分真切感人的。靖康时，汴京被陷，河洛易主，二帝与嫔妃被掳北地，文武官员流落异国，宗室被迫为奴，处处是家破人亡的悲剧。这一切，较之昭君和亲，陈后被贬，戴妫大归，苏李诀别要惨痛得多！而辗转于太行和大河的抗金义军，比之前荆轲刺秦之作别知友，又要悲壮得多！

"国家不幸诗家幸"，是时代之变和民族之恨催生出稼轩词的璀璨花果，这一笔宝贵财富是足资后世学习和借鉴的。

（《伊犁教育学院学刊》1985 年第 1 期）

忧危怨愤之语，沉郁顿宕之篇
——辛弃疾《摸鱼儿》浅尝

宋绍兴三十一年，金主完颜亮大举南犯，二十二岁的辛弃疾举义山东，聚二千之众，与耿京共图恢复大计。次年，当他举表南归时，得知耿京被叛徒张安国杀害，他驰马金营，擒获叛徒，“壮声英概，懦夫为之兴起，圣天子一见三叹息”（洪迈《文敏公集》卷六《稼轩记》）。但是，赵构政权对南归的义军满怀疑忌，他们被当作流民，散置于各州县，辛弃疾本人被派任江阴签判。不久，宋孝宗赵昚即位，即位之初，他很想有所作为，起用主战派张浚任枢密副使，企图渡淮北伐，收复失地。但由于张浚轻敌，辖下李显忠、邵宏渊二部发生摩擦，招致符离之败。张浚死，“隆兴和议”签约，主和派又据主流。辛弃疾“位卑未敢忘忧国”，就宋、金形势和军事斗争前途作了详细分析，写成《御戎十论》（即《美芹十论》），冒着越职之罪，奏进朝廷。但由于宋廷习于苟安，投降派史浩上奏极力反对北伐，“十论”未被接受，辛弃疾也得不到重用。五年以后，他被孝宗召见于延和殿，对答时论南北形势，持论过于劲直，不合皇帝胃口。不久，他又向宰相虞允文呈送陈述恢复大计的《九议》，亦未得到重视，所拟措施无一得到采纳。此后，他一直在地方任上转徙，虽颇见才干，政绩卓然，却难于真正施展抱负。

淳熙六年（1179），辛弃疾正入“不惑”之年，也是南归后的第十七个年头，他由湖北转运副使改任湖南转运副使。时值暮春三月，在同僚为他举行的别筵上，写下了这首著名的《摸鱼儿》。前此一年半，他从江西安抚使任去职，召为大理寺卿，出为湖北转运副使不久，就又改任于湖南，“聚散匆匆不偶然，二年历遍楚山川”（《鹧鸪天·离豫章，别司马汉章大监》）。如此频繁调动，使他颇感心情沉重。面对春意阑珊，起美人迟暮之感，借词寄其岁月不居、年华轻掷、壮怀难骋之慨，以沉郁顿宕之篇，写其忧危怨愤之语，成为宋词中传诵不息的名作。

上片大体可看成是惜春——留春——怨春的三部曲。

“更能消、几番风雨，匆匆春又归去。”起句显得非常突兀，陈廷焯《白雨斋词话》评道：“起处‘更能消’三字，是从千回万转后倒折出来，真是有力如虎。”可谓知人善评。如果说当年说服耿京，奉表南归，辛弃疾对于南宋朝廷还是满怀希望的话，那么十七年来目睹最高当局不思有为，自己也难以实现抱负，心中的失望情绪已是蕴积已久了。风雨送春，岁月催人，“千回万转”的心绪适触于暮春的风雨、落花，遂倒折出“更能消”三字，以反诘疑问的句式，借自然界的风雨对春天的摧残，写出政治风雨对自己的触动，所兴起的是对时局的忧虑，是英雄失意之感，非等闲的伤春之语，故云“有力如虎”。“消”是消受、禁得之意，春天不能消受几番风雨，自己又何能经得起岁月相催呢？作者的用世之心可以成为“有力如虎”的又一注脚了。“惜春长怕花开早，何况落红无数。”“惜春”之愿道出:因惜春,虽然盼春早来,却恐春去太快,而宁愿鲜花迟开。眼前是“落红无数”,春天步武匆匆,实已难留了。愿望与现实之间,经“何况”一词转折、递进,形成强烈对比,失落感油然而生。

惜春毕竟是消极之举,作者转而“留春”了。“春且住”三字一喝,绵绵情思之中,立见波澜陡起。然而,作者继续写道:“天涯芳草无归路”,这就改为劝说之语。一喝一劝,一急一缓,形成顿宕之势。较之苏轼的“天涯何处无芳草”(《蝶恋花》),一豁达自慰,一感伤之语,是由于所感者不同。

作者虽极意留春,满怀深情,春却无言以对,故又转而“怨春”。“怨春不语”,是一种“多情却被无情恼”的埋怨,“算只有殷勤画檐蛛网,尽日惹飞絮”。春天还是默默走了,无法挽留,只有那殷勤的蜘蛛儿,在画檐上张开了蛛网,捕捉那飞舞的柳絮,算是硬把春天留下了一点儿。

下片可分为抒郁——警告——自劝三个层次。

“长门事,准拟佳期又误。蛾眉曾有人妒。千金纵买相如赋,脉脉此情谁诉?”这里掉笔而去,叙说故事,与上片若不相蒙,其实,春意难久之情与美人迟暮之感,是很自然的进展。此事出于司马相如《长门赋序》:“孝武皇帝陈皇后,时得幸,颇妒,别在长门宫,愁闷悲思。”又说:“闻蜀郡成都司马相如天下工为文,奉黄金百斤为相如、文君取酒,因于解悲愁之辞,而相如为文以悟主上,陈皇后复得亲幸。”此序见于《文选》,出于后人依托,与史实多不符。据《史记·外戚世家》、《汉书·外戚列传》所载,是陈皇后妒人,而非遭人之妒;陈皇后被废后,无再得亲幸事。辛弃疾饱读经史,并非不知事实原貌,他是借此故事以喻君臣关系:遭受排挤、打击的臣子被皇帝疏远了,他们虽想恢复同皇帝的关系,但因遭到小人忌妒,使重会的“佳期”被耽搁了。虽不必指定为稼轩自喻,但稼轩或其同道之遭受压抑,难展其才,却与之相似,借“长门事”抒发心中郁闷,是很自然的。

“君莫舞:君不见,玉环飞燕皆尘土?”这分明是借玉环、飞燕事以警告那些善妒而兼进谗的小人了:你们不要太高兴、太得意了!难道你们不知道?邀宠一时而又善妒的杨玉环、赵飞燕,恩宠瞬时烟消,富贵如过眼云烟,尽管煊赫一时,却未得善终,很快就化为尘土?尖锐、冷隽、警策!那些骄横而得势的主和派,那些打击陷害忠良的群小,对此是不会不切齿扼腕的。

“闲愁最苦。”以“苦”字直道自己的心情,以“闲愁”总括以上种种,作者虽称之为“闲愁”,但国势不容乐观,北伐更难期待,此愁就并非“闲”了。于是,结拍道出了心中怨愤,同时也含自劝之意:“休去倚危栏,斜阳正在,烟柳断肠处。”且不要倚危栏而远眺吧,因为所见是斜阳烟柳,令人感伤。

辛弃疾想起南归十七年来的遭遇,平戎之策得不到施行,抗金的宏图难以展现,由春之将归触发起年华速逝之感,《离骚》的“惟草木之零落兮,恐美人之迟暮”自然涌上心头。词中上片的惜春、留春之意,很容易让人产生珍惜抗金北伐时机之想,而怨春之情,实也起于“恐年岁之不吾与”。辛弃疾官职不高,他的抗战恢复大计又未被采纳,他是深恨“竞进以贪婪”的投降派的。从他抵湖南后所上的《论盗贼札子》中，可以看到“臣孤危一身久矣”，“生平则刚拙自信，年来不为众人所容”等语，以至后来被劾落职，都足以知下片的“蛾眉曾有人妒”，“脉脉此情谁诉？”是自有根源。故在抒郁之后又有警告“玉环、飞燕”的激切之语，和“闲愁最苦”之叹。而篇末的“烟柳”“斜阳”，很易使人起“夕阳无限好，只是近黄昏”的国势衰微之想，“闻寿皇见此词，颇不悦”（罗大经《鹤林玉露》），孝宗的不快是可以理解的。

以上是本着“知人论世”的原则，力图“以意逆志”地分析词中立意之所本及所蕴要义。至于此词的艺术手法，也体现出与思想内容密切结合的精神，值得称道。

一是比兴的应用不限于局部，而是将细腻的感情与开阔的画面统一在一起，构成全局性的象征，资人联想，发人深思。

前人论此词，多着眼于字譬句喻，如认为“斜阳以喻君”（许昂霄《词综偶评》），“‘算只有’三句是指张俊、秦桧一流人”（王闿运《湘绮楼词选》）。其实，如此拘泥，不足为信。词中“长门赋”是使事，“蛾眉”是用比，“玉环、飞燕”亦有所指，“斜阳”“烟柳”义兼比兴，但又并非只限于局部。作者受到《离骚》的启发，学习了芳草美人的传统，基本上是上片芳草，下片美人。上片“芳草”的残春景象具有南渡后局势的象征意义，下片“美人”的失意、得宠则象征着朝廷内和战之争的结果，而剩水残山内的得宠者，将“得意翻成失意人”，最终与残局同归于尽。全词表现了细腻的感情，又与开阔的画面及其底蕴达到高度统一。

二是步步转折，层层深入，离而复合，意脉连贯的结构章法。

此词曾被梁启超评为“回肠荡气，至于此极，前无古人，后无来者”（《艺蘅馆词选》），堪称空前绝后。其之“回肠荡气”不是因“豪放”而一发无余，而是以高妙的结构章法得之。上片以“更能消”起头，是所谓“倒转”，出而有力，见其蓄势已久，以下在对照中惜春，又以“春且住”三字奴仆风月，指使自然，反振一笔，再接以劝阻来留春，春劝不回又转而怨春。在转折、深入中，将情意、心理，写得极其缠绵婉转，可见作者不仅能飞剑驰马，也能缀针绣花。换头“长门事”似离而复合，以古人争宠写今日朝中，最后的斜阳烟柳又与开局的残春相应，可见全词意脉如蛇灰蚓线贯注到底。又如“见说道、天涯芳草无归路”，由春归而再申之，是在开中转，而“君不见，玉环飞燕皆尘土”，则回到题旨，是在合中应。

三是沉郁顿挫的风格。

“持重者多危词，赤心人少甘语”（黄了翁《蓼园词选》），词中贯注着词人对国事多艰、前途可叹的忧危怨愤，虽微有激切之语，但并非发之激越、慷慨，而是低回感叹，显示出“敛雄心，抗高调，变温婉，成悲凉”（周济《宋四家词选序论》）的风貌，表现为沉郁顿挫的风格。

（翁德森、庄正编《大学语文（全国组编本）导读》，上海教育出版社 1989 年版）

蔑视世俗的宣言，反抗性格的自供状
——读关汉卿〔南吕·一枝花〕(不伏老)

元代最伟大的剧作家关汉卿曾写过一个著名的散套——〔南吕·一枝花〕(不伏老)，它不仅为封建士大夫所不齿，即使新中国成立以来也屡有争议。这一散套由〔一枝花〕、〔梁州第七〕、〔隔尾〕、〔尾〕四支曲子组成。这里选的是第四支〔尾〕：

> 我是个蒸不烂、煮不熟、捶不扁、炒不爆、响珰珰一粒铜豌豆。恁子弟每，谁教你钻入他锄不断、斫不下、解不开、顿不脱，慢腾腾千层锦套头。我玩的是梁园月，饮的是东京酒，赏的是洛阳花，攀的是章台柳。我也会围棋，会蹴踘，会打围，会插科，会歌舞，会吹弹，会嚥作，会吟诗，会双陆。你便是落了我牙，歪了我嘴，瘸了我腿，折了我手，天赐与我这几般儿歹症候，尚兀自不肯休！则除是阎王亲自唤，神鬼自来勾，三魂归地府，七魄丧冥幽，天哪，那其间才不向烟花路儿上走！

在第一曲的〔一枝花〕中，作者直诉了自己"半生来折柳攀花，一世里眠花卧柳"的"浪子风流"的生活经历；第二曲〔梁州第七〕则无畏地宣称自己是"普天下郎君领袖，盖世界浪子班头"；第三曲〔隔尾〕进而说自己人到中年，更深于此道；最后一曲〔尾〕则是在前三曲基础上的总结。这支〔尾〕起头二句以铜豌豆钻入锦套头来自喻沉湎于勾栏妓院的生活，继而写自己所见世面，再接着罗列自己的多才多艺，最后表示至死不改生活态度的决心。

怎样看待和评价关汉卿在这支曲子中所表达的思想和生活态度呢？为解决这一问题，我们必须正确理解当时的历史条件和社会生活。因为"作为观念形态的文艺作品，都是一定的社会生活在人类头脑中的反映的产物"(毛泽东《在延安文艺座谈会上的讲话》)。元初，统治者奉行民族歧视和民族压迫政策，汉人和南人列于蒙古、色目人之下，遭他们打骂而不得还手，不同民族有不同刑法，不同民族有不同的征敛标准。在统治机构中，由蒙古人和色目人担任各级官吏，汉人和南人最多只能担任副职。元朝法令规定汉人和南人不能聚众打猎，不能执弓箭，甚至不准养狗。然而，在此同时，统治者也认识到：若要牢固地统治汉地，就必须行汉法，用汉人，又对部分汉族知识分子施行笼络利用政策。如元世祖忽必烈就任用姚枢、许衡等人定朝礼、治礼乐、设官制，隐居为僧的刘秉忠被元世祖拜为光禄大夫，位太保，参与重大决策。但是，另外一部分知识分子则或坚持民族气节，或不满现实，就遁入山林，作了隐士。而还有一部分未得高官或不屑仕进者，则凭借城市工商业发达、经济繁荣、文化昌盛的基础，从民族矛盾和阶级矛盾中汲取养料，创作为下层人民所喜闻乐见的杂剧，敢于面对"诸妄撰词曲，诬人以犯上恶言者处死”(《元史·刑法志》三)的高压,进行抨击黑暗,昭示正义的曲折战斗。仅据《录鬼簿》所载的金末至元世祖时的剧作家五十余人看,他们多为布衣之士或低级官吏,而关汉卿则是其中最杰出的代表。他在那个“嗟乎卑哉,介乎娼之下、丐之上者,今之儒也”(谢枋得《送方伯载归三山序》)的社会里,“以其有用之才,而一寓之于声歌之末,以抒其怫郁感慨之怀,盖所谓不得其平而鸣焉者也”(胡侍《真珠船》卷四)在这支被压抑的民族交响乐中,唱出了最高亢激厉的声音。

关汉卿曾做过太医院尹,《永乐大典》引述元末熊自得编纂的《析津志》,将他列入“名宦”传,他的出身、职业虽与“医”有关,但他一生却以戏剧活动为名。《析津志》说他“生而倜傥,博学能文,滑稽多智,蕴藉风流,为一时之冠。是时文翰晦盲,不能独振,淹于辞章者久矣”。由于长期被淹,难展才具,关汉卿走上了戏剧创作的道路,钟嗣成《录鬼簿》所写的〔凌波仙〕这样评价他:

> 珠玑语唾自然流,金玉词源即便有,玲珑肺腑天生就。风月情、忒惯熟。姓名香,四大神洲。驱梨园领袖,总编修师首,捻杂剧班头。

并列举了他所作杂剧六十二种之名。

关汉卿成为“驱梨园领袖,总编修师首,捻杂剧班头”绝非偶然。他长期生活在大都,这里是政治和文化中心,有通俗文艺的创作团体——玉京书会,除关汉卿外,还有为数不少的一个作家群——燕赵才人,有杂剧的演出场所——勾栏,还有以珠帘秀、顺时秀等为代表的演员——“倡优”。关汉卿不仅积极从事创作,而且“争挟长技自见,至躬践排场,面傅粉墨,以为我家生活,偶倡优而不辞者”(臧懋循《元曲选》序二)。与艺人们共同过着舞台生活。戏剧创作活动和舞台生活实践,使“九儒”的关汉卿和“八娼”的珠帘秀等人亲密合作,创作出杂剧艺术的高峰。由于长期出入勾栏妓院,关汉卿不仅深刻了解下层社会,熟悉他描写最多的对象——妇女,而且,更为蔑视世俗偏见,更增长了性格中的反抗因素。除了通过剧中表现自己的爱憎和思想外,关汉卿还写了这一套散曲。这套曲不啻是蔑视世俗、与传统决绝的宣言,且是反抗性格的自供状。但是,不可讳言,由于长期出入勾栏妓院,作者也沾染上了流连风月的浪荡作风。

元朝的汉民族并不是一个整体,隐居者有之,投身于蒙古王公帐下帮闲、厕身蒙古官吏府内成为幕僚者也有之,关汉卿不屑仕进,在杂剧艺术上施展才华,从而出入勾栏妓院,纵不检细行,但无亏大节,是无可厚非的。对照“妄撰词曲”处死,“诸乱制词曲为讥议者流(流放)”,“诸民间子弟,不务生业,辄于城市坊镇演唱词话、教习杂戏,聚众淫谑,并禁治之”(见《元史·刑法志》四)的禁令,反观关汉卿自喻为“蒸不烂、煮不熟、捶不扁、炒不爆”的“铜豌豆”,则可见作者的反抗性和斗争性了。在元朝这一“不读书有权,不识字有钱,不晓事倒有人夸荐”,“挫折英雄,消磨良贱”(无名氏〔中吕·朝天子·志感〕)的社会里,作者自豪地宣称自己的多般才艺,难道不能看成是对轻贱文士才人、摧残文化的不合理现实的谴责和挑战?至若曲中最后所表达的坚韧、执着、至死方休的精神，则几令人看到了“刑天舞干戚，猛志故常在”（陶渊明《读山海经》）的形象。清人刘熙载曾说过：“《魏书·胡叟传》云：‘既善为典雅之词，又工为鄙俗之句。’余变换其义，以为其妙在借俗写雅，面子疑于放倒，骨子弥复认真。”（《艺概》卷四）关汉卿也确是在借俗写雅，我们应该看到他“谐中见庄”、面子放倒、骨子认真的深意。当然，生而倜傥、蕴藉风流的关汉卿虽蔑视世俗礼法，但长期沉湎风月场中，很难出污泥而不染，曲中也确实流露出庸俗的情趣，这是难于以“保护色”目之的。

作为一个大作家，关汉卿善于表现丰富的社会生活，塑造不同的人物形象，戏剧语言也是多姿多彩的。但诚如多数论家所说，关作有“本色当行”的特点。“当行”指宜于演出，“本色”则指语言不加涂饰。王国维《宋元戏曲史》称道他“一空依傍，自铸伟词，而其言曲尽人情，字字本色，故当为元人第一”。吴梅《中国戏曲概论》则进而以“雄奇排奡”、“豪放”论关作的风格。以两家所论揆之此曲也是十分恰当的。关汉卿并非不能作清俊、浓艳或典雅之语，但由于曲中不是抒发幽怨缠绵之情，而是在沦为第九等贱民后与娼妓为伍，从而表达对社会现实的强烈不满，表达在这样境遇中不甘屈服，还要进行战斗的决心，要凸出自己倔强、正直、豪放不羁的性格特点，所以曲中的语言不是深加琢炼，用心涂泽，委婉而言，而是手写口中语，口言心中事，浅言直说，明白道来。这样写来，人物性格与语言就表现出高度的一致性，从而表达主题就更为准确、鲜明、有力。

曲中的比喻和排比很值得称道。“铜豌豆”既关合青楼狎客的身份，又可见性格之坚强，实堪称妙喻。作者在“铜豌豆”之前加入大量衬字，作了极情尽致的形容，可谓对性格表白的进一步强化和深化。同样，在以“锦套头”喻勾栏妓院前，也加了大量短句作形容修饰，则可见自己与之关系深而密切。两个长句形成了极自然又极工整的对仗。接着，作者以自己的游赏经历和才艺特长分作两组排比句，在自豪之中流露出对世俗的蔑视和对现实的抗争。最后，又以“落了我牙”的四句和“阎王亲自唤”的四句，组成两组排比句，淋漓尽致地渲染坚韧、执着、至死方休的不屈精神。作者充分利用了散曲可增字句的形式特长，极其熟练地驾驭语言，在一气奔进之中尽情宣泄，给读者留下了深刻、强烈的印象。

清人黄周星在《制曲枝语》中说：“曲之体无他，不过八字尽之，曰：‘少引圣籍，多发天然’而已。制曲之诀无他，不过四字尽之，曰：‘雅俗共赏’而已。论曲之妙无他，不过三字尽之，曰：‘能感人’而已。”又说：“制曲之诀，虽尽于‘雅俗共赏’四字，仍可以一字括之，曰：‘趣’。”关汉卿此曲，可谓于此尽合，其之众口相传，代代不已，艺术上的成功是很主要的原因。

（《中文自学指导》1986 年第 10 期）

枯藤老树写秋思，不许旁人赘一词

——读马致远《天净沙·秋思》

“元曲四大家”之一的马致远曾写过一首〔越调〕《天净沙·秋思》，被誉为“秋思之祖”（周德清《中原音韵·小令定格》），数百年来脍炙人口，流传不息。

马致远号东篱，大都人，少年时曾迷恋功名，但却“困煞中原一布衣”，“恨无上天梯”（《金字经》），遂以曲自娱。后来，曾出任江浙行省务官，晚年隐居于杭州附近。马致远一生中曾长期漂泊，他自道“东篱半世蹉跎”（《蟾宫曲》），“世事饱谙多，二十年漂泊生涯”（《青杏子》），因而，这首《天净沙·秋思》的抒发天涯羁旅之思，可谓是由衷之言了。

此曲的前三句分别写了三组画面：枯藤攀缠着老树，昏鸦栖息其上；流水上架着小桥，旁边有着人家；古老的道路上西风吹拂，瘦马彳亍而行。第一组画面中，黄昏时的乌鸦尚有老树可栖，第二组画面的人家傍着小桥流水，当然更使人有温馨宁逸之感，反衬第三组画面的西风古道，瘦马蹒跚，骑马人不知何处是家，何者可依可恋，何者可怨可伤，心中之情实已是不必言喻了。

作者在展示了三组画面之后，以“夕阳西下”一语过渡，在涵容时空的延伸之中，使人情思荡漾，而“断肠人在天涯”结句，正面凸现了作者的自我形象，倾诉了心中的羁愁忧思，点出了题旨。

应该说，《天净沙·秋思》的主题可谓惯见，并无特别出奇之处，但为什么使人赞誉不已呢？这就在于它独到的艺术性了。

首先，是它以“化景物为情思”造就了典型的艺术境界。

我国的文艺创作，历来重视虚实结合的原则，宋人范晞文《对床夜语》就说过：“不以虚为虚，而以实为虚，化景物为情思，从首至尾，自然如行云流水，此其难也。”所谓“虚”，即“情思”，所谓“实”，即“景物”。诗词曲赋都以情、景作为两个基本构成因素，如果仅重描述，为写景而写景，纵然摹绘甚工，也仅是以实写实，难以动人；相反，如果仅重抒发，一味言情，内情不与外景有机结合，则又流为以虚为虚，了无余味。因而，写景与抒情必须很好结合，才能造就动人的艺术境界。在通常的情况下，情景交融可谓创作的极诣，情与景会，意与象通，一直为诗人所追求。但是，由于我国古典诗歌尤重含蓄，加以有些体式篇幅短小，作者就不追求情景并到，而是“以实为虚，化景物为情思”，这种以奇变之法一反常态，往往能收到更好的效果。

欧阳修《六一诗话》曾记梅尧臣之语：“必能状难写之景，如在目前，含不尽之意，见于言外，然后为至矣。”前者谓描写逼真，属于“辞达”，后者谓言外见意，属于含蓄。他称道“县古槐根出，官清马骨高”较“竹笼拾山果，瓦瓶担石泉”和“马随山鹿放，鸡逐野禽栖""为工",原因在于前者更能写出"山邑荒僻,官况萧条",换言之,前者更传神,用现代术语来说,则是更具典型性,这样写来才是真正的"辞达",才能"意新语工,得前人所未道者"。梅尧臣又谓温庭筠的"鸡声茅店月,人迹板桥霜",贾岛的"怪禽啼旷野,落日恐行人","道路辛苦,羁愁旅思,岂不见于言外乎?"实际上,就是"以实为虚,化景物为情思"的写法。

如同贾岛诗中的怪禽、旷野、落日、行人这四种事物,和温庭筠诗中的鸡声、茅店、月、人迹、板桥、霜这六种事物一样,《天净沙》前三句也写了九种景物:枯藤、老树、昏鸦、小桥、流水、人家、古道、西风、瘦马。在贾岛诗中,流露出的是路途中的辛苦和恐惧,在温庭筠诗中,则可见早行的情状和羁愁。而马致远则将九种景物组织在秋天的夕阳之下,终于化实为虚,抒发出流落天涯的深深愁思,因而返观景物,就完全可见"景语即情语","情从景出"了。

也如同"县古槐根出,官清马骨高"善状"山邑荒僻,官况萧条"一样,《天净沙》中所展示的秋暮荒寒景色,也是极为逼真、传神的,是典型的画面。藤已枯,树又老,昏鸦栖息,那样灰淡、凄凉,而流水潺潺,小桥横跨,二三茅舍,却透出活力和生气。可叹的是,自己不能像昼作夜息的农人一样,傍着小桥流水而定居生活,甚至还不能像昏鸦尚可栖于枯藤老树之上,只得骑着瘦马,迎着西风,沿着漫长的古道,踯躅于漂泊者的人生长途上。夕阳西下,夜色将临,今夜栖于何处?明朝行于何方?这种流浪生涯又止于何时?于是,内心情感终于与萧瑟的秋景相碰合,凝聚成"断肠人在天涯"一语,而作者的孤寂情怀、迟暮之感和思乡之情,又何尝不是夕阳之下的藤、树、鸦、水、桥、屋等所构成的典型环境诱发和催生出来的呢?

其次,与"化景物为情思"造就典型艺术境界密切相关,是意象组合和营造的特点。

清人邹一桂《小山画谱》曾说:"实者逼肖,则虚者自出。"《天净沙》正是通过环境的"逼肖"使感情的"虚者""自出"的。但是,这种"逼肖"是否随手拈来的呢?当然不是!王国维《人间词话》说:"有有我之境,有无我之境。""有我之境,以我观物,故物皆著我之色彩。无我之境,以物观物,故不知何者为我,何者为物。"《天净沙》中秋夕羁旅的典型环境显然是"以我观物,故物皆著我之色彩"的"有我之境",而这种境界中的意象又是作者所精心选择和营造的。

所谓"无我之境"是指以静观态度对待外物,所创造出的平静境界。而"有我之境"则是感情强烈时的创造,此时,内心情感移注到对象物之上。诚然,人们都"悲落叶于劲秋,喜柔条于芳春",但秋天并不都是凄凉、萧条,因为秋天是收获的季节。可是,由于马致远半生落拓,苦于漂泊,行旅之中自由愁思煎熬,未免移情于物,所以,树之老、藤之枯、鸦之昏、道之古、马之瘦,都不能不是"物皆著我之色彩",而以上种种意象的营造和组合,则构成了典型的"愁思"境界。谓予不信,同一个马致远,同一题为《秋思》的〔双调〕《夜行船》,为什么又为秋天讴歌"和露摘黄花,带霜烹紫蟹,煮酒烧红叶"呢?因而,"实者逼肖"的景物并不一定就是取之眼前,即便是眼前实有,也是浸染了主观情绪的,只是由于作者的营造工力使之似乎出于自然罢了。

力求短小的篇幅中有深广的意蕴,除曲中意象在描述之中兼有象征意义外,其组合方式也是很独特的。如同"鸡声茅店月,人迹板桥霜"一样,《天净沙》前三句也全无虚词连接,而是九个偏正词组相连,这种写法与现代美国意象派诗人的"并置脱节法"相类似,读者在欣赏过程中,以美感联想沟通这种种意象,就能得到更为深广的感受,如电影蒙太奇镜头一样,这种并置脱节,所得的不是二者的和,而是二者之积,可以产生出丰富的感性内容。

平心而论,《天净沙》并不是典型的散曲作品,它实与元散曲共有的俗、露、尖新异调。但是,正由于在艺术上有独到之处,"枯藤老树写秋思,不许旁人赘一词",以其为散曲中的秋思绝唱,可谓实非偶然了。

(《中文自学指导》1988 年第 10 期)

雨湿寒梢，泪染龙袍
——白朴《梧桐雨》第四折赏析

白朴与关汉卿、马致远、郑光祖并称“元曲四大家”，历来为世所推重。朱权《太和正音谱》曾为之赞誉：“白仁甫之词如鹏抟九霄。风骨雷磈，词源滂沛，若大鹏之起北溟，奋翼凌乎九霄，有一举万里之志，宜冠于首。”所作剧有十六种，今仅存《梧桐雨》、《墙头马上》，及《东墙记》、《箭射双雕》、《流红叶》三剧的残文，另有诗文《天籁轩集》。

《梧桐雨》写了唐明皇与杨贵妃的爱情悲剧。这一帝、妃悲剧与民间爱情悲剧性质全然不同，白朴对他们“占了情场，弛了朝纲”有所批判，但仇恨的矛头更指向安禄山。正由于将这一爱情悲剧置于民族矛盾的背景下，因而可看到金朝亡于元蒙的折射、反省和情感宣泄。

《梧桐雨》取材并不新鲜，剧情也并不曲折，历代论家赏其抒情性，尤以第四折见长。

第四折写乱平后事：李隆基由蜀还京，养老而退居西宫，思念杨玉环，朝夕哭奠。闲行宫中，触景生情，芙蓉杨柳，牵愁惹恨。梦中见到杨妃，相约至长生殿赴宴，醒来时却是秋雨潇潇，洒落梧桐，在悲凉中结束全剧。可见，此折实由白居易《长恨歌》中“芙蓉如面柳如眉，对此如何不泪垂？春风桃李花开日，秋雨梧桐叶落时”的诗意演成。

极其熟悉的题材，难生悬念的情节，却为何一直被人所欣赏呢？大致有三个原因。

第一，以追思往事完成悲剧情节，以夜雨梧桐制造悲剧氛围，成就了元曲中不可多得的悲剧精品。

欧洲在古希腊时代即以悲剧见长，并产生了著名的三大悲剧家。从索福克勒斯，经莎士比亚，再到易卜生，两千多年的欧洲悲剧明显地经由了命运悲剧、性格悲剧、社会悲剧的三大阶段。我国由于思想、习俗，以至法令上的诸多复杂原因，历来缺少欧洲式的悲剧，即使是《窦娥冤》、《赵氏孤儿》，都无例外地以恶者受惩、善者伸冤作结。反映政治斗争和社会生活的是如此，就更不必说诸多爱情剧都落入“始于悲者终于欢，始于离者终于合，始于困者终于亨”(王国维《红楼梦评论》)的窠臼了。

《梧桐雨》取材于李、杨的爱情故事，但并不像《长恨歌》那样，可凭借临邛道士的升天入地找到太真，“钿合金钗寄将去”。而是以久思成梦，梦中短暂相见，“好梦将成还惊觉，半襟情泪湿鲛绡”(〔双鸳鸯〕)，难通情愫，终成永诀，只能悲对梧桐，回忆往事：“当初妃子舞翠盘时，在此树下；寡人与妃子盟誓时，亦对此树。”真正在追思中完成悲剧情节。

作者所写的这一悲剧情节更通过制造悲剧氛围来渲染、加重之，使并不曲折的情节借浓重的气氛来影响、感染读者和观众，收到极好的效果。〔蛮姑儿〕、〔滚绣球〕、〔叨叨令〕、〔倘秀才〕，直至〔三煞〕、〔二煞〕、〔黄钟煞〕，可谓递推递进，愈积愈重，至结尾的

“雨湿寒梢，泪染龙袍，不肯相饶，共隔着一树梧桐直滴到晓”，更是不绝如缕，深臻有余不尽之境。

近代曲学大师吴梅曾说：“此剧结构之妙，较他种更胜，不袭通常团圆套格，而以夜雨闻铃作结，高出常手万倍。”（《古今名剧选》）所言正中肯綮，确是具眼之见。

第二，深得传统诗词情景交融之秘，更擅心理刻画、传神写照之长，成为元剧中的抒情佳作。

我国诗歌创作历来以情景交融为极诣，唐诗如此，宋词亦如此。白朴由于受业于元好问，在诗词上有深厚根底，因而在《梧桐雨》这一以抒情见长的作品中，能表现出对情景交融的驾驭、运用，创造出极其动人的意境，又尤以第四折为最。

第四折先写了唐明皇退居西宫之后，画了杨妃真容，每日相对，回忆沉香亭畔、花萼楼前、华清宫内、长生殿中种种已逝的欢乐，无法排遣愁闷，转而离殿闲行，却终又为“空对井梧阴，不见倾城貌”而愁上加愁。回到寝殿之后，从〔芙蓉花〕的串烟袅、银灯照、玉漏迢，〔伴读书〕的秋虫闹、西风恶、阴云罩，〔笑和尚〕的败叶飘、殿铎鸣、朱箔动、玉马敲，可见种种物象构成悲凉的环境，与刻骨铭心的思念，无可奈何的悲哀，结合得极为熨帖。至如描写梦醒后听到梧桐雨声的八支曲子，则将这种情景交融的意境渲染、刻画得淋漓尽致。

王国维曾说：“然元剧最佳之处，不在其思想结构，而在其文章。其文章之妙，亦一言以蔽之，曰：有意境而已矣。何以谓之有意境？曰：写情则沁人心脾，写景则在人耳目，述事则如其口出是也。古诗词之传者，无不如是。元曲亦然。”（《宋元戏曲史》）揆之白朴所作，可谓正合。

剧中的情景交融，又与心理刻画相关。〔端正好〕的“这半年来白发添多少？”引出对杨妃的思念。〔么篇〕的“瘦岩岩不避群臣笑”，“目觑了伤怀抱”，则可见笃情，〔滚绣球〕、〔倘秀才〕则在回忆中加深了思念。〔呆骨朵〕自伤谢位无权，愈伤孤辰难熬，更伤当日马嵬殒玉。在愈转愈深之后，欲闲行遣愁，但“见芙蓉怀媚脸，遇杨柳忆纤腰”，更见此愁难去，空对碧梧桐阴、翠盘芳树，转添惆怅。短暂的梦中相见之后，是漫长的梧桐夜雨，〔滚绣球〕的“长生殿那一宵，转回廊，说誓约，不合对梧桐并肩斜靠，尽言词絮絮叨叨。沉香亭那一朝，按霓裳舞六么，红牙筋击成腔调，乱宫商闹闹吵吵。是兀那当时欢会栽排下，今日凄凉厮凑着，暗地量度”。将那种对乐极生悲的无穷追悔，盛衰对照中所生的哀挽、悼惜，表现得入木三分。而剧中的心理刻画由于发掘了人物灵魂深处的隐秘，不是停留在表面的形体动作，因而颇具传神写照之长。

正是情景交融、心理刻画，使《梧桐雨》第四折成为抒情的杰构，除马致远《汉宫秋》第三、四折外，元剧中罕有其俦。

第三，语言既典雅华丽，又不失本色当行，故为历来文人所推重。

元曲由于产生在“胡夷之曲”和“里巷之谣”的基础上，其语言以质朴自然、显豁通俗见长，以直陈、白描为主，以豪辣、尖新为多，甚至颇带“蒜酪”味和“蛤蜊”风，明显有别于诗词。

白朴由于有很好的诗词根底，所作散曲固不失元曲早期作品共有的自然质朴的特点，但又有清丽婉约、俊爽秀美之长。如分写春、秋景色的《天净沙》："春山暖日和风，阑干楼阁帘栊，杨柳秋千院中。啼莺舞燕，小桥流水飞红。""孤村落日残霞，轻烟老树寒鸦，一点飞鸿影下。青山绿水，白草红叶黄花。"与诗词甚近。

《梧桐雨》的语言也近于上面二例散曲，但逊其清俊，而更见华丽、典雅。除了作者自己所长之外，由于此剧是唐明皇主唱的末本，语言要与人物身份相合，当然要与之声口相肖，环境为皇宫之内，当然不同于村野，因而华丽、典雅的语言适不足怪。

然而，诚如明人王骥德所说："词之异于诗也，曲之异于词也，道迥不侔也。诗人而以诗为曲也，文人而以词为曲也，误矣，必不可言曲也。"(《曲律·杂论下》)戏曲语言历来以本色当行为尚。

前人论"本色"，多以为在于通俗、自然，要适合于演出，听来能入耳。但是，徐渭认为最好的戏曲语言应是"文既不可，俗又不可，自有一种妙处"(《南词叙录》)。王骥德则以"本色"在"浅深、浓淡、雅俗之间，为独得三昧"(《曲律·杂论下》)。至于"当行"，则主要指适合舞台演出，而不是满足于"案头"。

《梧桐雨》的语言虽不带蒜酪味，但并不悖于"在浅深、浓淡、雅俗之间"，尤其是铺叙之中善用迭字和排句，可见其不失本色当行之处。如〔笑和尚〕的"原来是滴溜溜绕闲阶败叶飘，疏剌剌落叶被西风扫，乎鲁鲁风闪得银灯爆，厮琅琅鸣殿铎，扑簌簌动朱箔，吉丁当玉马儿向檐间闹。"〔叨叨令〕、〔三煞〕、〔黄钟煞〕的诸多排句，都动宕跳跃，文情声情俱妙。至若"怎打迭"、"不能勾"、"常记得"、"到如今"、"闷打颏"、"软兀剌"、"子管里"、"平白地"等，或浅显明白，或常见曲中，加以诸多的象声词，都可见本色、当行，且有助于塑造意境，渲染气氛。

正由于《梧桐雨》的语言既得诗词之典雅，又不失曲之本色，历来为文人推重可谓必然。

当然，《梧桐雨》第四折剧情少而抒情多，宜于案头读曲而不宜于场上搬演，见赏于文士而难获观众青睐，因此其在舞台上的影响在《墙头马上》之下，也是很自然的。

(徐中玉主编《古典名篇欣赏(下)》，学林出版社 1988 年版)

禁锢与觉醒
——《牡丹亭·闺塾·惊梦》简析

《牡丹亭》是明朝万历年间诞生的一部浪漫主义戏剧杰构，与《邯郸记》、《南柯记》、《紫钗记》合称“玉茗堂四梦”。“四梦”之成非但奠定了汤显祖在中国文学史、戏剧史上的地位，而且有人将他与同时代的莎士比亚相拟，被目为东方的剧坛巨星。

《牡丹亭》全称为《牡丹亭还魂记》，长达五十五出，剧中有近三十个角色，情节曲折跌宕，它因表达了对青年男女自由结合的追求，对幸福和理想的热烈向往，而具有感人的艺术力量。

在全剧五十五出中，第七出《闺塾》和第十出《惊梦》尤为知名，成为昆剧演出的保留剧目（前者通名《春香闹学》，后者为《游园惊梦》）。小说《红楼梦》第二十三回，曾细致刻画了林黛玉听昆曲《惊梦》名句时的心理活动，其“艳曲警芳心”的情节给人留下了深刻的印象。选入全国高等教育自学考试教材《中国古代文学作品选》的《闺塾》是整出，《惊梦》是上半出。下面，主要就教材所选作一分析。

一　杜丽娘的感情、性格和心理

杜丽娘是作者极力讴歌的剧中主人公，汤显祖在《题词》中写道：“天下女子有情，宁有如杜丽娘者乎！”“如丽娘者，乃可谓之有情人耳。情不知所起，一往而深。生者可以死，死可以生。生而不可与死，死而不可复生者，皆非情之至也。”汤显祖就是将杜丽娘作为“至情人”的形象来精心塑造的。在《闺塾》和《惊梦》前半出中，虽尚未出现《题词》中所说的情节：“梦其人即病，病即弥连，至手画形容，传于世而后死。死三年矣，复能溟莫中求得其所梦者而生。”但在主人公感情的表现、性格的刻画和心理活动的展示中，已奠定了坚实的基础，展现出令人信服的逻辑力量。

先看感情表现。杜丽娘长在官宦之家，受到封建礼教的重重约束，她除父母之外，与之相伴的只有春香，不能接触到其他人，除闺房与书房，竟连花园也不能踏进。她所受到的父亲的训诫是“他日到人家，知书知礼，父母光辉”，“你白日眠睡，是何道理？假如刺绣余闲，有架上图书，可以寓目”（第三出《训女》）。父亲杜宝对她所应有的感情世界毫不了解，只希望她能成为处处符合礼教规范的封建淑女。为此，延请腐儒陈最良来给她教习《诗经》，原因就在于“《诗经》开首便是后妃之德”（第五出《延师》）。但是，即便迂腐如陈最良，在讲释“窈窕淑女，君子好逑”时，也无法讲清“后妃之德”与“无邪”二字。杜丽娘本来已感慨“《昔氏贤文》，把人禁杀”，读《关雎》之后，更是“为诗章，讲动情肠”，深切感到“关了的雎鸠，尚然有洲渚之兴，可以人而不如鸟乎！”（第九出

《肃苑》)这样一来,非但没有受到后妃淑女的德化教育,而且种瓜得豆地使“洲渚之兴”成为青春觉醒的契机。

杜丽娘的母亲是恪守礼教的,她信守“少年女子,最不宜艳妆戏游空冷无人之处”(第十一出《慈戒》),但杜丽娘却不顾家规,决定与春香游园:“平白地为春伤。因春去的忙,后花园要把春愁漾。”(第九出《肃苑》)在游园之前,杜丽娘精心梳妆,窥帘未出,欲行又止。一待来到园中,看到绣房之外竟然有这样美丽的春色,她并不是在观赏之中陶醉,却深刻感受到春光虽美,时光却是易逝:“原来姹紫嫣红开遍,似这般都付与断井颓垣。”一方面自责“锦屏人忒看的这韶光贱”,另一方面也因自己独处深闺而无奈:“观之不足由他缱,便赏遍了十二亭台是枉然。”正是在游园之举中,“默地游春转,小试宜春面”,触发出真正的青春烦恼,“天呵,春色恼人,信有之乎!”春天唤起了少女的情感:“吾生于宦族,长在名门。年已及笄,不得早成佳配,诚为虚度青春,光阴如过隙耳。”正是在春光之美与时光之逝的对照中,使她深感自己“颜色如花”与“命如一叶”的悲剧命运。于是,她的感情发生了激变,产生了挣脱礼教桎梏的热切愿望。

次看性格刻画和心理展示。《闺塾》与《惊梦》对表现杜丽娘的性格有重要的作用,前者展现了她性格的一个侧面,后者则通过心理活动,发掘她性格中的本质与深层。杜丽娘虽然一直受到家规的拘束,但不免有昼眠的“非礼”之举。在《闺塾》开始,陈最良就对她进馆之晚不满,并为之训示:“凡为女子,鸡初鸣,咸盥、漱、栉、笄、问安于父母。日出之后,各供其事。如今女学生以读书为事,须要早起。”杜丽娘即恭敬地表示:“以后不敢了。”对陈最良的“开卷无益”,她只是委婉地说:“师父,依注解书,学生自会。”转而请求“但把《诗经》大意,敷演一番”。当春香闹学,使陈最良大为生气时,她则向师父求情、赔礼,并责罚春香。这些,都可以看到由于“拘束身心”而养成的“老成尊重”的性格特征。但是,杜丽娘毕竟不是只遵塾规、只知顺从的贵族小姐,她对这种迂腐而虚伪的教育是不满的。“依注解书,学生自会”之语,已可见她对师父毫无新见的教育很不以为然。春香以天真、直率的态度大胆嘲弄塾师,搅扰课堂,杜丽娘其实心有同感,只是出于礼节,才责备丫头的唐突,求得师父宽容,表示顺从。尤其当听得春香告知“原来有座大花园。花明柳绿,好耍子哩”,她表面未为所动,待闹学平息,师父离去后,就迫不及待地问春香:“那花园在哪里?”“可有什么景致?”得知花园有诸多美景,却又不动声色地说:“原来有这等一个所在,且回衙去。”这些,可见在“老成尊重”的深沉同时,她的内心还蕴藏着叛逆因素,这就为后来的反抗性格奠定了必然的基础。

《闺塾》的妇德教育,导致了适得其反的结果,日夜陪伴她的春香说得好:“看他名为国色,实守家声。嫩脸娇羞,老成尊重。只因老爷延师教授,读到《毛诗》第一章:‘窈窕淑女,君子好逑。’悄然废书而叹曰:‘圣人之情,尽见于此矣。今古同怀,岂不然乎?’”于是,终有游园消遣之举。《惊梦》由游园与惊梦两部分组成,而上半出的游园又可分为梳妆与游园,这六支曲子再配以宾白,对杜丽娘的心理刻画和性格塑造有重要的作用。首支〔绕地游〕的“梦回莺啭,乱煞年光遍”已兴起年光之叹,“炷尽沉烟,抛残绣线”,极尽闺中人无聊苦闷之情态,并可味春情纷扰之心境,“恁今春关情似去年”,

则可见伤春已非仅今日,为如花美貌叹似水流年打下基础。次支〔步步娇〕的游丝摇漾并非闲笔,情思渐生,心旌摇荡,“停半晌,整花钿。没揣菱花,偷人半面,迤逗的彩云偏”的精心梳妆,更使自己顾影自怜。第三支〔醉扶归〕极尽描绘之笔,将杜丽娘“一生儿爱好是天然”的爱美之心渲染至极,但在这高墙深院之中,只有鸟惊喧、花愁颤,她内心的空虚寂寞之感可想而知。步入园中之后,对姹紫嫣红与断井颓垣的比照,对良辰美景、赏心乐事的感叹,对莺燕成双的艳羡,在唱词中可明晰感知她心灵的悸动、震颤,“枉然”的无奈更见其悲。因此,游园的〔皂罗袍〕、〔好姐姐〕、〔隔尾〕不仅依次展现了杜丽娘在伤春情感下由观赏而对照,从感慨到伤悲,又终归于徒然怨艾的心理进程,而且景语即情语,春光与年光的对比,花谢花开、燕语莺歌之慨,都蕴含着丰富的心理内容,而这些心理活动则导致了主动、热烈的追求爱情的性格升华。

总之,从《闺塾》到《惊梦》,在展现“后妃之德”与“洲渚之兴”的所读与所思的矛盾后,是杜丽娘梳妆的娇羞、犹豫,游园的感物而动(物衰时去,青春不来),在貌似重复的伤春之中,青春得以觉醒,情感、性格、心理相辅相成,逐层推进。

二　剧情与语言

《牡丹亭》的剧情颇为复杂,杜柳爱情与杜宝抗金的主线和副线,构结成这部规模宏大的剧作。作者曾这样概括剧情:“杜宝黄堂,生丽娘小姐,爱踏春阳。感梦书生折柳,竟为情伤。写真留记,葬梅花道院凄凉。三年上,有梦梅柳子,于此赴高堂。果尔回生定配。赴临安取试,寇起淮阳。正把杜公围困,小姐惊惶。教柳郎行探,反遭疑激恼平章。风流况,施行正苦,报中状元郎。”(第一出《标目》)因而,《闺塾》与《惊梦》二出其实仅属全剧的起始,但是,由于这二出形象地表现了女主人公从禁锢到觉醒的思想历程,因而在全剧中具有重要的作用和意义。

唐朝是中外思想交流、南北文化融汇的开放的时代。宋代程朱理学逐渐成为统治思想,“存天理,去人欲”得到尊奉和推行。元朝由于蒙古族居统治地位,游牧民族“逐水草而居”的生活习性使之对贞操、节烈观不甚重视。自明朝立国以来,统治阶级虽极端荒淫腐朽,但对妇女却禁律尤多,据《明史·列女传》所载,节妇烈女竟不下万人,“天理”对“人欲”的压抑已到了极其严酷的地步。终于,作为左派王学的泰州学派起而反对正统的宋学,对封建礼教发起了攻击。汤显祖的老师罗汝芳是左派王学创始人王艮的三传弟子,左派王学的主要思想家李贽也对汤显祖有很深影响。李贽在《司马相如传》中称道卓文君私奔相如是“善择佳偶”,汤显祖在《牡丹亭》中则形象地表达了“第云理之所必无,安知情之所必有”的信念。

《闺塾》正表现了“情”与“理”的初步斗争,其结果是“理”不能制“情”,却适得其反,导致了思想禁锢的失败。朱熹《诗集传》谓《关雎》所写是因为“周之文王生有圣德,又得圣女姒氏以为之配。宫中之人于其始至,见其有幽闲贞静之德,故作是诗”。陈最良本此而教之,杜丽娘却并不理会。至如陈最良所“敷演”的《诗经》大意:“不嫉妒,后妃贤达。更有那咏鸡鸣,伤燕羽,泣江皋,思汉广,洗净铅华。"所涉《周南》的《樛木》、《螽斯》,《齐风》的《鸡鸣》,《邶风》的《燕燕》,《周南》的《汉广》等"有风有化"之作其实多为男女恋歌。这就难怪悟性甚高的杜丽娘后来"为诗章,讲动情肠",作"今古同怀"之叹了!在这出戏中,"闹学"的冲突双方虽是春香和陈最良,但杜丽娘的内心与春香为近,她对丫环的责罚无非是与师父虚与周旋,她所关心的是春香对花园的发现。而对美好春色的憧憬则会导致对青春的珍惜,对爱情的渴望,虚伪的教育不能遏止真实的欲念,封建礼教的堤防毕竟脆弱,杜丽娘终于走出了突破禁锢的第一步。

《惊梦》这一出则在《闺塾》初步突破思想禁锢的基础上,进而表现了杜丽娘真正的青春觉醒。在第三出《训女》中,杜丽娘首次出场,从她所唱第一支曲子《绕地游》中,已可见她对春天的热爱:"娇莺欲语,眼见春如许",又在赞美春光之时,表达了"寸草心,怎报的春光一二"的孝心。在《惊梦》中,她的游园赏春之举已是违背了被自己视作"三春晖"的父母之训,因为心中逐渐萌生之"情"已急切地要突破"理"的拘禁了。如果说第三出的"眼见春如许"已隐含莫名的怅惘,此处的"人立小庭深院"就已昭示着她即将有冲决封建罗网之愿了,而"剪不断,理还乱,闷无端"的直抒胸臆,则可见惆怅与苦闷正是非止一时一日,极为强烈。继而梳妆、游园之举虽不似《闺塾》的活泼、有趣,易见舞台效果,但曲子与宾白的强烈抒情性,使"情"已升至主位。从杜丽娘的感叹"不到园林,怎知春色如许"到"便赏遍了十二亭台是枉然"的变化,从春香所说"这园子委是观之不足"与杜丽娘"提他怎的"的对照,可以体会女主人公无可奈何的心绪。这样也才能在"春色恼人,信有之乎!"的感慨中,令人信服她心中生出的对爱情徒然渴望之情。本性的萌生,青春的觉醒,终使她彻底抉破思想樊笼,"情不知所起,一往而深",使之因情而梦,由梦而死,终又死而复生。因此,"梦"是剧中关键,但其基础正在于游园之举导致的觉醒,《惊梦》在情理斗争的剧情和主题中的地位,可不必赘言了。

《牡丹亭》的戏剧语言达到了极高成就,《闺塾》与《惊梦》堪称代表,尤见其妙。

一是个性化的语言善为剧中人传神写照。陈最良在《闺塾》中的说白虽不如《腐叹》那样本色、通俗、谐谑,但仍然很见个性。如上场诗:"吟余改抹前春句,饭后寻思午晌茶。蚁上案头沿砚水,蜂穿窗眼咂瓶花。"就可见一个青春被科举所误,无所作为而又精神空虚的老儒形象。潜玩《毛诗》的"好者好也,逑者求也",及讲诗之语,形象地表现了学问的贫乏。至如对螺子黛、画眉笔、薛涛笺、鸳鸯砚的连呼"拏去",则又可见"好个标老儿"的特点。《闺塾》中的春香,更因生动、形象的语言,而见其鲜明的个性。"今夜不睡,三更时分,请先生上书"的故作顶撞,对塾师讲课的屡屡干扰、打趣,"领出恭牌"的多智,谓大花园"好耍子"的童趣,对襄萤、映月、悬梁、刺股的讥讽、受责后所骂的"村老牛,痴老狗"等,多侧面地展现了她天真烂漫、心直口快的性格。作为主角的杜丽娘,在《闺塾》中的戏不及陈最良和春香重,但寥寥数语,亦可见她的稳重、深沉。在《惊梦》中,除六支曲子逐渐展现她丰富的心理层次外,短短几句说白也常有画龙点睛的作用,依次可见她的伤春、惜春、慕春,复又伤春之情。

二是情景交融、优美动人的曲文,给人以极大的艺术享受。汤显祖被认为是以才情见长的创作流派代表,他的创作主张是:“凡文(指戏曲)以意、趣、神、色为主,四者到时,或有丽词俊音可用”(《答吕姜山》),《牡丹亭》正体现了这一思想。如果说《闺塾》中的曲文和说白偏重于“意”、“趣”,有通俗、本色之长的话,那么《惊梦》则是“丽词俊音”,极见“神”、“色”。《惊梦》诸曲不仅继承王实甫《西厢记》的特点,即曲文得诗词之长,善于创造情景交融的气氛,而且心理描写与人物动作相辅相成,使人在不知不觉中进入剧本所创造的氛围,一切都是那样和谐、巧妙、水乳交融。曲文中脱化与融汇古人诗文者不少,但驾轻就熟,如同己出。

(《中文自学指导》1988 年第 10 期)

第七部分
鉴赏辞典、文集

《诗经赏析集》

《大车》

对这首诗主题的认识，历来颇有分歧。《毛序》说："《大车》，刺周大夫也。礼义陵迟，男女淫奔，故陈古以刺今，大夫不能听男女之讼焉。"从诗本身深加探究，却并无"陈古以刺今"之意。朱熹对《诗序》是持攻诋态度的，但仍以政治眼光着眼于诗中的"大夫"，他说："周衰，大夫犹有能以刑政治其私邑者，故淫奔者畏而歌之如此。"(《诗集传》)又有人认为这首诗是周人从军之时，恐与家人再无团聚之日，作此诗以表诀别之辞。

其实，这是一首爱情诗，表现了一个女子深情地爱着一个"大夫"，但由于阶级地位的差别，欲爱而不能，只能在诗中表明心迹，并立下了对爱情真诚而又深挚的誓词。诗共三章，第一、二章都写女子欲私奔而不敢，第三章则写了女子的誓词。

第一章以"大车槛槛"起，"大车"虽示其形，但"槛槛"则先传其声。大车的行进声引起了女主人公的注意，她注视着大车渐渐近前，终于看到了车中人，诗中不写他的面貌仪态，却一眼注定了"毳衣如菼"。因为"毳衣"是只有天子和大夫才能穿的礼服，所以也就成了阶级鸿沟的象征，成了爱情难以逾越的障碍，这就难怪作者"见物不见人"了。自己的心上人就在眼前了，能上前招呼，能表示心中的思念吗？"岂不尔思"的设问可谓出之自然，但"畏子不敢"的自答，却又感情骤转，一热一冷，表达了她理智的必然抉择，令人不胜同情。

第二章采用了《诗经》最常用的重章叠句形式，与第一章相比较，仅仅更换了几个字。首句的"大车哼哼"，可闻车行时的重迟之声，且兴起了沉重的心情：自己心上人的"毳衣"象赤玉一样鲜明夺目，它本应给自己带来愉悦和爱，但其色之鲜明又何尝不是阶级界限的障碍呢？因而对车中人尽管"岂不尔思"，面对现实，也只能"畏子不奔"了！

在阶级地位的巨大障碍面前，压抑在心头的爱无法成为"淫奔"的行为，但爱的压抑并不意味着爱的消亡。第三章终于在前二章的低沉、悲凉中陡然而起。与心上人虽生而异室，但希望死能同穴，如果认为这是虚语，有上天光明的太阳为证！读至此，我们心中难道能不被其悲剧气氛所感动？这种对爱情的严肃态度和真挚的誓言，使人深为震撼和钦敬！

《大车》全篇以"赋"为主，但也兼及其他艺术手法。如"毳衣如菼"，"毳衣如璊"，是比喻。"岂不尔思"是设问。"大车槛槛"、"大车哼哼"二句，是兼"赋"的作用的兴，是实写。"槛槛"、"哼哼"由车声衬托诗人心情的沉重。均有言外之意。

《大车》属《王风》，"王"为"王城"略称，即周室东迁后的首都洛邑。幽王昏暴，戎狄交侵,平王东迁,时世渐衰,故《王风》多带悲凉之音,《大车》也莫能外。但第三章“约誓之辞”的激越,决绝而高亢,可谓异调。正是这种精神,延伸至后世,演成汉代乐府诗中《上邪》一类的自誓之辞。此诗,只见“发乎情”而不见“止乎礼义”,这大概是因为《上邪》中“我欲与君相知”的“君”,不是《大车》中“子”的大夫身份吧!

(程俊英主编《诗经赏析集》,巴蜀书社 1989 年版,第 122-124 页)

《将仲子》

这首诗是女赠男的情诗。全诗三章,都以劝告的口吻,希望她所爱的青年仲子不要翻墙到她家约会,原因在于“畏父母”、“畏诸兄”、“畏人之多言”。

诗中的女主人公与一个字为“仲子”的男子热烈相爱,因爱而有密约,仲子急切践约,引起了女子的婉言规劝。她对仲子说:“仲子呵,你不要爬墙到我的居处来,爬墙将攀断树木的枝桠,我并不是舍不得这些树,只是这样将留下痕迹,会被父母发现,我虽然思念你,但父母的责备是很可怕的。不仅是父母,哥哥们的话也令我生畏;旁人的闲话同样也是让人受不了的。通过三章中的“父母之言”、“诸兄之言”、“人之多言”,可以看到女子的多方顾虑,从而也表明了这种自发的恋爱所受到的种种压力。

全诗三章,每一章都以“将仲子兮”的呼告手法起头,很恰当地表现出激切、急剧的心情,而且因“呼告”的直接,给人以亲切、清晰的印象。三章第二、三句的“无逾我里”、“我墙”、“我园”,“无折我树杞”、“树桑”、“树檀”,意义相同。而“畏我父母”、“畏我诸兄”、“畏人之多言”,和“父母之言”、“诸兄之言”、“人之多言”的“亦可畏也”,则以重叠婉转的章句,表明了心中的诸多顾虑来自外在的各方压力,一而再、再而三地尽情渲染,更深、更细地表现出她苦闷和矛盾的心情。背后是“千夫所指”的压力,面前是不顾一切的情人,女子先劝之以不要攀树爬墙,后表之以“仲可怀也”,再晓之重重压力,她痛苦的心情、委婉的态度、无可奈何的样子,确是表现得既深刻又生动,人物声口毕肖,神态呼之欲出。全诗纯为赋体,但因在重章叠句之中,呼告与劝谕的描摹相结合,使人物形象极其鲜明,极其亲切可感。

(程俊英主编《诗经赏析集》,巴蜀书社 1989 年版,第 126-127 页)

《古诗海》

钱　起

钱起(722—780),字仲文,吴兴(今浙江湖州)人。天宝十载(751)进士,曾任蓝田尉,官至尚书考功郎中,大历中为翰林学士。钱起是"大历十才子"之一,诗以五言为主,尤工律体,擅送别酬应山林隐逸之作。工于写景,洗练清秀,细腻不滞,颇有韵致。与刘长卿齐名,亦与郎士元并称,有时誉。高仲武《中兴间气集》以为首选,并谓:"士林语曰:前有沈、宋,后有钱、郎。"有《钱考功集》。

裴迪南门秋夜对月

夜来诗酒兴,月满谢公楼。影闭重门静,寒生独树秋。鹊惊随叶散,萤远入烟流。今夕遥天末,清光几处愁。

这是一首咏月诗,又题为《裴迪书斋玩月之作》。裴迪是王维的好友,二人曾在蓝田辋川过着"浮舟往来,弹琴赋诗,啸咏终日"的生活。钱起与王维、裴迪都有交往,当作客裴迪家时,赏月作诗,其情趣亦近王、裴的山水清音。

首联点明时间、地点、事由,谓与知己相逢,诗情助酒兴,不觉已经入夜,只见明月清光洒满楼台。此处"谢公楼"当指裴迪住处,宋谢灵运、齐谢朓皆以山水诗著称,裴迪钟情山水,亦长于诗,拟之大小谢堪称妥贴。中二联正写"对月",颔联为近景,谓重门将月景闭锁,一片静谧;独树沐秋月银光,渐生寒意。颈联写楼上所见的月下远景:因夜静,故月明而使栖鹊惊起,枯叶随之洒落,而溶溶月色之下,见流萤远去,渐入烟霭之中。更增清夜凄寒之意。这一近一远两重景物,含而不露地表现了诗人的情绪转换。这清寒的月光,这迷濛的月下景物,使诗人起始之高兴转化为淡淡哀愁。"今夕遥天末,清光几处愁",诗至末尾方点明主旨。这种玩月与寄兴融化无迹的组织才能,使全诗形成了空灵窅远的艺术境界。

全诗实由谢庄《月赋》:"美人迈兮音尘阙,隔千里兮共明月。临风叹兮将焉歇?川路长兮不可越。"蜕化而来,但体物微妙,刻划精工,绪密思清,最见大历诗承二谢、沈宋一脉而加以淘洗,自成一格的特点。沈德潜《唐诗别裁》评颈联云"月夜萤光自失,然远入烟丛,则仍见其流矣,此于体物最工",论析句意不可谓不细,但未由意兴窥入,终觉尚隔一间。

(《古诗海》,上海古籍出版社 1992 年版,第 722-723 页)

省试湘灵鼓瑟

善鼓云和瑟，常闻帝子灵。冯夷空自舞，楚客不堪听。苦调凄金石，清音入杳冥。苍梧来怨慕，白芷动芳馨。流水传湘浦，悲风过洞庭。曲终人不见，江上数峰青。

这是钱起所作的一首试帖诗，题目出自《楚辞·远游》："使湘灵鼓瑟兮，令海若舞冯夷。"《旧唐书》卷一六八《钱徽传》谓此诗之成得之于鬼助：钱起在月夜独吟客舍，闻人吟于庭："曲终人不见，江上数峰青。"寻声而不见人，就试之时，李　以《湘灵鼓瑟》为诗题，钱起用"鬼谣"为落句，深得李　嘉许，是岁登第。这当然是后人附会而生的故事，但李　称之为"绝唱"，并非没有道理。

试帖诗所受限制颇多，难以驰骋才思；然而钱起却游刃有余，就《楚辞》诗意，结合幽怨动人的湘水女神传说，脱化出远神不尽的意境。作为试帖诗，起二句的"帝子"扣"湘灵"、"云和"扣"瑟"，点题而善作概括。云和，古山名，《周礼·春官·大司乐》有"云和之琴瑟"一语。帝子，人多以为即帝尧之二女娥皇，女英，嫁作舜妻，《楚辞·湘夫人》起句："帝子降兮北渚，目眇眇兮愁予。嫋嫋兮秋风，洞庭波兮木叶下。""帝子"出此，诗中结撰亦关乎此。湘灵鼓瑟的优美乐声萦绕于楚山湘水，河伯冯夷随乐声起舞，"楚客"深知湘灵幽怨，不忍卒听。《远游》中对乐舞极尽铺陈。蒋骥《山带阁注楚辞》云："至乐之中，有至悲者存，不可不察也。"从屈原、贾谊到历代被贬的"楚客"，想及死于苍梧之野的"帝子"之命运，对湘灵鼓瑟当然是"不堪听"了。悲苦的音调使金石亦为之凄怆，清越的乐音入于杳渺的远方。"苍梧来怨慕"，语涉大舜及二妃，"白芷动芳馨"，乐声令芳草散发馨香。一写神灵，一写芳草，极言音乐的动人力量。"流水传湘浦，悲风过洞庭。"进而写乐声传播、涵盖之广，"湘浦"、"洞庭"二语，与前面的"帝子"、"苍梧"，构成了这美妙幽怨音乐的历史传说背景。至此，对湘灵鼓瑟所产生的感染力正渲染至极，由妙音而想佳人，终于引出了湘水女神，帝子之灵常闻，女神真容难见。"曲终人不见"，直述之下惟觉惘然，抬眼望去，"江上数峰青"，如梦、如幻、如画、如诗，余音似在峰际缭绕，情思也因此绵绵不绝。

以试帖诗而不见敷衍、拼凑之迹，潜气内转抚起瑰丽的想象，限韵之作写得运掉自然，确属不易。诗中对音乐作了由近至远、由人及神的多方抒写，且化无形为有形，不作拟声之笔而专写效果，实在李白写蜀僧弹琴、李颀写觱篥外另辟一音乐境界，并与后来白居易《琵琶行》、李贺《李凭箜篌引》成前后辉映之势。作者作五言长律而不展衍无余，以曲终人杳、江上峰青作结，在将《列子·汤问》"余音绕梁"典故翻出新意境同时，更具情思绵渺难尽之妙。

（《古诗海》，上海古籍出版社 1992 年版，第 723-724 页）

题玉山村叟屋壁

谷口好泉石，居人能陆沈。牛羊下山小，烟火隔云深。一径入溪色，数家连竹阴。藏虹辞晚雨，惊隼落残禽。涉趣皆流目，将归羡在林。却思黄绶事，辜负紫芝心。

高仲武《中兴间气集》称钱起："文宗右丞，许以高格。右丞没后，员外为雄。"这首《题玉山村叟屋壁》所表现的归隐之意和艺术风格，都逼近王维。诗中所写玉山，即陕西蓝田县的蓝田山，是骊山的南阜，因山出美玉，故名，又以山形如覆车，亦名覆车山。此诗为题壁之作，当是作者游览所得。

诗开头两句就点出隐居之意：谷口泉石美好，使人能于此隐居，"陆沈"以无水而沉喻隐居。《庄子·则阳》："方且与世违，而心不屑与之俱，是陆沈者也。"即此意。当中六句描绘玉山景色，二句一组，随山行过程展开。前二句是入山前远望，但见牛羊下山，愈远而愈小，而云雾阻隔之中，居人烟火袅袅上升，倍见深静。中二句写入山至村居所见：一条小径沿溪岸蜿蜒而伸，诗人缘溪而行，随意领略沿途风光，终于在一片竹阴下，见到了一个数家相连的小村落，这就是陆沈之隐者的世外桃源了。后二句写到后展望所见：一阵晚雨后，山峰间一道彩虹半隐半现，故曰"藏虹"；虹至晚霁方现，故曰"辞晚雨"。在这明净如洗、长虹横曳的天空中，矫健的鹰隼惊起翱翔，击落凡鸟。这一"惊"、一落的动景在上句静景衬托下，显出山中的高远自由、充满生气。对此美景，诗人怎能不神驰心往，于是结四句由写景转入抒怀。"涉趣皆流目"，收束上文，谓过目之景，皆成山居之趣。经此句过渡，引出自己"将归羡在林"之意，与前"居人陆沈"相应。"却思黄绶事，辜负紫芝心"，更伸足归隐之想的根由。"黄绶"，黄色印绶。据《汉书·百官公卿表》："凡吏秩……比二百石以上，皆铜印黄绶。"唐人多以指县尉。"紫芝"指秦末商山四皓，因世乱而退隐，以琴曲歌辞《采芝操》(四皓歌)起句"晔晔紫芝，可以疗饥"，而被称为"紫芝客"。诗至此，才真正申足题壁明志之意。

此诗当作于蓝田尉时，临近安史之乱，"黄绶"、"紫芝"之叹多少反映了当时士人的一种失落感。也正是这种心情，使诗人们普遍追尚王维后期诗风，试以本诗与王维《渭川田家》等对读，虽境界有宽狭之分，气调有厚薄之别，但传承之迹甚明。

诗中"牛羊下山小，烟火隔云深"、"藏虹辞晚雨，惊隼落残禽"是名句。前联化用《诗·王风·君子于役》"日之夕兮，牛羊下来"之句，而能自成清幽；后联体察极细，下词极精，动静相生，构图简洁而富于层次，饶有韵味。这种使典造语的工细是大历诗的特征，其得失都在于此。

(《古诗海》，上海古籍出版社 1992 年版，第 724-725 页)

赠阙下裴舍人

二月黄鹂飞上林，春城紫禁晓阴阴。长乐钟声花外尽，龙池柳色雨中深。阳和不散穷途恨，霄汉常悬捧日心。献赋十年犹未遇，羞将白发对华簪。

钱起的诗常多追慕隐逸之意，而本篇却是“干禄”之作。诗人赠诗掌进奏、参议表章的近臣中书舍人裴某，希望得到援引录用。此类诗不能不恭维对方，但又不能自失身份，以不迫不缓、不亢不卑为宜。通观全诗，其颂扬不露痕迹，求助未落寒乞，能融本旨于景象，婉而有讽，十分得体。

前四句盘马弯弓，先描绘宫阙春色：二月春早，黄莺在上林苑中飞鸣（上林原是汉武帝所建御苑，此处借汉为唐），紫禁城拂晓笼罩在一片薄薄的轻阴之中。长乐宫（西汉宫殿，借指唐宫）的钟声越宫墙而来，又消逝在草树花丛之外，龙池（李隆基为帝前王府中的小湖，后王府改为兴庆宫，玄宗多在此听政）畔的柳树经春雨滋润绿色渐次转浓。诗中以上林、紫禁、长乐、龙池描摹宫苑春景，并非仅是歌颂祥和，表示艳慕，而是处处关合裴舍人：作为随侍皇帝的近臣，无论临朝，游幸，都不离御前，故前四句，句句写宫苑春景，又句句含裴舍人得幸得志之意，这里固然有恭维，而更暗藏微讽。所以后四句笔锋一转，挑明主旨：与宫苑锦色相反，虽然同处于阳光和煦之中，而在我却难以遣散穷途之憾，尽管我志在霄汉，犹如魏程昱梦见双手捧日（《三国志·魏书》）一样，长怀效忠皇上的赤心，但十年来不断像班固献赋一样参加科举考试，却未得知遇。今日自己以斑斑白发相对您这位华簪贵人，确实惭愧之至！这样就在前后对照中，婉委地道出了希望汲引之意。

由此诗很容易让人想到孟浩然的《临洞庭湖赠张丞相》以赠诗求援引，二者题旨相同，艺术则各有所长。但相较而言，孟诗之“临洞庭湖”，采用即景生情的写法，气势雄浑，言志自然而出。钱诗铺写阙下内苑，将恭维裴舍人之意融入写景笔墨，适见人工之巧。孟近自然天成，钱见组织之工，盛、中唐诗风由此可判。

（《古诗海》，上海古籍出版社 1992 年版，第 725-726 页）

山中酬杨补阙见过

日暖风恬种药时，红泉翠壁薜萝垂。幽溪鹿过苔还静，深树云来鸟不知。青琐同心多逸兴，春山载酒远相随。却惭身外牵缨冕，未胜杯前倒接　。

此诗外，钱起另有《谷口书斋寄杨补阙》一首，意在邀约杨补阙来书斋小叙，中有“秋花落更迟”之语；而本篇所写却是春天，二者若有因果关系，当是秋约而春访，倘非，则见二人过从颇频。此诗属酬应之作，以写景见长，流露归隐之意。

钱起虽是吴兴人，却长期在长安与京畿为官，玉山谷口屡见诗中，《暮春归故山草堂》更以谷口为“故山”，本篇所写山景，亦当在此。诗的前四句写景，后四句抒怀，为通常所见的先景后情格局。首句点明春日时分，次句泛写山景，“日暖风恬”与“红泉翠壁”相对，且因日暖风恬，才得花映泉红，草生壁翠。前言“种药”，后言“薜萝”，亦非无关，“药”为芍药，可入药，而花似牡丹更可观赏；薜萝为薜荔女萝之省称，《楚辞·山鬼》：“若有人兮山之阿，披薜荔兮带女萝”，二者均野生香草。诗人于如此幽僻馨香的环境中种药以怡情，一种恬淡之韵油然而生。颔联细写山景，先鹿后鸟：鹿过而苔静，更见溪幽；云来而鸟不知，更见树深。二句深得梁王籍名句“蝉噪林逾静，鸟鸣山更幽”的以动写静之妙。颈联在深化山中幽僻之情的基础上，折入对杨补阙的过访。“青琐”为宫门上镂刻的青色图纹，借指作宫门，“青琐同心多逸兴”，言自己与杨补阙虽在宫中为官，却又逸兴遄飞，有共同之好，后句续写杨补阙因逸兴所驱，载酒远来自己所居的春山。末联就“酒”生发感慨，说：自己为官冕所牵，虽有美酒良朋，既不能无所系心，也就不能尽情酣醉，有负“同心”人的美意。“倒接䍦”用晋人山简之典。接䍦，头巾名。山简为“竹林七贤”之一的山涛之幼子，曾任征南将军，镇守襄阳，性好酒，常往刺州园池游赏，醉酒而归。儿童为之歌曰：“山公出何许？往至高阳池。日夕倒载归，酩酊无所知。时时能骑马，倒著白接䍦。”诗人于此化用，语带调侃，益见与杨补阙亲近之意与山居来友的愉悦之情。

就“青琐”句观之，诗当作于诗人大历中为朝官时。其生活范式和情趣颇类王维居辋川的半官半隐。而诗较王维所作更工巧，然失之漓薄。其原因则可于诗僧灵澈状写当时世态的名句“相逢尽道休官好，林下何曾见一人”中悟出。钱起当时正在最得意之时，并无王维那种虽为官中朝，却心向佛门的情志。诗中“却惭”云云，是不必认真看待的。

（《古诗海》，上海古籍出版社 1992 年版，第 726-727 页）

归　雁

潇湘何事等闲回？水碧沙明两岸苔。二十五弦弹夜月，不胜清怨却飞来。

大雁是候鸟，秋天为避寒趋暖而南飞，春天因天气转暖而北飞，诗人们亦多借咏雁以寄托羁情旅思。本篇题旨与此无异，谋篇布局与笔法技巧却有新颖独到之处。

作者身在北方，以“归雁’为题是写从南方归来的春雁。诗以设问开局：“潇湘何事等闲回？”言涉潇湘，是因为大雁南飞不逾衡山回雁峰，故写归雁自然从此处落笔。曰“等闲”，是因为潇湘景色太美好了：“水碧沙明两岸苔。”为什么大雁竟轻易置美景而不顾，飞回北方呢？三四句即作答说，那是因为湘水女神在夜月下拨动了二十五弦，大雁也不忍听这清怨之瑟声，所以飞回来了。这里，将《省试湘灵鼓瑟》的“楚客不堪听”的感情移之于雁，取之于美丽动人的潇湘神话传说，不着力状物，却婉转拟人，确非常人可到。

作者以南人而长期宦游北方，岂能无故山之想？《归雁》一诗正是寓寄客愁之作。

其含蓄婉约，非直言浅露者可望项背。瑟曲有《归雁操》，瑟、筝同用于瑟调曲演奏，而筝柱之斜列有如雁行，这些都可令人有宽泛的联想，以越出诗的本身形象。《中兴间气集》谓钱起诗“体格新奇，理致清赡”，本篇最足当之。

（《古诗海》，上海古籍出版社1992年版，第727－728页）

郎士元

郎士元（生卒年不详），字君胄，中山（今河北定县）人。天宝十五载（756）进士，历官渭南尉、右拾遗，出为郢州刺史。郎士元是“大历十才子”之一，擅五律，多送别酬应之作，格调清丽闲雅，颇有佳句。与钱起齐名。高仲武《中兴间气集》，卷上谓：“士林语曰：‘前有沈、宋，后有钱、郎。’”有《郎士元集》，存诗七十余首。

送李将军赴定州

双旌汉飞将，万里独横戈。春色临边尽，黄云出塞多。鼓鼙悲绝漠，烽戍隔长河。莫断阴山路，天骄已请和。

此诗又题作《送彭将军》，然诗中语及“汉飞将”，似以李将军为更切。定州辖境近今之河北满城，为义成军节度使所在地。西汉时北平的治所在今河北满城北，名将李广曾任右北平太守。今李将军赴定州，以“双旌汉飞将”开局为送别之诗，确是最妥。据《史记·李将军列传》，李广居右北平，“匈奴闻之，号曰：‘汉之飞将军’，避之数岁，不敢入右北平”。首二句借古李将军拟今李将军，可见作者对今之李将军的颂扬、期许。句中“双旌”为唐制，节镇大将出镇赐双节双旌，以之领起，益增大将威严。颔联写边塞景色，造语警拔，春色临边地而尽，即“春风不度玉门关”之意，出塞之后，可见片片黄云，杜甫亦有“陇草萧萧白，洮云片片黄”之语，写北地黄云确为常见。颈联进而从边塞风光写至军旅生涯，绝漠鼙鼓、长河烽戍，造就了寥廓的意象和悲壮的情调，战争毕竟不是浪漫游戏，“古来征战几人回”，前人不是这样感叹么？最后二句尤有深意，“天骄已请和”言边患已弭，合前句“莫断阴山路”而连此句的“已”字，则又见作者识见：对外战争在于制止侵略，与北方少数民族政权通好是十分必要的。其意与杜甫《前出塞》之“苟能制侵陵，岂在多杀伤”相近。至此诗旨顿现。原来前文极写李将军声威，只为末联之反跌蓄势，而所作景语雄健中含悲凉之意，则已为此一反跌张本。因此而使本诗滋味醇厚，挹之不尽。

郎士元的送人之作，时得之者以为荣，而本篇寄意深切，更非可以一般应酬诗目之，而其苍凉悲壮之气，又可见郎诗风亦非仅闲雅一体。

（《古诗海》，上海古籍出版社1992年版，第729－730页）

柏林寺南望

溪上遥闻精舍钟，泊舟微径度深松。青山霁后云犹在，画出东南四五峰。

这首七绝确是诗中有画之作。题为《柏林寺南望》，其实并非静观，四句写出了登山、入寺、南望的全过程。首句“溪上遥闻精舍钟”，未得睹寺，先写闻钟，因钟声传得远。此钟声不仅点出柏林寺，且令人心有向往。次句“泊舟微径度深松”，由溪上而来，至此泊舟登岸，沿小路穿深松而行，“微”字、“度”字、“深”字都下得极好，将路径之小、松林之密、步履之缓写得十分精到。深松度尽，到达禅寺，此处无物障目，可以放眼远眺。故第三句始入“柏林寺南望”本题，却不道精舍只字，而紧扣“南望”，写望中所得：“青山霁后云犹在”，雨洗轻尘，更显霁后山色之青，白云缭绕。于是生出第四句“画出东南四五峰”，青山、白云，一静一动，鲜妍明润。“画出”二字极传神，有点睛之妙，这是豁然开朗之后得于目而寓于心的真切感受，足当苏轼《答谢民师书》所说得物之妙的“辞达”。

宋人林逋的“阴沉画轴林间寺”（《孤山寺端上人房写望》），潘阆的“好是雨余江上望，白云堆里泼浓蓝”（《九华山》），或许从郎诗得到启发。明人杨慎《画品》中诗云：“会心山水真如画，巧手丹青画似真”，可谓深明真与假的辩证关系，而读《柏林寺南望》，则可足证其所言之不虚。

（《古诗海》，上海古籍出版社 1992 年版，第 730-731 页）

李嘉祐

李嘉祐（？—779？），字从一，赵州（今河北赵县）人。天宝七载（748）进士，授秘书正字，累迁监察御史，坐事谪鄱阳令，调江阴，入为中台郎，上元中出为台州刺史，一度入为工部，司勋员外郎，大历中为袁州刺史。与严维、刘长卿等友善，多赠别、游览、题咏之诗，得齐梁余绪，绮丽婉靡，而济以王、孟以下清新之笔，每能自成佳境。今存诗二卷。

送王牧往吉州谒王使君叔

细草绿汀洲，王孙耷薄游。年华初冠带，文体旧弓裘。野渡花争发，春塘水乱流。使君怜小阮，应念倚门愁。

这是一首赠别之作。沈德潜在《唐诗别裁集》中称其“天然名秀，当时称其齐、梁风格，不虚也”。

起二句化用汉淮南小山《招隐士》：“王孙游兮不归，春草生兮萋萋”，谓王牧年少，久游不归。三、四句是对王牧的称颂、赞美：年华正当青春，文章得承父业。古人二十行冠礼，加冠以示成年，此处“冠带”为偏义复词，只用“冠”义。《礼记·学记》：“良冶之子，必学为裘；良弓之子，必学为箕。”言冶炼，造弓能手，其子弟惯闻多习，故能善继世业，诗中“文体旧弓裘”意本此。五、六句是名句。当送君南浦之时，只见渡头野花争发，处处春塘，水溢而漫流。不经烹炼，却是天然好语，颇有谢灵运《登池上楼》“池塘生春草，园柳变鸣禽”的神韵。末二句设想王牧叔父吉州刺史思念侄儿殷切。“小阮”原指晋人阮咸，与其叔阮籍同列“竹林七贤”，时人称阮咸为‘小阮’，后以作侄子之通称。此写刺史倚门愁望盼归，既隐含王牧到达之意，又上应首联久游不归之意。通篇不言送行，而送行之意贯彻始终，是大历诗的新巧处。

此诗在结构上颇有独特之处。起二句言事由，点出题旨，若紧接“薄游”，出以“野渡”、“春塘”可谓顺理成章，然而作者却落笔于“王孙”，以“年华”二句成顿挫之势，再转为写景，豁然开朗，更落到使君候归，又上承三、四，并呼应一、二，得奇笔破常之秘。颈联如清水芙蓉，自然清新，称李嘉祐为“吴均、何逊之敌”，谓其“振藻天朝，大收芳誉”（《中兴间气集》），若摘句评之，洵非虚美。

（《古诗海》，上海古籍出版社 1992 年版，第 737–738 页）

自苏台至望亭驿人家尽空春物增思怅然有作因寄从弟纾

南浦菰蒋覆白　，东吴黎庶逐黄巾。野棠自发空临水，江燕初归不见人。远岫依依如送客，平田渺渺独伤春。那堪回首长洲苑，烽火年年报虏尘。

李嘉祐诗被认为绮靡婉丽，涉于齐梁，却并非忘情世事，本篇就是反映现实、感叹时势之作。中唐时期，安史之乱的血泪尚未拭干，唐朝政府又对人民横征暴敛。肃宗宝应元年（762），租庸使元载至江淮间，向人民追征天宝末年以来所欠的八年租调，“不问负之有无，资之高下，察民有粟帛者，发徒围之，籍其所有而中分之，甚者什取八九，谓之‘白著’。有不服者，严刑以威之。民有蓄谷十斛者，则重足以毙命。或相聚山泽为群盗，州县不能制”（《资治通鉴》卷二二二）。时有歌谣：“上元官吏务剥削，江淮之人多‘白著’。”官逼民反，农民起义不断。最著名的是袁晁领导的浙东起义，同时又有以浙西、江西、宣歙三道交界为据点，东起苏州，西至江西的方清、陈应起义。与此相先后的大小起义，尚有多次。本篇所涉历史背景与地域范围，当与此相关。时李嘉祐作宦江南，多次过苏州，唯具体年月难以详定。

诗以对句起。“菰”即“蒋”，俗称茭白，其结实即雕胡米，“蘋”亦称田字草，夏秋开小白花，菰米为水乡人家重要食物之一，今为　衣所覆，隐含无人采食，时局动乱之意。“东吴”即诗题所言苏州、望亭一带，“黄巾”，以汉末张角兄弟起事借言江浙民变，挑明首句之意。三、四句以野棠自发、碧水空流、江燕初归、难觅人迹的四组意象写江南乱后景象。五、六句承前“无人”之意而兼入行旅之意，作者行经这一带，因人烟稀少，唯有远山似在送客，而平田渺渺，更引动诗人那孤独的忧思。最后归到独自伤春。历来繁华的佳丽之地冷落到如此地步，本已令人喟叹不已，何况还是烽火年年，竟然有更沉痛的历史积累呢！长洲苑在今江苏吴县太湖北，是古代名苑，左思《吴都赋》曾写及，如今竟然烽火连年、虏尘不断，作者的情怀实在不难体会。诗中“年年虏尘”之叹自不无封建官吏对义军的敌意，但反映民生凋敝的真实又使之有“诗史”的价值。全诗以“远岫依依如送客，平田渺渺独伤春”二句之物我相对为中枢，将人事与景物，今时与古时错综写来，极尽“春物增思”之题意，其气脉之动荡不平，在大历诗中尚不多见。

（《古诗海》，上海古籍出版社 1992 年版，第 738–739 页）

严　维

严维（生卒年不详），字正文，越州山阴（今浙江绍兴）人。初隐桐庐，至德二年（757）进士，擢辞藻宏丽科，授诸暨尉，官终秘书郎，约卒于建中年间。与钱起、皇甫冉、丘为等人交往，与刘长卿酬唱尤多，所作长于送别酬赠，名虽不在“大历十才子”中，然诗风相近。今存诗一卷，计六十余首。

酬刘员外见寄

苏耽佐郡时，近出白云司。药补清羸疾，窗吟绝妙词。柳塘春水漫，花坞夕阳迟。欲识怀君意，明朝访楫师。

这首诗是为酬答刘长卿而作。刘长卿与严维友善，长卿大历中以检校祠部员外郎任淮南鄂岳转运留后，为郭子仪婿吴仲孺诬陷贪赃入狱。大历十二年昭雪，为睦州司马。在任上作诗寄赠严维：“陋巷喜阳和，衰颜对酒歌。懒从华发乱，闲任白云多。郡简垂容钓，家贫学弄梭。门前七里濑，早晚子陵过。”（《对酒寄严维》）前六句自道居陋巷、看白云、对酒、垂钓、弄梭的闲官生涯，后二句以严子陵比严维，表示盼望严维前来过访。严维因作诗相酬，即为本篇。

首句的苏耽见于《水经注》，传说为汉末湖南郴县人，少丧父，养母至孝，一日忽辞母登山成仙。次句中“白云司”即刑部，一、二句倒装，谓长卿冤狱昭雪而为睦州司马。其用苏耽之典，当因长卿有孝行，唯史无明文可征。三、四句悬想服药补身除痰、吟诗陶冶性情，正承“近出白云司”而来，可悟上联倒装之匠心；又画出长卿骚客形象。四、五句更悬想睦州春日景色，亦为骚客作烘托。前三联写足其人可怜可敬，其景可爱可赏，自然引出最后二句以“怀君”而“访楫师”，表明自己欲雇船造访，以答“子陵过”之邀。

宋梅尧臣与欧阳修论诗，对其五、六句评价甚高，欧《六一诗话》记梅语，以“必能状难写之景，如在目前；含不尽之意，见于言外”为至，称此二句“则天容时态，融和骀荡,岂不如在目前乎”? 梅氏此见,可谓善评。夏日“野水连村暗”,秋天“芦花秋水明”,冬时“溪冷泉声苦”,唯柳塘春水适称之“漫”。《毛诗正义》笺《豳风·七月》“春日迟迟”云:“迟迟者,日长而暄之意。春秋漏刻,多少正等,而秋言‘凄凄’,春言‘迟迟’者……人遇春暄,则四体舒泰,觉昼景之稍长,谓日行迟。”故“天容时态,融和骀荡”确是“如在目前”,不独属对工稳而已。

(《古诗海》,上海古籍出版社 1992 年版,第 739—740 页)

《三李诗鉴赏辞典》

自金陵泝流过白壁山玩月，达天门，寄句容王主簿

李 白

沧江泝流归，白壁见秋月。秋月照白壁，皓如山阴雪。幽人停宵征，贾客忘早发。进帆天门山，回首牛渚没。川长信风来，日出宿雾歇。故人在咫尺，新赏成胡越。寄君青兰花，惠好庶不绝。

这是一首游赏风景、寄赠友人之作。从诗题可知，李白此行从金陵出发，乘舟溯流而上，过白壁山，到天门山，写成此诗，寄句容王主簿。据《江南通志》可知，白壁山在太平府城北三十里，有三峰，中峰最峻。《太平府志》称：白壁山，一名石壁，在郡治北二十五里化洽乡，滨江三峰，中拔起如垩，有石似龟状，俗名龟山。又据《一统志》：天门山，在太平府城西南三十里，二山夹大江，东曰博望，西曰梁山，对峙如门。《旧唐书》本传载，李白与崔宗之"尝月夜乘舟自采石达金陵，白衣宫锦袍，于舟中顾瞻笑傲，旁若无人。"李白与崔宗之友善，杜甫《饮中八仙歌》曾这样描述崔氏："宗之潇洒美少年，举觞白眼望青天，皎如玉树临风前。"其少年英俊，倜傥不羁，与李白的潇洒飘逸相得益彰，二人乘舟夜游，引起观者如堵，可谓适不足怪。此诗所写是从金陵泝流而上，是否为采石至金陵的此行尚不得知，然而，李白爱游胜境，生性豪迈，范传正《唐左拾遗翰林学士李公新墓碑》谓其"偶遇扁舟，一日千里，或遇胜境，终年不移"。似此乘舟夜游、观水赏月之举，当不止一二次。

此诗起句擒题，"沧江泝流归"，谓沿长江逆流而上，起自金陵，云"归"而未道及终点，恐怕大抵不出太平府（今安徽当涂、芜湖）一带。在归途中过白壁山，此山之三峰，本已是"中起如垩"，加以秋月朗照，当然更见其白了，"白壁见秋月"，此句看似平实，却深得自然风致。在白壁山下看见秋月，一"见"字，悠然自得，不期而遇，正如陶渊明《饮酒》中的"悠然见南山"，自然无为之中，意与境会，真味盎然。上句"白壁见秋月"，下句"秋月照白壁"，非仅是上下勾连的顶真句式，而且二句中仅换当中一字，余为"白壁"与"秋月"的词序颠倒，颇饶民歌风味。"秋月照白壁"，在平淡自然之中，作者由"见秋月"的无心而得，转为凝心观照，注视月色下的白壁山。山色之白更得月色之白，"皓如山阴雪"，此句足传月光下白壁山的迷人风采了。《世说新语》载：王子猷居山阴，夜大雪，眠觉，开室命酌酒，四望皎然。晋人在山水赏会之中，对自然风光一往情深，李白形容月下山色如"山阴雪"，不仅出于《世说》，而且亦如晋人那样，怀有对山水的无比热爱。李白不仅对此景色深为留连，而且推己及人，以自己之心为他人之意，用"幽人

停宵征，贾客忘早发”进一步渲染月色、山色之美。《诗经》有“肃肃宵征”之句，李白云“幽人停宵征”。商贾逐利而行，“天下熙熙，皆为利来，天下攘攘，皆为利往”，却也“忘早发”。幽人与贾客之所以驻足不行，是因为被自然界的动人美景深深吸引住了。

在“泝流”的过程中，“白壁山玩月”是第一个高潮，虽然幽人停其宵征，贾客亦忘早发，但“林无静树，川无停波”，总不能容与江中忘其所归，何况还总有“行舟催发”一幕吧，于是，船又继续泝流而上，“达天门”而成第二个高潮。

“进帆天门山”，一“进”字足见体物之妙，既是进发之意，又是因地形而言。由于江东的博望山（东梁山）与江西的梁山（西梁山）夹江对峙，形似天门，船行至此，有入门之感，故“进帆”二字确是传神之笔。“回首牛渚没”，因天门耸峙，遮断视线，回首眺望，已不见牛渚山踪影了。据《一统志》载：牛渚山，在太平府城北二十五里。下有矶，曰牛渚矶，去采石矶近一里。李白《望天门山》写道：“天门中断楚江开，碧水东流至此回。两岸青山相对出，孤帆一片日边来。”此处的江山形势可见。前句“进帆”，后句“回首”，一进一回，极得生动之致，物色与人之精神皆洽。夜间已去，曙色渐现，“川长信风来，日出宿雾歇”。此二句描绘了天门山一带的江间美景：江风沿着长川吹拂，日出而宿雾渐歇。杜甫曾称道李白诗“清新庾开府，俊逸鲍参军”，这“日出宿雾歇”，就是化用鲍照诗句“江寒雾未歇”而来，陶弘景《答谢中书书》亦云：“晓雾将歇，猿鸟乱鸣”。可见李白虽推尊汉魏风骨，却也不废六朝的清词丽句，对其有所汲取和熔铸。

诗至于此，“白壁山玩月”与“达天门”两个内容均已完成，前者的山色与月色，后者的山势与风、雾均传其神韵，得其气象。于是，再转为“寄句容王主簿”的第三个内容。“故人在咫尺，新赏成胡越。”“故人”指王主簿，据《唐书·地理志》可知，江南东道昇州江宁郡有句容县，离此地不远，“在咫尺”并非夸张过甚。然而，咫尺之遥竟成胡、越之远，胡地在北，越地在南，其间距离遥远为一义；另一义则如《吴越春秋》所说：“胡马依北风而立，越燕望海日而熙，同类相亲之义也。”李白为人傲岸，“揄扬九重万乘主，谑浪赤墀青琐贤”，平交诸侯，长揖君主，王主簿以九品官当“故人”之称，如非深知，必与李白为人有相似之处。胡越之叹的同类相亲之义，或许不是妄加。诗人并未说出咫尺成胡越的原因，读者对此亦无深究的必要，值得注意的是李白对王主簿的一片深情：“寄君青兰花，惠好庶不绝。”这未免令人想起《古诗十九首》：“涉江采芙蓉，兰泽多芳草。采之欲遗谁？所思在远道”，“庭中有奇树，绿叶发华滋。攀条折其荣，将以遗所思。”也令人想起陆凯的《赠范晔诗》：“折花逢驿使，寄与陇头人。江南无所有，聊赠一枝春。”礼轻情重，诗虽止而情未止，令人怅想不已。

李白喜游山水，“凡江、汉、荆、襄、吴、楚、巴、蜀，与夫秦、晋、齐、鲁山水名胜之区，亦何所不登眺。”（刘楚登《太白酒楼记》）李白尤爱月亮，其字为太白，孩子叫明月奴，诗中常写明月，这是他向往光明、纯洁，痛恨污浊、庸俗所致。此诗之大江、明月、白壁如雪，既是诗人所见之处境，又是诗人所发之内心，堪称情与景融，意与境合。

“秋月照白壁，皓如山阴雪”。明月下的白壁山，如山阴雪景的皎然洁白，悬照大江之上，似一幅静止的画图。而“进帆天门山，回首牛渚没。川长信风来，日出宿雾歇”却是四个活动画面的转换。进、回、来、出、歇五字，皆极平常，又恰到好处，入天门、望牛渚，风来，日出，雾歇，时间推移，行程亦变，景物变换，极其自然，白壁玩月为静，天门行舟为动，分则各得其宜，合观互为映衬，在李白的笔下，有郢匠运斤之妙，转接自如，毫不费力。

此诗以写景为主，却又不乏抒情妙笔。前面的“幽人停宵征，贾客忘早发”，是将己情移之于人，以停征、忘发言秋月白壁之景色迷人，加深对大自然美景的热爱。后面的咫尺之叹、胡越之慨，足见李白与友人的一片深情，而寄君青兰之举，惠好不绝之想，更翻新了古诗意境，使人有情韵不竭之感。

总之，此诗在太白集中虽非名篇，然而大家之作，自不同凡响，全诗行于所当行，止于所当止，如风吹水上，自然成文，平淡无奇之中颇饶韵致，细味之令人叹赏不已。

（《三李诗鉴赏辞典》，吉林文史出版社 1992 年版，第 396-399 页）

《古文鉴赏辞典》

论贵粟疏

晁　错

圣王在上,而民不冻饥者,非能耕而食之,织而衣之也,为开其资财之道也。故尧、禹有九年之水①,汤有七年之旱②,而国亡捐瘠者③,以畜积多而备先具也。今海内为一,土地人民之众不避④汤、禹,加以亡天灾数年之水旱,而畜积未及者,何也?地有遗利,民有馀力,生谷之土未尽垦,山泽之利未尽出也,游食之民未尽归农也。

民贫,则奸邪生。贫生于不足,不足生于不农,不农则不地著⑤,不地著则离乡轻家,民如鸟兽。虽有高城深池,严法重刑,犹不能禁也。夫寒之于衣,不待轻暖⑥;饥之于食,不待甘旨⑦;饥寒至身,不顾廉耻。人情一日不再食则饥,终岁不制衣则寒。夫腹饥不得食,肤寒不得衣,虽慈母不能保其子,君安能以有其民哉?明主知其然也,故务民于农桑⑧,薄赋敛,广畜积,以实仓廪,备水旱,故民可得而有也。

民者,在上⑨所以牧之,趋利如水走下,四方亡择也。夫珠玉金银,饥不可食,寒不可衣,然而众贵之者,以上用之故也。其为物轻微易臧⑩,在于把握,可以周海内而无饥寒之患。此令臣轻背其主,而民易去其乡,盗贼有所劝⑪,亡逃者得轻资也⑫。粟米布帛生于地,长于时,聚于力,非可一日成也。数石之重,中人弗胜⑬,不为奸邪所利;一日弗得而饥寒至。是故明君贵五谷而贱金玉。

今农夫五口之家,其服役⑭者不下二人,其能耕者不过百亩,百亩之收不过百石⑮。春耕夏耘,秋获冬藏,伐薪樵,治官府,给徭役;春不得避风尘,夏不得避暑热,秋不得避阴雨,冬不得避寒冻,四时之间,亡日休息。又私自送往迎来,吊死问疾,养孤长幼在其中。勤苦如此,尚复被水旱之灾,急政暴赋,赋敛不时,朝令而暮改。当具,有者半贾而卖,亡者取倍称之息⑯;于是有卖田宅、鬻子孙以偿责⑰者矣。而商贾大者积贮倍息,小者坐列贩卖,操其奇赢⑱,日游都市,乘上之急⑲,所卖必倍⑳。故其男不耕耘,女不蚕织,衣必文采,食必粱肉;亡农夫之苦,有仟伯㉑之得。因其富厚,交通王侯,力过吏势,以利相倾㉒;千里游敖㉓,冠盖相望㉔,乘坚策肥㉕,履丝曳缟㉖。此商人所以兼并农人,农人所以流亡者也。今法律贱商人,商人已富贵矣;尊农夫,农夫已贫贱矣。故俗之所贵,主之所贱也;吏之所卑,法之所尊也㉗。上下相反,好恶乖迕,而欲国富法立,不可得也。

方今之务,莫若使民务农而已矣。欲民务农,在于贵粟;贵粟之道,在于使民以粟为赏罚。今募天下入粟县官㉘,得以拜爵,得以除罪。如此,富人有爵,农民有钱,粟有所渫[29]。夫能入粟以受爵,皆有馀者也。取于有馀,以供上用,则贫民之赋可损,所谓损有馀、补不足,令出而民利者也。顺于民心,所补者三:一曰主用足,二曰民赋少,三曰劝农功[30]。今令:“民有车骑马一匹者[31],复卒三人[32]。”车骑者,天下武备也,故为复卒。神农之教曰:“有石城十仞,汤池百步,带甲百万,而亡粟,弗能守也。”以是观之,粟者,王者大用[33],政之本务。令民入粟受爵,至五大夫[34]以上,乃复一人耳[35],此其与骑马之功相去远矣[36]。爵者,上之所擅[37],出于口而亡穷;粟者,民之所种,生于地而不乏。夫得高爵与免罪,人之所甚欲也。使天下人入粟于边,以受爵免罪,不过三岁,塞下之粟必多矣。

[注释]

①“故尧、禹”句:《尚书·尧典》、《史记·夏本纪》俱载尧时洪水滔天事。据载,尧用鲧治水,九年而不成,继由禹治理,故以尧、禹并称。

②“汤有”句:据《说苑·君道》:“汤之时,大旱七年,雒坼川竭,煎沙烂石,于是使人持三足鼎祝山川。”

③亡:通“无”,下同。捐:遗弃。瘠:通“胔”,未腐烂的尸体。

④不避:不让,不次于。

⑤地著:即土著,指定居在一地。

⑥轻暖:指以裘皮或丝绵制作的衣服。

⑦甘旨:指精美的食物。

⑧务民于农桑:使百姓尽力于种田和养蚕。

⑨上:指人君。

⑩臧:通“藏”。

⑪劝:鼓励。

⑫亡逃:因犯法而逃亡。轻资:带着轻便的东西。

⑬中人弗胜:中等体力的人不能胜任,指拿不动。

⑭服役:从事于官府的劳役。

⑮石:即“斛”。据《汉书·律历志》载,汉代量器“合龠为合,十合为升,十升为斗,十斗为斛”。

⑯“当具”三句:谓该当交纳赋税时,有粮的人不得不以半价贱卖,无粮的人不得不以加倍的利息以求借贷,买粮以应征。

⑰责:通“债”。

⑱操其奇赢:谋取暴利。

⑲乘上之急:趁君主迫切需要之时。

⑳所卖必倍:所卖出的价钱必定成倍提高。

㉑仟伯:同“阡陌”,田间道路,此指土地。

㉒倾:压倒,凌驾于其上。

㉓敖:通“遨”。

㉔冠盖相望:指商人一路上前后不绝。冠盖:原指仕宦者的官服和车盖,此处指商人。

㉕乘坚:乘坐坚固的车辆。策肥:骑着肥壮的马。

㉖履丝:穿着丝织的鞋。曳缟:拖着精细的丝织白绢衣服,古代衣裾长而拖地,故云。

㉗“故俗之所贵”四句:谓一般人所尊敬的,正是国君所轻贱的商人,而官吏所鄙视的,却是法律所尊重的农民。

㉘募:号令。入粟县官:将粮食缴纳给国家。汉以“县官”作为皇帝的代称,通指政府。

㉙渫:分散。

㉚劝农功:鼓励人从事农业生产。

㉛今令:现行法令。车骑马:能驾战车的马。

㉜复卒三人:免除三个人的兵役。

㉝王者大用:治理天下最为需要之物。

㉞五大夫:爵号,汉代侯以下分二十级;五大夫为第九等。

㉟乃复一人:才免除一人的兵役。

㊱骑马之功:指出车骑之功。

㊲擅:专有。

《论贵粟疏》是晁错上给汉文帝的奏疏,也是西汉著名的政论文。

秦末农民大起义推翻了暴虐的秦朝,但继之以长达五年的楚汉战争,使农业生产遭到严重破坏,农民或死于战乱,或流离他乡。面对着民生凋敝的局面,汉高祖刘邦采取了罢兵归家、予以田宅、招纳流亡、抑制商人、轻徭薄赋的政策,使农业生产得以逐渐恢复。此后,惠帝、吕后亦承袭黄老“无为而治”的思想,农业继续发展,人民衣食渐得滋殖。文帝刘恒即位后,仍奉行“与民休息”的方针,重视农桑,他曾下诏令全免田租,使自耕农得以迅速发展。但是,文帝长期实行减免田租赋税的政策,得益更多的是地主;与此同时,放松了山泽之禁,促进了商品流通,商人势力迅速加强。农业发展使粮价骤降,商业兴盛更令谷贱伤农,农民遭受侵蚀兼并之害,被迫卖田鬻子,相继破产流亡。

一方面是农业生产受到威胁,阶级矛盾渐趋激化,另一方面则是民族矛盾也很尖锐。自古以来,北方游牧民族就频繁地南侵骚扰,秦汉时期更成为主要边患。秦始皇以构筑长城御敌,汉高祖转以“和亲”及开放关市来缓和侵扰。汉文帝沿用祖法,和亲之外,另厚加馈赠,但匈奴仍不断入塞侵犯,劫掠人畜,毁坏禾稼,甚至游骑逼近长安,直接威胁到首都的安全。

面对这样的形势,晁错深感殷鉴未远,忧心如焚,遂从“复言守边备塞,劝农力本当世急务二事”(《汉书·晁错传》)的战略思想出发,继贾谊上《论积贮疏》后,再向文帝上疏。班固在《汉书》中将此疏分为两部分:“守边备塞”部分编入晁错本传,“劝农力本”部分载入《汉书·食货志》,后人将《食货志》中的这一部分抽出,加上《论贵粟疏》的题目。尽管一疏二分,割裂了晁错的整体见解,但仍可见“贵粟”与“守边”的必然联系,仍可见他对现实政治、经济、军事问题的真知灼见。

作为奏疏，既要充分陈述政见，又要考虑在指摘时弊同时不要冒犯皇帝，使皇帝能采纳意见。晁错从尊古意识出发，以古代的圣王业绩比照现实，正面提出重农贵粟之道。他指出，“尧、禹有九年之水，汤有七年之旱，而国亡捐瘠”，而“今海内为一，土地人民之众不避汤、禹，加以亡天灾数年之水旱，而畜积未及”，原因何在呢？除“地有遗利”未尽其用之外，更在于“民有馀力”，“游食之民未尽归农也”。晁错就“民贫，则奸邪生”作了逻辑严密的深入发掘，论述了不重农就不能保民的道理，从重农出发，正面提出“务民于农桑，薄赋敛，广畜积，以实仓廪，备水旱”的政策、方针。

在将历史与现实相对照，得出“贵粟”的结论，并阐述保民之理，正面提出重农的政策后，晁错又具体分析了“趋利”是民不归农的原因。尤其值得称道的是：晁错的所见所论并不是我国固有的重农思想的泛泛之谈，而是具有极强的针对性。据载，农业发展使粮价大跌，文帝初年每石粟“至十馀钱”（《史记·律书》），商人竞相囤积居奇；与此同时，贱五谷而贵金玉成为时尚，危及“以食为天”的根本。汉高祖奉行“重租税以困辱”商人（《史记·平准书》）的政策，而现今的社会却是：“今法律贱商人，商人已富贵矣；尊农夫，农夫已贫贱矣。”晁错认为，由于商业发展带来了本末倒置的新问题，欲使国富法立，“方今之世，莫若使民务农而已矣”。并用“剥笋法”层层深入地指出：“欲民务农，在于贵粟；贵粟之道，在于使民以粟为赏罚。”在抓住了“贵粟”的关键后，他又提出了入粟于官、拜爵除罪等一系列具体措施。在晁错看来，这是“损有馀、补不足，令出而民利”的好事：商人以囤积之粟输之国而受“出于口而亡穷”之爵，致使国库充足，粟贱伤农的情况得以缓和，贫民的赋税亦可减少。由于“贵粟”的刺激，又必然使农民乐于耕种，以入粟于边使塞下足粮，这样，就能巩固国防，有效阻止匈奴南侵。

总之，贵粟使民务农，入粟以抑商固本，这对缓和阶级矛盾、改善农民处境无疑是有积极意义的；同时，入粟于边则可解决边防戍卒的粮食供给及运输耗费问题。由于“贵粟”与政治、经济、边防等国计民生大事相关，此疏得到汉文帝的重视，并采纳了以粟买爵的建议。《论贵粟疏》对于解决当时的粮食问题，促进农业生产发展，巩固政权，并造就著名的“文景之治”，确实起过较大的作用。

晁错上疏的目的虽是为了巩固封建统治，但仍然难掩其关怀农民疾苦的真诚态度。他真实描绘了农民所受的徭役、耕种之苦，水旱、暴政之虐，以及卖田、鬻子孙偿债的惨状，并以商贾不事耕织，却获利丰厚、衣锦食肉、乘坚策肥、权倾官吏的情况相对照。即使他以维护封建王朝的利益为根本，但这种正视现实的精神和关怀民瘼的态度，也不能不是作者改革政治的重要动因。

当然，由于时代和阶级的局限，作者以“贵粟”为核心的一整套办法，终究难以一蹴而就，使国家、商人、农民三方得益的“永动机”。“富人有爵，农民有钱，粟有所渫”的一举三得无法均衡实现，粟渫塞下不难，富人有爵甚易，但农民有钱只能是空话。如果说“入粟拜爵”是为了实现充实国库的目的，那么实施这一办法的结果非但未能抑制商人，反而导致了商人政治地位的提高，这也是晁错所料未及的。以“贵粟”劝农力本、加强边备这两大目标可暂时达到，阶级矛盾可得缓和，却无法消除。号称“智囊”的晁错开示的“医国”药方，未能治好封建王朝的痼疾，却酿成了自身的悲剧，他终于因建议“削藩”遭“清君侧”而被诛。这实在足可使人掩卷浩叹！

晁错是政治家，他指斥时弊，直抒政见，本无意为文，然而《论贵粟疏》仍有较高的艺术性。首先，作为政论文，它具有立论精辟、论述严密的特点。文中一开始，就以“为开其资财之道”立论，然后承此论点，将“今世”对照禹汤之世，指出现在“畜积未及”的根本原因在于“不农”，继而论述不农之害和重农保民之理，再转入明君应贵粟贱金之论。“开资财之道”有本末之辨，文章转而论述事“本”之农与事“末”之商，比较二者的苦乐，使重农抑商之意自显，在貌似旁涉之际加深了对“开资财之道”的理解。文章最后作了使民务农、务农在贵粟、贵粟在以粟为赏罚的论述，与“开资财之道”一意相承，论述层层深入，具体而又严密。结构也于严整中寓变化，不流于沉滞平板。其次，《论贵粟疏》为增强其论辩、说服力量，不是平实地就事论事，而是善作古今比况，综言利弊得失，在正反相较中显得有血有肉，文章风格流畅矫健。文中在古今相较之后，指出不农而导致畜积未及，然后通过先逆写、再顺写不农之害，论以重农保民，尤其是农民与商人的形象对比，更见重农抑商的重要。文中用珠玉金银与粟米布帛的对照，以明“贵五谷而贱金玉”之理，用农夫与商人的对照，以明贵贱逆转之理，都写得生动透辟。最后，文章使用了排比手法，且排比与对照、反衬结合，语言虽朴实无华，却不乏激切深刻和汪洋恣肆的气势，这一特点在写农商对照中表现得尤为突出。

（《古文鉴赏辞典》，上海辞书出版社 1997 年版，第 226-231 页）

苏武传

班　固

武字子卿。少以父任，兄弟并为郎[①]。稍迁至栘中厩监[②]。时汉连伐胡，数通使相窥观。匈奴留汉使郭吉、路充国等前后十馀辈[③]。匈奴使来，汉亦留之以相当。

天汉元年[④]，且鞮侯单于初立[⑤]，恐汉袭之，乃曰：“汉天子我丈人行也。”尽归汉使路充国等。武帝嘉其义，乃遣武以中郎将使持节送匈奴使留在汉者[⑥]，因厚赂单于，答其善意。武与副中郎将张胜及假吏[⑦]常惠等，募士、斥候[⑧]百余人俱。既至匈奴，置币遗单于。单于益骄，非汉所望也。

方欲发使送武等，会缑王[⑨]与长水虞常等谋反匈奴中——缑王者，昆邪王[⑩]姊子也，与昆邪王俱降汉，后随浞野侯[⑪]没胡中——及卫律[⑫]所将降者，阴相与谋劫单于母阏氏[⑬]归汉。会武等至匈奴，虞常在汉时，素与副张胜相知，私候[⑭]胜曰：“闻汉天子甚怨卫律，常能为汉伏弩射杀之。吾母与弟在汉，幸蒙其赏赐。”张胜许之，以货物与常。

后月馀，单于出猎，独阏氏子弟在。虞常等七十馀人欲发，其一人夜亡，告之。单于子弟发兵与战。缑王等皆死，虞常生得。单于使卫律治其事。张胜闻之，恐前语发，以状语武。武曰："事如此，此必及我。见犯乃死，重负国！"欲自杀，胜、惠共止之。虞常果引张胜。单于怒，召诸贵人议，欲杀汉使者。左伊秩訾[15]曰："即谋单于，何以复加？宜皆降之。"单于使卫律召武受辞[16]，武谓惠等："屈节辱命，虽生，何面目以归汉！"引佩刀自刺。卫律惊，自抱持武，驰召医[17]。凿地为坎，置煴火，覆武其上，蹈其背以出血。武气绝，半日复息。惠等哭，舆[18]归营。单于壮其节，朝夕遣人候问武，而收系张胜。

武益愈，单于使使晓武。会论虞常，欲因此时降武。剑斩虞常已，律曰："汉使张胜谋杀单于近臣，当死。单于募降者赦罪。"举剑欲击之，胜请降。律谓武曰："副有罪，当相坐。"武曰："本无谋，又非亲属，何谓相坐？"复举剑拟之，武不动。律曰："苏君！律前负汉归匈奴，幸蒙大恩，赐号称王，拥众数万，马畜弥山，富贵如此。苏君今日降，明日复然。空以身膏草野，谁复知之！"武不应。律曰："君因我降，与君为兄弟，今不听吾计，后虽欲复见我，尚可得乎！"

武骂律曰："女为人臣子，不顾恩义，畔主背亲，为降虏于蛮夷，何以女为见？且单于信女，使决人死生，不平心持正，反欲斗两主，观祸败！南越杀汉使者，屠为九郡[19]；宛王杀汉使者，头县北阙[20]；朝鲜杀汉使者，即时诛灭[21]。独匈奴未耳！若知我不降明，欲令两国相攻，匈奴之祸，从我始矣！"律知武终不可胁，白单于。单于愈益欲降之，乃幽武，置大窖中，绝不饮食。天雨雪，武卧啮雪，与旃[22]毛并咽之，数日不死。匈奴以为神，乃徙武北海上无人处，使牧羝，羝乳[23]乃得归。别其官属常惠等，各置他所。

武既至海上，廪食不至，掘野鼠，去草实而食之。杖汉节牧羊，卧起操持，节旄尽落。积五六年，单于弟于靬王弋射海上[24]。武能网纺缴[25]，檠[26]弓弩，于靬王爱之，给其衣食。三岁馀，王病，赐武马畜、服匿、穹庐[27]。王死，后人众徙去。其冬，丁令[28]盗武牛羊，武复穷厄。

初，武与李陵俱为侍中[29]，武使匈奴明年，陵降，不敢求武。久之，单于使陵至海上，为武置酒设乐。因谓武曰："单于闻陵与子卿素厚，故使陵来说。足下虚心欲相待，终不得归汉，空自苦亡人之地，信义安所见乎？前长君为奉车[30]，从至雍棫阳宫[31]，扶辇下除，触柱折辕，劾大不敬，伏剑自刎，赐钱二百万以葬。孺卿从祠河东后土[32]，宦骑与黄门驸马[33]争船，推堕驸马河中，溺死[34]，宦骑亡；诏使孺卿逐捕，不得，惶恐饮药而死。来时，太夫人已不幸，陵送葬至阳陵[35]。子卿妇年少，闻已更嫁矣。独有女弟[36]二人，两女一男，今复十馀年，存亡不可知。人生如朝露，何久自苦如此！陵始降时，忽忽如狂，自痛负汉，加以老母系保宫[37]，子卿不欲降，何以过陵！且陛下春秋高[38]，法令亡常，大臣亡罪夷灭者数十家，安危不可知，子卿尚复谁为乎？愿听陵计，勿复有云。"

武曰："武父子亡功德，皆为陛下所成就，位列将[39]，爵通侯[40]，兄弟亲近，常愿肝脑涂地。今得杀身自效，虽蒙斧钺汤镬，诚甘乐之。臣事君，犹子事父也。子为父死，亡所恨。愿勿复再言！"

陵与武饮数日，复曰："子卿壹听陵言。"武曰："自分已死久矣！"王必欲降武，请毕今日之 ，效死于前！"陵见其至诚，喟然叹曰："嗟乎，义士！陵与卫律之罪上通于天！"因泣下沾衿，与武决去。陵恶自赐武，使其妻赐武牛羊数十头。

后陵复至北海上，语武："区脱捕得云中生口[41]，言太守以下吏民皆白服，曰上崩。"武闻之，南乡号哭，欧血，旦夕临数月。

昭帝即位数年，匈奴与汉和亲。汉求武等，匈奴诡言武死。后汉使复至匈奴，常惠请其守者与俱，得夜见汉使，具自陈过。教使者谓单于，言天子射上林[42]中，得雁，足有系帛书，言武等在某泽中。使者大喜，如惠语以让单于。单于视左右而惊，谢汉使曰："武等实在。"于是李陵置酒贺武曰："今足下还归，扬名于匈奴，功显于汉室，虽古竹帛所载，丹青所画，何以过子卿！陵虽驽怯，令汉且贳[43]陵罪，全其老母，使得奋大辱之积志，庶几乎曹柯之盟[44]，此陵宿昔[45]之所不忘也！收族陵家，为世大戮，陵尚复何顾乎？已矣，令子卿知吾心耳！异域之人，壹别长绝！"陵起舞，歌曰："径万里兮度沙幕，为君将兮奋匈奴。路穷绝兮矢刃摧，士众灭兮名已隤。老母已死，虽欲报恩将安归！"陵泣下数行，因与武决。单于召会武官属，前已降及物故，凡随武还者九人。

武以始元六年[46]春至京师。诏武奉一太牢谒武帝园庙[47]，拜为典属国[48]，秩中二千石[49]，赐钱二百万，公田二顷，宅一区。常惠、徐圣、赵终根皆拜为中郎，赐帛各二百匹。其馀六人老，归家，赐钱人十万，复终身。常惠后至右将军，封列侯，自有传。武留匈奴凡十九岁，始以强壮出，及还，须发尽白。

武来归明年，上官桀、子安与桑弘羊及燕王、盖主谋反[50]。武子男元与安有谋，坐死。初，桀、安与大将军霍光争权[51]，数疏光过失予燕王，令上书告之。又言苏武使匈奴二十年，不降，还，乃为典属国。大将军长史无功劳[52]，为搜粟都尉[53]，光颛权自恣。及燕王等反诛，穷治党与，武素与桀、弘羊有旧，数为燕王所讼[54]，子又在谋中，廷尉奏[55]请逮捕武。霍光寝其奏[56]，免武官。

数年，昭帝崩，武以故二千石与计谋立宣帝[57]，赐爵关内侯[58]，食邑三百户。久之，卫将军张安世荐武明习故事[59]，奉使不辱命，先帝以为遗言。宣帝即时召武待诏宦者署[60]，数进见，复为右曹典属国[61]。以武著节老臣，令朝朔望，号称祭酒[62]，甚优宠之。武所得赏赐，尽以施予昆弟、故人，家不馀财。皇后父平恩侯、帝舅平昌侯、乐昌侯[63]、车骑将军韩增、丞相魏相、御史大夫丙吉，皆敬重武。

武年老，子前坐事死，上闵之，问左右："武在匈奴久，岂有子乎？"武因平恩侯自白："前发匈奴时，胡妇适产一子通国，有声问来，愿因使者致金帛赎之。"上许焉。后通国随使者至，上以为郎。又以武弟子为右曹。武年八十余，神爵二年[64]病卒。

甘露三年[65]，单于始入朝[66]。上思股肱之美[67]乃图画其人于麒麟阁[68]，法其形貌，署其官爵、姓名。唯霍光不名[69]，曰"大司马大将军博陆侯，姓霍氏"；次曰"卫将军富平侯张安世"；次曰"车骑将军龙 侯韩增"；次曰"后将军营平侯赵充国"；次曰"丞相高平侯魏相"；次曰"丞相博阳侯丙吉"；次曰"御史大夫建平侯杜延年"；次曰“宗正阳城侯刘德”;次曰“少府梁丘贺”;次曰“太子太傅萧望之”;次曰“典属国苏武”。皆有功德,知名当世,是以表而扬之,明著[70]中兴辅佐,列于方叔、召虎,仲山甫[71]焉。凡十一人,皆有传。自丞相黄霸、廷尉于定国、大司农朱邑、京兆尹张敞、右扶风尹翁归及儒者夏侯胜等,皆以善终,著名宣帝之世,然不得列于名臣之图,以此知其选矣。

赞[72]曰:李将军恂恂如鄙人[73],口不能出辞[74],及死之日,天下知与不知皆为流涕,彼其中心诚信于士大夫也[75]。谚曰:“桃李不言,下自成蹊。”此言虽小,可以喻大。然三代之将,道家所忌,自广至陵,遂亡其宗,哀哉!孔子称:“志士仁人,有杀身以成仁,无求生以害仁[76]”,“使于四方,不辱君命[77]。”苏武有之矣。

[注释]

①“少以父任”二句:因父亲职位之故而得任官。汉代官员年俸二千石以上,其子弟可以父荫为郎。苏武父苏建曾为代郡太守,以功封平陵侯;苏武与兄苏嘉、弟苏贤都被任用为郎。郎,官名,皇帝近侍。

②稍迁:逐步升迁。栘:木名,即唐棣。汉宫廷中有栘园。厩监:管理马厩的官员,掌管栘园中鞍马、鹰犬和射猎用具。

③“匈奴留汉使”句:汉武帝于元封元年(前110)统兵十八万以临北边,使郭吉晓谕乌维单于。郭吉见单于,言多威胁之意。单于怒,扣留郭吉,迁居北海之上。元封四年秋,匈奴使至汉,因病服药而死,汉使路充国送其丧归,单于以汉杀匈奴贵使,扣留路充国。

④天汉元年:即公元前100年。天汉为汉武帝年号(前100—前97)。

⑤“且鞮”句:且鞮侯单于,乌维单于之弟。原为左大都尉,乌维单于死,子詹师庐立,年少,号为儿单于。儿单于在位三年而死,其子年少,匈奴乃立其叔(乌维单于弟)右贤王勾黎湖为单于,勾黎湖在位一年而死,由其弟且鞮侯继位。

⑥中郎将:官名。节:使臣所持信物,以竹为杆,长八尺,上缀三重牦牛尾为装饰,故又称旄节。

⑦假吏:临时充任为吏者。

⑧募士:招募来的士卒。斥候:侦察人员。

⑨缑王:匈奴的一个亲王。

⑩昆邪王:匈奴的一个亲王。据《汉书·匈奴传》,元狩二年(前121)夏,张骞、李广等击匈奴,单于怒昆邪王居西方而被杀破虏甚多,欲召诛之。昆邪王恐而降汉,缑王亦随之同降。

⑪浞野侯:即赵破奴,太原人。早年亡命匈奴,后归国,为霍去病军司马。太初二年(前103)春,率二万骑出击匈奴,被俘投降,全军皆沦陷于胡。后又逃归汉,因罪灭族。

⑫卫律:其父为长水胡人,生长于汉,与协律都尉李延年相善,以李举荐出使匈奴,将还时,李因罪全家被捕,卫律奔降匈奴,被封为丁零王。

⑬阏氏:匈奴王后的称号。

⑭私候:私访。

⑮左伊秩訾:匈奴王号,有左右之分。

⑯受辞:受审。

⑰毉:古“医”字。

⑱舆:抬着。

⑲“南越”二句:汉武帝元鼎五年(前112),南越王相吕嘉杀南越王及汉使,武帝遣将讨伐。次年,平定南越,抓获吕嘉,在其地设置九郡。

⑳“宛王”二句:汉武帝曾派使者至大宛国求良马,大宛不与,又截杀汉使于归途。太初元年(前104)汉武帝派李广利征大宛,四年,大宛诸贵族杀国王毋寡。李广利携毋寡首级归京师,悬挂在汉朝的宫阙下。县,通“悬”。

㉑“朝鲜”二句:开封二年(前109),汉武帝派涉何出使朝鲜,涉何派御者刺死伴送自己的朝鲜人,伪称杀死朝鲜将领,被武帝封为辽东东部都尉,朝鲜发兵杀死涉何,武帝再派兵攻朝鲜,次年,朝鲜尼溪相参杀朝鲜王右渠,降汉。

㉒旃:通"毡",毡毯。

㉓羝乳:指公羊生小羊。乳:生育。

㉔於轩王:且鞮侯单于之弟。弋射:射猎。

㉕网:结网。纺缴:纺出箭尾所系的丝绳。

㉖檠:矫正弓弩的器具,此处用作动词。

㉗服匿:盛酒酪的瓦器,小口广腹方底。穹庐:圆顶的大帐篷。

㉘丁令:又作丁灵、丁零,匈奴族的一支。

㉙侍中:官名,汉时为列侯以下至郎中的加官(由他官兼任者),侍从皇帝左右,掌管乘舆服物。

㉚奉车:奉车都尉,掌管皇帝所乘的车。

㉛雍:春秋时为秦都,在今陕西凤翔县南,汉代置雍县。棫阳宫:本秦宫,在雍县东北。

㉜孺卿:苏武弟苏贤的字。祠:祭祀。河东:汉郡名,治所在今山西夏县西北。后土:土地神。

㉝宦骑:充当皇帝骑从的宦官。黄门驸马:皇帝的骑侍。

㉞溺死:淹死。

㉟阳陵:汉县名,治所在今陕西咸阳市东北。

㊱女弟:妹。

㊲保宫:汉少府属官,其官署,有时也用作系囚之所。本名居室,武帝太初元年更名为保宫。

㊳春秋高:年老。

㊴位列将:指苏武父苏建曾为右将军,苏武本人为中郎将。

㊵爵通侯：指苏建封平陵侯。

㊶区脱：同"欧脱"。匈奴语称边境的屯戍或守望之处为"区脱"。云中：郡名，治所在今内蒙古托克托东北。生口：指俘虏。

㊷林：汉上林苑，皇帝游猎之地，司马相如曾作《上林赋》。

㊸贳：宽恕。

㊹曹柯之盟：春秋时，齐军伐鲁，鲁庄公的大将曹沫三战皆败，庄公献遂邑地以求和，与齐盟于柯。盟时，曹沫执匕首劫齐桓公，迫使其归还所侵之地。此句谓自己本有如同曹沫劫齐桓公之类折服敌国的愿望。

㊺宿昔：往日。

㊻始元六年：公元前81年，始元为汉昭帝年号。

㊼太牢：以一牛、一豕、一羊为祭品。园：陵寝、帝后的葬地。庙：祀祖先之处所。

㊽典属国：官名，掌管少数民族事务。

㊾秩：官秩。中二千石：汉代二千石的官秩按俸禄大小，分为中二千石、二千石．比二千石三等，中二千石官秩最高。

㊿上官桀：字少叔，上宫为复姓。武帝末拜左将军，封安阳侯，与霍光、金日　同受武帝遗诏，辅佐昭帝。其子安，昭帝时拜车骑将军、桑弘羊、武帝末为御史大夫。燕王：刘旦，武帝第三子。盖主：武帝长女，昭帝姊。其夫封为盖侯，故称盖长公主，又称盖主。此谋反之事指上官桀等人欲杀霍光，废昭帝，立燕王，事败，被杀，燕王与盖主自杀。

(51)霍光：字子孟，霍去病异母弟，武帝时为奉车都尉，昭帝时任大司马大将军，封博陆侯，昭帝死后迎立昌邑王刘贺为帝，不久即废，又迎立宣帝，前后执政二十年。

(52)大将军长史：大将军的辅佐官员，此指杨敞，他是霍光的属宫。

(53)搜粟都尉：亦称治粟都尉，属大司农(掌管租税钱谷盐铁的长官)。

(54)讼：上书为人申诉。燕王曾多次上书，言朝廷待遇不公，苏武官位太低。

(55)廷尉：主管司法的官员。

(56)寝其奏：不将廷尉欲捕苏武的奏章发下。寝：搁置，扣压。

(57)"武以"句：宣帝，汉武帝曾孙刘询。昭帝死后，昌邑王刘贺即位，因其荒淫，霍光等人废贺而立宣帝。此句谓苏武以前任二千石官职的身分，参预谋立宣帝之举。

(58)关内侯：秦汉时封爵名，有称号而无统辖的土地。

(59)张安世：字子孺，武帝时御使大夫张汤之子，昭帝时任右将军，光禄勋，封富平侯。与霍光策立宣帝，为大司马。明习故事：熟习朝章典故。

(60)待诏：等待皇帝宣诏。宦者署：宦者令的衙署。

(61)右曹：加官的一种，由任其他职务的官员兼任。

(62)"令朝"二句：令苏武只在每月的初一和十五朝见皇帝，其余时间不必上朝，敬称他为祭酒。祭酒，指德高望重的老人。古代重大宴会或祭享时，必推一年高德重者举酒先祭，称为祭酒。

(63)平恩侯：指宣帝后父许广汉。平昌侯：宣帝母王夫人之兄王无敌。乐昌侯：王无敌之弟王武。

64神爵二年:公元前60年。

65甘露三年:公元前51年。

66单于始入朝:指呼韩邪单于称臣于汉,时匈奴内乱,呼韩邪单于为争取汉朝帮助,遂入汉称臣。

67股肱之美:指辅佐大臣的功绩。股:大腿。肱:胳膊。

68麒麟阁:在汉未央宫中。

69唯霍光不名:因霍光为三世重臣,政绩昭著,故不书其名以示尊敬。

70明著:明确地指出。

71方叔、召虎、仲山甫:皆辅佐周宣王中兴的功臣。

72赞:史传文中的作者评论。因苏武传在《李广苏建列传》中,故“赞”中先言李广、李陵,再及苏武。

73恂恂:诚谨貌。鄙人:乡野之人。

74口不能出辞:不善于言辞。

75“彼其”句:谓他的忠实诚笃能得士大夫信任。

76“志士”三句:《论语·卫灵公》:“子曰:志士仁人,无求生以害仁,有杀身以成仁。”

77“使于”二句:《论语·子路》:“子曰:行已有耻,使于四方,不辱君命,可谓士矣。”

公元前三世纪末期,中国出现了统一的大帝国——秦,北方也形成了奴隶制国家——匈奴,南北对峙,战争不断。由于秦末农民起义,汉族统治者无暇顾及民族战争,汉初以来,匈奴领袖冒顿单于以其“控弦之士”三十余万,东败东胡,北服丁零,西逐大月氏,使“诸引弓之民,并为一家”,不断南侵。汉高祖刘邦率部亲征,却在公元前202年被围于平城,不得已只能屈辱和亲。经四朝六十多年,尤其是文景之治的修养将息之后,汉武帝凭藉雄厚的国力,屡对匈奴用兵,经过几次大战役,匈奴力量渐弱,汉朝北方农业区所受威胁解除,到汉武帝统治后期,匈汉间虽然还有战争,但规模已远不如前。由于汉朝国力之强,早先的和亲政策改为恩威兼施,遂有派使以示亲善之举,在表面修好的背后,其实质是乘机窥探对方的虚实。《苏武传》一开始就写道:“时汉连伐胡,数通使相窥观。匈奴留汉使郭吉、路充国等前后十馀辈。匈奴使来,汉亦留之以相当。”遂将苏武出使匈奴置于这一背景中,同时为塑造苏武的形象准备下严酷的历史环境。

作为史传文学,《苏武传》详细记述了苏武羁留匈奴十九年的遭遇和归汉后的晚景。在历史事件的叙述和人物形象的刻画上,作者采取了前者略、后者详的处理原则,从而突出了人物的性格光彩。全文可分为三部分:第一部分写苏武出使匈奴,因事被扣,不屈服于威胁利诱,坚持民族气节,被遣于北海牧羊。第二部分写李陵以旧友身份陈述苏武家中变故,并自道真情,劝降苏武,苏武不为所动,终得回归祖国,行前李陵相送,剖明心迹。第三部分写苏武晚年遭遇,附载麒麟阁图画功臣之事。前两部分,层次分明，笔触丰满，刻画出苏武的爱国志士形象。

在《苏武传》中，首先值得称道的是班固善于以对照、映衬的艺术手法，来塑造主人公的形象，在言与行的比照烘托中，见出人物的正邪之别。这对照、映衬分见于敌我两个营垒，出现于不同场合。

其一，在出使匈奴之初，与副使张胜的对照。当苏武完成了送留汉匈奴使、厚赂单于的任务，正欲归汉之时，适遇缑王与虞常谋反匈奴的突发事件，副使张胜与虞常有旧，卷入其中。因谋泄事发，虞常被捕，张胜知难于隐瞒，只得告之苏武。苏武料此事必将牵连自己，有负于国，欲自杀而被张胜、常惠所止。在单于使卫律召苏武受辞之时，苏武深责自己屈节辱命，引刀自刺，未死而得救。苏武伤愈之后，紧接着就是“会论虞常”和再度逼降。虞常被斩，张胜心惊，当卫律“举剑欲击”之时，“胜请降”。反观苏武，在卫律“复举剑拟之”的生死关头，却是“不动”。作为副使，张胜背着苏武行事，置两国关系于不顾，欲贪功而陷于虞常谋反之事，累及苏武，在匈奴的威逼之下，贪生请降。而苏武在得知真情后，首先想到的是“见犯乃死，重负国”，“虽生，何面目以归汉”，立下竭忠尽节之志，自杀未果，更不为敌方剑刃相加所动。通过与张胜的对照，更可见苏武以死全节、镇静无畏的使臣风度和高贵品质。

其二，在威逼利诱之时，与叛徒卫律的对照。卫律以李延年推荐，出使匈奴，还汉之时，延年因罪全家被捕，卫律逃奔匈奴，被封为丁零王。此次虞常与缑王合谋反叛之事，因涉及张胜，引出“单于使卫律召武受辞”一幕。在剑斩虞常、张胜请降之后，卫律先是以言相逼：“副有罪，当相坐。”苏武据理反驳，卫律理屈词穷，举剑威胁，苏武“不动”。威逼不成，卫律转以利诱来劝降，降之则是“赐号称王，拥众数万，马畜弥山”，拒降则是“空以身膏草野，谁复知之”！但苏武仍是“不应”。卫律见恬不知耻的现身说法不能奏效，又转为威胁：“君因我降，与君为兄弟，今不听吾计，后虽欲复见我，尚可得乎？”对这种无耻之尤的言行，苏武终无法按捺而痛斥卫律。他先是指斥卫律“不顾恩义，畔主背亲”的叛变之举，继而痛斥卫律“反欲斗两主，观祸败”，“欲令两国相攻”的阴谋诡计。卫律的骄横无耻、色厉内荏，苏武的坚定镇静、深明大义，使忠奸之别如同冰炭不能相容。

其三，在以情相劝之时，与降将李陵的对照。李陵不同于卫律，他长于骑射，谦让下士，汉武帝以其有乃祖李广之风。陵以五千步卒深入匈奴，杀败单于所将三万骑兵，单于又召八万骑兵攻李陵军。正当汉军且战且退之时，叛徒降匈奴并道出汉军窘况，致使李陵矢尽粮绝，不得已而降。后来汉武帝派公孙敖领兵入匈奴，迎还李陵，但公孙敖无功而还，将李绪教匈奴为兵误为李陵，致使李陵全家被杀，只得长留匈奴。李陵与苏武在汉时俱为侍中，相处素厚。他原来愧见苏武，受单于之使，以“置酒设乐”之举与武相见，道明“说足下”之意，和单于“虚心欲相待”的诚心。他先晓之以“空自苦无人之地，信义安所见”之理，再动之以情，陈述了苏武出使以来所未知的家庭变故：兄弟屈死、母亲亡故、妻子改嫁、子女走失，继而将心比心，陈述自己初降时的心情，最后又指出汉武帝年事已高、喜怒无常、大臣安危难卜的朝中实况。所说的这些，情理俱在，且陈述委婉，虽心如铁石亦不能不为所动。但是，苏武却置家中命运和个人恩怨于不顾，他所说的“臣事君,犹子事父也”,虽不无愚忠色彩,但为国事甘赴汤镬,不避斧钺,“杀身自效”,坚贞不屈,却闪烁着夺目的思想光芒。在连饮数日之后,仍陈其“必欲降武”,“效死于前”之志,终使李陵赞叹与自责并作,与之泣别。李陵虽有韬略武功之长,但自恃太过,以至兵败投降。苏武并无过人之才,却能在处变置难之时,不负使命,孤忠自誓,大义凛然,这种历久而不变的节操,将国家利益置于个人恩怨之上的高贵品德,较之一时的血气之勇更为难能可贵。在与李陵“喟然叹”、“泣下沾衿”的对照中,更见苏武胸襟之广,信念之坚。

此外,《苏武传》又以生动描绘事情经过,具体展现环境与行动,详尽记述人物言论见长。

当缑王、虞常等准备反叛匈奴而事发时,张胜“恐前语发,以状语武”,苏武料知此事必会牵连自己,有负于国,欲自杀而被止。在被召“受辞”之时,苏武再申“屈节辱命”、无面目归汉之意,引刀自刺,文中详记“卫律惊”、召医抢救的过程,以“惠等哭”、“单于壮其节”烘托苏武。尤其是“会论虞常”一幕,剑斩虞常、逼降张胜、以利相诱的过程,苏武铁骨铮铮,予以痛斥,其思想、形象凸现纸上。李陵劝降又全然不同于卫律逼降,李陵起先“不敢求武”,后奉单于命,“为武置酒设乐”,详言苏武的家庭变故,并惺惺相惜、推己及人地从激起对汉武帝的怨愤,以动摇对汉朝的信念,苏武在表明心迹之后,以“愿勿复再言”却之。一次未成,又“饮数日”,再劝,苏武以“效死于前”相答,其至诚终引出李陵的喟叹、自责、泣下沾衿。在昭帝即位、匈汉和亲之后,对汉廷求取苏武的经过亦记述颇详,尤其是李陵与苏武诀别时的剖白,读来令人酸楚。

为表现苏武的性格、气节及其始终不渝的爱国精神,文中在记“行”之时又着力环境描绘。苏武自刺后,被置地坎煴火之上,蹈背出血,气绝复息,充满悲壮色彩。被幽置大窖,断绝饮食,卧而啮雪,与旃毛并咽,困苦中愈显苏武的性格坚强。牧羊北海,掘鼠食为食,仗节操持,节旄尽落,其历久而不变的节操更令人敬仰。

文中塑造人物形象,又得力于记述人物语言。苏武对张胜所说的“见犯乃死,重负国”,对常惠所说的“屈节辱命,虽生,何面目以归汉”,都可见其为坚持民族气节,已立下必死之念。卫律谓之当连坐罪时,苏武据理反驳,剑锋相逼时,不为所动,卫律软硬兼施的失败,正见苏武的过人胆略和斗争艺术。其怒斥卫律,并以汉使在诸国被杀的史实,警戒匈奴,更见其高瞻远瞩。与李陵对答,显然不同于卫律,李陵从苏武的家庭变故,自己初降时的心情,和武帝年高、法令无常、大臣安危难卜三方面劝降,苏武却以少应多,仅从忠君角度却之。初则“愿复勿再言”,继则“王必欲降武,请毕今日之驩,效死于前”,愈见恭敬则愈为冷峻。至临归之时苏李诀别,却只有李陵之言与诗,以李陵的悔与敬,更衬托苏武的节操可钦。在苏武先后与卫律、李陵的对答中,个性化的语言表现出人物的不同特点。苏武的威武不可屈、贫贱不能移、忠心耿耿、大义凛然,卫律的凶残、强横、无耻,李陵的良知未泯、内心充满矛盾与痛苦,都给人留下深刻的印象。

作者以图画麒麟阁功臣之事系于苏武一传,固然见出《汉书》“追述功德,傅会权宠”之短,但以孔子语入“赞”,则体现出对苏武的同情和褒扬。正是这种进步的思想倾向,使此传成为史传文学中不可多得的佳篇。

(《古文鉴赏辞典》,上海辞书出版社1997年版,第389-399页)

始得西山①宴游记

柳宗元

自余为僇人②,居是州,恒惴栗。其隙也,则施施而行,漫漫而游。日与其徒上高山,入深林,穷回溪,幽泉怪石,无远不到。到则披草而坐,倾壶而醉;醉则更相枕以卧,卧而梦,意有所极,梦亦同趣。觉而起,起而归。以为凡是州之山水有异态者,皆我有也,而未始知西山之怪特。

今年九月二十八日,因坐法华西亭③,望西山,始指异之。遂命仆人过湘江,缘染溪④,斫榛莽,焚茅茷,穷山之高而止。攀援而登,箕踞而遨,则凡数州之土壤,皆在衽席之下。其高下之势,岈然洼然,若垤若穴,尺寸千里,攒蹙累积,莫得遁隐。萦青缭白,外与天际,四望如一。然后知是山之特立,不与培塿为类;悠悠乎与颢气俱,而莫得其涯;洋洋乎与造物者游,而不知其所穷。引觞满酌,颓然就醉,不知日之入。苍然暮色,自远而至,至无所见,而犹不欲归。心凝形释,与万化冥合。然后知吾向之未始游,游于是乎始。

故为之文以志。是岁,元和四年⑤也。

[注释]

①西山:山名。《清一统志》:"永州府:西山在零陵(今湖南永州)县西。县治在县西隔河二里,自朝阳岩起,至黄茅岭北,长亘数里,皆西山也。"

②僇人:罪人。僇同"戮"。

③法华西亭:法华寺西的一座亭子,寺在永州城内东山上,作者于元和四年建亭,称为西亭,并有《永州法华寺新作西亭记》。

④染溪:即冉溪,潇水支流,在永州西南。

⑤元和四年:公元809年。元和为唐宪宗的年号。

柳宗元因参与王叔文"永贞革新"失败,被贬为永州(今属湖南)司马。时艰不可济,唐祚难振兴,谤毁兼至,贫病交迫,老母病故,居处遭火,他满怀忧惧之情,多藉山水以排遣。被明人吴讷称为"体之正"的《永州八记》就写于此时。这"八记"是情景交融的真正游记,它们如同通景画,自成章法又互有联系。《始得西山宴游记》是其首篇。

文章题目的"始得"二字是全文关键。诚如清人浦起龙《古文眉诠》卷五十三所说:"'始得'有惊喜意,得而宴游,且有快足意,此扼题眼法也。"因山水之游,得游中三昧,才有处难置困中的情感解脱与人格升华。就"八记"而言,"始得"则有领起诸篇之意。文章可分为前后两部分,而"始"字贯通全文,成为立意与为文的肯綮所在。

文章以“自余为僇人”开局，“僇人”二字实含受辱与被害的悲愤。居于永州而一直感到忧惧，一“恒”字深刻表现了被贬后心态。因为身是带罪之人，又是闲官，故能“施施而行，漫漫而游”。“施施”状其行动之缓，“漫漫”写其随意而行，这正是作为“僇人”“惴慄”之情的重要补充。“日与其徒”五句，具体而又概括地写出了自己的游踪。“上”、“入”、“穷”加上“无远不到”，正为后面的“始得”作一预伏。“到则披草而坐”八句，就“游”、“宴”二字展开，接字钩句，续续相生，极其精练，却以坐、醉、卧、梦、觉、起、归的所行所为，传“施施”、“漫漫”的神韵。正是这看似乐而忘忧之举，带着随缘任运的色彩，并未摆脱“惴慄”的阴影，为后文“始得西山”所产生的心弦震颤和精神超越作一铺垫，并起到“借宾定主”作用。“以为凡是州”二句，总赅前文。“未始知西山之怪特”，“始”字始出，结束前半部分，从反面引西山入题。

后半部分用郑重交代时间开头，以见“始得西山”之异于以前诸游。法华寺地势高，西亭所见无遗，终于望见西山。“始指异之”，“始”字再出，正式点题，“指”而才能“得”，“异”则应前“怪特”。接着命仆人开道前往，过、缘、斫、焚四字领起四个短句，以动宾结构的短促排比句式，构成一种急促之势，往日“施施”、“漫漫”的情态立变，可见西山之“异”有多大吸引力！登西山之举仅用“攀援而登，箕踞而遨”八字，就写出了身登目游的过程。“则凡”以下，专写西山，先继以“借宾定主”之法写西山的雄奇，然后从西山引发所感。作者不是正面写西山，却写立于西山之所见，“则凡数州之土壤，皆在衽席之下”，这是以所见之远写西山之高，是总括之笔。“岈然”者似蚁垤，“洼然”者如洞穴，这众山的总貌足以反衬西山雄峙特立之势，这是第一个层次：言高下之势。“尺寸千里”，实因登高才能望远，正所谓“迫目以寸，则其形莫睹；迥以数里，则可围于寸眸”（南朝宋宗炳《画山水序》），远近景物重叠压缩，都入于眼内，这是第二个层次：言所见之广。青山萦回，白水缭绕，直到与天相接，四方望去，所见如一，这是第三个层次：言西山有众山拥戴之势。于是，“然后知”三字使“始得”之意第三次出现：西山之特立引发出“不与培塿为类”之感，这是从形貌言；由西山之超乎众上，联想起其如同颢气的悠悠无际、漫漫无涯，这是从精神言；由西山之与造物者相始终，想到它的洋洋无穷尽，这是从生命力而言。至此，作者才从自然中的西山，“始得”人格化的西山，山引发了人的胸襟，人也认识了山的精神，时空合一，情景相融，这是正写西山的笔墨，也是全文的精华。

山移人情，人又移情于山，接着就是由游而宴之举。“引觞满酌，颓然就醉，不知日之入。”此番之醉虽曰“颓然”，却非以前的“相枕而卧，卧而梦”，是真正为西山所陶醉了。不是么？“苍然暮色”四句，非但写出“暮从碧山下”的神韵，“犹不欲归”与前“觉而起，起而归”相较，可见此番眷恋正是心灵充实的表现。“心凝神释，与万化冥合”，进一步点明荡涤灵魂，开拓心胸，使人格精神与宇宙自然合一之意。“恒惴慄”的心态被破除了，“然后知吾向之未始游，游于是乎始”。至此，主定宾弃，扫处即生，以西山之游否定昔日之游。“然后知”连二“始”字，“始”字四出又第四次点题，文中关锁可见。最后，以“故为之文以志”并书年份作结，是对此游之重视，同时也是对“始得”的重要补充。

《始得西山宴游记》达到了描摹山水与言志抒情完美结合的境界。山水游记之作并非始于柳宗元,远的不说,仅唐人之中,元结就起了承前启后的作用,如清人吴汝纶就认为:“次山放恣山水,实开子厚先声。”但是,情景交融,将山水人格化,却是柳氏独造之境。本文从被贬后的忧惧和漫游写起,透露出当时的处境和心情,然后由一般游览引入西山之游,重笔写西山之“怪特”。岈然洼然的高下之势,咫尺千里的登眺所见,萦青缭白的山水远景,三组画面、三个层次,以互相的映衬、生动的比喻、色彩的渲染,构成绚丽多姿的“怪特”,准确而生动地写出了西山的景色。诚如他的诗《江雪》,千山不见鸟影,万径没有人踪,更衬托出独钓寒江、不畏严寒的勇气,寄托着政治革新失败后既孤独又不屈的精神。本文中的西山,不类培塿,与颢气俱,与造物游,超尘拔俗,卓立不群,其伟大的人格力量正是作者高尚品格和人生理想的体现。西山熔铸了他的幽愤,陶冶了他的胸襟,启迪了他的悟性,而他的赞美西山正是以之来言志抒情。

作为山水游记的伟大宗匠,柳宗元在本文中采用了“从对面着笔”的描写手法,产生了不同凡响的艺术效果。文中写登西山远眺之所见,呈现了雄奇开阔的境界,而不写西山本身,写了“不以培塿为类”的培塿,从而也就衬托了西山,突出了西山。这种不从实处落笔的写法,颇类于汉乐府诗《陌上桑》的从旁人所见来写罗敷美貌,和罗敷自夸其夫的“坐中千馀人,皆言夫婿殊”一样,是将诗的“虚处着墨”化为文中的“从对面着笔”。如此写来,大有“不着一字,尽得风流”之妙。近人林纾曾说:“文有诗境,是柳州本色。”揆之本文,洵非虚誉。

柳宗元推尊“文以明道”,但并不轻视“文”之本身,章士钊曾谓柳文“字字沁人心脾”,本文就极见字句烹炼之功。以句言,骈散结合而又句式多变,极见灵动矫变之妙。“施施而行,漫漫而游”,“披草而坐,倾壶而醉”的四字对偶句,平稳中见沉滞,活画出“惴慄”心态下无所事事之状。在“上高山,入深林,穷回溪”构成鼎足对,以句式之变化和音节之振拔力图冲破平淡之后,“倾壶而醉”等七句更变为顶真句式,活泼流丽,以倾泻“凡是州之山水有异态者,皆我有也”的自慰自悦心情。及至一睹西山之异后,命仆人开道上山,四个三字对句传递出急于上西山的迫切愿望。上西山后所见,以基本上是三组四字句组成三个画面,略见铺排后即引入“悠悠乎”、“洋洋乎”的赞叹,状物与抒情达到高度统一。其后“引觞而酌”等四字句复归于平稳,但这是解脱与彻悟后的心情,已不同于前。总之,文中句式之变与感情脉络有着密切的关系。以用字言,写山容水态的 “幽泉怪石”、“岈然”、“洼然”、“若垤”、“若穴”、“萦青缭白”、“苍然暮色”,都形象、精炼,有极炼如不炼之妙。其动词与名词的搭配更令人叫绝,“上高山”、“入深林”、“穷回溪”、“过湘江”、“缘染溪”、“斫榛莽”、“焚茅茷”,整中有变,表达精微。

宴游西山而始得西山之妙,读《始得西山宴游记》而始得永州山水之妙,本文确实堪当“始得”之妙。

(《古文鉴赏辞典》,上海辞书出版社 1997 年版,第 1053–1057 页)

《古文鉴赏大辞典》

口　技

林嗣环

京中有善口技者。会宾客大宴①,于厅事之东北角②,施八尺屏障③,口技人坐屏障中,一桌、一椅、一扇、一抚尺而已④。众宾团坐。少顷,但闻屏障中抚尺二下,满堂寂然,无敢哗者。

遥遥闻深巷犬吠声,便有妇人惊觉欠伸⑤,摇其夫,语猥亵事⑥。夫呓语⑦,初不甚应。妇摇之不止,则二人语渐间杂,床又从中戛戛。既而儿醒,大啼。夫令妇抚儿乳⑧,儿含乳啼,妇拍而呜之⑨。夫起溺⑩,妇亦抱儿起溺。床上又一大儿醒,狺狺不止⑪。当是时,妇手拍儿声,口中呜声,儿含乳啼声,大儿初醒声,床声,夫叱大儿声,溺瓶中声,溺桶中声,一齐凑发⑫,众妙毕备⑬。满座宾客,无不伸颈侧目⑭,微笑默叹⑮,以为妙绝也。

既而夫上床寝。妇又呼大儿溺,毕⑯,都上床寝。小儿亦渐欲睡。夫齁声起⑰,妇拍儿亦渐拍渐止。微闻有鼠作作索索⑱,盆器倾侧,妇梦中咳嗽之声。宾客意少舒⑲,稍稍正坐。

忽一人大呼"火起",夫起大呼,妇亦起大呼,两儿齐哭。俄而百千人大呼⑳,百千儿哭,百千犬吠。中间力拉崩倒之声㉑,火爆声,呼呼风声,百千齐作;又夹女子求救声,曳屋许许声㉒,抢夺声,泼水声:凡所应有,无所不有。虽人有百手,手有百指,不能指其一端㉓;人有百口,口有百舌,不能名其一处也㉔。于是宾客无不变色离席,奋袖出臂㉕,两股战战㉖,几欲先走㉗。而忽然抚尺一下,众响毕绝。撤屏视之,一人、一桌、一椅、一扇、一抚尺而已。

[注释]

①会:适逢,正赶上。

②厅事:厅堂。

③施:安放。屏障:屏风、障幕之类。

④抚尺:即"醒木",表演时所用的木块,用它拍案作声,以引起听众注意。

⑤惊觉欠伸:惊醒后打呵欠,伸懒腰。

⑥猥亵:淫秽。

⑦呓语:说梦话。

⑧抚儿乳:抚摩、安慰儿子,并给他喂奶。

⑨呜之:哼唱着哄他。
⑩溺:同“尿”,小便。
⑪狺狺:狗叫声。此处指唠叨含糊的说话声。
⑫凑:集中。
⑬众妙毕备:各种绝妙的声音都具备了。毕:完全,都。
⑭伸颈侧目:伸长脖子,斜着眼睛。形容听得很出神。
⑮默叹:暗中赞叹。
⑯毕:结束。
⑰齁:打呼噜声。
⑱作作索索:形容老鼠走动的声音。
⑲意少舒:紧张的心情稍微放宽。
⑳俄而:一会儿。
㉑力拉:象声词,形容大火声。崩倒:倒塌。
㉒曳屋:指众人合力拉坍焚烧着的房屋。许许:许多人一齐用力时发出的喊声。
㉓端:一头,一件。
㉔名:说明白。
㉕奋袖出臂:将起衣袖,伸出手臂。
㉖两股战战:两条大腿发抖。
㉗几欲先走:差点儿要争先跑开。

[鉴赏]
《口技》见于《虞初新志》之《秋声涛自序》,是该序删去首尾而节取记述口技部分的文章,充分表现了民间绝技的艺术魅力,极其引人入胜。

为了表现口技表演的高超奇妙,作者从三方面来写:先写口技表演的场面,再写口技表演本身,最后写表演中插入听众反应。

写口技表演的场面极其简单,厅堂一隅,八尺屏障,均言其小,一桌、一椅、一扇、一抚尺,极言道具之简,这就为下文中神奇、繁复的声音和技艺的高超,作了极好的铺垫。

写口技表演本身是文章的主要部分。表演包括两个场所:一是四口之家的一间卧室,二是火场,通过大呼一声“火起”将二者自然联系在一起。写第一个场所,先从幽静中开始,深巷狗吠,夜阑人静时,一家人渐次苏醒,口技者表演的声音由简而繁,由单而杂,由远到近,由外到内,连续不止,众响交错,技巧渐渐展现。而且,作者并不就此平铺,而是将第一个场所的声音推向众响齐发、众妙毕备的高潮。接着,余波荡漾,由动趋静,听众为之松弛,渐入低潮。可是,随着一声“火起”,“银瓶乍破水浆迸,铁骑突出刀枪鸣”,口技者立时将听众从小家庭引向大火场,一个活生生的场面陡然出现,作者四用“百千”以写发声之多,人声、犬声、火声、风声、屋倒声、泼水声、抢夺声、求救声,写了声类之多,既写了情势紧迫,火势难遏,又写了紧张的救火和逃生场面,文章如狂飙卷地,怒涛汹涌。正当一泻无余,渲染尽致之时,抚尺一下,众响毕绝,听众惊魂未定,艺人撤屏亮底,戛然而止。

《口技》除正面写表演本身之外,还四写听众,以听众反应来衬托口技的高超。

[集评]

绝世奇技,复得此奇文以传之,读竟,辄浮大白。([清]张潮《虞初新志》)

(《古文鉴赏大辞典》,浙江教育出版社 1989 年版,第 1381—1383 页)

梅花岭记

全祖望

顺治二年乙酉四月[①],江都围急[②],督相史忠烈公知势不可为[③],集诸将而语之曰:"吾誓与城为殉,然仓皇中不可落于敌人之手以死,谁为我临期成此大节者[④]?"副将军史德威慨然任之。忠烈喜曰:"吾尚未有子,汝当以同姓为吾后,吾上书太夫人[⑤],谱汝诸孙中[⑥]。"

二十五日城陷,忠烈拔刀自裁[⑦],诸将果争前抱持之,忠烈大呼"德威",德威流涕不能执刃[⑧],遂为诸将所拥而行,至小东门,大兵如林而至,马副使鸣騄、任太守民育及诸将刘都督肇基等皆死[⑨]。忠烈乃瞠目曰[⑩]:"我史阁部也。"被执至南门,和硕豫亲王以"先生"呼之[⑪],劝之降,忠烈大骂而死。初,忠烈遗言:"我死,当葬梅花岭上[⑫]。"至是,德威求公之骨不可得,乃以衣冠葬之。

或曰[⑬]:"城之破也,有亲见忠烈青衣乌帽,乘白马出天宁门投江死者[⑭],未尝殒于城中也[⑮]。"自有是言,大江南北,遂谓忠烈未死。已而英、霍山师大起[⑯],皆托忠烈之名,仿佛陈涉之称项燕[⑰]。吴中孙公兆奎以起兵不克[⑱],执至白下[⑲],经略洪承畴与之有旧[⑳],问曰:"先生在兵间,审知故扬州阁部史公果死耶[㉑]?抑未死耶?"孙公答曰:"经略从北来,审知故松山殉难督师洪公果死耶?抑未死耶?"承畴大恚[㉒],急呼麾下驱出斩之[㉓]。呜呼,神仙诡诞之说[㉔],谓颜太师以兵解[㉕],文少保亦以悟大光明法蝉脱[㉖],实未尝死;不知忠义者,圣贤家法[㉗]其气浩然[㉘],长留天地之间,何必出世入世之面目?神仙之说,所谓为蛇画足。即如忠烈遗骸,不可问矣!百年而后,予登岭上,与客述忠烈遗言,无不泪下如雨,想见当日围城光景。此即忠烈之面目,宛然可遇[㉙],是不必问其果解脱否也,而况冒其未死之名者哉?

墓旁有丹徒钱烈女之冢[㉚],亦以乙酉在扬[㉛],凡五死而得绝[㉜],特告其父母火之[㉝],无留骨秽地[㉞],扬人葬之于此。江右王猷定、关中黄遵岩、粤东屈大均为作传铭哀词[㉟]。顾尚有未尽表章者[㊱]:予闻忠烈兄弟自翰林可程下[㊲],尚有数人,其后皆来江都省墓。适英、霍山师败,捕得冒称忠烈者,大将发至江都,令史氏男女来认之。忠烈之第八弟已亡,其夫人年少有色,守节,亦出视之,大将艳其色,欲强娶之，夫人自裁而死。时以其出于大将之所逼也，莫敢为之表章者。呜呼，忠烈尝恨可程在北，当易姓之间㊳，不能仗节出疏纠之㊴，岂知身后乃有弟妇以女子而踵兄公之余烈乎㊵？梅花如雪，芳香不染，异日有作忠烈祠者，副使诸公谅在从祀之列㊶，当另为别室以祀夫人，附以烈女一辈也㊷。

[注释]

①顺治：清世祖福临年号。顺治二年：1645 年。乙酉：即顺治二年。

②江都：扬州府治，旧址在今江苏省江都县东北。

③督相史忠烈公：即史可法。史可法（1601—1645），字宪之，号道邻，河南祥符（今开封）人。崇祯进士。初为西安府推官，累迁右佥都御史，巡抚皖、豫，升任南京兵部尚书。李自成义军推翻明王朝后，他在南京拥立福王朱由崧为弘光帝，加武英殿大学士。南明政权被马士英等人把持，以督师为名，使史可法守扬州。清多尔衮使李雯劝降，均拒之。扬州城破后殉难。后人称其为史阁部，清乾隆时追谥“忠正”。督相：此时史可法统帅扬州兵马，故称督相。

④临期：指兵败城破之时。大节：指殉难之举。

⑤太夫人：指史可法的母亲。

⑥谱汝诸孙中：把你列入史家家谱的孙子辈中。

⑦自裁：自杀。

⑧执刃：拿刀。

⑨马副使鸣騄：指当时的扬州兵马副统帅马鸣騄。任太守民育：指扬州太守任民育，据《南忠记》等书所载，扬州城破时，他著绯衣端坐堂上，被杀，全家投井殉难。刘都督肇基：刘肇基，史可法的部将，据载，他奉命镇守扬州北门，发炮毙伤清兵甚多，城破后率部众与清兵巷战，全部以身殉难。

⑩瞠目：瞪大眼睛直视。

⑪和硕豫亲王：即多铎（1614—1649），清太祖（努尔哈赤）第十五子，摄政王多尔衮同母弟。爱新觉罗氏，封和硕豫亲王。入关后镇压李自成义军，后又移兵南下，攻破扬州，消灭弘光政权。

⑫梅花岭：在江都县广储门外，明时扬州守将吴秀以浚河之泥堆成，并植梅花，故称梅花岭。

⑬或曰：有的人说。

⑭天宁门：江都城门。

⑮殒：死亡。

⑯英、霍山师：指安徽抗清义军。史可法殉难后，当年夏天，皖北义士冯宏图、侯应龙等人声称史可法未死，假托史之名义，起兵于霍山（在今安徽霍山县南）。张福寰等人又起兵英山（清属安徽，今属湖北），各路义军纷起响应，并互相联合，奉明宗室朱统锜为领袖，以英、霍山区的飞龙寨为中心据点，与清兵作战十年之久。

⑰陈涉之称项燕:据《史记·陈涉世家》所载,陈涉、吴广起义时,分析形势,认为秦公子扶苏和楚将项燕最得人心,人未知其死,故诈称扶苏、项燕,以号召天下。

⑱孙兆奎:吴中(今江苏苏州)人,字君昌。长兴伯吴日生发动吴江起义,孙兆奎亦率众起,合兵称孙吴军。后兵败为清军所杀。

⑲白下:古地名,在今南京市西北,本名白石陂。唐初移金陵县治于此,改称白下县。后人以白下作为南京的别称。

⑳经略:明时为重要军事任务而特设的职务,高于总督,清初沿用。洪承畴(1593—1665):字彦演,号亨九,福建南安人。明万历进士。崇祯时任兵部尚书,后调任蓟辽总督,抵御清兵。崇祯十四年(1641)率领八总兵、十三万人,与清兵会战于松山(今辽宁锦州南),大败,误传其战死,崇祯帝朱由检设隆重祭典,并亲临哭祭。降清后,镇压江南抗清义军,后又受命经略湖广、两广、滇黔,镇压义军,直至攻占云南后返北京。康熙即位后退职。

㉑审知:确实知道。

㉒恚:恨、怒。

㉓麾下:部下。

㉔诡诞:怪异、荒诞。

㉕颜太师:即颜真卿(709—785),字清臣。唐京兆万年(今陕西西安)人。开元进士。任殿中侍御史,被杨国忠排斥,出为平原(今属山东)太守。安禄山叛乱时,起兵抵抗,被推为盟主。历官至吏部尚书,太子太师,封鲁郡公。德宗时,李希烈叛乱,被派往劝谕,遇害。据《太平广记》载,他被害后十五年,仆人又在洛阳见到他,因而传说他尸解得道。兵解:古代方士以为学道者死于兵刃,是借兵刃解脱躯壳成仙。

㉖文少保:即文天祥(1236—1283),字履善,一字宋瑞,号文山,南宋吉州庐陵(今江西吉安)人。坚持抗元,兵败被害。大光明法:道家所说的一种出世超脱之法。蝉脱:即"蝉蜕",蝉生而脱皮,喻人死是脱掉皮囊而成仙。按:文天祥有"谁知真患难,忽悟大光明"的诗句。相传他被杀数日之后,其妻收尸,见颜面如生。故有文天祥悟大光明法、尸解成仙的传说。

㉗家法:准则、传统之意。

㉘浩然:指堂堂正正、凛然难犯的样子。

㉙宛然:犹"仿佛"。

㉚丹徒:镇江府治所在地,今江苏镇江市。冢:坟墓。

㉛扬:扬州。

㉜凡:总计。绝:死去。

㉝火之:指火葬其尸。

㉞留骨秽地:不要将尸骨留在这污秽的土地上。因江都被清兵所占,故称"秽地"。

㉟江右:江西。王猷定:南昌人,字于一,曾在史可法幕效力,明亡后隐居不仕,有《四照堂集》。关中:今属陕西。黄遵岩:亦当时名人。屈大均:广东番禺人,字翁山,明

亡后出家为僧，后还俗，漫游各地，作诗以凭吊故国，与陈恭尹、梁佩兰称岭南三大家，有《道援堂集》、《广东新语》等。

㊱顾：不过。表章：即表彰。

㊲可程：史可法之弟，崇祯进士，擢庶吉士，李自成入京后，投降义军。后来南归，史可法请治其罪，福王令其归家养母。

㊳易姓：朝代更替。此处指李自成入京，崇祯政权崩溃之时。

㊴出疏纠之：上奏章揭发他。

㊵踵：原意为脚后跟，此处作动词用，跟随、继承之意。兄公：弟媳称丈夫之兄。此指史可法。

㊶副使诸公：指马鸣　、任民育等人。从祀：祭祀时居配享地位。

㊷烈女：指丹徒钱烈女。

[鉴赏]

明末清初，在中国广阔的国土上，燃起了持续不息的抗清斗争烽火，也出现了众多的民族英雄，其中，史可法的气节尤为人们所称颂。《梅花岭记》通过即景怀人，记叙了史可法及其将佐忠于职守，慷慨殉难的高贵品质，表现了这种强烈的爱国精神的巨大感召力，并对洪承畴之类的汉奸作了无情的讽刺，是全祖望歌颂明清之际爱国志士和遗民的众多作品中的代表之作。

《梅花岭记》并非游记，亦非人物传记，从文中"百年而后，予登岭上"可知，作者确曾登临此地，因而就题为文，因地兴感。通过梅花岭的史可法衣冠冢，侧重记叙了史可法殉难前后的史实，表达了对这位民族英雄的赞颂和敬仰，因此文中的亦史亦文的特点就很值得注意。

领导浙东学术风气的黄宗羲，是一个兼精经学、史学与文学的人物，全祖望其生也晚，未及执弟子礼，但他被认为是黄宗羲的真正私淑者，在学问的深度和广度上虽有不及，但阮元就道出了他同样兼精三学的特点："经学、史才、词科三者，得一足以传，而鄞县全谢山先生兼之。"(《经史问答序》)乾隆元年，全祖望得中进士，他虽未参加修《明史》，但六次移书明史馆，提出修史的建议。在《梅花岭记》中，首先可见的就是作者忠于历史事实的精神。全祖望生当康熙、雍正、乾隆三朝。从朱国桢所写明史，以增添天启、崇祯史事指斥清朝；吕留良严"华夷"之别，以"攘夷狄"为最高道德标准，从而引起文字狱迭兴，三朝多达数十起。全祖望对此可谓耳闻目睹已久，但他置清廷忌讳于不顾，对汉奸不隐恶，对英雄不虚美，作了实事求是的记叙。史可法的慷慨殉难，孙兆奎的讥讽汉奸，钱烈女的临绝遗言，八弟媳的自裁尽节，以及洪承畴的老羞成怒，文中都有记载。作者这种不畏舆论钳制和统治者猜忌的精神，真是难能可贵。而且文中记年月，记事件始末，记主次人物，都很详尽，足见摒浮华而崇故实的特点。

全祖望精于考据之学，友人杭世骏许为"近世罕有伦比"，他的七校《水经注》，三笺《困学纪闻》就是考证的实绩。但是，他的为文并不枯燥乏味，《梅花岭记》就很有文学性。作者对扬州城破前后的事件不作平铺，而是以史可法及其精神为核心，从三方面选材、组织，先写史可法殉难前后，次写孙兆奎，再写钱烈女和八弟媳，由忠烈精神不死，延续至义军、女子、家属，表现出伟大的感召力量。而第二段的点明梅花岭衣冠冢缘由，第三段的登岭追怀，第四段的感叹梅花如雪，芳香不染，这都使史可法精神与《梅花岭记》的题目相合。诚然，《梅花岭记》并非史可法传，因而它不似《史记》或唐宋传记文学那样长于描绘性格，作者因题生文，用力在精神、气节一线，但史可法的集合诸将，表殉难决心，征询史德威，及瞠目一语，仍将其临危孤忠表现得栩栩如生。孙兆奎与洪承畴的对答虽简，但以其人之道还治其人之身，实是威武不屈，可称点睛之笔。作者记叙人物言行中惜墨如金，然而性格倍感鲜明，形象不乏生动性。

全祖望十四岁时就曾怒砸乡祠中卖主乱贼的神主，后又曾鄙薄降清的钱谦益，揭发理学家李光地的劣行，一生正直，爱憎分明。他继承了黄宗羲反抗异族统治的不屈精神，在如磐重压的缝隙中，以网罗稗野文献来表彰明季忠义、隐逸之士，寄托故国之思，使民族意识和气节不致泯灭。因此缅怀忠烈的《梅花岭记》虽敛明为暗，摧刚为柔，但仍是感情难抑，时有流露，全文看似水面平静，其实水下隐伏着激流。

作者对史可法始终称为“忠烈”，敬称孙兆奎为“孙公”，对洪承畴则直书其名，虽称呼小事，然忠奸有别，可见胸中泾渭。尤其是，当作者写至孙公尽节，八夫人自裁之时，难藏心中激情，以夹叙夹议之笔直接表明己见己意，产生出感人的力量。前一段议论，从颜真卿、文天祥“实未尝死”的神仙诡诞之说，直说到史可法，驳迷信的荒诞，表彰浩然正气。后一段议论，从弟媳踵兄公之余烈，引出异日作忠烈祠之想。由忠臣而烈女，同样是表彰浩然正气。虽然作者以忠义为圣贤家法，沿袭儒家传统而不免迂腐，但其议论之笔的主要方面无疑是正确的。

由于《梅花岭记》及其他的表彰明季忠义的文章，记叙了民族斗争的风雨，展现了民族英雄的画廊，其影响直达晚清，燃起了民主革命者的反清情绪，可谓绝非偶然。

[集评]

阁部就义，舆论不一。谢山去史不远，见闻较确。简末载及弟妇，亦可无南枝向暖北枝寒之憾矣。([近代]王文濡《清文评注读本》杂记类）

（《古文鉴赏大辞典》，浙江教育出版社 1989 年版，第 1419—1423 页）

《中国游记鉴赏辞典》

北征赋

班彪

余遭世之颠覆兮,罹填塞之阨灾。旧室灭以丘墟兮,曾不得乎少留。遂奋袂以北征兮,超绝迹而远游。

朝发轫于长都兮,夕宿瓠谷之玄宫。历云门而反顾,望通天之崇崇。乘陵岗以登降,息郇邠之邑乡。慕公刘之遗德,及《行苇》之不伤。彼何生之优渥,我独罹此百殃?故时会之变化兮,非天命之靡常。

登赤须之长坂,入义渠之旧城。忿戎王之淫狡,秽宣后之失贞。嘉秦昭之讨贼,赫斯怒以北征。纷吾去此旧都兮,騑迟迟以历兹。

遂舒节以远逝兮,指安定以为期。涉长路之绵绵兮,远纡回以樛流。过泥阳而太息兮,悲祖庙之不修。释余马于彭阳兮,且弭节而自思。日晻晻其将暮兮,睹牛羊之下来。寤旷怨之伤情兮,哀诗人之叹时。

越安定以容与兮,遵长城之漫漫。剧蒙公之疲民兮,为强秦乎筑怨。舍高亥之切忧兮,事蛮狄之辽患。不耀德以绥远,顾厚固而缮藩。首身分而不寤兮,犹数功而辞愆。何夫子之妄说兮,孰云地脉而生残。

登鄣隧而遥望兮,聊须臾以婆娑。闵獯鬻之猾夏兮,吊尉邛于朝那。从圣文之克让兮,不劳师而币加。惠父兄于南越兮,黜帝号于尉他。降几杖于藩国兮,折吴濞之逆邪。惟太宗之荡荡兮,岂曩秦之所图。

高平而周览,望山谷之嵯峨。野萧条以莽荡,迥千里而无家。风猋发以漂遥兮,谷水灌以扬波。飞云雾之杳杳,涉积雪之皑皑。雁邕邕以群翔兮,鹍鸡鸣以哜哜。

游子悲其故乡,心怆悢以伤怀。抚长剑而慨息,泣涟落而霑衣。揽余涕以於邑兮,哀生民之多故。夫何阴曀之不阳兮,嗟久失其平度。谅时运之所为兮,永伊郁其谁诉?

乱曰:夫子固穷,游艺文兮;乐以忘忧,惟圣贤兮?达人从事,有仪则兮;行止屈申,与时息兮。君子履信,无不居兮;虽之蛮貊,何忧惧兮。

班彪是东汉著名史学家,是班固、班超、班昭之父。他的青少年时代适逢王莽代汉而立,挚虞《文章流别论》曰:"更始时,班彪遇难凉州,发长安,至安定,作《北征赋》也。"此时班彪二十岁稍过,但由于饱经忧患,赋中颇有少年老成的心态。

赋之名曰:“北征”,是因为此行在于“避难凉州”,其出发点是首都长安,目的地是安定,即今甘肃景泰、靖远、会宁、平凉、泾川一带,当时隗嚣据陇西,班彪避关中之乱而有意投奔,《北征赋》记述北行旅途所见,并即景抒情,宣泄忧生忧世之情怀,表述慨古伤今之襟抱。

赋中首段即言北征的动因,在班彪出生之前的西汉末年,“有七亡而无一得”,“有七死而无一生”(《汉书·鲍宣传》)的农民,已纷纷发动起义,王莽的新朝托古改制,使政局愈形混乱,更激起了绿林、赤眉大起义。王莽被杀,绿林军拥戴更始帝入长安,后来赤眉军又进攻长安,推翻了刘玄。正由于生当动乱年代,故赋中以“余遭世之颠覆兮,罹填塞之阨灾”开头,点明了世道颠覆,王道不通,身遭灾祸之苦。作者对所遭受的王道不行,国家倾危之苦难深感沉痛。由于战祸、兵火,使旧室成为丘墟,遂令作者产生“奋袂以北征”,“超绝迹而远游”的念头。

第二段言北征之始及所感。朝离长安,夕宿京郊,瓠谷、玄宫都在长安西。在经过云阳县门时回首瞻望,所见到的通天台高高耸立着。在登陵越冈之后,终于歇息于右扶风栒(郇)县的邠(豳)乡,这里是周人先祖公刘率众从邰迁居所定之地,使周人的事业在此得以发展,作者在此“慕公刘之遗德”便是很自然的了。《行苇》是《诗·大雅》篇名,《诗序》谓其有歌颂周室“仁及草木”之意。《吴越春秋》有公刘“运车以避葭苇”故事,故一说为咏公刘,连上句所言的“公刘遗德”,更可见乱世中对太古平和的世风和“仁及草木”时代的向往。古今对照之中,以“百殃”比“优渥”,反差极其强烈,作者清醒地认识到为君不能修德以致败政,并非天命无常,这在阴阳灾异之说流行,谶纬迷信甚嚣尘上之当时,确是难能可贵的。

第三、四段继写北征行程。“登赤须之长坂,入义渠之旧城”,赤须坂在北地郡,今甘肃庆阳西北,义渠是城名,亦在北地。据《史记·秦本纪》载:秦昭襄王母宣太后,在昭王时,与义渠戎王乱。有二子,并于甘泉诈杀戎王,灭义渠而得其地。故赋中写至义渠这段史实。作者在心绪纷乱中继续前行,舒其志节以远去,目的地在泾渭之间的安定郡,长路漫漫,迂回曲折,在经过北地郡的泥阳县时,因看到祖庙破落而深感悲痛(班彪之祖班壹,在始皇末年避乱于楼烦,故泥阳有班氏庙)。到安定郡的彭阳(今甘肃镇原东南),释马驻车,面对着夕阳晻晻、牛羊归来的景象,不由得想起《诗·王风·君子于役》旷怨叹时的诗意。这种在旅行中借诗言情的心理活动,在中国古代是极为普遍的,反映了我们民族的特殊文化心态。

第五、六段继写长城之游以及引发的历史慨叹。到达安定之后,又沿着长城缓缓前行,对此漫漫长城,深感蒙恬以武力迫使人民修筑长城,有疲民筑怨之过。赵高进谗、胡亥篡逆的近忧未防,却远防蛮狄的外患,不以德安远,只顾边备之固,终落得身首相分,死不知悟的下场。蒙恬死前历数自己的功劳而不承认罪过,最后竟以筑长城“绝地脉”的妄说自罪,实在是可悲的。作者登上小城烽火亭遥望,以求片刻安逸,但终难摆脱忧思,因长城、烽火而伤念匈奴之乱华夏,并凭吊戍守朝那塞的尉卬,对他尽于职守,为匈奴所杀的悲壮历史,深为叹惋。作者由秦而汉,歌颂文帝的克让、安抚政策,由于推行德政，南越王自立为帝又终能去号称臣，又赐吴王刘濞几杖，准予老年不朝。文帝的加赐币帛以怀边远，王道荡荡，岂是当年秦朝缮藩远之举所及？作者的崇尚是十分明确的。

第七、八段接写登高平之举，生发出深沉的人生慨叹。作者登上高平城(今宁夏固原县)远望，只见山高野旷，风驰水涌，云雾杳杳，积雪皑皑，景色十分壮美。但这里是千里无人之地，只有雁翔鸟鸣，不由得思乡伤怀，抚剑叹息，泪落湿衣，揽涕抽噎，哀人生之多故。感慨天下昏乱，不见太平，嗟叹失去正常的法度，以为这是时运所为，虽永怀忧怨而无可诉之。

卒章强作自慰，以儒家“君子固穷”、“乐以忘忧”、“依仁游艺”的思想为中心，辅以庄子的“形体保神，各有仪则”和《周易》的“时止则止，时行则行”的思想，抒写说只要安贫乐道，虽居蛮貊之邦而无可忧惧。从长安行至此地的作者，也只能如此自释了！

《北征赋》虽详记行程，但由于作者是历史学家，怀古伤时是赋中主调，不同于一般写景的记游之作。过豳地而忆公刘，入义渠而言宣后，游长城而罪蒙恬、吊尉邛，并进而颂汉文，责秦皇，都可见深沉的历史意识和深刻的政治见解。

就记行而言，赋中不乏写景抒情的佳句。如“涉长路之绵绵兮，远纡回以樛流”，“日晻晻其将暮兮，睹牛羊之下来”，都很有意境。尤其是高平登览一段，写山谷、原野、大风、谷水、云雾、积雪、雁翔、鸟鸣，远近相兼，描写细腻，真气流转，挟带情韵而行，远非大赋中那种奇字骈罗、控引天地的写法可比。由于作者生当前后汉之交，既得骚体赋之长于抒情，又得西汉赋之长于铺叙，实导东汉抒情赋风气之先。此赋虽不同于后世的山水游记，但毕竟与“吐无不畅，畅无或竭”的大赋不同。高平登临，睹物兴情，对后来王粲作《登楼赋》或有启发，并为后世着重写人文景观的旅游文学，及即景怀古之作开辟了一条新的途径。

(《中国游记鉴赏辞典》，青岛出版社 1991 年版，第 10-13 页)

叙行赋

张载

岁大荒之孟夏，余将往乎蜀都。脂轻车而秣马，循路轨以西徂。朝发轫于京宇兮，夕予宿于谷洛；践有周之旧墟，槐丘荒以寥廓。赞王孙于北门，问九鼎于东郭。实公旦之所卜，曷斯水之渍薄？

入函谷而长驱，历新安之卤阜。行逶迤以登降，陟二崤之重阻。经嵚岑之险巇，想姬文之避雨。

出潼关以回逝，仰华岳之崔嵬。勤大禹之疏导，豁龙门之洞开。舍予车以步趾，玩卉木之璀错；翳青青之长松，荫肃肃之高柞。缘阻岑之绝崖，蹈偏梁之悬阁。石壁立以切天，岌崄隗其欲落。

超阳平而越白水，稍幽蔓以回深。秉重峦之百层，转木末于九岑。浮云起于毂下，零雨集于麓林；上昭晰以清阳，下杳杳而昼阴。闻山鸟之晨鸣，听玄猿之夜吟。虽处者之所乐，嗟寂寞而愁予心。

造剑阁之崇关，路盘曲以晻蔼。山峥嵘以峻狭，仰青天其如带。兼习坎之重固，形东隘以要害。岂乾坤之分域，将隔绝乎内外。

钟嵘《诗品》云："大康中，三张、二陆、两潘、一左，勃尔复兴，踵武前王，风流未沫，亦文章中兴也。"这篇《叙行赋》就是"三张"之首的张载所作，名为"叙行"，即记叙行程，所记为离京往蜀都（成都）的途中所见。

赋的开头道出此行的时间和地点。太康六年（285）四月，作者至蜀省亲，故以太岁纪年说"岁在大荒（落）"，时在四月，故谓之孟夏。接下去的"脂轻车而秣马"，是行前的准备。"脂车"指用油膏涂车轴，《诗·小雅·何人斯》云："尔之亟行，遑脂尔车？""循路轨以西徂"，可见行程已始，将向西方前进。早晨从首都洛阳出发，晚上宿于谷、洛之滨，又来到东周洛邑的遗墟，独处丘荒之中，深感天地寥廓。由于这是周之旧墟，不免遥想往古，感慨兴衰，因用王孙满论秦师过周北门、楚庄王问周鼎的故事，写出"赞王孙于北门，问九鼎于东部"两句。洛邑乃周公旦所选定经营，可是这块王土在水浪的冲击下已经面目全非了，虽然只是路经所见，心中却充满着历史兴亡之感。

入函谷关，开始长途跋涉，行经新安盐碱丘陵，路变得弯弯曲曲、高高低低，终于通过了东、西崤山的重重阻隔。在走过险峻的二崤时，又不由得想起周文王在此避风雨的事。这些往古的回溯，反映出一个旅行者行经古老的土地时的文化心态。

西出潼关，作者来到陕西地界，仰华山之高，叹龙门之奇，想到大禹治水的丰功伟绩，更为之慑慕。作者舍车步行，赏玩花卉，出没于松柞之下，缘绝崖，蹈悬阁，仰观石壁，惊其欲落。这一带路程很长，但作者以疏疏的笔触，在匆匆行色中带过。然而，花卉、长松、高柞、绝崖、悬阁、石壁等又给人以鲜明的印象，写出了特定的地形地貌和自然风光。

由陕入蜀，取道汉中，经由阳平关，再渡白水江，赋中渐次展现出"蜀道难"的生动画面：山高谷深，重峦叠嶂，行车于此，只见云生足下，雨集麓林，仰观天日晴朗，俯视层林昼阴，侧耳可闻清晨鸟鸣和夜间猿啸。作者不由得感叹，虽然隐者在此可有所乐，但深深的寂寞却令人为之忧愁。

蜀道之中，剑阁最险，赋中以崇关、小路、山高、天狭，写出它的险要形势。作者进而强调，剑阁是险阻而宜固守之地，由于它的绝高、绝险，令人有乾坤分域，隔绝内外之想。《晋书·殷仲堪传》："剑阁之隘，实蜀之关键……将欲重复上流为习坎之防。"后来李白在《蜀道难》中也说："剑阁峥嵘而崔嵬，一夫当关，万夫莫开。所守或匪亲，化为狼与豺。"以此印证，足以说明剑阁在古人心目中，历来是险危之途，这样看来，作者书其所见，发其所感，既得之于山水，又不限于摹写眼前所见之景，历史的风云常萦绕在他的心头。

张载此赋既名为"叙行"，故始终以入蜀行程为线索进行描述。他先写出发的时间与目的地，然后铺叙整个行程：发轫京都，夕宿谷洛，入函谷，历新安，过二崤，出潼关，南仰华岳，北眺龙门，超阳平，越白水，造剑阁。可谓脉络清楚，其序井然。以此“叙行”一线，串缀起生动而广阔的画面，将空间与时间、目之所见与心之所想交织在一起，给人以壮美、瑰丽的开阔感和富有历史意味的纵深感。史称张载博学，谷、洛、周墟之忆，“赞王孙”、“问九鼎”等历史喟叹，都是由凭吊古迹所生发的情感。因时因地，出于自然，并无炫耀之感，经二崤怀想周文王避风雨故事，至龙门凭吊大禹疏凿之功，更见出作者对前贤的仰慕，对事功的向往。这种叙行与怀古相结合的写法，迥然有异于汉代大赋，而其即景抒情手法又确是取之于诗法。

赋中的写景之笔，也很值得称道。“翳青青之长松，荫肃肃之高柞。缘阻岑之绝崖，蹈偏梁之悬阁。”每句均以一动词领起，给人以形容尽致，既优美又整肃之感，善扬赋体铺叙展衍之长，而弃其板滞沉重之短，“秉重峦之百层，转木末于九岑。浮云起于毂下，零雨集于麓林；上昭晰以清阳，下杳杳而昼阴。闻山鸟之晨鸣，听玄猿之夜吟”八句，非但远景、近景结合，兼顾仰观、俯视，由见而闻，画面更为广阔而且句式错综变化，有抑扬顿挫之美。

作者善于观察，长于表达，用字造语恰到好处。长松的“青青”、高柞的“肃肃”、清阳之“昭晰”、昼阴之“杳杳”，路的“盘曲”、“晻霭”，山的“峥嵘”、“峻狭”，石壁“切天”，青云“如带”，都可见出太康时代沿建安文学“以文被质”的发展轨迹，而将汉代大赋的佶屈变为平易的更富于抒情意味的小赋。

张载在当时才名甚高，其《叙行赋》写蜀道有一半篇幅，尽管不及李白的《蜀道难》，但一先一后，一赋一诗，也确是各领风骚了！

（《中国游记鉴赏辞典》，青岛出版社 1991 年版，第 31—33 页）

《唐宋词鉴赏辞典》(江苏古籍版)

鹧鸪天·元夕有所梦

姜夔

肥水东流无尽期,当初不合种相思。梦中未比丹青见,暗里忽惊山鸟啼。
春未绿,鬓先丝,人间别久不成悲。谁教岁岁红莲夜,两处沉吟各自知。

这是一首怀人词,据考,作于宋宁宗庆元三年(1197),此时,姜夔四十多岁。作者二十多岁时,曾来往江淮间,在合肥逗留过。当时的文人,都有青楼调笑的习尚,作者在勾栏中认识了一对善弹筝琶的姐妹,由于"为大乔能拨春风,小乔妙移筝"(《解连环》),擅长音乐的作者与之相处甚欢。后来,大概是由于生计问题,作者不得不离开合肥而另谋他往,终于分手了。在以后的日子里,虽间有来往,但姜夔旅食于人,终难厮守,十多年后,青年时代的情侣亦离开合肥,作者惆怅地写下了"卫娘何在?宋玉归来,两地暗萦绕"(《秋宵吟》)。从此,分飞的劳燕始终动如参商,但心中的隐情却难以忘却。宋光宗绍熙二年(1191)之后,姜夔无复有合肥踪迹,但青年时的情事亦屡见于词,六年之后的元夕,故人又入梦中,作者在梦醒之后写下了这首《鹧鸪天》。

距初遇已有二十多年了,往事却又涌上心头,当初合肥的相爱,恰如种下了会结出红豆的相思树,爱情应该像东流入巢湖的肥水一样绵长。可是,水流虽无尽期,红豆也会春来发新枝,但我们相见无期,早知如此,真悔当初的相见相识呵!久别难见,只能梦中重逢,梦中容颜依稀,尚不如画中之清晰可见,况且这依稀梦境又被山鸟啼声所扰,鸟惊人梦,梦亦不能久留。下片由元夕想到春尚未至,好景未及睹,但鬓丝已白,这大概是别久愁深所致吧!离别"使人意夺神骇,心折骨惊"(江淹《别赋》),此处却说"别久不成悲"。难道是心情变得鲁钝冥顽了吗?不!每年元夕花灯满城之时(红莲指花灯,欧阳修、周邦彦等人词中都曾写到),依然触景生情,两地沉吟,作无穷怀想。

在这首词中,丝毫没有低下的情趣,作者一改《花间》以来的绮靡格调,以清幽之笔写深挚之情,造就独特的面貌。词的首句既是点明初遇地点的实写之笔,又是亦兴亦比之意,水流无尽,而重见难期,反激起"不合种相思",但欲罢不能,而有"梦中"之句,以应题面,山鸟惊梦,又回到现实。下片"岁岁红莲夜",则进一步还足"元夕"题目,"两处沉吟",结于有余不尽之中。全篇以短语写长情,确是"清虚骚雅,每于伊郁中饶蕴藉"(陈廷焯《白雨斋词话》)。其转换之妙,也确是去留无迹。

(《唐宋词鉴赏辞典》,江苏古籍出版社 1986 年版,第 1002-1003 页)

庆宫春

姜夔

绍熙辛亥除夕，余别石湖归吴兴，雪后夜过垂虹，尝赋诗云："笠泽茫茫雁影微，玉峰重叠护云衣；长桥寂寞春寒夜，只有诗人一舸归。"后五年冬，复与俞商卿、张平甫、铦朴翁自封禺同载诣梁溪，道经吴松，山寒天迥，云浪四合，中夕相呼步垂虹，星斗下垂。错杂渔火，朔吹凛凛。卮酒不能支，朴翁以衾自缠，犹相与行吟，因赋此阕。盖过旬涂稿乃定。朴翁咎余无益，然意所耽，不能自已也。平甫、商卿、朴翁皆工于诗。所出奇诡，余亦强追逐之；此行既归。各得五十余解。

双桨莼波，一蓑松雨，暮愁渐满空阔。呼我盟鸥，翩翩欲下，背人还过木末。那回归去，荡云雪，孤舟夜发。伤心重见，依约眉山，黛痕低压。　　采香径里春寒，老子婆娑，自歌谁答？垂虹西望，飘然引去，此兴平生难遏。酒醒波远，正凝想、明珰素袜。如今安在？唯有阑干，伴人一霎。

绍熙二年(1191)姜夔自合肥归湖州，在归途中拜访范成大，赏雪观梅，写成《暗香》、《疏影》两首自度曲，范对之激赏，赠以家妓小红。除夕夜，姜夔带着小红乘船回家，沿途作成《除夜自石湖归苕溪》十首七绝。在经过吴江著名垂虹桥下时，面对茫茫太湖、蒙蒙山峦、微微雁影，姜夔写下了春寒的寂寞。五年以后，作者与杭州的进士俞灏(字商卿)、南宋名将张俊的孙子张鉴及铦朴翁(即葛天民，字无怀，初为僧，名义铦，后还俗)等诗友从封山和禺山(今浙江德清西南)到无锡(别称为梁溪)，途中经过吴松(即今吴淞江，源出太湖)，又遇寒夜中清幽至极的境界，四人对景微吟，归家之后，各得五十余首。而姜夔这首《庆宫春》，竟是花了十多天时间才修改定稿，堪称力作。

词的上片写了垂虹桥的雪夜。"双桨莼波，一蓑松雨，暮愁渐满空阔。"船的双桨荡起波浪，浪中还带着莼叶(莼菜浮生水面)，词人披着蓑衣，看着烟雨迷濛的景象，觉得入暮的轻愁渐渐弥漫于空阔的江面。"呼我盟鸥，翩翩欲下，背人还过木末。"呼叫鸥鸟(居水乡似与鸥有约，故称盟鸥)，翩然翻飞欲下，但转瞬又越人而过，飞过了树梢。"那回归去，荡云雪、孤舟夜发。"想起那年与小红除夜归去之时，一叶孤舟飘荡于云雪之间，这苍茫景象仍似在眼前。"伤心重见，依约眉山，黛痕低压。"此时重见者烟水云雪，远山如眉，暮色中似黛痕低压，颇使人伤心。下片从眼前所见转为悬拟之景，并发出兴衰之感。"采香径里春寒，老子婆娑，自歌谁答？"从垂虹桥下的烟水，想起苏州香山旁的采香径(小溪，吴王夫差曾让人在香山种香，使美人泛舟溪中采香)的碧波，我也曾在这里徘徊不去，引吭高歌。"垂虹西望，飘然引去，此兴平生难遏。"而此时，船儿正飘然往东，西望渐渐远去的垂虹桥，真使人逸兴遄飞，难以遏止。"酒醒波远，正凝想、明珰素袜。如今安在？唯有阑干，伴人一霎。”酒醒之时，去程已远，水波之逝，亦令人想起人世沧桑，那些采香径的明珰(女子耳饰)素袜的美人，如今又在哪儿呢？兴亡犹如幻梦，只有那垂虹桥上的栏杆(据有关典籍所载，垂虹桥“萦以修阑，甃以净甓”)，还能给人依凭，伴人一霎。

姜夔一生漂泊，对晚唐隐逸诗人陆龟蒙(号天随子)仰慕追随不已，“沉思只羡天随子，蓑笠寒江过一生”(《三高祠》)，这两句诗是他的志趣所在。他厌倦尘嚣而深爱自然，太湖玉洁冰清的雪夜，更是荡尽胸中尘垢，这首词写了在乘舟徐行过程中，体味雪景，饮酒啸傲的浩然胸次，表现了超然物外、遗世独立的出世思想，在怀古之情中流露了淡淡哀愁，这种飘然山水、怡情歌酒的高士生活纵然无益于社会，但不愿混迹官场、同流合污，亦无不可取。

姜夔词大多幽韵冷香，高远峭拔，而又以这首《庆宫春》为最。序中的“山寒天迥，云浪四合”，“星斗下垂，错杂渔火，朔吹凛凛”，颇近《枫桥夜泊》笔致，是清超之极的意象，可见作者极工散文，此序曾被周密收入《澄怀录》中。姜夔极善移情于自然，因而自然物多具人的情感姿态。鸥鸟亲切，远山依约美人眉黛，自是拟人妙笔；“暮愁渐满空阔”，亦可见感情移注之后的自我感觉，是情景交融的好例。姜夔在理论著作《诗说》中，主张作诗要“有气象、韵度”，要“深远清苦”，这首词就是理论的实践，全篇具有清幽而开阔的气象，飘逸而蕴藉的韵度，展现出的寒江、雪夜、远山、孤舟，以及通过时空大跳跃的怅想表现的兴亡之感，确实造就出深远清苦的意境，而这种意境又是晚唐绝句与江西诗风结合的果实，既有绵邈的风神，又瘦硬劲峭，仅许以“清空”是难以尽赅的。这首词很可见姜夔烹炼字句的技巧，“莼波”、“松雨”云云都可谓修饰甚奇。当然，感情的忽而愁苦、伤心，忽而逸兴难遏，亦似起伏太大，语句也使人费解，此亦不必讳之。

(《唐宋词鉴赏辞典》，江苏古籍出版社 1986 年版，第 1005—1007 页)

满江红

姜夔

《满江红》旧调用仄韵，多不协律。如末句云“无心扑”三字，歌者将“心”字融入去声，方谐音律。予欲以平韵为之，久不能成。因泛巢湖，闻远岸箫鼓声，问之舟师，云：“居人为此湖神姥寿也。”予因祝曰：“得一席风径至居巢，当以平韵《满江红》为迎送神曲。”言讫，风与笔俱驶，顷刻而成。末句云“闻□环”，则协律矣。书于绿笺，沉于白浪。辛亥正月晦也。是岁六月，复过祠下，因刻之柱间。有客来自居巢，云：“土人祠姥，辄能歌此词。”按：曹操至濡须口，孙权遗操书曰：“春水方生，公宜速去。”操曰：“孙权不欺孤”，乃撤军还。濡须口与东关相近，江湖水之所出入。予意春水方生，必有司之者，故归其功于姥云。

仙姥来时，正一望千顷翠澜。旌旗共乱云俱下，依约前山。命驾群龙金作轭，相从诸娣玉为冠。向夜深、风定悄无人,闻珮环。 神奇处,君试看。奠淮右,阻江南。遣六丁雷电,别守东关。却笑英雄无好手,一篙春水走曹瞒。又怎知、人在小红楼,帘影间。

这首词的序很长,对前面所讲的音律问题可暂置而不作深究,作者说,他很想将仄韵的《满江红》改为平韵,但久未能成,此词之成,得之于泛巢湖之时,序中讲此事,颇有神话色彩。作者说,他在泛舟巢湖时,听到远岸的箫鼓声,问船夫,知道这是居巢(古邑名,《左传》作巢,《史记》始称居巢,在今安徽巢湖东北)老百姓为湖神行祝寿礼。作者也为之祷祝,并许以平韵《满江红》为迎送神曲,结果不仅行程得神助而一帆风顺,词也顷刻而成,并抄以绿笺,沉在白浪中,这是绍熙二年(1191)正月最后一天的事。当年六月,又经过圣姥庙,将这首词刻在庙柱之上,结果居巢的老百姓在祭祀湖神时都能唱此。作者又说:当年曹操统兵伐吴,到濡须口(濡须为古水名,源出巢湖,东南流入长江,因为地当江、淮间交通要道,成兵争要地。曹兵侵吴前一年,孙权令人在此筑堡坞以拒之),孙权致信曹操,以"春水方生,公宜速去"晓以利害,用"足下不死,孤不得安"的奉承语满足曹操的虚荣心,于是曹操借梯下台,撤兵而还。宋龚相《濡须坞》诗:"南北安危限两关,迅流一去几时还。凄凉千古干戈地,春水方生鸥自闲。"即用此事。姜夔在词序中说,"春水方生"以令曹军退,当归功于巢湖圣姥,于是合史载的战事及自身体验,写了这首《满江红》。

词一开头,即从"春水方生"着笔。"仙姥来时,正一望千顷翠澜。"这两句展现了很开阔的境界:这位女神与一望无际的绿色洪波共至。"旌旗共乱云俱下,依约前山",因为圣姥庙在巢湖北岸,与湖中姥山相对,仙姥从姥山而来,因而隐约见旌旗与乱云俱下。"命驾群龙金作轭,相从诸娣玉为冠",仙姥以群龙驾车,龙脖子上套着金制的轭,侍从女子都戴着玉冠。在此,作者有一个说明:"庙中列坐如夫人者十三人。"这就是"相从诸娣"的来由。"向夜深、风定悄无人,闻佩环。"仙姥降临后,夜深风定,悄无人语,只听得佩玉的声音。上片所写是仙姥降临的场面、气势,下片转写她的神威。"神奇处,君试看。奠淮右,阻江南。"这位巢湖女神有什么神奇之处呢?她奠定了淮西的胜局,阻遏了北兵向江南进发。"遣六丁雷电,别守东关。"还派遣火神(六丁:道教神名,火神),掌着雷电,守护东关(疑指濡须城)。"却笑英雄无好手,一篙春水走曹瞒。"曹操(小字阿瞒)虽是一代英雄,终被女神鼓起的浩荡春水驱走了。"又怎知、人在小红楼,帘影间。"谁能知道,这样一位驱风赶雷的英雄,她的塑像竟是安置在小红楼上,展现在帘影间!

姜夔讴歌的这位仙姥是怎样的一位女神呢?巢湖神话有这样的传说:巢湖古为巢州,某年巢州陷而有湖,有焦姥母女二人登山避水,母登之山后称姥山,女登之山称孤山。后来,当地百姓建庙以祠,尊焦姥为神,庙始建于唐,称圣姥庙或圣妃庙,与姥山隔湖相峙。晚唐诗人罗隐游此,曾赋《登巢湖圣姥庙》诗:"临塘古庙一神仙,绣幌花容色俨然。为逐朝云来此地,因随暮雨不归天。眉分初月湖中鉴,香散余风竹上烟。借问邑人沉水事,已经秦汉几千年。"最初的登山避水的焦姥,在罗隐笔下一变为花容月貌的仙女，为什么到姜夔词中竟成为无敌的复仇女神、胜利女神呢？应该说，作者写此词非仅祭神，而是有曲折反映现实的企图。既然当年仙姥能驱春水而走曹瞒，金兵南侵时又岂无巾帼英雄击败顽敌？建炎二年(1128)秋，金兵分三路攻宋，金兀术所统领的一路下徐州、陷扬州，渡江而克建康、破杭州，但建炎四年(1130)春北返时，就在黄天荡遭韩世忠军截击，被困四十八天，在这一战斗中擂鼓督战的梁红玉，可谓战功赫赫，她难道不是现实中的巢湖仙姥吗？作者面对着"小红楼，窗影间"的神像，定然感慨良多，他多希望仙姥能重新呼唤风雷，造就"奠淮右，阻江南"的抗敌局势啊！

《满江红》原用仄韵(且多入声)，声情激越，姜夔改为平韵，则一变为舒缓昂扬，确为一个创造，声情、文情可谓高度统一。此词与作者常见的高旷清劲之作不同，气象开阔，充满浪漫主义的激情和色彩，节奏快捷，对仗工稳，设色明丽，确是姜词中别具一格的作品。

(《唐宋词鉴赏辞典》，江苏古籍出版社1986年版，第1010—1012页)

念奴娇

姜夔

余客武陵，湖北宪治在焉。古城野水、乔木参天。余与二三友，日荡舟其间，薄荷花而饮，意象幽闲，不类人境。秋水且涸，荷叶出地寻丈，因列坐其下，上不见日，清风徐来，绿云自动。间于疏处，窥见游人画船，亦一乐也。朅来吴兴，数得相羊荷花中。又夜泛西湖，光景奇绝。故以此句写之。

闹红一舸，记来时、尝与鸳鸯为侣。三十六陂人未到，水佩风裳无数。翠叶吹凉，玉容销酒，更洒菰蒲雨。嫣然摇动，冷香飞上诗句。　日暮，青盖亭亭，情人不见，争忍凌波去。只恐舞衣寒易落，愁入西风南浦。高柳垂阴，老鱼吹浪，留我花间住。田田多少，几回沙际归路。

姜夔为人清高，他的同时代人称他"襟期洒落，如晋宋间人"(陈郁《藏一话腴》)，后人读他的词，认为是"一洗华靡，独标清绮，如瘦石孤花，清笙幽磬"(郭麐《灵芬馆词话》)，甚至有"幽韵冷香"(刘熙载《艺概》)之评。由于襟怀高洁，行近隐逸，读其咏物之作，可见姜夔所爱，常在梅荷二花。梅荷虽有冬夏之异，但前者斗风傲雪而不屈，后者出于淤泥而不染，都堪称孤高有节，这首《念奴娇》在写景状物之中，便流露了作者的情怀襟抱。

词序颇长，前面追述湘中之游，后面益以浙中之盛，所说均在荷花。作者说，当年作客武陵(今湖南常德)，在荆南荆湖北路提点行狱的官署所在地，"古城野水，乔木参天"的环境，使他常起游兴，尤爱荡舟，靠近荷花饮酒，面对幽景，心意亦闲。秋水干竭之时，见荷叶离地有近一丈之高(寻，八尺)，游者排列着坐于其下，像伞盖般的荷叶挡住了阳光，清风缓吹，荷叶如绿云摆动，有时于缝隙中窥见人与小舟，颇得其乐。来到吴兴（今浙江湖州）之后，多次得以徜徉荷花中，又继而游杭，夜泛西湖，更感景色奇绝。作者由湘而浙，均深感荷花可爱，故写成这首词。整篇小序侧重于描绘环境，这样就能使词集中写荷，且亦荷亦人，以寄身世。

“闹红一舸”，词人以破空而来之笔写泛舟赏荷之举，“记来时、尝与鸳鸯为侣”，击水之时，对对鸳鸯与船儿作伴。“三十六陂人未到，水佩风裳无数。”这许许多多水塘（三十六陂是虚解，非实地。“陂”，池塘）尚是人迹未到，只见水叶风荷无数（李贺《苏小小墓》“风为裳，水为佩”，写美人装饰，这里指荷叶荷花）。“翠叶吹凉，玉容销酒，更洒菰蒲雨。”翠绿的荷叶散发出清凉，荷花似美人的脸，酒意才消，尚带微红，当水草上洒上细雨之时，荷花、荷叶就为之增色了。“嫣然摇动，冷香飞上诗句。”荷花摇动，似美人的笑容，带着凉意的清香被写入了诗句。上片写荷之盛，下片转写其衰。“日暮，青盖亭亭，情人不见，争忍凌波去。”日暮之时，青青的荷叶像伞一样亭亭耸立着，像美人般的荷花，尚未见到情人，怎么忍心凌波而去呢？这里用拟人写法曲折地写荷花将残。“凌波”，出曹植《洛神赋》：“凌波微步，罗袜生尘。”形容女子步履轻盈。“只恐舞衣寒易落，愁入西风南浦。”就怕像舞衣般的荷花花瓣易于凋零，这时愁思伴着西风来到南浦这送别之地了。“高柳垂阴，老鱼吹浪，留我花间住。”因盛时已去，花容已难于留人，此时，连垂荫的大柳树、吞吐浪花的大鱼，都知道劝人留步花间。“田田多少，几回沙际归路。”而游人呢？虽因日暮而不得不归，但几回游赏，沿着水畔踏着归路回去时，总会想起那田田的荷叶来（古乐府《江南曲》“江南可采莲，莲叶何田田”）：盛时的“水佩风裳无数”，衰时又剩多少呢？

姜夔在人们心目中似闲云野鹤，确实，他不是汲汲于功名的人，但并非没有怀才不遇之感，“少小知名翰墨场，十年心事只凄凉“（《除夜自石湖归苕溪》之九），因此常咏物而兼寄怀。这首《念奴娇》之咏荷，在盛衰对照，写众芳零落之时，隐隐寄寓了美人迟暮之感，因而读者可以体味由此生发出的作者身世之叹。

与之相应，这首词的艺术手法很值得称道。首先，写荷并不侧重于描形而是传神，在不粘不脱之中，通过应用拟人手法，给人以亦花亦人之感，从而诱发读者较为宽泛的联想。咏物之作，高者传神，次者描形，姜夔确不失为此中高手，词中不见直写形、色之句，却用拟人手法，以“水佩风裳”、“玉容”、“嫣然”、“冷香”、“亭亭”、“凌波”、“舞衣”等语，传递荷之“态”与“神”，不是画工之笔而有“化工”之妙。而“争忍凌波去”、“舞衣寒易落”等语，由花而美人、而作者，使人悟到“心事只凄凉”之叹。其次，作者避直而取曲，非平面而立体，收创意新奇、清超绝伦之效。词中不是直写荷花的幽香，而是以“嫣然摇动，冷香飞上诗句”，变被动为主动，这是“取曲“的一例。又如不直说荷花将残，却委婉出以“情人不见，争忍凌波去”，这是又一例。荷花衰残，魅力自减，词以高柳、老鱼的主动相留来侧写；又以归途中“田田多少”的萦念来逆写，这样的多角度确使荷花形象和人的感情更为鲜明、丰满，既反复缠绵，又新奇有致。读罢此词，我们并无“映日荷花别样红”的生机蓬勃的印象，而是一种由审美静观带来的远寂清旷之感，而这，正体现了姜夔词一贯的特有的风神。

（《唐宋词鉴赏辞典》，江苏古籍出版社1986年版，第1012—1014页）

长亭怨慢

姜夔

余颇喜自制曲。初率意为长短句，然后协以律，故前后阕多不同。桓大司马云："昔年种柳，依依汉南，今看摇落，凄怆江潭，树犹如此，人何以堪？"此语余深爱之。

渐吹尽、枝头香絮，是处人家，绿深门户。远浦萦回，暮帆零乱向何许。阅人多矣，谁得似长亭树。树若有情时，不会得青青如此。　　日暮，望高城不见，只见乱山无数。韦郎去也，怎忘得玉环分付："第一是早早归来，怕红萼无人为主！"算空有并刀，难剪离愁千缕。

这首也是惜别合肥情侣之作，作年大概与《淡黄柳》同，春天到合肥之后，东归忆别，写下此词。小序谓先率意作词，然后协律作曲，可知是自度曲。再引庾信《枯树赋》的句子，突出"树犹如此，人何以堪？"合肥多柳，此处因柳而生情：昔年在汉水之南种下依依杨柳，如今在江畔潭边看到杨柳飘摇零落，同样为之凄怆。由树而及人，当年两下情笃正似树之初荣，现在人过中年，天各一方，而树的摇落之悲又岂非旧情难再之感，这就不难理解"此语予深爱之"了。

词一开头就点明了柳絮将被吹尽的暮春时分。继而写了地点：门户深隐在绿柳之中的人家。从《淡黄柳》小序所说合肥"惟柳色夹道，依依可怜"，我们可推知这是写合肥。"远浦萦回，暮帆零乱向何许"两句写景：远处的流水盘绕而去，入暮之时，孤单的帆影纷乱地向何处去呢？"阅人多矣，谁得似长亭树"，古时五里一短亭，十里一长亭，人们多于长亭折柳送别，因而长亭的柳树确是"阅人多矣"。"树若有情时，不会得青青如此。"这是翻用庾信赋中语：树若有情，目睹行人的伤离惜别，也应为之忧伤憔悴，不会如此青翠。下片作了时空的大转换，从伊人所在的合肥转为自己现在所在之地，从昔时转为今日。"日暮，望高城不见，只见乱山无数。"此时天色正晚，远望高城已不可见，只有乱山重叠，难以尽数，既然高城都不可见，更何况城中之人呢？此处暗用唐人欧阳詹《赠太原妓》诗："驱马渐觉远，回头长路尘。高城已不见，况复城中人？""韦郎去也，怎忘得玉环分付：'第一是早早归来，怕红萼无人为主！'"此处韦郎、玉环系用韦皋与玉箫事。据《云溪友议》载：韦皋游江夏时，与青衣侍女玉箫相识并有情，分别时，玉箫将玉指环赠送韦皋，二人相约在七年后再会。到八年后，韦皋未到，玉箫绝食而死。经多年后，韦皋又得一歌姬，容貌极似玉箫，中指间似有戴过玉环的隐印。"算空有并刀，难剪离愁千缕。"想起这些，即使有锋利的并州（今山西太原）剪刀，也剪不断这千丝万缕的离愁别恨啊！

这首词所写的情事可谓宋词的传统题材，可贵出在于用情深挚，这在前面已多有分析，此处，不妨侧重将它的艺术性探究一番。宋人为词，使事用典可谓一条途径，尤其南宋词颇善于此，辛弃疾更是其中代表。姜夔词颇受稼轩影响，使事用典即是一端。这首词上片贯以桓温的"木有如此，人何以堪"，并翻用庾信《枯树赋》语意，写别离之中处处关合柳树，而柳树又是合肥所有，因此历史与现实圆满结合。至若桓温北伐时，因柳已十围而引起时光易失的政治感慨，以及庾信的摇落之悲，在姜夔词中又表现为爱情转义的自然，这些都可以看出作者的创造力。在紧扣柳树以抒别情时，又能推人及物，使树带上人的心理，无情之物遂成有情，读来更觉缠绵。如果说词的上片用典而出新意，那么下片使事亦非袭旧，且收情韵兼胜之效。韦皋与玉箫的故事在诗词中常见，但姜夔用在这里并非浮泛，而且极其贴切。因为韦皋识玉箫发生在江夏（今武昌），姜夔久居汉阳，常过江游武昌，所以合肥情事借武昌的故事，自是顺手拈来。作者写此，在一气贯注之中实可见感情甚深，在"强携酒，小桥宅"之后，离别而更觉相见之可贵，遂由冷而转热，成为难以遏止之情，真是缠绵宛转。非仅如此，前面的"望高城不见，只见乱山无数"，暗用了欧阳詹的诗句，乱山阻隔，连高城都难见，更何况人？情思悠远而韵味深长。而并刀难剪离愁，实是李煜"剪不断，理还乱，是离愁"词句的翻新，给人留下体味的余地。

这首词在结构和语言上也很有特色。佛家有"扫处即生"之说，此词亦有此特点。开头的"渐吹尽、枝头香絮"，似是柳已无甚可写，过片的"日暮，望高城不见"，亦似是难以再纵笔为之，但能另出别意，生发新句，曲折顿宕，引人入胜。至若"谁得似长亭树"三句，更被词论家推崇，如孙麟趾《词径》就评其为"路已尽而复开出之，谓之转"。全篇虽颇多曲折，但又流转自如。姜夔词本以语言琢炼著称，但这首词的一些句子被认为"不雅"、"率"（如先著《词洁》所评），但正可以看出他在此词中有意使用自然朴素的语言，"玉环"的"分付"如果换为典雅的语言，难道能收到语愈浅易而情愈深切的效果吗？

（《唐宋词鉴赏辞典》，江苏古籍出版社 1986 年版，第 1018–1020 页）

淡黄柳

姜夔

客居合肥南城赤阑桥之西，巷陌凄凉，与江左异，惟柳色夹道，依依可怜。因度此曲，以纾客怀。

空城晓角，吹入垂杨陌。马上单衣寒恻恻。看尽鹅黄嫩绿，都是江南旧相识。

正岑寂，明朝又寒食。强携酒、小桥宅。怕梨花落尽成秋色。燕燕飞来，问春何在，唯有池塘自碧。

这首词是抒发客中情怀之作。从小序可知，此时姜夔客居合肥南城赤阑桥西，据考，词作于宋光宗绍熙二年(1191)。合肥赤阑桥是作者情侣的住地,他后来在《送范仲讷往合肥》这首七绝中写道:“我家曾住赤阑桥,邻里相过不寂寥。君若到时秋已半,西风门巷柳萧萧。”从诗中可见,此时伊人已去,因而过去的“不寂寥”变成“柳萧萧”了。但写此词之时,情侣尚在,远道来此,得以相聚。久别相逢,重叙旧情,理应充满温馨的气息,但词中却不然!大概是因为往事如烟,如今天各一方,为旅食而流寓各地,回忆少年情事,唯觉怅惘而已。因而,红色栏杆的小桥亦激不起喜悦,旧时熟悉的巷陌,只见一片凄凉,由于宋金政权以淮河为界,作为“边城”的合肥,当然未及江南繁荣,“与江左异”四字实是含有家国之感在,唯觉路边垂柳,同于江南,新绿依依,不胜可爱,于是因柳而自度曲,写成这首《淡黄柳》,以解除客中的幽寂情怀。以上是对这充满诗意的小序的串释。

词的起头二句,已见凄凉:既然扬州被金兵侵略两度,邻近的合肥当然也遭扰,因此这座边城人烟稀少而近空城,清晨的号角吹入城南的街道。“马上”句,写自己骑马走在城南路上,未感到东风送暖,却是凄凉的景象使人尤觉寒风剪剪,清寒恻恻(晚唐韩偓《寒食夜》:“恻恻清寒剪剪风”),单衣为之难耐,此句可谓外感与内情的高度结合。“看尽鹅黄嫩绿”,开始拍合本题,写出一路所见新柳的颜色。“都是江南旧相识”,句意一转,此柳色尚无异于江左,杨柳虽如旧相识,但终是异地,难免羁情,暗中实又未转。换头“正岑寂”三字,造就了一篇冷清寂寞的气氛(《文选》鲍照《舞鹤赋》:“去帝乡之岑寂。”注:“岑寂,犹高静也”),承上启下,客观的氛围与主观情怀相合。“明朝又寒食”,转入时令,因为寒食节禁火而食,更难得欢趣。景色与心境既是凄凉,岂能兴致高扬?因而只能“强携酒、小桥宅”,一访故人(乔姓本作“桥”,《三国志·周瑜传》中,“乔”作“桥”),此处“强”字一转。然强遣客怀,难驱凄寂,故“怕梨花落尽成秋色”,词意再转:恐眼前芳菲,很快寥落成秋。结尾“燕燕”三句更推一层,为之加重,谓双燕来时,寻春无着,唯见池塘碧水而已。此处虽未言愁,但景语即情语,空濛之中荡漾着深深的荒寂寥落的愁意。而寻春燕子到此边城,唯见池塘碧水,岂非“二十四桥仍在,波心荡、冷月无声”(《扬州慢》)之意?其寓意确又出于一己羁愁与怅念旧情之外了。

这首词六十五字,属中调,姜夔精通音律,因词而度曲,写来纵送自由,因而在结构上很可见转折腾挪的技巧。首二句写所闻,第三句写所感,第四句写所见,关合柳树,上结在前面亦景亦情的基础上,化实为虚,转之为情。换头承上启下,情思荡漾,继而转为时令。“强携酒”又转,“怕梨花”再转,“燕燕”三句推而加重,情余景外。此词非仅善转,且上片写今日,经“正岑寂”的过渡,自“明朝”以后,转为拟行之事与悬想之景,以腾挪跌宕之笔,造就了超妙深隽的意境。明出以个人情怀,暗寓有时势之憾,暗中着力,不易觉察,却耐人寻绎。

姜夔本为江西派诗人,后虽出于江西之外,但此词仍可见江西宗风。“怕梨花落尽成秋色”,系改李贺诗句“梨花落尽成秋苑”末一字而成,“小桥宅”的弹筝小妹住处系典出《三国志》,“燕燕”出于《诗经·邶风·燕燕》的“燕燕于飞”,可见夺胎换骨、点铁成金之妙。

(《唐宋词鉴赏辞典》,江苏古籍出版社 1986 年版,第 1020—1022 页)

《唐宋词鉴赏辞典》(上海辞书版)

锦缠道

宋祁

燕子呢喃,景色乍长春昼。睹园林、万花如绣。海棠经雨胭脂透。柳展宫眉,翠拂行人首。　　向郊原踏青,恣歌携手。醉醺醺、尚寻芳酒。问牧童、遥指孤村道:“杏花深处,那里人家有。”

这首词有谓是宋无名氏所作,然见于近人赵万里所辑《宋景文公长短句》,刊于《校辑宋金元人词》中,故一般都认为是宋祁所作。

宋祁生活在仁宗朝,与兄同举进士,人称“大小宋”以别之,历官翰林学士,史馆修撰,进工部尚书,拜翰林学士承旨,可谓一生得意,享尽荣华。尽管此词集宋版已失,但从赵万里辑本看,他的词表现出一种风流闲雅的格调,这大概与他一生的经历和生活有关。

以这首《锦缠道》来说,就充满了欢愉,洋溢着及时行乐的况味,与年辈、地位相近的晏殊、欧阳修比较,宋祁没有前者“无可奈何花落去”、“落花风雨更伤春”之类的闲愁,也没有后者“可惜明年花更好”、“春愁久病成惆怅”之类的感叹。由于作者从未经历过宦海风波,一生富贵,因而词中表现出明媚鲜妍的艺术风貌和欢快酣畅的韵律节奏。

这首词以报春燕子的呢喃声开局,接着由“声”而“色”,从笼统的空间感受的春色中表现出春昼变长的时间感。继而将目光投向最足以展现蓬勃春色的园林,“万花如绣”一语以人工织绣之美表现大自然旺盛的生机,很见特色。作者接着在“万花”之中选取了一个特写镜头:经雨的海棠,红似胭脂。由红花而至绿叶,写到了柳树,柳叶儿不是才舒娇眼,而是尽展宫眉,翠拂人首了。这里,作者将海棠拟作胭脂,将柳叶喻为宫眉,但读来并不觉得甜俗,因为这样的拟人之笔使人更感受到春天的生气。

春色如斯,人岂能安于亭中、槛内的赏玩?作者在换头处以“向郊原踏青”一语点明了郊游之乐,而“恣歌携手”四字则是一个大写意的自画像。“醉醺醺、尚寻芳酒”,前三字是一个近景特写,后四字醉而更寻醉,以“尚”字的递进渲染出恣纵之态。最后三句,分明从杜牧《清明》一诗中“借问酒家何处有,牧童遥指杏花村”化来。在诗中,虽可看出能在杏花村酒家之中买得一醉,却难以排遣清明时节孤身旅人的悲凉情怀,不能消尽凄迷意境的底色。而在词中,确是承上阳春郊游的无比欢畅,是寻乐意绪的延续和归宿,故呈现出明丽柔媚的色彩。因而这一化用更凭借句式的长短,将诗中的悱恻低沉变作词中的酣畅活泼,从形式上以至意境上都翻出了新意。

宋祁生活的时代,正值北宋最升平的盛世,缙绅阶级衍五代之余绪,词风典雅而温婉,但馨香秀洁之中不乏伤春伤别的淡淡哀愁,无论是大小晏、欧阳修,还是更早的范仲淹均如此。因而宋祁的词就以其善写春色的明媚、春天的酣乐而自具面貌。《锦缠道》较之晏、欧等人之作,其最大特点就在于以鲜明的色彩、生动的形象、拟人化的手法状春天的主动撩人,来传递春色之美丽,春意之热烈。即使较之喜好艳辞、与宋祁同以佳句互相称美的张先来,也无张氏以"影"字见称的朦胧。其次,宋初士大夫写词虽多不出闲情与艳情范围,但不失其雍容、矜持的风度,宋祁此词却以"恣歌携手"、"醉醺醺、尚寻芳酒"描绘了狂放的自我形象,虽无晏、欧由含蕴而归于深隽的抒情况味,但从形象到感情都直接可感,从而也使之在当时词风中自具一格。

王国维《人间词话》曾称道宋祁《木兰花》:"'红杏枝头春意闹',着一'闹'字而境界全出。"正是这一"闹"字,显现了红杏并非无语争春,而"万花如绣",柳拂行人,又岂非撩人之意?大概正是都抓着了春意撩人这一灵魂,宋祁的词才显得那样鲜明热烈,形象呼之欲出。这虽是享乐之作,但向自然春光中去享受,总比向脂粉裙钗中追求要多一点健康气息吧!

(《唐宋词鉴赏辞典》,上海辞书出版社 1888 年版,第 451–453 页)

满庭芳 茶

黄庭坚

北苑春风,方圭圆璧,万里名动京关。碎身粉骨、功合上凌烟。尊俎风流战胜,降春睡、开拓愁边。纤纤捧,研膏溅乳,金缕鹧鸪斑。　　相如虽病渴,一觞一咏,宾有群贤。为扶起灯前,醉玉颓山。搜搅胸中万卷,还倾动、三峡词源。归来晚,文君未寝,相对小窗前。

此词也收入秦观《淮海居士长短句》中,字句少异。据南宋吴曾《能改斋漫录》卷十七《茶词》一条说,山谷曾作《满庭芳》茶词"北苑龙团,江南鹰爪"云云,其后修改前作,止咏建茶,"北苑研膏,方圭圆璧"云云,词意益工。证为山谷所作。此词刻画铺叙,极妍尽态,极似一篇茶赋。

词先从茶的名贵说起:"北苑春风,方圭圆璧,万里名动京关。"北苑在建州,即今福建建瓯,是贡茶的主要产地。王象之《舆地纪胜》引周绛《茶苑总录》云:"天下之茶建为最,建之北苑又为最。"从宋太宗太平兴国二年开始,建州专造龙凤团茶入贡,北苑茶贵,至此得名。由于是贡品,采择十分讲究,据蔡襄《北苑焙新茶诗》序云:"北苑(茶)发早而味尤佳,社(立春后第五个戊日为春社日)前十五日,即采其芽,日数千工,聚而造之,逼社(临近社日)即入贡。"因此"春风"二字,即指社前之茶。山谷另一首茶词《看花回》云:"香引春风在手,似粤岭闽溪,初采盈掬。"并可证。如此讲究产地节令,且"日费数千工",制成的方圆茶饼,蔡絛《铁围山丛谈》卷六且云"岁旦可十百饼",故无怪要声传万里名动汴京了。圭方璧圆,以喻茶饼形状。

这些细小的茶，有如此身价，且进奉御用，简直是有功社稷，可与凌烟阁（唐代所建，表彰开国功臣的地方）中那些流芳百世，为国粉身碎骨的将相功臣并列了。“粉身碎骨”二句用得刻至，以研磨制茶之法攀合将相报国之事，以贡茶之贵比之开业之功，着意联想生发，避实就虚。接着写茶之用，“尊俎风流战胜”是“战胜风流尊俎”的倒装，意指茶能解酒驱睡、清神醒脑，排忧解愁。“战胜”、“开边”，字面切合凌烟功臣。以下说更有红巾翠袖，纤纤玉指，研茶沏水，捧精美茶具，侍奉身前，堪称一时雅事。“鹧鸪斑”，以其纹色代指茶盏。杨万里《陈蹇叔郎中出闽中漕别送新茶》诗：“鹧斑碗面云萦字，兔褐瓯心雪作泓。”据蔡襄《茶录》：“茶色白，宜黑盏，建安所造者绀黑，纹如兔毫。”范成大《桂海虞衡志》记有鹧鸪斑香，谓其“色褐黑而有白斑点点，如鹧鸪肊上毛”，则仿兔毫瓯例，茶盏色泽花点似鹧鸪斑者，亦可命名。以上言有好茶叶之外，还要有好水，好茶具，好的捧盏人，这才珠联璧合，相得益彰。

下片写邀朋呼侣集茶盛会。当时有行茶令的风俗：“每会茶，指一物为题，各举故事，不通者罚。”（王十朋《梅溪文集》）这里写自己雅集品茶，却翻出司马相如的风流情事。茶可解渴，故以“相如病渴”引起。司马相如“常有消渴疾”，见《史记》列传。紧接着带出他的宴宾豪兴，又暗暗折入茶会行令的本题。“为扶起灯前”下四句，是承接字面，明写司马相如的酒兴文才，实暗指茶客们酣饮集诗、比才斗学的雅兴。“一觞一咏”两句，用王羲之《兰亭集序》“群贤毕至，少长咸集……一觞一咏，亦足以畅叙幽情”。“醉玉颓山”，用《世说新语·容止》“嵇叔夜（康）……其醉也，傀俄若玉山之将崩”，“搜搅胸中万卷”，用卢仝《走笔谢孟谏议寄新茶》诗“三碗搜枯肠，唯有文字五千卷”。“还倾动、三峡词源”，用杜甫《醉歌行》“词源倒流三峡水”。以上连用四个典故，真如他自己所主张的“无一字无来处”（《答洪驹父书》）了。最后带出卓文君，呼应相如，为他们的风流茶会作结，使下片成为一个整体。

这首词围绕一杯茶，竭尽腾挪铺叙之能事。为了避免泥定题目导致拘而不畅，作者通篇不着一个茶字，翻转于名物之中，出入于典故之间，不即不离，愈出愈奇。特别是下片用司马相如集宴事绾合品茶盛会，专写古今风流，可谓得咏物词的要领了。

当时人论词家有“秦七、黄九”之说，但清代的冯煦在《宋六十一家词选》例言中却不以为然，认为“若以比柳（永），差为得之”，这话颇中肯綮。山谷词以疏隽旷放为主调，但他也受到了柳永词的影响。这首词的传移铺写，风流冶荡颇近柳词格调，但刻意出奇，穷力追新，却是自家面目。以这首词论之，黄庭坚的长调虽学柳永，但无柳词的平直晓畅，雕琢有余而自然不足，虽冶艳而乏情致，不免有堆砌饾饤、词意枯涩之弊。

（《唐宋词鉴赏辞典》，上海辞书出版社 1888 年版，第 771–772 页）

瑞鹤仙

张枢

卷帘人睡起。放燕子归来，商量春事。风光又能几？减芳菲、都在卖花声里。

吟边眼底。被嫩绿、移红换紫。甚等闲、半委东风，半委小桥流水。　　还是。苔痕湔雨，竹影留云，待晴犹未。兰舟静舣。西湖上、多少歌吹。粉蝶儿、守定落花不去，湿重寻香两翅。怎知人、一点新愁，寸心万里。

张枢出身于一个世代簪缨之家。五世祖张俊是南宋“中兴四将”之一，封循王。祖父张镃亦身居高位，喜好声律，著有《玉照堂词》。由于家学渊源，张枢精于音律，交游的都是著名词人。他生当宋末，国势危殆，但家道未衰，园林极盛，歌姬成群，因而所作亦恰如其集名“寄闲”。这首《瑞鹤仙》堪称代表。

这是一首写春愁的作品。

起头三句，从燕归带出“春”字。但作者无意铺写春色，却问之以“风光又能几”。不涉风雨、花信，而以“减芳菲”的卖花声抹去种种娇妍，流露了心中的惆怅，这样从听觉落笔，造成了虚实相参的意境，使春愁渐出。春，来也迟迟，去也匆匆，吟春、看春都尚未尽兴，万紫千红的花儿被嫩绿的叶子取代了，转眼间众芳凋零，半被东风吹散，半落溪中与水相逐。

下片进一步渲染和表现春愁。春雨绵绵不断，“苔痕湔雨，竹影留云”，写雨情极见幽隽，因此又逼出“待晴犹未”一句来。因雨，画船静泊岸边，西湖上没有多少丝竹和歌声。因雨，花间蝶儿粉湿翅重，却仍然守定落花，恋余香而不去。以复叠之笔，清冷之景，写足连绵春雨，以寓春归，而引动春愁。诸景物已带现愁情，最后“怎知人、一点新愁，寸心万里”，明点“愁”字，却从粉蝶儿守定落花、欲留春住转出。“怎知”字，表明人之痴比物之痴更深，愁更重。以此结情，其情无尽。

张枢这首《瑞鹤仙》除春愁外还写了什么呢？“刻意伤春复伤别”是词的传统题材，此词在伤春的基调上又有“怎知人、一点新愁，寸心万里”之叹，正是“复伤别”的况味。自温庭筠以来，唐宋词颇有男子拟作闺音的，此词虽未像苏轼《水龙吟》（杨花词）那样，明言“梦随风万里，寻郎去处”，但又何尝不是“春恨正关情”（温庭筠《菩萨蛮》）呢？张枢的词友周密曾被人称为“少年诗流丽钟情”（《弁阳诗序略》），张枢此词又岂非“流丽钟情”之作？此时元兵即将挥师南下，赵宋政权行将倾覆，但士大夫仍醉心于湖山清赏，登临酬唱，结社分韵，吟风弄月，甚至拟写闺情，无病呻吟，时之所尚真令人慨叹！

伤春伤别是个永恒的主题，倘不能在艺术上自出机杼，当然就不能使这一主题有历久弥新的生命力。张枢久承家学，广交文士，为词既耽于推敲字句，又精研声律，故此作亦不乏艺术性。

王昌龄《诗格》曾说：“寻味前言，吟讽古制，感而生思。”好语言、好形象多已为前人所用，“寻味前言，吟讽古制”不失为一途。江西诗派倡导“夺胎换骨”，词人却颇多檃栝和融化前人之作。这首《瑞鹤仙》亦可见熔铸陶冶之功。如上片“燕子归来，商量春事”，赅括了史达祖《双双燕》中数句：“差池欲往，试入旧巢相并。还相雕梁藻井，又软语商量不定。”虽工巧妍丽不及，然精神犹在。又如上结，分明是从苏轼《水龙吟》（杨花）的“春色三分，二分尘土，一分流水”来，但能就落花踪迹言，非仅贴切，且翻新了意境。下片的“粉蝶儿、守定落花不去”，则可见取意于辛弃疾《摸鱼儿》“算只有殷勤，画檐蛛网，尽日惹飞絮”的构思。

南宋风雅派词人最长于体物赋情，张枢虽非名家，但从此词看，亦非等闲之辈。姜夔、吴文英的作品有深婉要眇之长，然烹炼过度，藻饰尤甚，反伤真趣，以致入于晦涩。此词明快、婉丽，得姜、吴之长而弃其短。“吟边眼底”，虽重修饰，却不显雕琢。“移红换紫”较之“绿肥红瘦”（李清照《如梦令》），在雅致之外，一为动态，一位“定格”；比起“芳莲坠粉，疏桐吹绿”（姜夔《八归》），则更为直切可感。“苔痕湔雨，竹影留云”则不似“宫粉雕痕，仙云坠影”（吴文英《高阳台》）那样费解。虽未臻“字字刻画，字字天然”（彭孙遹《金粟词话》）之境，然琢炼而不失自然，自非小巧之笔。至其赋情之处，也是景以情合，情以景生，有深婉流美之致。

张枢非仅善于琢炼字句，尤其长于音律。其子张炎曾说：“先人晓畅音律……曾赋《瑞鹤仙》一词云云。此词按之歌谱，声字皆协，惟‘扑’字稍不协，遂改为‘守’字乃协。始知雅词协音，虽一字亦不放过。”（《词源》卷下《音谱》）这是指“粉蝶儿”一句的审音修改功夫。“守”字较之初稿“扑”字，确是声、态尤佳。

（《唐宋词鉴赏辞典》，上海辞书出版社 1888 年版，第 2076-2077 页）

《金元明清词鉴赏辞典》

木兰花慢·游三台(二首其二)

元好问

渺漳流东下,流不尽,古今情。记海上三山,云中双阙,当日南城。黄星,几年飞去,淡春阴平野草青青。冰井犹残石甃,露盘已失金茎。　风流千古《短歌行》,慷慨缺壶声。想骊酒临江,赋诗鞍马,词气纵横。飘零,旧家王粲,似南飞乌鹊月三更。笑杀西园赋客,壮怀无复平生。

这首邺城怀古之词是元好问的代表作之一。

邺,春秋时为齐邑,始筑于桓公。战国魏文侯建都于此。秦置县,汉为魏郡治所。东汉末袁绍为冀州牧,镇于此。后为曹操所败,其地遂入曹氏掌握。操封魏王,在此定都。曹丕代汉,虽迁洛阳,然仍以邺为五都之一。其后,十六国时的后赵、前燕,北朝时的东魏、北齐亦相继建都于此。故址在今河北临漳西南。三台是邺都的名胜,是其鼎盛时期的象征。唐徐坚《初学记》卷八引晋陆翙《邺中记》:"魏武于邺城西北立三台。中台名铜雀台,南名金兽(避唐讳改"虎"为"兽")台,北名冰井台。"后皆因城为基,巍然崇举,其高若山。后来北齐文宣帝高洋又因其旧基而更筑之,并改"铜雀"为"金凤","金兽"为"圣应","冰井"为"崇光"。由于三台为曹操所始建,而曹操又是极有作为的政治家,词中怀古多涉曹氏。

"渺漳流东下,流不尽,古今情。"起三句令人想起苏轼的《念奴娇·赤壁怀古》的"大江东去,浪淘尽、千古风流人物"。诚如苏词以"千古风流人物"及其功业统领全篇一样,此词亦以"古今情"为鹄的和轴心。作者游三台故址,远望漳河东下,想到这渺渺河水不知阅尽人间多少世代,怀古伤今之情油然而生。这三句织合广阔的空间和悠久的时间,起笔便定下了全词悲凉苍楚的感情基调。"记海上三山,云中双阙,当日南城。"三句渐入三台本题,写的是三台始建是的雄伟气势。据载,铜雀台高十丈,飞阁崛其特起,层楼俨以承天。金兽台亦有殿宇百余间。冰井台则高八丈,有三冰室。三台间两两相距各六十步,有浮桥式阁道相通,使三者连为一体。《史记·秦始皇本纪》载:"齐人徐市等上书,言海上有三神山,名曰蓬莱、方丈、瀛洲,仙人居之。"此说又见《史记·封禅书》。双阙为古代宫城、祠庙和陵墓前左右各一的高建筑物,上起楼阁,可以远观。唐王维诗曰:"云里帝城双凤阙,雨中春树万人家。"(《奉和御制从蓬莱宫向兴庆阁道中作》)由于三台高峙,殿宇凌空,以"海上三山,云中双阙"相拟。按邺有南北二城,北城为曹魏时因旧城增筑,三台在焉;南城则筑于东魏初年,词曰:"当日南城",盖词人误记。“黄星，几年飞去，淡春阴平野草青青。”三句统言邺城千年来的历史变幻。黄星，古人以为瑞星。晋王嘉《拾遗记》云：“轩辕以戊己之日生，故以土德称王，时有黄星之祥。”据《三国志·魏武帝纪》：“初，桓帝时有黄星见于楚、宋之分，辽东殷馗善天文，言后五十年当有真人起于梁、沛之间，其锋不可当。”曹操自其事来，多年转战，平定了北中国，终有建邺都、修三台之举，上应了黄星之瑞。但曾几何时，祥瑞已矣，黄星飞去。尽管后来十六国及北朝时期，邺城仍数为国都，但北朝末年，相州总管尉迟迥据此起兵讨伐后来的隋文帝杨坚，兵败，致使邺城遭到杨坚的焚毁，千古名都，一旦化为废墟。今日词人重来，所见惟远处春阴淡霭、平野草色青青而已。“冰井犹残石甃，露盘已失金茎。”两句承上，由邺城拍回三台，言邺城既毁，三台也不能幸免于难。曹操筑三台时，冰井台上有三冰室，每室有深达十余丈的井多口，用以藏冰块、粮食、食盐、煤炭等。后赵石虎时专以井藏冰，夏天分赐臣下。直到北齐天保年间，高洋还曾动用三十万民工整修此台。可是作者此时来游，冰井还剩下残破的石砌井壁，而台上曹操所建殿宇的铁梁也已不知去向。（据载北宋时铁梁尚在，韩琦在安阳筑休逸台，搬走了四根）汉武帝曾作铜人捧露盘，班固《西都赋》所谓“抗仙掌以承露，擢双立之金茎。”金茎，即铜柱。据《三国志·魏明帝记》裴松之注引《魏略》，魏明帝曹睿曾有将汉都长安铜人承露盘徙往魏都洛阳之举。不料曹氏也有冰井铁梁为后人拆除的这一天。作者将此二事融合在一起，有史无断，冷峻之中更见感慨深沉。

上片既已将三台盛衰的历史曲曲传出，下片乃从三台之创始者曹操着笔。换头曰：“风流千古《短歌行》。”曹操《短歌行》写自己收揽天下豪杰以建功立业的宏图大志，故有“风流千古”之谓。“慷慨缺壶声”，言曹操此作的感人之力。《世说新语·豪爽》载：晋王敦“每酒后辄咏‘老骥伏枥，志在千里。烈士暮年，壮心不已’（曹操《短歌行》），以如意打唾壶，壶口尽缺。”下文“想骊酒临江，赋诗鞍马，词气纵横。”三句，进一步写曹氏的雄才大略与儒雅风流。苏轼《前赤壁赋》曾以“骊酒临江”描绘曹氏率大军下江南时的气势，元稹《唐故工部员外郎杜君墓系铭并序》则有云：“曹氏父子鞍马间为文，往往横槊赋诗。”由于曹诗志深笔长，梗概多气，“如幽燕老将，气韵沉雄”（宋敖陶孙《诗评》），故曰“词气纵横”。缅怀曹操，是因为时无此等英主，才士托身无地。故下文作者从怀想魏帝转为自叹：“飘零，旧家王粲，似南飞乌鹊月三更。”建安七子之一的王粲，生当东汉末年的乱世，曾流寓荆州。其当时的心情，正如《短歌行》中“月明星稀，乌鹊南飞，绕树三匝，何枝可依”云云。元好问自己在金朝灭亡后，避地移家，也是无所依托，难以栖身，故借王粲以自喻。然而，王粲依刘表未被重用，后归曹操，却为丞相相掾，赐爵关内侯，终有聘才得志之日。而作者却生不逢辰，只能登台空赋愁情。因此，他在篇末长叹道：“笑杀西园赋客，壮怀无复平生。”曹植《公宴》诗：“清夜游西园，飞盖相追随。”当时，建安七子多在邺城西园游宴赋诗。此处作者是说，自己壮怀早已消磨殆尽，不复当年，难免要被因受曹氏父子器重而春风得意的建安七子们所“笑杀”。抚今追昔，百感交集，真是歌哭无端了。

这首词发端即具气势，入手擒题，在古今对照中，虚实相间地写景，以时空交错的大手笔将历史浓缩,怀古的内涵极其丰富。下片以一写多,借曹操的诗歌展示建安时期那才人志士有所作为的慷慨的年代,从而引出自己伤时兼伤身世的一掬热泪。它的风格,极为沉郁苍凉。元氏《论诗绝句》有云:“邺下风流在晋多,壮怀犹见缺壶歌。风云若恨张华少,温李新声奈尔何?”他鄙薄“风云气少,儿女情多”,软弱柔靡的“女郎诗”,论词推尊苏轼,曾说:“乐府以来,东坡为第一。”(《遗山自题乐府引》)然晚清况周颐评曰:“遗山之词,亦浑雅,亦博大。有骨干,有气象。以比坡公,得其厚矣,而雄不逮焉者,豪而后能雄,遗山所处不能豪,尤不忍豪。牟端明《金缕曲》云:‘扑面胡尘浑未扫,强欢讴、还肯轩昂否?’知此,可以论遗山矣。”(《蕙风词话》卷三)以此词为例,况氏所云真不失为知人论世之言。

(《金元明清词鉴赏辞典》,江苏古籍出版社 1989 年版,第 167-170 页)

长相思

纳兰性德

山一程,水一程,身向榆关那畔行,夜深千帐灯。 风一更,雪一更,聒碎乡心梦不成,故园无此声。

康熙二十一年(1682)。圣祖玄烨出山海关祀长白山。纳兰性德以侍卫从驾北行,这首《长相思》或作于此行途中。

能够得到皇帝的信任,扈跸巡狩,本是一件极荣耀的事,理当情绪亢奋才是,然而词人却很沮丧,这究竟是为什么呢?原来,伴君如伴虎,必须谨小慎微,精神的高度紧张,难免不使人心力交瘁,友人严绳孙曾说他“惴惴有临履之忧,视凡为近臣者有甚矣”(《成容若遗集序》)。这“惴惴有临履之忧”一语,颇能道着词人的心态。此外,在这之前,纳兰性德已多次随从康熙出巡,早就疲倦了。正如其寄友人张纯修简中所云:“弟比来从事鞍马间,益觉疲顿,发已种种,而执殳如昔,从前壮志,都已隳尽。”因而,这首《长相思》中所表现的只是感伤消沉的情调,也就不奇怪了。

词以“山一程,水一程”开局,以两个“一”字概言经行的千山万水。“身向榆关那畔行”,则点明去向是山海关之外。作为皇帝的侍卫,作者对御驾巡行的威势自然体验甚切,但他对旌旗车骑之盛并不作正面描绘渲染,而是以“夜深千帐灯”一语,从独特的角度写出这种气派,在大气包举的同时,又不失其凄婉的基调。

如果说上片所展示的是空间的广阔,令人起苍茫之思,那么,下片则改从时间着笔,点出长夜待晓之际心中的乡情。“风一更,雪一更”,寒夜的风雪交替随着更深而益甚。“聒碎乡心梦不成”,风雪声更扰碎乡心,使归梦难成。“故园无此声”,在自己的故园是没有这样的风雪之声的。两相对照,爱乡、思乡之情就尽在不言中了。

人们常将纳兰词与南唐后主李煜所作相拟,除以“哀感顽艳”概言其同之外,还在于二人所做皆为“天籁”。清周之琦说:“或言纳兰容若,南唐李重光后身也。予谓重光天籁也，恐非人力所能及。容若长调多不协律，小令则格高韵远，极缠绵婉约之致，能使残唐坠绪，绝而复续。”（清谭献《箧中词》卷一引）此词直抒胸臆，既无结构上的腾挪变化，又无语言上的深加锻炼，眼前所见，心中所思，都直言以道，却如风行水上，自然成文，诚如王国维所说“以自然之眼观物，以自然之舌言情”（《人间词话》），不加修饰而国色难掩，确有唐五代遗风。

（《金元明清词鉴赏辞典》，江苏古籍出版社 1989 年版，第 954-955 页）

卜算子

蒋春霖

燕子不曾来，小院阴阴雨。一角阑干聚落花，此是春归处。　　弹泪别东风，把酒浇飞絮。化了浮萍也是愁，莫向天涯去！

这是一首借景抒怀之作。

上片写暮春景色，燕子没有飞来，小小庭院被禁锢在绵绵不断的春雨之中。风把落花吹拢到阑干一角，这落花所聚之处便是春天的归宿了。这浅言直说的四句，罗致了三组意象，即燕子不来，小院阴雨，阑干落花。作者藉这暮春阴雨的一角庭院，描绘了一幅春归图。虽文浅语淡，却包孕着极深的无可奈何之情。试对照辛弃疾的名篇《摸鱼儿》，纵然是“更能消、几番风雨，匆匆春又归去”，但作者以奴仆风月的气魄，喝道“春且住”，又说“见说道，惹飞絮”，表其留春，惜春之愿。而在鹿潭此词中，我们看到的却是词人一筹莫展，无计挽留。燕子能飞入寻常的百姓之家，竟然不飞到词人这里来。同是阴雨，落花，宋晏几道《临江仙》词里尚有“落花人独立，微雨燕双飞”，而词人这里连反衬一己之孤单的双燕都没有。南唐冯延巳《蝶恋花》云：“泪眼倚楼频独语，双燕来时，陌上相逢否？”还可向双燕发问，而词人这里却是如此的寂寞，无可与语。小小庭院、一角阑干，春归于此，人亦断肠于斯。怜春即是自怜，惜春即是自惜。这深深的孤寂和万般无奈，不由人联想到作者穷愁潦倒的身世。

下片即景生情，大意谓，弹去泪珠，与春风言别。举起酒杯，浇奠柳絮。这飞絮即使变成了浮萍，仍然还是愁的化身，但希望它不再飘零到天涯海角去！“弹泪”云云已极沉痛，非一般送春心理的反映。把酒奠絮，更见愁苦的深重。苏轼《水龙吟·次韵章质夫杨花词》曰：“春色三分，二分尘土，一分流水。细看来，不是杨花，点点是离人泪。”虽然苏词也用了柳絮入水化萍之传说，但其“离人泪”的形象只是闺情所生；而此词之“化了浮萍也是愁”，则托物自喻，“莫向天涯去”一语，又是难以掌握自己命运者的痛苦心境的反映，其沉痛自非一般离情可比。

清代著名词论家谭献对蒋春霖评价极高，称其与纳兰性德、项鸿祚“二百年中，分鼎三足”，并以其词为“词人之词”而区别于王士禛的“才人之词”，周济的“学人之词”（见《箧中词》卷五）。着眼点正在于蒋词能以情胜。蒋氏一生落拓，又逢太平天国起义，奔走流离。故其词中多悲苦之言,并非无病呻吟,陈廷焯云:“鹿潭穷愁潦倒,抑郁以终,悲愤慷慨,一发于词,如《卜算子》云云,何其凄怨若此!”(《白雨斋词话》卷五)诚为知人之言。

(《金元明清词鉴赏辞典》,江苏古籍出版社 1989 年版,第 1340-1341 页)

《词林观止》

张　先

张先(990—1078),字子野,湖州乌程(今浙江吴兴)人。天圣八年(1030)进士,晏殊知永兴军,辟为通判,仕至都官郎中,晚退居乡里。词与柳永齐名,长于小令,亦喜为慢词,对宋初词之形式发展有相当推助作用。有《张子野词》。

菩萨蛮

忆郎还上层楼曲。楼前芳草年年绿。绿似去时袍。回头风袖飘。　　郎袍应已旧。颜色非长久。惜恐镜中春。不如花草新。

登高远望,相思怀人,是我国诗词中相沿成习、生生不已的题材。春天是气清景明、莺飞草长、撩人情思的季节。从《古诗十九首》的"青青河畔草",经王昌龄的"忽见陌头杨柳色",到温庭筠的《菩萨蛮》十四章,可谓将闺怨的主题发挥得淋漓尽致。张先此词与温词风格颇近,而文心之细、运思之密,却自出机杼。

首句直道"忆郎"之旨与登楼之举,颇为平实。次句所写为登高所见:"楼前芳草年年绿",芳草之意象,当肇自淮南小山《招隐士》赋的原型:"王孙游兮不归,春草生兮萋萋",而"年年绿"则见游子久出不归之意。较之王昌龄的"忽见"自不待言,即使王维《山中送别》的"春草明年绿,王孙归不归",亦不逮张词期盼之久,故情深可知。第三句之句首以"绿"字作顶真蝉联,从草之绿联想到"去时袍"之绿。上结"回头风袖飘",更由袍而写出游子临行依恋、袖袂飘举之状,此景之深印于心,更见今日之惆怅。

换头仍旧紧扣"袍"来写,去时之袍如春草新绿,今日之袍应是色彩已旧。拟想郎袍之旧可见对郎之深情,而"颜色非长久"则关合自己,青春易逝之感,谁适为容之叹,已尽在不言之中了。最后的"惜恐镜中春,不如花草新",即"年年岁岁花相似,岁岁年年人不同"之意,在回应"楼前芳草年年绿"之时,对照人生老去、花草再荣,使人对伤春、伤别的永恒主题更可深长味之了。

此词先只就空间着眼,写登楼所见,人以时岁变迁之感,紧扣绿色而由草及袍,由袍之绿色而及人之"颜色",可见包孕之广、设想之新。而回环呼应、上下钩连,则更见谋篇布局的技巧。

(《词林观止》,上海古籍出版社 1994 年版,第 209-210 页)

一丛花令

伤高怀远几时穷？无物似情浓。离愁正引千丝乱，更东陌，飞絮濛濛。嘶骑渐遥，征尘不断，何处认郎踪？　　双鸳池沼水溶溶，南北小桡通。梯横画阁黄昏后，又还是、斜月帘栊。沉恨细思，不如桃杏，犹解嫁东风。

词之起句，多藉景引情。张先善作闺怨之词，不袭旧格，避免雷同，于此词之起句既可见之。“伤高怀远几时穷？”将多次的感慨作问句，倒卷而出，虽不似李煜“春花秋月何时了”那般沉痛，仍可见付与重笔之深情。紧接的“无物似情浓”，似是回答首句之问，却非正面回答，然而正因“无物似情浓”，才会引出无穷无尽的伤高怀远，较之正面回答更具哲理，更加警醒有力。此二句笼罩全篇，奠定全词之情韵。“离愁正引千丝乱”，“离愁”应“伤高怀远”，“千丝”与“千思”谐音，一“乱”字更见情怀不宁，不是景之撩动愁怀，却是离愁引动柳丝，与“情浓”一致。“更东陌、飞絮濛濛”更增烦闷，层进层深，此情更重。“嘶骑”三句，写得较实，点明离愁的由来。听嘶骑、望征尘、认郎踪，更可见“伤高怀远”并非泛设之辞。“何处”之问由实而虚，有空中荡漾之妙。

过片继写登高所见：池水溶溶，小船来去，但沼中鸳鸯戏浴，楼上却形孤影单。桡，船之小楫。此处引申为船义。小桡可通南北，自己却难觅郎踪。由景而情，反兴此时心绪，这二句并非闲笔。“梯横”二句，紧扣“伤高怀远”主旨，写出了由白天而经黄昏以至月夜的过程，这是一天中的“几时穷”，“又还是”更点出时岁流逝中的“几时穷”，令人起“碧海苍天夜夜心”之想，深悟“无物似情浓”之涵义。正由于离情日日难遣，夜夜难消，千回百转之中，终于引出怨极之语：“沉恨细思，不如桃杏，犹解嫁东风。”此处翻用李贺《南园》“可怜日暮嫣香落，嫁与东风不用媒”诗意，诚如贺裳《皱水轩词筌》所指出，其与李益诗“早知潮有信，嫁与弄潮儿”相似，“皆无理而妙”，与生活逻辑相悖，正是无理而有情。欧阳修称其“‘桃杏嫁东风’郎中”，可谓深知此句之“无理而妙”。

（《词林观止》，上海古籍出版社 1994 年版，第 210-212 页）

天仙子

时为嘉禾小倅，以病眠，不赴府会

水调歌头持酒听，午醉醒来愁未醒。送春春去几时回？临晚镜，伤流景，往事后期空记省。　　沙上并禽池上暝，云破月来花弄影。重重帘幕密遮灯，风不定，人初静，明日落红应满径。

此词调名下的短语，有助于了解作词的时、地和背景。嘉禾即今浙江嘉兴，倅为副职。据考，张先在嘉禾作判官，约在仁宗庆历元年(1041)，时年五十二。“以病眠，不赴府会”，托病而未赴府会，不去听歌赏舞，词中表现的正是叹老伤春的情怀。

起二句写未赴府会而在家对酒当歌后的心绪。《水调》为隋炀帝开汴渠后所自作，唐人颇多玄宗听《水调》而伤时悼往的记载。词人欲持酒听歌来遣愁，但午醉虽醒，愁仍未去。缘何"愁未醒"呢？词中点明"送春春去几时回"？明知今春虽去，明年再来，此处问春之语，实指春天带走了年华，一去永不复回。春去不会停留，人已垂垂老矣。"临晚镜，伤流景"，承接自然。杜牧《代吴兴妓春初寄薛军事》云："自悲临晓镜，谁与惜流年？"此处易"晓"为"晚"，既切合自身年岁，又未改"惜流年"之意，作者化用杜诗，可谓深得神髓。上结"往事后期空记省"，既以"往事"承"春去"、"流景"，又以"后期"瞻念未来。逝者堪悲，来者寡欢。"空记省"，兼绾二者，与"愁"相应。

上片从"午醉"写到"晚镜"，重在抒情；下片写夜景，情从景出。池上已暝，水禽并眠于沙岸，反衬自己的形孤影单。这伤春情怀又岂无悼惜年轻时的恋情之意？"云破"句历来为人激赏，欧阳修、宋祁之推重自不待言，后人也有"心与景会"、"景物如画"等评，王国维《人间词话》更谓其"着一'弄'字而境界全出"。"云破月来"所长在表现瞬间之景，"花弄影"既得夜之静谧，又见花之精神，尤其一"弄"字是将人的动作、感情移注其中，堪称"词眼"，故"境界全出"。末四句朴实无华，着重在写风，而料想"明日落红应满径"，又回应"送春"，再表惜春情怀。

（《词林观止》，上海古籍出版社 1994 年版，第 212—213 页）

木兰花·乙卯吴兴寒食

龙头舴艋吴儿竞。笋柱秋千游女并。芳洲拾翠暮忘归，秀野踏青来不定。

行云去后遥山暝。已放笙歌池院静。中庭月色正清明，无数杨花过无影。

此词是张先晚年乡居所作。乙卯即神宗熙宁八年（1075），此时作者已是八十六岁高龄。吴兴即今浙江湖州。寒食为清明前一日或二日。

上片写寒食日之春游。宋代于此日有赛龙舟习俗，周密《武林旧事》有生动记载，首句即写此。舴艋舟形如蚱蜢，小而轻巧，以龙头为饰，则成龙舟。吴儿奋力划桨，个个争先，"竞"字下得极好。次句写吴女：在竹柱挺立的秋千架上，游女双双打着秋千，一"并"字足见同心协力之状。吴儿阳刚，吴女阴柔，赛龙舟，荡秋千，各得其所。"芳洲"二句，将笔触转向更多的游人：妇女在水中小洲采拾花草，兴致正浓，暮而忘归；人们在秀野踏青，来往不定。在这寒食游春图中，既有拾翠、踏青的全景，又有龙舟、秋千的特写，春意盎然，生机勃勃。

下片写自家庭院的月夜。"行云"二句谓一天热闹之后，游女归去，远山昏暝，笙歌已终，池院寂静。"行云"既指云，亦如《高唐赋》之指人。歌舞终止称放队。此二句非仅使画面由而动静，且自然引出最后的夜景。庭中月光如水，清澄明澈，柳絮轻轻飞过，寂然无声，悄然无影。月光清明，杨花轻柔，"无影"正是词人会心独到之处，深得朦胧之美，难怪朱彝尊《静志居诗话》"叹其工绝"，并谓"在世所传'三影'之上"。

此词从白日游春写到月夜中庭,由动至静,极其自然,一动一静,各臻其妙。词人既与游人共赏热闹,又能独味月下夜景之幽寂,可谓情趣兼得雅俗,也看到了返璞归真之美。

(《词林观止》,上海古籍出版社 1994 年版,第 213-214 页)

青门引

乍暖还轻冷,风雨晚来方定。庭轩寂寞近清明,残花中酒,又是去年病。

楼头画角风吹醒,入夜重门静。那堪更被明月,隔墙送过秋千影。

此词抒发春愁,极写寂寞心情。起二句写春日的天气,乍暖还寒,阴晴不定。先觉“乍暖”,再感“轻冷”,之所以“轻冷”,当缘于“风雨”,这风雨直到晚间才停。词人之如此善感善觉,是由于无人晤对,百无聊赖,虽未明言孤寂,情状可味。果然,第三句点出了“寂寞”,独处庭轩,时近清明,情何以堪?只能对花饮酒,而花开已残,更增人愁思。以酒销愁愁更愁,不觉饮之过量。《汉书》颜师古注:“饮酒之中也,不醉不醒,故谓之中。”“又是去年病”点明如此情形与去年相同。一“病”字,足见“刻意伤春复伤别”,年年如此,愁随年进,其情可知。

换头写角声与凉风将醉人吹醒。角声凄厉入耳,凉风阵阵侵肤,二者并至,焉得不醒?买醉不得,画角惊梦,故黄蓼园在《蓼园词选》中谓“‘醒’字极尖刻”。在“入夜重门静”的时分,心中亦如重门闭锁,百忧丛集。偏偏在此时,明月的清光竟送来了隔墙的秋千影。“那堪”二字,有着极重的感情负荷,作者虽未明言已情于秋千何涉,但“咫尺画堂深似海”,足令人深长玩味了。以动结静,感情的涟波也荡漾不已。黄蓼园云:“末句那堪送影,真是描神之笔,极希微窅渺之致。”可谓善评。而沈际飞所说的“怀则自触,触则愈怀,未有触之至此极者”(《草堂诗余正集》),对全词之情怀与感触浑融交织、互相生发的特点,作了精当的概括。

(《词林观止》,上海古籍出版社 1994 年版,第 214-215 页)

张 昪

张昪(992—1077),字杲卿,韩城(今属陕西)人。大中祥符八年(1015)进士,历知数州,擢枢密副使,累官参知政事、枢密使,以彰信军节度使、同中书门下平章事判许州,以太子太师致仕,谥康节。今存词二首。

离亭燕

一带江山如画。风物向秋潇洒。水浸碧天何处断?霁色冷光相射。蓼屿荻花洲,掩映竹篱茅舍。　云际客帆高挂。门外酒旗低亚。多少六朝兴废事,尽入渔樵闲话。怅望倚层楼,寒日无言西下。

这是一首怀古之作。范公偁《过庭录》以为张昪作,黄升《唐宋诸贤绝妙词选》以为孙浩然作,前者生年较后者早得多,所说可信。张昪或作张升,而据《宋史·仁宗纪》等,当以前者为是。《过庭录》谓此词作于张昪退居江南后,从词中"六朝兴废"句,可见为金陵怀古之作。

上片写登高所见。金陵兼得长江、钟山之胜,"一带江山如画"六字,平实稳重,概言全景,是很好的开局。此句"风物向秋潇洒","潇洒"二字极富生气,一扫传统悲秋的衰飒。一言空间,一言时间,为入题做了铺垫。以下四句,具体展示如画的江山和潇洒的风物:水天相映,不见尽头。"浸"、"断"二字下得极好,"霁色"写天,"冷光"写水,"相射"将水天交映赋以动态。蓼屿与荻洲之上,掩映着竹篱茅舍,由物及人,为下片抒情奠定基础。

换头并不急于接入怀古,却着眼于人,写极目所见:在水天相接之际,客船高挂着白帆,烟霭之外,酒家旗子低垂。而这样人来人去的客帆,人醉人醒的酒楼,可谓代代不已,于是,怀古之情自然涌上心头。三百多年中,这里经历了东吴、东晋、宋、齐、梁、陈六朝的兴衰,现在却"尽入"竹篱茅舍中渔夫樵子的"闲话",历史之无情如此。结尾的倚楼怅望,"寒日无言西下",更寓惆怅之情于当前之景中。

作者退居江南作此词之时,正当神宗熙宁年间。身历真宗、仁宗、英宗、神宗四朝的张昪目睹国势由盛转衰。其感伤六朝旧事,当基于对本朝心存隐忧。此词实是后来王安石《桂枝香》词的先声。

(《词林观止》,上海古籍出版社 1994 年版,第 226-227 页)

章良能

章良能(生卒年未详),字达之,丽水(今属浙江)人。淳熙五年(1178)进士。累官至同知枢密院事、参知政事。有《嘉林集》,不传。今存词仅一首。

小重山

柳暗花明春事深。小阑红芍药、已抽簪。雨余风软碎鸣禽。迟迟日,犹带一分阴。　往事莫沉吟。身闲时序好、且登临。旧游无处不堪寻。无寻处,惟有少年心。

此词表现了重游旧地之时,旧游可寻而少年心无处可寻的失落感,怅惘中含有深切的怀旧意绪。

起句点明时序,柳暗花明,春事已深。小花栏中的红芍药,已抽出了状如玉簪的花蕾。“雨余风软碎鸣禽”句本于唐人杜荀鹤《春宫怨》的“风暖鸟声碎”，陈霆《渚山堂词话》谓“鸣禽曰碎，于理不通”，其实，百鸟争鸣之纷繁正仗一“碎”字传神。较之杜诗，词中将“风暖”易为“风软”，尤见惬意之感，增“雨余”二字，更统领红药抽簪、鸣禽声碎及后面的日犹带阴等诸般“春事深”的情景。由春转夏，百日渐长，《诗·豳风·七月》已有“春日迟迟”一语，词中用之，并曰“犹带一分阴”，不仅承“雨余”之意，且将春天阴晴无定而妩媚可人的特点作了准确传递。

上片写景，下片抒情，为填词之一般规律。然此词换头文意突兀，实为以奇破常之笔。作者重游旧地，未免沉吟往事，但这里以“往事莫沉吟”陡然煞住，继之以及时行乐之意。“身闲”是不汲汲于富贵，“时序好”是正当春天，值此良辰美景，自应登临揽胜，以免辜负大好春光。可是当游览之后，又不禁处处引起对往日的追忆，眼前景物如故，但物是人非，时光流逝，年华已去，当日的少年心情已一去不可追寻。时序虽好，过去的春天却不能再回；此身虽闲，却消失了“少年心事当拏云”的雄心壮志，这是多么令人感到凄伤的事。正是宕开复又绕回，其牢落郁塞的暮年情怀耐人寻味。唐圭璋《唐宋词简释》云“以转笔作收，倍觉沉痛”，可谓善评。

（《词林观止》，上海古籍出版社1994年版，第564-565页）

御街行

无名氏

霜风渐紧寒侵被。听孤雁、声嘹唳。一声声送一声悲，云淡碧天如水。披衣告语，雁儿略住，听我些儿事。　　塔儿南畔城儿里。第三个、桥儿外。濒河西岸小红楼，门外梧桐雕砌。请教且与，低声飞过，那里有、人人无寐。

此词托雁抒情，表现了思念亲人的游子情怀。题材并不鲜见，而嘱托大雁，叮咛告语，且不厌其详，手法很具新意。词中绝无雕镂，纯用口语，如风行水上，自然成文，真切而生动，具有浓郁的民歌色彩，开元人散曲俚俗尖新的风气之先。

上片先写秋夜景色，以兴怀人之情，转出奇思，告语大雁“霜风渐紧寒侵被”，一“渐”一“侵”，见秋意转深，秋寒袭人。“听孤雁、声嘹唳”，“嘹唳”言其声高而长，悲而远，而“孤雁”则兼有目击与心存两义：既是眼前实景，也是托物自况。孤雁失伴而飞，故“一声声送一声悲”。雁声引己出户，抬头仰望，但见云淡天碧，清澄似水，此六字深得秋夜将晓之神韵。以下转为披衣告语，托雁传情，遥得汉乐府以鱼、鸟拟人之遗意，并下启元人散曲的特殊风味。

词虽两片，对雁告语却文意不断，一气呵成。请雁儿略住，所告“些儿事”为何呢？下片详言之：先是告以所怀所爱者的居处，再望其“低声飞过”。塔儿畔、城儿里、第三桥外、濒河西岸，是准确的地理方位；小红楼、门外梧桐雕砌，是显见的居处特征。这不是诗词的含蓄简约，而是民歌小曲的生动铺排，朴拙见巧，婉转见情。上片言雁声使自己披衣而起，此处请大雁低声飞过，因为“那里有、人人无寐”。“人人”，即亲爱者之暱称。已既被扰，还望彼之无扰，这是何等关切，何其深情！自己怀人无寐，却设想对方怀己而无眠，此与顾敻《诉衷情》的“换我心，为你心，始知相忆深”同理，而更见形象化，更具生活气息。

（《词林观止》，上海古籍出版社1994年版，第763—764页）

《历代小令词精华》

山花子·春恨

陈子龙

杨柳迷离晓雾中,杏花零落五更钟。寂寂景阳宫外月,照残红。 蝶化彩衣金缕尽,虫衔画粉玉楼空。惟有无情双燕子,舞东风!

此词题作"春恨",其实是写南朝亡国之恨。言外又别有深意,发人遐思。

词从春晓之时写起:婆娑的杨柳在蒙蒙晓雾中显得迷离恍惚,杏花渐渐零落,远处传来五更的钟声,这钟声来自景阳宫中。《南齐书·皇后传》载:"置钟于景阳楼上,宫人闻钟声早起妆饰。"因而景阳宫外孤寂的残月既是映照着零落的红杏,而非窥伺梳妆的宫女,就已流露出"景阳"实为故宫之意。倘在国家强盛之时,宫女梳妆当是"明星荧荧,开妆镜也;绿云扰扰,梳晓鬟也;渭流涨腻,弃脂水也;烟斜雾横,焚椒兰也"(杜牧《阿房宫赋》),如今宫外明月所照,惟余残红,故国已矣,令人情何以堪?这"景阳宫"虽属南齐,但又易使人想起南陈的景阳井。隋兵南下克台城,陈后主与张丽华、孔贵嫔坐视无计,俱投此井,至夜,为隋兵所执。作者虽未明言凭吊南朝政权,但其意已出。

下片进而申足其"恨"。"蝶化彩衣"出《罗浮山志》:"山有蝴蝶洞,在云峰岩下,古木丛生,四时出彩蝶,世传葛仙遗衣所化。"彩蝶原为仙人遗衣所化,这里则是"蝶化彩衣",岂非沧桑互变?"金缕尽"三字极为沉痛,昔日"青铺绿琐琉璃扉,琼筵玉笥金缕衣"(梁刘孝威《拟古应教》)的景况已不可再,南朝早已是"舞榭歌台,风流总被,雨打风吹去飞"(辛弃疾《永遇乐·京口北固亭怀古》)。"虫衔画粉玉楼空"句更近于写实:虫子将玉楼的朱梁画栋都蛀蚀一空了。而六朝政权内又有多少这样的蛀虫呢!写实之外,又可令人生发此想。结句"惟有无情双燕子,舞东风",实从刘禹锡《乌衣巷》诗意化出。人自有情,燕子无情,还在东风中翩飞。结语在情景之间,回到了"春恨"本题。

陈子龙曾事福王朱由崧于南京,屡屡进谏而不听,后又受鲁王部院职,结太湖义军欲举事,事露被执,投水而死,时为永历元年(1647),距福王弘光政权之亡仅两年。此词似不大可能作于弘光亡后,其凭吊南朝却显为预感南明之亡。陈廷焯评此词说:"凄丽近南唐二主,词意亦哀以思矣。"(《白雨斋词话》卷三)所言甚是。试看词中"迷离"、"零落"、"寂寂"、"残红"等语,岂非李璟《摊破浣溪沙》"菡萏香销翠叶残,西风愁起绿波间"的"众芳芜秽、美人迟暮"之意?中主之时,周师威逼,虎吻之下只得割江北之地以求和。陈词上片所言,及当时国势,均与南唐中主时相近。而下片的"蝶化彩衣金缕尽,虫衔画粉玉楼空",则较李后主词"雕栏玉砌应犹在,只是朱颜改"(《虞美人》)

更为不堪。此词之“凄丽”确与二主所作相近，所表之“春恨”已非伤春，而是借古言今以寄托伤时伤国的深沉之叹！

陈子龙文宗两汉，诗轶三唐，老成苍劲，词却极为凄婉，这与他对词之体性的认识有关。他说：“其为体也纤弱，所谓明珠翠羽，尚嫌其重，何况龙鸾……物有独至，小道可观也。”(《王介人诗余序》)此词看似“体也纤弱”，但由于“一切景语皆情语”，其“情语”又是家国之慨，故确是“小道可观”。明词衰歇，子龙出而使宗风复振，并导常州词派“意内言外”、“词亦有史”之先，陈廷焯以“哀以思”论此词，确为具眼。

(《历代小令词精华》，岳麓书社 1993 年版，第 652-653 页)

西江月

龚贤

新结临溪水栈，旧支架壁山楼。何须门外去寻秋，几日霜林染就。　　影乱夕阳楚舞，声翻夜月吴讴。山中布褐傲王侯，自举一觞称寿。

明末清初，民族矛盾与阶级矛盾都异常尖锐，气节之士多隐居不仕。当时的南京，有著名的画中“金陵八家”，他们徜徉山水，以文酒自娱，以书画为生。八家之首，就是宗法董源、巨然的龚贤。龚贤是昆山人，居金陵清凉山，葺半亩园，尝自写小照作扫叶僧，因名其所居为扫叶楼。这首词写隐居生活，在流露任情适意的同时，也表达了对权贵的蔑视。

上片写居处秋色。起处以对句勾勒出居处特点与地理位置：水栈临溪，是新近结成，山楼架壁，为旧日所支。辛弃疾卜居江西时，曾在灵山齐庵筑草堂，所作《沁园春》因山多水少，流露出犹恨不足之意，故结句发问：“新堤路，问偃湖何日，烟水濛濛？”龚贤作为山水画家，居处得清凉山之胜，亦感山楼之缺憾，故又临溪新结水栈。傍水依山，兼有二美，故自得之情油然而生。“何须门外去寻秋”，秋色以红叶最美，杜牧有“停车坐爱枫林晚，霜叶红于二月花”之句，作者却不必“远上寒山”，就能看到“几日霜林染就”的醉人美景。作者并未细写扫叶楼、半亩园的景色，但山楼、水栈、霜林，疏疏几笔，已成远近相宜的画面。程青溪评其画，谓之“盖以韵胜，不以力雄”，亦可移为此词之评。

下片写幽居情趣，自言怀抱。“影乱夕阳楚舞，声翻夜月吴讴”，工稳的对仗所表现的是无拘无束，悠然自得的生活。欧阳修《醉翁亭记》有句：“已而夕阳在山，人影散乱。”《史记·留侯世家》记刘邦对戚夫人言：“为我楚舞，吾为若楚歌”。庾信《哀江南赋》则云：“吴歈越吟，荆艳楚舞。”唐人陶翰《燕歌行》：“请君留楚调，听我吟吴歌。”作者是昆山人，“吴讴”自确，因“吴”“楚”常对举，故“楚舞”不嫌生硬。两句写日夕、月夜的自歌自舞，闲情显见，狂态可掬，出之有据，写之自然，实有点铁成金、夺胎换骨之妙。“山中布褐傲王侯，自举一觞称寿。”作者隐居山中，甘为布褐之士，这种安于贫贱的精神弥足珍贵，而傲视王侯，不屈节以降，其骨气更是难得。举觞痛饮，自为己寿，是进一步为自己的狷介傲骨传神写照。二句不为赘言，不嫌直露，卒章见志，实为点睛之笔。

龚贤有《木叶丹黄图》、《清凉环翠图》、《春山高阁图》等画传世，用笔变幻，挥洒自如。此词亦如其画，上片结撰之妙得山水画构图之秘。下片以态传情，运化成句得心应手。结尾二句如其绘画之长于积墨，浓笔表其意旨，“画”中有“我”，不似倪云林的幽涧寒松、断岸疏林，但见萧条淡泊之情、闲和严静之心。其大写之“人”，尤为可贵。

（《历代小令词精华》，岳麓书社1993年版，第676—677页）

玉楼春·燕

宋征舆

雕梁画栋原无数，不问主人随意住。红襟惹尽百花香，翠尾扫开三月雨。

半年别我归何处？相见如将离恨诉。海棠枝上立多时，飞向小桥西畔去。

宋末文天祥诗《金陵驿》有句：“山河风景元无异，城郭人民半已非。满地芦花和我老，归家燕子傍谁飞？”此《玉楼春》之吟燕，尽管写得含蓄不露，但无家之恨、易代之悲，仍隐约可见。

“雕梁画栋原无数，不问主人随意住。”雕梁画栋是富贵之家，燕子可以不问主人，随意构巢而居。有无数的雕梁画栋，就有无数的家，这燕子真可谓人间的宠儿了。它不仅得到主人的荫蔽，更是尽情游戏于大自然：“红襟惹尽百花香，翠尾扫开三月雨。”杨慎《丹铅总录》：“胡燕班胸声小，越燕红襟声大。”史达祖咏燕名作《双双燕》：“飘然快拂花梢，翠尾分开红影。”百花丛中，翩翩不止，故曰“惹尽百花香”，芹泥雨润，贴地争飞，故曰“扫开三月雨”。这燕子的占断春光，令人想起作者“十年花月”的生活，精心描摹之笔，似露依恋旧日之意。

下片文、情陡变。“半年别我归何处？相见如将离恨诉。”作者不言雕梁画栋的主人之变，却作人间燕子之辞，似是有所避忌。然而“别我”、“离恨”等语的背后，岂无风景无异、人民半非之意？“归何处”是问燕而自问，“如将离恨诉”亦是借燕写人。这半年之别，正是人间巨变，燕子难还旧巢，广厦华屋不能栖身。“海棠枝上立多时”，此之“静”与上片“惹尽”、“扫开”之“动”迥异，“动”是由于“欢”，“静”当由于“愁”，“立多时”三字更传依恋之情，愁怀依稀可辨。“飞向小桥西畔去。”“随意住”已成既往，驻足无地，只能飞离此处，向小桥西畔而去！我们读来当然不能在笺释中作字字比附，但综观上下片，分明是不同的燕子形象，今昔相较，一欢一愁，确是寓有身世之感与家国之慨。

沈祥龙《论词随笔》云：“词贵意藏于内，而迷离其言以出之，令读者郁伊怆快，于言外有所感触。”此词之托物寄意，颇合上说。谭献《箧中词》卷一以“探喉而出”评此词，语焉不详，会心独到，足成其“作者之用心未必然，而读者之用心何必不然”（《复堂词录叙》）之佐证。沈氏言作词，谭氏言读词，综二人所说，此词之以燕喻人、寓情于景，言其托意，当非乌有。就艺术而言，纵无史达祖的颖妙俊逸、妥贴轻圆，但繁简得宜、收纵合度，且兼写声、色，有情有态，丽而不俗，隐而不晦，亦有所长。

（《历代小令词精华》，岳麓书社 1993 年版，第 706-707 页）

小重山

宋征舆

春流半绕凤凰台。十年花月夜，泛金杯。玉箫呜咽画船开。清风起，移棹上秦淮。　　客梦五更回。清砧迎塞雁，渡江来。景阳宫井断苍苔。无人处，秋雨落宫槐。

明末清初的历史，曾令许多文人感慨低回。崇祯十七年(1644)三月，李自成义军攻占北京，朱由检自缢于煤山。吴三桂引清兵入关，北方官僚地主纷纷迎降。同年五月，凤阳总督马士英等人在南京拥立福王朱由崧，建立了南明政权。南京一直是明朝的陪都，经济与军事力量都强于清人，对南方各省不乏号召力，但由于党争和内战不已，福王政权仅维持一年，南京城破，朱由崧被俘，东南各地，相继失陷。浙江鲁王、福建唐王、两广桂王先后被拥立，但大势已去，数年之间，相继覆灭。

宋征舆与陈子龙、李雯齐名，有“云间三子”之称，为诸生时，共倡几社，在南京有过风流文酒的生活。清兵南下，弘光覆灭，又成“门外楼头，悲恨相续”的最新历史。作者怅想今昔，漫嗟荣辱，写成此词，作期当在中进士之前的顺治二年(1645)或三年秋。

上片以春写昔日繁华，就自身经历的旖旎风情，概言南明的烟花金粉生活。“春流半绕凤凰台”，起句点明昔日诗酒相聚之地。凤凰台在南京凤凰山下，晋升平(一说宋元嘉)中，有鸟集于此地，时人传谓凤凰，因起台于此，名为凤凰台。自李白《登金陵凤凰台》出后，此地更成为诗人雅集之所，作者是几社领袖人物，以“凤凰台”发端，所言甚切。“十年花月夜，泛金杯。”此则杜牧“十年一觉扬州梦”之意，而杜之“青楼薄幸”较实，此“金杯”较虚。自己花月金杯生活的背景，正是“念往昔、繁华竞逐”的时代。当年陈后主(叔宝)常与宫中女学士及朝臣相和作诗，采其艳者制成吴声歌曲《春江花月夜》，此词前三句的“春流”、“花月夜”，实已切其意，为下片“景阳宫井”伏脉。“玉箫呜咽画船开”，玉箫精美，画船艳丽，而“呜咽”二字，岂有“花开不复久”况味？画船开向何处呢？“清风起，移棹上秦淮。”秦淮河其实就是风月场，由文酒之会移向烟花之窟，南明文士的风流生活，于此可见。

下片以秋写今日凄凉，就亦真亦幻的种种意象，寄其亡国之痛。“客梦五更回”，换头当自李煜《浪淘沙令》“罗衾不耐五更寒。梦里不知身是客，一晌贪欢”而来，转接自然，虚实兼到。“清砧迎塞雁，渡江来。”捣衣的砧声，塞雁的叫声，不止是“呜咽”而是凄厉了，大雁之渡江南飞，是为了避寒趋暖，国变方殷之时，百姓能展翅飞走吗？十年花月的生活已经结束，南明的繁华不会再来，作者将目光移向陈迹，将感慨寓于历史：“景阳宫井断苍苔。无人处，秋雨落宫槐。”祯明三年(589)，隋军攻占台城，陈后主与张丽华、孔贵人躲入景阳殿之井中，被执，后人因称此井为“辱井”。杜牧《台城》以“谁怜容足地，却羡井中蛙”讥之。凄寂、无人、废井、苍苔、秋雨、宫槐，与上片形成鲜明对照，“予欲无言”，而其意自现。

明季世丁末造，秦淮金粉尤盛往时，学士文人虽慨长安棋局不可问，却又在温柔乡中争掷缠头，复、几二社之似陈子龙者极少。此词反省之意寡，今昔之慨多，自不无缺憾。但能将亡国之痛寓于身世之感，由今视昔之中有深沉的历史意识，仍不失为现实主义的佳作。写来概括精当、转接得法、景中见情、虚实结合、兴寄深隐，读之令人低回婉转，感慨生哀。

（《历代小令词精华》，岳麓书社 1993 年版，第 708—709 页）

踏莎行

徐灿

芳草才芽，梨花未雨，春魂已作天涯絮。晶帘宛转为谁垂？金衣飞上樱桃树。
故国茫茫，扁舟何许？夕阳一片江流去。碧云犹叠旧山河，月痕休到深深处。

徐灿于诗文书画无所不精，尤工于词，陈廷焯推为“前则李易安，后则徐湘苹”（《白雨斋词话》卷五）。此词将家国之感溶入伤春之情，写得真挚动人。

“芳草才芽，梨花未雨”，这是早春时节，由初春而入夏，二十四番风雨，二十四番花信，嫣红姹紫，该多么让人赏心悦目！然而，值此春天才来，“春魂”却如杨花远扬，“已作天涯絮”，随风而去了。“晶帘宛转为谁垂？”“晶帘”即水晶帘，精美而晶莹。“为谁垂”，华屋无人，故作此问。“金衣飞上樱桃树”，“金衣”指黄莺，王仁裕《开元天宝遗事》：“明皇于禁苑中见黄莺，常呼之为金衣公子。”金衣之飞，亦因无人欣赏。“春魂”之入天涯，晶帘空垂，金衣飞去，这人去楼空、春色无主的种种意象，不由得引发读者的江山易主之想。

果然，这并非只限于伤春忆旧，“故国茫茫，扁舟何许？”《世说新语》载：“卫洗马新渡江，形神惨悴，语左右曰：‘见此茫茫，不觉百端交集。’”明言“故国”，复又“茫茫”，惨痛可知。欲乘扁舟浮于江湖，又能栖身何处？“夕阳一片江流去”，残阳如血，江波远逝，开阔的境界正蕴含着无边的忧愁，正是“大江流日夜，客心悲未央！”结句“碧云犹叠旧山河，月痕休到深深处。”既是化用辛弃疾《念奴娇·书东流村壁》的“旧恨春江流不断，新恨云山千叠”，更是融入了王沂孙《眉妩·新月》的意境，就语言而言，王词的“新痕悬柳”、“深深拜”、“看云外山河”，亦为此词之所本。王词旨在从新月能圆之理，感慨宋朝的山河难复其旧时清影，以抒其悼念故国之深情。此词“碧云”句亦犹“云外山河”虽在、“桂花旧影”却老，朱明江山无望恢复之意，而“月痕休到深深处”的祈愿，则更见眷恋之情。陈廷焯评其“既超逸，又和雅，笔意在五代北宋之间”（《白雨斋词话》卷五），似犹嫌皮相。

从词意可推知，此词当作于明清易代之际，作者的丈夫陈之璘是崇祯进士，官中允，入清后累官弘文院大学士，加少保，兼太子太保。谭献在《箧中词》卷五中评此词曰："兴亡之感，相国愧之。"堪称确论。词之上片写景，景中寓情。下片直抒己怀，而又融情入景。由庭院之晶帘樱桃，到山河之夕阳江流，化纤仄为开阔，情致深婉缠绵而又意境浑成阔远。晶帘空垂、金衣飞去、碧云遮蔽、月痕深隐，似赋笔而实为比兴，融铸辛王之词了无痕迹，的是斫轮高手。

（《历代小令词精华》，岳麓书社1993年版，第713—714页）

柳梢青·感事

彭孙遹

何事沉吟？小窗斜日，立遍春阴。翠袖天寒，青衫人老，一样伤心。　　十年旧事重寻，回首处、山高水深。两点眉峰，半分腰带，憔悴而今！

安史之乱后，杜甫一度为官，由左拾遗被贬为华州司功参军。乾元二年（759），他弃官客于秦州，作有《佳人》一诗，以战乱中的弃妇写弃官后的自我形象。清人陈沆《诗比兴笺》卷三析其寄托云："夫放臣弃妇，自古同情。守志贞居，君子所托……摘花不插，膏沐谁容？竹柏天真，衡门招隐。此非寄托，未之前闻。"彭孙遹这首《柳梢青》题为《感事》，所塑形象又脱胎于杜诗，恐怕也是有寄托之作。

词之常见者，多藉景渐引其情，成前景后情格局，亦有前情后景，可谓各有其妙。此记却是自塑形象，情景难分，不落俗套。起句陡然自问"何事沉吟？"直拍"感事"之题，而"沉吟"二字，除沉思吟味外，又引申出犹疑不语之意，可见有难言之隐。沉吟并非瞬息，"小窗斜日，立遍春阴。"无意赏春于花园柳陌，却对着小窗沉吟，立遍春阴，直至日斜之时。"翠袖天寒，青衫人老，一样伤心。"所感之事，终于道出。"翠袖天寒"是杜诗《佳人》中的形象"天寒翠袖薄，日暮倚修竹。""青衫人老"出于白居易《琵琶行》，弹琵琶者"老大嫁作商人妇"，自己"江州司马青衫湿"。杜诗和白诗不一，相较而言，后者并无前者"守志贞居"之意，但是，"放臣弃妇，自古同情"，二者亦不无相近。词中撷取杜、白二诗形象，点出"一样伤心"，实是语意双关：既云翠袖之弃妇与青衫之放臣一样伤心，又谓自己感杜、白诗之意与沉吟之事同觉伤心。

上片以杜、白诗意，点出所感事由，下片进而言之。"十年旧事重寻，回首处、山高水深。"原来这放臣弃妇之感的背后，竟然是"十年旧事"，重寻既往，回首之处，惟见山高水深。"旧事"虽未明言，"十年"之久却难以忘怀，而要"重寻"。回首不见平川大道，却是山高水深。虚实之间，耐人玩味，前者时间不短，后者空间更广，融浑交织，更令人起苍茫之思。结句再应歇拍之"伤心"："两点眉峰，半分腰带，憔悴而今！"前句言愁思见于眉峰。范仲淹《御街行》写愁，谓"都来此事，眉间心上，无计相回避"。李清照《一剪梅》化用为"此情无计可消除，才下眉头，却上心头"。"两点眉峰"即范、李词意。中句言愁思使人消瘦，腰带宽了半分，此意在前人词中并不鲜见，如柳永《凤栖梧》云："衣带渐宽终不悔，为伊消得人憔悴。"后句"憔悴而今"再合"感事"之题，应"伤心"意。

此词不知作于何时。作者以二十九岁中进士，授中书。二十年后召试博学鸿词科，康熙帝亲擢其一等一名，授编修。历官吏部侍郎，充经筵讲官。从踏上仕途以来，无由见其放臣弃妇之感。然而，其父曾在南明唐王政权官太仆卿，死于赣州，长兄彭孙贻以毁卒。唐王政权于顺治三年(1646)兵败，作者正是十六岁的少年，十三年后中进士。倘是中进士之前所作，则"十年旧事"、"山高水深"之语，守志贞居之意、逐臣弃妇之感，就不难体会。

作者在《金粟词话》中曾说："近人诗余，云间独盛。然能作景语，不能作情语。"这首《柳梢青》可称善作情语。作者从自问开局，继以"小窗"二语，自写情态，化用唐诗，如同己出，以自塑形象，点出"伤心"。下片时空交织，以成情意深长之致，眉峰腰带二语，凸现生动。全篇尽而未尽，极耐玩味。其语言确可见从追琢中求自然，与作者的创作主张相合。

(《历代小令词精华》，岳麓书社 1993 年版，第 749—750 页)

蝶恋花

曹贞吉

读《六一集》十二月鼓子词，嫌其过于富丽。吾辈为之，正不妨作酸馅语耳。闲中试笔，即以故乡风物谱之。(十二首录一)

五月黄云全覆地。打麦场中，咿轧声齐起。野老讴歌天籁耳，那能略辨宫商字？　屋角槐阴耽美睡。梦到华胥，蝴蝶翩翩矣。客至夕阳留薄醉，冷淘饦饦穷家计。

北宋欧阳修尝作十二月鼓子词，调寄《渔家傲》，诚如曹贞吉所说，"过于富丽"。曹氏《蝶恋花》偏"作酸馅语"，实是反其道而为之。

首句"五月黄云全覆地"，写麦收之时所见。五月麦熟，放眼望去，田野中似黄云覆地。二、三句写打麦场上所闻。"咿轧"是象声词，麦场上连枷声、拉碾声等相混织，故曰"齐起"。黄云覆地已见丰收，麦场上无比热闹，更传喜悦，终于引出了"野老讴歌"之举。"天籁"言其自然，不见矫饰，语本《庄子·齐物论》："女闻人籁，而未闻地籁；女闻地籁，而未闻天籁夫。"此天籁之声，如风行水上，自然成文，故"那能略辨宫商字？"从中可见作者在分享农民丰收之乐时，所流露出的真切乡情。

上片写农家的劳动场面，下片转为自己的村居生活。"屋角槐阴耽美睡"，写初夏耽睡，兼及环境。"梦到华胥，蝴蝶翩翩矣。"由梦境而现实，赞美乡村无争无欲、自然纯朴的生活。《列子》言黄帝"昼寝而梦，游于华胥氏之国……其国无帅长，自然而已。其民无嗜欲，自然而已。不知乐生，不知恶死，故无夭殇；不知亲己，不知疏物，故无爱憎；

不知背逆，不知向顺，故无利害”。《庄子·齐物论》：“昔者庄周梦为蝴蝶，栩栩然蝴蝶也……俄然觉，则蘧蘧然周也。不知周之梦为蝴蝶与，蝴蝶之梦为周与？”由耽睡而美梦，较陶渊明“常言五六月中，北窗下卧，遇凉风暂至，自谓是羲皇上人”（《与子俨等疏》），可谓又进一层。最后写宴客之举。《唐会要》六五《光禄寺》：“夏月冷淘、粉粥。”冷淘当为凉食。贾思勰《齐民要术》九《饼法》：“饦饦，挼如大指许，二寸一断，著水盆中浸，宜以手向盆旁，挼使极薄，皆急火逐沸熟煮。”饦饦为汤饼。以凉食、汤饼宴客，当然只能薄醉了。

此词写故乡风物，情深语浅，状物抒怀，亦如天籁自鸣。较之欧阳修的闺襜之音，素朴如瓜棚豆架。王炜《柯雪词序》所言“不事雕镂，俱成妙诣”，于此词最切。

（《历代小令词精华》，岳麓书社 1993 年版，第 752–753 页）

夜行船·郁孤台

顾贞观

为问郁然孤峙者，有谁来、雪天月夜？五岭南横，七闽东距，终古江山如画。

百感茫茫交集也！憺忘归、夕阳西挂。尔许雄心，无端客泪，一十八滩流下。

郁孤台在今江西赣县西南。据《舆地纪胜》载：“郁孤台……隆阜郁然，孤起平地数丈，冠冕一郡之形胜而襟带千里之山川。”《赣州府志》云：“郁孤台，一名贺兰山。隆阜郁然孤峙，故名。唐代李勉为刺史，登台北望，慨然曰：‘予虽不及子牟，心在魏阙一也。郁孤岂令名乎？’乃易匾为‘望阙’。”文人多因其“郁孤”而登临，登临而生“望阙”之思。如苏轼《虔州八景图》就写道：“倦客登临无限思，孤云落日是长安。”自辛弃疾《菩萨蛮》“郁孤台下清江水”出后，此处更为知名。顾贞观童年之时，明朝已亡，此番登临，何阙可望？故词意之沉痛，较稼轩更为过之。

篇首不是从容写下自己的登台之举，而是陡然发问：“为向郁然孤峙者，有谁来、雪天月夜？”千古登临者众，却有谁选择雪天月夜之时？在这种氛围中凭吊，造就了全词的沉重基调。以“孤起平地数丈”之台，视野所及，能有多远呢？词中却写道：“五岭南横，七闽东距，终古江山如画。”如果说辛弃疾“西北望长安，可怜无数山”，是以长安代汴京，表其“望阙”之意，还不算太隐晦的话，顾词则是将此意深藏其中了。顺治二年（1645）五月，清军占领南京，福王被俘，弘光政权崩溃。不久，礼部尚书黄道周与郑芝龙等，在福州拥立唐王朱聿键，建立了隆武政权。当隆武政权覆灭之后，瞿式耜、丁魁楚在广东肇庆拥立桂王朱由榔，是为永历政权。赣州在地理位置上确是东连七闽、南邻五岭，但更令人联想起先后起于闽粤的两个南明政权。因此，登台而起的“望阙”之意虽深隐难明，但凭吊故明的哀思仍依稀可辨。如今，历史已成陈迹，河山复归一统，“终古江山如画”，平淡之中岂无隐痛可以味之？

情怀难抑，换头“百感茫茫交集也”七字，堪称语约意丰。苏东坡《念奴娇·赤壁怀古》云:“江山如画,一时多少豪杰。”此处的“百感茫茫”,在瞻望江山、凭吊历史之时,又岂无追怀民族英杰之意?当年南部城破之后,江西诸郡惟赣州独存,隆武曾一度驻跸赣州。当汀州破,朱聿键被执,赣州被陷后,守赣州的南昌人万元吉赴水而死。闽粤的南明英烈,更不在少数。今日登临,抗清烽火早息,南明遗忠无存,台有郁然孤起之势,人有悲郁孤零之情,“百感茫茫”实是沉痛之至。“憺忘归”语出屈原《九歌·东君》:“羌声色兮娱人,观者憺兮忘归。”“憺”为安然之意,然而此处登台之憺忘归,似更近于《九章·抽思》的“心怛伤之憺憺”,外安恬而内悲伤。留连至久,直到“夕阳西挂”之时。返观前面的“雪天月夜”,小小一台,登临岂能如许之久?若“夕阳西挂”为实见,则“雪天月夜”当为虚设,借景立言是为了更好的抒情。怅想当年苦撑局面的忠烈之士,“尔许雄心”已矣,今日登览,引发出我的“无端客泪”,泪落赣江,沿十八滩流下。十八滩在赣县至万安境内,文天祥诗“惶恐滩头说惶恐”的惶恐滩,即其中一滩。

辛弃疾写郁孤台的《菩萨蛮》之成为名篇,是因为入时事于风景,言志抒怀,有深刻的政治内容。顾贞观主要生活在康熙朝,文网方张,故词中的政治寄托表现得极为深隐。若谓辛词之比兴在“借水怨山”(周济《宋四家词选》语),以山阻东流喻北伐之阻力,以鹧鸪啼声为投降派口气,那么顾贞观此词之比兴可称为“以地写史”,“五岭”、“七闽”凝聚着对南明的吊念。词中结句熔铸了辛词的“中间多少行人泪”,彼时宋廷尚有江南,今日全国已归满清,其兴亡之慨见于“终古”、“百感”、“客泪”,心中之痛,可以想见。

(《历代小令词精华》,岳麓书社 1993 年版,第 754-755 页)

谒金门·寄汉槎兄塞外

吴文柔

情恻恻,谁遣雁行南北?惨淡云迷关塞黑,那知春草色? 细雨花飞绣陌,又是去年寒食。啼断子规无气力,欲归归未得。

清顺治十四年(1657),江南丁酉科场案发,株连士子甚众。吴江吴兆骞新中此科举人,牵涉案情,被遣放远戍宁古塔。宁古塔在辽东极北,为苦寒绝城。兆骞之妹吴文柔写成这首《谒金门》,以表怀兄之情,并流露出对清廷律严法重的不满。

因内心愤懑难遏,故以“情恻恻”三字起之。当年李白因从永王李璘而获罪,被长流夜郎,杜甫积想成梦,作《梦李白二首》,诗中有句“死别已吞声,生别常恻恻”,“魂来枫林青,魂返关塞黑”。此词首句的“情恻恻”和第三句的“关塞黑”,均出于此。“恻恻”为悲凄之意,齿音相叠,立见悲凉。凄苦悲愁是怎样造成的呢?次句愤然问之“谁遣雁行南北?”《礼》云:“兄之齿雁行。”雁相次而飞,“雁行南北”是兄妹分离之意。“谁遣”二字,问中自有斥责,锋芒所向,不言自明。此句在愤激难平之中,又可见女词人的兀傲大胆。第三句“惨淡云迷关塞黑”,既写了兄长所在的北国之地的荒凉,又含因“云迷"而孤魂难返之意,且兼有自己极目远眺而难见亲兄之情。结以"那知春草色",以自问之句遥问其兄,关切中见手足之情。"春草色"与"关塞黑"对举,不仅极写了江南春色与塞外荒寒,且化用梁人江淹《别赋》:"春草碧色,春水绿波"句意,寄寓着离情。

下片写时间流逝、兄长难归。"细雨花飞绣陌,又是去年寒食。"细雨、花飞,是江南春色的特点。"寒食"在清明前二日,梁人宗懔《荆楚岁时记》:"去冬节一百五日,即有疾风甚雨,谓之寒食,禁火三日。""又是"二字突兀。当此细雨花飞、阡陌如绣之时,令人想起去年寒食亦是如此景象,不觉又过了一年。在年复一年的岁月流走之中,又有多少的深深企盼之情!春日杜鹃悲啼,声似"不如归去"。"啼断子规无气力",是以子规声断、无气乏力,衬托自己的失望。结句"欲归归未得",直露显豁,语朴情厚,出于性灵,发自内心,在深切的亲情背后,不难窥见对当局的怨愤。

以词系以深情结撰,写得真挚动人。脱化杜甫诗、江淹赋,自成意境,更见情深。上片分写南北,以广阔的空间涵容离情。下片侧重江南,以消逝的时间表达离愁。用笔跌宕中见层深。最后借物言情与直接抒情相结合。有曲有直,更为感人。全篇不见闺秀之风,得拙重之致,允称笔意两佳之作。

(《历代小令词精华》,岳麓书社 1993 年版,第 756-757 页)

望江南

朝发景德镇,夜抵饶州,舟中即事三首

查慎行

江行好,袅袅挂帆时。一练澄波烟锁住,三竿红日雾消迟。此景晓来宜。

江行好,历历乱帆时。牛背日斜鸦独立,渔湾人去鹭双窥。此景晚来宜。

江行好,寂寂卸帆时。群雁惊人霜外起,小船吹笛月中移。此景夜来宜。

苏轼曾说:"味摩诘之诗,诗中有画;观摩诘之画,画中有诗。"(《书摩诘蓝田烟雨图》)张舜民更将诗画互补看作二者可以互换:"诗是无形画,画是有形诗"(《画墁集》卷一《跋百之诗画》)。北宋人宋迪作山水画八题:平沙落雁、远浦帆归、山市晴岚、江山暮雪、洞庭秋月、潇湘夜雨、烟寺晚钟、渔村落照。而元人马致远亦作有同题山水散曲《双调寿阳曲》八首。在我国,山水同是文学与艺术的宠儿,查慎行这江行即事的三首《望江南》,就是诗中有画的短篇佳作。

作者早上从景德镇出发,夜间抵达饶州(今江西鄱阳一带),沿途风光尽入眼中,特择晓景、晚景、夜景,写成这三首小词,在统一的主题下,描摹了不同时间所见的美景。

第一首所写是挂帆待航时所见的晓景。"袅袅",状挂帆时桅、帆、船之晃动。此时放眼望去,但见雾气迷濛,江波如被烟锁。"一练澄波"是化用谢朓诗句"澄江静如练"

(《晚登三山还望京邑》)。在雾中晓航,直到日上三竿时,白雾才迟迟消退。那白帆、红日、绿水、因晨雾之隔,空濛隐约,似有似无,其朦胧之美,非身历难以体会。“此景晓来宜”,言之虽直也言之最确。

第二首所写是身在船中所见的江边晚景。黄昏之时,江上是“历历乱帆”,“乱”为混杂意,诸船航向不一、大小不等、快慢不同,故着此字。“历历”意为分明可数,众帆虽乱,但斜阳之下,白帆清晰映目,故曰“历历”。再看江边,牛背沐着夕阳,乌鸦独立枝头,虽未状其声,但牧童竹笛、牛叫、鸦噪,不难想见。渔湾苇丛中,渔人归去,鹭鸟双双,张眼窥视。夕阳之下,帆影似剪,牛背牧归,乌鸦还树,白鹭藏苇,有动有静,有大有小,红、白、黑的三色基调,组成清晰淡雅的画面,确是“此景晚来宜”。

第三首所写是船达目的地后所见的江中夜景。经过一天航行,夜抵饶州,夜间寂静,故曰“寂寂卸帆时”。当此万籁无声之时,忽因船到,人声惊动宿雁,霜外雁声划破了秋夜的宁静。月光之下,小船轻移,笛声依稀可闻。在如银的月色下,人影帆声,雁起霜外,笛传舟中,其韵味实非早、晚所有,真是“此景夜来宜”。

这三首小词分写江行三景,似诗中的联章体,亦似曲中的幺篇,其各有画面则似通景画。其实,推原《诗经》中的《国风》,就以重章叠句见回环复沓之美。《望江南》颇具歌谣风味,欲写同中有异、异中有同、互相联贯又各自独立的江行即事词,此调三首可谓达到内容与形式的高度统一。作者各择晓、晚、夜最具特征之物,构成传神的画面,“外师造化,中得心源”,确是写生高手。芥子须弥,小中见大,读此作足让人悟得诗画相通之妙。

(《历代小令词精华》,岳麓书社 1993 年版,第 771—772 页)

《辛弃疾词鉴赏》

清新明丽的山居图
——《满江红·山居即事》赏析

几个轻鸥，来点破、一泓澄绿。更何处、一双鸂鶒，故来争浴。细读《离骚》还痛饮，饱看修竹何妨肉。有飞泉、日日供明珠，五千斛。　　春雨满，秧新谷。闲日永，眠黄犊。看云连麦陇，雪堆蚕簇。若要足时今足矣；以为未足何时足？被野老、相扶入东园，枇杷熟。

辛弃疾年轻时举义山东，参加了耿京的抗金队伍，后来又说服了耿京决策南向，决定奉表南归。来到宋廷之后，他"位卑未敢忘忧国"，曾奏进《美芹十论》，又给宰相虞允文上《九议》，却未被君相采纳。后来，先后在滁州、江西、湖北、湖南等地任地方官，他恢复经济，整顿吏治，创建武装，举办荒政，可谓奋发有为，政绩斐然。可是，他"身膺一面之寄"，固然是出色的封疆大吏，但他的才干、果敢，也招人忌刻，终于从自己的"孤危之感"，发展到被人弹劾而落职。除五十三岁后，在福建任职二年余外，他在江西上饶、铅山闲退近二十年之久。这首《满江红》就是闲退生涯中的作品。

据邓广铭先生《稼轩词编年笺注》，此词列入卷五的《作年莫考诸什》，难以知道是前期闲退时作于上饶城北的带湖别墅，还是后期闲退时作于铅山期思的瓢泉别墅。但无论是前者还是后者，两地都有美丽的山水田园。带湖形状狭长，湖水清澈，可以遥望灵山的胜境；而期思的瓢泉一带，则是"一水西来，千丈晴虹，十里翠屏"(《沁园春·再到期思卜筑》)。以水为胜，是二者所共有。因而此词上片就写了这样的水乡胜景。

轻捷的鸥鸟在水面上飞翔、溅落，将清澄如镜的碧水点破了，俗称"紫鸳鸯"的水鸟——鸂鶒也在水面上嬉水。在这远离朝市的山居，在争浴水鸟的鸣声中，自己似乎真正成为恃才放达、不拘小节的名士了。不是么？王孝伯说过："名士不必须奇才，但使常得无事，痛饮酒，熟读《离骚》，便可称名士。"(《世说新语·任诞篇》)现在自己正过着这种细读《离骚》痛饮酒的生活，正是"常得无事"之人，不期然而然地成为"名士"了。苏轼《绿筠轩》诗曾写道："可使食无肉，不可居无竹，无肉令人瘦，无竹令人俗。"在这样一个可以饱看修竹的环境里，纵使有肉亦无妨，因为生活其中可以脱尽俗气了。此处，作者是语带双关的：《左传·曹刿论战》中称做大官者为"肉食者"，作者如今闲退林下，自非"肉食者"，但在饱看修竹的生涯中，难道不能以脱尽官场俗气为满足吗？更何况此地非仅有轻鸥、鸂鶒、绿水、修竹，而且还有飞迸的泉水，水如明珠，日涌五千斛，难道不使人联想起"沧浪之水清兮，可以濯我缨；沧浪之水浊兮，可以濯我足"的楚民歌吗？

然而，辛弃疾毕竟不是真正的隐士，他置身农村，关心农事，在江西安抚使任上营建带湖新居时，他既筑室，又辟田，“乃荒左偏以立圃，稻田泱泱，居然衍十弓”（洪迈《文敏公集》卷六《稼轩记》），他“尝谓人生在勤，当以力田为先……故以稼为轩”（《宋史·稼轩传》）。他还常与村民交往，词中常有涉及。因而，此词下片就写出了作者关切农事之心及与村民交好之情。

当春雨灌满秧田之时，稻秧竞长。春日渐长，春阳暖和，小黄牛在藉草而眠。放眼望去，麦浪似云彩相连，蚕茧像雪一样堆起。面对这丰收在望的情景，作者与农民心心相印而忘却个人的进退出处和市朝荣枯了，他感叹道：“若要足时今足矣。”继而又反问自己：“以为未足何时足？”正在他为年景之好而感到高兴时，他被村野老人扶入东园，品尝那新熟的枇杷了。

辛弃疾怀着一腔忠愤以图报国，虽长期被置于地方守令、帅臣之位，难以尽展才具，但他总是竭心尽力，积极有为，却未想到竟然受到投闲置散的处分。对于这样的境遇，他当然难以处之坦然，无论在首次的闲退带湖，还是第二次的闲退瓢泉，都可以从他的词中看到难抑的愤懑。然而，他又不得不遵循“用之则行，舍之则藏”的儒家古训，表现出对功名世事的淡泊冷漠。这两种思想形成了闲退生涯中的主要矛盾，同时也成为词中的两大主题，有时二者交织于一篇之中，有时则是一个基调。这首《满江红》作为山居即事之作，除“细读《离骚》”及自问足与不足，可以隐见不平之外，基本上是恬淡平和的，确是清丽的山居图，并从内心分享着农家乐，因而是稼轩农村词中的重要一篇。

稼轩词常遭“词论”之诮，词中常有议论，确是其词的一大特色，长调自不必说，有时小令亦不免，作者常藉此表其政见，抒其襟抱。这种议论之笔在农村词中较少见，在本篇中却一露神龙鳞爪，其特点在于这种议论是在即事描写中自然生发的，因而显得极为熨贴，即便化用古人成句，亦如同己出。上片的面对鸥鸟，置身竹林，细读《离骚》，痛饮美酒，自然萌发了“饱看修竹何妨肉”之念，实是对退隐山林之后过着“名士”生活的议论和评判，而《世说》与苏诗却被自由驱遣，显得天衣无缝。下片在饱看暮春初夏农事之好后，即生“若要足时今足矣；以为未足何时足”之议，毫无突兀之感，此二句既可说是作者自铸之辞，又可见白居易诗句“自问此时心，不足何时足？”的渊源所自。

稼轩词以雄健有力的阳刚之美著称，但作为一个大家，往往又不是单一的风格，本篇则可见其清新明丽、自然生动的一面。轻鸥的点破碧水，鸂鶒的故来争浴，使静景化动，呈现一片生机，而飞泉迸珠则更给风摇翠竹的山居增添无限情趣。下片走出山居，作了视角更广的描摹，春雨、新秧、日光、黄犊、麦田、茧堆，这种种虽常见而又常新的景色，连缀成清新明丽的画面。作者虽未作直接的形态、色彩描摹，但春雨新秧，日长犊眠，前者暗生，后者明见，从情态的体味中更觉隽永；秧田青翠，麦浪金黄，茧堆雪白，虽未明言色彩，但这样的暗用则更见自然。这一广阔的农村画面，似是信手写来，但既有时序变化为经，又有蚕桑农耕为纬，抓住特征的个别画面终于被织成美丽的丰收图。而最后入东园、尝枇杷的一笔，更从旁观转入直接体味，确如锦上添花，使全篇俱活。

古来描写山居田园之作不少，但只是到辛弃疾，才在词苑中着力耕耘，使之成为大宗。而且，较之王维《辋川绝句》中的冷峭孤寂，辛弃疾不以山居的隐士自限，而尽情描写了农家乐，将个人的进退得失置之一旁，不是更可贵吗？

（《辛弃疾词鉴赏》，齐鲁书社 1986 年版，第 322—325 页）

寥寥数笔，声态毕现
——《玉楼春》赏析

三三两两谁家女，听取鸣禽枝上语："提壶沽酒"已多时，"婆饼焦"时须早去。
醉中忘却来时路，借问行人家住处。"只寻古庙那边行，更过溪南乌柏树。"

有的论家认为："稼轩驱使《庄》、《骚》、经、史，无一点斧凿痕，笔力甚峭。"（《词林纪事》引楼敬思语）此言诚是，然而，我们还必须看到稼轩词生动通俗、善写民风的另一面。这首《玉楼春》就属于后者。

辛弃疾在江西上饶、铅山过了将近二十年的闲退生活，对当地的生活习俗和淳朴民风极为了解，并见之于词中，这首词就是其中之一。

三三两两的女子，正驻足听着枝头的鸟语。"提壶"既可理解为这些女子提着壶到集上沽酒。又可理解为鸟名（宋人王质《林泉结契》："提壶芦，身麻斑，如鹞而小，嘴弯，声清重，初稍缓，已乃大激烈"），宋初诗人王禹偁在《初入山闻提壶鸟诗》中曾写道："迁客由来长合醉，不烦幽鸟道提壶。"现在，这些鸟儿似乎在对女子们说："你们提壶沽酒已好久了，得提防婆饼焦了，还是早些回去吧！""婆饼焦"既是实写，又是鸟名（王质《林泉结契》："婆饼焦，身褐，声焦急，微清，无调，作三语，初如云'婆饼焦'，次云'不与吃'，末云'归家无消息'，后两声若微于初声"），梅尧臣《寄送吴公明屯田通判秦州诗》曾写道："一闻春禽婆饼焦，竹林山木生萧条。"他的《禽言诗》又写道："婆饼焦，儿不食。尔父向何之？尔母山头化为石。"在辛弃疾的词中，实写与禽言的双关已是妙合无垠了。

在上片写沽酒，下片就接写醉态了。喝醉了酒，连回来的路应该怎么走都忘了，竟然问人自己的家住在什么地方，这位"行人"大概是他的邻人吧，要不，怎么能这样准确地告诉他呢："只要找准了古庙，向那边走，过了溪南的乌柏树就到了。"在当时，女子当不可能这样放肆买醉，而女的沽酒，男的烂醉，却是顺理成章之事。

在唐诗中，王驾曾写过"家家扶得醉人归"的社日情景。在这首词中，虽非社日，但情调之轻快可说明是丰收或丰收在望之时。作者以生动通俗的笔调，描绘了身边的生活情景和民风习俗，以淳朴清新的野趣洗尽花间尊前的冶艳，因而，这首词是应该值得珍视的。

稼轩词以驱遣古人，镕铸经史著称，在本篇中，则可见善于从民间汲取营养的一面。宋代诗人中，梅尧臣曾以鸟声比附人事，作有《四禽言》诗，体现出他的"平淡"风格,后来苏轼亦效作《五禽言》。辛弃疾则将禽言写入词中,而写实与禽言又做到义无定指,亦此亦彼,使形象的意义更为宽泛,使联想更为自由,因而,较之梅、苏所作可谓更进一层,更拓一境。可见,辛弃疾非仅善作点铁成金的学人之词,更能兼有瓜棚豆架味的农人之风,而这样的返璞归真当是更可称道的"夺胎换骨"。

此词非仅以禽言与写实的生动结合为特色,以双关话的妙合无垠见长,而且又可见出作者善于在短小篇幅中刻画形象的功力。宋词主于抒情,虽涉人物,亦多为美人才士,多用或正或侧的描绘之笔。本篇却先写农女,次写醉汉,尤其是这样的醉汉形象非但为他人笔下所无,而且采用神态描绘和直接对话,简炼清晰且笔酣墨饱,使人有呼之欲出、醉态可掬之感,这样的削多成少,确有传神之妙。而白描的写法,本色的语言,更是珠联璧合,不仅真切地传达出率真朴素的乡间生活和民风习俗,而且以显见的民歌味给剪红刻翠的南宋词坛吹来了一股清新的风。

(《辛弃疾词鉴赏》,齐鲁书社 1986 年版,第 341—343 页)

《姜夔诗词赏析集》

琵琶仙

《吴都赋》云："户藏烟浦，家具画船。"[①]唯吴兴为然。春游之盛，西湖未能过也[②]。己酉岁，予与萧时父载酒南郭[③]，感遇成歌。

双桨来时，有人似、旧曲桃根桃叶[④]。歌扇轻约飞花，蛾眉正奇绝。春渐远，汀洲自绿，更添了、几声啼鴂。十里扬州，三生杜牧[⑤]，前事休说。　又还是、宫烛分烟[⑥]，奈愁里、匆匆换时节。都把一襟芳思，与空阶榆荚。千万缕、藏鸦细柳，为玉尊、起舞回雪。想见西出阳关，故人初别。

[注释]

①"《吴都赋》云"三句，据清人顾广圻《思适斋集》卷十五《姜白石集跋》："此《唐文粹》李庾《西都赋》文，作《吴都赋》，误，李赋云：'其近也，方塘含春，曲沼澄秋。户闭烟浦，家藏画舟。'白石作'具'、'藏'，两字均误。又误'舟'为'船'。致失原韵。且移唐之西都于吴都，地理尤错。"可知当为姜夔误记所致。

②"春游"二句：苏泂《泠然斋集》卷六《苕溪杂兴》四首之二云："美人楼上晓梳头，人映清波波映楼。来往行舟看不足，此中风景胜扬州。"可略见宋朝时湖州春游盛况。

③萧时父：诗人，萧德藻子侄辈，姜夔妻党。

④桃根、桃叶：晋人王献之妾，桃叶为姊，桃根为妹。王献之有《桃叶歌》："桃叶复桃叶，渡江不用楫。但独无所苦，我自迎接汝。"《乐府诗集》有梁人费昶《行路难》："君不见长安客舍门，娼家少女名桃根。"词中云"桃根、桃叶"，既合歌女身份，又为姊妹二人。

⑤"十里"二句：杜牧《赠别》诗："春风十里扬州路，卷上珠帘总不如。"黄庭坚《广陵早春》化之为："春风十里珠帘卷，仿佛三生杜牧之。"词中语本此。

⑥宫烛分烟：用唐人韩翃《寒食》诗意："春城无处不飞花，寒食东风御柳斜。日暮汉宫传蜡烛，轻烟散入五侯家。"以"宫烛分烟"借指清明、寒食时节。

这是一首游春感遇的怀人之词。

据考，姜夔青年时来往江淮间，曾有合肥情遇之事。淳熙十四年(1187)，作者自沔东乘舟东下，至金陵，于江上感梦而作《踏莎行》，可窥见之，词中言"淮南皓月冷千山"，指出淮南为离魂所在地，十年后又有《鹧鸪天·元夕有所梦》，词中"肥水东流无尽期，当初不合种相思"记其地最显。前者起句之"燕燕轻盈，莺莺娇软"，又《解连环》之

“为大乔能拨春风，小乔妙移筝”，可见所遇为姐妹二人，对青年时代的情事，白石萦心难忘。淳熙十六年(1189)，在吴兴载酒游春，遇船上二女，怅怀往事，感而成词。

沈雄《柳塘词话》云：“起句言景者多，言情者少，叙事者更少。”尤其是慢词，起句多作写景之笔，渐引出题旨。姜夔此词却以“双桨来时”开局，劈空而来，成奇崛之势。“双桨”代船，船从远至近，终看到“有人似、旧曲桃根桃叶”。“旧曲”指旧游之坊曲，“桃根桃叶”为坊曲中人，当为歌女姐妹。“来时”是乍见的时刻，此时见船上二姝，竟与旧时相识的坊曲姊妹相似，当是又惊又喜，然而细作辨认，终非其人。这“有人似”三字虽直白之语，却含怅然若失之情。从“似”之骤然目光注定，到二船相傍的就近看之，词中三、四句以写意之笔绘成游春丽人图：以歌舞所用之扇轻轻接过点点飞花，容貌美丽异常，“歌扇轻约”可见姿美，“峨嵋奇绝”可见貌美，作者在写意之中给人留下了想象的余地。这两句非但以“歌扇”点明女子身份，“奇绝”二字更为深情所系之由。接着，不继言人而转为写景：“春渐远，汀洲自绿，更添了、几声啼鴂”。“春渐远”总言时间推移，“汀洲自绿”为所见，“更添了、几声啼鴂”为所闻，这种种旧游不堪回首之象，形成涵盖全局的“渐远”意境，亦似成旧曲桃根、桃叶难以再逢的象征。此三句以惝恍迷离之境传悠远难尽之情，未承“歌扇”、“峨眉”，直言旧曲情事，然而并非掉首不顾，却是离而复合之笔。心中隐情不欲说破，却又不能不说，歇拍终如骄马弄衔已久，骤然奔逸而出。“十里扬州，三生杜牧，前事休说。”前句出自杜牧《赠别》：“娉娉袅袅十三余，豆蔻梢头二月初。春风十里扬州路，卷上珠帘总不如。”诗中写歌女正当芳龄，身姿轻盈绰约，如二月初含苞欲绽的豆蔻花，看遍扬州城春天的十里长街，卷上珠帘而窥尽其中美人，都不如她。此句与“奇绝”相应，亦见自己钟情于彼，难以他移。中句出黄庭坚《广陵早春》的“仿佛三生杜牧之”，“三生”为佛教语，指前生、今生、来生，即过去世、现在世、未来世。“三生杜牧”，自喻杜牧，言与旧曲歌女之情缘虽已如隔世，但前生所种，今生犹萌，来生仍在，深情永远不灭。“前事休说”。欲说还休，其心中痛苦可见。“春渐远”三句造就的纡徐、迷离、妍婉，陡然化为歇拍的决绝、明确、峭硬，作者词笔之变确可见功力。寓情于景变的借古言情，但抒情主人公形象自现，这是由于真情难遇的缘故，张炎《词源》称：“姜白石词如野云孤飞，去留无迹。”上面六句的变化、转换之妙，最足当之。

换头又宕开写景：“又还是、宫烛分烟，奈愁里、匆匆换时节。”这是化用唐人韩翃诗《寒食》，重在“时节”。“寒食”在清明前一或二日，此节禁火，唐宋时，于清明日皇宫取新火以赐近臣，此即“宫烛分烟”化用韩诗三、四句之出处所本。这三句点出眼前时令：在春愁之中，时节已换清明。“又还是”，花开一度，人又一年，“奈愁里”，承上之“前亭”，“匆匆换时节”，与“春渐远”遥应，感叹春之将暮，难忘时过境迁，“三生杜牧”之情实如游丝不断。沈祥龙《论词随笔》云：“词换头处谓之过变，须词意断而仍续，合而仍分。前虚而后实，前实而后虚，过变乃虚实轻捩处。”此词换头足见“断而仍续，合而仍分”和“虚实转捩”的技巧。虽云“前事休说”，不得明说却不能不说，于是有：“都把一襟芳思，与空阶榆荚。”此处化用韩愈《晚春》诗“草树知春不久归，百般红紫斗芳菲。杨花榆荚无才思，惟解漫天作雪飞”的三、四句。韩诗实为一奇趣横生之小品，谓春之将归，草树以百般红紫挽留，可笑杨花、榆荚本无香、色，也因风飞舞，如同雪花。姜夔避去百般红紫，将一襟芳思，付与空阶榆荚，正因此“芳思”不能似百花任蜂蝶为信使，亦不能似柳絮飞飏伊处，只能似榆荚落于空阶，默默化为泥土，更见“前事休说”之叹并非虚语。由今日的空阶榆荚，不由得回想起当时的别筵杨柳：“千万缕、藏鸦细柳，为玉尊、起舞回雪。想见西出阳关，故人初别。”千万缕细柳，绿叶渐丰，可成藏鸦之屏幕，为离筵玉尊表其别意，飞絮轻飞，如起舞回雪，虽无才思，却有深情，仍承韩诗之意而如此妙用之。前一韵之“玉尊”已经拈出别意，后一韵用王维《送元二使安西》诗意，重言“故人初别”，沈祖棻《宋词赏析》分析此词，谓：“故因柳而复忆及别时情味。‘峨眉’虽自‘奇绝’，而属意终在‘故人’，所谓‘任他弱水三千，我只取一瓢饮’也。”对白石用情之深、之专，真是洞见就里。而结拍才言“初别”，却又收住，戛然而止，余味无穷。

姜夔对青年时代的合肥情遇，一直深志不忘。吴兴载酒春游，感遇成歌，从前此三年所作《浣溪沙》的“恨入四弦人欲老”，又参以《解连环》的“大乔”句，可知旧曲桃叶长于琵琶，成歌之词调自创为《琵琶仙》，其情可见。吴兴感遇八年之后，仍是深情缱绻，《鹧鸪天》的“少年情事老来悲”，“两处沉吟各自知”可为证。同调的《十六夜出》更言：“东风历历红楼下，谁识三生杜牧之。”“三生杜牧”之憾，真是贯穿于作者生命的始终。“根情，苗言”，作者因情为词，精心结撰，使此词的抒情性与艺术性臻于完美结合之境。

自《诗·小雅·采薇》的“昔我往矣，杨柳依依”以来，历代诗歌中的杨柳多与离别有关，唐人更以折柳赠别成为时尚。白石此词下片所写均涉杨柳，自与其特有的传统比兴意义相关。非止次，据夏承焘先生考证，白石《淡黄柳·序》：“客居合肥南城赤栏桥之西……柳色夹道，依依可怜。”《凄凉犯·序》所言亦近，故此合肥情遇与柳相系。《琵琶仙》之在杨柳的背景下展开，正是湖州冶游枨触合肥旧遇的结果。词中写柳堪称抒情与写景天衣无缝，夺胎换骨与自然生发高度结合。前者已言，此处再析后者。下片出于韩翃《寒食》，韩愈《晚春》，王维《送元二使安西》，虽有原诗字句镶嵌词中，但多系师其意不师其辞，作者原出江西诗派，熔铸之功实得于夺胎换骨的传承。而且，词中杨柳之与时、地密切相关，是自然生发，而非敷衍拼凑。

此词最足以见姜夔词清虚骚雅的风格特点。头四句，人、景相浑，由见而“触”，“春渐远”三句，以景见情，语涉“啼鴂”，更有《离骚》的美人迟暮之意。“十里扬州”三句，借典言情，逼出题旨，下片檃栝三首咏柳唐诗，为情景交炼之笔。相对说来，词中景象事物清丽而空疏（较之柳永、周邦彦、吴文英等）。作者一襟芳思极深，词中却不作追怀、写实之笔，构写浓情丽景，而是隐约其词，出之唱叹，确是“意欲灵动，不欲晦涩，语欲隐秀，不欲纤佻”（先著《词洁》），伊郁中饶蕴藉，以健笔写柔情，造就特有的“骚雅”。

（《姜夔诗词赏析集》，巴蜀书社 1994 版，第 65–70 页）

契丹歌

都下闻萧总管自说其风土如此

契丹家住云沙中①，耆车如水马若龙②。春来草色一万里，芍药牡丹相间红。大胡牵车小胡舞，弹胡琵琶调胡女。一春浪荡不归家，自有穹庐障风雨[3]。平沙软草天鹅肥，胡儿千骑晓打围。皂旗低昂围渐急，惊作羊角凌空飞[4]。海东健鹘健如许[5]，鞲上风生看一举[6]。万里追奔未可知，划见纷纷落毛羽[7]。平章俊味天下无[8]，年年海上驱群胡。一鹅先得金百两，天使走送贤王庐[9]。天鹅之飞铁为翼，射生小儿空看得[10]。腹中惊怪有新姜，元是江南经宿食。

[注释]

①契丹：东胡族的一支，居于今辽河上游西拉木伦河一带，以游牧为生。北魏时自号契丹，分属八部。唐时于此地置松漠都督府，以契丹首领为都督，唐末各部统一，建契丹国。耶律阿保机称帝。后改国号为辽。

②耆车：古无"耆车"专称，然"耆"有"强横"意，耆车当指契丹人强横驾车。

③穹庐：毡制帐篷。

④羊角：曲而上升的旋风。《庄子·逍遥游》有"抟扶摇而上者九万里"句。

⑤健鹘："鹘"即隼，猎鹰的一种，"健鹘"是言其矫健。

⑥鞲：此指革制的臂衣，打猎时用以停立猎鹰。

⑦划见：忽然见到。

⑧平章：品评。

⑨贤王：匈奴贵族封号，有左、右贤王之分。

⑩射生：射取生物。

姜夔兼擅诗词，作诗尤以七绝知名，本篇在其作品中无论是内容还是形式都较少见。

据考，白石故里为江西鄱阳(祖籍上饶)，年幼时随宦汉阳，父卒而依姊，青年时识诗人萧德藻于潇湘，随其寓吴兴，旅食客游于苏、杭、合肥、金陵、南昌间，四十余岁后，久居杭州，有南昌、武康、无锡、浙东、金陵、扬州之游，但仅为短暂作客而已。当时淮河为宋、金边界，姜词中称合肥为"边城"，其行迹当然未逾淮一步。因而，《契丹歌》是听闻萧总管自说风土之后所作，非白石所亲见，然而因作者长于想象，善于表达，亦不失为佳作。

第一韵四句，概言契丹人文、自然风光，契丹人居于今辽河上游西拉木伦河一带，现属内蒙古昭乌达盟地界，河之南为沙漠，河之北为牧区，故云"家住云沙中"。契丹人善于驭马驾车，次句"耆车如水马若龙"，言其车、马气势之盛。春到草原，景色最美，"草色一万里"，言最朴素，亦最见特点。"芍药牡丹相间红"，则是南人不见北地风光而带有理想色彩的描写了，在展开了这一春天草原美丽景色的大背景后，第二韵转写契丹人的浪漫生活：大人牵车前行，小孩欢欣起舞，女子弹奏琵琶，作为游牧民族，他们"渔猎以食，车马为家"，逐水草而居，所以"一春浪荡不归家，自有穹庐障风雨"，是对契丹游牧生活的精当概括。草原上的民族往往兼长骑、猎，诗中第三韵以后专写打围之事。天鹅亦称"鹄"，羽毛纯白，体大颈长，冬季见于长江以南，春季北迁，内蒙高远的湖沼正是其栖息地，"平沙软草天鹅肥"七字，将春天时节的天鹅及其生活环境作了准确描写。“胡儿千骑晓打围”，可见合围的气势。“皂旗低昂”，以旗帜的起伏作铺垫，“围渐急”自然而出。“惊作羊角凌空飞”，庄子《逍遥游》以“羊角”一词用于鲲鹏，天鹅健飞，以“羊角”之曲折上升的旋风写天鹅惊飞，正见与“千骑”、“皂旗”相适，有峭拔、劲健之风。骏马善跑，对冲天而起的天鹅却无可奈何，于是猎鹰出场了：“海东健鹘”指海东青，亦称海青，产于黑龙江下游及附近海岛，欧阳修《奉使道中五言长韵》诗云：“骏足来山北，猛禽出海东”，契丹人对此类劲雕非常重视，此诗第四韵首句“海东健鹘健如许”，显见对海东青的赞叹之意。健鹘立于鞲上，随时准备出击猎物，故曰：“风生看一举。”由于天鹅与海东青均善飞，此番追逐当非短程，“万里追奔未可知”言此意，但是，海东青毕竟攻击力非凡，并未追奔万里，亦未驱驰多时，已忽然见到毛羽纷落，虽未明言天鹅被获，但其意已出。第五韵继言天鹅：由于天鹅难得，其味尤美，故赏金极高，且只有贵族才得食。“平章俊味天下无”，言品尝其味，鲜美异常，为天下所无。为得此美味，“年年海上驱群胡”，言每年春天，契丹族都投入众多人力来打猎，天鹅栖于湖沼，北方称之为“海子”，故曰“海上”。“一鹅先得金百两”，言“先得”之为贵，谁能得以尝先呢？“天使走送贤王庐”，“天使”为皇帝的使者。“走送”以见其急，左、右贤王非等闲之人，天鹅肉非常人可尝。天鹅须猛禽追猎，是因其善飞，最后一韵补言此意：“天鹅之飞铁为翼”，以铁翼状其善飞。“射生小儿空看得”，即使长于猎射者也无可奈何，《史记·李将军传》言匈奴有射雕手，后引作善射者，“射生小儿”技不及此，当然只能“空看得”了。结尾二句脱出寻常蹊径，别换一角度来写，言天鹅腹中有新姜，使人惊怪，姜喜阴湿、温暖，忌干旱、霜冻，仅在我国南部和中部栽培，因此，这新姜原来是天鹅在江南所吃的隔夜之食，经宿而从江南飞至辽域，岂他鸟可及？

胡应麟《诗薮》内编卷三云：“凡诗诸体皆有绳墨，惟歌行出自《离骚》、乐府，故极散漫纵横。”姜夔在都下闻辽人自言风土，怀着南方人的新奇感，难以绝、律赅之，故写成歌行体。他在自作《白石道人诗说》中谓“守法度曰诗，载始末曰引，体如行书曰行，放情曰歌，兼之曰歌行”观《契丹歌》，确有“散漫纵横”与“放情”的特点。诗中一、二韵的八句，其实已概言契丹的风土习俗，但意犹未已，纵笔详写合围天鹅事，以千骑打围、健鹘追击、天使走送分别言之，最后突出奇笔，以腹中之新姜宿食补写天鹅之善飞，戛然而止。这不仅让人看到白石善写梅、荷、杨柳等江南风物，长于吹箫调筝等才子生活的另一面，从中体味出对异域风情的赞美、向往之情，而且在章法结构上多作变换角度之笔，有阖辟纵横，变幻超忽之妙。作为“放情”之作，并不过于注重经营结构，堪称行于所当行，止于所当止。

作者虽无直接的生活体验，但由于具有奇情妙思，写来不乏真切动人之致。如“大胡牵车小胡舞，弹胡琵琶调胡女”之写契丹浪漫生活，“皂旗低昂围渐急，惊作羊角凌空飞”之写围猎场面，“一鹅先得金百两，天使走送贤王庐”的邀功急送，都历历如绘。至如写猎鹰的四句：“海东健鹘健如许，鞲上风生看一举。万里追奔未可知，划见纷纷落毛羽。”充满动态，是传神之笔，末句更有“风毛雨血，洒野蔽天”（班固《西都赋》）之势，较之杜甫《画鹰》的“何当击凡鸟，毛血洒平芜”，自有其不同风貌。诗中写景之句，如“春来草色一万里,芍药牡丹相间红”,有巨细结合、刚柔相济的特点,“平沙软草”四字则抓住了漠北早春的特征,均可谓长于表达,写天鹅的“惊作羊角凌空飞”,“天鹅之飞铁为翼”,都有浪漫的气息,想象的色彩,尤其是结句之宿食新姜,更是奇思所在。

此诗四句一转韵,随之更换场景,内容之主于“动”与形式上的走月流云之势紧密结合,既充分表现出异域情调,又有跌宕豪迈的气势。姜夔所处的时代,辽亡于金已多年,此时女真是南宋的大敌,作者之放歌契丹,或有同情,抑是因南宋无意于整军经武,故为此诗以祈振尚武之风?

(《姜夔诗词赏析集》,巴蜀书社 1994 版,第 196-200 页)

《元曲鉴赏辞典》

[越调]小桃红
杂咏
盍西村

绿杨堤畔蓼花洲，可爱溪山秀。烟水茫茫晚凉后。捕鱼舟，冲开万顷玻璃皱。乱云不收，残霞妆就，一片洞庭秋。

宋词常写庭院、闺中和市井，元曲却多写山水、田园和村居；宋代士大夫文人虽兴禅悦之风，却仍身在庙堂之内；元代达官贵人虽居高位之上，却向往着隐居生活。此曲便是一首寄情山水、乐道隐居之作，《太和正音谱》称盍西村之曲"如清风爽籁"，所评与本篇颇合。

首句"绿杨堤畔蓼花洲"带有普遍性、典型性。绿杨、蓼花，随处可见，但一写堤畔、一写洲，傍水而更得生机，绿柳与红蓼相映，美景与野趣顿现眼前。次句"可爱溪山秀"，着意点明景色之美，且将目光从近处的绿杨堤、蓼花洲纵送至远处，水色山光成为杨柳、蓼花的美丽背景。如果说"溪山"是以势衬景，那么三、四、五句则是以时写景，以动破静，使山水更见生命，更为人爱。"烟水茫茫晚凉后"，时近黄昏，蓝天丽日下的青山、碧水、绿杨、红蓼、白苇……都消失了它的色彩，苍烟、落照、暮霭、湖水……在晚凉中一片混茫，正当人为这寥落、苍茫的入暮景色微觉惆怅，被傍晚的轻风吹得肌肤生凉之时，只见捕鱼的轻舟凌波而去，冲开万顷玻璃，漾起不绝的波纹……不是弄晴的羌管，不是款款的菱歌，而是渔人为求生计，驾舟向湖水深处，去夜捕鱼虾。这捕鱼小舟，冲破了湖水的平静，也冲走了作者与读者心中浅浅的哀愁、微微的怅惘。在这渐归沉静而又涟漪微动之时，随着情绪的振起，抬起的目光从低处的水移向了高处的天：只见夕阳的余晖下，乱云未收，残霞似锦，妆点洞庭秋色，一片茫茫，无际无涯，与湖波相映，更加美丽、壮阔。

盍西村在这支小令中，不仅倾注了热爱自然、钟情河山之意，而且以善作丹青的妙手描绘出一幅充满诗情的风景画。除了由近及远、以动破静外，还犹如倪云林之画，"一木一石，自有千岩万壑之趣"（恽南田语）。他写洞庭秋色，并非广为铺排，而是寥寥几笔，即得神髓。而且，曲中不是幽寂荒寒的"意态萧然物外情"（黄公望题倪云林画），明丽之中，透出作者对湖光山色的挚爱。他笔下的洞庭烟水，虽不似王勃的落霞孤鹜、秋水长天那样善作点染，但也不带有渔舟唱晚之逍遥与雁阵惊寒之萧瑟，曲中的渔舟凌波而去，较之王勃渔唱的"响穷"和雁阵的"声断"，岂非更见生命力？而"乱云不收，残霞妆就”,虽不及李清照《永遇乐》“落日熔金,暮云合璧”那样工丽,但李词二句以景色之好反挑出人事已非,可谓无比凄怨,而此曲中以二句“妆就”“一片洞庭秋”的同时,也托出了心中的欣喜、热爱,虽未言情而情从景出。

(《元曲鉴赏辞典》,上海辞书出版社 1990 年版,第 24-25 页)

[双调]潘妃曲

商挺

带月披星担惊怕,久立纱窗下。等候他。蓦听得门外地皮儿踏,则道是冤家,原来风动荼縻架。

宋元两代城市经济的发展,市民意识高涨,使男女间交往较为自由,特别是元代封建礼教一度松弛,因而恋情闺思成为散曲的一大题材。商挺虽曾仕至高位,但他存世的十九首《潘妃曲》中,除写四时景色的四首外,其余均为描写青年男女幽会之作。

这首小令曾收入《梨园乐府》与《雍熙乐府》,俱不注撰人。《梨园乐府》所载为:“带月披星担惊怕,独立在花阴下。等待他。撒撒地鞋尖将地皮踏,我只道是劣冤家,却元来是风摆动荼蘼架。”字句与前录者不尽相同。

曲中鲜明生动地塑造了一个热恋中的少女形象。她趁着微弱的星光月光,担惊受怕地伫立在纱窗下等候自己的心上人,以倾诉衷肠。露凉夜冷,企盼心切,其焦灼之情不难体会。正在这殷殷期待之时,猛然听到门外传来了脚步声,少女的心禁不住一阵狂跳,以为是心上人来了,定睛一看,却不见人影,刚才误听为脚步声的,原是风吹动荼蘼架所发出的声音。短短几句,将一个笃情、娇憨的少女形象刻画得栩栩如生。

元散曲善于描绘动作,以曲境之多动宕区别于词境之尚深静。本篇首句的“带月”较之“戴月”更妥,因为前者动而后者静,带着月光,披着星光,担惊受怕,形体动作与内心活动俱可见。次句“久立纱窗下”,更是表达期待之情的重笔。“等候他”三字,显豁之中倍见情深。而“蓦听得”所误认为的脚步声,终又以“风动”相应,一扬一抑,动宕之中,虽不言失望而其情不难体味。此曲还善于传递心理。从开始的“担惊怕”到“久立”的“等候”,可见盼之切,故爱之也深,“蓦听得”的一阵狂喜,“则道是冤家”的立见娇嗔,到“风动荼蘼架”的骤然失落之感,都使主人公形象凸现,并使作者与之更为贴近。

商挺虽曲名不算很高,但此首堪称佳作。后来明人沈仕的[榴花泣]:“东风吹粉酿梨花,几日相思闷转加。偶闻人语隔窗纱,不觉猛地浑身乍。却原来是架上鹦哥不是他。”可能就受商挺此曲的影响。

(《元曲鉴赏辞典》,上海辞书出版社 1990 年版,第 25-26 页)

[南吕]金字经

贯云石

蛾眉能自惜，别离泪似倾。休唱《阳关》第四声。情，夜深愁寐醒。人孤零，萧萧月二更。

这是一支情真意切的离别之歌。短短数句，却大致能分成两部分。

“峨眉能自惜”，是指女子，她知道应该克制愁苦，珍惜自己，但由于执手临歧，终又难于抑其伤悲，以致泪水如倾。“休唱《阳关》第四声”，这既是对对方，又是对自己的劝慰。“阳关”出于王维《送元二使安西》诗，当时所作本为徒诗(非用于歌唱)，后人乐府，作为送别曲，名之《渭城曲》。送别之时，反复诵唱，成为《阳关三叠》，其三叠之歌法有多种，大致到“西出阳关”之句则反复歌之。白居易有《对酒》诗云：“相逢且莫推辞醉，听唱《阳关》第四声。”注谓：“第四声‘劝君更尽一杯酒，西出阳关无故人’也。”苏轼《东坡志林》卷七对“三叠”“四声”之说曾有辨析。且不管歌法如何，到第四声，即是分别时刻的到来，故作者写道：“休唱《阳关》第四声。”表其不愿离别，或对方不须送行之意。以上是前半部分，即分手之时。

后半部分所写是别后情景。“情，夜深愁寐醒”因离情充溢，中心如堵，故夜深之时，尚因愁绪牵萦，睡而又醒。“人孤零，萧萧月二更。”二更时分，倍感孤零，只有明月一弯，伴人无寐。“萧萧”为象声词，自非形容、修饰月亮，它当是写环境的寂寥冷落。在无边的孤寂凄凉中，总算有明月相伴于中天，多少能给人以安慰。

此曲虽短，但并未泥定一个场面，在构思上颇见功力。“伤离”是全曲主旨，作者分写别时与别后，很容易使人想起柳永的《雨霖铃》。柳词虽有诸多的描绘、铺陈、渲染，而此曲仅寥寥数语，但“别离泪似倾”与“阳关”之唱，岂非与柳词“都门帐饮”的送别、“执手相看泪眼”的分离相侔？柳词的“今宵酒醒何处？杨柳岸、晓风残月”为千古名句，而曲中的“夜深愁寐醒”，“萧萧月二更”，写其怅惘、孤寂，也毫不逊色。随着时空的转换，而更见人物感情的发展，可谓并非词人独得之秘，而以月衬人以见孤苦，则尤见一点灵犀之通。

贯云石妻子石氏出身于北京名家，其父石天麟与五代时的后晋皇室有渊源关系，贯云石婚后不久，就辞母别妻，前往原在江南的永州任职。多年后在京上“万言书”进呈仁宗，但所言六事都易引起误解，招致谗言，于是，他上书称病，要求辞去翰林侍读学士之职。他虽正当二十九的有为之年，皇帝却准予了他的辞职请求。于是，他打点行装，再度南游，直到三十九岁死，都未能再返大都。由于以上的经历，此曲中所写离情是有深厚的现实基础的。

贯云石无论在京任翰林学士之时，抑或南游杭州之日，都曾与歌妓交往，同她们平等相待，怀有真情。如果曲中的离情是因她们而发，也不足奇怪。尽管对曲中情事难以考索,但所流露的真情,却足以感人。

(《元曲鉴赏辞典》,上海辞书出版社 1990 年版,第 439-430 页)

[南吕]金字经

贯云石

泪溅描金袖,不知心为谁?芳草萋萋人未归。期,一春鱼雁稀。人憔悴,愁堆八字眉。

贯云石曾经自道:“秋水夜看灯下剑,春风时鼓壁间琴。”(《神州寄友》)而在他死后多年,同是色目人而以诗著称的萨都剌,在看到他留下的驿壁题诗后,曾为之感慨:“吴姬水调新腔改,马上郎君好风采。”(《过鲁港驿和贯酸斋题壁》)贯云石就既是这样一位看剑灯下的马上郎君,又是擅长鼓琴唱曲的文士才人。就他的散曲作品来说,既有雄劲豪放之作,亦有缠绵清丽之篇。这支《金字经》就足以代表后一种风格。

曲中描绘了一个怀人念远的闺阁佳人形象。“泪溅描金袖,不知心为谁?”“描金袖”是极精美的服饰,但佳人竟然泪溅其上,禁不住使人忖度:这究竟是为了谁?却又未能得知。“芳草萋萋人未归”,《楚辞·招隐士》有句云:“王孙游兮不归,春草生兮萋萋。”曲中之句即脱化于此,见春日的芳草萋萋,不禁动念游子,以致为之垂泪。这样一来,前谓“不知”,此处已知。然而,仅止于知之为谁,是还未能刻画女主人公的形象的,于是,又进一步写其心理。“期,一春鱼雁稀”,一个“期”字,简捷却又深细、绵长,且不说期待中已逝去了多少时日,仅今春以来,已思之极深,盼之极切,然而,“关山魂梦长,鱼雁音尘少”(晏几道〔生查子〕),心上人的来信竟那样稀少。古时通信困难,此处谓“鱼雁稀”,而非“绝”,嫌其稀正是期盼殷切的真情流露,故“稀”字下得极好。“人憔悴,愁堆八字眉。”相思使人憔悴,离愁攒聚在眉头,这一“堆”字,足以发人想象其情状,既显其有形之象,又见其增聚之态,实较用他字为优。“八字眉”是唐代妇女流行的眉式,从张萱,周昉的仕女画可以见之,韦应物《送宫人入道诗》亦有“金丹拟驻千年貌,宝镜休匀八字眉”之句。元曲中亦有“秋波两点真,春山八字分”(吴昌龄〔端正好〕《美妓》套中〔滚绣球〕)之说,可能元人亦有如此眉式。通过连写期待、憔悴、愁眉,可谓“既入心头,又上眉头”,这一闺中思妇的形象就凸现纸上了。

此曲之短语长情,颇得之善于汲取、熔铸古代语言、形象之力。“芳草萋萋人未归”,既是眼前景、心中情,又是《招隐士》形象的再塑。而“一春鱼雁稀”,也沿用了汉代以来诗文中屡见的鱼腹藏信、雁足传书的形象。曲中的形象、语言虽有所本,却又出之清润、自然。

读此曲,很容易使人想起温庭筠的〔菩萨蛮〕:“门外草萋萋,送君闻马嘶”,“画楼相望久,栏外垂丝柳”,“翠钿金压脸,寂寞香闺掩。人远泪栏干,燕飞春又残”,“绣帘垂箓簌,眉黛远山绿。春水渡溪桥,凭栏魂欲销”,“画楼音信断,芳草江南岸。鸾镜与花枝,此情谁得知?"其实,酸斋的一组〔金字经〕,其意境都颇类于飞卿的十四首〔菩萨蛮〕,这大概是由于二人都有类似的生活体验,都同情思妇的痛苦。而从诗到词,再到曲,表现思妇的题材绵延不已,也大概是由于她们的"异代同其悲"打动了诗人、词人和曲家的善良的心吧!

(《元曲鉴赏辞典》,上海辞书出版社 1990 年版,第 440—441 页)

[越调]天净沙
闲题
吴西逸

长江万里归帆,西风几度阳关,依旧红尘满眼。夕阳新雁,此情时拍阑干。

吴西逸存世的令曲有四十七首,其中〔天净沙〕《闲题》共四首,都写夕阳西下时江关景色,抒发离情,并隐见对现实的不平。本篇是其中第一首,涵盖最广,意境也最为苍凉。

曲以"长江万里归帆"开头,雄浑地展现了经流万里的长江。江中归帆点点触发了作者的缕缕情思。于是,次句以"西风几度阳关"写出了时空的跳跃,从江中帆归,联想到离人西去。王维《送元二使安西》有句:"劝君更尽一杯酒,西出阳关无故人。"阳关故址在今甘肃敦煌西南,玉门南面,离渭城何止千里之遥,故作别之时情意深长,联想悠远也。曲中以"阳关"写别情、别意。长江之东去与旅人之西出,将愈来愈远,因而地理上相隔甚远的长江与阳关并列在此,正是状人之相别遥遥。而且,以"西风几度"来写阳关,则在空间飞跃的同时,又辅之以时间积累,使这一感叹更显沉重。王维诗中的"渭城朝雨浥轻尘,客舍青青柳色新"(《送元二使安西》),尚有朝雨洗出杨柳翠绿的本色,且有良朋相送,而曲中的"依旧红尘满眼",则一不见柳色,二不见旧友,使远行者更为孤苦。"红尘"一辞,涵义颇深,既是不能超脱于尘世,又是不能拔俗于众生,溪山之娱不能得到,为营求衣食还得奔波远方,其言虽短,其味深长,实堪发人遐思。只见红尘而未睹柳色之新,孤凄回徨而难衔离杯,于是放眼空中,以舒愁怀。但见夕阳如血,新雁哀鸣,不觉万感袭来,手拍阑干,感慨唏嘘。虽未明言"此情"为何?但其脱化于辛弃疾《水龙吟·登建康赏心亭》的意境却依稀可见:"落日楼头,断鸿声里,江南游子,把吴钩看了,阑干拍遍,无人会,登临意。"对现实的不满和激愤溢于言表。

作者在另外三首〔天净沙〕《闲题》中,除"楚云"、"湘江"外,"沧州"、"远水"、"江亭"、"平沙",均非定指某地,因而反观本篇,"长江"、"阳关"与其说是实指,还不如看作象征性地名更为妥当。这样一来,大江东去与阳关西出的并列、交织,就不必遭"缩地"之讥,亦不必似王士禛那样以"古人诗只取兴会超妙"来作解释了。因此,本篇与其余三篇,是总写与特写、泛指与专指的关系,因而也具有广为涵盖的意义。

元散曲本以极情尽致、刻露无余为特色。但由于以张可久为代表的后期散曲作家,逐渐走上雅化的道路,形成蕴藉、骚雅的特色,因而吴西逸所作也多从诗词汲取养料,以凝练、清丽的风格著称。本篇对王维诗、辛弃疾词有所汲取,但又自铸新辞,脱化无痕。长江、归帆、西风、阳关、红尘、夕阳、新雁,开阔的意象与苍茫的情思形成高度和谐,“物色虽繁,而析词尚简”(刘勰《文心雕龙·物色》),以少概多,构成丰富的内涵。“拍阑干”的“此情”诱人联想却不宜指实,而深长绵邈之中,又与长江水波、阳关西风达到情景的统一。较之元曲中诸多的写别情、旅怀之作,本篇已不具善于铺陈、工于描画、笔笔形容、淋漓尽致的特色,而是接近于诗情与诗境的归返。不仅其中的乡关之思、尘世之厌和离情别绪以及无端愤懑值得玩味,便是它与其余三首构成类似国画“四条屏”的组曲,亦诗亦画,也别具一段风流。

(《元曲鉴赏辞典》,上海辞书出版社 1990 年版,第 948-950 页)

[大石调]青杏子

送别

朱庭玉

游宦又驱驰,意徘徊执手临岐。欲留难恋应无计。昨宵好梦,今朝幽怨,何日归期?

〔归塞北〕 肠断处,取次[①]作别离。五里短亭人上马,一声长叹泪沾衣,回首各东西。

〔初问口〕 万叠云山,千重烟水,音书纵有凭谁寄?恨萦牵,愁堆积,天,天不管人憔悴!

〔怨别离〕 感情风物正凄凄,晋山青,汾水碧,谁返扁舟芦花外,归棹急,惊散鸳鸯相背飞。

〔擂鼓体〕 一鞭行色苦相催,皆因些子。浮名薄利,萍梗飘流无定迹,好在[②]阳关图画里。

〔催拍子带赚煞〕 未饮离杯心如醉,须信道“送君千里”。怨怨哀哀,凄凄苦苦啼啼。唱道[③]分破鸾钗,丁宁嘱咐好将息。不枉了男儿堕志气,消得英雄眼中泪。

中国最早的诗歌总集《诗经》中就有“君子于役,如之何勿思”(《王风·君子于役》)、“一日不见,如三秋兮”(《王风·采葛》)等一类写别情的篇章,咏相思离别之作可谓“古已有之”,经唐诗、宋词而至元曲时代,颇有“于今为烈”况味。

这一首《送别》套数由六支曲子组成,大致构成起、承、转、合关系。就即将离别又怅想别后,从游宦者怨别,闺中人伤离两处落笔,充分发挥了散套显豁直露、极情尽致之长,写得生动感人。

第一支〔青杏子〕是全套之“起”。以“游宦又驱驰”之由带出“执手临岐”之实,“执手临岐”四字即此曲主旨,亦全套枢机。为游宦谋取衣食,又作驱驰,一个“又”字可见经行已惯。虽如此,却并非别多不悲,“执手临岐”前冠以“意徘徊”三字,可见难舍难分之意。然而，由于“游宦”，为求生计，终不得不离，“欲留难恋”应接“徘徊”而终于作别，“应无计”承“游宦”而换言加重之。此三句实有笼罩全篇之意。“昨宵好梦，今朝幽怨，何日归期？”以鼎足对句构成昨日、今朝、明天的三段式比较，而“好梦”、“幽怨”、“归期”更形成明显的情感对照，逗出下面的深深离情。

第二支〔归塞北〕与第三支〔初问口〕可看作“承”。〔归塞北〕是以想象离别时的情景以承“执手临岐”之意。“肠断处”即执手临岐之处，“取此作别离”，即草草离别。“五里短亭人上马，一声长叹泪沾衣，回首各东西。”“五里短亭”见于庾信《哀江南赋》：“十里五里，长亭短亭。”此三句正面设想离别情景，言简意赅，却声态毕现，可当《西厢记》中《长亭送别》读。〔初问口〕进而以想象别后山重水隔，音信难通，再承“执手临岐”意，以更进一层来加深送别之痛。“云山”而又“万叠”，“烟水”而又“千重”，极言阻隔之遥，因而“音书纵有凭谁寄？”更见设问之有理。别恨萦牵，离愁堆积，当然不足为怪。痛极而呼“天”，但“天不管人憔悴”无以慰安，更形伤悲。

第四支〔怨别离〕与第五支〔擂鼓体〕起着“转”的作用。〔怨别离〕从以上的抒情转为写景，且景中寓情，再兴别意。“感情风物正凄凄”，谓触动情感的风光景物正使人悲伤。“晋山青，汾水碧”，以大笔触写来，既暗示临岐之地，又以“青”、“碧”二字传递出寒意。“谁返扁舟芦花外，归棹急，惊散鸳鸯相背飞。”这三句就送别途中所见，再触物以起离情。扁舟之返，归棹甚急，谁不以家中温馨为念？然而归棹所惊散的鸳鸯，其“相背飞”岂非与自己相似？一正一反的夹写，由风景再归人事，回环而积聚，更见离情之重。第五曲〔擂鼓体〕较之二、三曲的想别时、别后，转为写离别的缘由，可谓就“游宦”而发挥，较之第四曲，则又由景转情。“一鞭行色苦相催”，折归“别”字，“皆因些子、浮名薄利，萍梗飘流无定迹”，直接道出游宦目的，既不屑，又不得不为，活画出士人的矛盾心情。最后的“好在阳关图画里”，即依旧踏上征程。其中“阳关图画”取“阳关三叠”的离别之意。

最后一支的〔催拍子带赚煞〕是全套的“合”曲。遥应首支的“执手临岐”，分写妻的嘱咐，夫的洒泪，将送别推至高潮结束，也还足了题面。“未饮离杯心如醉”，“醉”即《诗·王风·黍离》：“中心如醉”、“中心如噎”的伤悲之意。“送君千里”略去了“终须一别”的下半句。“怨怨”以下月五组叠字渲染感情。“唱道分破鸾钗”，“唱道”即“正是”之意；“鸾钗”即鸾镜、金钗；全句以“镜破钗分”喻指分离。“丁宁”句为妻之嘱咐，语短而情长。最后二句是丈夫临行，由于妻子的深情，故以英雄泪相酬（“消得”此处为“值得”、“配得”意）。此曲直接写夫妻离别，表现得真挚动人。

朱庭玉此散套，虽非曲中的上乘之作，然亦有值得称道之处，下面分别条述之。

一是结构。王骥德《曲律》论套曲作法云：“有起有止，有开有阖。须先定下间架，立下主意，排下曲调，然后遣句，然后成章。切忌凑插，切忌将就。”此套不见敷凑之迹，起承转合颇具匠心，首曲以“游宦又驱迟，意徘徊执手临岐”开篇，擒控题旨，得全篇大要，“又”字居首句之中，以去声而发调，次句音韵转为和缓，缠绵之意渐出，在首曲带起全篇后，当中几支在承、转之中极力铺排，发挥题蕴，情、景兼到，神、态并出，纵横变化，淋漓尽致。尾曲以“消得英雄眼中泪”作结，未离本题又神韵不竭，且“眼中泪”分属上平去三声，变化之中结得响亮，合周德清“诗头曲尾”说。

二是“曲体”。曲有自己的独特个性。清人黄周星《制曲技语》为之概括：“曲之体无他，不过八字尽之，曰‘少引圣籍，多发天然’而已。制曲之诀无他，不过四字尽之，曰：‘雅俗共赏’而已，论曲之妙无他，不过三字尽之，曰；‘能感人’而已。”倘若将黄说综合成“曲体”，再以之衡量此套，则此套与之非但无相悖之处，且尤得“能感人”的三昧。

三是手法。本套的手法最值得称道的是思致绵缈而辞语迫切。明人张琦《衡曲麈谭》的《填词训》曰：“曲也者，达其心而为言者也，思致贵于绵缈，辞语贵于迫切。”又谓：“古伤逝、惜别之词，一披咏之，愀然欲泪者，其情真也。”本篇非唯所表之情真，且又得思致绵缈与辞语迫切的辩证结合。如果说〔归塞北〕想象离别情景，〔初问口〕想象别后难通信息，可视作思致绵缈的典型笔墨，那末前三支曲子各自的后三句，都堪称辞语迫切。以其绵缈而见情长，以其迫切而见情真，正因本篇内容与形式密切结合，故收到了很好的艺术效果。

此外，大石调隶曲不多，《太和正音谱》仅录二十一调，元人作大石调散套者少，朱氏知难而进，实为不易。吴梅《顾曲麈谈》以之作为大石调联套范例，确非偶然。

[注释]

①取次：犹云随便或草草。

②好在：存问之辞，转而义如“无恙”，又转而不为存问口气，义如“依旧”。

③唱道：即“畅道”，可解作真是或正是，有时亦可视为“话搭头”。

（《元曲鉴赏辞典》，上海辞书出版社 1990 年版，第 960-963 页）

[中吕]阳春曲
赠茶肆
李德载

茶烟一缕轻轻扬，搅动兰膏四座香。烹煎妙手赛维扬。非是谎，下马试来尝！

李德载，生平不详，现存小令十首，均为赠茶肆的〔阳春曲〕。

我国的茶文化虽不如酒文化历史悠久，但种茶、饮茶之习并不晚出，早且不说，仅《三国志·吴·韦曜传》即有“或密赐荼荈以当酒”一语，似是茶已有与酒争雄之势。虽旧本中“茶”字尚作“荼”，《尔雅·释木》：“槚，苦荼。”直到唐代“荼”才省作“茶”，但茶的地位已可略见。唐之“荼”始为“茶”，与种茶、饮茶盛行有关。自第七、八世纪以来，南北各地、上下人士都喜欢茶，唐德宗始行茶法以征税，可见茶的经济价值；唐陆羽著《茶经》三卷，翔实记载茶的产、采、烹、饮，则见其时饮茶之盛。北宋末蔡京当国时，每年茶税竟达四百多万贯。至元朝，市朝之盛也不亚于宋，茶肆极多。我们可以设想李德载生性嗜茶，经常品茗于此，很可能是应主人之请，书此十支〔阳春曲〕，既可清讴娱宾，游戏文字，以资笑乐，又可权作广告，为之延誉，招徕茶客。我们虽不知作者身世，但沉抑下僚、郁郁失意者常有庄谐杂出之作，于此亦可推见。元人散曲所写，虽俗至于米盐枣栗，丑至于恶疾畸形，代言以至为羊诉苦、为马鸣冤，但似这等广告文字尚不多见，作为一类亦颇应重视。

此曲首二句写茶烟轻扬，咏叹烹茶的烟气，给四座送过来阵阵芬芳。（古时用泽兰炼成的油脂称为兰膏，用作点灯，有香气。有香气的油脂亦称兰膏）第三句更是以“烹煎妙手赛维扬”自夸，烹为煮，煎茶法则是陆羽所创。维扬即扬州，在元时虽不及大都、杭州、泉州繁华，但毕竟唐时有“天下三分明月夜，二分无赖是扬州”之誉，故“赛维扬”实是自诩老牌之意。最后，又以“非是谎”三字加重之，“下马试来尝”则以实相号召。重复、极端之言本为元曲显豁、透辟的表现，用在此处则更见招客劝饮之意。

古来吟茶之作甚众，远且不说，宋金二代就不少。因饮茶被视为雅事，故写词常带俚俗的黄庭坚，其咏茶的〔满庭芳〕却极见雅致，有词中的“北苑研膏，方圭圆璧”，“纤纤捧、香泉溅乳，金缕鹧鸪斑”等句可证。金党怀英的“红莎绿蒻春风饼。趁梅驿，来云岭”，“一瓯月露心魂醒，更送清歌助清兴”（〔青玉案〕）亦不相让。此曲前三句并不见元曲特有的蒜酪味，但最后二句的直言以道，非仅纯是口语，而且作者似从旁观顿转为代言，声态毕现，呼之欲出，既关合茶肆招客之道，又见当行本色。较之前面所引宋金词的使事用典，涂泽工巧，不啻于归真返璞，自有其天然之美。

（《元曲鉴赏辞典》，上海辞书出版社 1990 年版，第 966—968 页）

吕洞宾桃柳升仙梦·第三折

贾仲名

〔越调·斗鹌鹑北〕　经了些水远山遥，畅好是天宽地狭。野店生苺，山城噪鸦。崎岖长途，奔驰瘦马。昏邓邓尘似筛，扑唐唐泥又滑。绿水堤边，青山那答。

〔紫花儿序北〕　夕阳古道，客旅人稀，老树槎枒。一林红叶，三径黄花。看了那、高低禾黍，纷纷桑共麻。俺则为功名牵挂，今日个背井离乡，几时得任满还家?

〔诉衷肠南〕　你道是功名牵挂，早过了夕阳下。一带云山似图画，眼巴巴几时得到京华？过山遥路远怎去？他教我心惊胆颤怕。如今容颜瘦，倒不如受辛勤还家罢!我如今力困筋乏。

贾仲名是由元入明的杂剧作家，号云水散人，淄川（今山东淄博）人。据《录鬼簿续编》称：其“天性明敏，博究群书，善吟咏，尤精于乐章、隐语。尝侍文皇帝于燕邸，甚宠爱之，每有宴会应制之作，无不称赏。”“所作传奇、乐府极多，骈俪工巧，有非他人之所及者。一时侪辈，率多拱手敬服以事之。”并录其所作十四种杂剧之名。钟嗣成在写《录鬼簿》时，曾制《凌波仙》曲以吊前辈及同代曲家中若干已卒的知友，贾仲名读钟氏原著后,对其余八十二人补撰了吊曲。今存杂剧五种,《升仙梦》为其中之一。

《升仙梦》所写是吕洞宾奉南极老人之命,去点化汴京梁园馆聚香亭畔的桃柳二树。二树年久成器,有道骨仙风,怕其迷却仙道,故先使其托生为人,长于富贵之家,结为夫妇。在重阳节登高饮酒时,吕洞宾设为梦境,梦中丈夫受诰敕为官,夫妇赴任,汉钟离在二人梦中化为强盗,劫财害命,使之警醒出家,最后得以成仙。从思想内容上讲,《升仙梦》并无出奇之处。元人以神仙道化作为杂剧的一大题材,写吕洞宾故事而比较有名的,就有马致远的《黄粱梦》、《岳阳楼》和范康的《竹叶舟》、谷子敬的《城南柳》等。《升仙梦》以形式的革新见长。元剧或为正末主唱的末本,或为正旦主唱的旦本,此剧却是正末、正旦同唱。杂剧都唱北曲,元末沈和虽始开南北曲合套的先例,但其所作的《潇湘八景》、《欢喜冤家》等,都仅是散套,《升仙梦》却以正末唱北曲,正旦唱南曲,为杂剧中首创。因此,可以认为,贾仲名是顺应南曲日盛的历史潮流,起而更新杂剧的旧有规律,他的这种尝试和努力,是值得肯定的。

《升仙梦》第三折所写的是:桃柳二树托生的柳春与陶氏入于梦境,柳受诰敕通判江西,在赴任途中,夫妇遭盗遇害,梦醒得悟,随吕洞宾出家。这里的〔斗鹌鹑〕等三支曲子,即赴任途中的夫妻对唱,前二支北曲为正末所扮柳春唱,后一支南曲为正旦所扮陶氏唱。表现了旅途辛苦,宦思与羁情交织,有强烈的抒情性。

第一支曲子以"经了些水远山遥"开头,点出所行已非一日之意,"水远山遥"可见行程之远。次句接之以"畅好是天宽地狭","畅好是"即真是、正是之意,由于不是一马平川,而是山路崎岖,视野受阻于千山万嶂,故曰"天宽地狭"。所宿处是"野店生莓",草盛自然人迹少,所行处是"山城噪鸦",亦见萧条冷落之状。无论顾后还是瞻前,都是"崎岖长途",无论是以往还是明天,都将"奔驰瘦马"。由于剧中的柳春、陶氏"是这长安城中点一点二的财主,家私有万倍之利的人家"。不堪鞍马劳顿可谓必然。"昏邓邓尘似筛,扑唐唐泥又滑",复迭而兼象声,突出"尘"、"泥"二端,将旅途艰难作了进一步渲染。但是,毕竟此行在于赴任,终极目标不会失去光彩,因而,曲终又出以"绿水堤边,青山那答"二句,在不甚谐洽协调之中,却蕴有与仕宦心情合拍之意。

第二支的〔紫花儿序〕仍是正末所唱。眼前行径古道之上,天边一抹夕阳,行人稀少,只见路旁老树枝丫歧出。时值深秋,一林红叶似火,三径黄花如金。放眼望去,高高低低的田野上长满禾黍麻桑。想到山野农夫还能饱览黄花红叶,享受收获禾黍麻桑之乐,而自己却牵挂着功名,背井离乡,不由得起桑梓之想,有"几时得任满还家"之叹。

第三支的南曲〔诉衷肠〕是正旦陶氏所唱。首句"你道是功名牵挂",接过柳春话茬,次句"早过了夕阳下",可见经行之中,时间推移,暮色降临。"一带云山似图画",将薄暮之中云山相接,似泼墨的图画,作了传神的描绘。作为女子,陶氏更不堪劳累,故有"眼巴巴几时得到京华"之叹,此处从曲意分析,"京华"当指任所南昌。"过山遥路远怎去?"较之丈夫来,她所唱更为直露,且与"为功名牵挂"相较,感受自然不同。而"他叫我心惊胆颤怕"一语,则更见对畏途之惧,也暗伏下遇盗一笔及所起之情。由于辛苦而容颜消瘦,故直言倒不如还家。结句的"我如今力困筋乏",看似平实,却见实情之所由生，不重诗意却合乎剧情，拙朴之中，心绪情由极易体味。

由于吕洞宾劝春柳、陶氏修行遭拒，故设以梦境点化。生活中“颇积家财万贯有余”，梦中又受命通判江西，但赴任途中，备尝艰辛，“富”在此岸，“贵”在彼岸，两不沾边。现实的羁情上升到与功名相抗地位，柳氏更受不得辛苦，这三支曲子昭示的是进不及官场、退不得还家之境。遂至梦中遭盗被杀，豁然醒悟，知富贵之不可求，人生将不可久，转而求点化，希冀长生。因而，在剧情的转折之中起了很大作用。

羁旅行役一直是诗词中的主要题材。宋代诗人梅尧臣曾以温庭筠的“鸡声茅店月，人迹板桥霜”和贾岛的“怪禽啼旷野，落日恐行人”，作为“含不尽之意，见于言外”的范例，称道它们善表“道路辛苦，羁愁旅思”（见欧阳修《六一诗话》）。元曲中也颇多此类题材，虽然多以显豁直露区别于诗词的蕴籍含蓄，但名篇中如马致远的〔天净沙〕《秋思》亦有化景为情的特点。《升仙梦》中这三支曲子，前二支正末所唱，也是抒发羁愁旅思，在意境上颇见〔天净沙〕的影响，尤其是前曲的“噪鸦”、“瘦马”，后曲的“夕阳古道”、“老树槎枒”，在意象营造上更为相似。但由于套曲不似小令，可着意铺排，不必将意象浓缩并置，因而〔斗鹌鹑〕和〔紫花儿序〕都前后妆点，极力渲染，且工于对句，以助抒情。前曲的首次两句、三四两句、七八两句，都属对工稳，但由于句式长短不同，词组搭配各异，故变化动宕，别饶风致，再辅以韵脚四声跌宕抑扬，使人起路途多变之想。次曲的四五两句，非仅为工对，且一“红”一“黄”，一“叶”一“花”，兼得声色之美。而正旦所唱的南曲〔诉衷肠〕，非但在思想感情上与前二曲有异，且“眼巴巴”、“心惊胆颤怕”等语，亦可见女子性格特征，全曲的语言较为朴实，不似前二曲的注重文采、藻饰，其实也颇见人物声口。总之，若谓《太和正音谱》评“贾仲名之词如锦帷琼筵”是过于抽象，则《录鬼薄续编》称其“骈俪工巧”却可以用前面的分析来印证了。

（《元曲鉴赏辞典》，上海辞书出版社 1990 年版，第 1106-1109 页）

失宫调牌名
大雨

无名氏

城中黑潦，村中黄潦，人都道天瓢翻了。出门溅我一身泥，这污秽如何可扫？东家壁倒，西家壁倒，窥见室家之好。问天公还有几时晴？天也道阴晴难保。

这是一首失宫调名的散曲，被隋树森收入《全元散曲》内。此曲虽不知其宫调牌名，但形式上颇有特点。一般说来，词以双片为多，南宋词极尽长调之变，金元散曲返于短制，成为小令。散曲小令单阕、短小，适合于写简单题材，如果作者余兴未尽，还可再写“幺篇”。此曲共十句，可分为上下两部分，除去个别衬字，形成上下四、四、六、七、七的对应句式，似词之双阕，故颇见其特殊性。但是，它毕竟还是曲，除却衬字及内容、风格与词迥异外，它又以重韵显示了曲的特征。试看前半及后半部分一、二句的“城中黑潦，村中黄潦”，与“东家壁倒，西家壁倒”，再与蒋捷〔一剪梅〕词的“风又飘飘，雨又潇潇”，及“红了樱桃，绿了芭蕉”相较，句式虽似，但不同处正在重韵与换韵。

此曲题为“大雨”，当是咏物之作。诗词咏物，大体以雅为尚。曲则不然，它正以俗为当行本色，如任讷《散曲概论》所说：“放得极宽，取得极俗，写得极粗。”

此曲写大雨，不写其掩日蔽月、兴江涨河、败柳摧花，却注目于大雨的积水，又以“黑潦”见城中积水，以“黄潦”写村中积水，一见其人众，一见其泥多，抓住了特点，“人都道天瓢翻了”纯是口语，又见俳谐，“出门”二句，活画出对积水和污泥之怨。“东家壁倒，西家壁倒”，左邻右舍都因大雨而墙倒屋坍，“窥见室家之好”，平时不能见到的人家的内室，也都暴露在外面，任人窥探。语似调侃，内含无限心酸。转而问天，何时清明可待？老天爷也哭丧着脸，说是“阴晴难保”，总之还是没有希望，心情实是非常沉重的。全曲不从正面写大雨，却写出了大雨的后果，入手擒题，开口见物，写来异常通俗。诗词中常见的即物兴怀、婉转托意，在此丝毫不见，而直言浅说，明确以道，却更能使人在咏物中体会到民生多艰，“寓哭于笑”的元曲特点于此可见一斑。

（《元曲鉴赏辞典》，上海辞书出版社 1990 年版，第 1165—1166 页）

《爱国诗词鉴赏辞典》

永遇乐·次稼轩北固楼词韵
姜夔

云鬲迷楼，苔封很石，人向何处？数骑秋烟，一篙寒汐，千古空来去。使君心在，苍厓绿嶂，苦被北门留住。有尊中酒差可饮，大旗尽绣熊虎。　　前身诸葛，来游此地，数语便酬三顾。楼外冥冥，江皋隐隐，认得征西路。中原生聚，神京耆老，南望长淮金鼓。问当时依依种柳，至今在否？

稼轩为豪杰之词，白石为才子之词，所作风格不同，且白石为稼轩后辈，然而，在二人相识相交之后，姜夔的词风明显受到稼轩的影响，这首次韵之作尤可见之。

辛弃疾在青年时代举义山东，后又决策南向，有“青兕”之誉，其壮声英概曾使宋高宗“一见三叹息”。他曾以“十论”、“九议”的“万字平戎策”上奏君相，终不得用。辗转皖、赣、湘、闽地方任上，虽政绩昭然，却因遭忌而被劾，落职闲退，长期隐居山林。直到嘉泰三年(1203)，才被任命为绍兴知府兼浙东安抚使，次年，调任镇江知府。镇江具有重要的战略地位，陈亮《戊申再上孝宗皇帝书》曾谓其地：“连冈三面，而大江横陈，江旁极目千里，其势大略如虎之出穴，臣虽不到采石，其地与京口股肱建业，必有据险临前之势，而非止于靳靳自守者也。天岂始南方自限于一江之表，而不使与中国而为一哉！”辛弃疾之欣然受命，正是可以在此前沿之地准备北伐，力求实现收复中原的理想。他以史为鉴，以词论政，写下了沉雄苍劲的《永遇乐·京口北固亭怀古》。姜夔深受感染，次年，即开禧元年(1205)，亦步原韵而和，表达了对稼轩的颂扬和期许。

“云鬲迷楼，苔封很石，人向何处？”起三句由景及人，兴起人世沧桑之感。“鬲”同“隔”，迷楼在扬州，为隋炀帝驾幸时所建。很石亦名“狠石”，在北固山甘露寺，相传孙权曾据其上与刘备共商抗拒曹操事。姜夔青年时自度《扬州慢》，表其“黍离之悲”，辛弃疾老年作《永遇乐》，自云：“四十三年，望中犹记、烽火扬州路。”如今隔江远眺，迷楼被云雾遮隔，实亦难忘扬州烽火，故景中寓情，亦入题旨。迷楼为昏君所营，很石关英雄之业，由古及今，“人向何处？”一赋一问，实见对自谓承平、上下恬熙的感慨。“数骑秋烟，一篙寒汐，千古空来去。”迷楼之被云隔，寓无望北进之意，很石之为苔封，亦“英雄无觅”之慨，金戈铁马、气吞万里早成历史陈迹，所见只有秋烟中的寥落征骑，寒汐中的逐浪轻舟，来来去去，年复一年。大江东去，大浪淘沙，千古风流人物已矣，当今豪杰岂无人在？不！今日的京口，当非英雄无觅了，因为辛弃疾来到了这里，筹措着北伐的大业，“使君心在，苍厓绿嶂，苦被北门留住。”辛弃疾长期隐退，先居上饶，得带湖之胜，后在铅山又有瓢泉美景，山水秀色催生出众多佳篇，在田园生活中充满恬退自适之情，故云“使君心在，苍厓绿嶂”。由于再帅浙东之后，他奉召赴临安，得宁宗召见后，被派往镇江，坐镇这一北疆大门，“苦被北门留住”，难遂隐居之志了。上结承“北门留住”，写出了辛弃疾积极备战的军容军威。“有尊中酒差可饮，大旗尽绣熊虎。”上句出《晋书》卷六七《郗超传》：“徐州人多劲悍，(桓)温恒云：‘京口酒可饮，兵可用。’”“差”即“较”，云京口之酒还比较可饮。更重要的是未见于词的“兵可用”：据程珌《丙子论对札子》，辛弃疾着力在镇江创建一支能渡淮迎敌的新军，当从“沿边土丁”中招募，因为他们“幼则走马臂弓，长则骑河为盗”，“其视虏人，素所狎易”，并制万领红袄，准备招兵分屯训练。故下句之“大旗尽绣熊虎”，写出了军容之盛壮。

下片文意未断，进而表达对辛弃疾的敬仰和赞颂。“前身诸葛，来游此地，数语便酬三顾。”当年刘备三顾茅庐，得诸葛隆中对策，预见天下三分之势。如今辛弃疾来到京口，亦酬朝廷顾盼之恩，宁宗召见之时，他陈述了“全国必乱必亡，愿付之元老大臣，务为仓猝可以应变之计”(《建炎以来朝野杂记》乙集卷一八)，岂非“数语便酬三顾？”以诸葛相拟，并非白石一人之见。陆游《送辛幼安殿撰造朝》云：“大材小用古所叹，管仲萧何实流亚。”刘宰《漫堂文集·贺辛待制弃疾知镇江》云：“三辅不见汉官仪，今百年矣……某官卷怀盖世之才，如圯下子房；剂量济时之策，若隆中诸葛。”“楼外冥冥，江皋隐隐，认得征西路。”北固楼外景物昏暗，江边高地隐约可见，但心中自知当年桓温西征的道路，此处借桓温征苻秦，指辛弃疾北伐中原，实与原作的“烽火扬州路”相应。“中原生聚，神京耆老，南望长淮金鼓。”此言中原人民、旧京父老都翘首南望，期待来自淮河以南的战鼓声。“问当时依依种柳，至今在否？”据《晋书·桓温传》：“温自江陵北伐，行经金城，见少为琅邪时所中柳皆已十围，慨然曰：‘木犹如此，人何以堪？’攀枝执条，泫然流涕。”此为拟想稼轩北伐之前，欲见四十三年前所种之柳，亦当有桓温之叹。收复失地的夙愿，于此可见，祝颂与期许之意，亦结于有余不尽之中。

姜夔一生不第，依人而食，为词多在山水风月和追怀恋情，不少论者认为他与时代风云了不相涉。其实不然，他所作不乏“君国之忧”，惟感慨“都在虚处”(陈廷焯语)，不易察耳。这首《永遇乐》有别于姜夔的大部分作品，然而在带有“稼轩风”同时，仍不失自己的面貌。稼轩的原作用典很多，将咏史和写实融合为一，白石的和词亦具备这一特点。但辛词之上片以追慕古人来寄托自己的情怀、壮志，姜词却立足本地风光胜迹，借景物言人事，一正一侧，自见不同。辛词下片以古鉴今，以刘宋旧事告诫赵宋新朝，姜词却无上下片立意之别，以主要篇幅借诸葛、桓温颂扬稼轩，寄寓自己期盼北伐的政治热情。写来既切合自己的身份，又深得唱和之旨。此外，稼轩虽用典，却处处可见其意，壮怀激烈，其声可闻，而白石之用典，虽深合其人其事其地，却融化词中，不易觉察，确有“来去无迹”之妙。

(《爱国诗词鉴赏辞典》，南京大学出版社 1992 年版，第 463-465 页)

贺新郎

刘学箕

往事何堪说。念人生、消磨寒暑,漫营裘葛。少日功名频看镜,绿鬓鬅鬙未雪。渐老矣、愁生华发。国耻家雠何年报?痛伤神、遥望关河月。悲愤积,付湘瑟。

人生未可随时别。守忠诚、不替天意,自能符合。误国诸人今何在?回首怨深次骨。叹南北、久成离绝。中夜闻鸡狂起舞,袖青蛇、戛击光磨铁。三太息,眦空裂。

这首《贺新郎》有词前小序,道出了写作缘由。序曰:“近闻北虏衰乱,诸公未有劝上修饬内治以待外攘者,书生感慨不能已,用辛稼轩《金缕词》韵述怀。此词盖鹭鸶林寄陈同甫者,韵险甚。稼轩自和凡三篇,语意俱到。捧心效颦,辄不自揆,同志毋以其迂而废其言。”在辛弃疾被迫隐退、闲居带湖时,曾与陈亮“极论世事”。陈亮虽是布衣,却多次上书宋孝宗,提出抗金方略,与辛弃疾确是志同道合。淳熙十五年(1188)冬,陈亮访辛弃疾,与之同游铅山鹅湖。既别之次日,辛弃疾恋恋难舍,追至鹭鸶林,因雪深泥滑,不得前行,夜半投宿,闻笛而悲,赋《金缕曲》(即《贺新郎》)。陈亮亦以同调相和,二人依韵往返凡六首,感慨国事,抒发悲愤,实为南宋词坛的黄钟大吕之声。刘学箕生当辛、陈之后,中原沦陷已久,南宋自谓承平,惯于偏安,当“近闻北虏丧乱”之时,而“诸公未有劝上修饬内治以待外攘者”,故“感慨不能已”,写下这首步辛词原韵的《贺新郎》,虽豪气未逮,然沉痛相近,堪称不可多得的佳篇。

起句“往事何堪说。”追怀痛史,何堪说起,似从千折百回中倒转而出,警醒有力,不乏深沉的历史意识。继接以“念人生、消磨寒暑,漫营裘葛。”从并未明言而可泛指的“往事”拍和自身:往事如烟逝去,怅想人生,竟然只是消磨岁月,营求冬裘夏葛,这一“漫”字足现无奈的心情,下得极好。往日的人生是如何漫度的呢?词中承前而直言自己:“少日功名频看镜,绿鬓鬅鬙未雪。渐老矣、愁生华发。”年轻时亦曾有过建功立业、报效祖国之想,那时频频照镜,为自己头发乌黑而欣慰,因为尚有时日可待。“鬅鬙”,毛发蓬乱貌。如今已逐渐年老,因愁绪侵心而早生白发。那么,所愁者为何呢?“国耻家雠何年报?痛伤神、遥望关河月。”在经过感叹人生、省察自己的曲折之后,终于遥应首句之“往事”,点明“国耻家雠何年报”,遥望北国关山、长河映月,痛极而神伤。至此,回视“何堪说”之“往事”,又有多少丧权辱国、骨肉分离的辛酸痛楚?不堪说正是不忍说起,“此时无声胜有声”,“何堪说”三字有多少历史的重负、深沉的感慨啊!尤其对作者说来,“家雠”一语并非泛设,在北宋末年,其曾祖刘韐出使金营,不屈于敌人淫威,自缢身死。国耻加上家仇,始终萦回在心,这就难怪痛极伤神、华发早生了。这满腔悲愤郁结心中,怎样才能宣泄呢?武将可抚剑长啸,文臣可付诸文字,自己是隐居之士,“悲愤积,付湘瑟”之举既出之自然,又符合身份。“湘瑟”出屈原《远游》:“使湘灵鼓瑟兮,令海若舞冯夷。”湘灵即死于湘水之滨而成湘水之神的娥皇、女英,唐人钱起云湘灵鼓瑟“苦调凄金石,清音入杳冥。”因悲愤而出凄苦之音,“湘瑟”用得极好。上片之首句明挑,却不直承而抒,转为嗟叹人生、感慨自我,由“华发”而再引出国耻家仇的悲愤,呼应开头,点醒题旨,颇见章法之妙,而上结之鼓瑟抒愤,又由急骤转为深沉,亦契顿挫之旨。

换头再言“人生”,表达了作者对人生意义的深入思考和热爱祖国的夙愿。“人生未可随时别。守忠诚、不替天意,自能符合。”应该认准人生的目的,忠诚、执着,不应另有所谋,自能符合天意。而符合天意的人生是什么呢?作者虽未明言,但不难理解为所守之忠诚只能是对国家而言。自己是一介平民,尚以守忠诚来自励,那些权柄在握者又怎样呢?作者转而斥责逆天意而动的人了。“误国诸人今何在?回首怨深次骨”,回首之际,看到的误国奸臣当不止秦桧一人,故曰“诸人”,此处再应开头的“往事何堪说”,和上片的“国耻家雠”,感愤和贬斥真有千钧之重,“怨深次骨”怨愤之深以至于骨,明言直说却不病于显浅,因为这是血泪所凝就。稼轩用此韵送杜叔高的《贺新郎》,对误国者的批判用感慨出之:“叹夷甫诸人清绝!”而刘学箕却设为问句:“误国诸人今何在?”一和缓而见对现实的批判(南宋士大夫多尚清谈),一曲折而见对历史的反思且兼及现实,耐人寻味。“叹南北、久成离绝。”这一“久”字复又与“往事”、“国耻家雠”相系,极其沉痛。可叹的是,自己空有悲愤和忠诚,却无法报效祖国。“中夜闻鸡狂起舞,袖青蛇、戛击光磨铁。三太息,眦空裂。”祖逖闻鸡起舞,立志收复中原,确是自己的榜样,一“狂”字使爱国志士的形象立现,青蛇宝剑,戛击磨铁,使这一形象更形生动。可叹的是,当局并无北伐之志,自己空怀感悲之情,只能屡屡叹息,怒目圆睁,眼眦为之空裂。“三太息”,一弛,“眦空裂”,一张,其壮怀激烈而志向难伸之情表现得淋漓尽致。

(《爱国诗词鉴赏辞典》,南京大学出版社 1992 年版,第 474-476 页)

满江红

黄机

万灶貔貅,便直欲、扫清关洛。长淮路、夜亭警燧,晓营吹角。绿鬓将军思饮马,黄头奴子惊闻鹤。想中原、父老已心知,今非昨。　　狂鲵剪,于菟缚。单于命,春冰薄。政人人自勇,翘关还槊。旗帜倚风飞电影,戈　射月明霜锷。且莫令、榆柳塞门秋,悲摇落。

宋宁宗时期,女真政权渐见衰象。金章宗在北中国施行掠夺肥田沃土给屯田军户的政策,使大量农田连批荒芜,经济凋敝,民不聊生,农民起义纷纷爆发。女真贵族不断发生内讧,而金政权北部的蒙古政权,势力渐见强大,不断对金侵袭。辛弃疾曾在《清平乐》中写道:“新来塞北,传到真消息。赤地居民无一粒,更五单于争立。”南宋朝野终于在沉寂多年后,又生北伐之论。黄机曾怀“平戎策”,却只做州郡小官,难遂壮志,当此女真国势衰落之时,他作词以表北伐素志和澄清之愿,确是很自然的。究竟此词是作于宁宗朝的开禧北伐前,抑或理宗朝绍定时期,实难于考定,但词中的激情和意愿,却令人悲歌慷慨,感奋不已。

词之起句“万灶貔貅”四字破空而来,极有气势。“万灶”,以军中锅灶之多状军威之壮。“貔貅”,本为猛兽,借指军队之勇。作者不迂回而道,直揭兴军之旨:“便直欲、扫清关洛。”“关”指关中,“洛”指洛阳,以豫陕代北方沦陷区。起三句写出了宋兵北进的气势,次三句继写战时气氛。“长淮路、夜亭警燧,晓营吹角。”宋金以淮河为界,当年张孝祥《六州歌头》曾感慨“长淮望断,关塞莽然平”,为“征尘暗,霜风劲。悄边声,暗销凝”,“干羽方怀远,静烽遂,且休兵”而痛心疾首。如今,淮河地区(淮南西路和淮南东路)充满令人振奋的战争氛围:夜间,前哨的边亭燃起报警的烽火,清晨,军营里吹响了号角。“绿鬓将军思饮马,黄头奴子惊闻鹤。”一正一反,表现出敌我双方临战时的思想状态。宋军黑发的壮年将军向往建功立业,欲饮马北方,敌兵完全丧失了战斗力,风声鹤唳,草木皆兵。黄头,戴黄帽子的水军,此泛指敌军。《汉书·枚乘传》:“遣羽林黄头,循江而下。”颜师古注:“羽林黄头郎,习水战者也。”奴子,奴仆,对敌人的蔑称。惊闻鹤,见《晋书·谢玄传》:淝水之战时,“(苻)坚众奔溃,自相蹈藉,投水死者不可胜计,肥水为之不流。余众弃甲宵遁,闻风声鹤唳,皆以为王师已至,草行露宿,重以饥饿,死者十七八。”又,别本前句作“绿鬓将军思下马”,亦通,若此,则此句云敌方的壮年将军思量下马投降。然不如“饮马”之写我方,对举敌我,较单写彼方为佳。在以豪迈的口气一抒多年积愤之后,转为拟想之辞:“想中原,父老已心知,今非昨。”女真的国势,已如江河日下,今非昔比,下面虽未明言,但可想见:当此宋兵北进之时,中原父老亦可乘势而动,揭竿而起了。

下片更如雷鸣电掣,表现了对胜利的信念。“狂鲵剪,于菟缚。”过片二句,预示了女真贵族的下场:狂鲵将被剪除,猛虎将被束缚。鲵,大鱼,喻金国,《左传·宣公十二年》:“古者明王伐不敬,取其鲸鲵而封之,以为大戮。”杜预注:“鲸鲵,大鱼名,以喻不义之人吞食小国。”于菟,楚人称虎(见《左传·宣公四年》),金被斥为虎狼之国,喻之甚当。“单于命,春冰薄。”作者预见到,在宋元夹击下,金的气数将尽了。单于,指金主,春冰,即将消溶。在这样的形势下,应同仇敌忾,奋勇参战。“人人自勇”,是时势之所然,“翘关还槊”,都勇猛地投入战斗。翘关,即举起门闩,还槊,即舞动长矛。这种场面,既是南宋军民的积年向往,又是中原父老的深切期许。作者意还未了,更直接描绘出令人振奋的战斗场面:旗帜迎风飘动,疾如雷电飞闪,兵器明可射月,锋刃如霜耀眼。

,长矛,锷,刀锋。感奋之余,又生感慨:且不要让秋日边塞的榆柳空悲摇落,使沦陷区人民深深失望啊!北方边塞多种榆柳,故有“榆塞”之称,“悲摇落”出宋玉《楚辞·九辩》:“草木摇落而变衰。”此处借物写人,寓意深切。作者的感慨并非多余,因为开禧北伐终于失败了,其后史弥远执政二十多年,金亡于元,南宋继而亦亡于元,“王师北定中原日”终成梦幻,确令人发一浩叹!

金政权之后期虽频见衰象,但南宋偏安已久,北伐难以速胜。叶适《上宁宗皇帝札子》曾谏劝皇帝和权相韩侂胄:北伐之事"诚宜深谋,诚宜熟虑,宜百前而不慴,不宜一却而不收。故必备成而后战,守定而后动。"黄机此词似对伐金前景过于乐观,但是,应看到这并非论政、议兵之作,不能等同于他的"平戎策"。由于南宋政权长期文恬武嬉,民意消沉,兵无斗志,当此金政权国势没落之时,作者以词抒己之怀,壮人之心,主张把握时机北进,并满怀胜利的热望和信心,其爱国深情是值得充分肯定的。

此词壮怀激烈,一气奔进,有龙腾虎掷之势,但并非泄之无余,雄劲中颇饶沉郁。上片先壮军威,次写气氛,继而分言敌我,然后拟为中原父老之想,层次井井,正、侧并举。下片先以四个三字句表必胜信心,再设想南宋军民英勇战斗的场面。在声色兼到、虎虎生风之时,陡然峰回路转,忧思中见跌宕,慷慨中生哀,使人见到政治家的清醒头脑,亦让人体会到发露中见蕴藉、沉郁的特点。

(《爱国诗词鉴赏辞典》,南京大学出版社1992年版,第476—478页)

满江红

华岳

庙社如今,谁复问、夏松殷柏。最苦是、二江涂脑,两淮流血。壮士气虹箕斗贯,征夫汗马兜鍪湿。问孙吴、黄石几编书,何曾识。　青玉锁,黄金阙。车万乘,骓千匹。看长驱万里,直冲燕北。禹地悉归龙虎掌,尧天更展鲲鹏翼。指凌烟、去路复何忧,关山隔。

这首词是为韩侂胄发动的开禧北伐发表不同意见而创作的。对于北伐,忠贞之士可谓期盼已久,但是,凡头脑清醒者都看到了由于长期对金奉行屈辱投降政策,军民皆无斗志,将帅不懂军机,因此,北伐应有充分的准备才能行事。辛弃疾在镇江任上曾赋《永遇乐》,以"元嘉草草,封狼居胥,赢得仓皇北顾"警告韩侂胄,可谓有识者的代表。而华岳之于开禧元年(1205)上书宁宗,更可见有胆。华岳指出:"矧将帅庸愚,军民怨怼,马政不讲,骑士不熟,豪杰不出,英雄不收,馈粮不丰,形便不固,山砦不修,堡垒不设。吾虽带甲百万,馈饷千里,而师出无功,不战自败。此人事之不利于先举也。"(《宋史·华岳传》)他认为,"睥睨神器,窥觎宗社"的韩侂胄对宋室之祸害更甚于金人,故上书请诛之。结果,"书奏,侂胄大怒,下大理,贬建宁"。华岳认为内忧重于外患,以韩侂胄为大奸臣,未把他同投降派加以区别,固是认识上的偏颇,但他上书所论列者,多为后来宋史所验证,对权臣误国,可谓有见于先。

这首《满江红》写于贬所,既表现出对轻率发动开禧北伐的不满,又抒发了向往取得胜利的豪情,智者的识见与诗人的激情融汇其中,不失为爱国主义的佳作。

高宗时,岳飞抗金节节胜利,却被投降派杀害,宋廷向金国签订了屈辱的绍兴和议。孝宗时,张浚北伐,兵败符离,又签订了隆兴和议。"和平"已有六十多年,又有谁关心收复中原的大计呢?故此词即以"庙社如今,谁复问、夏松殷柏"开头。"庙社",即社稷，代国家，松柏为庙社所植，夏、殷以见其古老，互文见义，更可见对中原悠久文明沦亡于外族的痛心疾首。“最苦是、二江涂脑，两淮流血”这两句足以涵盖当年金人南侵的痛史，和目前轻率北伐的恶果。据史载，开禧北伐之初，宋军得泗州、新息、褒信、颍上、虹县，但不久就连遭败绩，金兵破信阳、襄阳、随州，且潜师于八叠滩渡淮，“官军不虞其至，遂皆溃走，自相蹂践，死者不可胜计”，金兵“下安丰军及霍丘县。进围和州，屯于瓦梁河，以控真、扬诸州之冲，乃整军列骑，张旗帜于沿江上下。江表大震”，“十二月，金纥石烈子仁陷滁州，遂入真州。州之士民奔逃渡江者十余万”（以上均见陈邦瞻《宋史纪事本末》卷八十三）。这就是“二江”、“两淮”的兵败结果，难怪华岳要感喟“最苦”了。无人问及庙社松柏固为词人所不齿，轻率北进造成大量军民流血亦是不该，其矛盾心情不难窥见。词人继而将赞扬转向前方将士，将贬责给予最高的决策者，写道：“壮士气虹箕斗贯，征夫汗马兜鍪湿。问孙吴、黄石几编书，何曾识。”壮士志气如虹，横贯天上的箕星、北斗，征夫的头盔和胯下的战马都汗湿了。可叹的是，那些战争的策划、鼓吹者，却是不识孙子、吴起、黄石公兵书、韬略的人。作者所斥责者，岂非韩侂胄、苏师旦、周筠等权臣？

华岳反对轻率北伐，上宁宗书中曾云：“旬月以来，都城士民彷徨四顾，若将丧其室家，诸军妻子隐哭含悲，若将驱之水火。”（《宋史·华岳传》）然而，战争开始之后，他就热情赞颂将士气贯长虹。虽是二江涂脑、两淮流血，但他并不消极，瞻念前途，更以胜利来策励。词之下片，充溢着爱国激情和美好的信念。“青玉锁，黄金阙。车万乘，骓千匹。”前二句以皇宫壮丽写国家尊严，后二句以武力雄厚写宋朝军威。“看长驱万里，直冲燕北。”现在虽遭受失败，经过励精图治、整军经武，一定会有收复中原、直入燕北的一天。到那时，“禹地悉归龙虎掌，尧天更展鲲鹏翼。”禹地尧天是文明的发祥地，是祖宗的基业。“龙虎”出《易·乾》：“云从龙，风从虎，圣人作而万物睹。”“鲲鹏”出《庄子·逍遥游》。此二句表达了对圣贤治理国家、志士施展怀抱的向往。为了实现长驱万里、直冲燕北、禹地归仁、尧天展翼的理想，壮士们将勇往直前：“指凌烟、去路复何忧，关山隔。”凌烟阁为唐太宗画开国二十四功臣之所在，此喻指宋军为建立殊功而不惧关山阻隔，直捣黄龙。

华岳为武学生，轻财好侠，遭韩侂胄下狱，被史弥远杖杀，《宋史》入忠义传，实为文经武略的人物。在这首《满江红》中，既有识见，又有激情。在系心故土同时，悯时伤乱，为江淮流血而痛心疾首，颂扬与斥责各得所归。尤其在遭受失败时，驰骋想象，激励斗志，振奋士气。既可见作者对开禧北伐的矛盾心情，又可见冷静评说现实与浪漫向往未来的特点，深沉感慨，跌宕起伏。文字亦非粗豪，夏松殷柏、二江两淮、孙吴黄石、玉锁金阙、禹地尧天、龙虎鲲鹏，意象雄浑华美，铺排属对整饬，颇具沉雄浑沦之气。

（《爱国诗词鉴赏辞典》，南京大学出版社 1992 年版，第 480–482 页）

沁园春·丙午登多景楼和吴履斋韵

李曾伯

天下奇观，江浮两山，地雄一州。对晴烟抹翠，怒涛翻雪，离离塞草，拍拍风舟。春去春来，潮生潮落，几度斜阳人倚楼。堪怜处，怅英雄白发，空敝貂裘。

淮头，虏尚虔刘，谁为把中原一战收？问只今人物，岂无安石；且容老子，还访浮丘。鸥鹭眠沙，渔樵唱晚，不管人间半点愁。危栏外，渺沧波无极，去去归休。

这首《沁园春》，李曾伯自注作年，丙午为宋理宗淳祐六年(1246)。前此七年，吴潜(号履斋)任镇江知府，写下了《沁园春·多景楼》，登高揽胜，俯仰古今，发出了"凭栏久，问匈奴未灭，底事菟裘"和"梦里光阴，眼前风景，一片今愁共古愁"之叹。吴潜是著名政治家，官至宰相，后被贾似道排挤，死于循州贬所。当李曾伯任淮东制置使兼淮西制置使，来到镇江，登上多景楼时，怀古思今，依履斋韵而和作，确是自然之举。

起三句写出镇江之形胜。"天下奇观"四字，虽朴拙却雄浑，有提起全篇之力。"江浮两山，地雄一州。"一概言江山特点，一点明地位重要。作者在北固山多景楼放眼望去，金山和焦山浮在江上。金山原在长江中，唐人张祜曾以"树影中流见，钟声两岸闻"咏之，直到清道光年间才与南岸相接。焦山亦在长江中，因东汉焦光隐居于此而得名。金、焦二山都又名浮玉山，故"江浮两山"实撮其要。此处据大江而雄视两淮，"地雄一州"并非虚誉。当年梁武帝驾幸北固山，写下"天下第一江山"六字，刻石山门，被毁后，宋淮东总管吴琚用擘窠书重写上石。吴潜即以"第一江山"开篇，李曾伯未明用此语，而实寓此意。"对晴烟"以下四句，赋多景楼所见风光。"晴烟抹翠"为江上烟岚，"怒涛翻雪"为江间波涛，一"抹"一"翻"，顿呈动态，境界全出。此处为要塞，故云"离离塞草"，此处江面开阔，故云"拍拍风舟"，二者用叠字修饰，极见生气。此四句展现的是空间，以下三句则侧重于时间：春去春来，年复一年，潮生潮落，江流依旧，几度斜阳映照，几度人倚危楼。这既是无常，又是永恒，动中有定，定中有动，实包含着对宇宙、人生、历史的深深感慨。"浪淘尽、千古风流人物"，面对着"江山如画"，当然会想起"一时多少豪杰"。对李曾伯来说，感叹并非泛泛之辞，远者且不说，仅南宋而言，陈亮登此楼曾作豪言壮语："因笑王谢诸人，登高怀远，也学英雄涕！凭却长江，管不到河洛腥膻无际。正好长驱，不须反顾，寻取中流誓。"(《念奴娇》)吴潜登此楼曾作沉痛语："凭栏久，问匈奴未灭，底事菟裘？"但如今英雄安在？念之而堪怜，念之而惆怅。"英雄白发，空敝貂裘"，既概言了前人的遭遇，亦注入了作者的自怜。当年苏秦说秦王失败，"黑貂之裘敝，黄金百斤尽"，却终有后来受赵相印、被封武安君的成功，如今的英雄只能失意至白发，怎能不令人感叹呢？据《宋史》本传，本年春作者应诏陈言，"乞早易阃寄，放归田里"，引起"言者相继"而"论罢"，足可见难有作为。由"怜"而"怅"而"空"，可见心情沉痛。

换头出以警醒之笔:“淮头,虏尚虔刘。”史载是年春蒙古兵攻寿州一带,宋兵死者甚众,“淮头”指淮河上游,此言淮西地区,“虔刘”为抢掠、侵扰之意。此二句直面现实,继而发问:“谁为把中原一战收?”直切之中,笔势振起。晋宋南北割据之时,祖逖西征、刘裕北进,都始自镇江,谢安、谢玄更指挥了淝水之战,挥师北上,扩大战果。可当今人物当中,难道就没有谢安(字安石)了吗?“岂无安石”一语,意味深长,或亦有安石之才,但无识安石之人,更非用安石之时,冷峻之中,包孕甚丰。《宋史》本传载曾伯上疏,“言边饷贵于广积,将材贵于素储,赏与不可以不精,战士不可以不恤”,“又条上淮面舟师之所当戒,湖面险阻之所当治”,其战略思想可见一斑。而“放归田里”之请,当然是壮志难伸所致,寻访浮丘道人之愿正根源于做不了谢安石。当年,处于穷途的李白从李璘起兵讨逆,尚以“但用东山谢安石,为君谈笑静胡沙”(《永王东巡歌》)自励,如今,身为显宦的李曾伯竟然“还访浮丘”,真令人感慨不已了。述怀之后,复转为写景:放眼望去,鸥鹭眠沙,渔樵唱晚,一片平和,一片悠闲。“不管人间半点愁”实是借宾定主的反衬写法,较之吴潜的“一片今愁共古愁”的直写,更耐人寻味。结拍展现了开阔的境界:“危栏外,渺沧波无极”,这浩浩长江水似也有“载不动、许多愁”之意,“去去归休”,“去去”见决心已下,义无反顾,“归休”即隐退。《宋史》本传云:“曾伯初与贾似道俱为阃帅,边境之事,知无不言,似道卒嫉之,使不竟其用云。”此对理解词中“无安石”之叹、“访浮丘”之愿,当有裨益。

多景楼历来是登临咏怀的胜地,李曾伯此词自不逮陈亮豪迈、稼轩沉郁,但对偶的整饬工稳,设色的明丽清润,转接自然,映衬有法,足可与履斋相敌。且作者写眼中所见、心中枨触,不以典故见长,颇能自具面目。

(《爱国诗词鉴赏辞典》,南京大学出版社 1992 年版,第 502-503 页)

《古代爱情诗词鉴赏辞典》

菩萨蛮

温庭筠

宝函钿雀金鸂鶒，沉香阁上吴山碧。杨柳又如丝，驿桥春雨时。　　画楼音信断，芳草江南岸。鸾镜与花枝，此情谁得知？

陈廷焯《白雨斋词话》说："飞卿《菩萨蛮》十四章，全是变化楚骚，古今之极轨也。"其实，这是衍张惠言以"美人芳草"传统看待温词之误。飞卿的《菩萨蛮》都是"刻意伤春复伤别"之作，此是其中的第十首。

作者以其擅长的写女子服饰开局。"宝函"，即宝盒，当指精美的梳妆盒；"钿雀"，即白居易《长恨歌》中"花钿委地无人收，翠翘金雀玉搔头"的"花钿"与"金雀"（雀型的金钗）；"金鸂鶒"，形状如紫鸳鸯（水鸟）的金首饰。宝函、钿、雀、金鸂鶒，四者构成了一幅美人晨起梳妆图。此句似赋而实为兴，在"女为悦己者容"的传统意义的背景中，以

的成双成对，兴起自己的自感形单的伤别之情，其义如同其他《菩萨蛮》词中的"双双金鹧鸪"、"钗上蝶双舞"一样，但更显得隐蔽。注目于首饰上的紫鸳鸯，不觉心为所动，于是展眸窗外："沉香阁上吴山碧。"沉香阁指女子居处。据五代王仁裕《开元天宝遗事》载：唐玄宗时，杨国忠用沉香造阁，用檀香造栏，又用麝香、乳香筛土和泥，涂饰墙壁，称之为沉香阁。此处借作居处的美称。在阁中远望，吴山一片青翠。再看近处，只见杨柳如丝，在"杨柳"和"如丝"间着一"又"字，以透出年华消逝之意。由"又如丝"的"岁岁年年人不同"，进而忆起当年的分手："驿桥春雨时"，在濛濛的春雨中，自己同情人握别。分手的情景还如在眼前，但不觉间已是别有多时了，又当此杨柳如丝之时，不知离人浪迹何处？虽为道及别情与忆念，但在空间展现中织入时间追思，与碧山、绿杨、驿桥、春雨诸意象融成一片，使情怀满蓄，境界渐出了。

换头以"画楼音信断"的明言，接通上结"驿桥春雨时"的暗道，虽是此去经年，自己所居的画楼尚未得到离人的音信。"芳草江南岸"，以景写情，抒发了企盼而不见归的隐情，当此"暮春三月，江南草长，杂花生树，群莺乱飞"（梁丘迟《与陈伯之书》）之时，"王孙游兮不归，春草生兮萋萋"（《楚辞·招隐士》），使人空守画楼，真是情何以堪？深情难遣，忧使人老，她不由得对镜自照，"鸾镜"指饰有鸾鸟图案的妆镜，由于"画楼音信断"，揣度离人心思就很自然了。白居易诗《太行路》云："何况如今鸾镜中，妾颜未改君心改。"鸾镜之中，妾颜未改依旧颜色如花，但君心如何呢？因而"鸾镜与花枝，此情谁得知？"确是出于必然了。这两句在顾影自怜之中，极含有余不尽之意。

飞卿词乍见之时，颇有眩人眼目而难见径路之感，故此李冰若《栩庄漫记》曾谓其“以一句或二句描写一简单之妆饰，而其下突接别意，使词意不贯，浪费丽字，转成赘疣”。此词在飞卿所作中当属较为清疏着，但表面看来，用以上评语揆之亦大致相合。然而，若深味之，则可见“丽字”、“赘疣”实是积聚而成诱情因素，明赋而暗兴，手法甚高。睹物起情，使之停妆远眺，由远眺而近看，以时空交织完成忆念之笔。下片经过思绪收—纵—收的变化反复，层深又见浑成，鸾镜、花枝与开头的梳妆相应，“此情”方出而止，更耐人咀嚼。“突接”与“不贯”是表面现象，其潜气内转，脉络井井，上下映带之妙，天梯石栈之巧，不可不察。

（《古代爱情诗词鉴赏辞典》，辽宁大学出版社 1990 年版，第 453—455 页）

菩萨蛮

牛峤

舞裙香暖金泥凤，画梁语燕惊残梦。门外柳花飞，玉郎犹未归。 愁匀红粉泪，眉剪春山翠。何处是辽阳？锦屏春昼长。

思妇怀念征人之作，《诗经》中已多有。传为苏武、李陵赠答，而实为东汉人所做的五言诗，也有征夫留别之篇。《玉台新咏》卷一有题作《留别妻》者，极见沉痛，诗中有云：“行役在战场，相见未有期。握手一长叹，泪生为别滋。努力爱春华，莫忘欢乐时。生当复来归，死当长相思。”由此可以设想，唐诗中众多的春闺怀人诗篇，可真谓语短情长了。陆游为《花间集》写跋，曾谓：“方斯时，天下岌岌，生民救死不暇，士大夫乃流宕至此，可叹也哉！”而牛峤这首《菩萨蛮》，虽写男女情事，却是思妇念征人的一脉精神延伸，是难以“流宕”目之的。

首句写女子服饰之盛，所着的舞裙，既经香薰，又以屑金作凤凰图案之饰，一经翩翩起舞，似使金凤为之生暖。而此句的“舞裙香暖金泥凤”似难以与“画梁语燕惊残梦”相接，故由次句返观首句，“残梦”二字可点出首句为梦境。二句连讲，可以这样解释：女主人公在梦中见到情人归来，穿上精美的舞裙为之翩翩起舞，可是好梦不长，画梁上的燕子声惊破梦境。从梦中回到现实，正是春残之时，看到“门外柳花飞”，想起此春将去，而“玉郎犹未归”，念远怀人，“犹”字之微露怨意，是因为良辰难待，盛年易去，故缠绵中又见凄婉。

换头承“玉郎未归”之意而接写。“愁匀红粉泪，眉剪春山翠”，写女子的梳妆打扮，燕子惊梦而醒，醒后就起身梳妆，因怀念之悲伤流泪，故扑粉于脸上时，要将被泪水打湿之处再匀，然后还将双眉修剪成春山之状。女主人公尽管精心打扮，然而仍给人以红粉含泪、眉黛凝愁的印象，因为怀人的困扰依然。“女为悦己者容”，她虽精心为容，但悦己者何在呢？故“何处是辽阳”之问就自然而出了。“辽阳”借指“玉郎”征戍之地，心念辽阳而辽阳极远，虽思之甚深亦无可奈何了。“锦屏春昼长”的结句，写出了锦屏独坐，愁绪难抑之情，所起的正是“立片言而居要，乃一篇之警策”（陆机《文赋》）的作用，语淡情浓，实为“同心而离居，忧伤以终老”（古诗《涉江采芙蓉》）之意。

唐诗中此类题材甚众。沈佺期《古意呈补阙乔知之》有“九月寒砧催木叶，十年征戍忆辽阳。白狼河北音书断，丹凤城南秋夜长”等句。王昌龄《闺怨》的“忽见陌头杨柳色，悔教夫婿觅封侯”，更为人熟知。二诗虽都言“愁”，却因初、盛唐国力强盛，闺愁并不见深。相较之下，白居易的《闺妇》：“斜凭绣床愁不动，红绡带缓绿鬟低。辽阳春尽无消息，夜合花前日又西。”闺怨加重了，透出中唐消息。牛峤由唐而入五代，对战乱的体验更深，所以这首闺情词写得婉转而深沉。词旨在于忆念征人，却先写梦境，写服饰之精美，然后梦境之破，就跌回现实。这种先抑后扬的安排，本可造就“引满而发”之势，作者却转写门外所见，将忆念之情以感叹出之，实重而似轻，再度蓄势。换头再换笔换意，转写梳洗之举，其意如盘马弯弓，不言射而欲射，不言情而情现。结尾问而不答，却点醒题旨，而“锦屏春昼”，是以实写虚，极见深沉。纵观全篇，并无“破的”之语，而缠绵往复之中却有抑扬跌宕之妙，周济谓“《花间》极有浑厚气象”（《介存斋论词杂著》）。况周颐称道牛峤所作“有劲气暗转，愈转愈深。”（《餐樱庑词话》）都是可以细作体味之评。

（《古代爱情诗词鉴赏辞典》，辽宁大学出版社1990年版，第511—512页）

望江南

敦煌曲子词

天上月，遥望似一团银。夜久更阑风渐紧，为奴吹散月边云，照见负心人。

俗话中的“痴心女子负心汉”，可能是多少代弃妇以血泪凝成的痛苦总结。《诗经·卫风》中有《氓》一首，就是周代的弃妇诗。女主人公痛定思痛，以过来人的身份告诫青年女子：“桑之未落，其叶沃若。于嗟鸠兮，无食桑葚！于嗟女兮，无与士耽！士之耽兮，犹可说也；女之耽兮，不可说也！”“无与士耽”是反思后所得出的结论，是对于“信誓旦旦”者轻信的深刻自省。无独有偶，在唐代民间文学的敦煌曲子词中，也有《望江南》这样一首弃妇之词。

“天上月，遥望似一团银”，以“一团银”形容月亮，可见正当满月，圆圆的明月本应是团圆的象征，但由于负心人已去，如银的圆月实又反映出人生的缺憾，这一起兴颇见高明。而且，月亮是那样光明、清辉又那样纯净，自己的心灵和情感如同这无瑕的明月，这里的开头遥应结尾的“照见负心人”，可见在暗中有纯洁与卑污的对比，以此为背景，以月起兴实又有自喻之意。

遥望明月，思绪万千，不知不觉间，已是夜久更阑之时，风儿渐紧，吹送云团，竟将明月遮掩。女主人公寄望于夜风，企求它“为奴吹散月边云”，为什么呢？因为心中有难以压抑的幽怨，所以她希望浮云被风吹散，让月儿重现莹洁的光辉，去照见那个负心的男子。她祈求夜风吹去月边之云，似乎并未想到这云正是风儿送来的，她希望月亮复明，是为了“照见负心人”。风吹云去，月亮再明，风、云、月三者是这样的关系，而“照见负心人”是否就是结果呢？在祈求风、月的憨态中，似乎还可以窥见痴情未泯的色彩。《古诗十九首》的《行行复行行》有“浮云蔽白日，游子不顾反”二语，古人的笺释多从政教中心论出发，释前句为邪臣蔽贤似浮云障日，但此诗实为思妇之辞，故“浮云”实是设想“游子”另有新欢之意，因有新欢，故不顾返。以古诗“浮云”之喻，对照词中“月边云”之拟，其义可明。所以“吹散月边云”，可以理解为去其邪思，进而“照见负心人”的潜台词则是发见其良知，再反观“一团银”的圆月，其深层次义怕是可以落实到希望关系复圆之上了。

这样理解是否因袭“温柔敦厚”、“怨而不怒”的传统？是否曲解了女主人公的斗争性呢？试看汉乐府中最见决绝之意的《有所思》，就可以找到答案了。当诗中女主人公“闻君有他心”时，准备将送给对方的珍贵礼物“拉杂摧烧之”，还要“当风扬其灰”，下决心“从今以往，勿复相思！”但念及当初幽会情景，又觉得难以决断。再联系同是敦煌曲子词，同是《望江南》的“莫攀我”一首，也只见怨艾之情。并非只因是民歌就可消尽“温柔敦厚”、“怨而不怒”的色彩，也并非只有东方女性才对负心人心存希冀！妇女的地位取决于经济基础，性格的超越并不能取代时代的超越。

王国维的《人间词话》说：“诗人必有轻视外物之意，故能以奴仆命风月。又必有重视外物之意，故能与花鸟共忧乐。”此词将情事与环境结合得极为熨贴，使“内情”与“外物”相互生发，渗透着“命风月”、“共忧乐”的精神，在质朴之中极见真淳。

（《古代爱情诗词鉴赏辞典》，辽宁大学出版社 1990 年版，第 574-575 页）

曲玉管

柳永

陇首云飞，江边日晚，烟波满目凭阑久。立望关河萧索，千里清秋，忍凝眸？杳杳神京，盈盈仙子，别来锦字终难偶。断雁无凭，冉冉飞下汀洲。思悠悠。　　暗想当初，有多少、幽欢佳会，岂知聚散难期，翻成雨恨云愁！阻追游。每登山临水，惹起平生心事，一场消黯，永日无言，却下层楼。

柳永虽负才名，却因“薄于操行”，未得见赏，就纵游倡馆酒楼，又迫于生计，旅食四方，“旖旎近情”与“工于羁旅行役”遂成为柳词的两大特点。这首《曲玉管》就是登高念远，羁愁与相思结合之作。

“陇首云飞，江边日晚，烟波满目凭阑久。”以景起情，写眼前所见，以引出愁绪。“陇首云飞”出于梁朝柳恽的《捣衣诗》，诗中云：“行役滞风波，游人淹不归。亭皋木叶下，陇首秋云飞。”词中仅以四字开局，就带出诗中四句之意。“陇首”，即高丘之上，山头云飞，江边日晚，二句相对，再益以“烟波满目”，都是词人凭栏所见，而一“久”字，则与“云飞”、“日晚”相应,可见字无虚设。“立望关河萧索,千里清秋,忍凝眸?”展眼向远处眺望,更是关河萧索,由望中之可见到望中尚不可及,可概言为“千里清秋”,这是由实到虚的时空结合体,对此苍茫,百感交集,终以“忍凝眸”结之。纵观此六句,“凭阑久”三字襟前之陇首云飞,江边日晚,烟波满目,带后之关河萧索,千里清秋,可见作者既善作铺排,又有照应之力。且前已“满目”而“久”,仍能纵笔再写,复以“忍凝眸”自问,透过一层,更见力量。秋日怀人之意以凭阑久望细作展衍,足表其情深意切。首叠的情中有景,为后面的抒情打下很好的基础。

次叠骤纵思绪,由今至昔,转写“所思在远道”。“杳杳神京,盈盈仙子,别来锦字终难偶。”这三句暗接“忍凝眸”,意脉不断。“杳杳神京”,可见所思之人远在汴京。“盈盈仙子”,是对其赞美,由于柳永风流倜傥,喜与娼妓交往,故“仙子”可能指妓女。“别来锦字终难偶。”“锦字”出《晋书》所载窦滔、苏蕙事:苻秦时,窦滔因罪远徙,苏蕙织锦作《回文璇玑图》诗以寄赠,诗甚凄婉。后人多以“锦字”指妻子寄夫书信。作者用此典故,取义并非在于夫妻关系,而可能与在京应举,临轩放榜时被仁宗落之有关,其无奈而出京,与窦滔远徙相类。离别之后,“锦字”未得,难以相会。此句为推测之词,并非“仙子”已寄“锦字”。“断雁无凭,冉冉飞下汀洲。思悠悠。”鸿雁传书,古已有之,而前曰“断”,后曰“无凭”,可见因未得“锦字”而转怒于雁,此句回应前面。眼见这无凭之雁冉冉飞下,雁足无书,免不得动念仙子何如?“思悠悠”三字,复又由此及彼,再展思念,而“悠悠”则成空中荡漾之妙,由实而虚。此三字不仅与首叠结句的“忍凝眸”相应,有更进一层之势,而且似游丝袅袅,再续第三叠情思。

由“思悠悠”的过渡,从首、次二叠的铺叙,真正转为第三叠的抒情。“杳杳神京,盈盈仙子”的昔日之遇,引发了今日的“思悠悠”,而今日之所以思绪悠悠,正在于与神京内仙子的情感之深。故再由今忆昔:“暗想当初,有多少、幽欢佳会”,这是最难以忘怀的,然而,生活发生了突变,“岂知聚散难期,翻成雨恨云愁!”欢乐难久,忧伤长存,“雨恨云愁”四字,既化用了高唐相会神女事,又可关合此秋日风光,含义颇丰,可资遐想。在雨恨云愁,惆怅未已之时,突以“阻追游”三字喝住,结上而不起下,似一山耸起,正是满腹辛酸之所凝。至此,忆昔已被顿住,作者掉笔再写今日:“每登山临水,惹起平生心事”,“登山临水”前着一“每”字,可见常常如此,其“平生心事”是何等深情缱绻!如今又是登山临水,故又惹起平生心事,在“凭阑”之时,“一望”之中,又是“一场消黯”,“黯然销魂者,唯别而已矣!”前面的反复致意,终又回到一“别”字之上。“永日无言”,心头沉重,还有何话可说!望之无得,思之无益,只有缓缓移步,“却下层楼”,由“层楼”而返观“凭阑”,遥遥相应,更见字不虚设。

柳永一改晏、欧面目,变更《花间》宗风,得之于长调铺叙之力。对此,有人认为不见余味,韵终不胜。然而,不能如此简单看待,唐人律绝与《长恨歌》、《琵琶行》都各有其胜,柳永此词铺叙细密,备足无余,装点饱满,确有蓄足而发烈之妙,读来隔阂极少,自具感人之力。而且,词中并非平铺直叙,不生波澜,不仅是今昔交叉、时空错综,较柳氏惯用的“今—昔—今”三段式结构相形失色。而且“关河萧索,千里清秋”等语,实有唐人气象。尤其是此三叠之词，每叠起结处都见沉雄、清劲，诚如周济《宋四家词选》所说："柳词总以平叙见长，或发端，或结尾，或换头，以一二语勾勒提掇，有千钧之力。"这种勾勒之功，或只有周邦彦能出其右。读此词，不见儇薄，只见情深，实得于柳永工于铺叙、勾勒，长于情景交融之力。

（《古代爱情诗词鉴赏辞典》，辽宁大学出版社 1990 年版，第 586–588 页）

蝶恋花

晏殊

槛菊愁烟兰泣露，罗幕轻寒，燕子双来去。明月不谙离恨苦，斜光到晓穿朱户。　昨夜西风凋碧树，独上高楼，望尽天涯路。欲寄彩笺兼尺素，山长水阔知何处？

晏殊"赋性刚峻，而词语殊婉妙"（《珠玉词提要》），这首《蝶恋花》就是堪称"婉妙"的相思离别之词。

首句"槛菊愁烟兰泣露"，含义颇丰，由菊之在"槛"而知环境为庭院，由菊之开而知时令正当秋天，菊笼轻烟，兰花带露，则是秋天的早晨，而菊愁、兰泣，既是移情于物，又是以物写人，传递了人的心情。仅此起句七字，就奠定了全词的基调和气氛。"罗幕轻寒，燕子双来去"这两句描写清晨，富贵之家，堂前多垂帘幕，燕子穿幕而巢梁，在此新秋，罗幕漾着轻寒之时，双燕穿幕而去。燕子夜息于梁，晨出而飞，本属常情常理，但入于愁人之眼，竟似弃己而去。且"燕双"暗衬"人单"，其孤凄之苦并未明言。极见含蓄。"明月不谙离恨苦，斜光到晓穿朱户。"这两句是就现时而回避昨夜：看到早晨尚有残月的斜辉穿入朱户之中，不由得想起整整一夜的明月照人，使人不能入睡。月本无情人有情，在有情人的眼中，无情的月亮却不解人意，未谙离恨之苦，朗照彻夜，窥人无眠。无理正是情深，李白可以"举杯邀明月，对影成三人"（《月下独酌》），晏殊却抱怨"明月不谙离恨苦"，一爱一怨，都极无理，又极见感情。这种情理相悖的现象，正是以奇变破常规之笔，使情景相反而相成。

上片是庭院、居室中的见景生情，下片转写登楼远眺的感受、隐衷。"昨夜西风凋碧树，独上高楼，望尽天涯路。"在经受了整夜的相思之苦后，早晨登楼远望，看到树木绿叶凋落，就想起了昨夜通宵未眠中所听到的西风声，这是又一回溯之笔；也正是西风凋碧树，使得眼前一片空阔，可以望尽天涯路。这里，以"独上"遥应上片的"双来"，而望尽天涯则由"离恨"所致，惟于高楼之上，方可"望尽"，一夜西风，竟使碧树凋零，这一"凋"字既是主人公强烈的心灵感受，同样也影响读者。上下片之间的蛇灰蚓线，不可不察，文心之细，很可体味。这三句写词中主人公从庭院到楼上的攀升，"欲穷千里目，更上一层楼"，望尽天涯亦伊人不见，即使如此，也使精神上为之延伸和提高，所造就的境界开阔而高远。正由于此，王国维《人间词话》将此三句拈出，借题发挥，作为

“古今之成大事业、大学问者”必须经过的三重境界的第一重。既然“望尽”而不见天涯之人，相思之情就只能托之于书信，“欲寄彩笺兼尺素”了，彩笺为诗笺，尺素为书信，二者连用，可见用情之深。但是，欲寄却又未寄，原因何在呢？前面“望尽天涯路”而不见，这里再说“山长水阔知何处”，一折而一进，效果倍增，一起复一跌，更见惆怅。心愿虽好，前景难期，两相对照的失望，更藉“天涯”、“山长水阔”而引伸，尤使人起“此恨绵绵无绝期”之叹，而“知何处”之语，包含着如叹、如慕、如怨、如诉的底蕴，深情悠悠，绵绵难尽。

人谓“晏同叔去五代不远，馨烈所扇，得之最先”（冯煦《六十一家词选例言》），此言不虚。晏殊词多写相思与闲情，就是《花间》的“馨烈所扇”，其婉妙、明丽，也是五代遗风。但是，作为“北宋倚声家之祖”（同上），晏殊自有建树，他的词中不仅有哲理的思索品味，更有境界的开拓。这首《蝶恋花》的“昨夜西风”三句，仍在相思题内，但境界阔远、格调悲壮。王国维虽然反对求索词中寄托，对张惠言以“意内言外”论词甚不以为然，但对这三句极为欣赏，《人间词话》将其与“最得风人之致”的《诗·蒹葭》相拟，称道其与“我瞻四方，蹙蹙靡所骋”（《诗·小雅·节南山》）的“诗人之忧生”相似，正是在于词中形象有大于思想之处。

（《古代爱情诗词鉴赏辞典》，辽宁大学出版社 1990 年版，第 621-622 页）

踏莎行

姜夔

自沔东来，丁未元日至金陵，江上感梦而作。

燕燕轻盈，莺莺娇软，分明又向华胥见。夜长争得薄情知？春初早被相思染。
别后书辞，别时针线，离魂暗逐郎行远。淮南皓月冷千山，冥冥归去无人管。

这首词也是怀人之作。从小序看，成干宋孝宗淳熙十四年(1187)年元旦。在前一年的冬天，姜夔随萧德藻（著名诗人，他妻子的叔叔）离开湖北，前往浙江湖州，小序中所说的沔州，即现在湖北武汉一带，他从沔州东部出发，乘船沿江东下，丁未元旦时，道经金陵，遥望合肥，感梦而作，遂成此词。

姜夔对青年时代的合肥情遇忆之甚深，一直留着美好的印象。首二句写所思者之美，“燕燕”“莺莺”出于苏轼赠张先的的诗句“诗人老去莺莺在，公子归来燕燕忙”。“轻盈”，言其体态。“娇软”言其声音，合而可理解为体态轻盈，声音娇软，分而可理解为姊妹二人各有特点。“分明又向华胥见”，“华胥”出于《列子》，书载黄帝昼寝，梦游于华胥氏之国，后多以华胥代梦。此句说这美好的姿态和声音，却是梦中所见。“夜长争得薄情知？春初早被相思染”。长夜无眠，薄情郎怎知？当此初春之时，被相思所染，此情终入梦中。前句从对方落笔，设想所思者的语态，后句从己方着眼，正面表达因相思而感梦之深情。

过片的“别后书辞，别时针线”，是作者之所念、所珍，更是爱人之所牵、所挂，否则，为什么会“离魂暗逐郎行远”，入于江上的梦境呢？如今，离魂暗逐郎行而相会于梦中，但归程如何呢？途中一片夜色，无人相伴，只有淮南上空的一轮皓月，洒下的清光给千山带来冷意，照着她的离魂之归路……如果说全词缩写的是“感梦”，那么上下片也各有侧重，上片主于自己的成梦，下片重在爱人的入梦。上片着眼己方时兼从对方下笔，下片写对方，更是“别后”、“别时”并立，“暗逐”而“远”。月冷“千山”，在长夜的明月下，展开广阔的空间，以容纳深情，结句“冥冥归去无人管”，则掉转笔锋，就对方而写出自己无限体恤之情。

此词在魂牵梦萦中表现了幽怨、缠绵的深情，但姜夔善以健笔出之颇具特点。燕燕、莺莺、轻盈、娇软，未免有涉嫣媚，即以“分明又向华胥见”的以梦点明，化实为虚，转为清健。若谓“华胥”之代称显得情薄，则一“又”字，可见梦见爱人次数之多，又显温厚。“争得”即“怎的”，使一侧笔，下句即回到主位，“早被”二字，极见深情。作者并不多作描述、渲染，健笔自写柔情，足资体会。过片“别后书辞，别时针线”，远无苏轼《青玉案》“春衫犹是，小蛮针线，曾湿西湖雨”那般缱绻，当然更异于柳永、秦观、周邦彦等人的绮艳，但深情出以淡语，得“离魂暗逐”相映、更见真切。王国维论词推尊五代、北宋，认为姜夔词“隔”，“惜不于意境上用力”，未免有失偏颇。但是，他又爱“淮南皓月冷千山，冥冥归去无人管”二语，正在于这两句所呈现的是清幽之极而又颇见阔远的意境，景语即情语，表现出怀念至深之情，而一“冷”字，更使得词人的孤凄心境与外物相合，可令全篇增色。

（《古代爱情诗词鉴赏辞典》，辽宁大学出版社 1990 年版，第 897—898 页）

《古典离别诗词欣赏》

人间恨事总难忘
——读辛弃疾《贺新郎》

绿树听鹈鴂，更那堪、鹧鸪声住，杜鹃声切。啼到春归无寻处，苦恨芳菲都歇。
算未抵、人间离别。马上琵琶关塞黑。更长门翠辇辞金阙。看燕燕，送归妾。
将军百战身名裂。向河梁、回头万里，故人长绝。易水萧萧西风冷，满座衣冠似雪。
正壮士、悲歌未彻。啼鸟还知如许恨，料不啼清泪长啼血。谁共我，醉明月？

这是南宋大词人辛弃疾为送别族弟辛茂嘉而作的一首词。茂嘉其人，事迹不详，但从此词及另一首《贺新郎》看，当是稼轩同道，刘过《沁园春·送辛稼轩弟赴桂林官》有句："入幕南来，筹边如北，翻覆手高来去棋"，更可证之。"黯然销魂者，唯别而已矣"，自古以来因离别而生出多少名篇佳制？但如这首《贺新郎》因送别而寄家国之慨，且艺术上多创新者，却极少见。

此词以三种鸟啼声起兴：先是啼声似"行不得也哥哥"的鹧鸪和"不如归去"的杜鹃，一个才住，一个又啼，令人顿起离愁，不忍卒听。如今五月时分，鹈鴂（伯劳）又啼，"恐鹈　之先鸣兮，使夫百草为之不芳"（屈原《离骚》）。春归花谢之时，本已伤春，兄弟远离，复又伤别。这几句，以鹈　领起，益以鹧鸪、杜鹃，以较长过程的鸟啼兴起别意，又入以春归芳歇，为之加重，为正式入题作了厚实的铺垫。

"算未抵、人间离别"一句，承上面的鸟啼花谢，启下面的离别恨事，总冒上下片。接着，作者大笔铺写五件古事：

"马上琵琶关塞黑"，化用了李商隐《王昭君》诗"马上琵琶行万里，汉宫长有隔生春"和杜甫《梦李白》"魂返关塞黑"句，写王昭君出塞和番事。

"更长门翠辇辞金阙"，写陈皇后失宠，被汉武帝贬入长门宫事，见于《史记·外戚世家》及司马相如《长门赋序》。

"看燕燕，送归妾"，事见《左传》隐公三年、四年，卫庄公妻庄姜无子，以庄公妾戴妫之子完为子，庄公死，完即位，但不久被州吁所杀，戴妫被迫大归，庄姜远送于野。《诗·邶风·燕燕序》称，"燕燕，卫庄姜送归妾也"。

"将军百战身名裂。向河梁、回头万里，故人长绝"，写苏武、李陵事。李陵出战匈奴，矢尽粮绝而降，苏武出使匈奴，历十九年艰辛而不屈节。苏武还汉之日，李陵相送，倾吐了"异域之人，壹别长绝"（见《汉书·苏武传》）的衷肠，并赠之以诗，有"携手上河梁，游子暮何之？徘徊蹊路侧，悢悢不能辞"等语（见《与苏武诗》）。

"易水萧萧西风冷，满座衣冠似雪。正壮士、悲歌未彻"，写荆轲辞燕入秦事。据《史记·刺客列传》载，荆轲行时，"皆白衣冠以送之，至易水之上"，"高渐离击筑，荆轲和而歌，为变徵之声。士皆垂泪涕泣。又前而为歌曰：'风萧萧兮易水寒，壮士一去兮不复还'"。

五事铺排已完，感情却仍难遏止。"啼鸟还知如许恨，料不啼清泪长啼血。"以"如许恨"言上述五事，并呼应"人间离别"，又言"啼鸟"，则是回应开头的鸟声。不说自己的离情别恨，却移之于鸟，设想若鸟知人情，理解恨事，也会泣血而啼。前述五事只言古人，不涉自己，才及自己，却转而言鸟，既关合开头，又折进推出"鸟且如此，人何以堪"之意。啼鸟声声，茂嘉将去，送别之本意未明写，却以"谁共我，醉明月"作结，语轻而情重，更见深沉。

由于辛弃疾是志在抗金复国的战士，而非留意于儿女情长的风流才子，横绝六合，扫空万古，自有其独特的艺术个性。而这首《贺新郎》最可见辛词的特色。

其一，独辟蹊径，以文为词。

刘体仁《七颂堂词绎》认为这首《贺新郎》是江淹《恨赋》体，不是词家本色。刘永溍则考其本之唐人赋得诗，并举韦应物、高适、李商隐所作证之，他认为李商隐咏"泪"的七律"诗中列举古人挥泪六事，句各一事，不相连续，至结二句方表送别之意，打破前人律诗起承转合成规。稼轩此词列举别恨数事，打破前人前后二阕成规，与之正复相似。"（见邓广铭《稼轩词编年笺注》卷四此词附录）但是，诚如刘永溍所指出的，辛词并非一味模仿，而是"拟议以成其变化"。辛弃疾在拟江淹《恨赋》、唐人赋得诗同时，又能独辟蹊径，自具面目，其主要标识就是以文为词。

不错，《贺新郎》写古人离别确有采摭事物、摛华布体、控引天地、错综古今的赋的特点，亦是学习了唐人赋得体诗以诸事诸句扣定题中一字的写法。然而赋常满足于援譬引类，赋得诗又难免应酬，因而辛弃疾在学习前者极力铺排，极言其恨，学习后者破起承转合定例、贯通上下片的同时，更发挥了"文以气为主"之长。词中将无处发泄的一腔忠愤，化作慷慨抑郁、磊落不平之气，辞赋结构，"句各一事"，加之以古文笔法，写得沉雄起伏而又凄怆悲壮。"作诗之法，情胜于理；作文之法，理胜于情"（邹祗谟语）此词以古人送别五事寄别弟之情，又以古人古事明当朝痛史之理，情理兼擅，意辞并济，虽非词家本色，却为稼轩所独到。

其二，使事用典，铸史熔经。

托名王昌龄的《诗格》曾以"生思"、"感思"、"取思"这"三格"，论创造意境的三种方式，其中"寻味前言，吟讽古制，感而生思"的"感思"，是诗词创作的一条重要途径。宋词的语言、意象、境界固有其独特的个性，但化用晚唐诗，尤其取自李贺、李商隐诗，则并不罕见。至如周邦彦用六朝小赋，李清照用《世说新语》，苏轼用《庄子》，又进而丰富了宋词的表现。辛弃疾的创造，更体现为驱使经、史、《庄》、《骚》，而不见斧凿之痕。

周济《宋四家词选》评此词曰："前半阕北都旧恨，后半阕南渡新恨。"是因为看到上片所写的美人怨别，是由于靖康之变导致二帝被掳，后妃相从北辕，下片所写的壮士诀别，是由于感慨报国无路，强嬴谁刺，北伐壮志难酬。旧恨难忘，新恨尤烈，强烈的家国之慨岂是儿女之情可拟？因为稼轩广征古事、铸史熔经，以极言恨事，借作别之机为之宣泄。这五事之中，有出于《史记》的荆轲辞燕，有出于《汉书》的苏李诀别，有出于《诗经》、《左传》的庄姜送戴，至于陈皇后贬长门，王昭君出塞，亦屡见于史学、文学作品中。作者连用五事，读来并不厌多，是因为在积聚、渲染中，除对别恨有更深感受外，还真切地体会到，这种将个人身世与国家兴亡合为一体的借言发挥，是人格、性情、怀抱、感喟的真实流露。惟其真，才是因情生文，因与为文造情者有本质不同，所以是不能以"掉书袋"目之的。

其三，跳跃动荡，沉郁苍凉。

陈廷焯说："稼轩词自以《贺新郎》一篇为冠。沉郁苍凉，跳跃动荡，古今无此笔力。"（《白雨斋词话》）稼轩佳作甚多，以何者为冠实难断定，但以"跳跃动荡"之笔，古今罕见之力，造就"沉郁苍凉"之貌，则无疑为此词的风格特点。诚然，作为一个大家，稼轩不乏奋迅驰骤、发越激烈之作，也有淡泊闲静、平易简淡之篇，甚至有风流蕴藉、芊绵婉约之什，既能为李清照的自然清新，又能效朱敦儒的明丽高旷，学《楚辞》，仿《花间》，无施不可。但由于他有年轻时举义山东、诛杀叛徒、率部南归，却又有被两次投闲的独特经历，他有出将入相之才，却无可施展，他始终不忘恢复失地，却不能从心行事，处群小的包围之中，却不愿与投降派同流合污。远大的抱负，不凡的经历，不屈不挠的品格，在重重压力之下，变成长期充溢胸中的幽愤，酝酿交融，发为文字，则表现出沉雄悲壮的"稼轩风"。知人而论世，"敛雄心，抗高调，变温婉，成悲凉"（周济《宋四家词选序论》），可谓稼轩词的主旋律。

"多情自古伤离别"，辛弃疾这首离别词却一改儿女情长之旧貌，放眼国家、民族，借古言今，表现其难忘人间恨事的胸怀，这种写法为送别词自开一径，另辟一境，显示出独造之诣，不愧为千古名篇。

（《古典离别诗词欣赏》，上海社会科学院出版社 1989 年版，第 99-105 页）

《历代名篇赏析集成》

辋川集·竹里馆
王维

独坐幽篁里，弹琴复长啸。深林人不知，明月来相照。

这首五言绝句是王维《辋川集》二十首之一。据作者自序可知，他的辋川别业有二十处风景点，他与好友裴迪为之各赋五言绝句，《竹里馆》即其中之一。竹里馆是怎样一个所在呢？裴迪所作给我们描绘了一个概貌，提供了一个注脚："来过竹里馆，日与道相亲。出入惟山鸟，幽深无世人。"从裴诗中可知，此处极其幽寂，令人与道相亲，怀出世之想。然而，从裴诗中仅可感知到"道"的表层义，而王维诗中却展示了深刻的禅境。

王维在青年时期曾怀有建功立业之志，但由于张九龄罢相，李林甫专权，使他感到失望，而退隐辋川，热烈的感情开始转为冷漠的思想，但他并非真正完全忘却世事，在心怀隐忧的同时，仍有着潜藏的热情，在这首诗中是可以体会到的。

诗一开头，就描绘了一个幽寂无人的境界。《楚辞·山鬼》有句："余处幽篁兮终不见天。"在这幽深而不见天日的竹林中，仅有自己一人独坐，然而，面对着凤尾森森、龙吟细细的竹子，在清风沐浴中，在月光朗照下，作者并未完全化入这一清澄的境界中，却"弹琴复长啸"，颇有"竹林七贤"之一的阮籍的风貌。阮籍《咏怀》有"夜中不能寐，起坐弹鸣琴"之句，《世说新语·栖逸》又有"阮步兵啸闻数百步"之说。作者弹琴、长啸，并非心境一片平和，而是内心深处实有类似阮籍的忧生之嗟。但是，由于独处幽篁，在竹林深处，人们并不知道自己的行止，更难以窥见自己的内心，只有明澈的月亮投来一片清光，与自己相伴。

读王维此诗，如果仅见其清幽、孤寂，恐怕还是止于浅层。诗中的弹琴、长啸、明月相照，与阮籍《咏怀》首篇颇多相似，但"阮旨遥深"尚可从"忧思独伤心"等句中窥其底蕴，而王维削多成少，以一驭万，神龙仅露一鳞一爪，是极不易见其真意的。但是，如果我们参见以《辋川集》中的其他作品，则亦可见其端倪。如《漆园》和《椒园》等作，都在遁世的主旋律上发出了或傲世、或难以忘世的泛音，仔细聆听这一淡泊、恬适的田园山居交响乐，是应该听得出《竹里馆》的鸣琴和长啸具有什么涵义的。

胡应麟《诗薮》曾说《辛夷坞》是"入禅之作"，云"读之身世两忘，万念皆寂"，而我们说，《竹里馆》却表现出更深刻的禅理。为什么这样说呢？因为"入禅"并非"身世两忘，万念皆寂"的仅为消极，"禅是中国人接触佛教大乘义后体认到自己心灵的深处而灿烂地发挥到哲学境界与艺术境界、静穆的观照和飞跃的生命构成艺术的两元,也是构成‘禅’的心灵状态。”(宗白华《美学散步》)《竹里馆》的“独坐幽篁里”,既是“幽篁”而又兼“独坐”,当然是极为幽深、寂静,在此心澄而意定,对世相、人生最可作静穆的观照。但作者并非心如古井,噤声默诵,却弹琴、长啸,以人为的抒发打破了自然的寂静。然而,在空旷的山林、别墅之中,自然的寂静终于又涵茹了琴声与啸声,客观的静浸染了主观,以致“深林人不知”。可就在声音归于寂静之时,一点明月窥人,以清光相照,使诗人在感受到明月的温馨友情之时,又重新发现了自我。从诗中可以看到,诗人并非冷漠地对待人生,而是在幽寂的环境中,以疏淡的诗笔表现出生命的活力,和对人生的爱。王维信奉佛教,此时正当禅宗流行,禅宗认为“心生则种种法生;心灭则种种法灭”(《古尊宿语录》卷三)。从《竹里馆》中亦似多少可以体味到这种“生”“灭”关系,但“静穆的观照”和“飞跃的生命”则更是两大因素,从这个意义上说,诗中的禅境是深刻的。

这首仅有二十字的小诗,在艺术上有什么高明之处,以致博得经久不息的传诵呢?诗中景语唯“幽篁”、“深林”、“明月”三词,“幽”、“深”同义,“篁”、“林”实一,在小诗中颇感词赘,“明月”一语更是经千万人所惯用,因而写景并无惊人之处。再从写情言,则未见明说,仅从所为可作体味,倘以“含蓄”赞之,亦非了不起的事。但是,分则无奇,合则出常,这首小诗是极有意境的,“有境界则自成高格,自有名句。”(王国维《人间词话》)《竹里馆》之成为名篇则不足怪了。王维是画家,诗中有画,画中见色(如“白石”、“红叶”之类),但他更是水墨南宗大师,常脱略物境形、色,而见其神、韵。此诗中的篁、林、月都不作细写,而幽篁、深林、明月所构成的画意却酿就和烘托出诗情,正是这物境的清幽与心境的微澜相会。但这种深藏的嗟叹诉之于鸣琴、舒啸后,复又归于平静,心、物相近而相融,在明月的清光之下,外景与内情逐渐混合了。全诗画意与诗情达到高度和谐,心灵与物象在动静相映之中也趋于统一。其空明、澄澈的意境,是真可令人“超以象外,得其环中”的。

王维的小诗常是意高笔减,风月无边,《竹里馆》不仅遗貌取神,而且设境、遣辞有着独运的匠心,正是竹林和明月,才表现出这一风景点的特色,才能与诗人的心境、情怀相表里,正是弹琴和长啸,才能状隐居而未能遗世之意;至若以“人不知”应“独坐”,以“深林”映“幽篁”,以“明月”照亮幽林同时,又暗衬“人不知”,则可见这一纯乎天籁的小诗实出于人籁了。

(《历代名篇赏析集成》,中国文联出版公司 1988 年版,第 673-675 页)

玉楼春·春景

宋祁

东城渐觉风光好。縠皱波纹迎客棹。绿杨烟外晓寒轻,红杏枝头春意闹。
浮生长恨欢娱少。肯爱千金轻一笑。为君持酒劝斜阳,且向花间留晚照。

宋祁是宋初人，年辈较晏殊较晚，而较欧阳修稍早。他在宋仁宗天圣二年（1024）与兄宋庠同举进士，时号“大小宋”，历官翰林学士、史馆修撰，与欧阳修等合修《新唐书》，修成后，进为工部尚书，逾月，拜翰林学士承旨。宋人李之仪曾说：“宋景文、欧阳永叔以余力游戏为词，而风流闲雅，超出意表。”（《姑溪题跋》）宋祁存词仅六首，但所作却颇知名，尤以这首《玉楼春》为最。

宋祁所生活的时代正值北宋社会的承平期，仁宗继真宗奉行休养生息的政策，带来了农业生产的发展和社会经济的繁荣，中原干戈久息，阶级矛盾缓和，城市发展，豪门和市民都耽于游乐。宋祁也不例外，他的享乐生活常见于前人记载，如魏泰《东轩笔录》载其“多内宠，后庭曳罗绮者甚众。尝宴于锦江，偶微寒，命取半臂。诸婢各送一枚，几十余枚皆至。子京视之茫然。恐有厚薄之嫌，竟不敢服，忍冷而归。”此书还说，他晚年知成都府时，“每宴罢，盥漱毕，开寝门垂帘，燃二椽烛，媵婢夹侍，和墨伸纸，远近观者，知尚书修《唐书》矣。望之若神仙焉。”正由于这样，《玉楼春》之讴歌及时行乐可谓绝非偶然了。

这首词的上片写了春色的美丽，下片写了与美人、美酒共享春光。春天来了，渐感风光美好，温柔的水波像轻纱的皱纹迎着船桨。杨柳如烟，虽还带着晓寒，但已是轻淡、而非严酷的了，红色的杏花开满枝头，更使人感到春意盎然。生活中常令人觉得欢娱太少，与姬妾相伴之时，岂能吝惜千金而看轻这美好的一笑呢？她们持杯劝酒，意兴未消，在斜阳之下，花丛之中，尽情痛饮，真想留住这下山的夕阳。上片写春色的美好和绚丽，很有独到之处。首句的“渐觉”二字，立足于主观，写出了很真切的感受。接着，一句写水，一句写树，一句写花，逐渐写出了蓬勃的春色。作者不写风，却写水，而“縠皱波纹”的水实际上就写出了春风的柔和，“迎客棹”的“迎”字，移情于水，更添生动的情致。春色最易见于柳色，故在写水之后接写杨柳，但春色最烂漫的却不在柳而在于花，因而接写杏花，而柳的“晓寒轻”和花的“春意闹”，既是字句的对偶，更是色彩的映衬、反差。至此，“渐觉”的春光，已成绚烂的春色，生动之至而又恰到好处，使其他的语言都为之减色，成为赘言。这明丽的春光更使人感到人生短暂，漂浮不定而欢乐太少，这一感慨从风景骤然转入人事，但过渡得又很自然。他一反一正，一退一进，否定了因爱惜金钱而看轻与美人相伴的打算，示之以劝酒斜阳下，花间留晚照的行乐图。当然，这种庸俗的情趣实难称之为“高雅”，较之晏殊的“一曲新词酒一杯”（《浣溪沙》），欧阳修的“群芳过后西湖好”（《采桑子》），确也显得直露、奢侈、庸陋，而缺乏清新、雅韵，但是，其热烈撩人的春色，尽情酣乐的意绪，较之晏、欧的莫名闲愁和淡淡悲惋，非仅是另具面貌，而且更能见到承平年月的世风。宋祁少年得志，仕途顺利，“肯爱千金轻一笑”的生活态度是贯穿于一生的。所作《浪淘沙》的“始惜月满、花满、酒满”，《锦缠道》的“向郊原踏青，恣歌携手”，都是同一基调。但他之被称为“‘红杏枝头春意闹’尚书”却是得名于《玉楼春》，可谓人因词名，词因句显，但此句为何为时人所重呢？下面略作些分析。

宋祁词，颇使人有学过于才之感。且不说《鹧鸪天》的大量借用李商隐成句，《锦缠道》的翻用杜牧诗意，即以“红杏”句来说，清人王士禛在《花草蒙拾》中就指出其“实本《花间》‘暖觉杏梢红’”（按，出于和凝《菩萨蛮》），但同时又称道“特有青蓝、冰水之妙”。那么，“红杏”句好不好？且又好在何处？后人对此是打过笔墨官司的。李渔说：“予谓‘闹’字极粗俗，且听不入耳。”（《窥词管见》）黄寥园则称其“奇辟”（《寥园词选》），王国维进而称道：“著一‘闹’字，而境界全出。”（《人间词话》）我们说“奇辟”之赞未深入就里，“境界”之说道及了“果”却未言“因”，李渔《窥词管见》所说：“争斗有声之谓‘闹’，桃李争春则有之，红杏闹春，予实未之见也。‘闹’字可用。则‘吵’字、‘打’字、‘斗’字，皆可用矣。”并非强词夺理，但这位曲学大师却实在是未明其理，他的同时人方中通以“寺多红叶烧人眼”为例，说明“句中有眼”，“非一‘烧’字，不能形容其红之多，犹之非一‘闹’字，不能形容其杏之红耳。”（见钱锺书《通感》）但其中道理仍未道出。钱锺书先生深刻指出：“‘闹’是把事的无声的姿态说成好像有声音的波动，仿佛在视觉里获得了听觉的感受。”并从心理学上说明了这是属于“通感”或“感觉挪移”的例子（同上）。正是以有声写无声，才写得花海如潮，从而境界全出。由于有了这样“境界全出”之句，人们才偏爱这一首新意无多之作，我们也可以从中体现出“通感”造就的艺术魅力来，回视“暖觉杏稍红”，不难体会“红杏枝头春意闹”的生气和活力了。

（《历代名篇赏析集成》，中国文联出版公司 1988 年版，第 1343—1345 页）

汉宫秋 第三折

马致远

（原文略）

王昭君是一个妇孺皆知的人物，历来为诗人墨客所咏唱。晋石崇作《王明君辞》，唐大诗人李白有《王昭君》，杜甫有《咏怀古迹》（之二），北宋欧阳修、王安石等，也各有诗作。在所有这些诗歌中，都对王昭君和亲入匈奴寄予深刻的同情，尽管识见有高低之别，主题有宽狭的不同，或直抒红颜薄命的慨叹，或以昭君置入冷宫的遭遇寄托自己的不平，但在民族矛盾还未达到异常激烈的时代里，以昭君为题材的作品尚未将她的悲剧命运置于民族斗争的背景下，有时虽流露出大汉族主义的民族情绪（如石崇所作），却没有曲折表现出反抗民族压迫的精神。到南宋末年，蒙古贵族南侵，金政权和南宋政权相继倾覆，汉族人民遭受了极大的苦难，诗人们渐将传统中咏唱的王昭君题材赋予新的内容，将她的悲剧命运同国家的命运相联系。但是，直到马致远的《汉宫秋》杂剧问世，才以历史悲剧的形式突破了悲远嫁、悯红颜的窠臼，艺术地展现了导致昭君悲剧命运的政治原因，并歌颂了王昭君的民族气节。虽然作者假汉元帝以抒主观之情，将皇帝才子化，而带有美化皇帝感情的思想缺陷，但《汉宫秋》的思想价值和艺术价值非仅远过于作者的神仙道化剧，且不失为元杂剧中的杰作，数百年来熠熠生辉。

读《汉宫秋》杂剧，我们首先应该注意到马致远对历史真实的改动，从而正确认识剧本的爱国主义思想。

关于王昭君的最早记载，见于《汉书》的《元帝纪》和《匈奴传》。

《元帝纪》载：

竟宁元年（引者按，公元前33年）春正月，匈奴呼韩邪单于来朝。诏曰："匈奴郅支单于背叛礼义，既伏其辜；呼韩邪单于不忘恩德，乡慕礼义，复修朝贺之礼，愿保塞传之无穷，边垂长无兵革之事。其改元为竟宁，赐单于待诏掖庭王嫱为阏氏。"

《匈奴传》载：

竟宁元年，（呼韩邪）单于复入朝，礼赐如初……单于自言愿婿汉氏以自亲。元帝以后宫良家子王嫱字昭君赐单于。单于欢喜，上书愿保塞上谷以西至敦煌，传之无穷，请罢边备塞吏，以休天子人民。

该传对王昭君入匈奴后的遭遇有较详细记载：

王昭君号宁胡阏氏，生一男伊屠智牙师，为右日逐王……呼韩邪死，雕陶莫皋立，为复株累若鞮单于……复株累单于复妻王昭君，生二女。

从正史记载中可见，王昭君的身份是"待诏"，她在呼韩邪单于主动入朝，与汉朝修好的情况下，被汉元帝赐给单于，为民族和睦起过作用。

《汉宫秋》改变了这一基本史实，并从晋代《西京杂记》卷二中汲取画工索贿而昭君不与的情节，写出了一部历史悲剧。在这一剧中，汉朝中大夫毛延寿为取得汉元帝宠幸，怂恿元帝广选天下美女，以充后宫，将选中的女子画成图像，以供皇帝按图临幸。王昭君是农家女，虽被选中，却无钱贿赂毛延寿，被点破画像，发入冷宫，一住十年。元帝夜间巡宫时听到了昭君寄托幽怨的琵琶声，发现了这一后宫最后长巷中的女子的美丽容颜，昭君受到了宠幸，被封为明妃，在得知原委后，元帝下令捉杀毛延寿。毛延寿携带昭君图像逃到匈奴，将像献给匈奴王呼韩邪单于，单于正求汉朝公主未得，见像则索要王昭君。面对匈奴大军压境的形势，满朝文武噤若寒蝉，劝说元帝献出昭君和亲。王昭君虽难与元帝割舍，但毅然请赴匈奴，以息刀兵，元帝内心深为痛苦，他恨臣下无能，又怕呼韩邪南侵，不得已而只能同意昭君和亲。昭君出塞之日，元帝亲到灞桥饯别。昭君留下汉家衣服，北向而行。当来到汉番交界的黑龙江边时，她望南奠酒，随后投江自尽。呼韩邪将昭君安葬江边，号其墓为"青冢"，将毛延寿绑送汉朝治罪，重新结和。自昭君别后，汉元帝日夜思念，闻雁声而伤感不已。毛延寿被解回汉朝后，元帝将其斩首，祭奠昭君。

《汉宫秋》的爱国主义精神主要就体现在第三折，此折可谓全剧的核心。

据《汉书·元帝纪》可知，此时汉朝战败了郅支单于，呼韩单于“不忘恩德，乡慕礼义，复修朝贺之礼”，实际上已成汉朝藩属。在解除边患之后，为进一步笼络匈奴，汉元帝将宫女（而非皇妃）王昭君赐嫁呼韩单于。而王昭君出塞后并未沉江而死，却在匈奴生儿育女。马致远将历史作了大胆改动：汉朝国力不及匈奴，是在强敌压境的情况下，不得已以妃子王昭君和亲，直到第三折灞桥饯别的开头，元帝还以哀求的口吻求其下属：“凭文武百官，计议怎生退了番兵，免明妃和番者。”然而文臣武将全无表示，他只能感叹自己“我那里是大汉皇帝！”“我做了别虞姬的楚霸王！”至于王昭君，非仅难与元帝割舍，而且留下汉家衣服，不忍为人作春色，当来到黑龙江畔时，终于沉江而死，不肯入番，完成了以身殉国的壮举。

历史上的汉强胡弱情况下的主动以宫女赐嫁，变成了匈奴大兵压境下的被动以妃子和亲，嫁呼韩邪单于的王昭君再嫁其子，变成了不肯入番的跳江殉国、殉情。这样的重要改动正表现了马致远强烈的民族意识，在汉民族遭受残酷压迫的时代，这正是一种曲折表现出来的爱国主义精神。固然，元人杂剧多与史实相谬，曲论家凌廷堪曾写过这样的论曲绝句：“仲宣忽作中郎婿，裴度曾为白相翁。若使硁硁征史传，元人格律逐飞蓬。”（按，第一句指《王粲登楼》中王粲与蔡邕之女结婚，第二句指《㑳梅香》中白敏中与裴度女结婚）但以马致远这样变更重大历史事件，并非仅由于“元人家法”所致。

据研究，马致远约生于公元1250年，至治时（1321—1323）还健在，他虽是大都人，却做过浙江行省务官。他的青年时期，正值元兵南下，攻破临安，他在浙江为官时，对临安城破，帝妃宫室被押北行的情况当有耳闻。当时，元右丞相伯颜入临安城后，“元人索宫女、内侍及诸乐官，宫女赴水死者以数百。”（陈邦瞻《宋史纪事本末》卷一百七）被掳至元都的宋帝、后，分别被忽必烈命为僧、尼，因病独留临安的太皇太后谢氏，亦被元兵从宫中连床抬出，留燕七年而死（同见上）。马致远年轻时虽有功名之求，但在“九儒十丐”的社会里，深感“困煞中原一布衣”，“恨无上天梯”（散曲〔金字经〕），从心中的不平，到受南方人民仇恨蒙古政权的情绪感染，他在《汉宫秋》中表现出强烈的民族意识就不足为奇了。作者以昭君被迫出塞来影射宋室后妃、宫女的被掳北行，在对她们寄予深切同情的同时，也抒发了对汉族政权覆亡的慨叹，既然“爱国主义的具体内容，看在什么样的历史条件之下来决定”（《毛泽东选集》），那么在汉民族遭受残酷压迫的元朝，马致远通过《汉宫秋》，以民族意识来表现爱国主义思想，无疑是值得肯定的。而且，还应该指出的是：《汉宫秋》虽然流露出强烈的民族意识，但对民族和睦、团结的理解却表现得很正确，并无偏颇之处。作者将憎恨主要指向叛徒、内奸，指出呼韩邪单于以武力威逼，索要昭君，是由于毛延寿的挑唆所造成，单于始终承认自己同汉朝的甥舅关系，在王昭君跳江后，他给了礼葬，并将毛延寿解送汉朝治罪，希望依旧保持两国和好。固然这样写可能与作者生活的时代是由于蒙古族居于统治地位有关，但从客观效果说，作者对忠奸、内外关系的理解却是正确的。

我们应当看到剧中表达的爱国主义思想同人物塑造的关系。

《汉宫秋》的题目是“沉黑江明妃青冢恨”，正名是“破幽梦孤雁汉宫秋”，全剧虽以汉元帝为主角，但唯一的正面人物却是王昭君，体现作者民族意识和作品爱国主义精神的也是王昭君。第三折“灞桥饯别”非仅是应题的中心情节，也使王昭君的思想性格得以充分展现，且最终完成人物的塑造，将爱国主义精神推至顶点。王昭君在入宫前只是一个普通农家女，在拒贿以求宠的交锋中已显现她的性格光辉，在经受十年冷宫生活而得宠幸之后，她当然庆幸和珍惜这种恩宠。可是，一旦国难当头，群臣怯懦，而元帝又犹豫不定之时，她却置个人幸福于不顾，想到的是国家安危和百姓生死，怀殉国之志而决意出塞和番。在第二折中，她表示：“妾既蒙陛下厚恩，当效一死，以报陛下。妾情愿和番，得息刀兵，亦可留名青史。”在第三折中则进一步说道：“待不去又怕江山有失。”从报恩皇帝到关注江山，在第三折一开始已可见到王昭君思想的发展，报效国家之念更强于报答君恩。在动身北行之时，更留下汉家衣服，“忍着主人裳，为人作春色”，这种不愿取悦敌人的决绝举动，表现出可贵的民族自尊心，并预伏下殉国之机。最后，当即将告别父母之邦时，她借浇奠而遥祝祖国，然后跳江而死，使这一爱国主义的毅然之举闪现出悲壮夺目的光辉，也实现了性格的升华。通过这层层发展，不仅完成王昭君形象的塑造，也使汉朝群臣在这一位青年女子的思想光辉下，反衬出可憎的面目。

非仅是奸臣、卖国贼毛延寿应成为唾骂的对象。像尚书令五鹿充宗、内长侍石显等人，在敌人以武力相逼的情况下，全然不顾皇妃和亲的大损民族尊严，却以远女色、振朝纲、救生灵的堂皇借口，掩盖自己的怯懦、自私、苟安，同样可见出灵魂的污浊。甚至连汉元帝这样一个作者深寄同情的人物，尽管他自拟“别虞姬楚霸王”，感慨“全不见守玉关征西将，那里取保亲的李左车，送女客的萧丞相。”但以他此时“怎做得男儿当自强？”来反观第二折所唱的“君臣皆有用，高枕已无忧”，“一半为国忧民，一半儿愁花病酒”，则可知正是自己的荒政和无知人之明造成今日的局势，这样一来，在同情之时作者对汉元帝亦实有批判。

当然，王昭君的爱国主义思想是与笃情、忠君紧密结合在一起的，王昭君身上这种封建道德的表现，其实也是剧作家思想局限的表现，我们不能超越阶级与时代的原因来强求作家。

《汉宫秋》的主题不是单一的，元帝、昭君的爱情与昭君的爱国主义复合在一起，因而，在第三折的事件与人物的关系上，也构成了爱情为表，爱国为里，和元帝明为主暗为次，昭君为次而暗为主的艺术表现法。诚然，此剧是写元帝对昭君的真挚爱情，但这种爱情与主人公的生离死别，都是置于民族矛盾与斗争的背景下，而造成昭君悲剧命运及二人爱情悲剧结局的，正是这一民族的矛盾和斗争，因而，这种表里关系并不难理解。与这种关系相应的，则是主次人物的明暗不同。作者之将明帝作为主角，非仅以之寄托理想的爱情，且借这一人物在昭君和亲前后的表现、认识，表明作者对造就悲剧原因的解释，并以皇帝的身份对忠奸、曲折、是非做出评判，借其口痛斥奸佞之辈和误国的朝臣，同情和赞美昭君的献身精神和自我牺牲之举，同时表达爱国主义的感情。应该说,元帝的唱辞是对昭君行动的必要而有力的补充,而剧中处于次要地位的王昭君才是真正的主人公。《汉宫秋》之所以写成以皇帝为主角的“驾头杂剧”,是为了使元帝带上更多的作者主观色彩,以更好地抒发自己的感情。

还值得称道的是此折唱辞的抒情性和意境美。王国维《宋元戏曲史》将《汉宫秋》推为元代三大悲剧之一,非仅因为此剧破除了平庸的大团圆俗套,而且正符合他所称道的元杂剧“其文章之妙,亦一言以蔽之,曰:有意境而已矣。”第三折的意境美和抒情性,是使历代曲论家为之服膺的。

狄德罗曾指出:戏剧的布局“就是按照戏剧体裁的规则而分布在剧中的一段令人惊奇的历史。”并认为小说与戏剧的不同在于“描绘一个效果”和“产生一个效果”之别(见《论戏剧艺术》)。但《汉宫秋》并不以情节诱人、冲突激烈、富于悬念为特征,它的脍炙人口,是由于典型地体现出中国戏曲与诗词血缘近而重抒情、重意境美的特点,它是借“描绘效果”而非直接在舞台上“产生效果”来打动观众的。当昭君起行之后,元帝所唱〔七弟兄〕中“那堪这散风雪旌节影悠扬,动关山鼓角声悲壮”二句,从所见与所闻作了环境的总体描绘,定下了离别的基调,并笼罩全局。接着的〔梅花酒〕一曲,更是以主观之情移注客观之物,又以客观之物反衬主观之情,景色的悲凉与心绪的悲凉达到高度相契相融的地步,在这一曲中,作者还以空间的转换写出了时间的流逝,并从时间流逝之中表达思念难忘的深情,三字句的短促句式、上下钩连的词语,构成了一种悲伤至深而急促似噎的声调,准确地传递了缠绵往复的深情。马致远擅长于顶真连环的句式,如散曲〔拨不断〕就有“叹寒儒,谩读书,读书须索题桥柱。题柱虽乘驷马车,乘车谁买《长门赋》”等句,此曲〔梅花酒〕的三字句则更以节奏鲜明且体现出音乐感的连环句式,达到抒情的极佳效果。〔鸳鸯煞〕的后半段,当元帝从“伫立多时,徘徊半晌”的遐思状态中回到眼前时,塞雁、牛羊、毡车,这三者更映衬出昭君去后的空虚落寞,尽管满目牛羊不是塞上景物,作者也未写塞雁难传书信,毡车难载离愁,但不言之中更留下了想象的余地,更留下了空虚与惆怅,寥廓萧瑟的景色与深长绵远的感情统一成摄人灵魂的意境。这些极度烹炼的曲子却似浑然天成,不能不使人对作者驾驭文字的能力为之赞叹。

正由于马致远的曲辞有这样高度的意境美和抒情性,朱权评为“典雅清丽”,“宜列群英之上”(《太和正音谱》),凌廷堪论曲绝句称道“文到元和诗到杜,月明孤雁《汉宫秋》”,也确非溢美之辞了。

(《历代名篇赏析集成》,中国文联出版公司 1988 年版,第 1935–1939 页)

念奴娇 忆仲良

刘因

中原形势,东南壮、梦里谯城秋色。万水千山收拾就,一片空梁落月。烟雨松楸,风尘泪眼,滴尽青青血。平生不信,人间更有离别。　　旧约把臂燕南,乘槎天上,曾对河山说。前日后期今日近,怅望转添愁绝。双阙红云,三江白浪,应负肝肠铁。旧游新恨，一生都付长铗。

元朝是曲的时代。王国维以之与唐诗、宋词并称。吴梅更为之论道："追胡元人主中华，所用胡乐，嘈杂缓急之间，旧词至不能按，乃更造新声，而北曲大备。天意若悯文明禹甸，拘文牵义者之无所措其手足，别辟一新文界以处之，至不惜破华夏之防，放此异彩。以吹笳鸣角之雄风，汰金粉靡丽之习，此亦文学上至奇之局也。"（《曲学通论》）然而，词并未消亡，不少作者都继作不息，而在风格上也一变南宋面貌，多是"以吹笳鸣角之雄风，汰金粉靡丽之习"，刘因就是其中之一。

文学有时代之分，又有地域之别，金朝盛行苏学，"程学盛南苏学北"（翁方纲《书遗山集后》），因而诗文多以苏轼为宗，赵秉文、王若虚、元好问均是其中代表。元朝消灭金、宋后，对这种"北"风继承颇多，晚清词论家兼"四大词人"之一的况周颐认为，元人词中以刘因所作最近苏轼，他说："余遍阅元人词，最服膺刘文靖，以谓元之苏文忠可也。"（《蕙风词话》卷三）在刘因的《樵庵词》中，《念奴娇》（忆仲良）尤近于苏辛一派。

仲良是作者的挚友，如今不能携手同行，天各一方，词的上片就写了深刻的别情。

"中原形势，东南壮、梦里谯城秋色。"作者身在北方，远望东南的谯城（在今安徽亳州），这里是曹操的故乡，东晋时领众归晋的羌人领袖姚襄曾屯兵于此，以"壮"字称之，十分恰当。位于中原的谯城，使人神旺气壮，但友人仲良居于此，与自己相隔很远，当此秋色连天之时，远望彼地，思念彼人，竟至忆想成梦，在梦中得见谯城秋色。"万水千山收拾就，一片空梁落月。"这两句写梦醒：一梦醒来，仍然只身在此，谯城秋色不可见，万水千山也被"收拾"了，唯有落月照着空梁而已。这里，化用杜甫《梦李白》"落月满屋梁，犹疑照颜色"的诗意，在杜诗中，"颜色"指梦中所见的李白的面容，两句连看，写了诗人梦中初醒时迷离恍惚的情状。词意与诗意同，表现了对仲良的深切怀念。"烟雨松楸，风尘泪眼，滴尽青青血。"遥望南天，关山阻隔，松树与楸树烟雨迷离，大风扬尘，泪眼难见远方，思念之深，真使人滴尽碧血（《庄子·外物》篇："苌弘死于蜀，藏其血，三年而化为碧"）。"平生不信，人间更有离别。"这两句进一步以点明离别来加重别情。

下片忆想旧约，为不能践约晤面而深感惆怅。

"旧约把臂燕南，乘槎天上，曾对河山说。"昔时曾与仲良约定，在燕南（这里指大都，即今北京）再见面（"把臂"原意为握住对方手臂，以表示亲热，后引申为会晤。如张九征《与陈伯玑书》："过京口时，弟适入乡，未及把臂"），入朝为官，似乘槎天上，评说人间河山一样（槎，木排。《博物志》卷三："天河与海通，近世有人居海渚者，年年八月有浮槎去来不失期。人有奇志，立飞阁于槎上，多赍粮乘槎而去。至一处，有城廓状，居舍甚严，遥望宫中，多织妇。见一丈夫牵牛渚次饮之，此人问：'此是何处？'答曰：'君还至蜀都，访严君平则知之。'后至蜀，问君平，曰：'某年月日有客星犯牵牛宿。'计年月，正是此人到天河时也。"此则神话故事的上半即"乘槎天上"，下半即"曾对河口说"。后有人也将乘槎上天喻作入朝为官，从此词最后所用冯谖弹铗事看，亦有此意）。"前日后期今日近，怅望转添愁绝。"以前相约的后会之期，今日已经临近，终不能把臂燕南，真使人怅惘愁生。“双阙红云，三江白浪，应负肝肠铁。”北眺大都（“双阙”，指宫殿前左右各一的高大建筑物，在高台上起有楼观，此处借指大都。“红云”，即“红尘”，以闹市的飞尘形容首都的繁华），南望谯城（“三江”解释众多，因谯城处黄淮之间，水道众多，故以“三江”代之，并以“白浪”对举“红云”），既不能北上，又不能南下，真应有铁石心肠之名了。“旧游新恨，一生都付长铗。”旧日的游踪，今日的新恨，都是归于共同的怅然：那就是旅食依人之苦，这一生恐怕都要像冯谖一样弹剑长歌了（《战国策·齐策》载：齐人冯谖寄食孟尝君门下，先后三次以“食无鱼”，“出无车”，“无以为家”为由，弹长剑而歌。孟尝君满足了他的愿望，后冯谖助之营“三窟”，保住相位）。

南宋词自辛弃疾之后，黄钟大吕之声归于沉寂，湖山清赏，社中题咏，又成词之大宗，言志抒怀之作，或因时之所忌，寄兴深微而索解至难，或因国势已去，低黯哀恸而掩抑难明。刘因与南宋遗民王沂孙、张炎是同龄人，但他是北方人（容城，今河北省容成县），亡元日久，自不同于南方人的创巨痛深，因而风格与王、张等人迥异。由金入元，苏轼流风余烈尚在，刘因的词之有苏辛遗风是不足怪的。当然，刘词虽具苏风，但又有不同，“文忠词以才情博大胜。文靖（笔者按，刘因卒后，追封容成郡公，谥文靖）以性情朴厚胜。”（《蕙风词话》卷三）这首《念奴娇》正体现出“性情朴厚”的特点。作者与挚友仲良曾有“把臂燕南，乘槎天上”之约，但如今分飞二地，既不能践约于燕南，又不能南晤于谯城，在思极成梦之后，北瞻双阙红云，南望三江白浪，倾诉刻心铭肺的离别之思，和壮志难伸的共同之意，在击碎唾壶、回肠荡气之中，确实是“朴厚深醇中有真趣洋溢，是性情语，无道学气。”（王鹏运语，出处同上）况周颐以“重、拙、大”论词，其于元人中“最服膺刘文靖”，实以刘因的词合此三项标准。当然，南宋遗民词以血泪交流吟出亡国之音。刘因此作以倾诉友情并隐言求官之意，从这一意义言，他的“性情语”的“真趣”、“朴厚”未必高于“哀以思”的亡国之音。只是，对于南人，赵宋新亡，对于北人，元蒙早立，感受不同，出语自异，个人以为，对二者都不必苛求。从风格言，以“北调”“深裘大马”之“刚”，一洗“南腔”“雕文刻镂”之“柔”，则使人有耳目一新之感，这点足可肯定。

刘因以至元十九年（1282）征授承德郎、右赞善大夫，这首《念奴娇》当是得官前之作。“穷”而能“工”，在艺术上颇有可称道处。

一是情景相兼，虚实并到。词以“东南形势”破空而来，复以“梦里”点明，“万水千山”应接“东南壮”，又归于“空梁落月”，以梦将景物化实为虚。而“烟雨”二句则有空中荡漾之妙，给上语明言的“离别”以景拓展，参实以虚，在刚方之中增添几分绵渺。下片的以“乘槎天上”写“把臂燕南”，可谓以虚济实，而“双阙”、“三江”则又是实中见虚。全词的抒情写景正是以虚实并到而见腾挪跌宕、转换灵活，在浑涵一气中，既精力弥满，又灵气往来。

二是骨肉停匀，不冗不复。彭孙遹《金粟词话》说：“长调之难于小调者，难于语气贯串，不冗不复，徘徊宛转，自然成文。”此词既无演凑之迹，也无捏合之嫌，而是意辞相济，布置停匀，语真挚而不粗率，排宕中见错综，情致洋溢中又不乏绵婉，全篇结构可谓骨肉停匀，不冗不复。因而，确堪称元词中的上品。

（《历代名篇赏析集成》，中国文联出版公司 1988 年版，第 1968—1971 页）

中吕 朝天子 咏喇叭

王磐

喇叭,锁呐,曲儿小,腔儿大;官船来往乱如麻,全仗你抬身价。军听了军愁,民听了民怕,那里去辨什么真共假?眼见的吹翻了这家,吹伤了那家,只吹的水尽鹅飞罢!

这是一首讽刺宦官专政的散曲。作者王磐,字鸿渐,号西楼,高邮(今江苏高邮附近)人,明朝著名散曲家,生活在十五世纪至十六世纪间,有《王西楼先生乐府》传世,约存小令六十余首,套数九套。王磬是一位“有隽才,好读书”,“洒落不凡”,“纵情山水诗画间”(《万历扬州府志》)的人物,一生厌倦功名,恬退自适。据蒋一葵《尧山堂外纪》所载:“正德间阉寺当权,往来河下无虚日,每到辄吹号头,齐丁夫,民不堪命,西楼乃作《咏喇叭》以嘲之。”则可见王磬非仅是洁身自好者,而且是敢于捋虎须的正直之士了。

明朝的宦官擅权可谓由来已久。明成祖朱棣为了强化君主专制政治,曾将一定的权力授予宦官,使之成为皇帝的得力助手,其中司礼监宦官权力最大,可以“出使、专征、监军、分镇、刺官民隐事”等(《明史·宦官传》序)。但是,直到明英宗正统(1436—1449)以前,皇帝还多上朝听政,对大事多亲议亲决,宦官还受到严厉的管束。英宗正统初年,内阁大学士杨荣、杨溥和杨士奇号称“三杨”,执政内阁,宦官尚不能为所欲为,但不久后,“三杨”被排斥,宦官开始左右局势,英宗朝的王振,宪宗朝的汪直都先后擅权,权势倾朝,到武宗正德年间,宦官刘瑾更是气焰熏天。当时,北京城内外都说朝中有两个皇帝,一个是坐皇帝,一个是立皇帝,一个是朱皇帝,一个是刘皇帝。大臣写奏章要写两份,一份送皇帝,一份送刘瑾府内,内阁大学士焦芳竟然在刘府办事。刘瑾不仅在政治、经济、刑法、科举诸方面拓展权势,而且建立了庞大的特务统治机构,他除自掌司礼监外,又命其党羽掌握东、西厂,又另立内行厂,扩充锦衣卫。文武臣僚对刘瑾敬之如父,刘家中的黄金二十四万多锭,白银五百多万锭,多为朝臣所奉。“一人得道,鸡犬升天”,宦官的势力几达无以复加的地步。

大凡奴才成为“主子”之后,是尤其爱强调自己身价的,他们钦差大臣满天飞,“往来河下无虚日”,“每到辄吹号头,齐丁夫”,因而,这首《朝天子》以喇叭、锁呐起兴,这两种乐器并不能用以演奏复杂的乐曲,但调门很高,“曲儿小,腔儿大”二语极准确、形象地道出了这一特点。然而,又非仅止于此,它还可以使人生发出这样的联想:宦官本是宫中供使唤的奴才,地位十分低下,如今仗着皇帝的宠幸而大摆威风,亦无异于“曲儿小,腔儿大”。他们乘着官船,来来往往,纷乱如麻,在得意洋洋之时,就全仗喇叭、锁呐来抬高自己的身价了。据史载,刘瑾曾令各地镇守太监“接受民词”,并“检核各边屯田,倍增其税”(《明史·刘瑾传》),太监们大权在握,因此无论军、民,凡听见喇叭、锁呐声,都要为之发愁、害怕了,哪儿还顾得上分辨是真官还是假官?是真的奉命督察、巡视，还是借机敲诈、勒索？宦官们不仅是皇帝私产的管理人，借管理皇庄之便，“凡民间撑驾舟车、牧放牛马、采捕鱼虾之利，靡不刮取。而邻近地土则辗转移筑封堆，包打界至，见亩征银”（《皇明经世文编》卷二〇二，夏言《查勘极皇庄疏》），剥削祸及皇庄周围农民，而且宦官本人也同皇帝、勋戚一样，大量占有土地，如刘瑾的党羽谷大用就占田达万顷之多。所以，喇叭和锁呐声所到之处，这家被吹翻，那家被吹伤，不吹到水尽鹅飞，是不会善罢甘休的。

散曲不似词之婉曲、敛约见长，而是以直露、透辟、尽情极致称胜，这首作品也不例外，对宦官的讽刺是尖刻辛辣，发露无余的。但是，它又是直中有曲，明中有隐的，这就体现为这样的艺术特点：起兴、设喻，融为一体，借物说人，以小指大。“索物以托情，谓之‘比’，触物以起情，谓之‘兴’”（胡寅《致李叔易书》引李仲蒙语），这首散曲以喇叭、锁呐声起兴，既是无心凑合、信手拈来的触物而起，但又暗藏比喻之义，索物以托情。曲中以“曲儿小，腔儿大”的这两种乐器暗喻奴才充主子的太监，通过这样的借物说人，以小指大，表现得既巧妙，又新警，不失为本色当行之作。此外，这首散曲还紧扣着“咏喇叭”的主题，以幽默的语言，作深刻辛辣的讽刺。曲中将喇叭、锁呐贯之全篇，步步紧逼，道出主题，非仅是结尾数句的三个“吹”，显得既形象又深刻，而且“真共假”一语，含义尤丰，可令人生发广泛的想象，从太监的身份不仅可以想到真官或假官，还可以想到真男子、假男子之意。因而，这首散曲对宦官擅权的讽刺真是辛辣而深刻。作者在弘治、正德年间被推为“词人之冠”，实非偶然。

（《历代名篇赏析集成》，中国文联出版公司 1988 年版，第 2077-2079 页）

《中国文学名篇鉴赏辞典》

扬州慢

姜夔

淳熙丙申至日，予过维扬。夜雪初霁，荠麦弥望。入其城，则四顾萧条，寒水自碧，暮色渐起，戍角悲吟。予怀怆然，感慨今昔，因自度此曲。千岩老人以为有黍离之悲也。

淮左名都，竹西佳处，解鞍少驻初程。过春风十里，尽荠麦青青。自胡马窥江去后，废池乔木，犹厌言兵。渐黄昏、清角吹寒，都在空城。　杜郎俊赏，算而今、重到须惊。纵豆蔻词工，青楼梦好，难赋深情。二十四桥仍在，波心荡，冷月无声。念桥边红药，年年知为谁生！

《扬州慢》是姜夔最早的词作，从词前小序可知，作于宋孝宗淳熙三年(1176)，此时作者才二十二岁。扬州是一座历史名城，在唐时最繁盛，甚至有“天下三分明月夜，二分无赖是扬州”之誉。但是，宋高宗在位期间，扬州城曾遭金人两度南侵：建炎三年(1129)，金兵占领扬州，全城被焚掠一空；绍兴三十一年(1161)，金主完颜亮又大举南侵，扬州再度遭到破坏。姜夔来到扬州之时，已是第二次被劫的十五年后，然而扬州仍然残破非常，元气未复。在目睹了这座历史名城因战争而造成的萧条败落后，作者不禁抚今追昔，自度此曲，表其黍离之悲。

姜夔写词，篇前多有小序。此词小序先点明时地：在冬至之日，行达扬州(《尚书·禹贡》云：“淮海维扬州。”后每以“维扬”称扬州)，正逢夜雪初晴，放眼望去，一片荠麦。入城后也是四顾萧条，所见者，“寒水自碧”，所闻者，“戍角悲吟”。这种残破景象使人情怀怆然，怅想今昔巨变，度曲成篇。江西诗派著名诗人萧德藻(字东夫，号千岩老人)读后以为有黍离之悲。“黍离之悲”实是亡国之痛的借语。民族英雄邓廷桢在其《双砚斋词话》中写道：“其时临安半壁，相率恬熙。白石来往江淮，缘情触绪，百端交集，托意哀丝。故舞席歌场，时有击碎唾壶之意。”对《扬州慢》的“周京黍离之感”极为称道。

以兵后扬州为题的作品在宋词中并不少见，相较而言，姜夔此词最富善用曲笔、含蓄不露的特点。刘克庄《沁园春》写道：“闾里都非，江山略是，纵有高楼莫倚栏”，“沉吟处，但萤飞草际，雁起芦间。”虽非显豁，却是作者书其所见，直发议论。李好古《八声甘州》下片更见激烈：“游子凭阑凄断，百年故国，飞乌斜阳。恨当时食肉，一掷封疆。骨冷英雄何在？望荒烟残戍触悲凉。无言处，西楼画角，风转牙樯。”而姜词“予怀怆然，感慨今昔”的“黍离之悲”却表现得含蓄不露，不直言悲慨，而是以景现情。“荠麦青青”正是“彼黍离离”之意，“废池乔木”自然流露悼惜之情。“清角吹寒，都在空城”，可见城中无人，国中无人，深思之，则上无抗金北伐之意，下无同仇敌忾之兵，可见抗敌自难。“二十四桥仍在”以下的结尾四句，隐约可见今昔之慨、无主之感，尤其是“波心荡、冷月无声”，是极好的镜头，能起到“此时无声胜有声”的效果。作者对金兵劫掠当然痛恨，对人民遭难更感悲伤，然而不直书其感，却转用拟人之笔：“废池乔木，犹厌言兵。”语少意多，似淡犹浓，清人陈延焯对此极有识力，他在《白雨斋词话》卷二中说：“‘犹厌言兵’四字，包括无限伤乱语，他人累千百言，亦无此韵味。”

“景无情不发，情无景不生。”（范晞文《对床夜语》）若谓姜词真是印证此语，且是以景现情以见其含蓄，那么善用曲笔则体现在运杜牧情事、化杜牧诗意之上。此词以“淮左名都，竹西佳处”的对句起头，“淮左”之称，隋唐时已见，“竹西”则出于杜牧《题扬州禅智寺》：“谁知竹西路，歌吹是扬州。”“过春风十里”，见于杜牧《赠别》：“春风十里扬州路，卷上珠帘总不如。”杜诗原意是赞美幼妓的美貌，而姜词之以“尽荠麦青青”接“过春风十里”，是以兵燹后的荒凉来对照当年风光之绮丽。上片仅是化用杜牧诗中之语，下片进言杜牧之事。上结的“空城”二字，结上而启下，有总冒下片之意。这样一座“空城”，在唐代却是那样繁荣，杜牧《扬州》诗写道：“街垂千步柳，霞映两重城。天碧台阁丽，风凉歌管清。”因此，俊赏（善于游赏，又风流蕴藉）的杜郎，倘重游此地，定会大为惊讶。杜牧《赠别》云：“娉娉袅袅十三余，豆蔻梢头二月初。”《遣怀》云：“十年一觉扬州梦，赢得青楼薄幸名。”面对今日扬州的衰象，纵然是写过“豆蔻”、“青楼”的杜牧，也难以其明丽俊爽的诗笔表其内心感受，当然，“难赋深情”也有决无兴致写同妓女的恋情之意。杜牧《寄扬州韩绰判官》诗云：“二十四桥明月夜，玉人何处教吹箫。”现在二十四桥虽在，但玉人无觅，箫声不闻，只有寒波冷月，寂然无声。

倘言《黍离》“悯宗周”之旨是通过今之所见来展现，《扬州慢》则极善于以今昔对照来抒怀传情。上片以“名都”、“佳处”开局，以“空城”收煞，形成对比的总结构。昔日是“春风十里扬州路”，今日却是“尽荠麦青青”；昔日“暮霭生深树，斜阳下小楼”（杜牧《题扬州禅智寺》），如今台阁、小楼不存，惟剩“废池乔木”，箫管、歌吹不闻，只有“清角吹寒”。换头“杜郎俊赏”遥应起二句，“重到须惊”将上片意又翻进一层。“豆蔻词工”、“青楼梦好”，是昔日杜牧“落魄江湖载酒行”的浪漫生活所得，而今日，只是“重到须惊”。最后又由情而景，以寒波冷月的二十四桥，对照当年明月美人的二十四桥，益之以红药无主，再应“空城”，更见沉痛。

诚然，“豆蔻”、“青楼”等语，不无悼惜扬州风月繁华之意，但是，写昔日扬州之繁华首推杜牧，作者以“三生杜牧之”自拟（见《鹧鸪天·十六夜出》），以杜牧诗意、情事织入词中，实为最确。稼轩豪杰，白石才人，胸襟有别，性情不可强，词如其人，见其真切而非浮伪，故对词人“流落江湖，不忘君国”（宋翔凤《乐府余论》语）之意，对此词的“黍离之悲”，实不必求全责备。宋末入元的张炎，曾以“清空”、“骚雅”评姜词，《扬州慢》于后者最合。“雅”是“言天下之事，形四方之风”，“正也，言王政之所由废兴也”（均见《诗大序》),沈祥龙《论词随笔》解为:“雅者,其意正大,其气和平,其趣渊深也”。“骚”是屈原出于怨愤而归于自慰之作,据刘勰《文心雕龙·辨骚》所析,其“规讽之旨”、“比兴之义”、“忠义之辞”同于风雅。张炎《词源》论《赋情》,有“岘首、西州之泪,一寓于词”之语,言及晋人羊祜、谢安、羊昙事。由上确可见“骚雅”是言天下大事,有别于闺房花草,但又不促不浇、不怨不怒,出以温柔敦厚、渊深和平。《扬州慢》是感叹国运衰落、悼惜繁华之作,却写得低徊宛转,隐约缠绵,骤遇之觉其无痛快淋漓之致,细味之却是义生文外、秘响旁通,有即之愈久、得之愈深的持续感染力。

作为一个精通乐律的词人,姜夔在自度之《扬州慢》中,充分表现出将结构变化,感情起伏同字音安排谐美结合的才能,其关键就在于去声字的运用上。清初万树《词律·发凡》曾论去声字作用,近人吴梅《词学通论》更明确指出去声字“由低而高,最宜缓唱”的“发调”特点。此词句首各字,如“过”、“尽”、“自”、“废”、“渐”、“杜”、“算”、“纵”、“二”、“念”,带起各句,极开阖跌宕之美。而上下片结尾连用三个平声韵,在谐婉中见低沉,与词之感情基调相合。

(《中国文学名篇鉴赏辞典》,山东大学出版社1992年版,第979—988页)

满江红　赤壁怀古

戴复古

赤壁矶头,一番过、一番怀古。想当时、周郎年少,气吞区宇。万骑临江貔虎噪,千艘列炬鱼龙怒。卷长波、一鼓困曹瞒,今如许?　　江上渡,江边路。形胜地,兴亡处。览遗踪,胜读史书言语。几度东风吹世换,千年往事随潮去。问道傍、杨柳为谁春,摇金缕。

戴复古一生未入仕途,他在《减字木兰花》中自称:“阻风中酒,流落江湖成白首。”毛晋《石屏词跋》谓其:“性好游,南适瓯、闽、北窥吴、越,上会稽,绝重江,浮彭蠡,泛洞庭,望匡庐、五老、九嶷诸峰,然后放于淮、泗,归老委羽之下。”这首《满江红》就是西游湘鄂时所作。

历史上著名的赤壁之战的战场在今湖北蒲圻县。南朝宋盛弘之《荆州记》云:“蒲圻县沿江一百里南岸名赤壁,周瑜、黄盖于此乘大舰上破魏武兵于乌林。”宋神宗元丰五年(1082),苏轼谪居黄州时,曾游州治西边江滨之赤鼻矶,作有《念奴娇·赤壁怀古》和前、后《赤壁赋》,朱彧《萍洲可谈》卷二曾辩之:“东坡词有‘人道是周郎赤壁’之句,指赤鼻矶也。坡非不知自有赤壁,故言‘人道是’者,以明俗记尔。”戴复古此词所写赤壁当在何处呢?从词之首句看,“赤壁矶头”似近于黄州赤壁。翻检戴集,另有《满庭芳》写道:“赤壁矶头,临皋亭下,扁舟两度经过。”这临皋亭亦名临皋馆,在黄冈南面的大江之滨,苏轼《后赤壁赋》的“步自雪堂,将归于临皋”,即指此。由此可知,戴词所写赤壁为黄州赤壁。

李白游黄鹤楼，见崔颢题诗，自忖难以胜之，无作而去。以李白诗名，无疑远过崔颢，尚且不欲争胜。苏轼之才，当远非戴复古所及，戴氏不作望洋向若之叹，不怕见笑大方之家，除了生活时代不同，怀古之中有特定的历史内容之外，欲写出自己之所感，出自己之面貌，也使他敢于再写此题。确实，戴复古这首《满江红》很见个性，颇具特色，难怪《四库全书总目提要》赞其"豪情壮采，实不减于轼"。

苏轼的《念奴娇》以"大江东去"开局，连"浪淘尽、千古风流人物"，笼罩全篇，确实出语不凡，有雄视百代之概。在江山、人物之后再带出"三国周郎赤壁"，以应赤壁怀古之题，词中不紧接写周瑜破曹业绩，却宕开词笔，写赤壁之乱石，大江之波涛。上结之"江山如画，一时多少豪杰"，遥应"大江"与"风流人物"，使整个上片的宇宙、人生——江山、人物的结构，给人以总体性、哲理性的思考、感悟，是前此未见的词中大手笔。戴复古一开始就点明"赤壁矶头"，继之以"一番过、一番怀古"，在平叙中缓起，然后直入周瑜业绩，引出特定的历史人物："想当年，周郎年少，气吞区宇。"较之苏词，哲理的思索少了，但现实的意义、历史的感怀却多了。苏词在下片才写到赤壁之战本身，而戴词却以"万骑临江貔虎噪，千艘列炬鱼龙怒"，承"气吞区宇"，概括了惊心动魄的战况，"卷长波、一鼓困曹瞒"是对于战争结局的总结，实中见虚，虽未昭示"强虏灰飞烟灭"的曹兵败状，但同样见气势。在写完赤壁鏖兵之后，本可有一番感慨，如张孝祥《水调歌头》就有"一吊周郎羽扇，尚想曹公横槊，兴废两悠悠"等句。然而，戴复古在词中却陡然以"今如许"作上结，从古之战争直入今之形势，有问无断，冷峻之中，更觉含义尤丰。

苏轼《念奴娇》上片在江山——人物的恢弘气势中，仅将"三国周郎赤壁"点到为止。下片才真正写到了赤壁之战，特写周瑜从容破敌之概，最后由怀古正题转入自抒己怀，以"人生如梦"来排解功业、荣名的困扰。由于着眼点在古之风流人物、英雄豪杰，在怀古之后，落到自己难展抱负、贬谪他乡的"多情"、"早生华发"之上。而戴复古《满江红》上片已直入怀古之题，概写了赤壁战况，所以词之下片将怀古展衍至慨今，在兴亡之感中更见时代色彩和现实意义。"江上渡，江边路。形胜地，兴亡处。"在纵览山川之时，追忆当年战争，深感天堑长江之系着国家兴亡洵非虚语。孙刘联军之在赤壁火烧曹兵，以弱胜强，奠定天下三分局面，固然是"形胜地，兴亡处"的注脚。即以本朝言，宋高宗绍兴三十一年(1161)冬，虞允文在采石矶大败金兵，同样也使南宋政权得以继续生存。因而，"览遗踪，胜读史书言语"，确是真切、深刻的感受。当年的一场东风，将强虏吹得灰飞烟灭，从三国时代到今天，时过境迁，历史往事与风流人物都随江水东逝，"几度东风吹世换，千年往事随潮去"，看似平淡的感慨之中，其实却是心潮难平。当年虞允文的采石战胜，尚给人以希望与斗志："赤壁矶头落照，肥水桥边衰草，渺渺唤人愁。我欲乘风去，击楫誓中流。"(张孝祥《水调歌头》)如今偏安已久，不思强敌压境之时，更不想收复北方失地，对此又是一番东风、杨柳初绽的景色，词人就不免有"杨柳为谁春"之问了。这里，虽不似李白《苏台览古》："旧苑荒台杨柳新，菱歌清唱不胜春。只今惟有西江月，曾照吴王宫里人。"杜甫《哀江头》的"江头宫殿锁千门，细柳新蒲为谁绿"那样明确的感慨兴亡，但其中的时代伤感与现实思考，仍不难窥见。在苏轼，现实的苦闷终于让位于对人生的哲理感悟；在戴复古，由历史落到现实，最终仍以国家之兴亡为念。二人所处时代分当两宋，虽同为赤壁怀古，却归趣不同，这也是世换文移的结果吧！

苏轼的《念奴娇》有极高的艺术成就。写景、怀古、言情三者合一，宇宙与人生，眼前风景与古代战争，渴望功业与自我安慰，积极、执着与消极、达观，豪情逸气与超脱疏旷，甚至战争与小乔，强虏与谈笑，这些性质各异以至对立的思想、情趣、事物，自然地交织融合，且又履险如夷，举重若轻，写出了堪称难造之高境。戴复古的《满江红》虽难于与苏词比肩，却仍有独到之处。在结构上，平实中见奇险："万骑临江"二句非但凸现"气吞区宇"之概，而且属对精工，取喻新奇，有声有色，气势飞动；"卷长波、一鼓困曹瞒"之后，突接"今如许？"将词中惯有的歇拍、换头所出的空中荡漾之势，换为对现实发问，冷调热肠，发人深思。在语言上，戴词不及苏词的善塑形象、明丽生动，但朴素、自然之中，仍见气势，与收纵得宜的安排，结合成明朗健拔的风格，诚非纸上奔腾、一味叫嚣者所及。

（《中国文学名篇鉴赏辞典》，山东大学出版社 1992 年版，第 989-991 页）

祝英台近

戴复古妻

惜多才，怜薄命，无计可留汝。揉碎花笺，忍写断肠句。道旁杨柳依依，千丝万缕，抵不住、一分愁绪。　　如何诉。便教缘尽今生，此身已轻许。捉月盟言，不是梦中语。后回君若重来，不相忘处，把杯酒、浇奴坟土。

这首词出自一个令人心碎的爱情悲剧。元人陶宗仪《南村辍耕录》卷四载："戴石屏先生复古未遇时，流寓江右武宁。有富家翁爱其才，以女妻之。居二三年，忽欲作归计，妻问其故，告以曾娶。妻白之父，父怒，妻宛曲解释。尽以奁具赠夫，仍饯以词云（略）。夫既别，遂赴水死。可谓贤烈也矣！"从戴复古所作同牌之词看，"这一点闲愁，十年不断"，"重来故人不见，但依然、杨柳小楼东"，"念着破春衫，当时送别，灯下裁缝"，均能在这所谓"江右女子词"中得以印证。陶宗仪所说，当为可信。

戴复古重婚之事，不知其中有何曲折，"忽欲作归计"，亦不知动因为何？在得知其原已娶妻之后，现在作为"富家翁"的丈人发怒，实是情理中事。身为富家女的妻子，若憎其欺骗、恨其负心，亦是出之自然。然而，其妻却贤惠之至，对父亲之怒，"宛曲解释"，不怨丈夫薄行，却"尽以奁具赠夫"。她不想效法英、皇故事，与复古原妻共事一夫，而是决计以身殉情，为爱情的专一甚至不惜从容赴死。作为爱情的绝笔，此词确是感人至深。

父爱其才而以己妻之，己更爱其才。如今真相已白，父怒夫归，自己更是痛断肝肠。"惜多才"，是对丈夫言，戴氏《木兰花慢》有"记得同题粉壁"语，所好相同，夫唱妇随,对丈夫的多才,妻子体会尤深,如今诀别,不是恨,而是“惜”,可见仍然爱之很深。“怜薄命”,转言自己,谁知己所深爱的丈夫,却是原有妻室之人,令人自伤命薄。事情挑穿之日,正是夫妻诀别之时,“无计可留汝”,情真意切,愈朴愈厚,确是言为心声。奁具已赠,深情未了,“揉碎花笺,忍写断肠句”,前句见痛苦的神态,后句见痛苦的底蕴,当时同题粉壁,是何等欢乐,今日揉碎花笺,是因为心已碎了!“忍写”二字,言外传泪眼潸然之态,“断肠句”三字,写尽诀别的痛苦。当日的杨柳小楼,有多少柔情蜜意,今日还是杨柳依依,总有千丝万缕,也抵不住一分愁绪。《诗·小雅·采薇》有句:“昔我往矣,杨柳依依”,写春光明媚之时,离家从军,远去征戍,以乐景表哀情,为历来诗家所称道。后人咏柳,亦多关别离,《古诗十九首》中的“青青河畔草,郁郁园中柳”,兴起思妇之叹,唐宋人笔下的杨柳,相沿此意而成常见之意象。戴词是“杨柳小楼东”,戴妻突出“道旁杨柳依依”,离别之意显见,《诗经》成句出之天然。杨柳终有千丝万缕,却系不住欲归之丈夫;杨柳虽是千丝万缕,却抵不住自己的忧思愁绪之多。此处的杨柳既兴别情,又喻兼多义,确是比兴妙笔,自然流转之中,更见柔情委婉,无比深沉。

换头十四字原缺,《全宋词》据《今古词选》补足,并注曰:“此十四字各本皆脱,惟《古今词选》卷四有,未必可信。”纵非原文,“如何诉。便教缘尽今生,此身已轻许。”亦关合主人公身世,既道此时心情,亦切全词题旨。“如何诉”三字,实是千言万语所凝,生活的激变造成这样的结局,让人从何说起?又可说什么呢?是因父亲爱才而成轻许之错?还是丈夫相瞒而致无奈分手?是后悔不该结下这一婚姻?还是为婚变而怨恨?女词人并不怨父恨夫,“缘尽今生”之前的“便教”二字,足见无可奈何、自认命苦之意。“此身已轻许”,纵然当时的以身相许过于轻率,毕竟已成无法变更的事实了。事至如今,悲亦无由,怨亦无用,在“怜薄命”之时,仍可见对丈夫的挚爱之情。这三句悲而不怨,既合传统之“妇德”,又不违温柔敦厚之教。后人读来,不必责其之不如汉乐府《有所思》或元曲中的决绝之作,因为“惜多才”是这场生死恋的根本,女词人的身份、教养、气质决定了她的德行与言辞,言出其心,“诚”最可贵。当此诀别之时,何事最堪嘱托?“捉月盟言,不是梦中语。后回君若重来,不相忘处,把杯酒、浇奴坟土。”且不管当日双方如何盟誓,“我”今日面对着劳燕分飞的现实,践盟而赴死,绝非梦中之言了。李白在采石矶泛舟,溺水而死,人谓捉月骑鲸而去。《南村辍耕录》言此词本事,有“夫既别,遂赴水死”之语,适证“捉月盟言”四字含义。自己决心以死殉情,永诀之时,留给丈夫的唯有一愿:今后你若重来此地,若未忘当日夫妻之情,只求你以薄酒一杯,在我坟上浇奠,这就让我瞑目于九泉,足以自慰了。此数语迸着血泪,是女词人生死不渝的爱情所凝,读之心弦震颤,催人泪下。

戴复古的昔娶今别,可能有难言之隐,其十年后所作《木兰花慢》,感慨“重来故人不见”,睹物伤怀,当非寡情之辈。在女词人的绝命词背后,似不必深究其间是非恩怨。今日捧读此词,但觉真情难遏,正见至情至性。女词人得名于夫,连《全宋词》亦谓“不知其姓氏。《三台词录》作金伯华。”但她的高尚品德,她以死殉情的坚贞不渝,确可令六尺须眉汗颜!“生命诚可贵,爱情价更高”,当二者不可得兼时,赴水而死,其慷慨激烈何让于死战、死谏的舍生取义之举？此词纯为真情所运，是血泪交凝之绝笔，当难以萦纡拗折相求，读来但觉深婉柔厚，令人掩抑低徊，篇终数句，更出于性灵肺腑。若谓朱淑真以“断肠”名其集，戴复古妻堪称以一词令人断肠了！

（《中国文学名篇鉴赏辞典》，山东大学出版社1992年版，第992-994页）

《中国诗词曲艺术美学大百科》

·恨别(四问四答,曲直隐显)

满江红 送李御带珙

吴潜

红玉阶前,问何事、翩然引去?湖海上、一汀鸥鹭,半帆烟雨。报国无门空自怨,济时有策从谁吐?过垂虹、亭下系扁舟,鲈堪煮。　　拚一醉,留君住。歌一曲,送君路。遍江南江北,欲归何处?世事悠悠浑未了,年光冉冉今如许。试举头、一笑问青天,天无语。

这是一首送别词。作者与被送者抱负相同,志趣相投,送别之际抒发真情,言人即己,推己及人。词中采用四问四答的形式,在张弛有序中推进和深化情绪节奏,在直言中求顿挫,以表作者对国事的忧虑,对怀才不遇的愤慨。

词之起即写送行之事,而出以第一问:在红玉阶(丹墀,代宫殿)前,问李珙(御带为官职)为何归去?故作盘旋,答以一汀鸥鹭、半帆烟雨,似好山林逸趣,实有难言之隐,引人遐思。故接着用一对偶句作第二问,道出了归隐的真由,“报国无门”、“济时有策”,既言李珙,亦言自己。正因为不能用世,就只能避世。垂虹亭在今江苏吴江县垂虹桥上,“煮鲈”用晋人张翰思莼羹鲈脍弃官归乡事,是词人对友人无可奈何的安慰,虽写归隐之乐,而尤见不能用世之悲。换头四句亦成对偶,作者唯有狂醉悲歌一吐胸中忧愤,表其对友人的深情。然而天地局蹐,又能归隐何处,“遍江南江北,欲归何处?”第三问,既是问友,又是自问,寓劝于问,实有毋忘中原的激励、相勉之意。对“欲归何处”的反问,又承以一对偶句,“世事悠悠浑未了”,系反用《晋书·傅咸传》“官事未易了”意,“年光冉冉今如许”,出《离骚》:“老冉冉其将至兮,恐年岁之不吾与。”这两句显见对李珙离朝的痛惜,遥应上片的“济时有策”、“报国无门”,愤懑与感慨可知,词意愈形深入。无可奈何之中,只能“试举头、一笑问青天”,人事不可知,天意欲如何?第四问分明是向青天绝望一问,而却用一“笑”字,笑中实寓无限哭意。“天无语”三字,如骅骝驻坡,悲愤之情有千钧之重。

此词慷慨激烈,情深意厚,述事直中有曲,明理显中有隐,雄心高调成温婉悲凉,实有沉郁顿挫风致。

(《中国诗词曲艺术美学大百科》,四川辞书出版社 1992 年版,第 1404-1405 页)

·送友(论议纵横,气势贯注)

满江红 送陈方伯上襄州幕府

吴潜

露驿星程,又还控、西风征辔。原自有、孔璋书檄,元龙豪气。蜀道尚惊鼙鼓后,神州正在干戈里。佐元戎、一柱稳擎天,襄之水。 功名事,山林计。人易老,时难值。看新丝一发,甚吾衰矣。转首从游十五载,关心契阔三千里。便秋空、边雁落江南,书来未?

襄州在西魏时置,北宋宣和时升襄阳府,自绍兴四年(1134)被岳飞收复后,成为抗金的重要基地,此后百年间未经战祸,积贮雄富。宋理宗端平二年(1235)春,蒙古兵久围襄阳不下,但由于宋军驻襄的南北军冲突,使蒙古兵一度得势。三年之后,孟珙为京湖制置使,次年收复襄阳、樊城、信阳、光化军。吴潜此词之送陈方伯上襄州幕府,大概与此时为近。

全词运议论入词,极有气势。首、次句,谓陈方伯兼程入襄,"西风"当指秋日。三、四句,称其才情、豪气,陈琳(字孔璋)擅公事文书,陈登(字元龙)被许汜称"湖海之士,豪气不除"。"蜀道"二句指蒙古军南侵,1236年,四川有54个州郡相继陷落,淮南东西两路和荆襄亦遭进攻。上片结语谓陈方伯此去是辅佐擎天之柱的孟珙。过片"功名事,山林计"表自己胸怀,也与朋友共勉:进退、穷达都应坦然。但是,岁月不居,盛时难再,看到自己初生白发,甚怅其衰,以建功及早相劝。"转首"句叙交谊之久,"关心"句示企盼之殷,一写时间之长,一写空间之广,正足以包涵。歇拍以盼秋雁传书表别后之思,以景寓情,颇饶余韵。

吴潜作为一个政治家,深知襄、蜀的重要战略地位,《宋史》(卷四一八本传)称其"上疏论保蜀之方,护襄之策",词中言襄论蜀,可谓自有根源。后来蒙古军队就是在连克滇、蜀,再下襄、樊之后,才攻占临安、颠覆南宋的。因而对此词不应以一般送别词而等闲视之。

吴潜词风近于稼轩,叙时事、论功业、言情谊,亦与稼轩此类作品相近。词中以古人(陈琳、陈登)相许,得体而贴切,字句锤炼颇见功夫,如"露"、"星"、"西风"作修饰语尤不同凡响,"蜀道"二对句与"转首"二对句,工整而富气势,贯如联珠,不可多见。

(《中国诗词曲艺术美学大百科》,四川辞书出版社1992年版,第1405—1406页)

·登览(层进铺排,整中求变)

沁园春 丙午登多景楼和吴履斋韵

李曾伯

天下奇观,江浮两山,地雄一州。对晴烟抹翠,怒涛翻雪,离离塞草,拍拍风舟。春去春来,潮生潮落,几度斜阳人倚楼。堪怜处,怅英雄白发,空敝貂裘。
淮头,虏尚虔刘,谁为把中原一战收?问只今人物,岂无安石?且容老子,还访浮丘。鸥鹭眠沙,渔樵唱晚,不管人间半点愁。危栏外,渺沧波无极,去去归休。

多景楼在镇江北固山甘露寺内。吴潜曾任镇江知府,作有《沁园春·多景楼》。淳祐六年丙午(1246),李曾伯兼任两淮制置使,和吴潜(号履斋)韵写成此词。歌咏江山,俯仰今古,追怀英雄,表其愤世忧时的情怀。

词以"天下奇观"开局,极铺写之能事,因此牌多四字句,词中多作骈对。先概写"江浮两山(金山、焦山),地雄一州",再展衍大江雄姿,"抹翠"、"翻雪",动词甚得烹炼之功,色彩尤见鲜明,"离离"、"拍拍",叠字颇传神韵,"春去春来,潮生潮落",句型又变,概括时空,简炼有力,这六句在整齐中谋变化,功力不凡。"几度斜阳"句,古今人物与抒情主人公尽出,英雄白发堪怜,包涵着深沉的悲慨,"空敝貂裘"用苏秦游说不遇,黄金尽、貂裘敝事,以写壮志之付与东流。

换头从咏形胜、悲英雄进到慨今世,以"虏尚虔刘"警世,"淮头"指淮西,"虔刘"为劫掠意。当年祖逖、刘裕都从镇江北伐,今日谁充收复中原之任呢?岂无谢安(字安石)之才?实非谢安之时!"岂无"二字透出冷峻。"且容老子,还访浮丘",浮丘是浮丘道人得道之地,这是说既无补于世,就去避世访道吧。"鸥鹭"三句,既是眼前所见,又是心之所向。远眺危栏外沧波无极,无情东流,世无英雄,有英雄亦不被用,壮志难酬,唯有引退,"去去",越离越远,示决绝,"归休",引退。《宋史》本传载李曾伯本年春就有"放归田里"之愿,词成不久,果被免官。

据本传载李曾伯有"边饷贵于广积,将材贵于素储,赏与不可以不精,战士不可以不恤"的深刻见解,建议"淮面舟师之所当戒,湖面险阻之所当治"。然而未为安石,却访浮丘,英雄白发之叹堪令人扼腕!

(《中国诗词曲艺术美学大百科》,四川辞书出版社1992年版,第1407—1408页)

·刺政(移情拟人,诘问对比)

谒金门

李好古

花过雨,又是一番红素。燕子归来愁不语,旧巢无觅处。　谁在玉关劳苦?谁在玉楼歌舞?若使胡尘吹得去,东风侯万户。

清人周济说过:“感慨所寄,不过盛衰:或绸缪未雨,或太息厝薪,或已饥已溺,或独清独醒……诗有史,词亦有史,庶乎自树一帜矣。”(《介存斋论词杂著》)李好古这首《谒金门》便正是这种“词亦有史”的寄慨之作。

蒙古军队在灭金和西夏后,挥兵南下,四川、大理先后被克,忽必烈称帝之后,襄阳、樊城失陷。蒙古丞相伯颜统兵沿江东下,水陆并进,逼近临安。贾似道一手遮天,君臣依然歌舞升平。对此南宋政权岌岌可危之势,作者以小词议大政,抒其国事堪虞的情怀。

起二句,写春雨催花,小白长红,“又是”二字,虽含“年年岁岁花相似”之意,却已露风景不殊,正自有山河之异的悲痛。三、四句承“又是”而一转:燕子归来,愁闷不语,房屋成墟,旧巢无觅,人之愁绪移之于燕,“燕”之无巢正寓“人”之国亡。家园残破之因何在呢?作者出以突兀发问:“谁在玉关劳苦?谁在玉楼歌舞?”玉关与玉楼、劳苦与歌舞对举,爱憎、褒贬分明,质问更胜于直斥。统治者的荒政使宋朝已成必亡之势,人力难恃,极度绝望悲愤之中,转而问天:若东风能吹尽胡尘,就封它作万户侯!这一抑圣为狂之笔,沉痛之极。

此词并非锻字炼句的工丽典雅之作,然朴实、凝炼,小中见大,拟人、诘问、对比等修辞手法,尤增大了悲愤的力度。

(《中国诗词曲艺术美学大百科》,四川辞书出版社 1992 年版,第 1426 页)

·咏物(气清笔超,吐韵妍和)

花犯 苔梅

王沂孙

古婵娟,苍鬟素靥,盈盈瞰流水。断魂十里。叹绀缕飘零,难系离思。故山岁晚谁堪寄。琅玕聊自倚。谩记我、绿蓑冲雪,孤舟寒浪里。　三花两蕊破蒙茸,依依似有恨,明珠轻委。云卧稳,蓝衣正、护春憔悴。罗浮梦、半蟾挂晓,幺凤冷、山中人乍起。又唤取、玉奴归去,余香空翠被。

此词咏物托意,充满了宋亡后的身世之感。

起三句以拟人法写苔梅之美。“古”言其老，“婵娟”言其秀。“苍鬟”扣“古”字，谓苔丝如苍色的发鬟，“素靥”扣“婵娟”，谓梅花如女子白皙的面颊。“盈盈”状仪态之美，“疏影横斜水清浅”，俯瞰临流，梅水相映，更见清幽。“断魂十里”言水畔苔梅清香十里，令人销魂，结住前意。然后由梅花引发，入以离情，“叹”字总领以下数句。“绀缕”指深青色的梅树苔丝，此有形之丝难系无形的离思。怅想故乡，自己已届暮年，无人可以寄语，只能聊倚绿竹(琅玕)。此时回忆起当年乘孤舟、披绿蓑、冲雪破浪、寻梅访胜之举，而“谩记”二字，表出回首往事时的悲伤怅惘之情。

换头从回忆返归目前。“三花两蕊”状梅之稀疏，“蒙茸”为苔丝形貌，一“破”字深得吐蕾时神韵。“依依”二句意为：隐约似含恨意，是因为攀折者将明珠似的小梅轻易弃之。“云卧”三句继写古梅：卧云而绝尘俗，“稳”而难以移易，“蓝衣”指梅之苔衣，稳扎的深根和蒙茸的苔衣护着梅花，也护着憔悴的残春。不难看出，这正是词人的自拟。“罗浮梦”即梅花梦，事出《龙城录》，传隋开皇中赵师雄游罗浮，与素服美人共饮酒家。醉卧而醒，乃在梅花下。此数句意为：罗浮梦中，与梅花仙子相遇，且得绿毛幺凤为伴，但梦醒后只见半规月亮悬挂晓空，只余凄寂、清冷。结尾二句承“罗浮梦”继写词人心理活动：当山中人梦醒乍起后，又呼唤玉奴归去，只留下空散余香的翠被。玉奴指梅花，苏轼《次韵杨公济奉议梅花》之四云：“月地云阶漫一樽，玉奴终不负东昏”以玉奴写梅，次句谓南齐东昏侯潘妃(小字玉儿)不负夫君，齐亡，义不受辱，缢死而容颜如生。“罗浮梦”直至结句，凄恻、幽美、怅惘之情委婉而出，真实地表现了作者在宋亡后的情怀。

戈载《七家词选》曾称道碧山：“其词运意高远，吐韵妍和，其气清，故无怗　之音，其笔超，故有宕往之趣”。此词与此评最合，确是运意高远、吐韵妍和，气清而笔超，且工于体物，长于隶事，托物寄意而臻浑化境。

(《中国诗词曲艺术美学大百科》，四川辞书出版社 1992 年版，第 1437-1438 页)

·咏月(托物寓情，腾挪顿挫)

眉妩　新月

王沂孙

渐新痕悬柳，淡彩穿花，依约破初暝。便有团圆意，深深拜，相逢谁在香径？画眉未稳，料素娥、犹带离恨。最堪爱、一曲银钩小，宝帘挂秋冷。　　千古盈亏休问，叹慢磨玉斧，难补金镜。太液池犹在，凄凉处、何人重赋清景。故山夜永，试待他、窥户端正。看云外山河，还老尽、桂花影。

唐人李端有《新月》诗：“开帘见新月，即便下阶拜。细语人不闻，北风吹裙带。”宋承唐俗，也有拜新月之举。陈师道《后山诗话》载：“太祖夜幸后池，对新月置酒，问：‘当直学士为谁？’曰：‘卢多逊’。召使赋诗。请韵，曰：‘些子儿’。其诗云：‘太液池边看月时,好风吹动万年枝。谁家玉匣开新镜？露出清光些子儿。'太祖大喜,尽以坐间饮食器赐之。"王沂孙生当宋季,承平已矣,国破家亡,对此新月初升,引发兴亡之感,咏物托意,沉痛无比。

首三句以"渐"字带出新月缓升之状:如淡淡眉痕,悬柳穿花,分开暮色。次三句写对团圆之意由殷切期待转为失望,渐逗出主题,"画眉未稳"四字,上承"新痕",下接"素娥"、"离恨",以拟人之笔传作者委婉之情。"最堪爱"三句又回到新月,银钩宝帘的形象,使人在纤纤新月与漫漫天穹间,味出无尽的幽渺、怅惘之情。

换头以"千古盈亏"总括月亮以至人世的变化规律,继之以"休问",将对人事、国运的诸多感慨咽住。"叹慢磨玉斧"句,是反用玉斧修月事。据唐人段成式《酉阳杂俎》卷一《天咫门》载:"太和中有郑仁本表弟与王秀才游嵩山,见一人,问所自来。其人笑曰:'君知月乃七宝合成乎？月势如丸,其影,日烁其凸处也。常有八万二千户修之,予即一数。'因开袱,有斤凿数事。"玉斧之难补金镜,正见复国无方。"太液池"三句,就《后山诗话》所载君臣赏月、咏月之事,表昔盛今衰、物是人非之感。"故山夜永",以月暗夜长兼写故国之悲凉,遗民之痛楚。结尾数句遥应上片"团圆"一语,设想月圆之时,清光万里之下,故国的山河如人之衰老,永无恢复青春的可能了。

此词题为新月,却从新月而满月,由天象而人事,使人从月亮的盈亏想到人间的兴败,借新月而寓亡国之痛,言此而意彼,形象完整,思路清晰,故谭献有"蹊径显然"(《复堂词话》)之评。在结构上,此词由今而视昔,就新月的形态变化织进事典,以为感情的依托,纵横变化,反复缠绵,下片由"休问"而"叹",由叹而感慨,结构的腾挪顿挫与感情的掩抑低回可谓相得益彰。

(《中国诗词曲艺术美学大百科》,四川辞书出版社 1992 年版,第 1438-1439 页)

·咏蝉(曲直离合,浑化无痕)

齐天乐　蝉

王沂孙

一襟余恨宫魂断,年年翠阴庭树。乍咽凉柯,还移暗叶,重把离愁深诉。西窗过雨。怪瑶珮流空,玉筝调柱。镜暗妆残,为谁娇鬓尚如许。　　铜仙铅泪似洗,叹携盘去远,难贮零露,病翼惊秋,枯形阅世,消得斜阳几度？余音更苦。甚独抱清高,顿成凄楚？谩想熏风,柳丝千万缕。

此词既见于王沂孙本人的词集《花外集》,又收入《乐府补题》。据考,《乐府补题》之作与会稽的南宋帝后陵墓被发有关。元初,江南释教总管杨琏真伽盗发会稽六陵,将宋理宗尸倒挂三日夜,以至失首。一村翁于孟后陵得一髻,发长六尺余,髻根尚有短金钗。王沂孙极感悲愤,以词寄托这深切的亡国之痛。

起首五句从有关蝉的典故写起。据马缟《中华古今注》:"昔齐后忿而死,尸变为蝉,登庭树嘒唳而鸣。王悔恨。故世名蝉为齐女焉。"齐后死而化为蝉,虽为异物仍怨憾难已,故此宫魂虽断而一襟余恨犹存,年年在庭树的翠阴中歇息。忽而在寒冷的枝柯上鸣咽,忽又藏身浓暗的叶下,将离愁深深倾诉。"离愁"与"余恨"相承,"重把"与"年年"呼应,可见愁、恨之深长,忽人忽蝉、亦人亦蝉的形象更有感人之力。"西窗"以下,写蝉的生活变故。秋雨使蝉从树上惊起,振翅声如佩玉相摩,鸣声如玉筝弹奏。崔豹《古今注》云:魏文帝宫人莫琼树"制蝉鬓,缥缈如蝉","娇鬓"出典于此。妆镜生尘,无意于修饰,然而鬓发仍然那样美丽。咏蝉与写人浑然难分。

换头三句从"金铜仙人"事写起。汉武帝于建章宫置金铜仙人,手捧承露盘。魏明帝诏令拆迁洛阳,仙人下泪。相传蝉最高洁,以露水为食,如今"携盘去远",无露可承,蝉亦无以为食。此处暗指宋室沦亡,朝廷宝物被劫掠北运,既为蝉而发,又是遗民之痛。"病翼"三句言蝉之时日无多,实为自况之语。"余音更苦",以生命终结前的"余音"与"深诉"离愁相较,更为痛苦。"甚独抱清高,顿成凄楚",谓居高食洁的清高的蝉,竟极快沦入凄楚之境。结二句以大转折的逆笔,追怀南风吹拂万缕柳丝的时日,这正是蝉的生命中最美好的时刻!这一转折之笔比承上直叙更形沉痛。

此词上片的齐后化蝉、宫女蝉鬓都关合后妃之事,下片铜仙之迁进而痛慨宋亡,咏蝉不无自况。看似托意并非一以贯之,实与元初文网相关,若隐若现之中不得不乱以他辞。虽如此,使事用典与所咏之物已是浑化无痕。在结构上,正与逆、曲与直、离与合相结合,极顿挫之致。风格哀怨凄恻,正所谓"亡国之音哀以思"。

(《中国诗词曲艺术美学大百科》,四川辞书出版社 1992 年版,第 1439—1440 页)

·友情(使事用典,浑化圆融)

高阳台 和周草窗寄越中诸友韵

王沂孙

残雪庭阴,轻寒帘影,霏霏玉管春葭。小帖金泥,不知春在谁家。相思一夜窗前梦,奈个人、水隔天遮。但凄然,满树幽香,满地横斜。　江南自是离愁苦,况游骢古道,归雁平沙。怎得银笺,殷勤与说年华。如今处处生芳草,纵凭高、不见天涯。更消他,几度东风,几度飞花。

周密年辈较王沂孙为长,但过从甚密,相知甚深。周密有《三姝媚》送王沂孙还越,王有和作答之,周又有《高阳台》寄越中诸友,王作此词以答。周密原作中,如"燕归何处人家",就深寓亡国之慨,王沂孙此词所抒发的离情别意,也不应以无病呻吟目之。

此词起三句谓时交立春,虽庭院背阴处残雪犹存,轻寒恻恻,帘影微动,但春天已来。《后汉书》卷十一详载"候气"之法:在密室木案上置玉律十二,外高内低,将葭芦的灰塞住律管内端，案历相候，气至灰动。“霏霏”句指此，借古典之“春葭”写立春已到。“小帖”二句，以春非我有寓亡国之感。据梁人宗懔《荆楚岁时记》：“立春之日，悉剪彩为燕戴之，帖‘宜春’二字。”宋俗更在立春日命大臣写宜春帖子词，以金泥写就，“小帖金泥”指此。“相思”二句，言想念之深入于梦中，醒来后无奈个人（指周密）还远隔天涯，这是对周词中“梦魂欲渡苍茫去，怕梦轻，还被愁遮”的回答。“但凄然”三句，将卢仝诗《有所思》：“相思一夜梅花发，忽到窗前疑是君”加以变化，以梦中所见写周密所在的西湖孤山，并在思念之中更赞周密之高洁。

换头三句表达对周密的理解：由“自是”而“况”，递进之中更见周对越友、故地的离情。“怎得”二句，谓极想以银白的信笺对你殷勤相说。“如今”三句，承原作“萋萋望极王孙草”之意，表其凭高望远、难见挚友之情。结尾以“更消他”领“几度”，春归人老，不言思念而思念尤深。

此词被张惠言《词选》解为“伤君臣宴安，不思国耻，天下将亡”，未免过于指实。但唱叹之中确有深层的亡国感慨，足当“一片热肠，无穷哀感”（陈廷焯《白雨斋词话》卷二）之评。词中意象极为消幽、雅洁：残雪、帘影、王管春葭、小帖金泥、满树幽香、满地横斜，而感叹“春在谁家”，难消“几度东风，几度飞花”，则充满春色无主、年光速逝的感伤，使幽美与沉痛达到高度统一。作者善于使事用典，化用前人诗旨、意境，浑化圆融，表现出很高的技巧。

（《中国诗词曲艺术美学大百科》，四川辞书出版社 1992 年版，第 1440—1441 页）

·离情（时空交织，情景相生）

更漏子

王沂孙

日衔山，山带雪，笛弄晚风残月。湘梦断，楚魂迷，金河秋雁飞。　　别离心，思忆泪，锦带已伤憔悴。蛩韵急，杵声寒，征衣不用宽。

《更漏子》本为“夜曲”，古以铜壶滴漏计时，故称“更漏”，“子”即“曲子”。唐五代时，词人多咏本题，此词虽未为夜曲所限，主题却仍在离情。

上片展现了跨越南北的广阔空间。日衔晚山，苍山负雪，当是北方景色，一、二句顶针相连，颇具民歌风味。“笛弄晚风残月”，看似韵致悠扬，尤其一“弄”字，不紧不迫，然而不论是王之涣的“羌笛何须怨杨柳”（《凉州词》），抑或李益的“横笛偏吹行路难”（《从军北征》），都不是轻松的心情。果然，“湘梦断，楚魂迷”，所思者远，所念者深，“断”、“迷”二字下得极切、极好。金河秋雁南飞，更兴起思归之情。

下片写离情。别离心催出思忆泪，锦带渐松，人伤憔悴。听蛩吟声急，似催织之紧，听杵声更觉秋深。天上秋雁南翔，离人也应加紧南归，不宽征衣，兼程而往。

此词与王沂孙的基本风格不同,不是深隐幽微,而是明白晓畅。《花间集》中的《更漏子》,多写小庭、深院、梧桐、红蜡,此词却以苍山、白雪、晚风、残月、金河、秋雁、蛩韵、杵声,织就开阔的画面,意象苍凉中不乏雄浑。上片从斜日、晚风、残月,到入夜后的湘梦、楚魂,时间推移不着痕迹,而湘、楚、金河,更见空间的超越,时空交织,纳千里于尺幅。下片以"别离心,思忆泪"写情,上应"晚风残月",下接蛩韵、杵声,一见一闻,情景相生相发且有变化,不事摹绘却神韵独出。

(《中国诗词曲艺术美学大百科》,四川辞书出版社1992年版,第1441—1442页)

·怀国(比兴寄托,曲折吞吐)

贺新郎

蒋捷

梦冷黄金屋。叹秦筝、斜鸿阵里,素弦尘扑。化作娇莺飞归去,犹认纱窗旧绿。正过雨、荆桃如菽。此恨难平君知否,似琼台、涌起弹棋局。消瘦影,嫌明烛。

鸳楼碎泻东西玉,问芳踪、何时再展,翠钗难卜。待把宫眉横云样,描上生绡画幅,怕不是、新来妆束。彩扇红牙今都在,恨无人、解听开元曲。空掩袖,倚寒竹。

此词继承了屈原以来的美人芳草传统,感怀故国,抒写深重的幻灭之感和幽独而绵缈的情愫。

发端"梦冷黄金屋"一句,用陈阿娇事而自喻美人,"梦冷"二字展现出入梦、梦回、梦后的时间推移过程,"冷"字更是全词的情感基调。昔日美人素手弹筝,今日却是弦柱(其斜列如雁阵)间丝弦尘封。"化作"二句承筝声展开奇想,由声化形,谓美人魂梦化作娇莺飞回,犹认纱窗旧绿,其旧情之难断可知。然而一阵雨过,只见荆桃如豆,又跌落到现实中来。对此金屋冷落、春光已矣,作者转作"此恨难平"的直抒,并以"君知否"的诘问出之。所恨何在?"莫近弹棋局,中心最不平"(李商隐《无题》),世变如弹棋局(博戏),心中不平亦如弹棋局的中高周低的不平。因此恨难平而形影消瘦,故嫌明烛相照,以逆笔写其凄苦心理。

如果说上片借美人自况以抒发国变之恨,那么下片则以美人喻为理想,以对美人的追寻表达故国之思。"鸳楼碎泻东西玉",以鸳鸯楼上杯碎酒泻写同美人分别,实是与故国诀别。"东西玉"指酒器。"问芳踪、何时再展",这是一问,表其愿望。"翠钗难卜",无法卜出踪迹,这是一答,表其失望。"待把"二句,谓见之不得,只得描之于画。一转一深,故国之思极其强烈。"怕不是、新来妆束",言画而难以逼肖。"彩扇"两句言故国承平之曲已无知音解听,这实是谴责屈节仕元者的曲笔。结句"空掩袖,倚寒竹",语出杜甫诗《佳人》:"天寒翠袖薄,日暮倚修竹。"既表自己的迟暮之感,又表其自甘寂寞、固守节操的情怀。

元初文网森严,作者难以直写故国之思,上片之自拟美人、化莺飞归,是为了便于写出重临旧宫(黄金屋),以表对故国的凭吊;下片以诀别美人及苦思苦恋,表其思念故国;篇末掩袖倚竹的美人则是固贫守节的自我形象。词中一以贯之的美人形象有多重意义,其比兴、象征有深刻的政治寄托,辅以"梦"回旧地,更有虚实、吞吐之妙。

(《中国诗词曲艺术美学大百科》,四川辞书出版社 1992 年版,第 1441–1442 页)

·飘零(对比反衬,直赋层进)

贺新郎 兵后寓吴

蒋捷

深阁帘垂绣。记家人、软语灯边,笑涡红透。万叠城头哀怨角,吹落霜花满袖。影厮伴、东奔西走。望断乡关知何处?羡寒鸦、到着黄昏后。一点点,归杨柳。

相看只有山如旧。叹浮云、本是无心,也成苍狗。明日枯荷包冷饭,又过前头小阜。趁未发、且尝村酒。醉探枵囊毛锥在,问邻翁、要写《牛经》否?翁不应,但摇手。

公元 1275 年冬十月,元兵从建康发兵三路进攻江南,伯颜将中军陷常州。次年春,临安城破。自此,蒋捷漂泊东南,此词大约写于是年秋流寓苏州之时。全词围绕着"兵后寓吴"四字,将战争造成的流浪生活作了形象描绘,从中可见守贫守节的知识分子处境之艰难。

全词采用对比和直赋手法,真实地记录了自己的亲身遭遇,抒发了愤懑无奈的思想感情。

上片先回忆和平时期温馨宁静的家庭生活:深院闺阁,小帘垂绣,家人相伴,软语灯边,笑涡红透。但战争从天而降,城头角声阵阵,吹走了欢乐,带来了哀怨,春的明媚变成秋之萧条,飘零在外,霜花满袖。"万叠城头"二句凝缩了时代的大动乱,成为全词的悲壮背景,且过渡到现状。现状是孤身流浪,形影相随,不见乡关,以至羡慕寒鸦在黄昏后尚有杨柳可栖。这样,"影厮伴、东奔西走"就上与昔日家庭生活相较,下与眼前的杨柳寒鸦相较,虽未言哀,而其哀自见。过片二句系变化前人诗句而成。刘禹锡《初至长安》:"不改南山色,其余事事新。"陶渊明《归去来兮辞》:"云无心以出岫。"杜甫《可叹》:"天上浮云如白衣,斯须改变如苍狗。"以山的不变与浮云的多变作比较,以喻世事无常,漂泊之苦与亡国之痛交织。宋词善用比兴,南宋更入于深细隐微,此词却以直赋写流浪生活,层层递进:"枯荷包冷饭"的潦倒,"且尝村酒"的失意,"醉探枵(空虚)囊"仅余毛笔的窘况,直至写《牛经》的一问与"但摇手"的代答,表明农业的凋敝,把一腔愤懑悲痛推向高潮,直赋其事,却情余言外,最后一问,犹如奇峰突起,力重千钧,足以压住全篇。

(《中国诗词曲艺术美学大百科》,四川辞书出版社 1992 年版,第 1443–1444 页)

·感怀(情思转折,深婉多变)

女冠子 元夕

蒋捷

蕙花香也。雪晴池馆如画。春风飞到,宝钗楼上,一片笙箫,琉璃光射。而今灯漫挂。不是暗尘明月,那时元夜。况年来、心懒意怯,羞与蛾儿争耍。　江城人悄初更打。问繁华谁解,再向天公借?剔残红灺。但梦里隐隐,钿车罗帕。吴笺银粉砑。待把旧家风景,写成闲话。笑绿鬟邻女,倚窗犹唱,夕阳西下。

元宵是宋人最重视的节日。李清照南渡之后,有感赋元宵的名篇《永遇乐》,蒋捷此词作于宋亡之后,较之李清照的离乡、丧夫,更有无力回天的深广忧愤,艺术上也自出机杼。

起六句,极写元宵盛况:兰蕙花香,雪晴天开,池馆如画,春风先上酒楼,笙箫齐奏,琉璃彩灯光华四射。正当渐入佳境之时,词笔陡转,云飞水逝,“而今灯漫挂”五字,方使人知这是昔日,而“灯漫挂”的元宵今夕何等萧条冷落!“暗尘明月”语出唐人苏味道《上元》:“暗尘随马去,明月逐人来。”在今昔对照中,失落感油然而生。“况年来”二句在抒情上又进一层。一“漫”字已可窥见心理,经“况”字递进,由“羞”字更透出心灵深处的沉痛,不应轻轻放过。

换头“江城人悄初更打”,与当年的通宵狂欢实有天壤之别。“问繁华”二句,期待将来,更是对复国无望的悲愤呐喊。万般无奈之中,只得剔残烛灰(灺,灯烛残灰)入睡,谁知梦中偏又隐见钿车罗帕的盛景。故国之思总无法摆脱,作者又要用涂上银粉的“吴笺”(砑,用石碾磨光),将“旧家风景”的故宋盛况写成“闲话”,以供后人缅怀追忆。然而当“待把”而欲写未写之时,却传来绿鬟邻女倚窗而唱“夕阳西下”,结尾三句以“笑”字领,既有人欢己悲的对照,亦有“不知亡国恨”之慨。“夕阳西下”是康与之《宝鼎现》元夕词首句,搬用前人成句,恰又是一篇之警策。

全词以今昔对比来铺叙成篇,刻画精细,琢句工稳,善写心理,夹叙夹议,情思多变又转折自然,用虚词、领字之功更见不凡。

(《中国诗词曲艺术美学大百科》,四川辞书出版社1992年版,第1444—1445页)

·愁怀(语淡意奇,复沓顶针)

梅花引 荆溪阻雪

蒋捷

白鸥问我泊孤舟,是身留,是心留?心若留时,何事锁眉头?风拍小帘灯晕舞,对闲影，冷清清，忆旧游。　旧游旧游今在不？花外楼，柳下舟。梦也梦也，梦不到，寒水空流。漠漠黄云，湿透木棉裘。都道无人愁似我，今夜雪，有梅花，似我愁。

蒋捷是江苏宜兴人，荆溪就在宜兴，作者行舟荆溪而被雪阻，荒野清寂，抚今追昔，写下此词。在追缅旧欢之中，表现出宋亡后沉重的情怀。

长调多藉景引情，此词却直入本题，将“身留”与“心留”推置面前，就近者言，指阻雪之事，“身留”出于无奈，“心留”才有看穿忧患、随缘任运精神。就远者言，作为隐逸之士的作者，究竟是身在山林呢？还是心在山林？论世知人，不妨兼及远近。白鸥一问之后，又接一问：“心若留时，何事锁眉头”，乃洞见内里之辞。起五句用鸥问人答的形式，设想极为新奇，达意显豁警辟。“风拍”句写船上景色，独对闲影，倍觉冷清，自然由今追昔，回忆旧游。

旧游何在？今已不来！念及当年的花外楼台、柳下轻舟，都成前尘昨梦，甚至连梦中也难以见到，好梦不来光顾这寒水空流。只有黄云漠漠、雪意沉沉，使棉裘为之湿透。与今—昔—今相应，是愁—欢—愁的情绪，冶游之乐与漂泊之苦形成鲜明对照。继白鸥设问之后，又出一奇笔：“都道无人愁似我”，以虚拟之句来借客写主，显得更为极情尽致。而夜雪、梅花，清愁似我，其高洁清寒，我应似之。物我之间的相互映发，既移情于物，又借物抒怀。回视“身留”、“心留”之间，“锁眉头”之愁，不言之中，精神已见升华。

此词语言通俗浅显，明畅自然，由于词牌的格律要求，回环复沓、顶针勾连，造成特有的宛转、跌宕。直入直问的手法，忽长忽短的句式，形成一种迅捷明快与张弛有度的节奏。文浅意深，语淡情浓，在宋末元初词风入于深隐晦涩之时，确实别饶风致。

（《中国诗词曲艺术美学大百科》，四川辞书出版社 1992 年版，第 1445-1446页）

·听雨（时空跨越，淘洗意象）

虞美人　听雨

蒋捷

少年听雨歌楼上，红烛昏罗帐。壮年听雨客舟中，江阔云低、断雁叫西风。

而今听雨僧庐下，鬓已星星也。悲欢离合总无情。一任阶前、点滴到天明。

蒋捷由宋入元，一生饱经忧患，在词中多有表现。他可以就一事、一时展开全景式的今昔对照（如《贺新郎·兵后寓吴》和《女冠子·元夕》），亦能就同一事情经历、跨越时空地表现自己的一生遭际，这首《虞美人》就属后者。

刘勰曾提出“以少总多，情貌无遗”（《文心雕龙·物色》）的原则，清人许邱芳更详言为“运以精心，出以果力”，“吐糟粕而吸菁华，略形貌而取神骨”，倡“淘洗之功”

(《〈与李生论诗书〉跋》,《诗法萃编》卷六)。此词极见“以少总多”的“淘洗之功”。青年、壮年、老年是人生的三阶段,同是听雨,分别在歌楼、客舟、僧庐,从浪漫的欢情,到羁旅的孤寂,再到无家的悲凉。从个人的境遇可以折射出时代从安定到离乱的总貌,这三个经淘洗而得的场景,极具典型意义,兼有象征色彩。

显然,此词在构思上可能受到辛弃疾《丑奴儿》(少年不识愁滋味)的启发,但辛词是围绕“愁”而作今昔感受的对照,此词却是以听雨为经,以三个场景为纬,完成了时空大跨越,较辛词有更深的人生感受。歌楼、红烛、罗帐,意象呈暖色的美,着一“昏”字,立现情意缠绵;客舟、江阔、云低、断雁、西风,意象呈冷色的美,由清疏透出苍凉;僧庐、华发、石阶、雨滴,意象更为衰飒,较“雨中黄叶树,灯下白头人”(司空曙《喜外弟卢纶见宿》)愈形凄苦。景语即情语,读来可味出其中的深厚意蕴。“悲欢离合总无情”七字总括一生,这是词人难以抑止的感情的涌现,全词以“一任阶前,点滴到天明”作结,时间绵绵,其恨悠悠,留下了不尽的余韵。尤其“一任”二字,看似漠然、解脱,其实却是似淡犹浓,情深郁勃。

(《中国诗词曲艺术美学大百科》,四川辞书出版社 1992 年版,第 1446—1447 页)

附　录

作者分年度

著作、论文、文章目录

著作

年度	著作	出版社	字数
1986年	爱国词人辛弃疾	上海人民出版社	6.1万
1990年	吴梅研究	华东师范大学出版社	20万
1993年	有声画与无声诗	上海社会科学院出版社	25万
1993年	唐宋词美学 (2004年10月第2版)	齐鲁书社	18.3万
1994年	中国词学批评史(合著) (华东师范大学出版社修订版,更名为《中国古典词学理论史》,2005年12月)	中国社会科学出版社	40万(自写11.4万)
2001年	学者闻一多(合著)	学林出版社	31.9万(自写23万)
2001年	中国绘画思想史	贵州人民出版社	99.8万
2001年	宋词与人生	上海古籍出版社	19.9万
2003年	古代文艺的文化观照	上海教育出版社	35万
2005年	词学廿论	上海古籍出版社	29.7万
2006年	宋代绘画研究	河南大学出版社	49万
2010年	唐宋词艺术发展史	河北人民出版社	127.5万
2011年	中国绘画思想史(插图本)	贵州人民出版社	140万

选注本、点校本

年度	选注、点校	出版社	字数
1988年	苹洲渔笛谱(校点)	上海古籍出版社	3.6万
1999年	文三百篇(选注)	华东师范大学出版社	33·8万(自写12.8万)
2000年	豪放词萃(主编)	华东师范大学出版社	45万
2000年	绝妙好词译注(主编)	上海古籍出版社	37万

工具书、教材

年度	工具书、教材	出版社	字数
1983年	大学语文(参编,自学读本)	华东师范大学出版社	(自写2万)
1987年	中国古代诗词曲辞典(参编)	江西教育出版社	70万(自写12万)
1987年	古代文学作品选(参编,自学教材)	上海古籍出版社(后改为华东师范大学出版社)	(自写13万)
1989年	《古代文学作品选》习题解(参编)	上海古籍出版社	(自写4.1万)
1994、1995年	近代文学大系·文学理论集(副主编)	上海书店	114万(自编10万)
1995年	《大学语文》自学考试自测习题集(参编)	华东师范大学出版社	19万
1996年	中国词学大辞典(编委)	浙江教育出版社	185万(自写10万)
	中国古代文学作品选(全国高等教育自学考试教材)(参编)	华东师范大学出版社	
1997年	全宋词广选新注集评(参编)	辽宁人民出版社	(自写14万)
	传世藏书(参编画论15种)		(自编30万)

年度	工具书、教材	出版社	字数
1998年	大学语文自学考试指南(配组编本)(参编)	华东师范大学出版社	(自写9万)
1999年	中国古代文学作品选(高等教育自学考试)	华东师范大学出版社	
	中国古代文学作品选自学考试指要	华东师范大学出版社	(自写宋明清词)
2000年	中国学术名著大辞典(参编)	汉语大辞典出版社	142万(自写6万)
2000年	古代文学作品选自考辅导及题库(主编)	奥林匹克出版社	
2010年	大学语文(中华文化版)(两主编之一)	高等教育出版社	33万
2011年	全宋词评注(副主编)	学苑出版社	738万(参编约15万)

专辑

年度	其他	出版社
2001年	词学第十三辑(主编)	华东师范大学出版社11月出版
2003年	词学第十四辑(主编)	华东师范大学出版社8月出版

论文、文章

年度	论文、文章	发表刊物	字数
1979年	如闻其声,如临其境——谈《口技》	语文函授通讯 6期	0.36万
1982年	论姜夔词的清空	文学遗产 1期	1.5万
	元杂剧简说	语文学习 11期	0.32万
1983年	梦窗词艺术初论	齐鲁学刊 1期	0.9万
	浅析《古诗十九首》的美学意义	文艺理论研究 1期	0.6万
	出之或然,入以必然	艺谭 4期	0.32万
	论吴梅的戏曲观	研究生论文集(江苏人民出版社)	3.9万
1984年	首届词学讨论会召开	文学遗产 1期	0.27万
	论南宋风雅词派在词的美学进程中的意义	华东师范大学学报2期	1.2万
	精诚的至情,深沉的同情	文史知识 5期	0.6万
	豪健浑朴,雄伟瑰丽——高岑诗简论	文科月刊 9期	0.38万
	温庭筠词浅尝	文科月刊 11期	0.33万
	《论贵粟疏》浅析	中文自修 5期	0.32万
	吴梅的戏曲批评	求是学刊 5期	1.2万
	飞卿词艺术平议	社会科学战线 4期	0.9万
	诗画与虚实	古代文学理论研究(9辑)4月	1.7万
	论姜夔词的骚雅	文学评论丛刊(22辑)11月	1.2万
	吴梅曲论评介	戏曲研究(13辑)12月	1.3万
1985年	元好问的诗论	文科月刊 1期	0.4万
	正壮士悲歌未彻	伊犁教育学院学刊 1期	0.27万
	文人画写意性的理论发展	美术史论 2期	1万
	元散曲的艺术特色	文科月刊 3期	0.4万
	略谈《古诗十九首》的整体美	中文自学指导 2期	0.24万
	图将好景人华章	中文自修 9期	0.27万

年度	论文、文章	发表刊物	字数
1986年	何谓杜诗之实	草堂(杜甫研究学刊)1期	0.6万
	蔑视世俗的宣言,反抗性格的自供状	中文自修 10期	0.35万
	从荷马史诗与西周史诗谈中西文学	华东师范大学学报 6期	1.1万
	首届词学讨论会纪要	词学 第4辑	
1987年	上海举行第二次词学讨论会	光明日报 1月27日	0.05万
	古代文化与古代文学	语文导报 1期	0.31万
	秋水伊人,深情绵邈——读《蒹葭》	中文自学指导 1期	0.22万
	《逍遥游》解读	中文自学指导 1期	0.3万
	汉代文学作品概述	中文自学指导 1期	0.35万
	曲学大师吴梅	光明日报 2月24日	0.3万
	追《诗经》,继《楚辞》	中文自学指导 2期	0.27万
	幽燕老将,气韵沉雄	中文自学指导 2期	0.14万
	《赠白马王彪》的抒情艺术	中文自学指导 2期	0.15万
	更新观念,以求突破——第二次词学讨论会述评	语文导报 3期	0.4万
	《韩非子》的思想与艺术	中文自学指导 5期	0.41万
	第二次词学讨论会在上海召开	文学遗产 2期	0.05万
	谈谈《中国文学史》的复习	自学考试导报 8月10日	0.24万
	古典文学研究的拓展深入与观念方法问题	中国文学研究 4期	0.9万
	中国韵文发展规律臆说	中国韵文学刊 创刊号	1.1万
1988年	空中送情,知向谁是	中文自学指导 2期	0.24万
	读《涉江采芙蓉》	中文自学指导 2期	0.2万
	《焦仲卿妻》分析	中文自学指导 2期	0.2万
	王国维的《人间词话》	中文自修 4期	0.31万
	雨湿寒梢,泪染龙袍	古典名篇欣赏 2月	0.33万
	李白二题	中文自学指导 5期	0.48万
	析高适《燕歌行》	中文自学指导 5期	0.3万
	第二次词学讨论会纪要	词学 第6辑	0.25万
	读马致远《天净沙·秋思》	中文自学指导 10期	0.28万
	《牡丹亭·闺塾·惊梦》简析	中文自学指导 10期	0.54万
	危机、生机与转机	古代文学知识 6期	0.37万
1989年	诗的空间假借与画的时间凝缩	学术月刊 1期	1万
	从言意之辨到境生象外	华东师范大学学报 1期	1.4万
	我国绘画的题材消长及功能演变	美术史论 2期	1.8万
	汉赋的美学特征	文史知识 4期	0.48万
	柳永《雨霖铃》分析	中文自学指导 9期	0.44万

年度	论文、文章	发表刊物	字数
1990年	怨愤的弃妇诗——《氓》分析	中文自学指导 3期	0.4万
	深深的思妇之愁——读《君子于役》	中文自学指导 4期	0.23万
	吴梅评传	戏剧艺术 2期	1.5万
	陶谢与宗王——晋宋山水诗画的艺术精神	江海学刊 3期	0.7万
	论汉魏六朝诗歌对人生本体的探求	桂林教育学院学报 3期	0.6万
	论禅宗向诗歌的渗透	中国韵文学刊(4辑)5月	1.3万
	王国维“境界”与叔本华“理念”谈片	比较文学三百篇 5月	0.4万
	阳刚、阴柔与崇高、优美	比较文学三百篇	0.45万
	荷马史诗与西周史诗	比较文学三百篇	0.48万
	酒中有深味——陶渊明《饮酒》和莪默·伽亚谟《鲁拜集》	比较文学三百篇	0.48万
	龚自珍与雪莱	比较文学三百篇	0.6万
	苏轼的词创作	苏东坡文集导读(巴蜀书社)6月	1.2万
	黄庭坚何以赞赏杜甫的夔州诗	古典文学知识6期	0.5万
	时间艺术的空间感与空间艺术的时间性	社会科学家 6期	0.8万
	《人间词话》境界说给词学批评的启示	词学 第8辑 10月	1.2万
1991年	诗的“收空于时”与画的“寓时于空”	文艺理论研究 2期	0.8万
	南宗画与神韵诗	社会科学家 4期	0.9万
	晋宋之交山水诗画的文化哲学意义	吕梁学刊 2期	1.3万
	《人间词话》的境界说	中文自学指导 5期	0.32万
1992年	况周颐“重拙大”说析论	中国韵文学刊(6辑)	1.6万
	我国前期诗画功能简论	中文自学指导 1期	0.42万
	宋元明清文学史复习导引	中文自学指导 2期	0.35万
1993年	中国哲学与古典文学	中文自学指导 1、3期	0.9万
	论碧山词的寄托	词学(10辑)6月	1.4万
	刘熙载词品说新探	阴山学刊 2期	1万
	南宗禅与南宗画	中国画研究(7辑)12月	1.4万
	闻一多先秦文学史观一瞥	中文自学指导12期	0.48万
1994年	唐宋词的伤春主题及原型意义	中华词学(创刊号)7月	1.4万
	闻一多的图腾研究	中国民间文化 4期	1.8万
	旧传统、新时代与古典文学	中文自修 9期	0.6万
	巫术与宗教的观照——论闻一多对先秦文学的独特发现	华东师范大学学报 6期	1.2万
1995年	生殖崇拜的揭示——论闻一多诗经研究的独特文化视角	中国韵文学刊 1辑	0.9万
	论宋濂的绘画史观	宋濂与“江南第一家”研究(杭州大学出版社)5月	0.7万

年度	论文、文章	发表刊物	字数
1996年	清雅——白石词之美学风度(与李康化合作)	学术月刊 2期	1.2万
	孔孟与画论	山东工业大学学报(社科版)2期	1.3万
	论气韵生动	文艺理论研究 5期	1万
	《弹指词》浅尝	艺文述林(古代文学卷)11月	1.9万
	浅论姜张词风的异同	中文自学指导 6期	0.9万
1997年	由巫到史时代的造型艺术思想之变	山东工业大学学报(社科版)1期	1万
	德与艺,艺与文	公共行政与人力资源 2期	0.5万
	魏晋画论中的鉴戒说及其离异	杭州大学学报 2期	1万
	从名物训诂看闻一多的艺术起源观	阴山学刊 2期	1.1万
	玄学、佛学与山水之趣	中文自学指导 4期	0.45万
	散曲的艺术特色	学语文 4期	0.18万
	言志、缘情与体物	学语文 5期	0.35万
	庄学对画论的影响	华东师范大学学报 5期	1.2万
	论汉画的艺术表现原则	文艺理论研究 6期	0.7万
1998年	驿骑苏秦间——陆游词风格及成因浅探	杭州大学学报 3期	1.1万
	《古诗十九首》三题	洛阳大学学报 5期	1.1万
1999年	词坛拨乱反正的功臣——对吴世昌反论词“二分法”及重新评价苏轼词的体会	海宁名人研究(三)5月	1.1万
	论范玑的《过云庐画论》	常熟高专学报 5期	0.8万
	从艺术特色透视“扬州八怪”的创作观	华东师范大学学报 6期	1.4万
	论郑板桥的绘画思想	山东工业大学学报(社科版)6期	
2000年	论郑板桥的绘画思想(续)	山东工业大学学报 1期	1.9万
	论戴熙的《习苦斋题画》	杭州师院学报 1期	0.7万
	论金农的画跋及其文人画原型精神	浙江大学学报 1期	1.2万
	世俗情趣与表现自我——论明清之际文学与绘画思想的新特色	泰安师专学报 1期	1.1万
	凝滞中的缓进——19世纪绘画思想一瞥	哈尔滨师专学报 4期	0.7万
	使我自成一家,然后为得——《林泉高致》析论	文艺理论研究 5期	1.1万
	论恽格的绘画思想	常熟高专学报 5期	1.5万
	论康雍时期文学理论对绘画思想的影响	社会科学(上海)11期	0.7万
	论荆浩的《笔法记》	古籍研究 4期	1.4万
	董棨、钱杜、邵梅臣绘画思想析论	浙江师范大学学报 4期	1.1万
	玄学、佛学与南北朝绘画	江淮论坛 6期	1万
	论儒、释、道对隋唐绘画的影响	宁波大学学报 4期	0.9万

年度	论文、文章	发表刊物	字数
2001年	论宋词中的“骚”“辩”之旨	文学遗产 1期	1.5万
	汉代画论巡礼	泰安师专学报 1期	0.9万
	沈颢《画麈》析论	苏州大学学报 1期	0.9万
	元笔宋法与乱头粗服——论四王与四僧艺术思想之异	上海大学学报 1期	1万
	论顾恺之的绘画思想	华东师范大学学报 2期	1.2万
	论汉代的宗教思想、社会生活与绘画	杭州师范学院学报 2期	1万
	笪重光《画筌》析论	江苏教育学院学报 2期	1.1万
	《姜夔与南宋文化》序	学苑出版社5月出版	
	《宋词的女性意识》序	湖南师范大学出版社5月出版	
	狂狷与中行——简论清初“四僧”与“四王”人生、艺事的分流	齐鲁学刊 3期	0.7万
	论龚贤的绘画思想	东南大学学报(哲社) 2期	1.3万
	王原祁绘画思想评介	东南文化 7期	0.9万
	长安文化与王维诗	文学评论 4期	1.2万
	论张彦远的绘画思想及理论建树	山西大学学报 4期	1.5万
	试论石涛的“一画”说	社会科学家 5期	0.5万
	布颜图《画学心法问答》析论	辽宁大学学报 6期	0.8万
2002年	论汉语的语法、修辞特点与古代诗歌的民族特性	忻州师范学院学报2期	1.4万
	唐代道教对文艺的影响	常熟高专学报2期	0.7万
	论魏晋南北朝文化与文艺的多元	洛阳大学学报 3期	1.3万
	论“桂林山水甲天下”的文化意蕴	社会科学家 6期	0.7万
	《元祐词坛研究》序	华东师范大学出版社11月出版	
2003年	论封建社会的君主专制与文艺的功能论	浙江大学学报 1期	1万
	简论魏晋南北朝的人性主题与文艺自觉	珠海教育学院学报 1期	0.8万
	简论农业文化与古代文学的民族特征	中国文学研究 2期	1.1万
	农业文化与《诗经》的史诗及饥者劳者之歌	南阳师院学报 1期	0.9万
2004年	古代文学研究的二重、三重证据法及其他	洛阳大学学报 1期	1万
	董仲舒天人感应论对文学的积极影响	文艺理论研究 2期	1.4万
	《八大画风与楚骚精神》序	江西美术出版社8月出版	
	《中国古代文学研究新视野》序	中国社会科学出版社8月出版	
	《晚清民初词学思想建构》序	安徽大学出版社9月出版	
	词的由中唐至宋初之变与文化转换	文史哲 4期	1.2万
	先秦诸子的地域特征	华东师范大学学报 4期	1.1万
	秦观“词心”析论	文学遗产 4期	1.1万
	简论先秦历史散文的文化特性	暨南学报 6期	1万

年度	论文、文章	发表刊物	字数
2005年	西域风光和壁画对唐人边塞诗与变文的影响	新疆师范大学学报1期，(又载《中国文学与地域风情〈文学遗产〉西部论坛论文选萃》，学苑出版社2005年12月出版)	0.9万
	论北宋文人画	东南大学学报 2期	1.4万
	叶嘉莹词学研究的“兴发感动”说	中国韵文学刊 1期(又载《叶嘉莹教授八十华诞暨国际词学研讨会纪念文集》，南开大学出版社2005年12月版)	1.1万
	论唐宋的绘画思想与题材之变	上海大学学报 3期	1.25万
	南宋初院画的兴盛及原因	广州大学学报 3期	1万
	《长恨歌》与《长恨歌传》(第一作者)	西北师范大学学报 3期	0.9万
	论宋代绘画发达的原因	中国文化研究 2期	1.4万
	南宋花鸟画的变化	南阳师院学报 5期	0.65万
	论文人画从北宋到南宋之变	浙江大学学报 5期	0.9万
	《艺术与美十讲》序	广东高等教育出版社9月出版	
	《传播学视野下的宋词生态》序	中国文史出版社11月出版	
	文学批评也应该心灵化	文艺报12月22日7版	0.12万
	暨南国学丛书序	古籍研究 卷下	0.6万
2006年	试谈张炎对本色词的雅化(第一作者)	名作欣赏 2期	0.6万
	论李贺诗歌的悖论性(第一作者)	暨南学报2期	0.9万
	张炎的水仙“情结”(第一作者)	名作欣赏6期	0.6万
	进士文化与诗可以群	文学评论4期	1.5万
	也论黄宾虹的“道咸中兴说”	上海大学学报4期	1.2万
	宋代文学的雅俗变化及成因	求是学刊4期	0.9万
	简论散曲生成的文化机制	国际黄峨学术研讨会、八届中国散曲研讨会论文集 2006年4月出版	0.8万
	进士文化与唐诗	中国文化研究3期(秋之卷)	2万
	潘阆的词论及其词作评议(第一作者)	洛阳大学学报3期	0.8万字
	传统与现代的完美结合(第一作者)——闻一多的古代文学研究方法论	江汉论坛11期(又载《闻一多殉难60周年纪念暨国际学术研讨会论文集》，武汉大学出版社2007年3月)	0.9万
	进士文化与诗可以观	学术研究11期	1万
	盛中唐词的文化之变(第一作者)	深圳大学学报6期	1万
	暨南精神与校训	暨南学报5期	0.2万
	跨文化比较研究中的相对主义(第二作者)——兼论 厄尔迈纳《比诗学较》	广西社会科学11期	0.7万
	唐人的怨诗	中国韵文学刊4期	1万
	草窗词研究的现状及思考(第一作者)	南阳师范学院学报11期	1.1万
2007年	从“考见得失”论唐代的“诗可以观”	华东师范大学学报1期	1.2万
	《唐宋词审美文化阐释》序	黄山书社3月出版	
	进士文化与诗可以兴	文艺研究4期	1万
	进士文化与诗可以怨	文艺理论研究4期	1.3万
	唐宋词乐的发展变化与柳永苏轼词(第一作者)	东南大学学报4期	
	辛弃疾与道家思想(第一作者)	辛弃疾研究新探(百花洲文艺出版社2007年7月)	
	苏学北行与金代文人画	中华艺术论丛8月出版	

年度	论文、文章	发表刊物	字数
2008年	论宋词自注(第一作者)	暨南学报1期	1万
	宋代文学的文化学研究(第一作者)	学术研究5期	1.4万
	从“倚声”论唐宋词体之形成与初步发展(第一作者)	上海大学学报4期	1.8万
	简论李之仪的当涂词	李之仪研究论文集(黄山书社2008年10月)	
	宋代滑稽戏与宰相(第一作者)	齐鲁学刊6期	1.1万
	论北宋中期词的变化	文艺研究11期	1.1万
	文学、音乐的辩证发展与词体的形成	文艺理论研究6期	1.3万
2009年	《经典常谈》与整理国故(第一作者)	文史知识1期	0.55万
	唐宋渔父词的文人化发展(第一作者)	文史哲1期	1.1万
	兼有众长的蒋捷词	南阳师范学院学报1期	0.95万
	中国文学批评的横向研究与朱自清的贡献(第一)	江海学刊2期	1.2万
	进士风与晚唐词	文学遗产2期	1.7万
	宋孝宗前期词坛纵论	深圳大学学报2期	1.1万
	《石湖词》叙伦	苏州大学学报2期	1.2万
	《东山词》的创意与艺术	《词学》21辑(2009.06)	1.7万
	论成肇麐《唐五代词选》对“重拙大”的疏离	古代文学理论研究29辑(2009.09)	
	郭麐《词品》析论	文艺理论研究6期	1.3万
	《檀栾子词》叙论(第一)	暨南学报6期	
	宋代的俗词	《风清骨峻——庆祝祖保全教授90华诞论文集》,人民出版社2009.10	
2010年	唐人的游观诗与怀古诗	文史知识3期	0.6万
	“学词”与“词学”的分化(第二)	暨南学报2期	
	宋徽宗朝的大晟词与谐谑词	词学23辑(2010.06)	
	《唐代商业文明与文学》序	黄山书社8月出版	
	赵孟頫与元四家之变(第一)	东南大学学报6期	
	摹情愈真,动人弥易——论徐渭题画诗的情感表现(第一)	文艺理论研究6期	
	四库馆臣之词学观(第二)	词学24辑(2010.12)	
	《文心雕龙》雅俗论的批评指向(第二)	古代文学理论研究31辑(2010.12)	
2011年	《休闲文化与唐宋词》序	暨南大学出版社4月出版	
	论中国画的“写”(第一)	上海大学学报4期	
	刺政、舒愤与唐代怨诗(第一)	齐鲁学刊5期	
	唐诗的咏史与观政(第一)	中国文学研究4期	
	吴世昌先生的词史观(第一)	词学26辑(2011.12)	

合著（在各种鉴赏辞典、书籍及刊物中发表古代诗、词、曲、文赏析、译注文章145篇）

序号	书名	篇目	出版社
1	唐宋词鉴赏辞典	姜夔词：鹧鸪天、踏莎行、淡黄柳、念奴娇、长亭怨慢、满江红、庆宫春　7篇	江苏古籍出版社1986年12月
2	辛弃疾词鉴赏	《清新明丽的山居图》（满江红）、《寥寥数笔，声态毕现》（玉楼春）　2篇	齐鲁书社1986年12月
3	唐宋词鉴赏辞典	宋祁锦缠道、黄庭坚满庭芳、张枢瑞鹤仙　3篇	上海辞书出版社1888年4月、8月
4	古文观止新编	送东阳马生序、原君、口技、梅花岭记、病梅馆记　5篇	上海古籍出版社1988年12月
5	大学语文导读	忧危怨愤之语，沉郁顿宕之篇——辛弃疾《摸鱼儿》浅尝　1篇	1989年3月
6	中国古代文学作品选精读课文讲析	骏发踔厉　痛快淋漓——读张孝祥《水调歌头》　1篇	1989年5月
7	历代名篇赏析集成	王维《竹里馆》、宋祁《玉楼春》、马致远《天净沙》、刘因《念奴娇　忆仲良》、王磐《中吕　朝天子　1咏喇叭》　5篇	中国文联出版公司1988年12月
8	元明清词鉴赏辞典	元好问《木兰花慢　游三台》、纳兰性德《长相思》、蒋春霖《卜算子》　3篇	江苏古籍出版社1989年5月
9	古典离别诗词欣赏	人间恨事总难忘——读辛弃疾《贺新郎》　1篇	上海社会科学院出版社1989年
10	《诗经》赏析集	《大车》、《将仲子》赏析　2篇	巴蜀书社1989年2月
11	古文鉴赏大辞典	《口技》、《梅花岭记》赏析　2篇	浙江教育出版社1989年11月
12	古代爱情诗词鉴赏辞典	温庭筠菩萨蛮（宝函钿雀）、牛峤菩萨蛮（舞裙香暖）、敦煌词望江南（天上月）、柳永曲玉管（陇首云飞）、晏殊蝶恋花（槛菊愁烟）、姜夔长亭怨慢（渐吹尽）、鹧鸪天（肥水东流）、踏莎行（燕燕轻盈）　8篇	辽宁大学出版社1990年
13	元曲鉴赏辞典	盍西村小桃红（绿杨堤畔）、商挺双调潘妃曲（戴月披星）、贯云石南吕金字经（蛾眉能自惜）、南吕金字经（泪溅描金袖）、吴西逸越调天净沙（长江）、朱庭玉大石青杏子（送别）（套数）、李德载中吕阳春曲（赠茶肆）三首、贾仲明吕洞宾桃柳升仙梦（三折）、无名氏失宫调牌名大雨　11篇	上海辞书出版社1990年7月
14	古诗海	诗歌解析：钱起6首、郎士元2首、李家佑2首、严维1首　11篇	上海古籍出版社1992年
15	中国游记鉴赏辞典	班彪北行记赏析、张载叙行赋赏析　2篇	青岛出版社1991年1月
16	中国名篇鉴赏辞典	姜夔扬州慢、戴复古满江红、祝英台近　3篇	山东大学出版社1992年9月
17	爱国诗词鉴赏辞典	姜夔永遇乐（云隔）、刘学箕贺新郎（往事）、黄机满江红（万灶）华岳满江红（庙社）、李曾伯沁园春（天下）　5篇	南京大学出版社1992年5月
18	三李诗鉴赏辞典	李白：自金陵泝流还白璧山玩月达天门　1篇	吉林文史出版社1992年

序号	书名	篇目	出版社
19	中国诗词曲艺术美学大百科	吴潜满江红(红玉阶前)、满江红(露驿星程)、李曾伯沁园春(天下奇观)、王沂孙花犯(古婵娟)、眉妩(新月)、齐天乐(蝉)、高阳台(残雪庭阴)、更漏子(日衔山)、蒋捷贺新郎(梦冷金屋)、贺新郎(兵后寓吴)、女冠子(元夕)、梅花引(荆溪阻雪)、虞美人(听雨)李好古谒金门(花过雨) 14篇	四川辞书出版社1992年9月
20	姜夔诗词赏析集	琵琶仙、契丹歌 2篇	巴蜀书社1994年1月
21	词林观止	张先菩萨蛮(忆郎还上)、一丛花令(伤高怀远)、天仙子(水调数声)、木兰花(龙头蚱蜢)、青门引(乍暖还轻冷)、张昇离亭燕(一带江山)章良能小重山(柳暗花明)、无名氏御街行(霜风渐紧) 8篇	上海古籍出版社1994年4月
22	历代小令精华	陈子龙山花子(杨柳迷离)、龚贤西江月(新结临溪水栈)、宋征舆玉楼春(燕)、小重山(春流半绕)、徐灿踏莎行(芳草才芽)、彭孙遹柳梢青(感事)、曹贞吉蝶恋花(五月黄金)、顾贞观夜行船(郁孤台)、吴文柔 谒金门(寄汉槎兄塞外)、查慎行望江南(江村好)三首 12篇	岳麓书社1993年10月
23	学生古诗文辞典	《扁鹊见蔡桓公》讲析、《口技》讲析 2篇	上海辞书出版社1995年5月
24	古文鉴赏辞典	《论贵粟疏》赏析、《苏武传》赏析、《始得西山宴游记》赏析 3篇	上海辞书出版社1997年7月
25	宋词经典	共31篇	上海书店出版社1999年1月